U0692824

国家出版基金项目
NATIONAL PUBLICATION FOUNDATION

圖書在版編目(CIP)數據

遼史/(元)脱脱等撰. —北京:中華書局,2017.9
(點校本二十四史修訂本)
ISBN 978-7-101-12776-8

Ⅰ.遼… Ⅱ.脱… Ⅲ.中國歷史-遼代-紀傳體
Ⅳ.K246.104.2

中國版本圖書館 CIP 數據核字(2017)第 202119 號

責任編輯:王　勖　劉彦捷
責任校對:李曉霞　梁五童

點校本二十四史修訂本

遼　史

(全五册)

〔元〕脱　脱 等撰

*

中華書局出版發行

(北京市豐臺區太平橋西里 38 號　100073)

http://www.zhbc.com.cn

E-mail:zhbc@zhbc.com.cn

北京瑞古冠中印刷廠印刷

*

880×1230 毫米 1/32 · 56⅞印張 · 13 插頁 · 1131 千字

2017 年 9 月北京第 1 版　2017 年 9 月北京第 1 次印刷

印數:1-5000 册　定價:210.00 元

ISBN 978-7-101-12776-8

永樂大典卷之五千二百四十八

十三蕭

遼

世宗

遼史世宗孝和莊憲皇帝諱阮小字兀欲讓國皇帝長子母柔貞皇后蕭氏帝儀觀豐偉内寛外嚴善騎射樂施予人望歸之太宗愛之如子會同九年從伐晋大同元年二月封永康王四月丁丑太宗崩於欒城戊寅梓宫次鎮陽即皇帝位於柩前甲申次定州命天德朔古解里等護梓宫先赴上京太后聞帝即位遣太弟李胡率兵拒之六月甲寅朔次南京五院夷离菫安端詳穩劉哥遣人馳報請爲前鋒至泰德泉遇李胡軍戰敗之上遣郎君勤德等詣兩軍諭解秋閏七月次潢河太后李胡整兵拒於潢渡相持數日用屋質之謀各罷兵趨上京既而聞太后李胡復有異謀遷于祖州誅司徒劃設及楚補里八月壬午朔尊母蕭氏爲皇太后以太后族剌只撒古魯爲國舅帳立詳穩以總焉以崇德宫户分賜翼戴功臣及北院大王洼南院大王吼各五十安摶楚補各百的魯鐵剌子孫先以非罪籍没者歸之癸未始置北院樞密使以安摶爲之九月壬

國語解第四十六　遼史百十六

開府儀同三司上柱國録軍國重事中書右丞相監修國史領經筵事都總裁臣脫脫奉

敕修

史自遷固以迄晉唐其爲書雄深浩博讀者未能盡曉於是裴駰顏師古李賢何超董衝諸儒訓詁音釋然後制度名物方言奇字可以一覽而周知其有助於後學多矣遼之初興與奚室韋密邇土俗言語大槩近俚至太祖太宗奄有朔方其治雖參用漢法而先世奇首遥輦之制尚多存者子孫相繼亦遵守而不易故史之所載官制宮衛部族地理率以國語爲之稱號不有註釋以辨之則世何從

百衲本影印明初刻本（北京中華書局圖書館藏）

列傳第十　　遼史八十

元開府儀同三司上柱國前中書右丞相監修國史

都總裁臣脫脫修

張儉宛平人性端慤不事外飾統和十四年舉進士第一調雲州幕官故事車駕經行長吏當有所獻聖宗獵雲中節度使進曰臣境無他產惟幕僚張儉一代之寶願以爲獻先是上夢四人侍側賜食人二口至聞儉名始悟召見容止朴野訪及世務占奏三十餘事由此顧遇特異踐歷清華號稱明幹開泰中累遷同知樞密院事太平五年出爲武定軍節度使移

三　明初内廷朱絲欄鈔本（臺北故宫博物院藏）

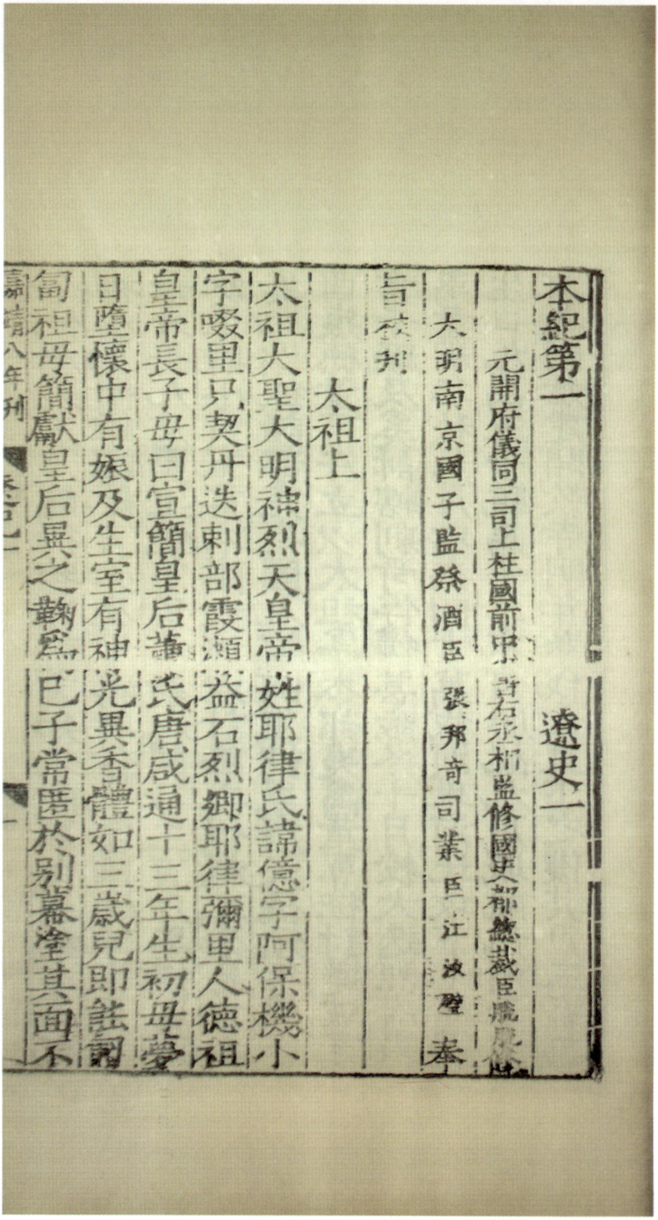
本紀第一　　遼史一

元開府儀同三司上柱國前中書右丞相監修國史都總裁臣脫脫等修

大明南京國子監祭酒臣張邦奇司業臣江汝璧奉

旨校刊

太祖上

太祖大聖大明神烈天皇帝姓耶律氏諱億字阿保機小

字啜里只契丹迭刺部霞瀨益石烈鄉耶律彌里人德祖

皇帝長子母曰宣簡皇后蕭氏唐咸通十三年生初母夢

日墮懷中有娠及生室有神光異香體如三歲兒即能匍

匐祖母簡獻皇后異之鞠爲己子常匿於別幕塗其面不

嘉靖八年刊　卷之一　一

四　明嘉靖八年南京國子監本（北京中華書局圖書館藏）

遼史卷四十三　　志第十三

元開府儀同三司上柱國前中書右丞相兼修國史都總裁脫脫修

皇明奉訓大夫右春坊右諭德兼翰林院侍講管國子監事臣沈淮等

奉

勑重校刊

曆象志中

閏考

月度不足是生朔虛天行有餘是爲氣盈盈虛相懸歲月乃肸積肸而差寒暑互易百穀不成庶政不明聖人驗以斗柄準以歲星爰立閏法信治百官是故閏正而

遼史卷六十五

元中書右丞相總裁脫脫等修

表第三

公主表

春秋之法主姬下嫁書于策以魯公同姓之國爲之婚主故爾古者婦諱不出門內言不出梱公主悉列于傳非禮也然遼國專任外戚公主多見記傳間不得不表見之禮男女異長不當與皇子同列别爲公主附表

屬	母	名	封	下嫁	事	罪	薨	子

六 清乾隆武英殿本（北京中華書局圖書館藏）

遼史整理人員名録

原點校者 馮家昇 陳述 陳金生

修訂主持人 劉浦江

修訂承擔單位 北京大學

修訂組成員 劉浦江 康鵬 邱靖嘉 陳曉偉 任文彪 苗潤博 林鵠 高宇 曹流 欒日欒 聶文華 肖乃鋮 趙宇

編輯組成員 馮寶志 王勖 劉彦捷

點校本二十四史及清史稿修訂緣起

以「二十四史」及清史稿爲代表的紀傳體史書，記載了中國古代從傳説中的黄帝到辛亥革命結束清朝統治前各個朝代的歷史概貌，以歷代王朝的興亡更替爲先後，反映了中國的歷史進程，構成了關於中國古代政治、經濟、軍事、科技、思想文化、社會風俗等各個方面最爲重要的基本史料，使中國和中華民族成爲世界上惟一擁有數千年連貫、完整歷史記載的國家和民族。這是中華民族引以爲榮並值得進一步發揚光大的寶貴歷史文化遺産。

爲了更好地傳承與保護這份珍貴的歷史文化遺産，二十世紀五十至七十年代，在毛澤東主席、周恩來總理的親自部署和國家有關部門的直接領導下，由中華書局承擔組織落實和編輯出版工作，集中全國學術界、出版界的力量，完成了「二十四史」及清史稿的點校整理和出版。從一九五八年九月標點「前四史」及改繪楊守敬地圖工作會議召開，次年九月點校本史記問世，到一九七八年點校本宋史完成出版，整理工作歷時二十年，其間不斷完善點校體例，逐史加以標點、分段、校勘、正誤、補闕，所積累的科學整理方法和豐富的實踐經驗，爲傳統文獻的整理做出了寶貴的探索，確立了現代古籍整理的基本範式和標準。點校本出版之後，以其優秀的學術品質和適宜閱讀的現代形式，逐漸取代了此前的各種舊本，爲學術界和廣大讀者普遍採用，成爲使用最廣泛的權威性通行本。

點校本「二十四史」及清史稿從開始出版，至今已超過半個世紀，上距一九七八年宋史出版，點校工作完成，也已經過去了三十多年。點校本「二十四史」及清史稿的整理出版工作，由於受到當時種種客觀條件的制約，加之整理出版過程歷時綿長，時間跨度大，參與點校者時有變動，點校體例未能統一，或底本選擇不够精當，或校勘過於簡略，或標點間有失誤，各史都存在着不同程度的缺憾。爲適應新時代學術發展和讀者使用的需求，亟需予以全面修訂。

中華書局於二〇〇五年開始籌備「二十四史」及清史稿的修訂工作，梳理學術界關於點校本的意見建議，清理點校工作原始檔案，進一步明確修訂工作重點。二〇〇六年四月召開專家論證會，得到了學術界的積極響應。其後，在新聞出版總署、中國出版集團公司和社會各界學術力量的支持下，正式組建了點校本「二十四史」及清史稿修訂工程組織機構，擬定了修訂工作的各項具體規定，包括修訂工作總則、修訂工作流程，以及標點分段辦法舉例、校勘記寫法細則舉例等一系列規範性文件，並在全國範圍内通過廣泛調研，遴選確定了各史修訂承擔單位和主持人。

點校本「二十四史」及清史稿，是二十世紀中國古籍整理的標誌性成果，修訂本是原點校本在新的歷史時期的延續。修訂工作在原有點校本基礎上展開，嚴格遵守在點校本基礎上進行適度、適當修訂和完善的原則，通過全面系統的版本覆核、文本校訂，解決原點校本存在的問題，彌補不足，力求在原有基礎上，形成一個體例統一、標點準確、校勘精審、閱讀方便的新的升級版本。

修訂工作的總體目標，主要包括兩個方面：一，保持點校本已取得的整理成果和學術優勢，通過各個修訂環節，消弭點校本存在的缺憾，並認真吸收前人與時賢的研究成果，包括當代學術研究的新發現（文物、文獻資料）、新結論（學術定論），使修訂本成爲符合現代古籍整理規範、代表當代學術水準、能够體現二十一世紀新的時代特點的典範之作。二，解決原點校本各史體例不一的問題，做到體例基本統一，包括：規範取校範圍、校勘取捨標準、分段及校勘記、標點方式；撰寫各史修訂本前言、凡例；編製主要參考文獻目録及其他附録、索引。

早在一九六〇年，時任國務院古籍整理出版規劃小組組長的齊燕銘同志，就曾對點校本「二十四史」提出過兩點明確的要求，其一是在學術成果上「超越前人」；其二是經過重版修訂使之「成爲定本」。點校本的學術業績，獲得了學術界和廣大讀者的高度評價和廣泛採用，經過全面修訂，希望能在保持原有學術優勢的基礎上完善提高，進一步確立並鞏固點校本「二十四史」及清史稿的現代通行本地位，「成爲定本」還需要廣大讀者的檢驗和今後不斷的努力。

點校本「二十四史」及清史稿整理工作自二十世紀五十年代起始，至本世紀全面修訂再版，五十餘年間，一代又一代學者如同接力賽跑，前赴後繼，爲之默默奉獻，傾盡心力。點校本的學術成就和首創之功，以及其間展現的幾代人鍥而不捨的爲學精神，將澤被學林，彪炳史册！值此修訂本出版之際，我們向所有參加過點校工作的前輩學者和出版工作者，表示崇高的敬意，對已故前輩表達深切的懷念，向承擔本次修訂的各位學者專家表示誠摯的謝意，向國家出版基金管理委員會及其辦公室、各史點校和修訂承擔單位、各相關圖書收藏機構，以及關注和支持本次修訂工作的社會各界人士，謹致由衷的謝忱。

中華書局編輯部　二〇一三年七月

點校本遼史修訂前言

一

遼史一百一十六卷，元脱脱等奉敕纂修。包括本紀三十卷，志三十二卷〔一〕，表八卷，傳四十五卷〔二〕，國語解一卷。記載從耶律阿保機即可汗位至遼朝亡國二百餘年（九〇七—一一二五）的歷史，兼及遼末耶律大石建立的西遼，是研究遼朝一代歷史最基本也是最重要的史料。

遼史得以纂修成書，經歷了一個非常曲折的過程。早在元世祖中統二年（一二六一），翰林學士承旨王鶚就曾建言修遼、金二史。南宋亡後，又議修遼、金、宋三史。訖於文宗朝，朝廷屢次議修三史，前後不下六七次之多，但均因正朔義例之爭而不得不擱置。其間的主要分歧是自金朝亡國之日起就已產生的兩種對立觀點：究竟應當獨尊宋爲正統，還是應當將宋與遼金視爲南北朝呢？當時史館中有人主張採用脩端辯遼宋金正統提出的南、北史説，張紳通鑑續編序曰：「曩時朝廷纂修三史，一時士論，雖知宋爲正統，物議以宋勝國而疑之。史臣王理因著三史正統論，推明脩端之言，欲以遼爲北史，金亦爲北史，宋自太祖至靖康爲宋史，建炎以後爲南宋史〔三〕。」但主張獨尊宋統者則堅持應以宋爲本紀，以遼金爲載記。甚至連當時的科舉考試都涉及到了這個問題，元文類卷四七載宋本鄉試策問曰：「趙宋立國三百餘年，遼金二氏與之終始……廷議將併纂三氏之書，爲不刊之典。左氏、史遷之體裁何所法？凡例正朔之予奪何以辨？諸君子其悉著于篇，用備采擇。」可見這確實是元朝士人非常關心的一個話題。

後來虞集提出了一個回避爭論的設想：「間與同列議三史之不得成，蓋互以分合論正統，莫克有定。今當三家各爲書，各盡其言而覈實之，使其事不廢可也，乃若議論則以俟來者。諸公頗以爲然〔四〕。」這一動議的提出，大約是文宗時期的事情。可見三史各自成書的辦法，當時史館中醞釀已久，並非脱脱的發明。直到至正三年（一三四三），時任中書右丞相的脱脱領銜纂修三史都總裁，才最終採納了這種意見。庚申外史卷上云：「先是諸儒議論三國正統，久不決。至是脱脱獨斷曰：『三國各與正統，各繫其年號。』議者遂息。」其中遼史由廉惠山海牙、王沂、徐昺、陳繹曾四人分撰。自至正三年四月至四年三月，前後費時不到一年，遼史就率先告成。

二

關於遼史的史源，馮家昇在遼史源流考一文中進行過較爲深入的探討，他的研究結論是，元修遼史的史源主要出自遼耶律儼皇朝實録和金陳大任遼史，因遼末史料極爲匱乏，又取舊題宋人葉隆禮契丹國志加以補充〔五〕。

遼朝修史制度不甚健全，雖有修起居注、日曆的記載，但似未形成制度，亦未聞有成書者，其官修史書之可考者惟有「實録」而已。據遼史記載，遼朝曾先後四次纂修實録。最早的一次是聖宗統和九年（九九一），室昉等撰進實録二十卷。遼史聖宗紀曰：統和九年正月乙酉，「樞密使、監修國史室昉等進實録，賜物有差」。室昉傳亦云：「表進所撰實録二十卷，手詔褒之。」室昉是時已年過七旬，大概只是以樞密使領銜監修而已，此書主要成於邢抱朴之手。邢抱朴傳謂統和間「遷翰林學士承旨，與室昉同修實録」，即指此事。第二次是興宗重熙十三年（一〇四四），耶律庶成等修成實録二十卷。據遼史興宗紀，是年六月丙申，「詔前南院大王耶律谷欲、翰林都林牙耶律庶成等編集國朝上世以來事蹟」。耶律谷欲傳也説：「奉詔與林牙耶律庶成、蕭韓家奴編遼國上世事跡及諸帝實録，未成而卒。」耶律庶成傳則説：「偕林牙蕭韓家奴等撰實録及禮書。」關於此書斷限及卷數，蕭韓家奴傳説得最清楚：「擢翰林都林牙，兼修國史……（重熙十三年）詔與耶律庶成録遥輦可汗至重熙以來事迹，集爲二十卷，進之。」第三次是道宗大安元年（一〇八五），史官進呈七帝實録，卷數不詳。遼史道宗紀是年十一月辛亥，「史臣進太祖以下七帝實録」，所謂「七帝」，即指太祖至興宗。第四次就是遼末耶律儼修成皇朝實録七十卷。

皇朝實録纂修於道宗壽昌至天祚乾統間。遼史耶律儼傳稱其壽昌間「修皇朝實録七十卷」，又據王師儒墓誌説：「及任宣政殿大學士、判史館事，編修所申，國史已絶筆。宰相耶律儼奏，國史非經大手刊定，不能信後，擬公再加筆削，上從之〔六〕。」這裏所説的「國史」就是指皇朝實録，王師儒於壽昌六年（一一〇〇）授宣政殿大學士、判史館事，時「國史已絶筆」，可知皇朝實録纂成於道宗末年。而遼史天祚紀乾統三年（一一〇三）十一月又有「召監修國史耶律儼纂太祖諸帝實録」的記載，按壽昌六年成書的皇朝實録，其下限當止於興宗朝，乾統三年再修實録，可能是命耶律儼續修道宗一朝。至於其最終成書時間，也是有綫索可稽的。天祚紀乾統六年十二月有「封耶律儼爲漆水郡王，餘官進爵有差」的記載，雖未説明事由，但從時間及封爵對象來判斷，估計此次封爵的起因很可能與皇朝實録成書進呈有關。如上所述，皇朝實録的最終成書時間當在乾統六年，其記事下限應訖於道宗朝，然考之遼史，似又不然。遼史卷四三閏考和卷四四朔考逐年標注耶律儼皇朝實録和陳大任遼史的朔閏，令人意外的是，直至天祚保大年間仍有皇朝實録的相關記載。故皇朝實録的下限究竟止於何時，仍是一個有待考究的問題。

尚需説明的是，遼朝所謂的「實録」，實際上是指紀傳體的國史，而並非爲每位皇帝單獨修撰的編年體實録。如皇朝實録篇目之可考者，既有從太祖至道宗的各朝帝紀，又有部族志、百官志、禮志、儀衛志等，還有后妃傳等列傳〔七〕。其他幾部「實録」雖有記事詳略的不同，但從它們的内容斷限來判斷，大概也都是紀傳體的國史。熟悉中原王朝修史制度的人們也許會心存疑問，爲何會將紀傳體國史稱爲「實録」呢？其實這種情況在遼朝並不奇怪。由於契丹漢化程度有限，像這樣誤用漢式名詞術語的現象在整個遼朝一代都是十分常見的，如宰相、三師、三公、京師等名號的濫用，將「皇太弟」誤稱爲「皇太子」、「皇孫」誤稱爲「皇子」，都是很典型的例子。元朝史官將這種現象稱之爲「沿名之風」，所謂「沿名之風」主要是針對遼朝在漢化過程中簡單機械地效仿漢制的做法而言的，指的是沿襲漢「名」而又「名」不副實的一類現象〔八〕。由此我們不難理解，遼朝爲何會將紀傳體國史稱之爲「實録」。

金朝曾兩度纂修遼史，第一次是在熙宗皇統間，由遼朝遺老耶律固主持修纂，後成於其弟子蕭永祺之手。金史移剌子敬傳曰：「子敬讀書好學，皇統間，特進移剌固修遼史，辟爲掾屬。」蕭永祺傳提供了更爲詳細的情況：「廣寧尹耶律固奉詔譯書，辟置門下，因盡傳其業。固卒，永祺率門弟子服齊衰喪。固作遼史未成，永祺繼之，作紀三十卷、志五卷、傳四十卷，上之。」據此可知，蕭永祺遼史亦爲紀傳體史書，凡七十五卷。據熙宗紀，知此書修成於皇統八年（一一四八），但當時未曾刊行，後來便再無有關此書的任何消息，估計到元修遼史時其稿本早已散佚無存。

金朝第二次纂修的遼史，就是所謂陳大任遼史。章宗即位之初，命臣下重修遼史，金史章宗紀大定二十九年（一一八九）十一月乙亥有「命參知政事移剌履提控刊修遼史」的記載。党懷英傳於此事始末言之最詳：「大定二十九年，與鳳翔府治中郝俣充遼史刊修官，應奉翰林文字移剌益、趙渢等七人爲編修官。凡民間遼時碑銘墓誌及諸家文集，或記憶遼舊事，悉上送官……泰和元年，增修遼史編修官三員，詔分紀、志、列傳，刊修官有改除者，以書自隨……懷英致仕後，章宗詔直學士陳大任繼成遼史云。」關於陳大任與修遼史的情況，章宗紀也有相應的記載：泰和六年（一二〇六）七月丁亥，「勑翰林直學士陳大任妨本職專修遼史」；次年十二月壬寅，「遼史成」。

值得注意的是，這部遼史之纂修，自大定二十九年至泰和七年，前後歷經十八年之久，幾乎貫穿整個章宗一朝。馮家昇指出，這是由於受到章宗朝德運之爭的影響，以致遼史延宕多年不能成書。金末人脩端甚至還有這樣的說法：「（章宗）選官置院，創修遼史。後因南宋獻馘告和，臣下奏言靖康間宋祚已絶，當承宋統，上乃罷修遼史〔九〕。」馮家昇據此認爲，陳大任遼史最後並未真正完成，因泰和七年南宋函韓侂胄首請和，臣下指出金當承宋統而不當承遼統，「上乃罷修遼史」，此事最終不了了之〔一〇〕。不過，這一結論恐怕還值得仔細斟酌。章宗朝的德運之爭，主要是三派意見相持不下：一派是堅持傳統的金德說，一派是主張承宋火德的土德說，一派是主張承遼水德的木德說。自明昌四年至泰和二年，歷經十年的反復論爭，章宗最終選擇了土德，宣稱金滅北宋，趙宋火德已絶，故本朝當承宋統爲土德〔一一〕。既然泰和二年已確定承宋統而不承遼統，當時爲何不罷修遼史，反倒在泰和六年又命陳大任專修遼史？直至南宋開禧北伐失敗後向金求和，經臣下提醒本朝「當承宋統」，這才想起來應罷修遼史，其間周折似不合於情理。如此看來，脩端的上述說法很難讓人相信，大概是出自金末士人的某種傳聞和附會罷了。

幸運的是，耶律儼皇朝實録和陳大任遼史都傳到了元末。遼史禮志序說：「今國史院有金陳大任遼禮儀志，……別得宣文閣所藏耶律儼志。」這裏所謂陳大任遼禮儀志、耶律儼志，就是分別指陳大任遼史禮儀志和耶律儼皇朝實録之禮志。關於皇朝實録在元朝的流播經過，蘇天爵三史質疑曾經談及：「遼人之書，有耶律儼實録，故中書耶律楚材所藏。天曆間，進入奎章閣〔一二〕。」奎章閣始建於天曆二年（一三二九），後於至正元年改名宣文閣。陳大任遼史在泰和七年告成後即隱晦不顯，以至於元好問誤以爲此書已經亡佚：「泰和中，詔修遼史，書成，尋有南遷之變，簡册散失，世復不見〔一三〕。」元世祖至元初，翰林學士承旨王鶚稱：「金實録尚存，善政頗多；遼史散佚，尤爲未備〔一四〕。」可見是時陳大任遼史尚不知所在，後來何時入藏翰林國史院，今已不可考。

前人多以爲元修遼史的史源主要出自耶律儼皇朝實録和陳大任遼史，今天看來，這一認識似乎尚可進一步深化。有迹象表明，元人所修遼史很可能是以陳大任遼史爲藍本，而參之以耶律儼皇朝實録。有學者在研究遼史朔考中的月朔記録時發現，今本遼史本紀主要源自陳大任遼史〔一五〕。不僅是本紀如此，又如屢見於遼史紀、志、表、傳中的道宗「壽隆」年號，本作「壽昌」，今本遼史作「壽隆」者，係陳大任避金諱所改〔一六〕。通檢遼史，除閏考一處記作「壽昌」外，其餘四十餘處均作「壽隆」，這個例證尤能説明問題，可知元修遼史的主要史源是取自陳大任而非耶律儼。

三

對於元人所修遼史，歷來評價不高，如清代學者顧炎武、錢大昕、趙翼及四庫館臣等都曾指陳過它的缺陷，而尤以近人馮家昇的批評最爲尖鋭：「今之廿四史，以遼史成書最速，亦以遼史爲最劣[一七]。」遼史存在的主要問題，可以歸納爲以下兩個方面：

（一）記事每多疏漏，史實不乏錯誤

在歷代正史中，記事疏漏、史實錯誤之類的問題本不足爲奇，不過遼史的情況顯得比較突出。元修遼史之所以屢遭後人詬病，這是一個重要的原因。如遼朝曾經先後幾次更改國號，但遼史中却僅能見到太宗大同元年（九四七）「建國號大遼」的惟一一條記載，故清代學者在這一點上屢屢指責遼史的疏漏。錢大昕廿二史考異卷八三云：「按遼自太宗建國號大遼；至聖宗統和元年，去遼號，仍稱大契丹；道宗咸雍二年，復稱大遼。遼史皆没而不書。」趙翼廿二史劄記卷二七「遼史疏漏處」條也指出：「遼史又有太疏漏者。東都事略記遼太宗建國大遼，聖宗即位，改大遼爲大契丹，道宗又改大契丹爲大遼。改號復號，一朝大事，而遼史不書。」四庫全書總目卷四六遼史提要以遼重熙十六年釋迦佛舍利鐵塔記所稱「大契丹國」來印證東都事略的記載，譏評遼史「於國號之更改尚未詳也」。

又如關於契丹建國年代也是一個很典型的例子，據遼史太祖紀記載，耶律阿保機於公元九〇七年稱帝建國，後於九一六年建元神册。但根據今天的研究，阿保機在九〇七年僅僅是取代遥輦氏可汗成爲契丹部落聯盟長，至九一六年才稱帝建元，建立大契丹國〔一八〕。諸如建國年代及更改國號這樣政治史上的頭等大事，亦或語焉不詳，或記載不確，遼史之疏漏，莫此爲甚。不過，遼史存在的這些問題恐怕不能簡單歸咎於元朝史官，而主要是原始史料的欠缺所造成的。遼朝的修史制度很不完備，已知第一部官修史書是成書於統和九年的室昉實録，時距契丹建國已有七八十年之久，屬於事後追述，自然難免疏漏。

（二）篇幅過於簡略，内容多有重複

遼朝立國二百餘載，若算上西遼則近三百年，其歷史不可謂不長；統治範圍南達燕雲漢地，北至蒙古高原，其空間不可謂不廣。反觀元人所修遼史，雖有一百一十六卷之多，但由於每卷篇幅很短，内容顯得相當簡略。若與同時修成的金史和宋史做一比較，即可看出遼史卷帙的單薄。金史一百三十六卷，文字至少比遼史要多出一倍；宋史四百九十六卷，文字大約是遼史的十倍。而在這有限的篇幅中，内容又多有重複。四庫館臣對此多有批評：「如每年遊幸，既具書於本紀矣，復爲遊幸表一卷；部族之分合，既詳述於營衛志矣，復爲部族表一卷；屬國之貢使，亦具見於本紀矣，復爲屬國表一卷；義宗之奔唐，章肅之爭國，既屢見於紀、志、表矣，復屢書於列傳；文學僅六人，而分爲兩卷；伶官、宦官本無可紀載，而强綴三人〔一九〕。」這些批評不是没有道理的。實際上，除了陳大任遼史和耶律儼皇朝實録原有的篇目外，元人新立的某些志、表、傳，往往是由紀、傳中的相關内容摘録而成的。如百官志、食貨志的内容大都可以從紀、傳中找到出處，且由於抄取不當，内容或有重出，百官志北面官下既有「契丹北樞密院」、「契丹南樞密院」，南面官下又有「漢人樞密院」，其實遼朝只有北樞密院和南樞密院，此漢人樞密院即南樞密院之重出〔二〇〕。另據今人研究，遼史八表中，除了皇子表、公主表源自陳大任遼史皇族傳之外，其他六表多係雜抄諸紀傳而拼凑成文〔二一〕。又如元朝史官新設的二國外記（包括高麗外記和西夏外記），也明顯是摘抄諸帝紀的相關内容而雜糅成篇的。由於遼史本身篇幅就很簡略，加之内容又多重複，這樣就不免會脱漏許多重要的史實。

儘管遼史的整體質量難以令人滿意，但它却具有無可替代的史料價值。專記遼朝一代歷史而幸存於今者，僅遼史和契丹國志兩書而已。契丹國志題名宋人葉隆禮，實爲元代書賈贋作，主要是抄取宋代文獻中的有關記載拼凑而成的二手史料，且以宋人記遼事，大抵皆傳聞之辭，其内容多不可信據〔二二〕。惟有遼史源自遼朝官修史書，是本朝人記本朝事的第一手史料。幸得元人修成這部正史，後人才有可能對遼朝一代歷史有比較系統的了解和認識。

四

遼史修成後，於至正五年與金史同時下江浙、江西行省雕版刷印，「各印造一百部〔二三〕」，此即至正初刻本。根據存世版本情況來看，此次印本應該已經失傳。前人著録有所謂元刊本者，皆不可信。原國立北平圖書館藏有四種明初所刻遼史殘本，被分别稱爲甲、乙、丙、丁種本，傅增湘謂「丁種較早，察字之形體，以此本最佳，當即世所謂至正本也」，但據馮家昇比勘的結果，知「此四種乃據一板而翻刻者也〔二四〕」。又現藏日本静嘉堂文庫的所謂元刊本，皕宋樓藏書志卷一九、儀顧堂續跋卷六及静嘉堂秘籍志卷四均稱爲元槧。今檢出百衲本有誤而永樂大典本不誤者十餘條，與静嘉堂本逐一比勘，結果發現静嘉堂本皆與百衲本相同，且行款、刻工亦無不與百衲本相吻合，惟間有補版葉，如目録第三葉、卷一一五高麗外記第九至十葉，卷一一六國語解第二十五葉等〔二五〕。我們知道，永樂大典所據爲至正初刻本，而百衲本諸底本皆爲明初覆刻本，由是可證静嘉堂本斷非元槧。

永樂大典本遼史是目前能够見到的最接近於至正初刻本原貌的本子。今大典殘本卷五二四八、五二四九、五二五一皆爲「遼」字目，其中包括遼史本紀十五卷（卷五二四八、五二四九爲遼史卷五至一五，卷五二五一前半爲遼史卷二七至三〇），其他各卷中亦保存有部分紀、傳、志、表的内容。相較而言，大典本的質量無疑是最佳的，凡大典本與其他諸本之間的異文，大都以大典本較勝。因此我們有理由相信，永樂大典所依據的底本應是至正初刻本〔二六〕。不過需要注意的是，一般來説，大典整卷抄録遼史者錯誤很少，而節引者則不然。譬如遼史卷十聖宗紀統和三年曰：「閏九月癸酉，命邢抱朴勾檢顯陵。丙子，行次海上。庚辰，重九，駱駝山登高，賜羣臣菊花酒。」但汪曰楨歷代長術輯要、陳垣二十史朔閏表皆謂是年遼閏八月，宋閏九月，原點校本校勘記又據大典卷一二〇四三引此段作「九月丙子，行次海上。庚辰重九，次駱駝山登高，賜羣臣菊花酒」，無「閏」字，斷定是年遼閏八月，此處「閏」字下當有大段脱文。按遼大同元年至統和十二年行後晉調元曆，汪曰楨因其曆術無考，遂借用唐宣明曆加以推算，其推算結果多與史實不符，陳垣則一仍汪氏之舊。今檢大典卷五二四九全録本卷聖宗紀，亦作「閏九月癸酉」，而原點校本校勘記所據大典卷一二〇四三係節引，當奪「閏」字，實不足爲據。

原內閣大庫所藏明初內廷朱絲欄鈔本是一部年代較早的本子，此書原爲國立北平圖書館藏善本，抗戰時期寄存美國國會圖書館，上世紀六十年代運抵臺灣，一度保存於臺北「中央圖書館」，現藏臺北故宮博物院圖書文獻館。此本今存四函十九册，一百一十卷（缺卷九至一四共六卷）。此本每半葉十行，行二十至二十二字不等。每册以黃綾裝潢，天地開闊，紙質甚佳。傅增湘、馮家昇皆以爲明初鈔本，楊家駱更進而推斷其爲「進御講讀之本也[二七]」。今取此本與百衲本、大典本通校，發現與此二者均有較大差異，大體而言，錯訛之處與百衲本互有出入，但不如大典本精良。根據上述情況判斷，此本或是據至正本抄成，但其底本可能不如大典本底本保存完好。此本鈔寫時間應早於明初覆刻本，若在明刊本問世之後，則似無必要多此一舉。

刻於嘉靖八年（一五二九）的南京國子監本，是明中後期直至乾隆間最通行的本子。關於南監本的底本來源，南廱志提供了一點綫索：「本監所藏諸梓多自舊國子學而來也……遼、金二史，原無板者……於吳下購得遼、金二史，亦行刊刻[二八]。」南京國子監的不少書板來自於元集慶路儒學[二九]，但其中並無遼、金二史，嘉靖八年從吳下購得的遼史，很可能是明初覆刻本。南監本校正了底本的一些訛誤，同時又衍生出不少新的問題，雖在當時被讀書人視爲定本，但在今天看來並不是一個理想的本子。由於具有持續旺盛的社會需求，南監本自刊行後直至嘉慶十年（一八〇五）毀於火災，二百餘年間不斷修補刷印。歷次補版之可考者，至少有萬曆四年，崇禎七年，順治十五年至十六年，康熙二十年、三十九年至四十年，乾隆十六年、五十五年等等，蓋不下十餘次。

刻於萬曆三十四年（一六〇六）的北京國子監本，也是一個比較常見的本子。一般認爲，北監本二十一史多以南監本爲底本，遼史看來也不例外，從南監本中新增的訛誤大都爲北監本所沿襲這一點，即可看出兩個本子的源流關係。北監本板刻較工，但刊校質量反不及南監本，不僅很少校正南監本原有的錯誤，且翻刻時或有妄改之處。北監本雖不像南監本那樣屢經修補刷印，但在康熙二十五年（一六八六）做過一次全面的修板，此次修補後的版面特徵明顯，卷一篇目後題「康熙二十五年國子監祭酒臣常錫布、祭酒加一級臣翁叔元、司業臣宋古渾、司業加一級臣達鼐、司業臣彭定求、學正臣王默、典籍臣程大畢奉旨重校修」，並將每卷首葉上書口原有的「萬曆三十四年刊」字樣挖改爲「康熙二十五年重修」或「康熙二十五年重刊」，惟個別卷端仍有漏改者。

乾隆四年（一七三九）刊刻的武英殿本是清代最重要也最有影響的遼史版本，尤其是因爲晚清以後有多種影印本流傳於世，使它取代了南監本的地位，成爲百衲本問世之前最流行的遼史讀本。乾隆殿本據北監本翻刻，但比起南、北監本來，它在校勘方面做了更多的工作，校改了大量底本的錯誤，並在每卷末附有若干條「考證」，其實就是校勘記。書末附有校勘銜名七人：原任詹事陳浩、侍講學士周長發、洗馬陸宗楷、編修孫人龍、主事王文清、知州王祖庚、拔貢生郭世燦。不過按照今天的標準來看，乾隆殿本的校勘很不嚴謹，多有肆意妄改之處。

繼乾隆殿本之後，值得重視的是道光四年（一八二四）刊刻的武英殿本。道光殿本以乾隆殿本爲底本重刻，但北族之人名、官名、地名等皆已據四庫本及欽定遼金元三史國語解改譯，此種改譯本自然不可用，道光殿本的價值主要在於它的考證。在乾隆殿本以及四庫全書本的基礎之上，道光殿本在校勘上下了很大的功夫，從各卷末所附考證條目的數量變化即可看出端倪：如卷一乾隆殿本考證僅五條，道光殿本考證多達三十八條；卷四乾隆殿本考證僅兩條，道光殿本考證則爲三十三條。對於今人來説，道光殿本考證中最有價值的內容，莫過於引據永樂大典本遼史所作的版本校，其中部分條目所引大典今已不存。不過需要指出的是，最早利用大典來校遼史的是四庫全書本[三〇]，道光殿本在很大程度上是繼承了四庫本的校勘成果。

一九三一年商務印書館以數種明初翻刻本殘本配補而成的百衲本遼史，是點校本問世之前最爲通行的版本。關於百衲本的底本，需要在此做一點説明。百衲本遼史標注爲

「景印元刊本」，據張元濟百衲本遼史跋稱：「以此刊本與北京圖書館所藏初刻金史相較，字體絶異，刻工姓名亦無一相合，而與涵芬樓所補之五十五卷較，則字體相類，刻工姓名同者亦有四十六人，是此決非初刻無疑……此在元刊，誠非精本，然求較勝者，竟不可得，瑕不掩瑜，故猶取焉〔三一〕。」按他的説法，此百衲本底本雖非至正初刻本，但仍係元刊本。後來點校本遼史出版説明謂「商務印書館影印的百衲本，係用幾種元末或明初翻刻本殘本拼湊而成」云云，就是因襲了這種説法，只不過説得更加含混罷了。其實，早在趙萬里一九三三年編定的北平圖書館善本書目中，已將百衲本影印的四種遼史殘本明確著録爲明初刻本。王重民指出：「按此本刻工與明初翻刻南北史同，故知爲明初刻本。百衲本『二十四史』所印遼史，除有一二補版不同外，實即此刻本〔三二〕。」尾崎康根據這幾種遼史殘本與明初翻刻金史行款和刻工的高度相似性，更進一步推斷它們均應爲洪武後期覆刻本〔三三〕。按明初覆刻金史是有明確時間可考的，明太祖實録卷二〇六洪武二十三年（一三九〇）十二月甲戌：「福建布政使司進南唐書、金史、蘇轍古史。初，上命禮部遣使購天下遺書，令書坊刊行。至是，三書先成，進之〔三四〕。」由此推斷，遼史覆刻本可能也是出自福建書坊。這個覆刻本的刊校質量並不理想，誠如張元濟跋所説，「是本刊版粗率，訛字亦多」，但由於時代較早，相對而言仍是一種比較接近至正初刻本的本子。

五

中華書局於一九七四年出版的遼史點校本，最初由馮家昇負責整理，後因馮家昇去世，最終由陳述完成了該書的點校工作。遼史一書先天不足，且又缺乏比較理想的善本，點校工作的難度可想而知。經過馮家昇和陳述兩位先生的不懈努力，首次按照現代古籍整理規範完成了一部較爲完善的點校本。經過讀者近四十年的驗證，人們公認，在「二十四史」點校本中，遼史的點校質量堪稱上乘。

據原點校本出版說明，點校工作係以百衲本爲工作本，用乾隆殿本進行通校，以南、北監本和道光殿本進行參校，又用永樂大典所引遼史全部校對一過。所謂「工作本」指的是過去「二十四史」點校採用的一種「不主一本、擇善而從」的整理方式，以致於遼史原點校本既有以百衲本爲底本者，也有不少地方似是以乾隆殿本爲底本，間有採擇失當之處。

此次修訂嚴格遵循以百衲本爲底本的原則，用原內閣大庫所藏明初內廷朱絲欄鈔本及永樂大典殘本進行通校，以南、北監本和乾隆殿本進行參校，並參考吸收了文淵閣四庫全書本和道光殿本的考證內容。此次修訂在版本校的基礎上，充分運用本校、他校等方法，重點利用五代、遼、宋、金、元、高麗文獻進行他校，注意利用出土文獻進行參校。同時充分吸收前人校勘成果，並盡量參考散見於各種書刊的今人相關研究成果。惟限於體例，不能一一標示，謹此一併致謝。

點校本遼史修訂組　二〇一四年九月

〔一〕按百衲本卷首進遼史表、遼史目録及諸志所題皆爲三十一卷，是因爲卷四七、卷四八百官志分題「志第十七上」、「志第十七下」的緣故。

〔二〕百衲本卷首進遼史表及百衲本、明鈔本、南監本、殿本目録皆稱「列傳四十六卷」，乃併國語解計之；而歐陽玄圭齋文集卷一三所載進遼史表及北監本目録均稱「列傳四十五卷」，則未計入國語解。

〔三〕見通鑑續編元刊本卷首，至正二十二年（一三六二）張紳序。

〔四〕道園學古録卷三二送墨莊劉叔熙遠游序，四部叢刊（初編）本。此文作於元統二年（一三三四）。

〔五〕參見馮家昇遼史源流考，見遼史證誤三種，中華書局，一九五九年。此文初刊於遼史源流考與遼史初校，燕京學報專號之五，哈佛燕京學社，一九三三年十二月。按趙翼廿二史劄記卷二七遼史條已有元修遼史「悉本儼、大任二書」的説法，四庫提要亦云「當時所據，惟耶律儼、陳大任二家之書」（見四庫全書總目卷四六遼史提要）。

〔六〕北京圖書館藏中國歷代石刻拓本匯編，中州古籍出版社，一九八九年，第四十五册，第一四二頁。

〔七〕詳見馮家昇遼史源流考，遼史證誤三種，第二五—二九頁。

〔八〕參見邱靖嘉遼太宗朝的「皇太子」名號問題——兼論遼代政治文化的特徵，歷史研究二〇一〇年第六期。

〔九〕脩端辯遼宋金正統，國朝文類卷四五，四部叢刊（初編）本。此文作於蒙古太宗六年（一二三四）。

〔一〇〕馮家昇遼史源流考，遼史證誤三種，第一二—一五頁。

〔一一〕參見劉浦江德運之爭與遼金王朝的正統性問題，中國社會科學二〇〇四年第二期。

〔一二〕蘇天爵滋溪文稿卷二五，中華書局，一九九七年，第四二一頁。

〔一三〕故金漆水郡侯耶律公墓誌銘，國朝文類卷五一。

〔一四〕蘇天爵元朝名臣事略卷一二内翰王文康公（鶚）引墓碑，中華書局，一九九六年，第二三九頁。

〔一五〕參見邱靖嘉遼史曆象志溯源——兼評晚清以來傳統曆譜的系統性缺陷，中華文史論叢二〇一〇一二年第四期，第二五九頁。馮家昇遼史源流考有「今觀脱脱本紀，蓋以大任書爲正，儼書爲輔也」的説法（見遼史證誤三種，第三〇頁），可見他已意識到這個問題。

〔一六〕參見邱靖嘉遼道宗「壽隆」年號探源——金代避諱之新證，中華文史論叢二〇一四年第四期。

〔一七〕馮家昇遼史源流考緒言，遼史證誤三種，第一頁。

〔一八〕參見劉浦江契丹開國年代問題：立足於史源學的考察，中華文史論叢二〇〇九年第四期。

〔一九〕見四庫全書總目卷四六遼史提要。

〔二〇〕參見傅樂焕遼史複文舉例，歷史語言研究所集刊第十六本，一九四八年一月；收入氏著遼史叢考，中華書局，一九八四年。

〔二一〕參見苗潤博契丹國舅别部世系再檢討——兼論遼史諸表的文獻學與史學史價值，史學月刊二〇一四年第四期。按趙翼雖有「遼史立表最善」的評價（見廿二史劄記卷二七），但主要是着眼於史學史的角度，與史料學的評判標準不同。

〔二二〕參見劉浦江關於契丹國志的若干問題，史學史研究一九九二年第二期；契丹國志與大金國志關係試探，中國典籍與文化論叢第一輯，中華書局，一九九三年。

〔二三〕金史公文，見金史點校本附録，中華書局，一九七五年，第二九〇五頁。按金史公文後所列提調官皆爲江浙行省官員，知金史當刻於杭州，據此推斷，遼史似由江西行省刊刻。

〔二四〕馮家昇遼史初校序，遼史證誤三種，第七九—八〇頁。傅增湘語係據馮家昇轉述。

〔二五〕靜嘉堂本由早稻田大學高井康典行先生代爲查閲，謹此銘謝。

〔二六〕至正本板片當已毁於元末戰火，但此次印本明初尚有幸存者。文淵閣書目卷五著録有遼史三部各二十册，又有遼史一部十五册，蓋皆爲至正初刻本，後一種當係殘本。

〔二七〕楊家駱遼史彙編述略，見遼史彙編第一册，第六頁，臺北鼎文書局，一九七三年。

〔二八〕黄佐南廱志卷一八經籍考下梓刻本末，續修四庫全書影印嘉靖二十三年刊本，上海古籍出版社，二〇〇二年，第七四九册，第四二一頁上—下欄。

〔二九〕至正二十五年（一三六五）九月，朱元璋改集慶路儒學爲國子學（見明史卷七三職官志二），故此處稱「舊國子學」。

〔三〇〕參見李偉國、尹小林重審文淵閣四庫全書中「二十四史」之價值，學術月刊二〇一三年第一期。

〔三一〕張元濟校史隨筆「遼史元刊本疑非初刻」條亦同此説，上海商務印書館，一九三八年，第一〇二頁。

〔三二〕王重民中國善本書提要「遼史」，上海古籍出版社，一九八三年，第八五頁。

〔三三〕參見尾崎康正史宋元版の研究，東京汲古書院，一九八九年，第五七七—五七九頁。

〔三四〕明實録，中研院歷史語言研究所校印本，一九六二年，第三〇七五頁。

點校本遼史修訂凡例

一　中華書局一九七四年點校本係採用商務印書館一九三一年以數種明初翻刻本殘本配補而成的百衲本爲工作本，此次修訂以百衲本爲底本，重新加以校勘。

二　修訂所用通校本及簡稱如下：

（一）明鈔本：臺北故宫博物院圖書文獻館藏原内閣大庫所藏明初内廷朱絲欄鈔本（缺卷九至一四共六卷），其影印本見楊家駱主編遼史彙編第一册（臺灣鼎文書局，一九七三年）；

（二）大典引遼史：永樂大典殘本卷五二四八、五二四九、五二五一皆爲「遼」字目，其中包括遼史本紀十五卷（卷五二四八、五二四九爲遼史卷五至一五，卷五二五一前半爲遼史卷二七至三〇），其他各卷中亦保存有部分紀、志、表、傳的内容。

三　修訂所用參校本及簡稱如下：

（一）南監本：北京中華書局圖書館藏明南京國子監刻本（明嘉靖八年刻，清順治十五年至十六年補刊）；

（二）北監本：北京中華書局圖書館藏明北京國子監刻本（明萬曆三十四年刻，清康熙二十五年重修）；

（三）殿本：一九八六年上海古籍出版社、上海書店影印清乾隆四年武英殿校刊本。

四　此次修訂係在原點校本的基礎上進行，原點校本校改之處均一一覆核，校改無誤者予以採納，照録原校勘記或加以增潤；校改不當者予以糾正，並酌情出校説明。

五　修訂本對於原點校本的分段、標點大多加以繼承，少數分段、標點有誤或不妥者則酌情予以修訂。

六　此次修訂以版本校爲基礎，充分運用本校、他校等方法。重點利用五代、遼、宋、金、元、高麗文獻進行他校。同時注意利用出土文獻進行參校，包括漢文及契丹大小字石刻資料。校勘記所引用的石刻資料，凡能找到拓本照片者，均以拓本爲據；無法找到拓本者，盡可能使用比較可靠的録文，具體出處詳見主要參考文獻。

七　凡因底本訛、脱、衍、倒而進行增、删、改者，一般皆出校説明。形近易訛字有版本依據者以及常見的異體字、别字，隨文改正，不出校記。

八　校改原文採取從嚴的原則，凡屬史文撰寫的錯誤，原則上不改，凡屬流傳過程中産生的錯誤，則酌情加以校改，以盡量保存該書原貌。遇有可疑之處均出校存疑，並盡可能提出傾向性意見。

九　充分吸收厲鶚遼史拾遺、楊復吉遼史拾遺補、錢大昕廿二史考異、乾隆殿本考證、道光殿本考證、文淵閣四庫全書本考證、陳漢章遼史索隱、馮家昇遼史初校、羅繼祖遼史校勘記、張元濟百衲本遼史校勘記（已佚，今據原點校本校勘記轉引）、陳述遼史補注（稿本）等前人校勘考訂成果，並盡量吸收散見於各種書刊的今人相關研究成果。凡吸收前人校勘成果或研究成果者，校勘記僅列出書名或篇名，具體出處詳見主要參考文獻。

一〇　遼史所見民族語譯名往往不統一，除譯名差異太大、易滋誤解者外，一般不出校，待將來編製索引時再一併解決。

一一　遼史記載地理沿革及職官制度有欠周詳，以致各卷所見地理建置、官稱職任等内容多有舛誤、歧異，除明確可考者外，一般不出校。

一二　百衲本卷首的修三史詔、進遼史表、三史凡例、修史官員等有關修史的材料，原點校本移作附録，今仍其舊。

一三　新編遼史人名索引、遼史地名索引，將於日後另行出版。

一四　爲行文簡便，校勘記所引文獻部分使用簡稱：

乾隆殿本遼史考證，簡稱乾隆殿本考證。

文淵閣四庫全書本遼史考證，簡稱文淵閣本考證。

道光殿本遼史考證，簡稱道光殿本考證。

陳漢章遼史索隱，簡稱索隱。

張元濟百衲本遼史校勘記，簡稱張校。

馮家昇遼史初校，簡稱馮校。

羅繼祖遼史校勘記，簡稱羅校。

陳述遼史校勘記，簡稱陳校。

册府元龜，簡稱册府。

資治通鑑，簡稱通鑑。

資治通鑑目録，簡稱通鑑目録。

續資治通鑑長編，簡稱長編。

三朝北盟會編，簡稱會編。
建炎以來繫年要録，簡稱繫年要録。
續資治通鑑長編紀事本末，簡稱長編紀事本末。
宋會要輯稿，簡稱宋會要。
文獻通考，簡稱通考。
永樂大典，簡稱大典。
廿二史考異，簡稱考異。
歷代長術輯要，簡稱輯要。
陳垣二十史朔閏表，簡稱陳表。
王仲犖宋書校勘記長編，簡稱宋書王校。
嚴敦杰祖沖之科學著作校釋，簡稱嚴敦杰校釋。

遼史目録

第一册

第二册

第三册

卷七十七 列傳第七

卷七十八 列傳第八

卷七十九 列傳第九

卷八十 列傳第十

卷八十五　列傳第十五

卷八十六　列傳第十六

卷八十七　列傳第十七

附録

遼史卷一

本紀第一

太祖上

太祖大聖大明神烈天皇帝，姓耶律氏，諱億，字阿保機，小字啜里只，契丹迭剌部霞瀨益石烈鄉耶律彌里人〔一〕。德祖皇帝長子，母曰宣簡皇后蕭氏。唐咸通十三年生。初，母夢日墮懷中，有娠。及生，室有神光異香，體如三歲兒，即能匍匐。祖母簡獻皇后異之，鞠爲己子。常匿於別幕，塗其面，不令他人見。三月能行，晬而能言，知未然事。自謂左右若有神人翼衛。雖齠齔，言必及世務。時伯父當國，疑輒咨焉。既長，身長九尺，豐上銳下，目光射人，關弓三百斤。爲撻馬狘沙里。時小黄室韋不附，太祖以計降之。伐越兀及烏古、六奚、比沙狘諸部，克之。國人號阿主沙里。

唐天復元年，歲辛酉，痕德堇可汗立，以太祖爲本部夷离堇，專征討，連破室韋、于厥及奚帥轄剌哥，俘獲甚衆。冬十月，授大迭烈府夷离堇。

明年秋七月，以兵四十萬伐河東代北〔二〕，攻下九郡，獲生口九萬五千，駝、馬、牛、羊不可勝紀。九月，城龍化州于潢河之南，始建開教寺。

明年春，伐女直，下之，獲其户三百。九月，復攻下河東懷遠等軍。冬十月，引軍略至薊北〔三〕，俘獲以還。先是德祖俘奚七千户，徙饒樂之清河，至是創爲奚迭剌部，分十三縣。遂拜太祖于越，總知軍國事。

明年歲甲子，三月，廣龍化州之東城。九月，討黑車子室韋，唐盧龍軍節度使劉仁恭發兵數萬，遣養子趙霸來拒。霸至武州，太祖諜知之，伏勁兵桃山下。遣室韋人牟里詐稱其酋長所遣，約霸兵會平原。既至，四面伏發，擒霸，殲其衆，乘勝大破室韋。

明年七月，復討黑車子室韋。唐河東節度使李克用遣通事康令德乞盟。冬十月，太祖以騎兵七萬會克用于雲州，宴酣，克用借兵以報劉仁恭木瓜澗之役，太祖許之。易袍馬，約爲兄弟。及進兵擊仁恭，拔數州，盡徙其民以歸。

明年二月，復擊劉仁恭。還，襲山北奚，破之。汴州朱全忠遣人浮海奉書幣、衣帶、珍玩來聘。十一月，遣偏師討奚、霫諸部及東北女直之未附者，悉破降之。十二月，痕德堇可汗殂，羣臣奉遺命請立太祖〔四〕。曷魯等勸進。太祖三讓，從之。

元年春正月庚寅，命有司設壇于如迂王集會堝〔五〕，燔柴告天，即皇帝位〔六〕。尊母蕭氏爲皇太后，立皇后蕭氏。北宰相蕭轄剌、南宰相耶律歐里思率羣臣上尊號曰天皇帝，后曰地皇后。庚子，詔皇族承遥輦氏九帳爲第十帳。

二月戊午，以從弟迭栗底爲迭烈府夷离菫。是月，征黑車子室韋，降其八部。

夏四月丁未朔。唐梁王朱全忠廢其主，尋弑之，自立爲帝，國號梁，遣使來告。劉仁恭子守光囚其父，自稱幽州盧龍軍節度使。

秋七月乙酉，其兄平州刺史守奇率其衆數千人來降〔七〕，命置之平盧城。

冬十月乙巳，討黑車子室韋，破之。

二年春正月癸酉朔，御正殿受百官及諸國使朝。辛巳，始置惕隱，典族屬，以皇弟撒剌爲之。河東李克用卒〔八〕，子存勗襲，遣使弔慰。

夏五月癸酉，詔撒剌討烏丸、黑車子室韋。

秋八月壬子，幽州進合歡瓜。

冬十月己亥朔，建明王樓。築長城於鎮東海口。遣輕兵取吐渾叛入室韋者。

三年春正月，幸遼東。

二月丁酉朔，梁遣郎公遠來聘。

三月，滄州節度使劉守文爲弟守光所攻，遣人來乞兵討之。命皇弟舍利素、夷离菫蕭敵魯以兵會守文於北淖口。進至横海軍近淀，一鼓破之，守光潰去。因名北淖口爲會盟口。

夏四月乙卯，詔左僕射韓知古建碑龍化州大廣寺以紀功德〔九〕。

五月甲申，置羊城于炭山之北以通市易。

冬十月己巳，遣鷹軍討黑車子室韋，破之。西北嗢娘改部族進輓車人。

四年秋七月戊子朔，以后兄蕭敵魯爲北府宰相。后族爲相自此始。

冬十月，烏馬山奚庫支及查剌底、鋤勃德等叛，討平之。

五年春正月丙戌朔，日有食之。丙申，上親征西部奚。奚阻險，叛服不常，數招諭弗聽。是役所向輒下，遂分兵討東部奚，亦平之。於是盡有奚、霫之地。東際海，南暨白檀，西踰松漠，北抵潢水，凡五部，咸入版籍。

三月，次灤河，刻石紀功。復略地薊州。

夏四月壬申，遣人使梁。

五月，皇弟剌葛、迭剌、寅底石、安端謀反。安端妻粘睦姑知之，以告，得實。上不忍加誅，乃與諸弟登山刑牲，告天地爲誓而赦其罪。出剌葛爲迭剌部夷离堇，封粘睦姑爲晉國夫人。

秋七月壬午朔，斜離底洎諸蕃使來貢。

八月甲子，劉守光僭號幽州，稱燕。

冬十月戊午，置鐵冶。

十一月壬午，遣人使梁。

六年春正月，以化葛爲惕隱。

二月戊午，親征劉守光。

三月，至自幽州。

夏四月，梁郢王友珪弒父自立〔一〇〕。

秋七月丙午，親征朮不姑，降之，俘獲以數萬計。命弟剌葛分兵攻平州。

八月壬辰，上次恩德山。皇子李胡生。

冬十月戊寅，剌葛破平州，還，復與迭剌、寅底石、安端等反。甲申，遣人使梁致祭。壬辰，還次北阿魯山，聞諸弟以兵阻道，引軍南趨十七濼。是日燔柴。翼日，次七渡河，諸弟各遣人謝罪。上猶矜憐，許以自新。

是歲，以兵討兩冶，以所獲僧崇文等五十人歸西樓，建天雄寺以居之〔一一〕，以示天助雄武。

七年春正月甲辰朔，以用兵免朝。晉王李存勗拔幽州，擒劉守光。甲寅，王師次赤水城，弟剌葛等乞降。上素服，乘赭白馬，以將軍耶律樂姑、轄剌僅阿鉢爲御，解兵器、肅侍衞以受之，因加慰諭。剌葛等引退，上復數遣使撫慰。

二月甲戌朔，梁均王友貞討殺其兄友珪，嗣立。

三月癸丑，次蘆水，弟迭剌哥圖爲奚王，與安端擁千餘騎而至，紿稱入覲。上怒曰：「爾曹始謀逆亂，朕特恕之，使改過自新，尚爾反覆，將不利於朕！」遂拘之。以所部分隸諸軍。而剌葛引其衆至乙室堇淀，具天子旗鼓，將自立，皇太后陰遣人諭令避去。會弭姑乃、懷里陽言車駕且至，其衆驚潰，掠居民北走，上以兵追之。剌葛遣其黨寅底石引兵徑趨行宮，焚其輜重、廬帳〔一二〕，縱兵大殺。皇后急遣蜀古魯救之〔一三〕，僅得天子旗鼓而已。其黨神速姑復劫西樓，焚明王樓。上至土河，秣馬休兵，若不爲意。諸將請急追之，上曰：「俟其遠遁，人各懷土。懷土既切，其心必離，我軍乘之，破之必矣！」盡以先所獲資畜分賜將士，留夷离畢直里姑總政務。

夏四月戊寅，北追剌葛。己卯，次彌里，問諸弟面木葉山射鬼箭厭禳〔一四〕，乃執叛人解里向彼，亦以其法厭之。至達里淀，選輕騎追及培只河，盡獲其黨輜重、生口。先遣室韋及吐渾酋長拔剌、迪里姑等五人分兵伏其前路，命北宰相迪里古爲先鋒進擊之。剌葛率兵逆戰，迪里古以輕兵薄之。其弟遏古只臨陣，射數十人斃，衆莫敢前。相拒至晡，衆乃潰。追至柴河，遂自焚其車乘廬帳而去。前遇拔剌、迪里姑等伏發，合擊，遂大敗之。剌葛奔潰，遺其所奪神帳於路，上見而拜奠之。所獲生口盡縱歸本土。其黨庫古只、磨朵皆面縛請罪。師次札堵河，大雨暴漲。

五月癸丑，遣北宰相迪輦率驍騎先渡。甲寅，奏擒剌葛、涅里袞阿鉢於榆河，前北宰相蕭實魯、寅底石自剄不殊。遂以黑白羊祭天地。壬戌，剌葛、涅里袞阿鉢詣行在，以稾索自縛，牽羊望拜。上還至大嶺。時大軍久出，輜重不相屬，士卒煮馬駒、採野菜以爲食，孳畜道斃者十七八，物賈十倍，器服資貨委棄於楚里河，狼藉數百里，因更刺葛名暴里。丙寅，至庫里，以青牛白馬祭天地。以生口六百、馬二千三百分賜大、小鶻軍。

六月辛巳，至榆嶺，以轄賴縣人掃古非法殘民，磔之。甲申，上登都庵山，撫其先奇首可汗遺跡，徘徊顧瞻而興歎焉。聞獄官涅离擅造大校，人不堪其苦，有至死者，命誅之。壬辰，次狼河，獲逆黨雅里、彌里，生瘞之銅河南軌下。放所俘還，多爲于骨里所掠。上怒，引輕騎馳擊。復遣驍將分道追襲，盡獲其衆并掠者。庚子，次阿敦濼，以養子涅里思附諸弟叛，以鬼箭射殺之。其餘黨六千，各以輕重論刑。于厥掠生口者三十餘人，亦俾贖其罪，放歸本部。至石嶺西，詔收回軍乏食所棄兵仗，召北府兵驗而還之。以夷离堇涅里袞附諸弟爲叛，不忍顯戮，命自投崖而死。

秋八月己卯，幸龍眉宫，轘逆黨二十九人，以其妻女賜有功將校，所掠珍寶、孳畜還主；亡其本物者，命責償其家；不能償者，賜以其部曲。

九月壬戌，上發自西樓。

冬十月庚午，駐赤崖。戊寅，和州回鶻來貢。癸未，乙室府人迪里古、迷骨离部人特里以從逆誅。詔羣臣分決滯訟，以韓知古録其事，只里姑掌捕亡。

十一月，祠木葉山。還次昭烏山，省風俗，見高年，議朝政，定吉凶儀。

十二月戊子，燔柴于蓮花濼。

八年春正月甲辰，以曷魯爲迭剌部夷离堇，忽烈爲惕隱。于骨里部人特离敏執逆黨怖胡、亞里只等十七人來獻，上親鞫之。辭多連宗室及有脅從者，乃杖殺首惡怖胡，餘並原釋。于越率懶之子化哥屢蓄姦謀，上每優容之，而反覆不悛，召父老羣臣正其罪，并其子戮之，分其財以給衛士。有司所鞫逆黨三百餘人，獄既具，上以人命至重，死不復生，賜宴一日，隨其平生之好，使爲之。酒酣，或歌、或舞、或戲射、角觝，各極其意。明日，乃以輕重論刑。首惡剌葛，其次迭剌哥，上猶弟之，不忍置法，杖而釋之。以寅底石、安端性本庸弱，爲剌葛所使，皆釋其罪。前于越赫底里子解里、剌葛妻轄剌已實預逆謀，命皆絞殺之。寅底石妻涅离脅從，安端妻粘睦姑嘗有忠告，並免。因謂左右曰：「諸弟性雖敏黠，而蓄姦稔惡。嘗自矜有出人之智，安忍兇狠，谿壑可塞而貪黷無厭。求人之失，雖小而可恕，謂重如泰山；身行不義，雖入大惡，謂輕於鴻毛。昵比羣小，謀及婦人，同惡相濟，以危國祚。雖欲不敗，其可得乎？北宰相實魯妻餘盧覩姑於國至親，一旦負朕，從于叛逆，未置之法而病死，此天誅也。解里自幼與朕常同寢食，眷遇之厚，冠於宗屬，亦與其父背大恩而從不軌，茲可恕乎！」

秋七月丙申朔，有司上諸帳族與謀逆者三百餘人罪狀，皆棄市。上嘆曰：「致人于死，豈朕所欲。若止負朕躬，尚可容貸。此曹恣行不道，殘害忠良，塗炭生民，剽掠財産。民間昔有萬馬，今皆徒步，有國以來所未嘗有。實不得已而誅之。」

冬十月甲子朔，建開皇殿於明王樓基。

九年春正月，烏古部叛，討平之。

夏六月，幽州軍校齊行本舉其族及其部曲男女三千人請降，詔授檢校尚書、左僕射，賜名兀欲，給其廩食。數日亡去，幽帥周德威納之。及詔索之，德威語不遜，乃議南征。

冬十月戊申，鈎魚于鴨渌江。新羅遣使貢方物，高麗遣使進寶劍，吴越王錢鏐遣滕彦休來貢。

是歲，君基太一神數見，詔圖其像。

神册元年春二月丙戌朔，上在龍化州，迭烈部夷离堇耶律曷魯等率百僚請上尊號，三表乃允。丙申，羣臣及諸屬國築壇州東，上尊號曰大聖大明天皇帝，后曰應天大明地皇后。大赦，建元神册。初，闢地爲壇，得金鈴，因名其地曰金鈴岡。壇側滿林曰册聖林。

三月丙辰，以迭烈部夷离菫曷魯爲阿廬朵里于越，百僚進秩、頒賚有差，賜酺三日。立子倍爲皇太子。

夏四月乙酉朔，晉幽州節度使盧國用來降〔一五〕，以爲幽州兵馬留後。甲辰，梁遣郎公遠來賀。

六月庚寅，吴越王遣滕彦休來貢。

秋七月壬申，親征突厥、吐渾、党項、小蕃、沙陀諸部，皆平之。俘其酋長及其户萬五千六百，鎧甲、兵仗、器服九十餘萬，寶貨、駝馬、牛羊不可勝算。

八月，拔朔州，擒節度使李嗣本。勒石紀功於青塚南。

冬十月癸未朔，乘勝而東。

十一月，攻蔚、新、武、嬀、儒五州，斬首萬四千七百餘級。自代北至河曲踰陰山，盡有其地。遂改武州爲歸化州，嬀州爲可汗州〔一六〕，置西南面招討司，選有功者領之。其圍蔚州，敵樓無故自壞，衆軍大譟乘之，不踰時而破。時梁及吴越二使皆在焉，詔引環城觀之，因賜滕彦休名曰述吕。

十二月，收山北八軍。

二年春二月，晉新州裨將盧文進殺節度使李存矩來降。進攻其城，刺史安金全遁，以文進部將劉殷爲刺史。

三月辛亥，攻幽州，節度使周德威以幽、并、鎮、定、魏五州之兵拒于居庸關之西，合戰於新州東，大破之，斬首三萬餘級，殺李嗣本之子武八[一七]。以后弟阿骨只爲統軍，實魯爲先鋒，東出關略燕、趙，不遇敵而還。己未，于骨里叛，命室魯以兵討之。

夏四月壬午，圍幽州，不克。

六月乙巳，望城中有氣如煙火狀，上曰：「未可攻也。」以大暑霖潦，班師。留曷魯、盧國用守之。刺葛與其子賽保里叛入幽州。

秋八月，李存勗遣李嗣源等救幽州，曷魯等以兵少而還。

三年春正月丙申，以皇弟安端爲大内惕隱，命攻雲州及西南諸部。

二月，達旦國來聘。癸亥，城皇都，以禮部尚書康默記充版築使。梁遣使來聘。晉、吴越、渤海、高麗、回鶻、阻卜、党項及幽、鎮、定、魏、潞等州各遣使來貢。

夏四月乙巳，皇弟迭烈哥謀叛，事覺，知有罪當誅，預爲營壙，而諸戚請免。上素惡其弟寅底石妻涅里衮，乃曰：「涅里衮能代其死，則從。」涅里衮自縊壙中，并以奴女古、叛人曷魯只生瘞其中。遂赦迭烈哥。

五月乙亥，詔建孔子廟、佛寺、道觀。

秋七月乙酉，于越曷魯薨，上震悼久之，輟朝三日，贈賻有加。

冬十二月庚子朔，幸遼陽故城。辛丑，北府宰相蕭敵魯薨。戊午，以于越曷魯弟汙里軫爲迭烈部夷离堇，蕭阿古只爲北府宰相。甲子，皇孫隈欲生。

校勘記

〔一〕契丹迭剌部霞瀨益石烈鄉耶律彌里人　本書卷一一六國語解謂石烈爲鄉，彌里爲鄉之小者。張校引卷四五百官志一「石烈，縣也」，卷四六百官志二「彌里，鄉也」，謂石烈下不應綴鄉字。檢下文太祖七年六月有轄賴縣，卷三三營衛志下有六院部轄懶石烈，均爲「霞瀨益」之異譯。既稱轄賴縣，是亦以石烈爲縣。

〔二〕伐河東代北　「代北」，原作「伐北」，據卷三四兵衛志上及文淵閣本考證、道光殿本考證引大典改。

〔三〕冬十月引軍略至薊北　原作「十月引軍冬略至薊北」，據南監本、北監本、殿本乙正。

〔四〕十二月痕德堇可汗殂羣臣奉遺命請立太祖　五代會要卷二九、册府卷九七二外臣部朝貢五均記有契丹「前國王欽德」於開平二年（遼太祖二年）五月進貢後梁事，欽德即痕德堇之異譯；又通鑑卷二六六後梁紀一太祖開平元年五月丁丑考異引趙志忠虜庭雜紀，謂「八部落主愛其雄勇，遂退其舊主阿輦氏歸本部，立太祖爲王」，「阿輦氏」即「遥輦氏」，亦指痕德堇可汗。皆不云痕德堇可汗卒於是年。

〔五〕如迂王集會堝　本書卷三太宗紀上天顯五年十月作「如迂正集會堝」。

〔六〕即皇帝位　是年阿保機蓋即可汗位，神册元年稱帝。然下文神册元年二月稱上尊號曰大聖大明天皇帝，不云稱帝。

〔七〕其兄平州刺史守奇率其衆數千人來降　「兄」，疑當作「弟」。按册府卷八七九總録部計策二謂「守奇以兄守光奪父政，亡入虜中」；又通鑑卷二六六後梁紀一太祖開平元年四月己酉條亦稱「守光弟守奇奔契丹」，知守奇爲守光之弟。

〔八〕河東李克用卒　「卒」字原闕，據張校補。

〔九〕詔左僕射韓知古建碑龍化州大廣寺以紀功德　本書卷七四韓知古傳，知古拜左僕射在神册後。

〔一〇〕夏四月梁郢王友珪弑父自立　新五代史卷二梁太祖紀下、通鑑卷二六八後梁紀三太祖乾化二年均繫此事於六月。

〔二〕建天雄寺以居之　本書卷三七地理志一謂天顯元年「於内城東南隅建天雄寺」，年代與此不合。

〔三〕焚其輜重廬帳　「重」，原作「其」，據南監本、北監本、殿本改。

〔三〕皇后急遣蜀古魯救之　「蜀古魯」，本書卷五八儀衛志四作「曷古魯」，是。

〔四〕問諸弟面木葉山射鬼箭厭禳　馮校云：「問」當作「聞」。

〔五〕晉幽州節度使盧國用來降　舊五代史卷二八唐莊宗紀二、卷九七盧文進傳，文進字國用，原爲晉王新州將，後梁貞明三年（遼神册二年）降契丹，入遼後署幽州節度使。知此處當爲下文神册二年二月晉新州裨將盧文進來降之重出，且稱「晉幽州節度使」不確。

〔六〕遂改武州爲歸化州嬀州爲可汗州　本書卷四太宗紀下載會同元年十一月改「武州爲歸化州」。卷四一地理志五：「五代時，奚王去諸以數千帳徙嬀州，自别爲西奚，號可汗州；太祖因之。」又金史卷二四地理志上：「嬀川，遼可汗州清平軍，本晉嬀州，會同元年遼太祖嘗名可汗州。」索隱卷一謂：「按太宗紀會同元年改州名，蓋太宗述太祖之故號耳。史文簡略，不足疑。」當是。

〔七〕李嗣本之子武八　「嗣本」，疑當作「嗣恩」。按新、舊五代史李嗣本傳均不稱有子武八。檢舊五代史卷五二李嗣恩傳：「有子二人，長曰武八（中略）戰契丹於新州，殁焉。」

遼史卷二

本紀第二

太祖下

四年春正月丙申，射虎東山。

二月丙寅，修遼陽故城，以漢民、渤海户實之，改爲東平郡，置防禦使。

夏五月庚辰，至自東平郡。

秋八月丁酉，謁孔子廟，命皇后、皇太子分謁寺觀。

九月，征烏古部，道聞皇太后不豫，一日馳六百里還，侍太后，病間，復還軍中。

冬十月丙午，次烏古部，天大風雪，兵不能進，上禱于天，俄頃而霽。命皇太子將先鋒軍進擊，破之，俘獲生口萬四千二百，牛馬、車乘、廬帳、器物二十餘萬。自是舉部來附。

五年春正月乙丑，始製契丹大字。

夏五月丙寅，吳越王復遣滕彥休貢犀角、珊瑚，授官以遣。庚辰，有龍見于拽剌山陽水上，上射獲之，藏其骨內府。

閏六月丁卯，以皇弟蘇爲惕隱，康默記爲夷离畢。

秋八月己未朔，党項諸部叛。辛未，上親征。

九月己丑朔。梁遣郎公遠來聘。壬寅，大字成，詔頒行之。皇太子率迭剌部夷离堇汙里軫等略地雲內、天德。

冬十月辛未，攻天德。癸酉，節度使宋瑤降，賜弓矢、鞍馬、旗鼓，更其軍曰應天。甲戌，班師。宋瑤復叛。丙子，拔其城，擒宋瑤，俘其家屬，徙其民於陰山南。

十二月己未，師還。

六年春正月丙午，以皇弟蘇爲南府宰相，迭里爲惕隱。南府宰相，自諸弟構亂，府之名族多罹其禍，故其位久虛，以鋤得部轄得里、只里古攝之。府中數請擇任宗室，上以舊制不可輒變；請不已，乃告于宗廟而後授之。宗室爲南府宰相自此始。

夏五月丙戌朔，詔定法律，正班爵。丙申，詔畫前代直臣像爲招諫圖，及詔長吏四孟月詢民利病。

六月乙卯朔，日有食之。

冬十月癸丑朔，晉新州防禦使王郁以所部山北兵馬内附。丙子，上率大軍入居庸關。

十一月癸卯，下古北口。丁未，分兵略檀、順、安遠、三河、良鄉、望都、潞、滿城、遂城等十餘城，俘其民徙内地。

十二月癸丑，王郁率其衆來朝，上呼郁爲子，賞賚甚厚，而徙其衆于潢水之南。庚申，皇太子率王郁略地定州，康默記攻長蘆。唐義武軍節度使王處直養子都囚其父[一]，自稱留後。癸亥，圍涿州，有白兔緣壘而上，是日破其郛。癸酉，刺史李嗣弼以城降。乙亥，存勗至定州，王都迎謁馬前。存勗引兵趨望都，遇我軍秃餒五千騎，圍之，存勗力戰數四，不解。李嗣昭領三百騎來救，我軍少却，存勗乃得出，大戰，我軍不利，引歸。存勗至幽州，遣二百騎躡我軍後，我軍反擊，悉擒之。己卯，還次檀州，幽人來襲，擊走之，擒其裨將。詔徙檀、順民于東平、瀋州。

天贊元年春二月庚申，復徇幽、薊地。癸酉，詔改元，赦軍前殊死以下。

夏四月甲寅，攻薊州。戊午，拔之，擒刺史胡瓊，以盧國用、涅魯古典軍民事。壬戌，大饗軍士。癸亥，李存勗圍鎮州，張文禮求援〔二〕，命郎君迭烈、將軍康末怛往擊，敗之，殺其將李嗣昭。辛未，攻石城縣，拔之。

五月丁未，張文禮卒，其子處瑾遣人奉表來謝。

六月，遣鷹軍擊西南諸部，以所獲賜貧民。

冬十月甲子，以蕭霞的爲北府宰相。分迭刺部爲二院：斜涅赤爲北院夷离堇，綰思爲南院夷离堇。詔分北大濃兀爲二部，立兩節度使以統之。

十一月壬寅，命皇子堯骨爲天下兵馬大元帥，略地薊北。

二年春正月丙申，大元帥堯骨克平州，獲刺史趙思温〔三〕、裨將張崇〔四〕。

二月，如平州。甲子，以平州爲盧龍軍，置節度使。

三月戊寅，軍于箭笴山，討叛奚胡損，獲之，射以鬼箭。誅其黨三百人，沉之狗河。置奚墮瑰部，以勃魯恩權總其事。

夏四月己酉，梁遣使來聘，吳越王遣使來貢。癸丑，命堯骨攻幽州，迭刺部夷离堇覿烈徇山西地。庚申，堯骨軍幽州東，節度使符存審遣人出戰，敗之，擒其將裴信父子。

閏月庚辰，堯骨抵鎮州。壬午，拔曲陽。丙戌，下北平。是月，晉王李存勗即皇帝位，國號唐。

五月戊午，堯骨師還。癸亥，大饗軍士，賞賚有差。

六月辛丑，波斯國來貢。

秋七月，前北府宰相蕭阿古只及王郁徇地燕、趙。

冬十月辛未朔，日有食之。己卯，唐兵滅梁。

三年春正月，遣兵略地燕南。

夏五月丙午，以惕隱迭里爲南院夷离菫。是月，徙薊州民實遼州地。渤海殺其刺史張秀實而掠其民。

六月乙酉，召皇后、皇太子、大元帥及二宰相、諸部頭等詔曰：「上天降監，惠及烝民。聖主明王，萬載一遇。朕既上承天命，下統羣生，每有征行，皆奉天意。是以機謀在己，取舍如神，國令既行，人情大附。舛訛歸正，遐邇無愆。可謂大含溟海，安納泰山矣！自我國之經營，爲羣方之父母。憲章斯在，胤嗣何憂？升降有期，去來在我。良籌聖會，自有契於天人；衆國羣王，豈可化其凡骨？三年之後，歲在丙戌，時值初秋，必有歸處。然未終兩事，豈負親誠？日月非遥，戒嚴是速。」聞詔者皆驚懼，莫識其意。是日，大舉征吐渾、党項、阻卜等部。詔皇太子監國，大元帥堯骨從行。

秋七月辛亥，曷刺等擊素昆那山東部族，破之。

八月乙酉，至烏孤山，以鵝祭天。甲午，次古單于國，登阿里典壓得斯山，以麃鹿祭。

九月丙申朔，次古回鶻城，勒石紀功。庚子，拜日于蹛林。丙午，遣騎攻阻卜。南府宰相蘇、南院夷离堇迭里略地西南。乙卯，蘇等獻俘。丁巳，鑿金河水，取烏山石〔五〕，輦致潢河、木葉山，以示山川朝海宗嶽之意。癸亥，大食國來貢。甲子，詔礱闢遏可汗故碑，以契丹、突厥、漢字紀其功。是月，破胡母思山諸蕃部，次業得思山，以赤牛青馬祭天地。回鶻霸里遣使來貢。

冬十月丙寅朔，獵寓樂山，獲野獸數千，以充軍食。丁卯，軍于霸離思山。遣兵踰流沙，拔浮圖城，盡取西鄙諸部。

十一月乙未朔，獲甘州回鶻都督畢離遏，因遣使諭其主烏母主可汗。射虎于烏刺邪里山，抵霸室山。六百餘里且行且獵，日有鮮食，軍士皆給。

四年春正月壬寅，以捷報皇后、皇太子。

二月丙寅，大元帥堯骨略党項。丁卯，皇后遣康末怛問起居，進御服、酒膳。乙亥，蕭阿古只略燕、趙還，進牙旗兵仗。辛卯，堯骨獻党項俘。

三月丙申，饗軍于水精山。

夏四月甲子，南攻小蕃，下之。皇后、皇太子迎謁於札里河。癸酉，回鶻烏母主可汗遣使貢謝。

五月甲寅，清暑室韋北陘。

秋九月癸巳，至自西征。

冬十月丁卯，唐以滅梁來告，即遣使報聘。庚辰，日本國來貢。辛巳，高麗國來貢。

十一月丁酉，幸安國寺，飯僧，赦京師囚，縱五坊鷹鶻。己酉，新羅國來貢。

十二月乙亥，詔曰：「所謂兩事，一事已畢，惟渤海世讎未雪，豈宜安駐！」乃舉兵親征渤海大諲譔。皇后、皇太子、大元帥堯骨皆從。

閏月壬辰，祠木葉山。壬寅，以青牛白馬祭天地于烏山。己酉，次撒葛山，射鬼箭。丁巳，次商嶺，夜圍扶餘府。

天顯元年春正月己未，白氣貫日。庚申，拔扶餘城，誅其守將。丙寅，命惕隱安端、前北府宰相蕭阿古只等將萬騎爲先鋒，遇諲譔老相兵，破之。皇太子、大元帥堯骨、南府宰相蘇、北院夷离堇斜涅赤、南院夷离堇迭里是夜圍忽汗城。己巳，諲譔請降。庚午，駐軍于忽汗城南。辛未，諲譔素服，稾索牽羊，率僚屬三百餘人出降。上優禮而釋之。甲戌，詔諭渤海郡縣。丙子，遣近侍康末怛等十三人入城索兵器，爲邏卒所害。丁丑，諲譔復叛，攻其城，破之。駕幸城中，諲譔請罪馬前。詔以兵衞諲譔及族屬以出。祭告天地，復還軍中。

二月庚寅，安邊、鄚頡、南海、定理等府洎諸道節度、刺史來朝，慰勞遣之。以所獲器幣諸物賜將士。壬辰，以青牛白馬祭天地。大赦，改元天顯。以平渤海遣使報唐。甲午，復幸忽汗城，閱府庫物，賜從臣有差。以奚部長勃魯恩、王郁自回鶻、新羅、吐蕃、党項、室韋、沙陀、烏古等從征有功，優加賞賚〔六〕。丙午，改渤海國爲東丹，忽汗城爲天福。册皇太子倍爲人皇王以主之。以皇弟迭剌爲左大相，渤海老相爲右大相，渤海司徒大素賢爲左次相，耶律羽之爲右次相。赦其國内殊死以下。丁未，高麗、濊貊、鐵驪、靺鞨來貢。

三月戊午，遣夷离畢康默記、左僕射韓延徽攻長嶺府。甲子，祭天。丁卯，幸人皇王宮。己巳，安邊、鄚頡、定理三府叛，遣安端討之。丁丑，三府平。壬午，安端獻俘，誅安邊府叛帥二人。癸未，宴東丹國僚佐，頒賜有差。甲申，幸天福城。乙酉，班師，以大諲譔舉族行。

夏四月丁亥朔，次伞子山。辛卯，人皇王率東丹國僚屬辭。是月，唐養子李嗣源反，郭存謙弑其主存勗〔七〕，嗣源遂即位。

五月辛酉，南海、定理二府復叛，大元帥堯骨討之。

六月丁酉，二府平。丙午，次愼州，唐遣姚坤以國哀來告。

秋七月丙辰，鐵州刺史衞鈞反。乙丑，堯骨攻拔鐵州。庚午，東丹國左大相迭剌卒。辛未，衞送大諲譔于皇都西，築城以居之。賜諲譔名曰烏魯古，妻曰阿里只。盧龍行軍司馬張崇叛，奔唐〔八〕。甲戌，次扶餘府，上不豫。是夕，大星隕于幄前。辛巳平旦，子城上見黃龍繚繞，可長一里，光耀奪目，入于行宮。有紫黑氣蔽天，踰日乃散。是日，上崩，年五十五。天贊三年上所謂「丙戌秋初，必有歸處」，至是乃驗。壬午，皇后稱制，權決軍國事。

八月辛卯，康默記等攻下長嶺府。甲午，皇后奉梓宮西還。壬寅，堯骨討平諸州，奔赴行在。乙巳，人皇王倍繼至。

九月壬戌，南府宰相蘇薨。丁卯，梓宮至皇都，權殯于子城西北。己巳，上謚昇天皇帝，廟號太祖。

冬十月，盧龍軍節度使盧國用叛，奔于唐。

十一月丙寅，殺南院夷离菫耶律迭里、郎君耶律匹魯等。

二年八月丁酉，葬太祖皇帝于祖陵，置祖州天城軍節度使以奉陵寢。統和二十六年七月，進謚大聖大明天皇帝。重熙二十一年九月，加謚大聖大明神烈天皇帝。太祖所崩行宮在扶餘城西南兩河之間，後建昇天殿于此，而以扶餘爲黃龍府云。

贊曰：遼之先，出自炎帝，世爲審吉國，其可知者蓋自奇首云。奇首生都菴山，徙潢河之濱。傳至雅里，始立制度，置官屬，刻木爲契，穴地爲牢。讓阻午而不肯自立。雅里生毗牒。毗牒生頦領。頦領生耨里思，大度寡欲，令不嚴而人化，是爲肅祖。肅祖生薩剌德，嘗與黃室韋挑戰，矢貫數札，是爲懿祖。懿祖生勻德實，始教民稼穡，善畜牧，國以殷富，是爲玄祖。玄祖生撒剌的，仁民愛物，始置鐵冶，教民鼓鑄，是爲德祖，即太祖之父也。世爲契丹遙輦氏之夷离菫，執其政柄。德祖之弟述瀾〔九〕，北征于厥、室韋，南略易、定、奚、霫，始興板築，置城邑，教民種桑麻，習織組，已有廣土衆民之志。而太祖受可汗之禪，遂建國。東征西討，如折枯拉朽。東自海，西至于流沙，北絶大漠，信威萬里，歷年二百，豈一日之故哉！周公誅管、蔡，人未有能非之者。剌葛、安端之亂，太祖既貸其死而復用之，非人君之度乎？舊史扶餘之變，亦異矣夫！

校勘記

〔一〕唐義武軍節度使王處直　「唐」，原作「晉」，據本書卷七五王郁傳、舊唐書卷一八二王處直傳及通鑑卷二六二唐紀七八昭宗光化三年九月癸未改。

〔二〕張文禮求援　下文五月丁未「張文禮卒，其子處瑾遣人奉表來謝」。然新五代史卷五唐莊宗紀下及通鑑卷二七一後梁紀六均王龍德元年均稱張文禮卒於神册六年八月。道光殿本考證謂或文禮雖卒，其子處瑾猶假文禮之名以求援。至契丹拔石城，始知文禮之卒，故於是年五月始書其卒，可備一説。

〔三〕獲刺史趙思温　本書卷七六趙思温傳及秋澗先生大全文集卷四八盧龍趙氏家傳均謂趙思温附遼在神册二年，與此異。

〔四〕張崇　舊五代史卷八八、新五代史卷四七本傳並作「張希崇」。

〔五〕鑿金河水取烏山石　疑「鑿」、「取」二字互舛。

〔六〕以奚部長勃魯恩王郁自回鶻新羅吐蕃党項室韋沙陀烏古等從征有功優加賞賚　此句語義不

明，「自」疑當作「洎」。按本書卷六九部族表天顯元年二月云：「奚部長勃魯恩、王郁從征有功，賞之。」又卷七〇屬國表天顯元年二月云：「回鶻、新羅、吐蕃、党項、沙陀從征有功，賞之。」蓋天顯元年二月賞從征渤海者，勃魯恩、王郁及回鶻等皆在受賞之列。

〔七〕郭存謙弑其主存勗　「存謙」，新五代史卷三七郭從謙傳作「從謙」。

〔八〕盧龍行軍司馬張崇叛奔唐　此事舊五代史卷三九唐明宗紀五及通鑑卷二七六後唐紀五並繫於天成三年（遼天顯三年）閏八月。

〔九〕德祖之弟述瀾　「弟」，疑當作「兄」。按本書卷六四皇子表，玄祖四子，述瀾第三，德祖第四。

遼史卷三

本紀第三

太宗上

太宗孝武惠文皇帝，諱德光，字德謹，小字堯骨。太祖第二子，母淳欽皇后蕭氏。唐天復二年生，神光異常，獵者獲白鹿、白鷹，人以爲瑞。及長，貌嚴重而性寬仁，軍國之務多所取決。

天贊元年，授天下兵馬大元帥，尋詔統六軍南徇地。明年，下平州，獲趙思温、張崇。回破箭笴山胡遜奚，諸部悉降。復以兵掠鎮、定，所至皆堅壁不敢戰。師次幽州，符存審拒于州南，縱兵邀擊，大破之，擒裨將裴信等數十人。及從太祖破于厥里諸部，定河壖党項，下山西諸鎮，取回鶻單于城，東平渤海，破達盧古部，東西萬里，所向皆有功。

天顯元年七月，太祖崩，皇后攝軍國事。明年秋，治祖陵畢。冬十一月壬戌，人皇王倍率羣臣請于后曰：「皇子大元帥勳望，中外攸屬，宜承大統。」后從之。是日即皇帝位。癸亥，謁太祖廟。丙寅，行柴册禮。戊辰，還都。壬申，御宣政殿，羣臣上尊號曰嗣聖皇帝。大赦。有司請改元，不許。十二月庚辰，尊皇太后爲太皇太后，皇后爲應天皇太后，立妃蕭氏爲皇后。禮畢，閱近侍班局。辛巳，諸道將帥辭歸鎮。己丑，祀天地。庚寅，遣使諭諸國。辛卯，閱羣牧于近郊。戊戌，女直遣使來貢。壬寅，謁太祖廟。甲辰，閱旗鼓、客省諸局官屬。丁未，詔選遥輦氏九帳子弟可任官者。

三年春正月己酉，閱北剋兵籍。庚戌，閱南剋兵籍。丁巳，閱皮室、拽剌、墨离三軍。己未，黄龍府羅涅河女直、達盧古來貢。庚午，以王郁爲興國軍節度使，守中書令。

二月，幸長濼。己亥，惕隱涅里衮進白狼。辛丑，達盧古來貢。

三月乙卯，東蒐。癸亥，獵殺𢬵山。乙丑，獵松山。唐義武軍節度使王都遣人以定州來歸。唐主出師討之，使來乞援，命奚秃里鐵剌往救之。

四月戊寅，東巡。己卯，祭麃鹿神。丁亥，於獵所縱公私取羽毛革木之材。甲午，取箭材赤山。丙申，獵三山。鐵剌敗唐將王晏球于定州。唐兵大集，鐵剌請益師。辛丑，命惕隱涅里衮、都統查剌赴之。

五月丙午，建天膳堂。獵索剌山。戊申，至自獵。丁卯，命林牙突吕不討烏古部。己巳，女直來貢。

六月己卯，行瑟瑟禮。

秋七月丁未，突吕不獻討烏古捷。壬子，王都奏唐兵破定州，鐵剌死之，涅里衮、查剌等數十人被執。上以出師非時，甚悔之，厚賜戰殁將校之家。庚午，有事于太祖廟。

八月丙子，突厥來貢。庚辰，詔建應天皇太后誕聖碑于儀坤州。

九月己卯，突吕不遣人獻討烏古俘。癸未，詔分賜羣臣。己丑，幸人皇王倍第。庚寅，遣人使唐。辛卯，再幸人皇王第。癸巳，有司請以上生日爲天授節，皇太后生日爲永寧節。

冬十月癸卯朔，以永寧節，上率羣臣上壽於延和宫。己酉，謁太祖廟。唐遣使遺玉笛。甲子，天授節，上御五鑾殿受羣臣及諸國使賀。

十一月丙子，鼻骨德來貢。辛丑，自將伐唐。

十二月癸卯，祭大地。庚戌，聞唐主復遣使來聘，上問左右，皆白[一]：「唐數遣使來，實畏威也。未可輕舉，觀釁而動可也。」上然之。甲寅，次杏堝，唐使至，遂班師。時人皇王在皇都，詔遣耶律羽之遷東丹民以實東平。其民或亡入新羅、女直，因詔困乏不能遷者，許上國富民給贍而隸屬之。升東平郡爲南京。

四年春正月壬申朔，宴羣臣及諸國使，觀俳優角觝戲。己卯，如瓜堝。

二月庚戌，閱遥輦氏户籍。

三月甲午，望祀羣神。

夏四月辛亥，至自瓜堝。壬子，謁太祖廟。癸丑，謁太祖行宫。甲寅，幸天城軍，謁祖陵。辛酉，人皇王倍來朝。癸亥，録囚。

五月癸酉，謁二儀殿，宴羣臣。女直來貢。戊子，射柳于太祖行宫。癸巳，行瑟瑟禮。

六月丙午，突吕不獻烏古俘。戊申，分賜將士。己酉，西巡。己未，選輕騎數千獵近山。癸亥，駐蹕涼陘。

秋七月庚辰，觀市，曲赦繫囚。甲午，祠太祖而東。

八月辛丑，至自涼陘，謁太祖廟。癸卯，幸人皇王第。己酉，謁太祖廟。

九月庚午，如南京。戊寅，祠木葉山。己卯，行再生禮。癸巳，至南京。

冬十月壬寅，幸人皇王第，宴羣臣。甲辰，幸諸營，閱軍籍。庚戌，以雲中郡縣未下，大閱六軍。甲子，詔皇弟李胡帥師趣雲中討郡縣之未附者。

十一月丙寅朔，以出師告天地。丁卯，餞皇弟李胡于西郊。壬申，命大内惕隱告出師于太祖行宮。甲申，觀漁三叉口。

十二月戊申，女直來貢。戊午，至自南京。

五年春正月庚午，皇弟李胡拔寰州捷至。甲午，朝皇太后。

二月己亥，詔修南京。癸卯，李胡還自雲中，朝于行在。丙午，以先所俘渤海户賜李胡。丙辰，上與人皇王朝皇太后。太后以皆工書，命書于前以觀之。辛酉，召羣臣議軍國事。

三月丙寅，朝皇太后。丁卯，皇弟李胡請赦宗室舍利郎君以罪繫獄者，詔從之。己巳，幸皇叔安端第。辛未，人皇王獻白紵。乙亥，册皇弟李胡爲壽昌皇太子〔二〕，兼天下兵馬大元帥。壬午，以龍化州節度使劉居言同中書門下平章事。乙酉，宴人皇王僚屬便殿。

庚寅，駕發南京。

夏四月乙未，詔人皇王先赴祖陵謁太祖廟。丙辰，會祖陵。人皇王歸國。五月戊辰，詔修褭潭離宮。乙酉，謁太祖廟。六月己亥〔三〕，射柳于行在。乙卯，如沿柳湖。丁巳，拜太祖御容于明殿。己未，敵烈德來貢。

秋七月壬申，烏古來貢。戊子，薦時果于太祖廟。八月丁酉，以大聖皇帝、皇后宴寢之所號日月宮，因建日月碑。丙午，如九層臺。九月己卯，詔舍利普寧撫慰人皇王。庚辰，詔置人皇王儀衞。丁亥，至自九層臺，謁及祖廟〔四〕。

冬十月戊戌，遣使賜人皇王胙。癸卯，建太祖聖功碑于如迂正集會堝〔五〕。甲辰，人皇王進玉笛。十一月戊寅，東丹奏人皇王浮海適唐。

六年春正月甲子，西南邊將以慕化轄戛斯國人來。乙丑，敵烈德來貢。丁卯，如南京。

三月辛未，召大臣議軍國事。丁亥，人皇王倍妃蕭氏率其國僚屬來見。

夏四月己酉，唐遣使來聘。是月置中臺省于南京。

五月乙丑，祠木葉山。乙亥，至自南京。壬午，謁太祖陵。

閏月庚寅，射柳于近郊。

六月壬申，如涼陘。壬午，烏古來貢。

秋七月丁亥，女直來貢。己酉，命將校以兵南略。壬子，薦時果于太祖廟。東幸。

八月庚申，皇子述律生，告太祖廟。辛巳，鼻骨德來貢。

九月甲午，詔修京城。

冬十月丁丑，鐵驪來貢。

十一月乙酉，唐遣使來聘。

十二月甲寅朔，祭太祖廟。丙辰，遣人以詔賜唐盧龍軍節度使趙德鈞。

七年春正月壬辰，征西將軍課里遣拽剌鐸括奏軍事。己亥，唐遣使來聘。癸卯，遣人使唐。戊申，祠木葉山。

二月壬申，拽剌迪德使吴越還，吴越王遣使從，獻寶器。復遣使持幣往報之。

三月己丑，林牙迪离畢指斥乘輿，囚之。丁未，遣使諸國。戊申，上率羣臣朝于皇太后。

夏四月甲戌，唐遣使來聘，致人皇王倍書。己卯，女直來貢。

五月壬午朔，幸祖州，謁太祖陵。

六月戊辰，御製太祖建國碑。戊寅，烏古、敵烈德來貢。庚辰，觀角觝戲。

秋七月辛巳朔，賜中外官吏物有差。癸未，賜高年布帛。丙戌，召羣臣耆老議政。壬辰，唐遣使遺紅牙笙。癸巳，使復至，懼報定州之役也。壬寅，唐盧龍軍節度使趙德鈞遣人進時果。丁未，薦新于太祖廟。

八月壬戌，捕鵝于沿柳湖，風雨暴至，舟覆，溺死者六十餘人，命存恤其家，識以爲戒。戊辰，林牙迪离畢逸囚，復獲而鞫之，知其事本誣構，釋之。

九月庚子，阻卜來貢。

冬十月乙卯，唐遣使來聘。己巳，遣使雲中。

十一月丁亥，遣使存問獲里國。丁未，阻卜貢海東青鶻三十連。

十二月辛亥，以叛人泥离衮家口分賜羣臣。丁巳，西狩，駐蹕平地松林。

八年春正月戊子，女直來貢。庚子，命皇太弟李胡、左威衛上將軍撒割率兵伐党項。癸卯，上親餞之。

二月辛亥，吐谷渾、阻卜來貢。乙卯，剋實魯使唐還，以附獻物分賜羣臣。

三月辛卯，皇太弟討党項勝還，宴勞之。丙申，唐遣使請罷征党項兵，上以戰捷及党項已聽命報之。

夏四月戊午，党項來貢。

五月己丑，獵獨牛山，惕隱迪輦所乘內厩騮馬斃，因賜名其山曰騮山。戊戌，如沿柳湖。

六月甲寅，阻卜來貢。甲子，回鶻阿薩蘭來貢。

秋七月戊寅，行納后禮。癸未，皇子提离古生。丁亥，鐵驪、女直、阻卜來貢。

冬十月乙巳，阻卜來貢。丙午，至自沿柳湖。辛亥，唐遣使來聘。己未，遣拔剌使唐。辛未，烏古吐魯没來貢。

十一月辛丑，太皇太后崩，遣使告哀于唐及人皇王倍。是月，唐主嗣源殂，子從厚立。

十二月丁卯，党項來貢。

九年春正月癸酉，漁于土河。丙申，党項貢駝、鹿。己亥，南京進白麞。

閏月戊午，唐遣使告哀，即日遣使弔祭。壬戌，東幸。女直來貢。

二月壬申，祠木葉山。戊寅，葬太皇太后於德陵。前二日，發喪于菆塗殿，上具衰服以送。後追諡宣簡皇后，詔建碑于陵。

三月癸卯，女直來貢。

夏四月，唐李從珂弒其主自立。人皇王倍自唐上書請討。

五月甲辰，如沿柳湖。癸丑，女直來貢。大星晝隕。

六月己巳朔〔六〕，鼻骨德來貢。辛未，唐李從厚謝弔祭所遣使初至闕。

秋八月壬午，自將南伐。乙酉，拽剌解里手接飛雁，上異之，因以祭天地。

九月庚子，西南星隕如雨。乙卯，次雲州。丁巳，拔河陰。

冬十月丁亥，略地靈丘，父老進牛酒犒師。

十一月辛丑，圍武州之陽城。壬寅，陽城降。癸卯，沣只城降，括所俘丁壯籍于軍。

十二月壬辰，皇子阿鉢撒葛里生，皇后不豫。是月駐蹕百湖之西南。

十年春正月戊申，皇后崩于行在。

二月戊寅，百僚請加追謚，不許。辛巳，宰相涅里衮謀南奔，事覺，執之。

三月戊午，党項來貢。

夏四月，吐谷渾酋長退欲德率衆内附。丙戌，皇太后父族及母前夫之族二帳並爲國舅，以蕭緬思爲尚父領之。

五月甲午朔，始製服行后喪。己丑，録囚。丙午，葬于奉陵。上自製文，謚曰彰德皇后。癸丑，以舍利王庭鶚爲龍化州節度使。

六月乙丑，吐渾來貢。辛未，幸品不里淀。

秋七月乙卯，獵南赤山。

冬十一月丙午，幸弘福寺爲皇后飯僧，見觀音畫像，乃大聖皇帝、應天皇后及人皇王所施，顧左右曰：「昔與父母兄弟聚觀于此，歲時未幾，今我獨來！」悲嘆不已。乃自製文題于壁，以極追感之意。讀者悲之。

十二月庚辰，如金瓶濼，遣拽剌化哥、窟魯里、阿魯掃姑等捉生敵境。

十一年春正月，鈎魚于土河。庚申，如潢河。

三月庚寅朔，女直來貢。

夏四月庚申，謁祖陵。戊辰，還都，謁太祖廟。辛未，燕民之復業者陳汴州事宜。癸酉，女直諸部來貢。癸未，賜回鶻使衣有差。

五月戊戌，清暑沿柳湖。

六月戊午朔，鼻骨德來貢。乙酉，吐谷渾來貢。

秋七月辛卯，烏古來貢。壬辰，蒲割額公主率三河烏古來朝。丙申，唐河東節度使石敬瑭爲其主所討，遣趙瑩因西南路招討盧不姑求救，上白太后曰：「李從珂弒君自立，神人共怒，宜行天討。」時趙德鈞亦遣使至，河東復遣桑維翰來告急〔七〕，遂許興師。

八月己未，遣蕭轄里報河東師期。丙寅，吐谷渾來貢。庚午，自將以援敬瑭。

九月癸巳，有飛鶩自墜而死，南府夷离堇曷魯恩得之以獻〔八〕。卜之，吉。上曰：「此從珂自滅之兆也！」丁酉，入雁門。戊戌，次忻州，祀天地。己亥，次太原。庚子，遣使諭敬瑭曰：「朕興師遠來，當即與卿破賊。」會唐將高行周、符彥卿以兵來拒，遂勒兵陳于太原。及戰，佯爲之却。唐將張敬達、楊光遠又陳于西，未成列，以兵薄之。而行周、彥卿爲伏兵所斷，首尾不相救。敬達、光遠大敗，棄仗如山，斬首數萬級。敬達走保晉安寨，夷离堇的魯與戰，死之。敬瑭率官屬來見，上執手撫慰之。癸卯，圍晉安。甲辰，以的魯子徒离骨嗣爲夷离堇，仍以父字爲名，以旌其忠。南宰相鶻离底、奚監軍寅你已、將軍陪阿臨陳退懦，上召切責之。

冬十月甲子，封敬瑭爲晉王，幸其府。敬瑭與妻李率其親屬捧觴上壽〔九〕。初圍晉安，分遣精兵守其要害，以絶援兵之路。而李從珂遣趙延壽以兵二萬屯團柏谷，范延廣以兵二萬屯遼州〔一〇〕，幽州趙德鈞以所部兵萬餘由上黨趨延壽軍，合勢進擊。知此有備，皆逗遛不進。從珂遂將精騎三萬出次河橋，親督諸軍。然知其不救，但日酣飲悲歌而已。丁卯，召敬瑭至行在所，賜坐。上從容語之曰：「吾三千里舉兵而來，一戰而勝，殆天意也。觀汝雄偉弘大，宜受茲南土，世爲我藩輔。」遂命有司設壇晉陽，備禮册命。

十一月丁酉，册敬瑭爲大晉皇帝。自戊戌至戊申，候騎兩奏南有兵至，復奏西有兵至〔一一〕。命惕隱迪輦洼拒之。敬達在圍八十餘日，内外隔絶，軍儲殆盡，至濯馬糞、屑木以飼馬，馬飢至自相啖其鬉尾，死則以充食。光遠等勸敬達出降，敬達曰：「吾有死而已。爾欲降，寧斬吾首以降。」

閏月甲子，楊光遠、安審琦殺敬達以降。上聞敬達至死不變，謂左右曰：「凡爲人臣，當如此也！」命以禮葬。所降軍士及馬五千匹以賜晉帝。丙寅，祀天地以告成功。庚午，僕射蕭酷古只奏趙德鈞等諸援兵將遁，詔夜發兵追擊。德鈞等軍皆投戈棄甲，自相蹂踐，擠于川谷者不可勝紀。仍命皇太子馳輕騎據險要。追及步兵萬餘，悉降之。辛未，兵度團柏谷，以酒肴祀天地。俄追及德鈞父子，乃率衆降。次潞州，召諸將議，皆請班師，從之。命南宰相解領鶻离底、奚監軍寅你已、將軍陪阿先還。壬申，惕隱洼、林牙迪离畢來獻俘。晉帝辭歸，上與宴飲。酒酣，執手約爲父子。以白貂裘一、厩馬二十、戰馬千二百餞之。命迪离畢將五千騎送入洛。臨別，謂之曰：「朕留此，候亂定乃還耳。」辛巳，晉帝至河陽，李從珂窮蹙，召人皇王倍同死，不從，遣人殺之，乃舉族自焚。詔收其士卒戰歿者瘞之汾水上，以爲京觀。晉命桑維翰爲文，紀上功德。

十二月乙酉朔，遣近侍撻魯存問晉帝。丙戌，以晉安所獲分賜將校。戊子，遣使馳奏皇太后，及報諸道師還。庚寅，發太原。辛卯，聞晉帝入洛，遣郎君解里德撫問。壬辰，次細河，閱降將趙德鈞父子兵馬。戊戌，次雁門，以沙太保所部兵分隸諸將。庚戌，幸應州。癸丑，唐大同、彰國、振武三節度使迎見，留之不遣。

十二年春正月丙辰，次堆子口。唐大同軍節度判官吳巒閉城拒命，遣崔廷勳圍其城。庚申，上親征，至城下諭之，巒降[一二]。辛酉，射鬼箭于雲州北。壬戌，祀天地。癸亥，遣國舅安端發奚西部民各還本土[一三]。丙寅，皇太后遣侍衛實魯趣行，是夕，率輕騎先進。丁丑，皇子述律迎謁于濼河，告功太祖行宫。戊寅，朝于皇太后，進珍玩爲壽。

二月丁亥，以軍前所獲俘叛入幽州者皆斬之。壬寅，詔諸部休養士卒。癸卯，晉遣唐所掠郎君剌哥、文班吏蕭斛里還朝。

三月庚申，晉遣使來貢。丁卯，晉天雄軍節度使范延廣潛遣人請内附，不納。己巳，遣郎君的烈古、梅里迭烈使晉。壬午，晉使及諸國使來見。

夏四月甲申，地震。幸平地松林，觀潢水源。

五月甲寅，幸頻蹕淀。壬申，震開皇殿。

六月甲申，晉遣户部尚書聶延祚等請上尊號，及歸雁門以北與幽、薊之地，仍歲貢帛三十萬疋，詔不許。庚戌，侍中列率言，范延廣叛晉，引兵南向。

秋七月辛亥朔，詔諸部治兵甲。癸丑，幸懷州，謁奉陵。甲子，晉遣使來告范延廣反。庚午，遣耶律襄古皇使晉議軍事〔一四〕。

八月癸未，晉遣使復請上尊號，不許。庚寅，晉及太原劉知遠、南唐李昪各遣使來貢〔一五〕。庚子，晉遣使以都汴及范延廣降來告。

九月壬子，鼻骨德來貢。庚申，遣直里古使晉及南唐。癸亥，朮不姑、女直來貢。辛未，遣使高麗、鐵驪。癸酉，回鶻來貢。

冬十月庚辰朔，皇太后永寧節，晉及回鶻、燉煌諸國皆遣使來賀。壬午，詔回鶻使胡离只、阿剌保，問其風俗。丁亥，諸國使還，就遣蒲里骨皮室胡末里使其國。

十一月己未，遣使求醫于晉。丁卯，鐵驪來貢。

十二月甲申，東幸，祀木葉山。己丑，醫來。

校勘記

〔一〕上問左右皆白　「白」，南監本、北監本、殿本作「曰」。

〔二〕册皇弟李胡爲壽昌皇太子　「皇太子」，諸本皆同。下文天顯十一年閏十一月庚午及會同二年二月戊寅、四年二月丙申、五年二月壬辰亦均作「皇太子」。然太宗紀天顯八年、大同元年，卷一四聖宗紀五統和二十六年及卷七二章肅皇帝李胡傳則作「皇太弟」。

〔三〕六月己亥　「六月」二字原闕。按此處射柳、如沿柳湖兩事，本書卷六八遊幸表皆繫於六月。又據卷四四朔考，五月甲子朔，月内無己亥、乙卯、丁巳、己未，此四日應屬六月。今據補。

〔四〕謁及祖廟　馮校云：「『及』當作『太』」。

〔五〕建太祖聖功碑于如迂正集會堝　本書卷一太祖紀上太祖元年正月庚寅作「如迂王集會堝」。

〔六〕六月己巳朔　本書卷四四朔考，耶律儼作庚午朔，舊五代史卷四六唐末帝紀上同。此作己巳朔，蓋出自陳大任遼史本紀。

〔七〕河東復遣桑維翰來告急　通鑑卷二八〇後晉紀一高祖天福元年七月丙辰謂石敬瑭令桑維翰草表，遣使求救於契丹，舊五代史卷一三七外國列傳一、册府卷三〇九宰輔部佐命二皆謂使者爲何福，契丹國志卷二太宗嗣聖皇帝上引紀異録謂使者爲趙瑩，均無桑維翰如契丹告急事。

〔八〕南府夷离堇曷魯恩　羅校云：「府」當作「院」。

〔九〕敬瑭與妻李率其親屬捧觴上壽　馮校云：「李」下當有「氏」字。

〔一〇〕范延廣以兵二萬屯遼州　「延廣」，新五代史卷五一本傳作「延光」。此蓋避太宗德光諱改。

〔一一〕復奏西有兵至　「奏」，原作「於」，據大典卷四八〇引遼史太宗紀改。

〔一二〕「唐大同軍節度判官吴巒閉城拒命」至「巒降」　本書卷四太宗紀下會同七年正月謂趙延壽圍貝州，太守吴巒投井死，與此異。新五代史卷二九、舊五代史卷九五本傳及通鑑卷二八一後晉紀二、卷二八三後晉紀四俱稱巒守雲中不下，後降石晉，開運元年守貝州，城破投井死。

〔一三〕遣國舅安端發奚西部民各還本土　羅校云：安端，太祖之弟，太宗之叔，不應稱國舅，「國舅」下殆脱「敞穩」二字。

〔一四〕遣耶律褭古皇使晉議軍事　據契丹人名常見用例，此處「褭古皇」疑爲「褭古里」之誤。

〔一五〕晉及太原劉知遠南唐李昪各遣使來貢　據舊五代史卷九九漢高祖紀上、新五代史卷一〇漢高祖紀及通鑑卷二八二後晉紀三天福六年七月，知劉知遠於天福二年（遼天顯十二年）八月爲許州節度使，至六年七月始以河東節度使出鎮太原。此處稱太原劉知遠來貢，恐不確。

遼史卷四

本紀第四

太宗下

會同元年春正月戊申朔，晉及諸國遣使來賀。晉使且言已命和凝撰聖德神功碑。戊辰，遣人使晉。

二月壬午，室韋進白麃。戊子，鐵驪來貢。丁酉，獵松山。戊戌，幸遼河東。丙申，上思人皇王，遣惕隱率宗室以下祭其行宮〔一〕。丁未，詔增晉使所經供億户。

三月壬戌，將東幸，三剋言農務方興，請減輜重，促還期，從之。丙寅，女直來貢。癸酉，東幸。

夏四月戊寅朔，如南京。甲申，女直來貢。乙酉，幸温泉。己丑，還宮，朝于皇太后。

丁酉，女直貢弓矢。己亥，西南邊大詳穩耶律魯不古奏党項捷。

五月甲寅，晉復遣使請上尊號，從之。

六月丙子朔，吐谷渾及女直來貢。辛卯，南唐來貢。癸巳，詔建日月四時堂，圖寫古帝王事于兩廡。

秋七月癸亥，遣使賜晉馬。丁卯，遣鶻离底使晉，梅里了古使南唐。戊辰，遣中臺省右相耶律述蘭迭烈哥使晉，臨海軍節度使趙思温副之〔二〕，册晉帝爲英武明義皇帝。

八月戊子，女直來貢。庚子，吐谷渾、烏孫、靺鞨皆來貢。

九月庚戌，黑車子室韋貢名馬。邊臣奏晉遣守司空馮道、左散騎常侍韋勳來上皇太后尊號，左僕射劉昫〔三〕、右諫議大夫盧重上皇帝尊號，遂遣監軍寅你已充接伴。壬子，詔羣臣及高年，凡授大臣爵秩，皆賜錦袍、金帶、白馬、金飾鞍勒，著于令。

冬十月甲戌朔，遣郎君迪里姑等撫問晉使。壬寅，晉遣使來謝册禮。是日，復有使進獨峰駝及名馬。

十一月甲辰朔，命南北宰相及夷离菫就館賜晉使馮道以下宴。丙午，上御開皇殿，召見晉使。壬子，皇太后御開皇殿，馮道、韋勳册上尊號曰廣德至仁昭烈崇簡應天皇太后。甲子，行再生柴册禮。丙寅，皇帝御宣政殿，劉昫、盧重册上尊號曰睿文神武法天啓運明德章信至道廣敬昭孝嗣聖皇帝。大赦，改元會同。是月，晉復遣趙瑩奉表來賀，以幽、薊、瀛、莫、涿、檀、順、嬀、儒、新、武、雲、應、朔、寰、蔚十六州并圖籍來獻。於是詔以皇都爲上京，府曰臨潢。升幽州爲南京，南京爲東京。改新州爲奉聖州，武州爲歸化州。升北、南二院及乙室夷离堇爲王，以主簿爲令，令爲刺史，刺史爲節度使，二部梯里已爲司徒，達剌干爲副使，麻都不爲縣令，縣達剌干爲馬步。置宣徽、閤門使，控鶴、客省、御史大夫、中丞、侍御、判官、文班牙署、諸宮院世燭，馬羣、遥輦世燭，南北府、國舅帳郎君官爲敞史，諸部宰相、節度使帳爲司空，二室韋闥林爲僕射，鷹坊、監冶等局官長爲詳穩。

十二月戊戌，遣同括、阿鉢等使晉，制加晉馮道守太傅，劉昫守太保，餘官各有差。

二年春正月乙巳，以受晉册，遣使報南唐、高麗。丁未，御開皇殿，宴晉使馮道以下，賜物有差。戊申，晉遣金吾衛大將軍馬從斌、考功郎中劉知新來貢珍幣，命分賜羣臣。丙辰，晉遣使謝免沿邊四州錢幣。

二月戊寅，宴諸王及節度使來賀受册禮者，仍命皇太子、惕隱迪輦餞之。癸巳，謁太祖廟，賜在京吏民物及内外羣臣官賞有差。丁酉，加兼侍中、左金吾衛上將軍王郜檢校太尉。

王。

三月，畋于褭潭之側。戊申，女直來貢。丁巳，封皇子述律爲壽安王，罨撒葛爲太平王。己巳，大賚百姓。

夏四月乙亥，幸木葉山。癸巳，東京路奏狼食人。

五月乙巳，禁南京鬻牝羊出境。思奴古多里等坐盜官物，籍其家。南唐遣使來貢。丁未，以所貢物賜羣臣。戊申，回鶻單于使人乞授官，詔第加刺史、縣令。

六月丁丑，雨雪。是夏，駐蹕頻蹕淀。

秋七月戊申，晉遣使進犀帶。庚戌，吐谷渾來貢。乙卯，敞史阿鉢坐奉使失職，命笞之。

閏月癸未，乙室大王坐賦調不均，以木劍背撻而釋之；并罷南、北府民上供及宰相、節度諸賦役非舊制者。乙酉，遣的烈賜晉烏古良馬。己丑，以南王府二刺史貪蠹，各杖一百，仍繫虞候帳，備射鬼箭；選羣臣爲民所愛者代之。

八月乙丑，晉遣使貢歲幣，奏輸戊、亥二歲金幣于燕京。

九月甲戌，阻卜阿离底來貢。己卯，遣使使晉。

冬十月丁未，上以烏古部水草肥美，詔北、南院徙三石烈戶居之。

十一月丁亥，鐵驪、燉煌並遣使來貢。

十二月庚子，鈎魚于土河。甲子，回鶻使者傔人有以刃相擊者，詔付其使處之。

三年春正月戊子，吴越王遣使來貢。庚寅，人皇王妃來朝。回鶻使乞觀諸國使朝見禮，從之。壬辰，遣陪謁、阿鉢使晉致生辰禮。晉以并、鎮、忻、代之吐谷渾來歸〔四〕。

二月己亥，奚王勞骨寧率六節度使朝貢。庚子，烏古遣使獻伏鹿國俘，賜其部夷离堇旗鼓以旌其功。壬寅，女直來貢。辛亥，墨離鶻末里使回鶻阿薩蘭還，賜對衣勞之。乙卯，鴨渌江女直遣使來覲。

三月戊辰，遣使使晉，報幸南京。己巳，如南京。辛未，命惕隱耶律涅离骨德率萬騎先驅。壬申，次石嶺，以奚王勞骨寧監軍寅你己朝謁不時，切責之。丙子，魯不姑上党項俘獲數。癸未，獵水門，獲白鹿。庚寅，詔扈從擾民者從軍律。甲午，幸薊州。乙未，晉及南唐各遣使來覲。

夏四月庚子，至燕，備法駕，入自拱辰門，御元和殿，行入閤禮。壬寅，遣人使晉。乙巳，幸留守趙延壽别墅。丙午，晉遣宣徽使楊端、王眺等來問起居〔五〕。壬子，御便殿，宴晉及諸國使。丙辰，晉遣使進茶藥。壬戌，御昭慶殿，宴南京羣臣。癸亥，晉遣使賀端午，以所進節物賜羣臣。乙丑，南唐進白龜。

五月庚午，以端午宴羣臣及諸國使，命回鶻、燉煌二使作本俗舞，俾諸使觀之。庚辰，晉遣使進弓矢。甲申，遣皇子天德及檢校司徒邸用和使晉。戊子，閱騎兵于南郊。

六月乙未朔，東京宰相耶律羽之言渤海相大素賢不法，詔僚佐部民舉有才德者代之。丙申，閱步卒于南郊。庚子，晉及轄剌骨只遣使來見。壬寅，駕發燕京，命中書令蕭僧隱部諸道軍于長坐營。癸丑，次奉聖州。甲寅，勞軍士。

秋七月己巳，獵猾底烈山。癸酉，朝于皇太后。丙子，從皇太后視人皇王妃疾。戊寅，人皇王妃蕭氏薨。己卯，以安重榮據鎮州叛晉，詔征南將軍柳嚴邊備。丙戌，徙人皇王行宫于其妃薨所。辛卯，晉遣使請行南郊禮，許之。

八月己亥，詔東丹吏民爲其王倍妃蕭氏服。庚子，阻卜來貢。壬寅，遣使南唐。乙巳，阻卜、黑車子室韋、賃烈等國來貢。南唐遣使求青氊帳，賜之。戊申，以安端私城爲白川州。辛亥，鼻骨德使乞賜爵，以其國相授之。甲寅，阻卜來貢。乙卯，置白川州官屬。丙辰，詔以于諧里河、臚朐河之近地，給賜南院歐堇突呂、乙斯勃，北院温納何剌三石烈人爲農田〔六〕。

九月庚午，侍中崔窮古言：「晉主聞陛下數游獵，意請節之。」上曰：「朕之畋獵，非徒從樂，所以練習武事也。」乃詔諭之。壬午，邊將奏破吐谷渾，擒其長；詔止誅其首惡及其丁壯，餘並釋之。丙戌，晉遣使貢名馬。戊子，女直及吳越王遣使來貢。

冬十月辛丑，遣剋朗使吳越，略姑使南唐。庚申，晉遣使貢布及請親祠南嶽〔七〕，從之。

十一月己巳，南唐遣使奉蠟丸書言晉密事。丁丑，詔有司教民播種紡績。除姊亡妹續之法〔八〕。

十二月壬辰朔，率百僚謁太祖行宫。甲午，燔柴，禮畢，祠于神帳。丙申，遣使使晉。丙辰，詔契丹人授漢官者從漢儀，聽與漢人婚姻。丁巳，詔燕京皇城西南堞建涼殿。

是冬，駐蹕于傘淀。

四年春正月壬戌，以乙室、品卑、突軌三部鰥寡不能自存者，官爲之配。丙子，南唐遣使來貢。庚辰，涅剌、烏隗部獻党項俘獲數。己丑，詔定征党項功。

二月丙申，皇太子獲白麞。甲辰，晉遣使進香藥。丙午〔九〕，鐵驪來貢。丁巳，詔有司編始祖奇首可汗事迹。己未，晉遣楊彦詢來貢，且言鎮州安重榮跋扈狀，遂留不遣。是月，晉鎮州安重榮執遼使者拽剌。

三月，特授回鶻使闊里于越，并賜旌旗、弓劍、衣馬，餘賜有差。癸酉，晉以許祀南郊，遣使來謝，進黄金十鎰。

夏四月己卯〔一〇〕，晉遣使進櫻桃。

五月庚辰，吐谷渾夷离堇蘇等叛入晉。遣牒蠟往諭晉及太原守臣。

六月辛卯，振武軍節度副使趙崇逐其節度使耶律畫里，以朔州叛，附晉。丙午，命宣徽使裹古只赴朔州，以兵圍其城，有晉使至請開壁，即勿聽，驛送闕下。

秋七月癸亥，南唐遣使奉蠟丸書。丙寅，裹古只奏晉遣使至朔令降〔一一〕，守者猶堅壁弗納。且言晉有貢物，命即以所貢物賜攻城將校。己巳，有司奏神纛車有蜂巢成蜜，史占之，吉。壬申，晉遣使進水晶硯。

八月癸巳，南唐奉蠟丸書。庚子，晉遣使進犀弓、竹矢。吴越王遣使奉蠟丸書。

九月壬申，有星孛于晉分。丁丑，幸歸化州。

冬十月辛丑，有司奏燕、薊大熟。癸卯，吴越王遣使來貢。

十一月丙寅，晉以討安重榮來告。庚午，吐谷渾請降，遣使撫諭。阻卜來貢，以其物賜左右。丙子，鴨渌江女直來貢。壬午，以永寧、天授二節及正旦、重午、冬至、臘並受賀，著令。

十二月戊子，晉遣使來告山南節度使安從進反〔一二〕。詔以便宜討之。庚寅，南唐遣使奉蠟丸書。戊戌，晉遣王升鸞來貢。戊申，晉以敗安重榮來告，遂遣楊彥詢歸。辛亥，晉遣使乞罷戍兵，詔惕隱朔古班師。甲寅，攻拔朔州，遣控鶴指揮使諧里勞軍。時裹古只戰歿城下，上怒，命誅城中丁壯，仍以叛民上户三十爲裹古只部曲。

五年春正月丙辰朔，上在歸化州，御行殿受羣臣朝。以諸道貢物進太后及賜宗室百僚。戊午，詔求直言，北王府郎君耶律海思應詔，召對稱旨，特授宣徽使。詔政事令僧隱等以契丹户分屯南邊。戊辰，晉函安重榮首來獻。上數欲親討重榮，至是乃止。癸酉，遣使使晉。是月，晉以朔州平，遣使來賀〔一三〕，遂遣客省使耶律化哥使晉并致生辰禮。

二月壬辰，上將南幸，以諸路有未平者，召太子及羣臣議，皆曰：「今襄、鎮、朔三州雖已平，然吐谷渾爲安重榮所誘，猶未歸命，宜發兵討之，以警諸部。」上曰：「正與朕合。」遂詔以明王隈恩代于越信恩爲西南路招討使以討之〔一四〕，且諭明王宜先練習邊事，而後之官。甲午，如南京。遣使使晉索吐谷渾叛者。乙未，鼻骨德來貢。

三月乙卯朔，晉遣齊州防禦使宋暉業〔一五〕、翰林茶酒使張言來問起居。

閏月，駐蹕陽門。

夏四月甲寅朔，鐵驪來貢，以其物分賜羣臣。丙子，晉遣使進射柳鞍馬。

五月五日戊子〔六〕，禁屠宰。

六月癸丑朔，晉齊王重貴遣使來貢。丁巳，徒覩古、素撒來貢。乙丑，晉主敬瑭殂，子重貴立。戊辰，晉遣使告哀，輟朝七日。庚午，遣使往晉弔祭。丁丑，聞皇太后不豫，上馳入侍，湯藥必親嘗。仍告太祖廟，幸菩薩堂，飯僧五萬人。七月乃愈。

秋七月庚寅，晉遣金吾衞大將軍梁言、判四方館事朱崇節來謝，書稱「孫」，不稱「臣」，遣客省使喬榮讓之〔七〕。景延廣答曰：「先帝則聖朝所立，今主則我國自册。爲鄰爲孫則可，奉表稱臣則不可。」榮還，具奏之，上始有南伐之意。辛卯，阻卜、鼻骨德、烏古來貢。將軍闥德里、蒲骨等率降將轄德至闕，并獻所獲。丁未，晉遣使以祖母哀來告。

八月辛酉，女直、阻卜、烏古各貢方物。甲子，晉復襄州。戊辰，詔河東節度使劉知遠送叛臣烏古指揮使由燕京赴闕。癸酉，遣天城軍節度使蕭拜石弔祭于晉。

九月壬辰，遣使賀晉帝嗣位。

冬十月己巳，徵諸道兵。遣將軍密骨德伐党項。

十一月乙未，武定軍奏松生棗。

十二月癸亥，晉遣使來謝。

是冬，駐蹕赤城。

六年春二月乙卯，晉遣使進先帝遺物。辛酉，晉遣使請居汴，從之。

三月己卯朔，吴越王遣使來貢。甲申，梅里喘引來歸。戊子，南唐遣使奉蠟丸書。丁未，晉至汴，遣使來謝。

夏四月戊申朔，日有食之。

五月己亥，遣使如晉致生辰禮。

六月丁未朔，鐵驪來貢。己未，奚鋤骨里部進白麝。辛酉，莫州進白鵲。晉遣使貢金。

秋八月丁未朔，晉復貢金。己未，如奉聖州。晉遣其子延煦來朝。

冬十一月辛卯，上京留守耶律迪輦得晉諜，知有二心。甲辰，鐵驪來貢。

十二月丁未，如南京，議伐晉。命趙延壽、趙延昭〔一八〕、安端、解里等由滄、恒、易、定分道而進，大軍繼之。

是歲，楊彦昭請移鎮奈濼及新鎮，從之。

七年春正月甲戌朔，趙延壽、延昭率前鋒五萬騎次任丘。丙子，安端入雁門，圍忻、代。己卯，趙延壽圍貝州，其軍校邵珂開南門納遼兵，太守吳巒投井死。己丑，次元城，授延壽魏、博等州節度使，封魏王，率所部屯南樂。丙申，遣兵攻黎陽，晉張彥澤來拒。辛丑，晉遣使來修舊好，詔割河北諸州，及遣桑維翰、景延廣來議。

二月甲辰，攻博州，刺史周儒以城降。晉平盧軍節度使楊光遠密道遼師自馬家口濟河。晉將景延廣命石斌守麻家口，白再榮守馬家口。未幾，周儒引遼軍麻荅營于河東，攻鄆州北津，以應光遠。晉遣李守貞、皇甫遇、梁漢璋、薛懷讓將兵萬人，緣河水陸俱進。遼軍圍晉別將于戚城，晉主自將救之，遼師解去。守貞等至馬家口，麻荅遣步卒萬人築營壘，騎兵萬人守於外，餘兵屯河西。渡未已，晉兵薄之，遼軍不利。

三月癸酉朔，趙延壽言：「晉諸軍沿河置柵，皆畏怯不敢戰。若率大兵直抵澶淵，據其橋梁，晉必可取。」是日，晉兵駐澶淵，其前軍高行周在戚城。乃命延壽、延昭以數萬騎出行周右，上以精兵出其左。戰至暮，上復以勁騎突其中軍，晉軍不能戰。會有諜者言晉軍東面數少，沿河城柵不固，乃急擊其東偏，衆皆奔潰。縱兵追及，遂大敗之。壬午，留趙延昭守貝州，徙所俘户于內地。

夏四月癸丑，還次南京。辛未，如涼陘。

五月癸酉，耶律拔里得奏破德州，擒刺史尹居璠及將吏二十七人。

六月甲辰，黑車子室韋來貢。乙巳，紝没里、要里等國來貢。

秋七月己卯，晉楊光遠遣人奉蠟丸書。辛卯，晉遣張暉奉表乞和，留暉不遣。

八月辛酉，回鶻遣使請婚，不許。是月，晉鎮州兵來襲飛狐，大同軍節度使耶律孔阿戰敗之。

九月庚午朔，北幸。

十月丁未，鼻骨德來貢。壬戌，天授節，諸國進賀，惟晉不至。

十一月壬申，詔徵諸道兵，以閏月朔會温榆河北。

十二月癸卯，南伐。甲子，次古北口。

閏月己巳朔，閱諸道兵於温榆河。己卯，圍恒州，下其九縣。

八年春正月庚子，分兵攻邢、洺、磁三州，殺掠殆盡。入鄴都境。張從恩、馬全節、安審琦兵悉陳于相州安陽水之南。皇甫遇與濮州刺史慕容彦超將兵千騎來覘遼軍。至鄴都，遇遼軍數萬，且戰且却，至榆林店。遼軍繼至，遇與彦超力戰百餘合，遇馬斃，步戰，審琦引騎兵踰水以救，遼軍乃還。

二月，圍魏，晉將杜重威率兵來救。戊子，晉將折從阮陷勝州〔一九〕。

三月戊戌，師拔祁州，殺其刺史沈斌。庚戌，杜重威、李守貞攻泰州。戊午〔一〇〕，趙延壽率前鋒薄泰城。己未，重威、守貞引兵南遁，追至陽城，大敗之。復以步卒爲方陣來拒，與戰二十餘合。壬戌，復搏戰十餘里。癸亥，圍晉兵于白團衛村〔一一〕。晉兵下鹿角爲營。是夕大風。至曙，命鐵鷂軍下馬，拔其鹿角，奮短兵入擊。順風縱火揚塵，以助其勢。晉軍大呼曰：「都招討何不用兵，令士卒徒死！」諸將皆奮出戰。張彥澤、藥元福、皇甫遇出兵大戰，諸將繼至，遼軍却數百步。風益甚，晝晦如夜。符彥卿以萬騎橫擊遼軍，率步卒並進，遼軍不利。上乘奚車退十餘里，晉追兵急，獲一橐駝乘之乃歸。晉兵退保定州。

夏四月甲申，還次南京，杖戰不力者各數百。庚寅，宴將士於元和殿。癸巳，如涼陘。

六月戊辰，回鶻來貢。辛未，吐谷渾、鼻骨德皆來貢。辛巳，黑車子室韋來貢。丁亥，趙延壽奏晉兵襲高陽，戍將擊走之。

秋七月乙卯，獵平地松林。晉遣孟守中奉表請和，仍以前事答之。

八月己巳，詔侍衛蕭素撒閱羣牧于北陘。

九月壬寅，次赤山，宴從臣，問軍國要務，對曰：「軍國之務，愛民爲本。民富則兵足，兵足則國强。」上以爲然。辛酉，還上京。

冬十月辛未，祠木葉山。

十一月戊戌，女直、鐵驪來貢。

十二月癸亥朔，朝謁太祖行宮。乙丑，雲州節度使耶律孔阿獲晉諜者。戊辰，臘，賜諸國貢使衣馬。

九年春正月庚子，回鶻來貢。丁未，女直來貢。

二月戊辰，鼻骨德奏軍籍。

三月己亥，吐谷渾遣軍校恤烈獻生口千户，授恤烈檢校司空。

夏四月辛酉朔，吐谷渾白可久來附。是月，如涼陘。

五月庚戌，晉易州戍將孫方簡請内附〔二二〕。

六月戊子，謁祖陵，更閟神殿爲長思。

秋七月辛亥，詔徵諸道兵，敢傷禾稼者〔二三〕，以軍法論。癸丑，女直來貢。乙卯，以阻卜酋長曷剌爲本部夷离菫。

八月丙寅，烏古來貢。是月，自將南伐。

九月壬辰，閱諸道兵于漁陽西棗林淀。是月，趙延壽與晉張彥澤戰于定州〔二四〕，敗之。

十一月戊子朔，進圍鎮州。丙申，先遣候騎報晉兵至〔二五〕，遣精兵斷河橋，晉兵退保武强。南院大王迪輦〔二六〕、將軍高模翰分兵由瀛州間道以進，杜重威遣貝州節度使梁漢璋率衆來拒。與戰，大敗之，殺梁漢璋。杜重威、張彦澤引兵據中渡橋，趙延壽以步卒前擊，高彦温以騎兵乘之，追奔逐北，殭屍數萬，斬其將王清，宋彦筠墮水死〔二七〕。重威等退保中渡寨。義武軍節度使李殷以城降，遂進兵，夾滹沱而營。去中渡寨三里，分兵圍之，夜則列騎環守，晝則出兵抄掠。復命大内惕隱耶律朔骨里及趙延壽分兵圍守。自將騎卒夜渡河出其後，攻下欒城，降騎卒數千。分遣將士據其要害。下令軍中預備軍食，三日不得舉煙火，但獲晉人，即黥而縱之。諸饋運見者皆棄而走。於是晉兵内外隔絶，食盡勢窮。

十二月丙寅，杜重威、李守貞、張彦澤等率所部二十萬衆來降。上擁數萬騎，臨大阜，立馬以受之。授重威守太傅、鄴都留守，守貞天平軍節度使，餘各領舊職。分降卒之半付重威，半以隸趙延壽。命御史大夫解里、監軍傅桂兒〔二八〕、張彦澤持詔入汴，諭晉帝母李氏，以安其意，且召桑維翰、景延廣先來。留騎兵千人守魏，自率大軍而南。壬申，解里等至汴，晉帝重貴素服拜命，與母李氏奉表請罪。初，重貴絶和好，維翰數諫止之，不從，至是彦澤殺維翰，紿言自經死。詔收葬之，復其田園第宅，仍厚恤其家。甲戌，彦澤遷重貴及其母若妻於開封府署，以控鶴指揮使李榮督兵衛之。壬午，次赤岡。重貴舉族出封丘門，稾索牽羊以待。上不忍臨視，命改館封禪寺。晉百官縞衣紗帽，俯伏待罪。上曰：「其主負恩，其臣何罪。」命領職如故。即授安叔千金吾衛上將軍，叔千出班獨立，上曰：「汝邢州之請，朕所不忘。」乃加鎮國軍節度使，蓋在邢嘗密請內附也。將軍康祥執景延廣來獻，詔以牙籌數其罪，凡八。縶送都，道自殺。

大同元年春正月丁亥朔，備法駕入汴，御崇元殿受百官賀。戊子，以樞密副使劉敏權知開封府〔二九〕，殺秦繼旻、李彥紳及鄭州防禦使楊承勳，以其弟承信爲平盧軍節度使，襲父爵。初，楊光遠在青州求內附，其子承勳不聽，殺其判官丘濤及弟承祚等，自歸于晉，故誅之。己丑，以張彥澤擅徙重貴開封，殺桑維翰，縱兵大掠，不道，斬於市。晉人臠食之。辛卯，降重貴爲崇祿大夫〔三〇〕、檢校太尉，封負義侯。癸巳，以張礪爲平章事，晉李崧爲樞密使，馮道爲太傅，和凝爲翰林學士，趙瑩爲太子太保，劉昫守太保，馮玉爲太子少保。癸卯，遣趙瑩、馮玉、李彥韜將三百騎送負義侯及其母李氏、太妃安氏〔三一〕、妻馮氏、弟重睿、子延煦延寶等于黃龍府安置。仍以其宮女五十人、內宦三人、東西班五十人、醫官一人、控鶴四人、庖丁七人、茶酒司三人、儀鸞三人、健卒十人從之〔三二〕。

二月丁巳朔，建國號大遼，大赦，改元大同。升鎮州爲中京。以趙延壽爲大丞相兼政事令、樞密使、中京留守，中外官僚將士爵賞有差。辛未，河東節度使北平王劉知遠自立爲帝，國號漢。詔以耿崇美爲昭義軍節度使，高唐英爲昭德軍節度使，崔廷勳爲河陽軍節度使，分據要地。

三月丙戌朔，以蕭翰爲宣武軍節度使，賜將吏爵賞有差。壬寅，晉諸司僚吏、嬪御、宦寺、方技、百工、圖籍、曆象、石經、銅人、明堂刻漏、太常樂譜、諸宮縣、鹵簿、法物及鎧仗，悉送上京。磁州帥梁暉以相州降漢，己酉，命高唐英討之。

夏四月丙辰朔，發自汴州，以馮道、李崧、和凝、李澣、徐台符、張礪等從行。次赤岡，夜有聲如雷，起於御幄，大星復隕於旗鼓前。乙丑，濟黎陽渡，顧謂侍臣曰：「朕此行有三失：縱兵掠芻粟，一也；括民私財，二也；不遽遣諸節度還鎮，三也。」皇太弟遣使問軍前事，上報曰：「初以兵二十萬降杜重威、張彥澤，下鎮州。及入汴，視其官屬具員者省之，當其才者任之。司屬雖存，官吏廢墮，猶雛飛之後，徒有空巢。久經離亂，一至於此。所在盜賊屯結，土功不息，餽餉非時，民不堪命。河東尚未歸命，西路酋帥亦相黨附，夙夜以思，制之之術，惟推心庶僚、和協軍情、撫綏百姓三者而已。今所歸順凡七十六處，得户一百九萬百一十八。非汴州炎熱，水土難居，止得一年，太平可指掌而致。且改鎮州爲中京，以備巡幸。欲伐河東，姑俟別圖。其概如此。」戊辰，次高邑，不豫。丁丑，崩于欒城〔三三〕，年四十六。是歲九月壬子朔，葬于鳳山，陵曰懷陵，廟號太宗。統和二十六年七月，上尊謚孝武皇帝。重熙二十一年九月〔三四〕，增謚孝武惠文皇帝。

贊曰：太宗甫定多方，遠近向化。建國號，備典章，至於釐庶政，閱名實，録囚徒，教耕織，配鰥寡。求直言之士，得郎君海思即擢宣徽。嘉唐張敬達忠於其君，卒以禮葬。輟遊豫而納三剋之請，憫士卒而下休養之令。親征晉國，重貴面縛。斯可謂威德兼弘，英略間見者矣。入汴之後，無幾微之驕，有「三失」之訓。傳稱鄭伯之善處勝，書進秦誓之能悔過，太宗蓋兼有之，其卓矣乎！

校勘記

〔二〕丙申上思人皇王遣惕隱率宗室以下祭其行宮　稽訓杰遼史帝紀校讀記謂丙申在丁酉之前，如丙申不誤，則此事當繫於丁酉條前，抑或丙申爲丙午之誤。

〔三〕遣中臺省右相耶律述蘭迭烈哥使晉臨海軍節度使趙思温副之　新五代史卷八晉高祖紀天福三年十月戊寅云「契丹使中書令韓頴來奉册曰英武明義皇帝」，與此異。

〔三〕劉昫　原作「劉煦」，按新五代史卷五五有劉昫傳，又舊五代史卷七七晉高祖紀三天福三年八月戊寅謂「以左僕射劉昫爲契丹册禮使」，今據改。下同。

〔四〕晉以并鎮忻代之吐谷渾來歸　舊五代史卷七九晉高祖紀五、通鑑卷二八二後晉紀三均繫此事於天福六年（遼會同四年）正月丙寅。

〔五〕晉遣宣徽使楊端王眺等來問起居　「王眺」，本書卷五四樂志作「王朓」。

〔六〕詔以于諧里河臚朐河之近地給賜南院歐堇突呂乙斯勃北院温納何剌三石烈人爲農田　本書卷五九食貨志上「于諧里河」作「諧里河」，「温納何剌」作「温納河剌」。又卷三三營衞志下，五院部有甌昆、乙習本石烈，即此「歐堇突呂」、「乙斯勃」；六院部有斡納阿剌石烈，即「温納何剌」。「阿」、「何」二字當有一誤。

〔七〕晉遣使貢布及請親祠南嶽　據本年七月及次年三月紀事，「南嶽」疑當作「南郊」。

〔八〕除姊亡妹續之法　「續」，原作「績」，據殿本改。

〔九〕丙午　原作「丙子」，據文淵閣本考證引大典改。按本書卷四四朔考，是月辛卯朔，月内無丙子。

〔一〇〕夏四月己卯　「己卯」，疑當作「乙卯」。按本書卷四四朔考，是月庚寅朔，月内無己卯。

〔一一〕裹古只奏晉遣使至朔令降　「晉」，原作「請」，據文淵閣本考證引大典改。

〔一二〕晉遣使來告山南節度使安從進反　「山南」下疑闕「東道」二字。按新五代史卷八晉高祖紀天福六年十月及通鑑卷二八二後晉紀三高祖天福六年五月辛巳均稱山南東道節度使安從進謀反，又舊五代史卷八〇晉高祖紀六天福六年十二月丙戌謂「獲山南東道之印」。

〔一三〕遣使來賀　「遣」，原作「請」，據明鈔本及文淵閣本考證引大典改。

〔一四〕遂詔以明王隈恩代于越信恩爲西南路招討使以討之　「隈恩」，原作「隈思」，據明鈔本、南監本、北監本、殿本改。按明王隈恩即安端，卷六四皇子表稱其字猥隱。

〔一五〕齊州防禦使宋暉業　「暉業」，舊五代史卷八〇晉高祖紀六天福七年三月庚申作「光鄴」，此蓋避太宗德光諱改。

〔一六〕五月五日戊子　「戊子」，原作「戊午」，據文淵閣本考證引大典改。按本書卷四四朔考，是月甲申朔，五日爲戊子。

〔一七〕遣客省使喬榮讓之　「喬榮」，舊五代史卷八八景延廣傳、卷一三七契丹傳，册府卷四四六將帥部生事、卷九三五總録部構患，通鑑卷二八三後晉紀四齊王天福八年九月皆同，通鑑考異云：「漢隱帝實録作『喬熒』，陷蕃記作『喬瑩』。今從晉少帝、漢高祖實録，薛史景延廣傳、契丹傳。」

〔一八〕趙延昭　疑當作「趙延照」，參見本書卷七六校勘記〔一〇〕。下文會同七年正月甲戌、三月癸酉及壬午諸條同。

〔一九〕晉將折從阮陷勝州　「勝州」，原作「滕州」，據本書卷四一地理志五及舊五代史卷八三晉少帝紀三開運二年二月戊子、通鑑卷二八四後晉紀五齊王開運二年正月戊申改。又新五代史卷五〇折從阮傳云：「初名從遠，避漢高祖名，改爲阮。」

〔一〇〕戊午　原作「戊子」。據本書卷四四朔考，是月丁酉朔，月内無戊子。按庚戌、己未之間有戊午，且戊午爲己未前一日，與此處敍事相合。又通鑑卷二八四後晉紀五齊王開運二年三月「戊午，契丹至泰州」，知「戊子」當爲「戊午」之誤。今據改。

〔一一〕圍晉兵于白團衞村　「白團衞村」，新五代史卷九晉出帝紀開運二年三月庚申作「衞村」，通鑑卷二八四後晉紀五齊王開運二年三月癸亥考異引漢高祖實録作「白檀」，契丹國志卷三太宗嗣聖皇帝下會同九年四月作「白團村」。

〔一二〕晉易州戍將孫方簡請内附　「孫方簡」，新五代史卷四九有傳，惟「簡」作「諫」，册府卷八二五總録部名字二謂孫方諫「本名下一字犯廟諱，廣順初改焉」，蓋避後周太祖父郭簡諱。又舊五代史卷八四晉少帝紀四及新五代史卷九晉出帝紀均繫此事於開運三年六月，契丹國志卷三太宗嗣聖皇帝下則繫之於會同十年四月，與此異。

〔一三〕敢傷禾稼者　「敢」，南監本、北監本、殿本皆作「故」。

〔一四〕趙延壽與晉張彦澤戰于定州　「晉」字原闕，據明鈔本、南監本、北監本、殿本補。

〔一五〕先遣候騎報晉兵至　「先遣」，文淵閣本考證引大典作「先鋒」。

〔一六〕南院大王迪輦　本書卷七七耶律洼傳，洼字敵輦，會同中遷北院大王。又卷五世宗紀大同元年八月亦云「北院大王洼」。

〔二七〕宋彦筠墮水死　通鑑卷二八五後晉紀六齊王開運三年十二月壬戌云：「彦筠爲契丹所敗，浮水抵岸得免。」又據宋彦筠墓誌，知其卒於後周顯德五年，則不當死於此時此地。

〔二八〕監軍傅桂兒　「桂兒」，舊五代史卷八五晉少帝紀五開運三年十二月癸酉、新五代史卷七二四夷附録一、通鑑卷二八五後晉紀六齊王開運三年十二月戊辰及契丹國志卷三太宗嗣聖皇帝下會同十年十二月均作「住兒」。

〔二九〕戊子以樞密副使劉敏權知開封府　「劉敏」，通鑑卷二八六後漢紀一作「劉密」，且繫此事於天福十二年正月丁亥朔。

〔三〇〕降重貴爲崇禄大夫　「崇禄大夫」，舊五代史卷八五晉少帝紀五開運四年正月辛卯作「光禄大夫」，此蓋避太宗德光諱改。

〔三一〕太妃安氏　「太」、「安」，原作二字空格，據明鈔本及文淵閣本考證、道光殿本考證引大典補。按舊五代史卷八五晉少帝紀五開運四年正月癸卯稱「皇太妃安氏」，通鑑卷二八六後漢紀一高祖天福十二年正月癸卯稱「安太妃」，正與此合。

〔三二〕「仍以其宫女五十人内宦三人」至「健卒十人從之」　舊五代史卷八五晉少帝紀五開運四年正月癸卯及契丹國志卷三太宗嗣聖皇帝下會同十一年正月均作内官三十人、軍健二十人。

〔三三〕丁丑崩于欒城　五代會要卷二九契丹謂太宗卒於四月十八日癸酉；通鑑卷二八六後漢紀一

高祖天福十二年四月丙子謂卒於二十一日丙子，考異引實錄作「二十日乙亥卒」，皆與此異。

〔三四〕重熙二十一年九月「二十一」，原作「三十一」。按重熙無三十一年，本書卷二〇興宗紀三重熙二十一年九月庚申增太宗謚。今據改。

遼史卷五

本紀第五

世宗

世宗孝和莊憲皇帝，諱阮，小字兀欲。讓國皇帝長子，母柔貞皇后蕭氏。帝儀觀豐偉，内寬外嚴，善騎射，樂施予，人望歸之。太宗愛之如子。會同九年，從伐晉。

大同元年二月，封永康王。

四月丁丑，太宗崩於欒城。戊寅，梓宮次鎮陽，即皇帝位於柩前。甲申，次定州，命天德、朔古、解里等護梓宮先赴上京。太后聞帝即位，遣太弟李胡率兵拒之。

六月甲寅朔，次南京，五院夷离堇安端〔一〕、詳穩劉哥遣人馳報，請爲前鋒。至泰德泉，遇李胡軍，戰敗之。上遣郎君勤德等詣兩軍諭解。

秋閏七月，次潢河，太后、李胡整兵拒於橫渡，相持數日。用屋質之謀，各罷兵趨上京。既而聞太后、李胡復有異謀，遷于祖州。誅司徒劃設及楚補里。

八月壬午朔，尊母蕭氏爲皇太后，以太后族剌只撒古魯爲國舅帳，立詳穩以總焉。以崇德宫户分賜翼戴功臣〔二〕，及北院大王洼、南院大王吼各五十，安摶、楚補各百。的魯、鐵剌子孫先以非罪籍没者歸之。癸未，始置北院樞密使，以安摶爲之。

九月壬子朔〔三〕，葬嗣聖皇帝於懷陵。丁卯，行柴册禮，羣臣上尊號曰天授皇帝。大赦，改大同元年爲天禄元年。追謚皇考曰讓國皇帝。以安端主東丹國，封明王，察割爲泰寧王，劉哥爲惕隱，高勳爲南院樞密使。

二年春正月，天德、蕭翰、劉哥、盆都等謀反。誅天德，杖蕭翰，遷劉哥於邊，罰盆都使轄戛斯國。漢主劉知遠殂，子承祐立。

夏四月庚辰朔，南唐遣李朗、王祚來慰且賀，兼奉蠟丸書，議攻漢。

秋七月壬申，皇子賢生。

冬十月壬午，南京留守魏王趙延壽薨，以中臺省右相牒蠟爲南京留守，封燕王。

十一月，駐蹕彰武南。

三年春正月，蕭翰及公主阿不里謀反，翰伏誅，阿不里瘐死獄中。庚申，肆赦。内外官各進一階。

夏六月戊寅，以敞史耶律胡離軫爲北院大王。己卯，惕隱頹昱封漆水郡王。

秋九月辛丑朔，召羣臣議南伐。

冬十月，遣諸將率兵攻下貝州高老鎮，徇地鄴都、南宫、堂陽，殺深州刺史史萬山，俘獲甚衆。

四年春二月辛未，泰寧王察割來朝，留侍。是月，建政事省。

三月戊戌朔，南唐遣趙延嗣、張福等來賀南征捷。

秋九月乙丑朔，如山西。

冬十月，自將南伐，攻下安平、内丘、束鹿等城，大獲而還。

是歲，册皇后蕭氏。

五年春正月癸亥朔，如百泉湖。漢郭威弑其主自立，國號周，遣朱憲來告。即遣使致良馬。漢劉崇自立於太原。

二月，周遣姚漢英、華昭胤來〔四〕，以書辭抗禮，留漢英等。

夏五月壬戌朔，太子太傅趙瑩薨，輟朝一日，命歸葬于汴。詔州縣録事參軍、主簿，委政事省銓注。

六月辛卯朔，劉崇爲周所攻，遣使稱姪，乞援，且求封册。即遣燕王牒蠋、樞密使高勳册爲大漢神武皇帝。南唐遣蔣洪來，乞舉兵應援。是夏，清暑百泉嶺。

九月庚申朔，自將南伐。壬戌，次歸化州祥古山〔五〕。癸亥，祭讓國皇帝于行宮，羣臣皆醉〔六〕。察割反，帝遇弑，年三十四。應曆元年，葬於顯州西山，陵曰顯陵。二年，謚孝和皇帝，廟號世宗。統和二十六年七月，加謚孝和莊憲皇帝。

贊曰：世宗，中才之主也。入繼大統，曾未三年，納唐丸書，即議南伐，既乏持重，宜乖周防，蓋有致禍之道矣。然而孝友寬慈，亦有君人之度焉。未及師還，變起沉湎，豈不可哀也哉！

校勘記

〔一〕五院夷离菫安端　會同元年十一月已改五院、六院夷离菫爲北、南院大王，此時不當有五院夷离菫。又據本卷下文八月壬午及本書卷七七耶律洼傳、耶律吼傳、耶律安摶傳，時任北院大王者乃耶律洼，非安端。

〔二〕以崇德宫户分賜翼戴功臣　崇德宫爲景宗承天皇后宫衞，不應見於世宗朝，或爲應天太后長寧宫之誤。

〔三〕九月壬子朔　「朔」，原作「崩」，據大典卷五二四八引遼史世宗紀、殿本改。

〔四〕周遣姚漢英華昭胤來　「昭胤」，舊五代史卷一一一周太祖紀二廣順元年五月己巳，册府卷九八〇外臣部通好、卷九九八外臣部姦詐均作「光裔」。蓋其本名作「光胤」，周人避遼太宗諱改作「昭胤」，宋人避宋太祖諱改作「光裔」。

〔五〕次歸化州祥古山　「祥古山」，本書卷一一二察割傳作「詳古山」。

〔六〕祭讓國皇帝于行宫羣臣皆醉　本書卷七七耶律屋質傳作「上祭讓國皇帝于行宫，與羣臣皆醉」，馮校、羅校謂「羣」上當有「與」字。

遼史卷六

本紀第六

穆宗上〔一〕

穆宗孝安敬正皇帝，諱璟〔二〕，小字述律。太宗皇帝長子，母曰靖安皇后蕭氏。會同二年，封壽安王。

天祿五年九月癸亥，世宗遇害。逆臣察割等伏誅。丁卯，即皇帝位，羣臣上尊號曰天順皇帝，改元應曆。戊辰，如南京。是月，遣劉承訓告哀于漢。

冬十一月，漢、周、南唐各遣使來弔。乙亥，詔朝會依嗣聖皇帝故事，用漢禮。

十二月甲辰，漢遣使獻弓矢、鞍馬。壬子，鐵驪、鼻骨德皆來貢。

二年春正月戊午朔，南唐遣使奉蠟丸書，及進犀兕甲萬屬。壬戌，太尉忽古質謀逆，伏誅。

二月癸卯，女直來貢。

三月癸亥，南唐遣使奉蠟丸書。丁卯，復遣使來貢。甲申，以耶律撻烈爲南院大王。

夏四月丙戌朔，日有食之。己亥，鐵驪進鷹鶻。

五月丙辰朔，視朝。壬午，南唐遣使來貢。

六月壬辰，國舅政事令蕭眉古得〔三〕、宣政殿學士李澣等謀南奔，事覺，詔暴其罪。乙未，祭天地。壬寅，漢爲周所侵，遣使求援，命中臺省右相高模翰赴之。丁未，命乳媪之兄曷魯世爲阿速石烈夷离堇。

秋七月乙亥，政事令婁國、林牙敵烈、侍中神都、郎君海里等謀亂就執。

八月己丑，眉古得、婁國等伏誅，杖李澣而釋之。

九月甲寅朔，雲州進嘉禾四莖，二穗。戊午，詔以先平察割日，用白黑羊、玄酒祭天，歲以爲常。壬戌，獵炭山。祭天。庚辰，敵烈部來貢。

冬十月甲申朔，漢遣使進葡萄酒。甲午，司徒老古等獻白雉。戊申，回鶻及轄戛斯皆遣使來貢。

十一月癸丑朔，視朝。己巳，地震。己卯，日南至，始用舊制行拜日禮。朔州民進黑兔。

十二月癸未朔，高模翰及漢兵圍晉州。辛卯，以生日，飯僧，釋繫囚〔四〕。甲辰，獵于近郊。祀天地。辛亥，明王安端薨。

三年春閏正月壬午朔，漢以高模翰却周軍，遣使來謝。

二月辛亥朔，詔用嗣聖皇帝舊璽。甲子，太保敵烈修易州城，鎮州以兵來挑戰，却之。

三月庚辰朔，南唐遣使來貢，因附書于漢，詔達之。庚寅，如應州擊鞠。丁酉，漢遣使進毬衣及馬。庚子，觀漁於神德湖。

夏四月庚申，鐵驪來貢。

五月壬寅，漢遣使言石晉樹先帝聖德神功碑爲周人所毀，請再刻，許之。

六月丁卯，應天皇太后崩。

秋七月，不視朝。

八月壬子，以生日，釋囚。己未，漢遣使求援。三河烏古、吐蕃、吐谷渾、鼻骨德皆遣使來貢。

九月庚子，漢遣使貢藥。

冬十月己酉，命太師唐骨德治大行皇太后園陵。李胡子宛、郎君嵇幹、敵烈謀反，事覺，辭逮太平王罨撒葛、林牙華割、郎君新羅等，皆執之。

十一月辛丑，謚皇太后曰貞烈，葬祖陵。漢遣使來會。

是冬〔五〕，駐蹕奉聖州。以南京水，詔免今歲租。

四年春正月戊寅，回鶻來貢。己丑，華割、嵇幹等伏誅，宛及罨撒葛皆釋之。是月，周主威殂，養子晉王柴榮嗣立。

二月丙午朔，周攻漢，命政事令耶律敵禄援之。丙辰，漢遣使進茶藥。幸南京。

夏五月乙亥，忻、代二州叛漢，遣南院大王撻烈助敵禄討之。丁酉，撻烈敗周將符彦卿於忻口。

六月癸亥，撻烈獻所獲。

秋七月乙酉，漢民有爲遼軍誤掠者，遣使來請，詔悉歸之。

九月丙申，漢爲周人所侵，遣使來告。

冬十一月，彰國軍節度使蕭敵烈、太保許從贇奏忻、代二州捷。

十二月辛酉朔〔六〕，謁祖陵。庚午，漢遣使來貢。

是冬，駐蹕杏堝。

五年春正月辛未朔，鼻骨德來貢。

二月庚子朔，日有食之。庚申，漢遣使請上尊號，不許。壬戌，如褭潭。

夏四月己酉，周侵漢，漢遣使求援。癸丑，命郎君蕭海瓈世爲北府宰相。

秋九月庚辰，漢主有疾，遣使來告。

冬十月壬申，女直來貢。丁亥，謁太宗廟。庚寅，南唐遣使來貢。

十一月乙未朔，漢主崇殂，子承鈞遣使來告，且求嗣立。遣使弔祭，遂封册之。

十二月乙丑朔，謁太祖廟。辛巳，漢遣使來議軍事。

六年夏五月丁酉，謁懷陵。

六月甲子，漢遣使來議軍事。

秋七月，不視朝。

九月戊午，謁祖陵。

冬十一月壬寅，鼻骨德來貢。

十二月己未朔，謁太祖廟。

七年春正月庚子，鼻骨德來貢。

二月辛酉，南唐遣使奉蠟丸書。辛未，駐蹕潢河。

夏四月戊午朔，還上京。初，女巫肖古上延年藥方，當用男子膽和之。不數年，殺人甚多。至是，覺其妄。辛巳，射殺之。

五月辛卯，漢遣使來貢。

六月丙辰，周遣使來聘。南唐遣使來貢。

八月己未，周遣使來聘。

是秋，不聽政。

冬十月庚申，獵于七鷹山。

十二月丁巳，詔大臣曰：「有罪者，法當刑。朕或肆怒，濫及無辜，卿等切諫，無或面從。」辛巳，還上京。

八年春二月乙丑，駐蹕潢河。

夏四月甲寅，南京留守蕭思溫攻下沿邊州縣，遣人勞之。

五月，周陷束城縣。

六月辛未，蕭思溫請益兵，乞駕幸燕。

秋七月，獵于拽剌山。迄于九月，射鹿諸山，不視朝。

冬十一月辛酉，漢遣使來告周復來侵。乙丑，使再至。

十二月庚辰，又至。

九年春正月戊辰，駐蹕潢河〔七〕。

夏四月丙戌，周來侵。戊戌，以南京留守蕭思溫爲兵馬都總管擊之。是月，周拔益津、瓦橋、淤口三關。

五月乙巳朔，陷瀛、莫二州。癸亥，如南京。辛未，周兵退。

六月乙亥朔，視朝。戊寅，復容城縣。庚申〔八〕，西幸，如懷州。是月，周主榮殂，子宗訓立。

秋七月，發南京軍戍范陽。

冬十二月戊寅，還上京。庚辰，王子敵烈、前宣徽使海思及蕭達干等謀反，事覺，鞫之。辛巳，祀天地、祖考，告逆黨事敗。丙申，召羣臣議時政。

十年春正月，周殿前都點檢趙匡胤廢周自立，建國號宋。

夏五月乙巳，謁懷陵。壬子，漢以潞州歸附來告。丙寅，至自懷陵。

六月庚申〔九〕，漢以宋兵圍石州來告，遣大同軍節度使阿剌率四部往援，詔蕭思温以三部兵助之。

秋七月己亥朔，宋兵陷石州，潞州復叛，漢使來告〔一〇〕。辛酉，政事令耶律壽遠、太保楚阿不等謀反，伏誅。以酒脯祠天地于黑山。

八月，如秋山，幸懷州。庚午，以鎮茵石狻猊擊殺近侍古哥。

冬十月丙子，李胡子喜隱謀反，辭連李胡，下獄死。

十一月，海思獄中上書，陳便宜。

十一年春二月丙寅，釋喜隱。

三月辛亥〔一一〕，司徒烏里只子迭剌哥誣告其父謀反，復詐乘傳及殺行人，以其父請，杖而釋之。丙辰，蕭思温奏老人星見，乞行赦宥。

閏月甲子，如潢河。

夏四月癸巳朔，日有食之。是月，射鹿，不視朝。

五月乙亥，司天王白、李正等進曆。

六月甲午，赦。

冬十一月，歲星犯月。

十二年春正月甲戌，夜觀燈。

二月己丑朔，以御史大夫蕭護思爲北院樞密使，賜對衣、鞍馬。

夏五月庚午，以旱，命左右以水相沃，頃之，果雨。

六月甲午，祠木葉山及潢河。

秋，如黑山、赤山射鹿。

十三年春正月，自丁巳，晝夜酣飲者九日。丙寅，宋欲城益津關，命南京留守高勳、統軍使崔廷勳以兵擾之〔一二〕。癸酉，殺獸人海里。

二月庚寅，漢遣使來告，欲巡邊徼，乞張聲援。壬辰，如潢河。癸巳，觀羣臣射，賜物有差。乙巳，老人星見。

三月癸丑朔，殺鹿人彌里吉，梟其首以示掌鹿者。

夏四月壬寅，獵于潢河。

五月壬戌，斡朗改國所進花鹿生麛〔一三〕。

六月癸未，近侍傷獐，杖殺之。甲申，殺獐人霞馬。壬辰，詔諸路録囚。

秋七月辛亥朔，漢以宋侵來告。乙丑，薦時羞於廟。

八月甲申，以生日，縱五坊鷹鶻。戊戌，幸近山，呼鹿射之，旬有七日而後返。

九月庚戌朔，以青牛白馬祭天地。飲于野次，終夕乃罷。辛亥，以酒脯祭天地，復終夜酣飲。

冬十月丙申，漢以宋侵來告。

十一月庚午，獵，飲于虞人之家，凡四日。

十二月戊子，射野鹿，賜虞人物有差。庚寅，殺彘人曷主。

校勘記

〔一〕穆宗上　原作「穆宗一」，下卷「穆宗下」原作「穆宗二」，據本書目録及太祖紀、太宗紀卷題例改。卷八、卷九景宗紀同改。

〔二〕穆宗孝安敬正皇帝諱璟　契丹國志卷五穆宗天順皇帝謂穆宗名璟，後更名明，通鑑卷二九〇後周紀一太祖廣順元年九月、長編卷一〇開寶二年十二月、東都事略卷一二三契丹傳亦均稱穆宗名明。陳述遼史避諱表謂遼代石刻及文獻諱「明」而不諱「璟」。

〔三〕國舅政事令蕭眉古得　「蕭眉古得」，舊五代史卷一一二周太祖紀三廣順二年六月壬寅、宋史卷二六二李澣傳作「蕭海貞」，册府卷七六二總録部忠義三、通鑑卷二九〇後周紀一太祖廣順二年六月己亥及契丹國志卷五穆宗天順皇帝並作「蕭海真」。蓋一爲契丹語小名，一爲契丹語第二名。

〔四〕以生日飯僧釋繫囚　本書卷三太宗紀上謂穆宗生於天顯六年八月庚申，下文應曆三年、十三年、十四年、十七年生日皆在八月，此作十二月疑誤，或「生日」上有脱文。

〔五〕是冬　「是」字原闕，今依例補。

〔六〕十二月辛酉朔　「辛酉」疑誤。按次年正月辛未朔，是年十二月當爲辛丑朔。

〔七〕駐蹕潢河　「潢」，原作「漢」，據大典卷五二四八引遼史穆宗紀改。

〔八〕庚申　道光殿本考證謂是月乙亥朔，不應有庚申日。

〔九〕庚申　本書卷四四朔考，是月己巳朔，不應有庚申日。

〔一〇〕「六月庚申漢以宋兵圍石州來告」至「漢使來告」　長編卷一建隆元年，是年三月己巳，宋昭義軍節度使李筠以潞、澤二州附漢，六月宋復二州，不言陷石州事。

〔一一〕三月辛亥　「三月」二字原闕，按本書卷四四朔考，二月乙丑朔，推至辛亥計四十七日，已入三月，今補。

〔一二〕統軍使崔廷勳以兵擾之　「廷勳」，原作「延勳」，據本書太宗紀天顯十二年正月丙辰、大同元年二月辛未及舊五代史卷九八崔廷勳傳改。

〔一三〕斡朗改國所進花鹿生麛　此句疑有闕文。按本書卷七〇屬國表作「斡朗改國進花鹿生麛，視之」。

遼史卷七

本紀第七

穆宗下

十四年春正月戊寅朔，奉安神纛。戊戌，漢以宋將來襲，馳告。

二月壬子，詔西南面招討使撻烈進兵援漢。癸亥，如潢河。戊辰，支解鹿人没答、海里等七人于野，封土識其地。己巳，如老林東濼。壬申，漢以敗宋兵石州來告。

夏四月丁巳，漢以擊退宋軍，遣使來謝。是月，黄龍府甘露降。

五月，射舐鹻鹿于白鷹山，至于浹旬。

六月丙午朔，獵于玉山，竟月忘返。

秋七月壬辰，以酒脯祀黑山。

八月乙巳，如磑子嶺，呼鹿射之，獲鹿四，賜虞人女瓌等物有差。丁未，還宫。戊申，以生日值天赦，不受賀，曲赦京師囚。乙卯，録囚。

九月，黄室韋叛。

冬十月丙午，近侍烏古者進石錯，賜白金二百五十兩。丙辰，以掌鹿矧思代斡里爲閘撒狘，賜金帶、金盞，銀二百兩，所隸死罪以下得專之。

十一月壬午，日南至，宴飲達旦。自是晝寢夜飲。殺近侍小六於禁中。

十二月丙午，以黑兔祭神。烏古叛，掠民財畜。詳穩僧隱與戰，敗績，僧隱及乙實等死之。

十五年春正月己卯，以樞密使雅里斯爲行軍都統，虎軍詳穩楚思爲行軍都監，益以突吕不部軍三百，合諸部兵討之。烏古夷离堇子勃勒底獨不叛，詔褒之。是月，老人星見。

二月壬寅朔，日有食之。上東幸。甲寅，以獲鴨，除鷹坊刺面、腰斬之刑，復其徭役。是月，烏古殺其長窣離底，餘衆降，復叛。

三月癸酉，近侍東兒進匕筯不時，手刃刺之。丁丑，大黄室韋酋長寅尼吉叛。癸未，五坊人四十户叛入烏古。癸巳，虞人沙剌迭偵鵝失期，加炮烙、鐵梳之刑而死。

夏四月乙巳，小黃室韋叛，雅里斯、楚思等擊之，爲室韋所敗，遣使詰之。乙卯，以禿里代雅里斯爲都統，以女古爲監軍，率輕騎進討，仍令撻馬尋吉里持詔招諭。

五月壬申，尋吉里奏，諭之不從。雅里斯以撻凜、蘇二羣牧兵追至柴河，與戰不利。甲申，庫古只奏室韋長寅尼吉亡入敵烈。

六月辛亥，俞魯古獻良馬，賜銀二千兩。以近侍忽剌比馬至先以聞，賜銀千兩。是月，敵烈來降。

秋七月甲戌，雅里斯奏烏古至河德濼，遣夷离菫畫里、夷离畢常思擊之。丁丑，烏古掠上京北榆林峪居民，遣林牙蕭幹討之。庚辰，雅里斯等與烏古戰，不利。

十月丁未，常思與烏古戰，敗之。

十二月甲辰，以近侍喜哥私歸，殺其妻。丁未，殺近侍隨魯。駐蹕黑山平淀。

十六年春正月丁卯朔，被酒，不受賀。甲申，微行市中，賜酒家銀絹。乙酉，殺近侍白海及家僕衫福、押剌葛、樞密使門吏老古、撻馬失魯。

三月己巳，東幸。庚午獲鴨，甲申獲鵝，皆飲達旦。

五月甲申，以歲旱，泛舟于池禱雨，不雨，捨舟立水中而禱，俄頃乃雨。

六月丙申，以白海死非其罪，賜其家銀絹。

秋七月壬午，諭有司：凡行幸之所，必高立標識，令民勿犯，違以死論。

八月丁酉，漢遣使貢金器、鎧甲。

閏月乙丑，觀野鹿入馴鹿羣，立馬飲至晡。

九月庚子，以重九宴飲，夜以繼日，至壬子乃罷。己未，殺狼人褭里。

十月庚辰，漢主有母喪，遣使賻弔。

十二月甲子，幸酒人拔剌哥家，復幸殿前都點檢耶律夷臈葛第，宴飲連日。賜金盂、細錦及孕馬百疋，左右授官者甚衆。戊辰，漢遣使來貢。

是冬，駐蹕黑山平淀。

十七年春正月庚寅朔，林牙蕭幹[一]、郎君耶律賢適討烏古還，帝執其手，賜巵酒，授賢適右皮室詳穩。雅里斯、楚思、霞里三人賜醨酒以辱之。乙卯，夷离畢骨欲獻烏古俘。

二月甲子，高勳奏宋將城益津關，請以偏師擾之，上從之。

夏四月戊辰，殺鷹人敵魯。丙子，射柳祈雨，復以水沃羣臣。

五月辛卯，殺鹿人札葛。壬辰，北府宰相蕭海璙薨，輟朝，罷重五宴。

六月己未，支解雉人壽哥、念古，殺鹿人四十四人。

是夏，駐蹕褭潭。

秋八月辛酉，生日，以政事令阿不底病亟，不受賀。

九月，自丙戌朔獵于黑山、赤山，至于月終。

冬十月乙丑，殺酒人粹你。

十一月辛卯，殺近侍廷壽。壬辰，殺豕人阿不札、曷魯、朮里者、涅里括。庚子，司天臺奏月當食不虧，上以爲祥，歡飲達旦。壬寅，殺鹿人唐果、直哥、撒剌。

十二月辛未，手殺饔人海里，復臠之。

是冬，駐蹕黑河平淀。

十八年春正月乙酉朔，宴于宮中，不受賀。己亥，觀燈于市。以銀百兩市酒，命羣臣亦市酒，縱飲三夕。

二月乙卯，幸五坊使霞實里家，宴飲達旦。

三月甲申朔，如潢河。乙酉，獲駕鵝，祭天地。造大酒器，刻爲鹿文，名曰「鹿甒」，貯酒以祭天。庚戌，殺鶻人胡特魯、近侍化葛及監囚海里，仍剉海里之尸。

夏四月癸丑，殺彘人抄里只。己巳，詔左右從班有材器幹局者，不次擢用；老耄者，增俸以休于家。

五月丁亥，重五，以被酒不受賀。壬辰，獲鵝于述古水，野飲終夜。丁酉，與政事令蕭排押、南京留守高勳、太師昭古、劉承訓等酣飲，連日夜。己亥，殺鹿人頗德、臈哥、陶瑰、札不哥、蘇古湼、雛保、彌古特、敵荅等。

六月丙辰，殺彘人屯奴。己未，爲殿前都點檢夷臈葛置神帳，曲赦京畿囚。甲戌，撻烈於鶻窠中得牝犬來進。

是夏，清暑褭潭。

秋七月辛丑，漢主承鈞殂，子繼元立〔二〕，來告，遣使弔祭。

九月戊子，殺詳穩八剌、拽剌痕篤等四人。己丑，登小山祭天地。戊戌，知宋欲襲河東，諭西南面都統、南院大王撻烈豫爲之備。己亥，獵熊，以喚鹿人鋪姑并掖庭户賜夷臈葛。甲辰，以夷臈葛兼政事令，仍以黑山東抹真之地數十里賜之，以女瓌爲近侍，女直詳穩惡陌爲本部夷离堇。

是秋，獵于西京諸山〔三〕。

冬十月辛亥朔，宋圍太原，詔撻烈爲兵馬總管，發諸道兵救之。

十一月癸卯，冬至，被酒，不受賀。

十二月丁丑，殺酒人搭烈葛。

是冬，駐蹕黑山東川。

十九年春正月己卯朔，宴宮中，不受賀。己丑，立春，被酒，命殿前都點檢夷臈葛代行擊土牛禮。甲午，與羣臣爲葉格戲。戊戌，醉中驟加左右官。乙巳，詔太尉化哥曰：「朕醉中處事有乖，無得曲從。酒解，可覆奏。」自立春飲至月終，不聽政。

二月甲寅〔四〕，漢劉繼元嗣立，遣使乞封册。辛酉，遣韓知範册爲皇帝〔五〕。癸亥，殺前導末及益剌，剉其屍，棄之。甲子，漢遣使進白麃。己巳，如懷州，獵獲熊，歡飲方醉，馳還行宮。是夜，近侍小哥、盥人花哥、庖人辛古等六人反〔六〕，帝遇弒，年三十九。廟號穆宗。後附葬懷陵。重熙二十一年，謚曰孝安敬正皇帝。

贊曰：穆宗在位十八年，知女巫妖妄見誅，諭臣下濫刑切諫，非不明也。而荒耽于酒，畋獵無厭。偵鵝失期，加炮烙鐵梳之刑；獲鴨甚歡，除鷹坊刺面之令。賞罰無章，朝政不視〔七〕，而嗜殺不已。變起肘腋，宜哉！

校勘記

〔一〕林牙蕭斡　「蕭斡」，原作「蕭幹」，據大典卷五二四八引遼史穆宗紀改。按蕭斡卷八四有傳。

〔二〕子繼元立　「繼元」，疑當作「繼恩」。按新五代史卷七〇東漢世家、長編卷九開寶元年，是年七月承鈞卒，子繼恩立，九月繼恩卒，弟繼元立。

〔三〕西京諸山　本書卷一九興宗紀二重熙十三年十一月始改雲州爲西京，此「西京」應是追稱或「京西」之倒誤。

〔四〕二月甲寅　「二月」，原作「三月」。按本書卷四四朔考，三月戊寅朔，無甲寅、己巳；二月戊申朔，七日甲寅，二十二日己巳。下卷景宗紀上亦謂穆宗遇弒在二月。今據改。

〔五〕遣韓知範册爲皇帝　「韓知範」，新五代史卷七〇東漢世家及長編卷一〇開寶二年正月乙亥並作「韓知璠」。

〔六〕庖人辛古等六人反　「辛古」，本書卷七八蕭思溫傳作「斯奴古」。

〔七〕朝政不視　「視」，大典卷五二四八引遼史穆宗紀作「親」。

遼史卷八

本紀第八

景宗上

景宗孝成康靖皇帝，諱賢，字賢寧，小字明扆〔一〕。世宗皇帝第二子，母曰懷節皇后蕭氏。察割之亂，帝甫四歲。穆宗即位，養永興宮。既長，穆宗酗酒怠政。帝一日與韓匡嗣語及時事，耶律賢適止之。帝悟，不復言。

應曆十九年二月戊辰，入見，穆宗曰：「吾兒已成人，可付以政。」己巳，穆宗遇弒，帝率飛龍使女里、侍中蕭思温、南院樞密使高勳率甲騎千人馳赴。黎明，至行在，哭之慟。羣臣勸進，遂即皇帝位於柩前。百官上尊號曰天贊皇帝，大赦，改元保寧。以殿前都點檢耶律夷臘、右皮室詳穩蕭烏里只宿衞不嚴，斬之。

三月丙戌，入上京，以蕭思温爲北院樞密使。太平王罨撒葛亡入沙沱。己丑，夷离畢粘木衮以陰附罨撒葛伏誅。癸巳，罨撒葛入朝。甲午，以北院樞密使蕭思温兼北府宰相。己亥，南院樞密使高勳封秦王。

夏四月戊申朔，進封太平王罨撒葛爲齊王，改封趙王喜隱爲宋王，封隆先爲平王，稍爲吳王，道隱爲蜀王，必攝爲越王，敵烈爲冀王，宛爲衞王。

五月戊寅，立貴妃蕭氏爲皇后。丙申朔〔二〕，射柳祈雨。有司請以帝生日爲天清節，從之。壬寅，漢遣李匡弼、劉繼文、李元素等來賀。

冬十月，東幸褭潭。

十一月甲辰朔，行柴册禮，祠木葉山，駐蹕鶴谷。乙巳，蕭思温封魏王，北院大王屋質加于越。

二年春正月丁未，如潢河。

夏四月，幸東京，致奠于讓國皇帝及世宗廟。

五月癸丑，西幸。乙卯，次盤道嶺，盜殺北院樞密使蕭思温。

六月，還上京。

秋七月，以右皮室詳穩賢適爲北院樞密使。

九月辛丑，得國舅蕭海只及海里殺蕭思温狀，皆伏誅，流其弟神覩于黄龍府。

十二月庚午，漢遣使來貢。

三年春正月甲寅，右夷离畢奚底遣人獻敵烈俘，詔賜有功將士。庚申，置登聞鼓院。辛酉，南京統軍使魏國公韓匡美封鄴王。

二月癸酉，東幸。壬午，遣鐸遏使阿薩蘭回鶻。己丑，以青牛白馬祭天地。

三月丁未，以飛龍使女里爲契丹行宫都部署。

夏四月丁卯，世宗妃啜里及蒲哥厭魅，賜死。己卯，祠木葉山，行再生禮。丙戌，至自東幸。戊子，蕭神覩伏誅。

六月丙子，漢遣使問起居。自是繼月而至。丁丑，回鶻遣使來貢。

秋七月辛丑，以北院樞密使賢適爲西北路招討使。

八月甲戌，如秋山。辛卯，祭皇兄吼墓，追册爲皇太子，謚莊聖。

九月乙巳，賜傅父侍中達里迭、太保楚補、太保婆兒、保母回室、押雅等户口、牛羊有差。又以潛邸給使者爲撻馬部，置官掌之〔三〕。壬子，幸歸化州。甲寅，如南京。

冬十月己巳，以黑白羊祀神。癸未，漢遣使來貢。丙戌，鼻骨德、吐谷渾來貢。

十一月庚子，臚朐河于越延尼里等率户四百五十來附，乞隸宫籍。詔留其户，分隸敦睦、積慶、永興三宫〔四〕，優賜遣之。

十二月癸酉，以青牛白馬祭天地。己丑，皇子隆緒生。

是冬，駐蹕金川。

四年春二月癸亥，漢以皇子生，遣使來賀。

閏月戊申，齊王罨撒葛薨。

三月庚申朔，追册爲皇太叔。

夏四月庚寅朔，追封蕭思温爲楚國王。

是夏，駐蹕冰井。

秋七月，如雲州。丁丑，鼻骨德來貢。

冬十月丁亥朔，如南京。

十二月甲午，詔内外官上封事。

五年春正月甲子，惕隱休哥伐党項，破之，以俘獲之數來上。漢遣使來貢。庚午，御五鳳樓觀燈。

二月丁亥，近侍實魯里誤觸神纛，法論死，杖釋之。壬辰，越王必攝獻党項俘獲之數。戊申，以青牛白馬祭天地。辛亥，幸新城。

三月乙卯朔，復幸新城。追封皇后祖胡母里爲韓王，贈伯胡魯古兼政事令，尼古只兼侍中。

夏四月丙申，白氣晝見。

五月癸亥，于越屋質薨，輟朝三日。辛未，女直侵邊，殺都監達里迭、拽剌斡里魯，驅掠邊民牛馬。己卯，阿薩蘭回鶻來貢。

六月庚寅，女直宰相及夷离堇來朝。丙申，漢遣人以宋事來告。

秋七月庚辰，以保大軍節度使耶律斜里底爲中臺省左相。是月，駐蹕燕子城。

九月壬子，鼻骨德部長曷魯撻覽來貢。

冬十月丁酉，如南京。

十一月辛亥朔，始獲應曆逆黨近侍小哥、花哥、辛古等，誅之。

十二月戊戌，漢將改元，遣使禀命。是月，如歸化州。

六年春正月癸未[五]，幸南京。

三月，宋遣使請和，以涿州刺史耶律曷朮加侍中與宋議和[六]。

夏四月，宋王喜隱坐謀反廢。

秋七月丁未朔，閤門使酌古加檢校太尉兼御史大夫，男海里以告喜隱事，遥授隴州防禦使。庚申，獵于平地松林。

冬十月乙亥朔，還上京。

十二月戊子[七]，以沙門昭敏爲三京諸道僧尼都總管，加兼侍中。

七年春正月甲戌朔，宋遣使來賀。壬寅，望祠木葉山。

二月癸亥，漢鴈門節度使劉繼文來朝，貢方物。丙寅，以青牛白馬祭天地。

三月壬午，耶律速撒等獻党項俘，分賜羣臣。

夏四月，遣郎君矧思使宋[八]。己酉，祠木葉山。辛亥，射柳祈雨。如頻蹕淀清暑。

五月丙戌，祭神姑。

秋七月，黃龍府衞將燕頗殺都監張琚以叛，遣敞史耶律曷里必討之[九]。

九月，敗燕頗於治河，遣其弟安摶追之。燕頗走保兀惹城，安摶乃還，以餘黨千餘户城通州。

是秋，至自頻蹕淀。

冬十月，鈎魚土河。

八年春正月癸酉，宋遣使來聘。

二月壬寅，諭史館學士，書皇后言亦稱「朕」暨「予」，著爲定式。

三月辛未，遣五使廉問四方鰥寡孤獨及貧乏失職者，振之。

夏六月，以西南面招討使耶律斜軫爲北院大王[一〇]。

秋七月丙寅朔，寧王只没妻安只伏誅，只没、高勳等除名。辛未，宋遣使來賀天清節。

八月癸卯，漢遣使言天清節設無遮會，飯僧祝釐。丁未，如秋山。己酉，漢以宋事來告。

是月，女直侵貴德州東境。

九月己巳，謁懷陵。辛未，東京統軍使察鄰、詳穩涸奏女直襲歸州五寨，剽掠而去。

乙亥，鼻骨德來貢。壬午，漢爲宋人所侵，遣使求援，命南府宰相耶律沙、冀王敵烈赴之。戊子，漢以宋師壓境，遣駙馬都尉盧俊來告。

冬十月辛丑，漢以遼師退宋軍來謝。

十一月丙子，宋主匡胤殂，其弟炅自立，遣使來告。辛卯，遣郎君王六、撻馬涅木古等使宋弔慰。

十二月壬寅，遣蕭只古、馬哲賀宋即位。丁未，漢以宋軍復至、掠其軍儲來告，且乞賜糧爲助。戊午，詔南京復禮部貢院。是月，轄戛斯國遣使來貢。

校勘記

〔一〕小字明扆　「明扆」，長編卷一〇開寶二年十二月、宋會要蕃夷一之九、宋史卷二六四宋琪傳及契丹國志卷六景宗孝成皇帝均作「明記」。

〔二〕丙申朔　「朔」字疑衍。按本書卷四四朔考，是月丁丑朔。上文戊寅已是初二日，丙申爲二十日。

〔三〕置官掌之　「掌」，原作「堂」，據大典卷五二四八引遼史景宗紀改。按南監本、北監本、殿本均作「主」。

〔四〕分隸敦睦積慶永興三宮　疑文有訛誤。按敦睦宮爲孝文皇太弟隆慶宮衛，不應見於景宗朝。

〔五〕六年春正月癸未　本書卷四四朔考，是月庚戌朔，不應有癸未日。

〔六〕以涿州刺史耶律曷朮加侍中與宋議和　「曷朮」，原作「昌朮」。按本書卷八六本傳及卷四八百官志四、卷六六皇族表皆作「合住」。羅校謂「朮」、「住」音近，「昌」當爲「曷」之誤。今據改。

〔七〕十二月戊子　本書卷四四朔考，是月甲辰朔，月内無戊子。

〔八〕遣郎君矧思使宋　「矧思」，長編卷一六開寶八年三月己亥、宋會要蕃夷一之一、宋史卷三太祖紀三並作「慎思」，且繫此事於三月。

〔九〕遣敞史耶律曷里必討之　「曷里必」，本書卷七七本傳作「何魯不」，並謂討燕頗時爲北院大王。

〔一〇〕以西南面招討使耶律斜軫爲北院大王　本書卷八三本傳謂「命節制西南諸軍，仍援河東。改南院大王」。

遼史卷九

本紀第九

景宗下

九年春正月丙寅，女直遣使來貢。

二月庚子，宋遣使致其先帝遺物。甲寅，以青牛白馬祭天地。

三月癸亥，耶律沙、敵烈獻援漢之役所獲宋俘。戊辰，詔以粟二十萬斛助漢。

五月庚午，漢遣使來謝，且以宋事來告。己丑，女直二十一人來請宰相、夷离堇之職，以次授之。

六月丙辰，以宋王喜隱爲西南面招討使。

秋七月庚申朔，回鶻遣使來貢。甲子，宋遣使來聘。壬申，漢以宋侵來告。丙子，遣使助漢戰馬。

八月，漢遣使進葡萄酒。

冬十月甲子，耶律沙以党項降酋可醜、買友來見，賜詔撫諭。丁卯，以可醜爲司徒，買友爲太保，各賜物遣之。壬申，女直遣使來貢。乙酉，漢復遣使以宋事來告。

十一月丁亥朔，司天奏日當食不虧。戊戌，吐谷渾叛入太原者四百餘户，索而還之。癸卯，祠木葉山。乙巳，遣太保迭烈割等使宋。乙卯，漢復遣使以宋事來告。

十二月戊辰，獵于近郊，以所獲祭天。

十年春正月癸丑，如長濼。

二月庚午，阿薩蘭回鶻來貢。

三月庚寅，祭顯陵。

夏四月丁卯，西幸。己巳，女直遣使來貢。

五月癸卯，賜女里死，遣人誅高勳等。

六月己未，駐蹕沿柳湖。

秋七月庚戌，享太祖廟。

九月癸未，平王隆先子陳哥謀害其父，車裂以徇。

是冬，駐蹕金川。

乾亨元年春正月乙酉，遣撻馬長壽使宋，問興師伐劉繼元之故。丙申，長壽還，言「河東逆命，所當問罪。若北朝不援，和約如舊，不然則戰」。

二月丁卯，漢以宋兵壓境，遣使乞援。詔南府宰相耶律沙爲都統、冀王敵烈爲監軍赴之，又命南院大王斜軫以所部從，樞密副使抹只督之。

三月辛巳，速撒遣人以別部化哥等降，納之。丙戌，漢遣使謝撫諭軍民，詔北院大王奚底、乙室王撒合等以兵戍燕。己丑，漢復告宋兵入境，詔左千牛衛大將軍韓侼、大同軍節度使耶律善補以本路兵南援。辛卯，女直遣使來貢。丁酉，耶律沙等與宋戰於白馬嶺，不利。冀王敵烈及突呂不部節度使都敏、黃皮室詳穩唐筈皆死之，士卒死傷甚衆。

夏四月辛亥，漢以行軍事宜來奏，盧俊自代州馳狀告急。辛酉，敵烈來貢。

五月己卯，宋兵至河東，漢與戰，不利，劉繼文、盧俊來奔。

六月，劉繼元降宋，漢亡。甲子，封劉繼文爲彭城郡王，盧俊同政事門下平章事。宋主來侵。丁卯，北院大王奚底〔一〕、統軍使蕭討古、乙室王撒合擊之。戰于沙河，失利。己巳，宋主圍南京。丁丑，詔諭耶律沙及奚底、討古等軍中事宜。

秋七月癸未，沙等及宋兵戰于高梁河，少却；休哥、斜軫横擊，大敗之。宋主僅以身免，至涿州，竊乘驢車遁去。甲申，擊宋餘軍，所殺甚衆，獲兵仗、器甲、符印、糧饋、貨幣不可勝計。辛丑，耶律沙遣人上俘獲，以權知南京留守事韓德讓、權南京馬步軍都指揮使耶律學古、知三司事劉弘皆能安人心，捍城池，並賜詔褒獎。

八月壬子，阻卜惕隱曷魯、夷离菫阿里覩等來朝。乙丑，耶律沙等獻俘。丙寅，以白馬之役責沙、抹只，復以走宋主功釋之；奚底遇敵而退，以劍背擊之；撒合雖却，部伍不亂，宥之；冀王敵烈麾下先遁者斬之，都監以下杖之。壬申，宴沙、抹只等將校，賜物有差。

九月己卯，燕王韓匡嗣爲都統，南府宰相耶律沙爲監軍，惕隱休哥、南院大王斜軫、權奚王抹只等各率所部兵南伐；仍命大同軍節度使善補領山西兵分道以進。

冬十月乙丑，韓匡嗣與宋兵戰於滿城，敗績。辛未，太保矧思與宋兵戰於火山，敗之。乙亥，詔數韓匡嗣五罪，赦之。

十一月戊寅，宴賞休哥及有功將校。乙未，南院樞密使兼政事令郭襲上書諫畋獵，嘉納之。辛丑，冬至，赦，改元乾亨。

十二月乙卯，燕王韓匡嗣遥授晉昌軍節度使，降封秦王。壬戌，蜀王道隱南京留守，徙封荆王。

是冬，駐蹕南京。

二年春正月丙子朔，封皇子隆緒爲梁王，隆慶爲恒王。丁亥，以惕隱休哥爲北院大王，前樞密使賢適封西平郡王。

二月戊辰，如清河。

三月丁亥，西南面招討副使耶律王六、太尉化哥遣人獻党項俘。

閏月庚午，有鵶飛止御帳，獲以祭天。

夏四月庚辰，祈雨。戊子，清暑燕子城。

五月，雷火乾陵松。

六月己亥，喜隱復謀反，囚于祖州。

秋七月戊午，王六等獻党項俘。

八月戊戌，東幸。

冬十月辛未朔，命巫者祠天地及兵神。辛巳，將南伐，祭旗鼓。癸未，次南京。丁亥，獲敵人，射鬼箭。庚寅，次固安，以青牛白馬祭天地。己亥，圍瓦橋關。

十一月庚子朔，宋兵夜襲營，突呂不部節度使蕭幹及四捷軍詳穩耶律痕德戰却之。壬寅，休哥敗宋兵於瓦橋東，守將張師引兵出戰，休哥奮擊，敗之。戊申，宋兵陣於水南，休哥涉水擊破之，追至莫州，殺傷甚衆。己酉，宋兵復來，擊之殆盡。丙辰，班師。乙丑，還次南京。

十二月庚午朔，休哥拜于越。大饗軍士。

三年春二月丙子，東幸。己丑，復幸南京。

三月乙卯，皇子韓八卒〔二〕。辛酉，葬潢、土二河之間，置永州。以秦王韓匡嗣爲西南面招討使。

五月丙午，上京漢軍亂，劫立喜隱不克，僞立其子留禮壽，上京留守除室擒之。

秋七月甲子，留禮壽伏誅。

冬十月，如蒲瑰坡。

十一月辛亥，加除室同政事門下平章事。是月，以南院樞密使郭襲爲武定軍節度使。

十二月，以遼興軍節度使韓德讓爲南院樞密使。

四年春正月己亥，如華林、天柱。

三月乙未，清明。與諸王大臣較射，宴飲。

夏四月，自將南伐。至滿城，戰不利，守太尉奚瓦里中流矢死。統軍使善補爲伏兵所圍，樞密使斜軫救免，詔以失備杖之。

五月，班師。清暑燕子城。

秋七月壬辰，遣使賜喜隱死。

八月，如西京〔三〕。

九月庚子，幸雲州。甲辰，獵于祥古山，帝不豫。壬子，次焦山，崩於行在。年三十五，在位十三年。遺詔梁王隆緒嗣位，軍國大事聽皇后命。統和元年正月壬戌，上尊謚孝成皇帝，廟號景宗。重熙二十一年，加謚孝成康靖皇帝。

贊曰：遼興六十餘年，神册、會同之間，日不暇給；天禄、應曆之君，不令其終；保寧而來，人人望治。以景宗之資，任人不疑，信賞必罰，若可與有爲也。而竭國之力以助河東，破軍殺將，無救滅亡。雖一取償於宋，得不償失。知匡嗣之罪，數而不罰；善郭襲之諫，納而不用；沙門昭敏以左道亂德，寵以侍中。不亦惑乎！

校勘記

〔一〕北院大王奚底　本書卷八二耶律隆運傳作五院糺詳穩奚底。

〔二〕皇子韓八卒　「韓八」，本書卷一〇聖宗紀一統和元年五月辛未及卷六四皇子表並作「藥師奴」。

〔三〕如西京　遼史補注卷九景宗紀下注曰：「興宗重熙十三年始改雲州爲西京，下文九月幸雲州，雲州即西京，此作史者以後名稱前事。」

遼史卷十

本紀第十

聖宗一

聖宗文武大孝宣皇帝，諱隆緒，小字文殊奴。景宗皇帝長子，母曰睿智皇后蕭氏。帝幼喜書翰，十歲能詩。既長，精射法，曉音律，好繪畫。

乾亨二年，封梁王。

四年九月壬子，景宗崩。癸丑，即皇帝位於柩前，時年十二。皇后奉遺詔攝政，詔諭諸道。

冬十月己未朔，帝始臨朝。辛酉，羣臣上尊號曰昭聖皇帝，尊皇后爲皇太后，大赦。

以南院大王勃古哲總領山西諸州事，北院大王、于越休哥爲南面行軍都統，奚王和朔奴副之，同政事門下平章事蕭道寧領本部軍駐南京。乙丑，如顯州。

十一月甲午，置乾州。

十二月戊午朔，耶律速撒討阻卜。辛酉，南京留守、荆王道隱奏宋遣使獻犀帶請和，詔以無書却之。甲子，撻剌干乃万十醉言宫掖事〔一〕，法當死，杖而釋之。辛未，西南面招討使、秦王韓匡嗣薨〔二〕。癸酉，奉大行皇帝梓宫于菆塗殿。庚辰，省置中臺省官。

統和元年春正月戊午朔，以大行在殯，不受朝。乙丑，奉遺詔，召先帝庶兄質睦于菆塗殿前，復封寧王。加宰相室昉、宣徽使普領等恩。丙寅，荆王道隱有疾，詔遣使存問。是日，皇太后幸其邸視疾。戊辰，以烏隈烏骨里部節度使耶律章瓦同政事門下平章事。甲戌，荆王道隱薨，輟朝三日，追封晉王，遣使撫慰其家。丙子，以于越休哥爲南京留守，仍賜南面行營總管印綬，總邊事。渤海撻馬解里以受先帝厚恩，乞殉葬，詔不許，賜物以旌之。戊寅，遣使賜于越休哥及奚王籌寧、統軍使頗德等湯藥。命懇篤持送休哥下車牓，以諭燕民。辛巳，速撒獻阻卜俘。壬午，涿州刺史安吉奏宋築城河北〔三〕，詔留守于越休哥撓之，勿令就功。趙妃及公主胡骨典、奚王籌寧、宰相安寧、北大王普奴寧、惕隱屈烈、吴王稍、寧王只没與横帳、國舅、契丹、漢官等並進助山陵費。癸未，齊國公主率内外命婦進物如之。甲申，西南面招討使韓德威奏党項十五部侵邊，以兵擊破之。乙酉，以速撒破阻卜，下詔褒美，仍諭與大漢討党項諸部〔四〕。丁亥，樞密使兼政事令室昉以年老請解兼職，詔不允。

二月戊子朔，禁所在官吏軍民不得無故聚衆私語及冒禁夜行，違者坐之。己丑，南京奏，聞宋多聚糧邊境及宋主將如臺山〔五〕，詔休哥嚴爲之備。甲午，葬景宗皇帝於乾陵，以近幸朗、掌飲伶人撻魯爲殉。上與皇太后因爲書附上大行。丙申，皇太后詣陵置奠，命繪近臣於御容殿，賜山陵工人物有差。庚子，以先帝遺物賜皇族及近臣。辛丑，南京統軍使耶律善補奏宋邊七十餘村來附，詔撫存之。乙巳，以御容殿爲玉殿，酒谷爲聖谷。速撒奏討党項捷，遣使慰勞。戊申，以惕隱化哥爲北院大王，解領爲南府宰相。辛亥，幸聖山，遂謁三陵。甲寅，以皇女長壽公主下嫁國舅宰相蕭婆項之子吴留〔六〕。

三月戊午，天德軍節度使頹剌父子戰殁，以其弟涅離襲爵。己未，次獨山。遣使賞西南面有功將士。辛酉，以大父帳太尉耶律曷魯寧爲惕隱。甲子，駐蹕遼河之平淀。辛巳，以國舅、同平章事蕭道寧爲遼興軍節度使，仍賜號忠亮佐理功臣。壬午，以青牛白馬祭天地。

夏四月丙戌朔，幸東京。以樞密副使耶律末只兼侍中，爲東京留守。庚寅，謁太祖廟。癸巳，詔賜物命婦寡居者。丙申，南幸。辛丑，謁三陵，以東京所進物分賜陵寢官吏。復詔賜西南路招討使大漢劍，不用命者得專殺。壬寅，致享于凝神殿。癸卯，謁乾陵。乙巳，遣人以酒脯祭平章耶律河陽墓。庚戌，幸夫人烏骨里第，謁太祖御容，禮畢，幸公主胡古典第飲，賜與甚厚。壬子，大臣以太后預政，宜有尊號，請下有司詳定册禮。詔樞密院諭沿邊節將，至行禮日，止遣子弟奉表稱賀，恐失邊備。樞密請詔北府司徒頗德譯南京所進律文，從之。遂如徽州。以耶律慶朗爲信州節度使。

五月丙辰朔，國舅、政事門下平章事蕭道寧以皇太后慶壽，請歸父母家行禮，而齊國公主及命婦、羣臣各進物。設宴，賜國舅帳耆年物有差。壬戌，西南路招討請益兵討西突厥諸部，詔北王府耶律蒲奴寧以敵畢、迭烈二部兵赴之。癸亥，以于越休哥在南院過用吏人，詔南大王毋相循襲。庚午，耶律善補招亡入宋者，得千餘户歸國，詔令撫慰。辛未，次永州，祭王子藥師奴墓。乙亥，詔近臣議皇太后上尊號册禮，樞密使韓德度以後漢太后臨朝故事草定上之。丙子，以青牛白馬祭天地。戊寅，幸木葉山。西南路招討使大漢奏，近遣拽剌跋剌哥諭党項諸部，來者甚衆，下詔褒美。

六月乙酉朔，詔有司，册皇太后日，給三品以上法服，三品以下用大射柳之服。西南路招討使奏党項酋長執夷离堇子隈引等乞内附，詔撫納之，仍察其誠僞，謹邊備。丙戌，還上京。己丑，有司奏，同政事門下平章事、駙馬都尉盧俊與公主不協，詔離之，遂出俊爲興國軍節度使。辛卯，有事于太廟。甲午，上率羣臣上皇太后尊號曰承天皇太后，羣臣上皇帝尊號曰天輔皇帝，大赦，改元統和。丁未，覃恩中外，文武官各進爵一級。以樞密副使耶律斜軫守司徒。

秋七月甲寅朔，皇太后聽政。乙卯，上親録囚。王子司徒婁國坐稱疾不赴山陵，笞二十。辛酉，行再生禮。癸酉，臨潢尹裹衮進飲饌。上與諸王分朋擊鞠。丙子，韓德威遣詳穩轄馬上破党項俘獲數，并送夷离堇之子來獻。辛巳，賞西南面有功將士。

八月戊子，上西巡。己丑，謁祖陵。辛卯，皇太后祭楚國王蕭思温墓。癸巳，上與皇太后謁懷陵，遂幸懷州。甲午，上與斜軫於太后前易弓矢鞍馬，約以爲友。己亥，獵赤山，遣使薦熊肪、鹿脯于乾陵之凝神殿。以政事令孫禎無子〔七〕，詔國舅小翁帳郎君桃隈爲之後。乙巳，詔于越休哥提點元城。壬子，韓德威表請伐党項之復叛者，詔許之，仍發別部兵數千以助之。

九月癸丑朔，以東京、平州旱、蝗，詔振之。乙卯，謁永興、長寧、敦睦三宫。丙辰，南京留守奏，秋霖害稼，請權停關征，以通山西糴易，從之。庚申，謁宣簡皇帝廟。辛酉，幸祖州，謁祖陵。壬戌，還上京。辛未，有司請以帝生日爲千齡節，從之。皇太后言故于越屋只有傅導功，宜録其子孫；遂命其子泮泱爲林牙。丙子，如老翁川。

冬十月癸未朔，司天奏老人星見。戊子，以公主淑哥下嫁國舅詳穩照姑。癸巳，速撒奏敵烈部及叛蕃來降，悉復故地。乙未，以燕京留守、于越休哥言，每歲諸節度使貢獻，如契丹官例，止進鞍馬，從之。丁酉，以吴王稍爲上京留守，行臨潢尹事。上將征高麗，親閲東京留守耶律末只所總兵馬。丙午，命宣徽使兼侍中蒲領、林牙肯德等將兵東討，賜旗鼓及銀符。

十一月壬子朔，觀漁撻馬濼。癸丑，應州奏，獲宋諜者，言宋除道五臺山，將入靈丘界。詔諜者及居停人並磔于市。庚辰，上與皇太后祭乾陵，下詔諭三京左右相、左右平章事、副留守判官、諸道節度使判官、諸軍事判官、録事參軍等，當執公方，毋得阿順。諸縣令佐如遇州官及朝使非理徵求，毋或畏徇。恒加采聽，以爲殿最。民間有父母在，别籍異居者，聽鄰里覺察，坐之。有孝于父母，三世同居者，旌其門閭。

十二月壬午朔，謁凝神殿，遣使分祭諸陵，賜守殿官屬酒。是日，幸顯州。丁亥，以顯州歲貢綾錦分賜左右。甲午，東幸。己亥，皇太后觀漁于玉盆灣。辛丑，觀漁于濬淵。甲辰，敕諸刑辟已結正決遣而有冤者，聽詣臺訴。是夕，然萬魚燈于雙溪。戊申，千齡節，祭日月，禮畢，百僚稱賀。

二年春正月甲子，如長濼。

二月癸巳，國舅帳彰德軍節度使蕭闥覽來朝。甲午，賜將軍耶律敵不春衣、束帶。丙申，東路行軍、宣徽使蕭蒲寧奏討女直捷〔八〕，遣使執手獎諭。庚子，朝皇太后，太后因從觀獵于饒樂川。乙巳，五國烏隈于厥節度使耶律隗洼以所轄諸部難治〔九〕，乞賜詔給劍，便宜行事，從之。丙午，上與諸王大臣較射。丁未，韓德威以征党項回，遂襲河東，獻所俘，賜詔褒美。

三月乙卯，劃離部請今後詳穩止從本部選授爲宜，上曰：「諸部官惟在得人，豈得定以所部爲限。」不允。贈故同平章事趙延煦兼侍中。

夏四月丁亥，宣徽使、同平章事耶律普寧，都監蕭勤德獻征女直捷，授普寧兼政事令，勤德神武衛大將軍，各賜金器諸物。庚寅，皇太后臨決滯獄。辛卯，祭風伯。壬辰，以宣徽南院使劉承規爲承德軍節度使，崇德宮都部署、保義軍節度使張德筠爲宣徽北院使。

五月乙卯，祠木葉山。丁丑，駐蹕沿柳湖。

六月己卯朔，皇太后決獄，至月終。

秋七月癸丑，皇太后行再生禮。

八月辛卯，東京留守兼侍中耶律末只奏，女直朮不直、賽里等八族乞舉衆内附，詔納之。

九月戊申朔，駐蹕土河。辛未，以景宗忌日，詔諸道京鎮遣官行香飯僧。

冬十月丁丑朔，以歸化州刺史耶律普寧爲彰德軍節度使，右武衛大將軍韓倬爲彰國軍節度使兼侍衛親軍兵馬都指揮使。

冬十一月壬子，以樞密直學士、給事中鄭嘏爲儒州刺史〔一〇〕。是月，速撒等討阻卜，殺其酋長撻刺干。

十二月辛丑，以翰林學士承旨馬得臣爲宣政殿學士，耶律頗德南京統軍使，耶律瑶昇大内惕隱，大仁靖東京中臺省右平章事。

三年春正月丙午朔，如長濼。丁巳，以翰林學士邢抱朴爲尚書禮部侍郎、知制誥，左拾遺、知制誥劉景，吏部郎中、知制誥牛藏用並政事舍人。

二月丙子朔，以牛藏用知樞密直學士。

三月乙巳朔，樞密奏契丹諸役户多困乏，請以富户代之。上因閲諸部籍，涅剌、烏隈二部户少而役重，并量免之。

夏四月乙亥朔，祠木葉山。壬午，以鳳州刺史趙匡符爲保靜軍節度使〔一一〕。癸未，以左監門衛大將軍王庭勗爲奉先軍節度使，彰武軍節度使韓德凝爲崇義軍節度使。

五月壬子，還上京。癸酉，以國舅蕭道寧同平章事、知瀋州軍州事。

六月甲戌，如柏坡。皇太后親決滯獄。乙亥，以歸義軍節度使王希巖爲興國軍節度使〔一二〕。

秋七月甲辰朔，詔諸道繕甲兵，以備東征高麗。甲寅，東幸。甲子，遣郎君班褭賜秦王韓匡嗣葬物。丙寅，駐蹕土河。以暴漲，命造船橋，明日乘步輦出聽政。老人星見。丁卯，遣使閲東京諸軍兵器及東征道路。以平章事蕭道寧爲昭德軍節度使，武定軍節度使、守司空兼政事令郭襲爲天平軍節度使，大同軍節度使、守太子太師兼政事令劉延構爲義成軍節度使，贈尚父、秦王韓匡嗣尚書令。

八月癸酉朔，以遼澤沮洳，罷征高麗。命樞密使耶律斜軫爲都統，駙馬都尉蕭懇德爲監軍，以兵討女直。丁丑，次᷊城。庚辰，至顯州，謁凝神殿。辛巳，幸乾州，觀新宫。癸未，謁乾陵。甲申，命南、北面臣僚分巡山陵林木，及令乾、顯二州上所部里社之數。丙戌，北皮室詳穩進勇敢士七人。戊子，故南院大王諧領已里婉妻蕭氏奏夫死不能葬，詔有司助之。庚寅，東征都統所奏路尚陷濘，未可進討，詔俟澤涸深入。癸巳，皇太后謁顯陵。庚子，謁乾陵。辛丑，西幸。

閏九月癸酉[三]，命邢抱朴勾檢顯陵。丙子，行次海上。庚辰，重九，駱駝山登高，賜羣臣菊花酒。辛巳，詔諭東征將帥，乘水涸進討。丙申，女直宰相朮不里來貢。戊戌，駐蹕東古山。己亥，速撒奏朮不姑諸部至近淀，夷离堇易魯姑請行俘掠[四]，上曰：「諸部於國無惡，何故俘掠，徒生事耳。」不允。

冬十一月甲戌，詔吳王稍領秦王韓匡嗣葬祭事。丁丑，詔以東北路兵馬監軍妻婆底里存撫邊民。戊寅，賜公主胡骨典葬夫金帛、工匠。辛卯，以韓德讓兼政事令。癸巳，禁行在市易布帛不中尺度者。丙申，東征女直，都統蕭闥覽、菩薩奴以行軍所經地里物產來上。

校勘記

〔二〕撻剌干乃万十　「乃万十」，北監本、殿本作「乃萬十」，大典卷五二四九引遼史聖宗紀及本書卷六一刑法志上均作「乃方十」。

〔三〕西南面招討使秦王韓匡嗣薨　「西」字原闕，據本書卷九景宗紀下乾亨三年三月及卷七四本傳補。

〔三〕涿州刺史安吉奏宋築城河北　「涿州」，原作「涿荆」，據大典卷五二四九引遼史聖宗紀改。

〔四〕仍諭與大漢討党項諸部　據上下文及本書卷七〇屬國表統和元年正月「韓德威討党項諸部」，知大漢即韓德威。又卷八二韓德威傳謂其時德威權西南招討使，後真授。

〔五〕宋主將如臺山　「臺山」，下文本年十一月癸丑作「五臺山」。

〔六〕以皇女長壽公主下嫁國舅宰相蕭婆項之子吴留　「蕭婆項」，疑當作「蕭婆頂」。按大典卷五二四九引遼史聖宗紀作「蕭婆頂」。此人即蕭幹，本書卷八四蕭幹傳謂幹字婆典，「婆頂」蓋即「婆典」之異譯。

〔七〕以政事令孫禎無子　「孫禎」，南監本、北監本、殿本作「孫楨」。

〔八〕東路行軍宣徽使蕭蒲寧奏討女直捷　「蕭蒲寧」，下文四月丁亥作「耶律普寧」，又本書卷七九耶律阿没里傳謂「耶律阿没里，字蒲鄰」。按蒲寧、普寧均爲蒲鄰異譯，即耶律阿没里，則此「蕭蒲寧」疑當作「耶律蒲寧」。另據本傳，「行軍」下應有「都統」二字。

〔九〕五國烏隈于厥節度使耶律隗洼以所轄諸部難治　「烏隈于厥」，本書卷六九部族表作「隈烏古部」。按烏古即于厥，兩者所異者惟「烏隈」與「隈」耳。檢本書卷一二聖宗紀三統和六年閏五月甲寅有「烏隈于厥部」，本卷上文統和元年正月戊辰又有「烏隈烏骨里部」，即烏隈于厥部之異譯。而道宗紀咸雍九年七月戊申、大安三年四月丙申、壽隆二年正月辛酉及卷三三營衛志下、卷一〇三蕭韓家奴傳又屢見「隈烏古部」或「隗烏古部」。二名並見，疑「隈」爲「烏隈」之省譯詞首音節。

〔一〇〕以樞密直學士給事中鄭嘏爲儒州刺史　「鄭嘏」，本書卷四七百官志三凡兩見，皆作「郭嘏」。

〔一一〕以鳳州刺史趙匡苻爲保靜軍節度使　「趙匡苻」，南監本、北監本、殿本作「趙匡符」。

〔一二〕以歸義軍節度使王希巖爲興國軍節度使　「王希巖」，南監本、北監本、殿本作「王希嚴」。

〔一三〕閏九月癸酉　據輯要、陳表，是年遼閏八月，宋閏九月。陳校謂大典卷一二〇四三引此段作「九月丙子，行次海上。庚辰重九，次駱駝山登高，賜羣臣菊花酒」，無「閏」字，因謂是年遼閏八月，此處「閏」字下當有脱文。按汪曰楨輯要以遼大同元年至統和十二年行後晉調元曆，因其曆術無考，遂借用唐宣明曆加以推算，其推算結果多與史實不符，而陳表則一仍輯要之舊。又大典卷五二四九全録本卷，亦作「閏九月癸酉」。大典卷一二〇四三係節引，當奪「閏」字，不足爲據。

〔一四〕夷离堇易魯姑請行俘掠　「易魯姑」，疑當作「曷魯姑」。

遼史卷十一

本紀第十一

聖宗二

四年春正月甲戌，觀漁土河。林牙耶律謀魯姑、彰德軍節度使蕭闥覽上東征俘獲，賜詔獎諭。丙子，樞密使耶律斜軫、林牙勤德等上討女直所獲生口十餘萬、馬二十餘萬及諸物。己卯，朝皇太后。決滯訟。壬午，樞密使斜軫、林牙勤德、謀魯姑、節度使闥覽、統軍使室羅、侍中抹只、奚王府監軍迪烈與安吉等克女直還軍，遣近侍泥里吉詔旌其功，仍執手撫諭，賜酒果勞之。甲午，幸長濼。

二月壬寅，以四番都統軍李繼忠爲檢校司徒〔一〕、上柱國。癸卯，西夏李繼遷叛宋來降，以爲定難軍節度使、銀夏綏宥等州觀察處置等使、特進、檢校太師、都督夏州諸軍事。

西番酋帥瓦泥乞移爲保大軍節度使、鄜坊等州觀察處置等使。甲寅，耶律斜軫、蕭闥覽、謀魯姑等族帥來朝，行飲至之禮，賞賚有差。丙寅，行次㬅里井。

三月甲戌，于越休哥奏宋遣曹彬、崔彦進、米信由雄州道，田重進飛狐道，潘美、楊繼業雁門道來侵，岐溝、涿州、固安、新城皆陷。詔宣徽使蒲領馳赴燕南，與休哥議軍事；分遣使者徵諸部兵益休哥以擊之；復遣東京留守耶律抹只以大軍繼進，賜劍專殺。乙亥，以親征告陵廟、山川。丙子，統軍使耶律頗德敗宋軍于固安，休哥絶其糧餉，擒將吏，獲馬牛、器仗甚衆。庚辰，寰州刺史趙彦章以城叛〔二〕，附于宋。辛巳，宋兵入涿州。順義軍節度副使趙希贊以朔州叛〔三〕，附于宋。時上與皇太后駐兵駝羅口，詔趣東征兵馬以爲應援。壬午，詔林牙勤德以兵守平州之海岸以備宋。仍報平州節度使迪里姑，若勤德未至，遣人趣行；馬乏則括民馬，鎧甲闕則取於顯州之甲坊。癸未，遼軍與宋田重進戰于飛狐，不利，冀州防禦使大鵬翼、康州刺史馬贇、馬軍指揮使何萬通陷焉。丁亥，以北院樞密使耶律斜軫爲山西兵馬都統，以北院宣徽使蒲領爲南征都統〔四〕，以副于越休哥。彰國軍節度使艾正〔五〕、觀察判官宋雄以應州叛，附于宋。庚寅，遣飛龍使亞剌、文班吏亞達哥閲馬以給先發諸軍，詔駙馬都尉蕭繼遠領之。辛卯，武定軍馬步軍都指揮使、郢州防禦使吕行德、副都指揮使張繼從、馬軍都指揮使劉知進等以飛狐叛，附于宋。癸巳，賜林牙謀魯姑旗鼓四、劍一，率禁軍之驍鋭者南助休哥。丙申，步軍都指揮使穆超以靈丘叛，附于宋。詔遣使賜樞密使斜軫密旨及彰國軍節度使杓窊印以趣征討。

夏四月己亥朔，次南京北郊。庚子，惕隱瑶昇、西南面招討使韓德威以捷報。辛丑，宋潘美陷雲州。壬寅，遣抹只、謀魯姑、勤德等領偏師以助休哥，仍賜旗鼓、杓窊印撫諭將校。癸卯，休哥復以捷報，上以酒脯祭天地，率羣臣賀于皇太后。詔勤德還軍。丙午，頗德上所獲鎧仗數。戊申，監軍、宣徽使蒲領奏敵軍引退，而奚王籌寧、北大王蒲奴寧、統軍使頗德等以兵追躡，皆勝之。遣敞史勤德持詔褒美，及詔侍中抹只統諸軍赴行在所。頻不部節度使和盧覩、黄皮室詳穩解里等各上所獲兵甲。又詔兩部突騎赴蔚州，以助闐覽。横帳郎君老君奴率諸郎君巡徼居庸之北。將軍化哥統平州兵馬，横帳郎君奴哥爲黄皮室都監〔六〕，郎君謁里爲北府都監，各以步兵赴蔚州以助斜軫。庚戌，以斜軫爲諸路兵馬都統，闐覽兵馬副部署，迪子都監〔七〕，以代善補、韓德威。癸丑，以艾正、趙希贊及應州、朔州節度副使〔八〕，奚軍小校隘離轄、渤海小校貫海等叛入于宋，籍其家屬，分賜有功將校。宋將曹彬、米信北渡拒馬河，與于越休哥對壘挑戰，南北列營長六七里。時上次涿州東五十里。甲寅，詔于越休哥、奚王籌寧、宣徽使蒲領、南北二王等嚴備水道，無使敵兵得潛至涿州。乙卯，休哥等敗宋軍，獻所獲器甲、貨財，賜詔褒美。蔚州左右都押衙李存璋、許彦欽等殺節度使蕭啜里，執監城使、銅州節度使耿紹忠〔九〕，以城叛，附于宋。丙辰，復涿州，告天地。戊午，上次沙姑河之北淀，召林牙勤德議軍事。諸將校各以所俘獲來上。奚王籌寧、南北二王率所部將校來朝。以近侍粘米里所進自落鴉祭天地。己未，休哥、蒲領來朝，詔三司給軍前夏衣布。庚申，上朝皇太后。辛酉，大軍次固安。壬戌，圍固安城，統軍使頗德先登，城遂破，大縱俘獲。居民先被俘者，命以官物贖之。甲子，賞攻城將士有差。

五月庚午，遼師與曹彬、米信戰于岐溝關，大敗之，追至拒馬河，溺死者不可勝紀，餘衆奔高陽，又爲遼師衝擊，死者數萬，棄戈甲若丘陵。輓漕數萬人匿岐溝空城中，圍之。壬申，以皇太后生辰，縱還。癸酉，班師，還次新城。休哥、蒲領奏宋兵奔逃者皆殺之。甲戌，以軍捷，遣使分諭諸路京鎮。丁丑，詔諸將校，論功行賞，無有不實。己卯，次固安南，以青牛白馬祭天地。庚辰，以所俘宋人射鬼箭。詔遣詳穩排亞率弘義宫兵及南北皮室〔一〇〕、郎君、拽剌四軍赴應、朔二州界，與惕隱瑶昇、招討韓德威等同禦宋兵在山西之未退者。辛巳，以瑶昇軍赴山西。壬午，還次南京。癸未，休哥、籌寧、蒲奴寧進俘獲。斜軫遣判官蒲姑奏復蔚州，斬首二萬餘級，乘勝攻下靈丘、飛狐，賜蒲姑酒及銀器。丙戌，御元和殿，大宴從軍將校，封休哥爲宋國王，加蒲領、籌寧、蒲奴寧及諸有功將校爵賞有差。

丁亥，發南京，詔休哥備器甲，儲粟，待秋大舉南征。戊子，斜軫奏宋軍復圍蔚州，擊破之。詔以兵授瑶昇、韓德威等。壬辰，以宋兵至平州，瑶昇、韓德威不盡追殺，降詔詰責。仍諭，據城未降者，必盡掩殺，無使遁逃。癸巳，以軍前降卒分賜扈從。乙未，賞頗德諸將校士卒。

六月戊戌朔，詔韓德威赴闕，加統軍使頗德檢校太師。甲辰，詔南京留守休哥遣礮手西助斜軫。乙巳，以夷离畢姪里古部送輜重行宫，暑行日五十里，人馬疲乏，遣使讓之。丁未，度居庸關。壬子，南京留守奏百姓歲輸三司鹽鐵錢，折絹不如直，詔增之。甲寅，斜軫奏復寰州。乙卯，皇太妃、諸王、公主迎上嶺表，設御幄道傍，置景宗御容，率從臣進酒，陳俘獲于前，遂大宴。戊午，幸涼陘。以所俘分賜皇族及乳母。己未，聞所遣宣諭回鶻、覈列哿國度里、亞里等爲朮不姑邀留，詔速撒賜朮不姑貨幣，諭以朝廷來遠之意，使者由是乃得行。癸亥，以節度使韓毗哥、翰林學士邢抱朴等充雲州宣諭招撫使。丙寅，以太尉王八所俘生口分賜趙妃及于越迪輦乙里婉。

秋七月丙子，樞密使斜軫遣侍御涅里底、幹勤哥奏復朔州〔一一〕，擒宋將楊繼業，及上所獲將校印綬、誥勑，賜涅里底等酒及銀器。辛巳，以捷告天地。以宋歸命者二百四十人分賜從臣。又以殺敵多，詔上京開龍寺建佛事一月，飯僧萬人〔一二〕。辛卯，斜軫奏：大軍至蔚州，營于州左。得諜報，敵兵且至，乃設伏以待。敵至，縱兵逆擊，追奔逐北，至飛狐口。遂乘勝鼓行而西，入寰州，殺守城吏卒千餘人。宋將楊繼業初以驍勇自負，號「楊無敵」，北據雲、朔數州。至是，引兵南出朔州三十里，至狼牙村，惡其名，不進；左右固請，乃行。遇斜軫，伏四起，中流矢，墮馬被擒。瘡發不食，三日死。遂函其首以獻。詔詳穩輅麥室傳其首于越休哥，以示諸軍，仍以朔州之捷宣諭南京、平州將吏。自是宋守雲、應諸州者，聞繼業死，皆棄城遁。

八月丁酉，置先離闥覽官六員，領于骨里、女直、迪烈于等諸部人之隸宮籍者。以北大王蒲奴寧爲山後五州都管。乙巳，韓德讓奏宋兵所掠州郡，其逃民禾稼，宜募人收穫，以其半給收者，從之。乙卯，斜軫還自軍，獻俘。己未，用室昉、韓德讓言，復山西今年租賦。詔第山西諸將校功過而賞罰之。乙室帳宰相安寧以功過相當，追告身一通。諦居部節度使佛奴笞五十。惕隱瑶昇、拽剌欻烈、朔州節度使慎思、應州節度使骨只、雲州節度使化哥、軍校李元迪、蔚州節度使佛留、都監崔其、劉繼琛，皆以聞敵逃遁奪官，欻烈仍配隸本貫[三]。領國舅軍王六笞五十。壬戌，以斜軫所部將校前破女直，後有宋捷，第功加賞。癸亥，加斜軫守太保。

九月丙寅朔，皇太妃以上納后，進衣物、駝馬，以助會親頒賜。甲戌，次黑河，以重九登高于高水南阜，祭天。賜從臣命婦菊花酒。丁丑，次河陽北。戊寅，內外命婦進會親禮物。辛巳，納皇后蕭氏。丙戌，次儒州，以大軍將南征，詔遣皮室詳穩乞的、郎君拽剌先赴本軍繕甲兵〔一四〕。己丑，召北大王蒲奴寧赴行在所。甲午，皇太后行再生禮。

冬十月丙申朔，党項、阻卜遣使來貢。丁酉，皇太后復行再生禮，爲帝祭神祈福。己亥，以乙室王帳郎君吴留爲御史大夫。政事令室昉奏山西四州自宋兵後〔一五〕，人民轉徙，盜賊充斥，乞下有司禁止。命新州節度使蒲打里選人分道巡檢。北大王帳郎君曷葛只里言本府王蒲奴寧十七罪，詔横帳太保覈國底鞫之。蒲奴寧伏其罪十一，笞二十釋之。曷葛只里亦伏誣告六事，命詳酌罪之。知事勤德連坐，杖一百，免官。甲辰，出居庯關。乙巳，詔諸京鎮相次軍行，諸細務權停理問。庚戌，分遣拽剌沿邊偵候。辛亥，命皇族廬帳駐東京延芳淀〔一六〕。壬子，詔以敕牓付于越休哥，以南征諭拒馬河南六州。乙卯，幸南京。戊午，以南院大王留寧言，復南院部民今年租賦。壬戌，以銀鼠、青鼠及諸物賜京官、僧道、耆老。甲子，上與大臣分朋擊鞠。

十一月丙寅朔，党項來貢。庚午，以政事令韓德讓守司徒。壬申，以古北、松亭、榆關征税不法，致阻商旅，遣使鞫之。女直請以兵從征，許之。癸酉，御正殿，大勞南征將校。丙子，南伐，次狹底堝，皇太后親閱輜重兵甲。丁丑，以休哥爲先鋒都統。戊寅，日南至，上率從臣祭酒景宗御容〔一七〕。辛巳，詔以北大王蒲奴寧居奉聖州，山西五州公事，並聽與節度使蒲打里共裁決之。癸未，祭日月，爲駙馬都尉勤德祈福。乙酉，置諸部監，勒所部各守營伍，毋相錯雜。丙戌，遣謀魯姑、蕭繼遠沿邊巡徼。以所獲宋卒射鬼箭。丁亥，以青牛白馬祭天地。辛卯，次白佛塔川，獲自落訓狐，以爲吉徵，祭天地。詔駙馬都尉蕭繼遠、林牙謀魯姑、太尉王八等固守封疆〔一八〕，毋漏間諜。軍中無故不得馳馬，仍縱諸軍殘南境桑果〔一九〕。壬辰，至唐興縣。時宋軍屯滹沱橋北，選將亂射之，橋不能守，進焚其橋。癸巳，涉沙河，休哥來議事。北皮室詳穩排亞獻所獲宋諜二人，上賜衣物，令還招諭泰州。褚特部節度使盧補古、都監耶律昑與宋戰于泰州，不利。甲午，祭麃鹿神。以盧補古臨陣遁逃，奪告身一通，其判官、都監各杖之。郎君拽剌雙骨里遇宋先鋒於望都，擒其士卒九人，獲甲馬十一，賜酒及銀器。乙未，以盧補古等罪詔諭諸軍。以御盞郎君化哥權褚特部節度使，横帳郎君佛留爲都監，代盧補古。權領國舅軍桃畏請置二校領散卒，詔以郎君世音、頗德等充。命彰德軍節度使蕭闥覽、將軍迪子略地東路。詔休哥、排亞等議軍事。

十二月己亥，休哥敗宋軍於望都，遣人獻俘。壬寅，營于滹沱北，詔休哥以騎兵絶宋兵，毋令入邢州〔二〇〕；命太師王六謹偵候。癸卯，小校曷主遇宋輜重，引兵殺獲甚衆，并焚其芻粟。甲辰，詔南大王與休哥合勢進討，宰相安寧領迪离部及三尅軍殿。上率大軍與宋將劉廷讓、李敬源戰于莫州，敗之。乙巳，擒宋將賀令圖、楊重進等，國舅詳穩撻烈哥、宮使蕭打里死之。丙午，詔休哥以下入內殿，賜酒勞之。丁未，築京觀。復以南京禁軍擊楊團城〔三〕，守將以城降，詔禁侵掠。己酉，營神榆村，詔上楊團城粟麥、兵甲之數。辛亥，以黑白二牲祭天地。癸丑，拔馮母鎮，大縱俘掠。丙辰，邢州降。丁巳，拔深州，以不即降，誅守將以下，縱兵大掠。李繼遷引五百騎欵塞，願婚大國，永作藩輔。詔以王子帳節度使耶律襄之女汀封義成公主下嫁，賜馬三千疋。

校勘記

〔一〕以四番都統軍李繼忠爲檢校司徒　「李繼忠」，本書卷四六百官志二作「李繼沖」。

〔二〕寰州刺史趙彥章以城叛　「趙彥章」，李𡌥皇宋十朝綱要卷二同。長編卷二七雍熙三年三月庚辰、宋會要兵八之三及宋史卷五太宗紀二、卷二七五薛超傳並作「趙彥辛」。

〔三〕順義軍節度副使趙希贊以朔州叛　「順義」，原作「義順」，據本書卷四一地理志五及張正嵩墓誌乙正。

〔四〕以北院宣徽使蒲領爲南征都統　「蒲領」，即耶律阿没里，參見本書卷一〇聖宗紀一校勘記〔八〕。「都統」，本傳作「都監」，下文本年四月亦稱「監軍」。

〔五〕彰國軍節度使艾正　「節度使」，長編卷二七雍熙三年三月丁亥同。宋會要兵八之三及宋史卷五太宗紀二、卷二六四宋雄傳、卷二七五薛超傳均作「節度副使」。按下文本年八月謂應州節度使骨只「以聞敵逃遁奪官」，則艾正當爲節度副使。

〔六〕橫帳郎君奴哥爲黄皮室都監　「奴哥」，本書卷八五本傳作「奴瓜」。

〔七〕迪子都監　「迪子」，本書卷八五本傳作「耶律題子」，謂統和四年「授西南面招討都監」。

〔八〕以艾正趙希贊及應州朔州節度副使　疑文有訛誤。按上文本年三月辛巳及丁亥條，艾正即應州節度副使，趙希贊即朔州節度副使。

〔九〕銅州節度使耿紹忠　「銅州」，疑當作「同州」。按長編卷二七雍熙三年四月乙卯、宋史卷五太宗紀二均作「同州」。又聖宗淑儀贈寂善大師墓誌謂耿紹忠爲鎮安軍節度使，本書卷三八地理志二云：「同州，鎮安軍，下，節度。」

〔一〇〕詔遣詳穩排亞率弘義宫兵及南北皮室　「弘義宫」，本書卷八八蕭排押傳作「永興宫」。

〔一一〕斡勤哥奏復朔州　「斡勤哥」，大典卷五二四九引遼史聖宗紀作「斡勒哥」。

〔一二〕飯僧萬人　「飯僧」，原作「僧飯」，據大典卷五二四九引遼史聖宗紀改。

〔一三〕歘烈仍配隸本貫　「歘烈」，原作「配烈」，據上文及大典卷五二四九引遼史聖宗紀改。

〔一四〕詔遣皮室詳穩乞的郎君拽剌先赴本軍繕甲兵　「乞的」，本書卷一二聖宗紀三統和六年十二月甲寅作「乞得」。又郎君拽剌爲官名，下疑闕一人名，或即下文本年十一月之郎君拽剌雙骨里。

〔一五〕山西四州　「州」，原作「川」。按下文本年十一月辛巳有「山西五州」，今據改。

〔一六〕命皇族廬帳駐東京延芳淀　按延芳淀在南京城東，與東京相去甚遠。此處「東京」，疑當作「京東」或「南京」。

〔一七〕上率從臣祭酒景宗御容　「祭」，大典卷五二四九引遼史聖宗紀作「進」。

〔一八〕太尉王八等固守封疆　「王八」，原作「林八」，據上文六月丙寅條及大典卷五二四九引遼史聖宗紀改。

〔一九〕仍縱諸軍殘南境桑果　「仍」，北監本、殿本作「及」，當是。

〔二〇〕毋令入邢州　「邢州」，疑當作「祁州」。按長編卷二八雍熙四年正月，是年契丹長驅入深、祁。且下文本月丁巳條謂「拔深州」。此處云「營于滹沱北，詔休哥以騎兵絶宋兵，毋令入邢州」，邢州與滹沱河相去甚遠，而祁州恰在滹沱河北岸。又下文本月丙辰「邢州降」，亦當爲祁州之誤。

〔二一〕復以南京禁軍擊楊團城　「以」，原作「入」，據大典卷五二四九引遼史聖宗紀改。

遼史卷十二

本紀第十二

聖宗三

五年春正月乙丑，破束城縣，縱兵大掠。丁卯，次文安，遣人諭降，不聽，遂擊破之。盡殺其丁壯，俘其老幼。戊寅，上還南京。己卯，御元和殿，大賚將士。壬辰，如華林、天柱。

二月甲午朔，至自天柱。

三月癸亥朔，幸長春宮，賞花釣魚，以牡丹徧賜近臣，歡宴累日。丁丑，以諦居部下拽剌解里偵候有功，命入御盞郎君班祗候。

夏四月癸巳朔，幸南京。丁酉，上率百僚册上皇太后尊號曰睿德神略應運啓化承天皇太后；禮畢，羣臣上皇帝尊號曰至德廣孝昭聖天輔皇帝〔一〕。戊戌，詔有司條上勳舊，等第加恩。癸丑，清暑冰井。

六月壬辰，召大臣決庶政。丙申，以耶律蘇爲遥郡刺史。

秋七月戊辰，涅剌部節度使撒葛里有惠政，民請留，從之。是月，獵平地松林。

九月丙戌，幸南京。是冬止焉。

六年春正月庚申，如華林、天柱。

二月丁未，奚王籌寧殺無罪人李浩，所司議貴，請貸其罪，令出錢贍浩家，從之。甲寅，大同軍節度使、同平章政事劉京致仕。

三月己未〔二〕，休哥奏宋事宜，上親覽之。丙寅，以司天趙宗德、齊泰、王守平、邵祺、閻梅從征四載，言天象數有徵，賜物有差。癸未，李繼遷遣使來貢。

夏四月乙未，幸南京。丁酉，胡里室横突韓德讓墮馬，皇太后怒，殺之。戊戌，幸宋國王休哥第。

五月癸亥，南府宰相耶律沙薨。

閏月丙戌朔，奉聖州言太祖所建金鈴閣壞，乞加修繕。詔以南征，恐重勞百姓，待軍還治之。壬寅，阿薩蘭回鶻來貢。甲寅，烏隈于厥部以歲貢貂鼠、青鼠皮非土産，皆於他處貿易以獻，乞改貢。詔自今止進牛馬。

六月癸亥，党項太保阿剌恍來朝，貢方物。乙丑，諭諸道兵馬備南征攻城器具。乙酉，夷离堇阿魯勃送沙州節度使曹恭順還〔三〕，授于越。

秋七月丙戌，觀市。己亥，遣南面招討使韓德威討河、湟諸蕃違命者〔四〕。賜休哥、排亞部諸軍戰馬。己酉，駐蹕于洛河。壬子，加韓德威開府儀同三司兼政事令門下平章事〔五〕，東京留守兼侍中、漆水郡王耶律抹只爲大同軍節度使。癸丑，排亞請增置涿州驛傳。

八月丙辰〔六〕，以青牛白馬祭天地。戊午，休哥與排亞、裊里曷捉生，將至易州，遇宋兵，殺其指揮使而還。庚申，幸黎園温湯。癸亥，以將伐宋，遣使祭木葉山。丁丑，瀕海女直遣使速魯里來朝。西北路管押詳穩速撒哥以伐折立、助里二部，上所俘獲。東路林牙蕭勤德及統軍石老以擊敗女直兵，獻俘。大同軍節度使耶律抹只奏今歲霜旱乏食，乞增價折粟，以利貧民。詔從之。濱海女直遣廝魯里來修土貢〔七〕。

九月丙申〔八〕，化哥與朮不姑春古里來貢。休哥遣詳穩意德里獻所獲宋諜者。丁酉，皇太后幸韓德讓帳，厚加賞賚，命從臣分朋雙陸以盡歡。戊戌，幸南京。己亥，有事于太宗皇帝廟。以唐元德爲奉陵軍節度使。癸卯，祭旗鼓南伐。庚戌，次涿州，射帛書諭城中降，不聽。

冬十月乙卯〔九〕，縱兵四面攻之，城破乃降，因撫諭其衆。駙馬蕭勤德、太師闥覽皆中流矢〔一〇〕。勤德載帝車中以歸。聞宋軍退，遣斜軫、排亞等追擊，大敗之。戊午，攻沙堆驛，破之。己巳，以黑白羊祭天地。庚午，以宋降軍分置七指揮，號歸聖軍。壬申，行軍參謀、宣政殿學士馬得臣言諭降宋軍，恐終不爲用，請並放還。詔不允。丙子，籌寧奏破狼山捷。辛巳，復奏敗宋兵于益津關。癸未，進軍長城口，宋定州守將李興以兵來拒，休哥擊敗之，追奔五六里。

十一月甲申，上以將攻長城口，詔諸軍備攻具。庚寅，駐長城口，督大軍四面進攻。宋士潰圍，委城遁〔一一〕，斜軫招之，不降。上與韓德讓邀擊之，殺獲殆盡，獲者分隸燕軍。辛卯，攻滿城，圍之。甲午，拔其城，軍士開北門遁，上使諭其將領，乃率衆降。戊戌，攻下祁州，縱兵大掠。己亥，拔新樂。庚子，破小狼山砦。丁未，宋軍千人出益津關，國舅郎君桃委、詳穩十哥擊走之，殺副將一人。己酉，休哥獻黃皮室詳穩徇地莫州所獲馬二十匹、士卒二十人。命賜降者衣帶，使隸燕京。辛亥，西路又送降卒二百餘人，給寒者裘衣。以馬得臣權宣徽院事。

十二月甲寅朔，賜皮室詳穩乞得、禿骨里戰馬。橫帳郎君達打里劫掠，命杖之。丙辰，畋于沙河。休哥獻奚詳穩耶魯所獲宋諜。丁巳，遣北宰相蕭繼遠等往覘安平。侍衛馬軍司奏攻祁州、新樂，都頭劉贇等三十人有功，乞加恩賞。是月，大軍駐宋境。

是歲，詔開貢舉，放高舉一人及第〔二〕。

七年春正月癸未朔，班師。戊子，宋雞壁砦守將郭榮率衆來降，詔屯南京。庚寅，次長城口。三卒出營劫掠，笞以徇衆，以所獲物分賜左右。壬辰，李繼遷與兄繼捧有怨，乞與通好，上知其非誠，不許。癸巳，諭諸軍趣易州。己亥，禁部從伐民桑梓。癸卯，攻易州，宋兵出遂城來援，遣鐵林軍擊之，擒其指揮使五人。甲辰，大軍齊進，破易州，降刺史劉墀，守陴士卒南遁，上帥師邀之，無敢出者。即以馬質爲刺史，趙質爲兵馬都監。遷易州軍民于燕京。以東京騎將夏貞顯之子仙壽先登，授高州刺史。乙巳，幸易州，御五花樓，撫諭士庶。丙午，以青牛白馬祭天地。詔諭三京諸道。戊申，次淶水〔三〕，謁景宗皇帝廟。詔遣涿州刺史耶律守雄護送易州降人八百，還隸本貫。己酉，次岐溝，射鬼箭。辛亥，還次南京，六軍解嚴。

二月壬子朔，上御元和殿受百官賀。詔雞壁砦民二百户徙居檀、順、薊三州。甲寅，回鶻、于闐、師子等國來貢。乙卯，大饗軍士，爵賞有差。樞密使韓德讓封楚國王，駙馬都尉蕭寧遠同政事門下平章事。是日，幸長春宮。甲子，詔南征所俘有親屬分隸諸帳者，給官錢贖之，使相從。乙丑，賞南征女直軍，使東還。丙寅，禁舉人匿名飛書，謗訕朝廷。癸酉，吐蕃、党項來貢。甲戌，雲州租賦請止輸本道，從之。丙子，以女直活骨德爲本部相。分遣巫覡祭名山大川。丁丑，皇子佛寶奴生。戊寅，阿薩蘭、于闐、轄烈並遣使來貢。

三月壬午朔，遣使祭木葉山。禁芻牧傷禾稼。宋進士十七人挈家來歸，命有司考其中第者，補國學官，餘授縣主簿、尉。李繼遷遣使來貢。丁亥，詔知易州趙質收戰亡士卒骸骨[一四]，築京觀。戊子，賜于越宋國王紅珠筋線，命入內神帳行再生禮，皇太后賜物甚厚。以雞壁砦民成廷朗等八户隸飛狐。己丑，詔免雲州逋賦。乙室王貫寧擊鞠，爲所部郎君高四縱馬突死，詔訊高四罪。丙申，詔開奇峰路通易州市。戊戌，以王子帳耶律襄之女封義成公主，下嫁李繼遷[一五]。

是春，駐蹕延芳淀。

夏四月甲寅，還京。乙卯，國舅太師蕭闥覽爲子排亞請尚皇女延壽公主[一六]，許之。丙辰，謁太宗皇帝廟。以御史大夫烏骨領乙室大王。己未，幸延壽寺飯僧。甲子，諫議大夫馬得臣以上好擊毬，上疏切諫：「臣伏見陛下聽朝之暇，以擊毬爲樂。臣思此事有三不宜：上下分朋，君臣爭勝，君得臣奪，君輸臣喜，一不宜也；往來交錯，前後遮約，爭心競起，禮容全廢，若貪月杖，誤拂天衣，臣既失儀，君又難責，二不宜也；輕萬乘之貴，逐廣場之娛，地雖平，至爲堅确，馬雖良，亦有驚蹶，或因奔擊，失其控御，聖體寧無虧損？太后豈不驚懼？三不宜也。臣望陛下念繼承之重，止危險之戲。」疏奏，大嘉納之。丁卯，吐渾還金、回鶻安進、吐蕃獨朵等自宋來歸，皆賜衣帶。皇太后謁奇首可汗廟。丙子，以舍利軍耶律沓爲常衮。己卯，駐蹕儒州龍泉。庚辰，遣宣徽使蒲領等率兵分道備宋。以遥輦副使控骨离爲舍利拽剌詳穩。

五月辛巳〔一七〕，祭風伯于儒州白馬村。休哥引軍至滿城，招降卒七百餘人，遣使來獻，詔隸東京。辛卯，獵桑乾河。壬辰，燕京奏宋兵至邊，時暑未敢與戰，且駐易州，俟彼動則進擊，退則班師。從之。

六月庚戌朔，以太師柘母迎合，撾之二十。辛酉，詔燕樂、密雲二縣荒地許民耕種〔一八〕，免賦役十年。甲戌，宣政殿學士馬得臣卒，詔贈太子少保〔一九〕，賜錢十萬、粟百石。乙亥，詔出諸畜賜邊部貧民。是月，休哥、排亞破宋兵于泰州〔二〇〕。

秋七月乙酉，御含涼殿視朝。丙戌，以中丞耶律覈麥哥權夷离畢，横帳郎君耶律延壽爲御史大夫。癸巳，遣兵南征。甲午，以迪离畢、涅剌、烏濊三部各四人益東北路夫人婆里德〔一〕，仍給印綬。丁酉，勞南征將士。是日，帝與皇太后謁景宗皇帝廟。

八月庚午，放進士高正等二人及第。

冬十月，禁罝網捕兔〔二〕。

十一月甲申，于闐張文寶進内丹書。

十二月甲寅，鉤魚于沈子濼。癸亥，獵于好草嶺。

校勘記

〔一〕「上率百僚册上皇太后尊號」至「至德廣孝昭聖天輔皇帝」　據聖宗紀，統和二十四年十月庚午所上皇太后及聖宗尊號與統和五年所上尊號同，本書卷七一后妃傳則僅有統和二十四年上尊號事。按統和二十三年重修雲居寺碑記末云：「時睿德神略應運啓化皇太后，至德廣孝昭聖皇帝之二十三年，統和乙巳歲八月丁丑朔十一日丁亥記。」知統和五年確有上尊號事，然前後所上尊號不應相同，疑兩處所記當有一誤。

〔二〕三月己未　「三月」二字，原誤置於下文「癸未」上。按本書卷四四朔考，二月戊子朔，無己未，丙寅，三月戊午朔，己未爲初二日。今據以乙正。

〔三〕送沙州節度使曹恭順還　「曹恭順」，重熙六年韓橁墓誌同，本書聖宗紀開泰三年、八年、九年皆作「曹順」，長編卷八二大中祥符七年四月甲子、通考卷三五三四裔考一二則作「曹賢順」。按其本名「賢順」，後避景宗賢名改稱「順」或「恭順」。又據長編卷八二大中祥符七年四月甲子，開泰三年曹賢順始爲沙州節度使，此處繫年恐誤。

〔四〕遣南面招討使韓德威討河湟諸蕃違命者　「南面招討使」，本書卷八二本傳及韓匡嗣墓誌、秦國太夫人墓誌均作「西南面招討使」。

〔五〕加韓德威開府儀同三司兼政事令門下平章事　「政事令門下平章事」，秦國太夫人墓誌、韓德威墓誌、耶律元佐墓誌皆作「同政事門下平章事」，本書卷八二本傳作「政事門下平章事」。羅校謂傳作「政事門下平章事」，近是。

〔六〕八月丙辰　「八月」二字，原誤置於下文「戊午」上。按本書卷四四朔考，是月乙卯朔，丙辰爲初二日。今據以乙正。

〔七〕濱海女直遣厮魯里來修土貢　馮校謂此與上文「瀕海女直遣使速魯里來朝」爲一事重出。

〔八〕九月丙申　「九月」二字，原誤置於下文「戊戌」上。按本書卷四四朔考，九月乙酉朔，丙申爲十二日。今據以乙正。

〔九〕冬十月乙卯　「冬十月」三字，原誤置於下文「戊午」上。按本書卷四四朔考，十月甲寅朔，乙卯爲初二日。今據以乙正。

〔一〇〕駙馬蕭勤德太師闥覽皆中流矢　本書卷八八蕭恒德傳、卷八五蕭撻凜傳均謂以攻沙堆被傷，據此則被傷在攻沙堆之前。

〔二〕士潰圍委城遁　羅校謂「士」上當奪「軍」字。

〔三〕放高舉一人及第　「放高舉」三字原闕，據大典卷五二四九引遼史聖宗紀補。

〔三〕次淶水　「淶水」，原作「漆水」，據本書卷四〇地理志四改。

〔四〕詔知易州趙質收戰亡士卒骸骨　馮校云上文正月甲辰馬質爲易州刺史，趙質爲兵馬都監，此趙質應爲馬質。

〔五〕以王子帳耶律襄之女封義成公主下嫁李繼遷　本書卷一一五西夏外記亦繫此事於是年。然卷一一聖宗紀二繫於統和四年，宋史卷四八五夏國傳上同。

〔六〕國舅太師蕭闥覽爲子排亞請尚皇女延壽公主　「延壽公主」，疑當作「長壽公主」。按本書卷六五公主表，「排亞」作「排押」，尚長壽公主，延壽公主嫁蕭恒德。又咸雍五年秦晉國妃墓誌謂魏國公主長壽奴嫁北宰相曷寧，長壽奴即長壽公主，本書卷八八蕭排押傳謂其字韓隱，「曷寧」即「韓隱」之異譯。

〔七〕五月辛巳　據本書卷四四朔考，陳大任、宋曆均作五月庚辰朔。按辛巳後四月庚辰一日，或耶律儼作五月辛巳朔。

〔八〕詔燕樂密雲二縣荒地許民耕種　本書卷四〇地理志四，隋開皇十八年以燕樂、密雲二縣置檀州，遼轄密雲、行唐二縣，無燕樂縣。然卷五九食貨志上又謂統和十五年「詔山前後未納稅户，並於密雲、燕樂兩縣，占田置業入稅」，或原有燕樂縣，後廢。

〔一九〕詔贈太子少保　「太子少保」，本書卷八〇馬得臣傳作「太子太保」。

〔二〇〕休哥排亞破宋兵于泰州　「泰州」，原作「秦州」，據大典卷五二四九引遼史聖宗紀及南監本、北監本、殿本改。

〔二一〕以迪离畢涅剌烏濊三部各四人益東北路夫人婆里德　「婆里德」，本書卷一〇聖宗紀一統和三年十一月、卷四六百官志二並作「婆底里」。

〔二二〕禁罝網捕兔　「罝」，原作「置」，據大典卷五二四九引遼史聖宗紀改。

遼史卷十三

本紀第十三

聖宗四

八年春正月辛巳，如臺湖。庚寅，詔決滯獄。庚子，如沈子濼。

二月丁未朔，于闐、回鶻各遣使來貢。壬申，女直遣使來貢。

三月丁丑，李繼遷遣使來貢。庚辰，太白、熒惑鬭，凡十有五次〔一〕。乙酉，城杏堝，以宋俘實之。辛丑，置宜州。

夏四月丙午朔，嚴州刺史李壽英有惠政，民請留，從之。庚戌，女直遣使來貢。庚午，以歲旱，諸部艱食，振之。

五月戊子，以宋降卒分隸諸軍。庚寅，女直宰相阿海來貢，封順化王。丙申，清暑胡土白山。詔括民田。

六月丙午，以北面林牙磨魯古爲北院大王。阿薩蘭回鶻于越、達剌干各遣使來貢。甲寅，月掩天駟第一星。丙辰，女直遣使來貢。

秋七月庚辰，改南京熊軍爲神軍。詔東京路諸宫分提轄司，分置定霸、保和、宣化三縣〔二〕，白川州置洪理，儀坤州置廣義〔三〕，遼西州置長慶，乾州置安德各一縣。省遂、嬀、松〔四〕、饒、寧、海、瑞、玉、鐵里〔五〕、奉德等十州，及玉田、遼豐、松山、弘遠、懷清、雲龍、平澤、平山等八縣，以其民分隸他郡。

八月乙卯，以黑白羊祭天地。

九月乙亥，北女直四部請内附。壬辰，李繼遷獻宋俘。

冬十月丙午，以大敗宋軍，復遣使來告。己酉，阻卜等遣使來貢。是月，駐蹕大王川〔六〕。

十一月庚寅，以吐谷渾民饑，振之。丁酉，太白晝見。

十二月癸卯，李繼遷下宋麟、鄜等州，遣使來告。女直遣使來貢。庚戌，遣使封李繼遷爲夏國王。癸丑，回鶻來貢。

是歲，放鄭雲從等二人及第。

九年春正月甲戌，女直遣使來貢。丙子，詔禁私度僧尼。庚辰，如臺湖。乙酉，樞密使、監修國史室昉等進實録，賜物有差。戊子，選宋降卒五百置爲宣力軍。辛卯，詔免三京諸道租賦，仍罷括田。

二月丙午，夏國遣使告伐宋捷。丁未，以涿州刺史耶律王六爲惕隱。甲子，建威寇、振化、來遠三城，屯戍卒。

閏月辛未朔，日有食之。壬申，遣翰林承旨邢抱朴、三司使李嗣、給事中劉京、政事舍人張幹、南京副留守吴浩分決諸道滯獄。

三月庚子朔，振室韋、烏古諸部。戊申，復遣庫部員外郎馬守琪〔七〕、倉部員外郎祁正、虞部員外郎崔祐、薊北縣令崔簡等分決諸道滯獄。甲子，幸南京。

夏四月甲戌，回鶻來貢。乙亥，夏國王李繼遷遣杜白來謝封册。丙戌，清暑炭山。

五月己未，以秦王韓匡嗣私城爲全州。

六月丁亥，突厥來貢。是月，南京霖雨傷稼。

秋七月癸卯，通括户口。乙巳，詔諸道舉才行、察貪酷、撫高年、禁奢僭，有殁於王事者官其子孫。己未，夏國以復綏、銀二州，遣使來告。

八月癸酉，銅州嘉禾生，東京甘露降。戊寅，女直進喚鹿人。壬午，東京進三足烏。

九月庚子，鼻骨德來貢。己酉，駐蹕𪶷城。南京地震。

冬十月丁卯，阿薩蘭回鶻來貢。壬申，夏國王李繼遷遣使來上宋所授勑命。丁丑，定難軍節度使李繼捧來附，授推忠効順啓聖定難功臣、開府儀同三司、檢校太師兼侍中，封西平王。

十一月己亥，以青牛白馬祭天地。

十二月，夏國王李繼遷潛附于宋，遣招討使韓德威持詔諭之。

是歲，放進士石用中一人及第。

十年春正月丁酉，禁喪葬禮殺馬，及藏甲冑、金銀、器玩。丙午，如臺湖。

二月乙丑朔，日有食之。韓德威奏李繼遷稱故不出，至靈州俘掠以還。壬申，兀惹來貢。壬午，免雲州租賦。庚寅，夏國以韓德威俘掠，遣使來奏，賜詔安慰。辛卯，給復雲州流民。

三月甲辰，鐵驪來貢。丙辰，如炭山。

夏四月乙丑，以臺湖爲望幸里。庚寅，命羣臣較射。

五月癸巳〔八〕，朔州流民給復三年。

七月辛酉，鐵驪來貢。

八月癸亥，觀稼，仍遣使分閱苗稼。

九月癸卯，幸五臺山金河寺飯僧〔九〕。

冬十月壬申，夏國王遣使來貢。戊寅，鐵驪來貢。

十一月壬辰，回鶻來貢。

十二月庚辰，獵儒州東川。拜天。是月，以東京留守蕭恒德等伐高麗。

十一年春正月壬寅〔一〇〕，回鶻來貢。丙午，出内帑錢賜南京統軍司軍。高麗王治遣朴良柔奉表請罪，詔取女直鴨渌江東數百里地賜之。

二月癸亥，霸州民妻王氏以妖惑衆，伏誅。

夏四月，幸炭山清暑。

六月，大雨。

秋七月己丑，桑乾、羊河溢居庸關西，害禾稼殆盡，奉聖、南京居民廬舍多墊溺者。

八月，如秋山。

冬十月甲申朔〔一〕，駐蹕蒲瑰坂。

是年〔二〕，放進士王熙載等二人及第。

十二年春正月癸丑朔，瀞陰鎮水，漂溺三十餘村，詔疏舊渠〔三〕。甲寅，以同政事門下平章事耶律碩老爲惕隱。詔復行在五十里内租。乙卯，幸延芳淀。戊午，蠲宜州賦調。庚申，郎君耶律鼻舍等謀叛，伏誅。壬戌，以南院大王耶律景爲上京留守，封漆水郡王。霸州民李在宥年百三十有三，賜束帛、錦袍、銀帶，月給羊酒，仍復其家。

二月甲申，免南京被水户租賦。己丑，高麗來貢。甲午，免諸部歲輸羊及關征。庚子，回鶻來貢。

三月丁巳，高麗遣使請所俘人畜，詔贖還。戊午，幸南京。丙寅，遣使撫諭高麗。己巳，涿州木連理。壬申，如長春宫觀牡丹。是月，復置南京統軍都監。

夏四月辛卯，幸南京。壬辰，樞密直學士劉恕爲南院樞密副使。戊戌，以景宗石像成，幸延壽寺飯僧。

五月甲寅，詔北皮室軍老不任事者免役。戊午，如炭山清暑。庚辰，武定軍節度使韓德沖秩滿，其民請留，從之。

六月辛巳朔，詔州縣長吏有才能無過者，減一資考任之。癸未，可汗州刺史賈俊進新曆。庚子，録囚〔一四〕。甲辰，詔龍、鳳兩軍老疾者代之。是月，太白、歲星相犯。

秋七月辛亥朔，日有食之。甲寅，遣使視諸道禾稼。辛酉，南院樞密使室昉爲中京留守〔一五〕，加尚父。丙寅，女直遣使來貢。戊辰，觀穫。庚午，詔契丹人犯十惡者依漢律。己卯，以翰林承旨邢抱朴參知政事。

八月庚辰朔，詔皇太妃領西北路烏古等部兵及永興宫分軍〔一六〕，撫定西邊，以蕭撻凜督其軍事。乙酉，宋遣使求和，不許。戊子，以國舅帳尅蕭徒骨爲夷离畢。乙未，下詔戒諭中外官吏。丁酉，録囚，雜犯死罪以下釋之。

九月壬子，室韋、党項、吐谷渾等來貢。辛酉，宋復遣使求和，不許。壬戌，行拜奥禮。癸酉，阻卜等來貢。

冬十月乙酉，獵可汗州之西山。乙巳，詔定均税法。丁未，大理寺置少卿及正。

十一月戊申朔，行再生禮。鐵驪來貢。詔諸部所俘宋人有官吏儒生抱器能者，諸道軍有勇健者，具以名聞。庚戌，詔郡邑貢明經、茂材異等。甲寅，詔南京決滯獄。己未，官宋俘衞德升等六人。

十二月戊寅朔，日有食之。詔并奚王府奥理、墮隗〔一七〕、梅只三部爲一，其二尅各分爲部，以足六部之數。甲申，賜南京統軍司貧户耕牛。戊子，高麗進妓樂，却之。庚寅，禁游食民。癸巳，女直以宋人浮海賂本國及兀惹叛來告。丁未，幸南京。

是年，放進士吕德懋等二人及第。

十三年春正月壬子，幸延芳淀。甲寅，置廣靈縣。丁巳，增泰州、遂城等縣賦。庚申，詔諸道勸農。癸亥，長寧軍節度使蕭解里秩滿，民請留，從之。庚午，如長春宫。

二月丁丑，女直遣使來貢。甲辰，高麗遣李周楨來貢。

三月癸丑，夏國遣使來貢。戊辰，武清縣百餘人入宋境剽掠，命誅之，還其所獲人畜財物。

夏四月己卯，參知政事邢抱朴以母憂去官起復。丙戌，詔諸道民户應曆以來脅從爲部曲者，仍籍州縣。甲午，如炭山清暑。

五月壬子，高麗進鷹。乙亥，北、南、乙室三府請括富民馬以備軍需，不許，給以官馬。

六月丙子朔，啓聖軍節度使劉繼琛秩滿，民請留〔八〕，從之。丁丑，詔減前歲括田租賦。甲申，以宣徽使阿没里私城爲豐州。丙戌，詔許昌平、懷柔等縣諸人請業荒地。

秋七月乙巳朔，女直遣使來貢。丁巳，兀惹烏昭度〔一九〕、渤海燕頗等侵鐵驪，遣奚王和朔奴等討之。壬戌，詔蔚、朔等州龍衞、威勝軍更戍。

八月丙子，夏國遣使進馬。壬辰，詔修山澤祠宇、先哲廟貌，以時祀之。

九月戊午，以南京太學生員浸多，特賜水磑莊一區。丁卯，奉安景宗及皇太后石像于延芳淀。

冬十月乙亥，置義倉。辛巳，回鶻來貢。甲申，高麗遣李知白來貢。戊子，兀惹歸欵，詔諭之。庚子，鼻骨德來貢。

十一月乙巳，阿薩蘭回鶻遣使來貢。辛酉，遣使册王治爲高麗國王。戊辰，高麗遣童子十人來學本國語。

十二月己卯，鐵驪遣使來貢鷹、馬。辛巳，夏國以敗宋人遣使來告。

是年，放進士王用極等二人。

十四年春正月己酉，漁于潞河。丁巳，蠲三京及諸州稅賦。丙寅，夏國遣使來貢。庚午，以宣徽使阿没里家奴閻貴爲豐州刺史。

二月庚寅，回鶻遣使來貢。

三月壬寅，高麗王治表乞爲婚，許以東京留守、駙馬蕭恒德女嫁之。庚戌，高麗復遣童子十人來學本國語。甲寅，韓德威奏討党項捷。甲子，詔安集朔州流民。

夏四月甲戌，東邊諸紀各置都監。庚寅，如炭山清暑。己亥，鑿大安山，取劉守光所藏錢〔二〇〕。是月，奚王和朔奴、東京留守蕭恒德等五人以討兀惹不克，削官。改諸部令穩爲節度使。

五月癸卯，詔參知政事邢抱朴決南京滯獄。庚戌，朔州威勝軍一百七人叛入宋。

六月辛未，如炭山清暑。鐵驪來貢。乙酉，回鶻來貢。己丑，高麗遣使來問起居。後至無時。

秋七月戊午，回鶻等來貢。

閏月丁丑，五院部進穴地所得金馬。

冬十月丙辰，命劉遂教南京神武軍士劍法，賜袍帶錦幣。戊午，烏昭度乞内附。

十一月甲戌，詔諸軍官毋非時畋獵妨農。乙酉，奉安景宗及太后石像于乾州。是月，回鶻阿薩蘭遣使爲子求婚，不許。

十二月甲寅，以南京道新定税法太重，減之。甲子，撻凜誘叛酋阿魯敦等六十人斬之，封蘭陵郡王。幸南京。

是年，放進士張儉等三人。

十五年春正月庚午，幸延芳淀。丙子，以河西党項叛，詔韓德威討之〔二〕。庚辰，詔諸道勸民種樹。癸未，兀惹長武周來降。戊子，女直遣使來貢。己丑，詔南京決滯囚。乙未，免流民稅。

二月丙申朔，如長春宮。戊戌，勸品部富民出錢以贍貧民。庚子，徙梁門、遂城、泰州、北平民於內地。丙午，夏國遣使來貢。甲寅，問安皇太后。丙辰，韓德威奏破党項捷。丁巳，詔品部曠地令民耕種。

三月乙丑朔，党項來貢。戊辰，募民耕灤州荒地，免其租賦十年。己巳，夏國破宋兵，遣使來告。己卯，封夏國王李繼遷爲西平王。壬午，通括宮分人户，免南京逋稅及義倉粟。甲申，河西党項乞內附。庚寅，兀惹烏昭度以地遠，乞歲時免進鷹、馬、貂皮，詔以生辰、正旦貢如舊，餘免。癸巳，宋主炅殂，子恒嗣位。甲午，皇太妃獻西邊捷。

夏四月乙未朔，罷奚五部歲貢麕。戊戌，録囚。壬寅，發義倉粟振南京諸縣民。丙午，廣德軍節度使韓德凝有善政，秩滿，其民請留，從之。己酉，幸南京。丁巳，致奠于太宗皇帝廟。己未，如炭山清暑。

五月甲子朔，日有食之。己巳，詔平州決滯獄。是月，敵烈八部殺詳穩以叛，蕭撻凜追擊，獲部族之半。

六月丙申，鐵驪來貢。壬子，夏國遣使來謝封册。

秋七月戊辰，党項來貢。辛未，禁吐谷渾别部鬻馬於宋。丙子，高麗遣韓彦敬奉幣弔越國公主之喪。辛卯，詔南京疾決獄訟。

八月丁酉，獵于平地松林，皇太后誡曰：「前聖有言：欲不可縱。吾兒爲天下主，馳騁田獵，萬一有銜橛之變，適遺予憂。其深戒之！」

九月丙寅，罷東邊戍卒。庚午，幸饒州，致奠太祖廟。戊子，蕭撻凜奏討阻卜捷。

冬十月壬辰朔，駐蹕駝山，罷奚王諸部貢物。乙未，賜宿衛時服。丁酉，禁諸山寺毋濫度僧尼。戊戌，弛東京道魚濼之禁。戊申，以上京獄訟繁冗，詰其主者。辛酉，録囚。

十一月壬戌朔，録囚。丙戌，幸顯州。戊子，謁顯陵。庚寅，謁乾陵。是月，高麗王治薨，姪誦遣王同穎來告。

十二月乙巳，鈎魚土河。己酉，駐蹕駝山。壬子，夏國遣使來貢。甲寅，遣使祭高麗王治，詔其姪權知國事。丙辰，録囚。

是年，放進士陳鼎等二人。

校勘記

〔一〕太白熒惑鬬凡十有五次　此處謂太白與熒惑鬬「凡十有五次」，語義不通，疑當作「凡十有五日」。據五星軌迹推算，是年三月太白犯熒惑，持續十餘日。

〔二〕分置定霸保和宣化三縣　「分置」，原作「置分」，據大典卷五二四九引遼史聖宗紀乙正。

〔三〕儀坤州置廣義　「廣義」，疑當作「來遠」。按本書卷三七地理志一云：「廣義縣（中略）應天皇后以四征所俘居之，因建州縣。統和八年，以諸宫提轄司户置來遠縣，十三年併入。」

〔四〕松　松州當即本書卷三九地理志三中京道條之松山州。

〔五〕鐵里　本書卷三八地理志二作「鐵利」。

〔六〕大王川　原作「大王州」，據本書卷六八遊幸表及大典卷五二四九引遼史聖宗紀改。

〔七〕馬守琪　本書卷四八百官志四南面分司官作「馬守瑛」。

〔八〕五月癸巳　本書卷四四朔考，五月甲午朔，月内無癸巳。

〔九〕幸五臺山金河寺飯僧　「金河寺」，原作「今河寺」，據大典卷五二四九引遼史聖宗紀及南監本、殿本改。

〔一〇〕十一年春正月壬寅　「正月」，原作「三月」，據本書卷七〇屬國表及大典卷五二四九引遼史聖宗紀改。

〔一一〕冬十月甲申朔　據本書卷四四朔考，是年九月丙戌朔、十月甲申朔。按丙戌至甲申計五十八日，朔考又云：「宋閏十月甲申。」疑此處「十月」上奪一「閏」字，或是年遼於九月置閏，則十月甲申朔不誤。參見卷四四朔考校勘記〔四五〕。

〔三〕是年　原作「是時」，據大典卷五二四九引遼史聖宗紀改。

〔三〕詔疏舊渠　「疏」，原作「數」，據大典卷五二四九引遼史聖宗紀及南監本、北監本、殿本改。

〔四〕録囚　「録」，原作一字空格，據大典卷五二四九引遼史聖宗紀及南監本、北監本、殿本補。

〔五〕南院樞密使室昉爲中京留守　「中京」，疑當作「南京」，參見本書卷七九校勘記〔三〕。

〔六〕詔皇太妃領西北路烏古等部兵及永興宫分軍　長編卷五五咸平六年七月己酉謂景宗后姊爲齊王罨撒葛妃，王死，稱齊妃，領兵屯西鄙驢駒兒河，西捍達靼。索隱卷二因謂「皇太妃」當作「王太妃」。按本書卷六九部族表、卷八五蕭撻凜傳、卷一〇三蕭韓家奴傳所記此事皆作「皇太妃」，又統和十八年高嵩墓誌及大安三年蕭興言墓誌亦同。

〔七〕隨隗　本書卷二太祖紀下天贊二年三月戊寅、卷三三營衛志下、卷四六百官志二、卷六九部族表、卷一一六國語解並作「隨瑰」。

〔八〕民請留　「留」，原作「流」，據大典卷五二四九引遼史聖宗紀及南監本、北監本、殿本改。

〔九〕兀惹烏昭度　「烏昭度」，下文統和十四年十月戊午、十五年三月庚寅及本書卷九四耶律斡臘傳同。卷一四聖宗紀五統和十七年六月、二十二年九月丙午及卷七〇屬國表並作「烏昭慶」。

〔二〇〕取劉守光所藏錢　册府卷九二二總録部妖妄二、新唐書卷二一二劉仁恭傳、通鑑卷二六六後梁紀一太祖開平元年三月甲辰皆謂此事係劉仁恭所爲。

〔二一〕詔韓德威討之　此處紀事繫年有誤。按韓德威墓誌謂其「以丙申歲孟冬既望之翌日，薨於天德部内之公署」，知德威已卒於統和十四年丙申冬。下文十五年二月丙辰「韓德威奏破党項捷」誤同。

遼史卷十四

本紀第十四

聖宗五

十六年春正月乙丑，如長濼。

二月庚子，夏國遣使來貢。丙午，以監門衞上將軍耶律喜羅爲中臺省左相。

三月甲子，女直遣使來貢。乙亥，鼻骨德酋長來貢。

夏四月癸卯，振崇德宫所隸州縣民之被水者。丁未，罷民輸官俸，給自内帑。己酉，祈雨。乙卯，如木葉山。

五月甲子，祭白馬神。丁卯，祠木葉山，告來歲南伐。庚辰，鐵驪來貢。乙酉，還上京。婦人年踰九十者賜物。

六月戊子朔，致奠於祖、懷二陵。是月，清暑炭山。

秋七月丁巳朔，録囚，聽政。

八月丁亥朔，東幸。

九月丁巳朔，駐蹕得勝口。

冬十一月，遣使册高麗國王誦。

十二月丙戌，宋國王休哥薨，輟朝五日。進封皇弟恒王隆慶爲梁國王、南京留守，鄭王隆祐爲吴國王〔一〕。

是年，放進士楊又玄等二人〔二〕。

十七年春正月乙卯朔，如長春宫。

夏四月，如炭山清暑。

六月，兀惹烏昭慶來〔三〕。

秋七月，以伐宋詔諭諸道。

九月庚辰朔，幸南京。己亥，南伐。癸卯，射鬼箭。北院樞密使魏王耶律斜軫薨，以韓德讓兼知北院樞密使事。

冬十月癸酉，攻遂城，不克。遣蕭繼遠攻狼山鎮石砦，破之。次瀛州，與宋軍戰，擒其將康昭裔、宋順〔四〕，獲兵仗、器甲無筭。進攻樂壽縣，拔之。次遂城，敵衆臨水以拒，縱騎兵突之，殺戮殆盡。

是年，放進士初錫等四人及第〔五〕。

十八年春正月，還次南京，賞有功將士，罰不用命者。詔諸軍各還本道。

二月，幸延芳淀。

夏四月己未，駐蹕于清泉淀。

五月丁酉，清暑炭山。

六月，阻卜叛酋鶻碾之弟鐵剌不率部衆來附，鶻碾無所歸，遂降，詔誅之。

秋七月，駐蹕于湯泉。

九月乙亥朔，駐蹕黑河。

冬十一月甲戌朔，授西平王李繼遷子德昭朔方軍節度使〔六〕。

十二月，回鶻來貢。

是年，放進士南承保等三人及第。

十九年春正月辛巳，以祗候郎君班詳穩觀音爲奚六部大王。甲申，回鶻進梵僧名醫。

三月乙亥，夏國遣李文貴來貢。乙酉，西南面招討司奏党項捷。壬辰，皇后蕭氏以罪降爲貴妃。賜大丞相韓德讓名德昌。

夏四月乙巳，幸吴國王隆祐第視疾。丙午，問安皇太后。

五月癸酉，清暑炭山。丙戌，册蕭氏爲齊天皇后。庚寅，以千拽剌詳穩耶律王奴爲乙室大王。辛卯，以青牛白馬祭天地。

六月乙巳，以所俘宋將康昭裔爲昭順軍節度使。戊午，夏國奏下宋恒、環、慶等三州，賜詔褒之。

秋七月丙戌，以東京統軍使耶律奴瓜爲南府宰相。

八月庚戌，達盧骨部來貢。

九月己巳朔，問安皇太后。戊子，駐蹕昌平。庚寅，西南面招討司奏討吐谷渾捷。辛卯，幸南京。

冬十月己亥，南伐。壬寅，次鹽溝。徙封吴國王隆祐爲楚國王，留守京師。丁未，梁國王隆慶統先鋒軍以進。辛亥，射鬼箭。壬子，以青牛白馬祭天地。甲寅，遼軍與宋兵戰于遂城，敗之。庚申，以黑白羊祭天地。丙寅，次滿城，以泥淖班師。

十一月庚午，射鬼箭。丙子，宋兵出淤口、益津關來侵，偵候謀洼、虞人招古擊敗之。己卯，觀漁儒門濼。

閏月己酉，鼻骨德來貢。己未，減關市稅。

十二月庚辰，免南京、平州租稅。

二十年春正月庚子，如延芳淀。癸丑，東方五色虹見。詔安撫西南面向化諸部。甲寅，夏國遣使貢馬、駝。辛酉，女直宰相夷离底來貢。

二月丁丑，女直遣其子來朝〔七〕。高麗遣使賀伐宋捷。

三月甲寅，遣北府宰相蕭繼遠等南伐。壬戌，駐蹕鴛鴦濼。

夏四月丙寅朔，文班太保達里底敗宋兵于梁門。甲戌，南京統軍使蕭撻凜破宋軍於泰州。乙酉，南征將校獻俘，賜爵賞有差。戊子，鐵驪遣使來貢。

五月乙卯，幸炭山清暑。

六月，夏國遣劉仁勗來告下靈州。

秋七月甲午朔，日有食之。丁酉，以邢抱朴爲南院樞密使。辛丑，高麗遣使來貢本國地里圖。

九月癸巳朔，謁顯陵，告南伐捷。

冬十月癸亥朔，至自顯陵。

十二月，奚王府五帳六節度獻七金山土河川地，賜金幣。

是歲，南京、平州麥秀兩岐。放進士邢祥等六人及第。

二十一年春正月，如鴛鴦濼。

三月壬辰，詔修日曆官毋書細事。甲午，朝皇太后。戊午，鐵驪來貢。

夏四月乙丑，女直遣使來貢。戊辰，兀惹、渤海、奥里米、越里篤、越里吉等五部遣使來貢〔八〕。是月，耶律奴瓜、蕭撻凜獲宋將王繼忠于望都。

五月庚寅朔，清暑炭山。丁巳，西平王李繼遷薨，其子德昭遣使來告。

六月己卯，贈繼遷尚書令，遣西上閤門使丁振弔慰。辛巳，党項來貢。乙酉，阻卜鐵刺里率諸部來降。是月，修可敦城。

秋七月庚戌，阻卜、烏古來貢。甲寅，以奚王府監軍耶律室魯爲南院大王〔九〕。

八月乙酉，阻卜鐵刺里來朝。丙戌，朝皇太后。

九月己亥，夏國李德昭遣使來謝弔贈。癸丑，幸女河湯泉，改其名曰松林。

冬十月丁巳，駐蹕七渡河。戊辰，以楚國王隆祐爲西南面招討使。

十一月壬辰，故于越耶律休哥之子道士奴、高九等謀叛，伏誅。丙申，通括南院部民。

十二月癸未，罷三京諸道貢。

二十二年春正月丁亥，如鴛鴦濼。

二月乙卯朔，女直遣使來貢。丙寅，南院樞密使邢抱朴薨，輟朝三日。

三月己丑，罷番部賀千齡節及冬至、重五貢。乙未，西夏李德昭遣使上繼遷遺物。

夏四月丁卯，朝皇太后。

五月，清暑炭山。

六月戊午〔一〇〕，以可敦城爲鎮州，軍曰建安。

秋七月甲申，遣使封夏國李德昭爲西平王。丁亥，兀惹、蒲奴里、剖阿里、越里篤、奥里米等部來貢。

八月丙辰，党項來貢。庚申，阻卜酋鐵刺里來朝。戊辰，鐵刺里求婚，不許〔一〕。丙子，駐蹕犬牙山。

九月己丑，以南伐諭高麗。丙午，幸南京。女直遣使獻所獲烏昭慶妻子。丁未，致祭于太宗皇帝廟。以北院大王磨魯古、太尉老君奴監北、南王府兵。庚戌，命楚國王隆祐留守京師。

閏月己未，南伐。癸亥，次固安。以所獲諜者射鬼箭。甲子，以青牛白馬祭天地。丙寅，遼師與宋兵戰于唐興，大破之。丁卯，蕭撻凛與宋軍戰于遂城，敗之。庚午，軍于望都。

冬十月乙酉，以黑白羊祭天地。丙戌，攻瀛州，不克。甲午，下祁州〔二〕，賚降兵。以酒脯祭天地。己酉，西平王李德昭遣使謝封册。

十一月癸亥，馬軍都指揮使耶律課里遇宋兵于洺州，擊退之。甲子，東京留守蕭排押獲宋魏府官吏田逢吉、郭守榮、常顯、劉綽等以獻。丁卯，南院大王善補奏宋遣人遺王繼忠弓矢，密請求和。詔繼忠與使會，許和。庚午，攻破德清軍。壬申，次澶淵。蕭撻凛中伏弩死。乙亥，攻破通利軍。丁丑，宋遣崇儀副使曹利用請和，即遣飛龍使韓杞持書報聘。

十二月庚辰朔，日有食之，既。癸未，宋復遣曹利用來，以無還地之意，遣監門衛大將軍姚東之持書往報〔一三〕。戊子，宋遣李繼昌請和，以太后爲叔母，願歲輸銀十萬兩，絹二十萬匹。許之，即遣閤門使丁振持書報聘。己丑，詔諸軍解嚴。是月，班師。皇太后賜大丞相齊王韓德昌姓耶律，徙王晉。

是年，放進士李可封等三人。

二十三年春正月戊午，還次南京。庚申，大饗將卒，爵賞有差。

二月丙戌，復置榷場於振武軍。

三月丁巳〔一四〕，夏國遣使告下宋青城。辛酉，朝皇太后。以惕隱化哥爲南院大王，行軍都監老君奴爲惕隱。乙丑，振党項部。丁卯，回鶻來貢。丁丑，改易州飛狐招安使爲安撫使。

夏四月丙戌，女直及阿薩蘭回鶻各遣使來貢。乙未，鐵驪來貢。己亥，党項來侵。

五月戊申朔，宋遣孫僅等來賀皇太后生辰。乙卯，以金帛賜陣亡將士家。丙寅，高麗以與宋和，遣使來賀。

六月壬辰，清暑炭山。甲午，阻卜酋鐵剌里遣使賀與宋和。己亥，達旦國九部遣使來聘。

秋七月癸丑，問安皇太后。戊午，党項來貢。辛酉，以青牛白馬祭天地。壬戌，烏古來貢。丁卯，女直遣使來貢。阿薩蘭回鶻遣使來請先留使者，皆遣之〔一五〕。

九月甲戌，遣太尉阿里、太傅楊六賀宋主生辰。

冬十月丙子朔，鼻骨德來貢。戊子，朝皇太后。甲午，駐蹕七渡河。癸卯，宋歲幣始至，後爲常。

十一月戊申，上遣太保合住、頒給使韓橁〔一六〕，太后遣太師盆奴、政事舍人高正使宋賀正旦。辛亥，觀漁桑乾河。丁巳，詔大丞相耶律德昌出宮籍，屬于橫帳。

十二月丙申，宋遣周漸等來賀千齡節。丁酉，復遣張若谷等來賀正旦。

二十四年春正月，如鴛鴦濼。

夏五月壬寅朔，幸炭山清暑。幽皇太妃胡輦于懷州，囚夫人夷懶于南京，餘黨皆生瘞之。

秋七月辛丑朔，南幸。

八月丙戌，改南京宮宣教門爲元和，外三門爲南端，左掖門爲萬春，右掖門爲千秋〔一七〕。

是月，沙州燉煌王曹壽遣使進大食國馬及美玉〔一八〕，以對衣、銀器等物賜之。

九月，幸南京。

冬十月庚午朔，帝率羣臣上皇太后尊號曰睿德神略應運啓化承天皇太后，羣臣上皇帝尊號曰至德廣孝昭聖天輔皇帝。大赦。

是年，放進士楊佶等二十三人及第。

二十五年春正月，建中京。

二月，如鴛鴦濼。

夏四月，清暑炭山。

六月，賜皇太妃胡輦死于幽所。

秋七月壬申，西平王李德昭母薨，遣使弔祭。甲戌，遣使起復。

九月，西北路招討使蕭圖玉討阻卜，破之。

冬十月丙申，駐蹕中京。

十二月己酉，振饒州饑民。

二十六年春二月，如長濼。

夏四月辛卯朔，祠木葉山。

五月庚申朔，還上京。丙寅，高麗進龍鬚草席〔一九〕。己巳，遣使賀中京成。庚午，致祭祖、懷二陵。辛未，駐蹕懷州。

秋七月，增太祖、太宗、讓國皇帝、世宗謚，仍謚皇太弟李胡曰欽順皇帝〔二〇〕。

冬十月戊子朔，幸中京。

十二月，蕭圖玉奏討甘州回鶻，降其王耶剌里，撫慰而還。

是年，放進士史克忠等一十三人。

二十七年春正月，鉤魚土河。獵于瑞鹿原。

夏四月丙戌朔，駐蹕中京，營建宮室。庚戌，廢霸州處置司。

秋七月甲寅朔，霖雨，潢、土、斡剌、陰涼四河皆溢，漂没民舍。

八月甲申，北幸。

冬十一月壬子朔，行柴册禮。

十二月乙酉，南幸。皇太后不豫。戊子，肆赦。辛卯，皇太后崩于行宫。壬辰，遣使報哀于宋、夏、高麗。戊申，如中京。己酉，詔免賀千齡節。

是歲，御前引試劉二宜等三人。

校勘記

〔一〕鄭王隆祐爲吴國王　「隆祐」，本書紀、表所見皆同。然秦晉國大長公主墓誌及宋代文獻均作「隆裕」。參見卷六四皇子表校勘記〔二八〕。

〔二〕放進士楊又玄等二人　「楊又玄」，諸本皆作「楊又立」。本書卷一六聖宗紀七開泰七年十一月作「楊人玄」，明鈔本、南監本、北監本、殿本皆作「楊又玄」，又太平二年十月、五年三月、七年十一月諸本均作「楊又玄」。核其事迹，應是一人。今據改。

〔三〕兀惹烏昭慶來　本書卷七〇屬國表作「兀惹烏昭慶來降，釋之」。

〔四〕擒其將康昭裔宋順　據馮從順墓誌，統和十七年宋將馮從順、康保裔兵敗瀛州，陳述全遼文卷六謂「宋順」蓋即「馮從順」，「康昭裔」即「康保裔」。宋代文獻所記此事亦均作「康保裔」。

〔五〕放進士初錫等四人及第　「四」，大典卷五二四九引遼史聖宗紀作「二」。

〔六〕授西平王李繼遷子德昭朔方軍節度使　「德昭」，宋史卷四八五夏國傳上作「德明」。此處係避遼穆宗諱改。又本書卷一一五西夏外記「德昭」、「德明」並見，作「德明」者應屬漏改或後人回改。

〔七〕女直遣其子來朝　本書卷七〇屬國表作「女直國大王阿改遣其子出燭你、耶剌改、塞剌來朝」。

〔八〕越里吉等五部遣使來貢　「越里吉」，原作「越里古」。本書卷三三營衛志下部族下、卷七〇屬國表均作「越里吉」。又卷一八興宗紀一重熙六年八月作「越棘」，即「越里吉」之異譯。知「古」爲「吉」之訛，今據改。

〔九〕以奚王府監軍耶律室魯爲南院大王　本書卷一五聖宗紀六統和二十九年三月己亥、卷六〇食貨志下、卷八一耶律室魯傳及卷九四耶律世良傳皆謂室魯爲北院大王。按聖宗紀統和八年六月丙午「以北面林牙磨魯古爲北院大王」，二十二年九月丁未又有北院大王磨魯古、十一月丁卯有南院大王善補，卷八二磨魯古傳亦謂統和間累遷北院大王，然卷九九耶律撒剌傳又稱磨魯古爲南院大王。紀、傳所載抵牾如此。

〔一〇〕六月戊午　「戊午」，原作「戊子」，南監本、北監本、殿本皆同，惟大典卷五二四九引遼史聖宗紀作「戊午」。按是年六月甲寅朔，無戊子，戊午爲初五日。今據改。

〔一一〕鐵剌里求婚不許　本書卷七〇屬國表作「鐵剌里求婚，許之」。

〔一二〕下祁州　「祁州」，原作「祈州」，據本書卷八五蕭撻凜傳改。

〔一三〕遣監門衛大將軍姚東之持書往報　「姚東之」，通考卷三四六四裔考二三契丹中及宋史卷七真宗紀二景德元年十二月、卷二八一畢士安傳同，長編卷五八景德元年十二月甲申、太平治蹟統類卷四真宗澶淵通好景德元年十二月庚辰、東都事略卷一二三附録一遼、文瑩玉壺清話卷四、陳師道後山談叢卷一均作「姚東之」。

〔一四〕三月丁巳　「三月」二字原闕。按本書卷四四朔考，是年二月己卯朔，自己卯至丁巳共計三十九日，已入三月。又下文所記振党項部、回鶻來貢二事，卷七〇屬國表均繫於是年三月。今據補。

〔一五〕阿薩蘭回鶻遣使來請先留使者皆遣之　本書卷七〇屬國表作「阿薩蘭回鶻遣使來，因請先留使者，皆遣之」，文義較長。

〔一六〕頒給使韓樀　「韓樀」，原作「韓簡」，據韓樀墓誌及長編卷六一景德二年十二月庚子改。

〔一七〕改南京宮宣教門爲元和外三門爲南端左掖門爲萬春右掖門爲千秋　此處疑有脱誤。按本書卷四〇地理志四南京道謂南京皇城「内門曰宣教，改元和；外三門曰南端、左掖、右掖。左掖改萬春，右掖改千秋」。

〔一八〕沙州燉煌王曹壽遣使進大食國馬及美玉　「曹壽」，長編卷五六景德元年三月癸酉、通考卷三三五四裔考一二沙州、宋史卷四九〇沙州傳並作「曹宗壽」。此蓋避興宗宗真名，省「宗」字。

〔一九〕高麗進龍鬚草席　本書卷七〇屬國表作「高麗進文化、武功兩殿龍鬚草地席」。

〔二〇〕仍謚皇太弟李胡曰欽順皇帝　「欽順」，本書卷七二章肅皇帝李胡傳、卷六四皇子表同。卷二〇興宗紀三重熙二十一年九月甲子、長編卷七〇大中祥符元年及重熙六年韓樀墓誌均作「恭順」。此係陳大任避金章宗父允恭諱改。

遼史卷十五

本紀第十五

聖宗六

二十八年春正月辛亥朔，不受賀。甲寅，如乾陵。癸酉，奉安大行皇太后梓宮于乾州菆塗殿。

二月丙戌，宋遣王隨、王儒等來弔祭〔一〕。己亥，高麗遣魏守愚等來祭。是月，遣左龍虎衛上將軍蕭合卓饋大行皇太后遺物于宋，仍遣臨海軍節度使蕭虛列、左領軍衛上將軍張崇濟謝宋弔祭〔二〕。

三月癸卯，上大行皇太后謚爲聖神宣獻皇后。是月，宋、高麗遣使來會葬。

夏四月甲子，葬太后於乾陵。賜大丞相耶律德昌名曰隆運。庚午，賜宅及陪葬地。

五月己卯朔，如中京。辛卯，清暑七金山。乙巳，西北路招討使蕭圖玉奏伐甘州回鶻，破肅州，盡俘其民。詔修土隗口故城以實之。丙午，高麗西京留守康肇弒其主誦，擅立誦從兄詢〔三〕。詔諸道繕甲兵，以備東征。

秋八月戊申，振平州饑民。辛亥，幸中京。丙寅，謁顯、乾二陵。丁卯，自將伐高麗，遣使報宋。以皇弟楚國王隆祐留守京師，北府宰相、駙馬都尉蕭排押爲都統，北面林牙僧奴爲都監。

九月乙酉，遣使册西平王李德昭爲夏國王。辛卯，遣樞密直學士高正、引進使韓杞宣問高麗王詢。

冬十月丙午朔，女直進良馬萬匹，乞從征高麗，許之。王詢遣使奉表乞罷師，不許。

十一月乙酉，大軍渡鴨渌江，康肇拒戰，敗之，退保銅州〔四〕。丙戌，肇復出，右皮室詳穩耶律敵魯擒肇及副將李立〔五〕，追殺數十里，獲所棄糧餉、鎧仗。戊子，銅、霍、貴、寧等州皆降〔六〕。排押至奴古達嶺，遇敵兵，戰敗之。辛卯，王詢遣使上表請朝，許之。禁軍士俘掠。以政事舍人馬保佑爲開京留守，安州團練使王八爲副留守。遣太子太師乙凛將騎兵一千，送保佑等赴京。壬辰，守將卓思正殺遼使者韓喜孫等十人〔七〕，領兵出拒，保佑等還。遣乙凛領兵擊之，思正遂奔西京。圍之五日，不克，駐蹕城西。高麗禮部郎中渤海陀失來降。庚子，遣排押、盆奴等攻開京，遇高麗兵，敗之。王詢棄城遁去，遂焚開京，至清江，還。

二十九年春正月乙亥朔，班師，所降諸城復叛。至貴州南峻嶺谷，大雨連日，馬駝皆疲，甲仗多遺棄，霽乃得渡。己丑，次鴨渌江。庚寅，皇后及皇弟楚國王隆祐迎于來遠城。壬辰，詔罷諸軍。己亥，次東京。

二月己酉，謁乾、顯二陵。戊午，所俘高麗人分置諸陵廟，餘賜內戚、大臣。

三月己卯，大丞相晉國王耶律隆運薨。庚辰，皇弟楚國王隆祐權知北院樞密使事，樞密直學士高正爲北院樞密副使。庚寅，南京、平州水，振之。己亥，以北院大王耶律室魯爲北院樞密使、封韓王，北院郎君耶律世良爲北院大王，前三司使劉慎行參知政事兼知南院樞密使事。

夏四月，清暑老古堝。

五月甲戌朔，詔已奏之事送所司附日曆。又詔帳族有罪，黥墨依諸部人例。乙未，以劉慎行爲南院樞密使，南府宰相邢抱質知南院樞密使事。

六月庚戌，升蔚州、利州爲觀察使。乙卯，韓王耶律室魯薨〔八〕。丙辰，以南院大王化哥爲北院樞密使。丁巳，詔西北路招討使、駙馬都尉蕭圖玉安撫西鄙。置阻卜諸部節度使。

是秋，獵于平地松林。

冬十月庚子，駐蹕廣平淀。甲寅，贈大丞相晉國王耶律隆運尚書令，謚文忠。

十一月庚午朔，幸顯州。

十二月庚子，復如廣平淀。癸丑，以知南院樞密使事邢抱質年老，詔乘小車入朝。是月，置歸、寧二州。

是年，御試，放高承顏等二人及第。

開泰元年春正月己巳朔，宋遣趙湘、符成翰來賀〔九〕。癸未，長白山三十部女直酋長來貢，乞授爵秩。甲申，駐蹕王子院。丙戌，望祠木葉山。丁亥，女直太保蒲撚等來朝。戊子，獵于買曷魯林〔一〇〕。庚寅，祠木葉山。辛卯，曷蘇館大王曷里喜來朝。

二月壬子，駐蹕瑞鹿原。

三月甲戌，以蔚州爲觀察，不隸武定軍。乙亥，如葦濼。丁丑，詔封皇女八人爲郡主。乙酉，詔卜日行拜山、大射柳之禮，命北宰相、駙馬、蘭陵郡王蕭寧，樞密使、司空邢抱質督有司具儀物。丁亥，皇弟楚國王隆祐徙封齊國王，留守東京。

夏四月庚子，高麗遣蔡忠順來，乞稱臣如舊，詔王詢親朝。壬寅，夏國遣使進良馬。己酉，祀風伯。辛酉，以前孟父房敞穩蕭佛奴爲左夷离畢。

五月戊辰朔，還上京。詔裴玄感、邢祥知禮部貢舉，放進士史簡等十九人及第。以駙馬蕭紹宗爲鄭州防禦使。乙亥，以邢抱質爲大同軍節度使。

六月，駐蹕上京。

七月丙子，以耶律遂貞爲遼興軍節度使，遂正北院宣徽使，張昭瑩南院宣徽使，耶律受益上京副留守，寇卿彰德軍節度使。命耶律釋身奴、李操充賀宋生辰國信使副，蕭涅袞、齊泰賀宋正旦使副[一]。進士康文昭、張素臣、郎玄達坐論知貢舉裴玄感、邢祥私曲，祕書省正字李萬上書，辭涉怨訕，皆杖而徒之，萬役陷河冶。

八月丙申，鐵驪那沙等送兀惹百餘户至賓州，賜絲絹。是日，那沙乞賜佛像、儒書，詔賜護國仁王佛像一，易、詩、書、春秋、禮記各一部。己未，高麗王詢遣田拱之奉表稱病不能朝，詔復取六州地。是月，齊國王隆祐薨，輟朝五日。

冬十月辛亥，如中京。

閏月丁卯，贈隆祐守太師，謚仁孝。

十一月甲午朔〔二〕，文武百官加上尊號曰弘文宣武尊道至德崇仁廣孝聰睿昭聖神贊天輔皇帝〔三〕。大赦，改元開泰。改幽都府爲析津府，薊北縣爲析津縣，幽都縣爲宛平縣，覃恩中外。己亥，賜夏國使東頭供奉官曹文斌、吕文貴、竇珪祐、守榮、武元正等爵有差。癸卯，前遼州録事張庭美六世同居，儀坤州劉興胤四世同居，各給復三年。甲辰，西北招討使蕭圖玉奏七部太師阿里底因其部民之怨〔四〕，殺本部節度使霸暗并屠其家以叛，阻卜執阿里底以獻，而沿邊諸部皆叛。

十二月丙寅，奉遷南京諸帝石像于中京觀德殿，景宗及宣獻皇后于上京五鸞殿。壬申，振奉聖州饑民。庚辰，賜皇弟秦晉國王隆慶鐵券。癸未，劉晨言殿中高可垣〔五〕、中京留守推官李可舉治獄明允，詔超遷之。甲申，詔諸道水蕾饑民質男女者，起來年正月，日計傭錢十文，價折傭盡，遣還其家。歸州言其居民本新羅所遷，未習文字，請設學以教之，詔允所請。貴德、龍化、儀坤、雙、遼、同、祖七州，至是有詔始征商。己丑，詔諸鎮建宣敕樓。

二年春正月癸巳朔，以裴玄感爲翰林承旨，邢祥給事中，石用中翰林學士，吕德推樞密直學士，張儉政事舍人，邢抱質加開府儀同三司、守司空兼侍中，王繼忠中京留守、檢校太師，户部侍郎劉涇加工部尚書，駙馬蕭紹宗加檢校太師，耶律控温加政事令，封幽王〔一六〕。丁未，如瑞鹿原。北院樞密使耶律化哥封豳王。以馬氏爲麗儀〔一七〕，耿氏淑儀，尚寢白氏昭儀，尚服李氏順儀，尚功艾氏芳儀，尚儀孫氏和儀。己未，録囚。烏古、敵烈叛，右皮室詳穩延壽率兵討之。是月，達旦國兵圍鎮州，州軍堅守，尋引去。

二月丙子，詔以麥務川爲象雷縣，女河川爲神水縣，羅家軍爲閭山縣，山子川爲富庶縣，習家砦爲龍山縣，阿覽峪爲勸農縣，松山川爲松山縣，金甸子爲金原縣〔一八〕。壬午，遣北院樞密副使高正按察諸道獄。

三月壬辰朔，化哥以西北路略平，留兵戍鎮州，赴行在。

夏四月甲子，拜日。詔從上京請，以韓斌所括贍國、撻魯河、奉豪等州户二萬五千四百有奇〔一九〕，置長霸、興仁、保和等十縣〔二〇〕。丙子，如緬山。

五月辛卯朔，復命化哥等西討。

六月辛酉朔，遣中丞耶律資忠使高麗，取六州舊地〔二一〕。

秋七月壬辰，烏古、敵烈皆復故疆。乙未，西南招討使、政事令斜軫奏〔二二〕，党項諸部叛者皆遁黄河北模赧山，其不叛者曷黨、烏迷兩部因據其地，今復西遷，詰之則曰逐水草。不早圖之，後恐爲患。又聞前後叛者多投西夏，西夏不納。詔遣使再問西遷之意，若歸故地，則可就加撫諭。使不報，上怒，欲伐之。遂詔李德昭：「今党項叛，我欲西伐，爾當東擊，毋失掎角之勢。」仍命諸軍各市肥馬。丁酉，以惕隱耶律滌洌爲南府宰相，太尉五哥爲惕隱〔一三〕。癸卯，鈎魚曲溝。戊申，詔以敦睦宮子錢振貧民。己酉，化哥等破阻卜酋長烏八之衆。丁卯〔一四〕，封皇子宗訓大内惕隱。

八月壬戌，遣引進使李延弘賜夏國王李德昭及義成公主車馬。己丑，耶律資忠使高麗還。

冬十月己未朔，畋麃井之北。命耶律阿營等使宋賀生辰〔一五〕。辛酉，駐蹕長濼。丙寅，詳穩張馬留獻女直人知高麗事者。上問之，曰：「臣三年前爲高麗所虜，爲郎官，故知之。自開京東馬行七日，有大砦，廣如開京，旁州所貢珍異，皆積于此。勝、羅等州之南，亦有二大砦，所積如之。若大軍行由前路，取曷蘇館女直北，直渡鴨渌江，並大河而上，至郭州與大路會，高麗可取而有也。」上納之。

十一月甲午，録囚。癸丑，樞密使幽王化哥以西征有罪，削其官封，出爲大同軍節度使。

十二月甲子，以北院大王耶律世良爲北院樞密使，封岐王。以宰臣劉晟監修國史，牛璘爲彰國軍節度使，蕭孝穆爲西北路招討使。

放進士鮮于茂昭等六人及第。

三年春正月己丑，録囚。阻卜酋長烏八來朝，封爲王。乙未，如渾河。丁酉，女直及鐵驪各遣使來貢。是夕，彗星見西方。丙午，畋潢河濱。壬子，帝及皇后獵瑞鹿原。

二月戊午，詔增樞密使以下月俸。甲子，遣上京副留守耶律資忠復使高麗取六州舊地。

三月庚子，遣耶律世良城招州。戊申，南京、奉聖、平、蔚、雲、應、朔等州置轉運使。

夏四月戊午，詔南京管内毋淹刑獄，以妨農務。癸亥，烏古叛。乙亥，沙州回鶻曹順遣使來貢。丙子，以西北路招討都監蕭孝穆爲北府宰相〔二六〕。

五月乙酉朔〔二七〕，清暑緬山。

六月乙亥，合拔里、乙室二國舅爲一帳，以乙室夷离畢蕭敵烈爲詳穩以總之。甲申，封皇姪胡都古爲廣平郡王。

是夏，詔國舅詳穩蕭敵烈、東京留守耶律團石等討高麗，造浮梁于鴨渌江，城保、宣義、定遠等州〔二八〕。

秋七月乙酉朔，如平地松林。壬辰，詔政事省、樞密院，酒間授官釋罪，毋即奉行，明日覆奏。

八月甲寅朔，幸沙嶺。

九月丁酉，八部敵烈殺其詳穩稍瓦，皆叛，詔南府宰相耶律吾剌葛招撫之。辛亥，釋敵烈數人，令招諭其衆。

冬十月甲寅朔，幸中京。壬子，耶律世良遣使獻敵烈俘。丙子，以旗鼓拽剌詳穩題里姑爲奚六部大王〔二九〕。放進士張用行等三十一人及第出身。

四年春正月乙酉，如瑞鹿原。丙戌，詔耶律世良再伐迪烈得。戊子，命詳穩拔姑瀦水瑞鹿原〔三〇〕，以備春蒐。丁酉，獵馬蘭淀。壬寅，東征。東京留守善寧、平章涅里衮奏，已總大軍及女直諸部兵分道進討，遂遣使齎密詔軍前。

二月壬子朔，如薩堤濼。于闐國來貢。

夏四月癸丑，以林牙建福爲北院大王。甲寅，蕭敵烈等伐高麗還。丙辰，曷蘇館部請括女直王殊只你户舊無籍者，會其丁入賦役，從之。樞密使貫寧奏大破八部迪烈得，詔侍御撒剌奬諭，代行執手之禮。丙寅，耶律世良等上破阻卜俘獲數。戊辰，駐蹕沿柳湖。己巳，女直遣使來貢。壬申，耶律世良討烏古，破之。甲戌，遣使賞有功將校。世良討迪烈得至清泥堝〔三一〕。時于厥既平，朝廷議内徙其衆，于厥安土重遷，遂叛。世良懲創，既破迪烈得，輒殲其丁壯。勒兵渡曷剌河，進擊餘黨，斥候不謹，其將勃括聚兵稠林中，擊遼軍不備。遼軍小却，結陣河曲。勃括是夜來襲。翌日，遼後軍至。勃括誘于厥之衆皆遁，世良追之，軍至險阨，勃括方阻險少休，遼軍偵知其所，世良不亟掩之，勃括輕騎遁去。獲其輜重及所誘于厥之衆，併遷迪烈得所獲轄麥里部民，城臚朐河上以居之。是月，蕭楊哥尚南平郡主。

五月辛巳，命北府宰相劉晟爲都統〔三二〕，樞密使耶律世良爲副，殿前都點檢蕭屈烈爲都監以伐高麗〔三三〕。晟先携家置邊郡，致緩師期，追還之。以世良、屈烈總兵進討。以耶律德政爲遼興軍節度使，蕭年骨烈天城軍節度使。李仲舉卒，詔賻恤其家。

六月庚戌，上拜日如禮。以麻都骨世勳，易衣馬爲好。以上京留守耶律八哥爲北院樞密副使。

秋七月，上又拜日，遂幸秋山。

自八月射鹿至于九月，復自癸丑至于辛酉，連獵于有柏、碎石、太保、響應、松山諸山。丁卯，與夷离畢、兵部尚書蕭榮寧定爲交契，以重君臣之好。丙子，以旗鼓拽剌詳穩題里姑爲六部奚王。

冬十月，駐蹕撻剌割濼。

十一月庚申，詔汰東京僧，及命上京、中京泊諸宮選精兵五萬五千人以備東征。

十二月，南巡海徼。還，幸顯州。

五年春正月丁未，北幸。庚戌，耶律世良、蕭屈烈與高麗戰于郭州西，破之，斬首數萬級，盡獲其輜重。乙卯，師次南海軍，耶律世良薨于軍。癸酉，駐蹕雪林。

二月己卯，阻卜長來朝。辛巳，如薩堤濼。庚寅，以前東京統軍使耶律韓留爲右夷离畢。戊戌，皇子宗真生。

三月乙卯，鼻骨德長撒保特、賽剌等來貢。辛酉，諸道獄空，詔進階賜物。丙寅，以前北院大王耶律敬温爲阿扎割只。辛未，党項魁可來降。

夏四月乙亥，振招州民。戊寅，以左夷离畢蕭合卓爲北院樞密使，曷魯寧爲副使。庚辰，清暑孤樹淀。

五月甲子，尚書蕭姬隱坐出使後期，削其官。丁卯，以耿元吉爲户部使。

六月，以政事舍人吴克昌按察霸州刑獄。丁丑，回鶻獻孔雀。

秋七月甲辰，獵于赤山。

八月丙子，幸懷州，有事于諸陵。戊寅，還上京。

九月癸卯，皇弟南京留守秦晉國王隆慶來朝，上親出迎勞至實德山，因同獵于松山。乙丑，駐蹕杏堝。

冬十月甲午，封秦晉國王隆慶長子查割中山郡王，次子遂哥樂安郡王。

十一月辛丑，以參知政事馬保忠同知樞密院事、監修國史。丁巳，以北面林牙蕭限注爲國舅詳穩。

十二月乙酉，秦晉國王隆慶還，至北安薨，訃聞，上爲哀慟，輟朝七日。丁酉，宋遣張遜、王承德來賀千齡節〔三四〕。

是歲，放進士孫傑等四十八人及第。

六年春正月癸卯，如錐子河。

二月甲戌，以公主賽哥殺無罪婢，駙馬蕭圖玉不能齊家，降公主爲縣主，削圖玉同平章事。丁丑〔三五〕，詔國舅帳詳穩蕭隗洼將本部兵東征高麗，其國舅司事以都監攝之。庚辰，以南面林牙涅合爲南院大王。

三月乙巳，如顯州，葬秦晉國王隆慶。有事于顯、乾二陵。追册隆慶爲太弟。

夏四月辛卯，封隆慶少子謝家奴爲長沙郡王，以樞密使漆水郡王耶律制心權知諸行宫都部署事。壬辰，禁命婦再醮。丙申，如涼陘。

五月戊戌朔，樞密使蕭合卓爲都統，漢人行宫都部署王繼忠爲副，殿前都點檢蕭屈烈爲都監以伐高麗。翌日，賜合卓劍，俾得專殺。丙午，録囚。己酉，設四帳都詳穩。甲寅，以南京統軍使蕭惠爲右夷离畢。乙卯，祠木葉山、潢河。乙丑，駐蹕九層臺。

六月戊辰朔，德妃蕭氏賜死，葬兔兒山西。後數日，大風起冢上，晝暝〔三六〕，大雷電而雨不止者踰月。是月，南京諸縣蝗。

秋七月辛亥，如秋山。遣禮部尚書劉京〔三七〕、翰林學士吴叔達、知制誥仇正己、起居舍人程翥、吏部員外郎南承顔、禮部員外郎王景運分路按察刑獄。辛酉，以西南路招討請，置寧仁縣于勝州〔三八〕。

九月庚子，還上京，以皇子屬思生，大赦。丁未，以駙馬蕭琏、節度使化哥、知制誥仇正己、楊佶充賀宋生辰正旦使副〔三九〕。乙卯，蕭合卓等攻高麗興化軍不克，還師。

冬十月丁卯，南京路饑，輓雲、應、朔、弘等州粟振之。辛未，獵鏵子河。庚寅，駐蹕達離山。

十一月乙卯，建州節度使石匡弼卒。

十二月丁卯，上輕騎還上京。戊子，宋遣李行簡、張信來賀千齡節〔四〇〕。翌日，宋馮元、張綸來賀正旦。

校勘記

〔一〕宋遣王隨王儒等來弔祭　「王儒」，疑當作「王曙」。按長編卷七二大中祥符二年十二月甲辰，契丹國母蕭氏卒，命王隨、郭允恭爲祭奠使，王曙、王承瑾爲弔慰使。又晁公武郡齋讀書志卷七僞史類有戴斗奉使録二卷，謂王曙景德三年爲契丹主生辰使、大中祥符三年爲弔慰使時所作。

〔二〕遣左龍虎衛上將軍蕭合卓饋大行皇太后遺物于宋仍遣臨海軍節度使蕭虛列左領軍衛上將軍張崇濟謝宋弔祭　據長編卷七四大中祥符三年九月丙戌，契丹主遣臨海節度使蕭曷領、給事中室程奉其母遺物來上，又遣左威衛上將軍蕭善寧、左領衛大將軍張崇濟謝賻禮。按本書卷八一蕭合卓傳謂其字合魯隱，「曷領」蓋即「合魯隱」之異譯。又「蕭善寧」即「蕭虛列」。

〔三〕高麗西京留守康肇弑其主誦擅立誦從兄詢　「西京留守康肇」，高麗史卷三穆宗世家穆宗十二年正月作「西京都巡檢使康兆」，東國通鑑卷一五高麗紀穆宗宣讓王十二年正月庚午作「西北面巡檢使康兆」。又「誦從兄詢」，據高麗史及宣和奉使高麗圖經卷二世次，詢當爲誦之從弟。參見本書卷一一五二國外記校勘記〔八〕。

〔四〕退保銅州　「銅州」，本書卷一一五高麗外記同，高麗史卷四顯宗世家一顯宗元年十一月己亥、東國通鑑卷一五高麗紀顯宗元文王二元年十一月丁酉均作「通州」。又據長編卷七四大中祥符三年十一月壬辰、宋史卷四八七高麗傳，是時高麗於北邊築通州等六城。此處「銅州」當爲「通州」之誤。

〔五〕右皮室詳穩耶律敵魯擒肇及副將李立　「李立」，本書卷八八耶律的琭傳及耶律盆奴傳並作「李玄蘊」，高麗史卷九四智蔡文傳、東國通鑑卷一五高麗紀顯宗元文王二元年十一月丁酉作「李鉉雲」。

〔六〕銅霍貴寧等州皆降　高麗史卷五八地理志三安北大都護府下有「郭」、「龜」二州，羅校謂此處「霍」、「貴」蓋其音誤。

〔七〕守將卓思正殺遼使者韓喜孫等十人　「卓思正」，高麗史卷九四智蔡文傳、東國通鑑卷一五高麗紀顯宗元文王二元年十二月庚戌均作「卓思政」，且謂其擊斬韓杞等百餘人。羅校疑「韓喜孫」即「韓杞」。

〔八〕韓王耶律室魯薨　此事繫年疑誤。按本書卷八一耶律室魯傳，室魯生於保寧三年（九七一），後從聖宗獵松林，至沙嶺卒，年四十四。又下文開泰三年（一〇一四）七月乙酉，聖宗如平地松林，八月甲寅幸沙嶺。室魯時年四十四，則理應卒於開泰三年八月。

〔九〕宋遣趙湘符成翰來賀　「符成翰」，長編卷七六大中祥符四年九月己丑作「符承翰」。又長編卷八二大中祥符七年三月壬子及宋會要職官四之四〇亦有「符承翰」。

〔一〇〕獵于買曷魯林　「買曷魯林」，本書卷六八遊幸表作「賈曷魯林」。

〔一一〕命耶律釋身奴李操充賀宋生辰國信使副蕭涅衮齊泰賀宋正旦使副　據長編卷七九大中祥符五年十一月戊午、十二月戊子，契丹遣耶律寧、季道紀來賀承天節，蕭衮、齊泰來賀明年正旦。

〔一二〕十一月甲午朔　「十一月」，原作「十月」，據大典卷五二四九引遼史聖宗紀及上下文改。按本書卷四四朔考，是年十一月甲午朔。

〔一三〕文武百官加上尊號曰弘文宣武尊道至德崇仁廣孝聰睿昭聖神贊天輔皇帝　「尊道」，明鈔本作「尊德」。本書卷一六聖宗紀七太平元年十一月所上尊號作「遵道」，宋大詔令集卷二二八載宋乾興元年（遼太平二年）與契丹國書所記聖宗尊號作「宗道」，太平十一年聖宗皇帝哀册所記尊號亦作「宗道」。

〔一四〕西北招討使蕭圖玉奏七部太師阿里底因其部民之怨　「七部太師」，本書卷九三蕭圖玉傳作「石烈太師」。

〔一五〕劉晨言殿中高可垣　馮校謂「劉晨」當作「劉晟」，疑是。又「高可垣」，本書卷四七百官志三南面朝官作「高可恒」。

〔一六〕耶律控温加政事令封幽王　「幽王」，疑當作「豳王」。按據本書卷九四耶律化哥傳，化哥字弘隱，「控温」即「弘隱」之異譯。傳謂開泰元年伐阻卜有功，因封豳王。此與下文耶律化哥封豳王爲重出。

〔七〕以馬氏爲麗儀　「馬氏」，本書卷六五公主表「聖宗十四女」欄下，稱「馬氏生一女」，當即此麗儀馬氏。然大典卷五二四九引遼史聖宗紀作「馮氏」。

〔八〕金甸子爲金原縣　「金原縣」，本書卷三九地理志三中京道及金史卷二四地理志上北京路並作「金源縣」。

〔九〕以韓斌所括贍國撻魯河奉豪等州户二萬五千四百有奇　地理志無「奉州」，羅校疑「奉」爲「泰」之誤。

〔一〇〕置長霸興仁保和等十縣　本書卷三七地理志一上京道謂長霸縣民遷自龍州長平縣，保和縣統和八年以諸宫提轄司人户置，與此不合。

〔一一〕遣中丞耶律資忠使高麗取六州舊地　「耶律資忠」，高麗史卷四顯宗世家一及崔士威廟誌所記此事均作「耶律行平」。

〔一二〕西南招討使政事令斜軫奏　「斜軫」，疑當作「蕭排押」。按本書卷一四聖宗紀五，耶律斜軫已卒於統和十七年九月。據卷八八蕭排押傳，排押於統和十五年加政事令，開泰二年以宰相知西南面招討使。又據二人本傳及卷八景宗紀上保寧八年六月，知斜軫、排押皆字韓隱，且均曾任西南面招討使，蓋易致混淆。

〔一三〕太尉五哥爲惕隱　下文謂「封皇子宗訓大内惕隱」。按本書卷六四皇子表，聖宗第四子吴哥，字洪隱，開泰二年爲惕隱。此「五哥」即「吴哥」，「惕隱」即「大内惕隱」，「宗訓」蓋爲吴哥漢名，則此二事當係重出。

〔二四〕丁卯　疑當作「乙卯」。按本書卷四四朔考，是月辛卯朔，月内無丁卯。

〔二五〕命耶律阿營等使宋賀生辰　「阿營」，大典卷五二四九引遼史聖宗紀作「阿管」。長編卷八一大中祥符六年十一月甲寅作「阿果」，蓋係四庫館臣改譯。按「管」、「果」音近，當以「阿管」爲是。

〔二六〕以西北路招討都監蕭孝穆爲北府宰相　「西北路招討都監」疑誤。按上文開泰二年十二月以蕭孝穆爲西北路招討使，本書卷八七蕭孝穆傳謂其統和二十八年累遷西北路招討都監，開泰中以功遷九水諸部安撫使，尋拜北府宰相。

〔二七〕五月乙酉朔　本書卷四四朔考，耶律儼、陳大任均作丙戌朔，宋曆作乙酉朔。

〔二八〕城保宣義定遠等州　本書卷三八地理志二，保州宣義軍，高麗置，開泰三年取其地；宣州定遠軍，開泰三年置，隸保州。則「宣義」即保州，「定遠」即宣州。中國歷史地圖集釋文彙編東北卷疑宣義州省稱宣州，即高麗史所稱之宣化鎮；定遠州省稱定州，即高麗史所稱之定遠鎮。

〔二九〕以旗鼓拽剌詳穩題里姑爲奚六部大王　此事又見於下文開泰四年九月，本書卷六九部族表亦繫於四年九月，疑此係一事重出。

〔二〇〕命詳穩拔姑瀦水瑞鹿原　「瀦」，原作「溺」，據大典卷五二四九引遼史聖宗紀改。

〔二一〕世良討迪烈得至清泥堝　「清泥堝」，大典卷五二四九引遼史聖宗紀作「溝泥堝」。

〔二二〕命北府宰相劉晟爲都統　「劉晟」，本書卷一一五高麗外記作「劉慎行」。又據卷八六劉六符傳及卷九四耶律世良傳，是年伐高麗，慎行坐失軍期，其事與紀合。因知「劉晟」、「劉慎行」係一人，蓋本名劉晟，字慎行。傅樂煥遼史複文舉例疑陳大任遼史避金太宗諱，改稱「慎行」。

〔二三〕殿前都點檢蕭屈烈爲都監以伐高麗　「蕭屈烈」，本書卷一一五高麗外記作「蕭虚烈」，卷一六聖宗紀七開泰七年十月丙辰作「蕭虚列」，卷七〇屬國表則作「蕭善寧」。前者爲契丹語小名，後者爲第二名。

〔二四〕宋遣張遜王承德來賀千齡節　長編卷八八大中祥符九年九月己酉謂宋遣薛映、劉承宗賀契丹國主生辰，張士遜、王承德賀正旦。張士遜，宋史卷三一一有傳。此處「張遜」當爲「張士遜」之誤，且誤正旦使爲生辰使。

〔二五〕丁丑　「丁」字原闕，據大典卷五二四九引遼史聖宗紀及明鈔本、南監本、北監本、殿本補。

〔二六〕晝暝　原作「書瞑」，據大典卷五二四九引遼史聖宗紀及南監本、北監本、殿本改。按明鈔本作「晝夜」。

〔二七〕遣禮部尚書劉京　本書卷四八百官志四云：「開泰五年遣劉涇等分路按察刑獄。」卷四七百官志三又謂劉涇爲禮部尚書。據聖宗紀，統和九年閏二月壬申遣給事中劉京等分決諸道滯獄，開泰二年正月癸巳以户部侍郎劉涇加工部尚書，太平三年六月戊申以南院宣徽使劉涇參知政事，五年十二月庚午以參知政事劉京爲順義軍節度使。此「劉京」、「劉涇」當爲一人，蓋音近混用。

〔三八〕置寧仁縣于勝州　「寧仁縣」，本書卷四一地理志五西京道作「寧人縣」，隸雲内州，又「勝州」作「東勝州」。金史卷二四地理志上西京路謂雲内州舊有寧仁縣。

〔三九〕以駙馬蕭璉節度使化哥知制誥仇正己楊佶充賀宋生辰正旦使副　長編卷九〇天禧元年十一月壬戌、十二月己丑，契丹遣右監門衛上將軍耶律準、刑部郎中知制誥仇正己來賀宋主承天節，長寧節度使蕭質、禮部侍郎知制誥楊佶來賀明年正旦。蓋蕭質即蕭璉，耶律準即化哥。

〔四〇〕宋遣李行簡張信來賀千齡節　「張信」，疑當作「張佶」。按長編卷九〇天禧元年九月甲寅作「張佶」，宋史卷三〇八張佶傳亦云天禧初爲契丹國信副使。

遼史卷十六

本紀第十六

聖宗七

七年春正月甲辰，如達離山。

二月乙丑朔，拜日，如渾河。

三月辛丑，命東北越里篤、剖阿里、奧里米、蒲奴里、鐵驪等五部歲貢貂皮六萬五千，馬三百。丙午，烏古部節度使蕭普達討叛命敵烈，滅之。

夏四月，拜日。丙寅，振川、饒二州饑。辛未，振中京貧乏。癸酉，禁匿名書。壬辰，以三司使呂德懋爲樞密副使。

閏月壬子，以蕭進忠爲彰武軍節度使兼五州制置。戊午，吐蕃王并里尊奏，凡朝貢，乞假道夏國，從之。

五月丙寅，皇子宗真封梁王，宗元永清軍節度使〔一〕，宗簡右衛大將軍，宗愿左驍衛大將軍，宗偉右衛大將軍；皇姪宗範昭義軍節度使，宗熙鎮國軍節度使，宗亮絳州節度使，宗弼濮州觀察使，宗奕曹州防禦使，宗顯、宗肅皆防禦使〔二〕。以張儉守司徒兼政事令。

六月丙申〔三〕，品打魯瑰部節度使勃魯里至鼻洒河，遇微雨，忽天地晦冥，大風飄四十三人飛旋空中，良久乃墮數里外。勃魯里幸獲免。一酒壺在地乃不移。八月丙午〔四〕，行大射柳之禮。庚申，以耶律留寧、吴守達使宋賀生辰〔五〕，蕭高九、馬貽謀使宋賀正旦。加平章蕭弘義開府儀同三司、尚父兼政事令。

秋七月甲子，詔翰林待詔陳升寫南征得勝圖於上京五鸞殿。丁卯，蒲奴里部來貢。

九月庚申，蒲昵國使奏本國與烏里國封壤相接，數侵掠不寧，賜詔諭之。戊辰，詔内外官，因事受賕，事覺而稱子孫僕從者，禁之。庚午，録囚。括馬給東征軍。是月，駐蹕土河川。

冬十月，名中京新建二殿曰延慶，曰永安。壬寅，以順義軍節度使石用中爲漢人行宫都部署。丙辰，詔以東平郡王蕭排押爲都統，殿前都點檢蕭虚列爲副統，東京留守耶律八哥爲都監伐高麗。仍諭高麗守吏，能率衆自歸者，厚賞；堅壁相拒者，追悔無及。

十一月壬戌，以吕德懋知吏部尚書，楊又玄知詳覆院〔六〕，劉晟爲霸州節度使，北府宰相劉慎行爲彰武軍節度使〔七〕。庚辰，禁服用明金、縷金、貼金。戊子，幸中京。

十二月丁酉，宋遣吕夷簡、曹璋來賀千齡節〔八〕。是月，蕭排押等與高麗戰于茶、陀二河，遼軍失利，天雲、右皮室二軍没溺者衆，遥輦帳詳穩阿果達、客省使酌古、渤海詳穩高清明、天雲軍詳穩海里等皆死之。

放進士張克恭等三十七人及第。

八年春正月，宋遣陳堯佐、張羣來賀〔九〕。壬戌，鐵驪來貢。建景宗廟于中京。封沙州節度使曹順爲燉煌郡王。

二月丁未，以前南院樞密使韓制心爲中京留守〔一〇〕，漢人行宫都部署王繼忠南院樞密使。丙辰，祭風伯。

三月己未，以契丹弘義宫使赫石爲興聖宫都部署，前遥恩拈部節度使控骨里積慶宫都部署〔一一〕，左祇候郎君耶律罕四捷軍都監。乙亥，東平王蕭韓寧、東京留守耶律八哥、國舅平章事蕭排押、林牙要只等討高麗還〔一二〕，坐失律，數其罪而釋之。己卯，詔加征高麗有功渤海將校官。壬午，閱飛龍院馬。癸未，回跋部太師踏剌葛來貢。丙戌，置東京渤海承奉官都知押班。

夏四月戊子朔，如緬山。

五月壬申，以駙馬蕭克忠爲長寧軍節度使。乙亥，遷寧州渤海户于遼、土二河之間。己卯，曷蘇館惕隱阿不葛、宰相賽剌來貢。

六月戊子，録征高麗戰殁將校子弟。己丑，以左夷离畢蕭解里爲西南面招討使，御史大夫蕭要只爲夷离畢。己亥，惕隱耶律合葛爲南府宰相，南面林牙耶律韓留爲惕隱。癸卯，弛大攊山猿嶺採木之禁。乙巳，以南皮室軍校等討高麗有功，賜金帛有差。

秋七月己未，征高麗戰殁諸將，詔益封其妻。庚申，以東北路詳穩耶律獨迭爲北院大王。辛酉，肴里、涅哥二奚軍征高麗有功，皆賜金帛。癸亥，詔阻卜依舊歲貢馬千七百，駝四百四十，貂鼠皮萬，青鼠皮二萬五千。戊辰，觀稼。己巳，回跋部太保麻門來貢。庚午，觀市，曲赦市中繫囚。命解寧、馬翼充賀宋生辰使副。

八月庚寅，遣郎君曷不吕等率諸部兵會大軍討高麗。

九月己巳，以石用中參知政事。宋遣崔遵度、王應昌來賀千齡節。壬申，録囚。甲戌，復録囚。庚辰，曷蘇館惕隱阿不割來貢。壬午，駐蹕土河川。

冬十月乙酉，詔諸道，事無巨細，已斷者，每三月一次條奏。戊子，遣耶律繼崇、鄭玄瑕賀宋正旦〔三〕。癸巳，詔横帳三房不得與卑小帳族爲婚；凡嫁娶，必奏而後行。癸卯，以前北院大王建福爲阿扎割只。甲辰，改東路耗里太保城爲咸州，建節以領之。

十一月甲寅，置雲州宣德縣。

十二月辛卯，駐蹕中京。乙巳，以廣平郡王宗業爲中京留守、大定尹，韓制心爲惕隱。辛亥，高麗王詢遣使乞貢方物，詔納之。

九年春正月，宋遣劉平、張元普來賀。

二月，如鴛鴦濼。

五月庚午，耶律資忠使高麗還，王詢表請稱藩納貢，歸所留王人只剌里〔四〕。只剌里在高麗六年，忠節不屈，以爲林牙。辛未，遣使釋王詢罪，並允其請。癸酉，以耶律宗教檢校太傅，宗誨啓聖軍節度使，劉晟太子太傅，仍賜保節功臣。

秋七月庚戌朔，日有食之，詔以近臣代拜救日。甲寅，遣使賜沙州回鶻燉煌郡王曹順衣物。以查剌、耿元吉、韓九、宋璋爲來年賀宋生辰正旦使副。

九月戊午，以駙馬蕭紹宗平章事。丁卯，文武百僚奉表上尊號，不許；表三上，廼從之。乙亥，沙州回鶻燉煌郡王曹順遣使來貢。括諸道漢民馬賜東征軍。以夷离畢延寧爲兵馬副都部署，總兵東征。是月，駐蹕金缾濼。宋遣宋綬、駱繼倫賀千齡節〔一五〕。

冬十月戊寅，以涅里爲奚王都監，突迭里爲北王府舍利軍詳穩。郎君老使沙州還，詔釋宿累。國家舊使遠國，多用犯徒罪而有才略者，使還，即除其罪。戊子，西南招討奏党項部有宋犀族輸貢不時，常有他意，宜以時遣使督之。詔曰：「邊鄙小族，歲有常貢。邊臣驕縱，徵斂無度，彼懷懼不能自達耳。第遣清慎官將，示以恩信，無或侵漁，自然效順。」復奏諦居、迭烈德部言節度使韓留有惠政，今當代，請留。上命進其治狀。辛丑，如中京。壬寅，大食國遣使進象及方物，爲子册割請婚。

十一月丁巳，以漆水郡王韓制心爲南京留守、析津尹、兵馬都總管。己未，以夷离畢蕭孝順爲南面諸行宮都部署，加左僕射。

十二月丁亥，禁僧然身煉指。戊子，詔中京建太祖廟，制度、祭器皆從古制。乙巳，詔來年冬行大册禮。

放進士張仲舉等四十五人。

太平元年春正月丁丑朔，宋使魯宗道、成吉來賀。如渾河。

二月乙卯，幸鈹河。壬戌，獵高柳林。

三月戊戌，皇子勃己只生。庚子，駙馬都尉蕭紹業建私城，賜名睦州，軍曰長慶。是月，大食國王復遣使請婚，封王子班郎君胡思里女可老爲公主，嫁之。

夏四月戊申，東京留守奏，女直三十部酋長請各以其子詣闕祗候。詔與其父俱來受約。乙卯，録囚。丁卯，置來州〔六〕。是月，清暑緬山。

秋七月甲戌朔，賜從獵女直人秋衣。乙亥，遣骨里取石晉所上玉璽于中京。阻卜來貢。辛巳，如沙嶺。是月，獵潢河。

九月，幸中京。

冬十月丁未，敵烈酋長頗白來貢馬、駝。戊申，録囚。壬子，宋使李懿、王仲賓來賀千齡節〔七〕，及蘇惟甫、周鼎賀來歲元正，即遣蕭善、程翥報聘。党項長曷魯來貢。己未，以薩敏解里爲都點檢，高六副點檢，耶律羅漢奴左皮室詳穩，嗓姑右皮室詳穩，聊了西北路金吾，耶律僧隱御史大夫，求哥駙馬都尉，蕭春、骨里並大將軍。庚申，幸通天觀，觀魚龍曼衍之戲。翌日，再幸。還，升玉輅，自內三門入萬壽殿，奠酒七廟御容，因宴宗室。

十一月癸未，上御昭慶殿，文武百僚奉册上尊號曰睿文英武遵道至德崇仁廣孝功成治定昭聖神贊天輔皇帝〔八〕，大赦，改元太平，中外官進級有差。宋遣使來聘，夏、高麗遣使來貢。甲申，册皇子梁王宗真爲皇太子。

二年春正月，如納水鈎魚。

二月辛丑朔，駐蹕魚兒濼。

三月甲戌，如長春州。丁丑，宋使薛貽廓來告宋主恒殂，子禎嗣位。遣都點檢耶律僧隱等充宋祭奠使副，林牙蕭日新、觀察馮延休充宋后弔慰使副。戊寅，遣金吾耶律諧領、引進姚居信充宋主弔慰使副。戊子，爲宋主飯三京僧。是月，地震，雲、應二州屋摧地陷，嵬白山裂數百步，泉湧成流。

夏四月，如緬山清暑。

五月乙亥朔〔一九〕，參知政事石用中薨。庚辰，鐵驪遣使獻兀惹十六户。

六月己未〔二〇〕，宋遣使薛由等來饋其先帝遺物〔二一〕。

秋七月己卯，以耶律信寧爲奉陵軍節度使，高麗國參知政事王同顯靜海軍節度使〔二二〕，耶律遂忠長寧軍節度使，耿延毅昭德軍節度使〔二三〕，高守貞河西軍節度使。

九月癸巳，遣尚書僧隱、韓格賀宋主即位。壬寅〔二四〕，遣堂後官張克恭充賀夏國王李德昭生日使，耶律掃古、韓王充賀宋太后生日使副〔二五〕，耶律仙寧、史克忠充賀宋正旦使副。是月，駐蹕胡魯古思淀。

冬十月癸卯朔〔二六〕，賜宰臣呂德懋、參知政事吴叔達、樞密副使楊又玄、右丞相馬保忠錢物有差。辛亥，至上京，曲赦畿内囚。

十一月丙戌，宋遣使來謝。

十二月辛丑，高麗王詢薨，其子欽遣使來報，即命使册欽爲高麗國王〔二七〕。甲寅，宋遣劉燁、郭志言來賀千齡節。

是年，放進士張漸等四十七人。

三年春正月丙寅朔，如納水鈎魚。以僧隱爲平章事。乙亥，以蕭臺德爲南王府都監，林牙耶律信寧西北路招討都監。辛巳，賜越國公主私城之名曰懿州，軍曰慶懿。

二月丙申，以丁振爲武信軍節度使，改封蘭陵郡王。戊申，以東平郡王蕭排押爲西南面都招討，進封豳王。

夏四月，以耶律守寧爲都點檢。

五月，清暑緬山。

六月戊申，以南院宣徽使劉涇參知政事，蕭孝惠爲副點檢，蕭孝恭東京統軍兼沿邊巡檢使。戊午，以蕭璉爲左夷离畢，蕭琳爲詳穩。

秋七月戊寅，以南府宰相耶律合葛爲上京留守，封漆水郡王。丙戌，以皇后生辰爲順天節。丁亥，賜緬山名曰永安。是月，獵赤山。

閏九月壬辰〔二八〕，以蕭伯達、韓紹雍充賀宋正旦使副〔二九〕，唐骨德、程昭文賀宋生辰使副〔三〇〕。

冬十月庚辰，宋遣薛奎、郭盛來賀順天節，王臻、慕容惟素賀千齡節。東征軍奏：「統帥諧領、常袞課奴率師自毛母國嶺入，林牙高九、裨將大匡逸等率師鼓山嶺入。閏月未至撻離河〔三一〕，不遇敵而還。以是月會於弘怕只嶺，駝、馬死者甚衆。」駐蹕遼河。

十一月辛卯朔，以皇姪宗範爲歸德軍節度使，北府宰相蕭孝穆南京留守、封燕王，南京留守韓制心南院大王、兵馬都總管，仇正燕京轉運使〔三二〕。

十二月壬戌，以宗範爲平章事、封三韓郡王，仇道衡中京副留守，馮延休順州刺史，郎玄化西山轉運使〔三三〕，趙其樞密直學士。丁卯，以蕭永爲太子太師。己卯，封皇子重元秦國王。

四年春正月庚寅朔，宋遣張傳、張士禹、程琳、丁保衡來賀〔三四〕。如鴨子河。

二月己未，獵撻魯河。詔改鴨子河曰混同江，撻魯河曰長春河。

三月戊子，千齡節〔三五〕，詔賜諸宮分耆老食。

夏四月癸酉，以右丞相馬保忠之子世弘使嶺表，至平地松林，爲盜所殺，特贈昭信軍節度使。

五月，清暑永安山。

六月己未〔三六〕，南院大王韓制心薨。戊辰，以鄭弘節爲兵部郎中，劉慎行順義軍節度使。辛未，以燕王蕭孝穆子順爲千牛衞將軍。甲戌，以中山郡王查哥爲保靜軍節度使，樂安郡王遂哥廣德軍節度使，蕭解里彰德軍節度使。庚辰，以遼興軍節度使周王胡都古爲臨海軍節度使，漆水郡王敵烈南院大王。

秋七月，如秋山。

八月丙辰，以韓紹芳爲樞密直學士，駙馬蕭匹敵都點檢。

九月，以駙馬蕭紹宗爲武定軍節度使〔三七〕，耶律宗福安國軍節度使。

冬十月，駐蹕遼河。宋遣蔡齊、李用和來賀千齡節。

十一月，追封南院大王韓制心爲陳王。

十二月，以蕭從政爲歸義軍節度使，康筠監門衞，充賀宋正旦使副〔三八〕。

是年，放進士李炯等四十七人。

校勘記

〔一〕宗元永清軍節度使　咸雍八年耶律仁先墓誌及長編卷一七七至和元年九月辛巳、契丹國志卷八興宗文成皇帝重熙十三年均有名「宗元」者，皆指聖宗子「重元」（參見本書卷一一二逆臣傳上校勘記〔六〕）。然本卷下文太平元年三月戊戌「皇子勃己只生」，「勃己只」即重元之契丹語名，知其太平元年始生，則此處「宗元」或有訛誤。

〔二〕宗顯宗肅皆防禦使　「宗肅」，原作「宗蕭」。按馮校、羅校均謂「宗蕭」當作「宗肅」。今據改。

〔三〕六月丙申　「六月」二字原闕。按本書卷四四朔考，五月壬戌朔，六月壬辰朔，丙申爲六月五日。今據補。

〔四〕八月丙午　「八月丙午」四字夾於上文六月與下文七月之間，按六月壬辰朔，丙午爲十五日，下文庚申爲二十九日。又八月庚寅朔，無庚申日。此處「八月」二字疑衍，或此句應在七月、九月之間。

〔五〕以耶律留寧吴守達使宋賀生辰　「吴守達」，疑當作「吴叔達」。按長編卷九二天禧二年十一月丙戌作「吴叔達」。又本書卷一五聖宗紀六開泰六年七月辛亥，太平二年十月、五年五月、六年三月戊寅及卷八〇張儉傳亦皆作「吴叔達」。

〔六〕楊又玄知詳覆院　「楊又玄」，原作「楊人玄」，據明鈔本、南監本、北監本、殿本及下文太平二年十月改。參見本書卷一四聖宗紀五校勘記〔二〕。

〔七〕劉晟爲霸州節度使北府宰相劉慎行爲彰武軍節度使　劉慎行即劉晟，彰武軍即霸州，此係一事重出。參見本書卷一五聖宗紀六校勘記〔三〕。

〔八〕宋遣吕夷簡曹璋來賀千齡節　「曹璋」，疑當作「曹琮」。按長編卷九二天禧二年九月甲申作「曹琮」，宋史卷二五八有傳。

〔九〕宋遣陳堯佐張羣來賀　「張羣」，長編卷九二天禧二年九月甲申作「張君平」。按張君平宋史卷三二六有傳，蓋「平」、「羊」形似致誤，又誤合寫爲「羣」。

〔一〇〕以前南院樞密使韓制心爲中京留守　「制心」，原作「製心」，下文開泰八年十二月乙巳、九年十一月丁巳，太平三年十一月辛卯、四年六月己未及十一月亦同。按韓制心乃韓德讓從子，賜姓耶律，韓橁墓誌稱其「諱遂貞，賜名直心」，「直心」即「制心」異譯；又本書卷八二本傳、卷一五聖宗紀六開泰六年四月辛卯亦作「制心」。今據改。下同改。

〔一一〕前遥思拈部節度使控骨里積慶宫都部署　「遥思拈部」，本書卷四六百官志二作「遥思拈部」，「思」、「恩」二字或有一誤。

〔一二〕東平王蕭韓寧東京留守耶律八哥國舅平章事蕭排押林牙要只等討高麗還　本書卷八八蕭排押傳，排押字韓隱，開泰五年進王東平。「韓寧」即「韓隱」之異譯，知蕭韓寧即蕭排押，此係重出。

〔三〕遣耶律繼崇鄭玄瑕賀宋正旦　長編卷九四天禧三年十二月戊辰，「繼崇」作「繼宗」，「玄瑕」作「去瑕」。

〔四〕耶律資忠使高麗還王詢表請稱藩納貢歸所留王人只剌里　本書卷八八耶律資忠傳，資忠小字札剌，「只剌里」即「札剌」異譯，此係重出。

〔五〕宋遣宋綬駱繼倫賀千齡節　「駱繼倫」，長編卷九六天禧四年九月辛酉作「譚倫」。據宋史卷二七五譚延美傳，延美有子繼倫。此處「駱繼倫」或爲「譚繼倫」之誤。

〔六〕置來州　「來州」，原作「萊州」，據本書卷三九地理志三、卷二九天祚皇帝紀三保大三年二月乙酉、四年七月，卷三一營衞志上，卷四八百官志四及卷一一〇耶律乙辛傳改。

〔七〕宋使李懿王仲賓來賀千齡節　「李懿」疑當作「李諮」，「王仲賓」疑當作「王仲寶」。按長編卷九七天禧五年九月甲申作「李諮」、「王仲寶」。又李諮、王仲寶傳分見於宋史卷二九二、卷三二五。

〔八〕睿文英武遵道至德崇仁廣孝功成治定昭聖神贊天輔皇帝　「遵道」，本書卷一五聖宗紀六開泰元年十一月甲午所上尊號作「尊道」；太平十一年聖宗皇帝哀册及宋大詔令集卷二二八乾興元年（遼太平二年）二月與契丹遺書、即位報契丹書、與契丹告哀書皆作「宗道」，且「治定」後均多出「啓元」二字。

〔九〕五月乙亥朔　疑文有訛誤。按本書卷四四朔考，五月己巳朔，乙亥爲初七日。又下文十月癸卯朔亦誤。按朔考太平元年五月乙亥朔、十月癸卯朔，宋遼金元四史朔閏考卷一錢侗注謂聖宗紀太平二年五、六、九、十月皆誤用元年之朔日，因有此失。

〔二〇〕六月己未　「己未」，原作「乙未」。按本書卷四四朔考，六月己亥朔，月内有己未，無乙未。今據改。

〔二一〕宋遣使薛由等來饋其先帝遺物　「薛由」，疑當作「薛田」。按長編卷九八乾興元年二月丙寅作「薛田」，宋史卷三〇一有傳。

〔二二〕高麗國參知政事王同顯靜海軍節度使　羅校疑王同顯即紀統和十五年之高麗使者王同穎，蓋後留仕於遼。

〔二三〕耿延毅昭德軍節度使　疑文有訛誤。按耿延毅墓誌，延毅已卒於開泰八年。

〔二四〕壬寅　本書卷四四朔考，九月戊辰朔，月内無壬寅。此處蓋史官誤用太平元年九月甲戌朔，因有此失。

〔二五〕耶律掃古韓王充賀宋太后生日使副　長編卷一〇〇天聖元年正月庚午，「耶律掃古」作「蕭師古」，「韓王」作「韓玉」。

〔二六〕冬十月癸卯朔　本書卷四四朔考，是年十月丁酉朔，癸卯爲初七日。此處蓋史官誤用太平元年十月癸卯朔，因有此失。

〔二七〕高麗王詢薨其子欽遣使來報即命使册欽爲高麗國王　據高麗史卷五顯宗世家二，王詢卒於顯宗二十二年（遼太平十一年）五月辛未，此處所記有誤。又顯宗十四年（遼太平三年）四月庚子謂遼遣使册高麗太子王欽爲高麗國公，此處作「國王」疑誤。

〔一八〕閏九月壬辰　「九」字原脱，據本書卷四三閏考及卷四四朔考補。

〔一九〕以蕭伯達韓紹雍充賀宋正旦使副　長編卷一〇一天聖元年十一月甲申，契丹賀正旦使副爲彰武節度使蕭昭古、靈州觀察使劉彝範。

〔二〇〕唐骨德程昭文賀宋生辰使副　長編卷一〇〇天聖元年四月甲辰，契丹遣彰武節度使耶律唐古特、寧州防禦使成昭文來賀乾元節。按仁宗乾元節爲四月十四日，長編謂遼使是年四月來賀，本書則謂閏九月始遣生辰使，恐不確。又「程昭文」與「成昭文」兩歧，未知孰是。

〔二一〕閏月未至撻離河　「閏月未至」殊不可解。按「未」字或係「末」字之訛，即指閏九月末而言，或「未」字上闕一天干字。

〔二二〕南京留守韓制心南院大王兵馬都總管仇正燕京轉運使　韓橁墓誌稱制心爲「四十萬兵馬都總管兼侍中、南大王」，則此「兵馬都總管」當屬制心所任官。仇正，疑即本書卷一五聖宗紀六開泰六年七月及九月之仇正已。

〔二三〕郎玄化西山轉運使　「西山」疑爲「山西」之倒誤。參見本書卷四八百官志四校勘記〔一九〕。

〔二四〕宋遣張傳張士禹程琳丁保衡來賀　長編卷一〇一天聖元年（遼太平三年）九月戊子，宋以程琳、丁保衡爲賀遼正旦使副；卷一〇二天聖二年（遼太平四年）九月癸卯，宋以張傳、張士禹爲賀遼正旦使副。此處蓋誤合爲一事。

〔三五〕三月戊子千齡節　疑文有訛誤。按本書卷八景宗紀上，聖宗生於保寧三年十二月己丑。卷一〇聖宗紀一統和元年九月辛未，「有司請以帝生日爲千齡節，從之」。又聖宗紀各年十二月屢見宋使來賀千齡節事。

〔三六〕六月己未　「六月」二字原闕。按本書卷四四朔考，六月丁巳朔，己未爲初三日。又下文戊辰、辛未、甲戌、庚辰，均屬六月。今據補。

〔三七〕以駙馬蕭紹宗爲武定軍節度使　「武定軍」，原作「定武軍」，據明鈔本、南監本、北監本、殿本改。按重熙七年蕭紹宗墓誌亦作「武定軍」。

〔三八〕以蕭從政爲歸義軍節度使康筠監門衛充賀宋正旦使副　長編卷一〇二天聖二年十二月己卯，契丹賀正旦使副爲右監門衛上將軍蕭俘、高州觀察使李延。

遼史卷十七

本紀第十七

聖宗八

五年春正月乙酉，如混同江。

二月戊午，禁天下服用明金及金線綺；國親當服者，奏而後用。是月，如魚兒濼。

三月壬辰，以左丞相張儉爲武定軍節度使、同政事門下平章事，鄭弘節臨潢少尹，劉慎行遼興軍節度使，武定軍節度使蕭匹敵契丹行宫都部署，樞密副使楊又玄吏部尚書、參知政事兼樞密使。是月，如長春河魚兒濼，有聲如雷，其水一夕越沙岡四十里〔一〕，别爲一陂。

夏五月，清暑永安山。以蕭從順爲太子太師〔二〕，吴叔達翰林學士，道士馮若谷加太子中允，耶律晨武定軍節軍使，張儉彰信軍節度使〔三〕，呂士宗禮部員外郎，李可舉順義軍節度使。

秋七月，獵平地松林。

九月，駐蹕南京。己亥，以蕭迪烈、李紹琪充賀宋太后生辰使副，耶律守寧、劉四端充賀宋主生辰使副〔四〕。

冬十月辛未，宋太后遣馮元宗、史方來賀順天節〔五〕。

十一月庚子，幸内果園宴，京民聚觀。求進士得七十二人，命賦詩，第其工拙，以張昱等一十四人爲太子校書郎，韓欒等五十八人爲崇文館校書郎。辛丑，以左祇候郎君詳穩蕭羅羅爲右夷离畢。

十二月丁巳，以漢人行宫都部署蕭孝先爲上京留守，皇姪長沙郡王謝家奴匡義軍節度使，耶律仁舉興國軍節度使。甲子，蕭守寧爲點檢侍衞親軍馬步軍。乙丑，北院樞密使蕭合卓薨。戊辰〔六〕，以北府宰相蕭普古爲北院樞密使。己巳，遣蕭諧、李琪充賀宋正旦使副〔七〕。庚午，以參知政事劉京爲順義軍節度使。乙亥，宋使李維、張綸來賀千齡節。是歲，燕民以年穀豐熟，車駕臨幸，爭以土物來獻。上禮高年，惠鰥寡，賜酺飲。至夕，六街燈火如晝，士庶嬉遊，上亦微行觀之。丁丑，禁工匠不得銷毁金銀器。

六年春正月己卯朔，宋遣徐奭、裴繼起、張若谷、崔準來賀〔八〕。庚辰，如鴛鴦濼。

二月己酉，以迷離己同知樞密院，黄翩爲兵馬都部署，達骨只副之，赫石爲都監，引軍城混同江、疎木河之間。黄龍府請建堡障三、烽臺十，詔以農隙築之。東京留守八哥奏黄翩領兵入女直界徇地，俘獲人、馬、牛、豕，不可勝計，得降户二百七十，詔獎諭之。戊午，以耶律野爲副點檢，以國舅帳蕭柳氏、徒魯骨領西北路十二班軍、奚王府舍利軍。己巳，南京水，遣使振之。庚午，詔党項别部塌西設契丹節度使治之。

三月戊寅，以大同軍節度使張儉入爲南院樞密使、左丞相兼政事令，參知政事吴叔達責授將作少監，出爲東州刺史〔九〕。是月，阻卜來侵，西北路招討使蕭惠破之。

夏四月丁未朔，以武定軍節度使耶律洪古爲惕隱〔一〇〕。戊申，蒲盧毛朵部多兀惹户，詔索之。丙寅，如永安山。

五月辛卯，以東京統軍使蕭慥古爲契丹行宫都部署。癸卯，遣西北路招討使蕭惠將兵伐甘州回鶻。

六月辛丑，詔凡官畜並印其左以識之。

秋七月戊申，獵黑嶺。

八月，蕭惠攻甘州不克，師還。自是阻卜諸部皆叛，遼軍與戰，皆爲所敗，監軍涅里姑、國舅帳太保曷不呂死之。詔遣惕隱耶律洪古、林牙化哥等將兵討之。

九月，駐蹕遼河滸。

冬十月丙子，曷蘇館諸部長來朝。庚辰，遣使問夏國五月與宋交戰之故。辛巳，以前南院大王直魯袞爲烏古敵烈都詳穩。庚寅，以蕭孝順、蕭紹宗兼侍中，駙馬蕭紹業平章政事，前南院大王胡覩菫同知上京留守，安哥通化州節度使。乙丑〔一〕，宋遣韓翼、田承説來賀順天節〔二〕。

十一月戊辰，西北路招討司小校掃姑訴招討蕭惠三罪，詔都監奥骨禎按之。

十二月庚辰，曷蘇館部乞建旗鼓，許之。辛巳，詔北南諸部廉察州縣及石烈、彌里之官，不治者罷之。詔大小職官有貪暴殘民者，立罷之，終身不録；其不廉直，雖處重任，即代之；能清勤自持者，在卑位亦當薦拔；其内族受賂，事發，與常人所犯同科。戊戌，遣杜防、蕭蘊充賀宋生辰使副〔三〕。庚子，駐蹕遼河。

七年春正月壬寅朔，宋遣張保維、孫繼業、孔道輔、馬崇至來賀〔四〕。如混同江。辛亥，以女直白縷爲惕隱，蒲馬爲巖母部太師。甲寅，蒲盧毛朵部遣使來貢。

夏四月乙未，獵黑嶺。

五月，清暑永安山。西南路招討司奏陰山中產金銀，請置冶，從之。復遣使循遼河源求產金銀之卝〔一五〕。

六月，禁諸屯田不得擅貨官粟。癸巳，詔蕭惠再討阻卜。

秋七月己亥朔，詔更定法令。庚子，詔諭駙馬蕭鉏不、公主粘米衮：「爾於后有父母之尊，后或臨幸，祗謁先祖，祗拜空帳，失致敬之禮，今後可設像拜謁。」乙巳，詔輦路所經，旁三十步內不得耕種者，不在訴訟之限〔一六〕。

九月，駐蹕遼河。

冬十月丁卯朔，詔諸帳院庶孽，並從其母論貴賤。

十一月，宋遣石中立、石貽孫來賀千齡節〔一七〕，王博文、王雙賀順天節〔一八〕。辛亥，以楊又玄、邢祥知貢舉。己未〔一九〕，匡義軍節度使中山郡王查葛、保寧軍節度使長沙郡王謝家奴〔二〇〕、廣德軍節度使樂安郡王遂哥奏，各將之官，乞選伴讀書史，從之。癸亥，以三韓王欽爲啓聖軍節度使，楊佶刑部侍郎。甲子，以左千牛衛上將軍耶律古昱爲北院大王。

十二月丁卯，遣耶律遂英、王永錫充賀宋太后生辰，蕭速撒、馬保永充賀正旦使副〔二一〕。癸酉，以金吾蕭高六爲奚舍利軍詳穩。

八年春正月己亥，如混同江。庚申，党項侵邊，破之。甲子，詔州縣長吏勸農。

二月戊子，燕京留守蕭孝穆乞于拒馬河接宋境上置戍長巡察〔二二〕，詔從之。

三月，駐蹕長春河。

夏五月，清暑永安山。

六月，以韓寧、劉湘充賀宋太后生辰使副〔二三〕，吴克荷充賀夏國王李德昭生辰使。癸巳，權北院大王耶律鄭留奏，今歲十一月皇太子納妃，諸族備會親之帳。詔以豪盛者三十户給其費。

秋七月丁酉，以遥輦帳郎君陳哥爲西北路巡檢，與蕭諧領同管二招討地。以南院大王耶律敵烈爲上京留守。戊戌，獵平地松林。

九月壬辰朔，以渤海宰相羅漢權東京統軍使。壬子，幸中京。北敵烈部節度使耶律延壽請視諸部，賜旗鼓，詔從之。

冬十月，宋遣唐肅、葛懷愍來賀順天節〔二四〕。癸丑，阻卜别部長胡懶來降。乙卯，阻卜長春古來降。樞密使、魏王耶律斜軫孫婦阿聒指斥乘輿，其孫骨欲爲之隱，事覺，乃并坐之，仍籍其家。詔燕城將士，若敵至，總管備城之東南，統軍守其西北，馬步軍備其野戰，統軍副使繕壁壘，課士卒，各練其事。

十一月丙申，皇太子納妃蕭氏。以耶律求翰爲北院大王。

十二月辛酉朔〔二五〕，以遥輦太尉謝佛留爲天雲軍詳穩。壬申，以前北院大王耶律留寧爲雙州節度使〔二六〕，康筠崇德宫都部署，謝十永興宫都部署，旅墳宜州節度使，□菴遼州節度使，耶律野同知中京留守，耶律曷魯突媿爲大將軍。丁丑，詔庶孽雖已爲良，不得預世選。丁亥，宋遣寇瑊、康德來賀千齡節〔二七〕，朱諫、曹英、張逸、劉永釗賀來歲兩宫正旦〔二八〕。詔兩國舅及南、北王府乃國之貴族，賤庶不得任本部官。

是歲，放進士張宥等五十七人。

九年春正月，至自中京。

二月戊辰，遣使賜高麗王欽物〔二九〕。如斡凛河。

夏五月，清暑永安山。

六月戊子，以長沙郡王謝家奴爲廣德軍節度使，樂安郡王遂哥匡義軍節度使，中山郡王查葛保定軍節度使，進封潞王，豫章王貼不長寧軍節度使。以耶律思忠、耶律荷、耶律曷、遥輦謝佛留、陳邈、韓紹一、韓知白、張震充賀宋兩宫生辰及來歲正旦使副〔三〇〕。

秋七月戊午朔，如黑嶺。

八月己丑，東京舍利軍詳穩大延琳囚留守、駙馬都尉蕭孝先及南陽公主，殺户部使韓紹勳、副使王嘉、四捷軍都指揮使蕭頗得，延琳遂僭位，號其國爲興遼，年爲天慶。初，東遼之地，自神册來附，未有榷酤鹽麯之法，關市之征亦甚寬弛。馮延休、韓紹勳相繼以燕地平山之法繩之，民不堪命。燕又仍歲大饑，户部副使王嘉復獻計造船，使其民諳海事者，漕粟以振燕民，水路艱險，多至覆没。雖言不信，鞭楚搒掠〔三〕，民怨思亂。故延琳乘之，首殺紹勳、嘉，以快其衆。延琳先事與副留守王道平謀，道平夜棄其家，踰城走，與延琳所遣召黄龍府黄翩者，俱至行在告變。上即徵諸道兵，以時進討。時國舅詳穩蕭匹敵治近延琳，先率本管及家兵據其要害，絶其西渡之計。渤海太保夏行美亦舊主兵，戍保州，延琳密馳書，使圖統帥耶律蒲古。行美乃以實告，蒲古得書，遂殺渤海兵八百人，而斷其東路。延琳知黄龍、保州皆不附，遂分兵西取瀋州，其節度使蕭王六初至，其副張傑聲言欲降，故不急攻。及知其詐，而已有備，攻之不克而還。時南、北女直皆從延琳，高麗亦稽其貢。及諸道兵次第皆至，延琳嬰城固守。

冬十月丙戌朔，以南京留守燕王蕭孝穆爲都統，國舅詳穩蕭匹敵爲副統，奚六部大王蕭蒲奴爲都監以討之。

十一月乙卯朔，如顯陵。丙寅，以瀋州節度副使張傑爲節度使，其皇城進士張人紀、趙睦等二十二人入朝〔三二〕，試以詩賦，皆賜第，超授保州戍將夏行美平章事。壬申，以駙馬劉四端權知宣徽南院事。

十二月丁未，宋遣仇永、韓永錫來賀千齡節〔三三〕。命耶律育、吳克荷、蕭可觀、趙利用充賀宋生辰使副〔三四〕，耶律元吉、崔閏、蕭昭古、竇振充來歲賀宋正旦使副〔三五〕。

十年春正月乙卯朔〔三六〕，宋遣王夷簡、竇處約、張易、張士宜來賀〔三七〕。

二月，幸龍化州。

三月甲寅朔，詳穩蕭匹敵至自遼東，言都統蕭孝穆去城四面各五里許，築城堡以圍之。駙馬延寧與其妹穴地遁去，惟公主崔八在後，爲守陴者覺而止。

夏四月，如乾陵。以耶律行平爲廣平軍節度使，夏行美爲忠順軍節度使〔三八〕，李延弘知易州，蕭從順加太子太師。

五月戊申〔三九〕，清暑柏坡。

秋七月壬午，詔來歲行貢舉法。

八月丙午，東京賊將楊詳世密送款，夜開南門納遼軍。擒延琳，渤海平。

冬十月，駐蹕長寧淀。

十一月辛亥，南京留守燕王蕭孝穆以東征將士凱還，戎服見上，上大加宴勞。翌日，以孝穆爲東平王、東京留守，國舅詳穩、駙馬都尉蕭匹敵封蘭陵郡王，奚王蒲奴加侍中；以權燕京留守兼侍中蕭惠爲燕京統軍使，前統軍委窊大將軍、節度使，宰相兼樞密使馬保忠權知燕京留守，奚王府都監蕭阿古軫東京統軍使。詔渤海舊族有勳勞材力者敍用，餘分居來、隰、遷、潤等州〔四○〕。

十二月乙巳，宋遣梅詢、王令傑來賀千齡節。漆水郡王耶律敵烈加尚父，烏古部節度使蕭普達爲乙室部大王，尚書左僕射蕭琳爲臨海軍節度使。

十一年春正月己酉朔，如混同江。

二月，如長春河。

三月，上不豫。

夏五月，大雨水，諸河橫流，皆失故道。

六月丁丑朔，駐蹕大福河之北。己卯，帝崩于行宫，年六十一，在位四十九年。景福元年閏十月壬申，上尊謚曰文武大孝宣皇帝，廟號聖宗。

贊曰：聖宗幼沖嗣位，政出慈闈。及宋人二道來攻，親御甲胄，一舉而復燕、雲，破信、彬，再舉而躪河、朔，不亦偉歟〔四一〕！既而侈心一啓，佳兵不祥，東有茶、陀之敗，西有甘州之喪，此狃於常勝之過也。然其踐阼四十九年，理冤滯，舉才行，察貪殘，抑奢僭，録死事之子孫，振諸部之貧乏，責迎合不忠之罪，却高麗女樂之歸。遼之諸帝，在位長久，令名無窮，其唯聖宗乎！

校勘記

〔一〕有聲如雷其水一夕越沙岡四十里　北監本、殿本作「其水一夕有聲如雷越沙岡四十里」。

〔二〕以蕭從順爲太子太師　下文太平十年四月又云蕭從順加太子太師，與此重複。檢本書卷四七百官志三，太平十一年有太子少師蕭從順。此或誤「少師」爲「太師」，百官志殆誤「五年」爲「十一年」。

〔三〕張儉彰信軍節度使　「彰信」，疑當作「彰國」。按張儉墓誌，儉是年六月「假節於彰國」。

〔四〕以蕭迪烈李紹琪充賀宋太后生辰使副耶律守寧劉四端充賀宋主生辰使副　長編卷一〇四天聖四年（遼太平六年）正月癸未，契丹遣蕭迪烈、康筠來賀太后長寧節；又耶律守寧、劉四端賀仁宗乾元節一事，長編卷一〇三繫於天聖三年（遼太平五年）四月壬戌。

〔五〕宋太后遣馮元宗史方來賀順天節　「馮元宗」，疑當作「馬宗元」。按長編卷一〇三天聖三年（遼太平五年）九月庚辰，宋遣工部郎中、龍圖閣待制馬宗元，内殿承制、閤門祗候史方賀契丹生辰。又宋會要食貨六一之五八天聖五年亦見「工部郎中、龍圖閣待制馬宗元」。

〔六〕戊辰　此上原有「十二月」三字。按「十二月」已見上文，此係衍文，今删。

〔七〕遣蕭諧李琪充賀宋正旦使副　長編卷一〇四天聖四年（遼太平六年）四月丁巳，契丹遣啓聖軍節度使蕭諧、利州觀察使李紹琪來賀乾元節。按太平五年十二月己酉朔，己巳爲二十一日，此時所遣不應爲賀正旦使。又「李琪」，長編作「李紹琪」。

〔八〕宋遣徐奭裴繼起張若谷崔準來賀　長編卷一〇四天聖四年（遼太平六年）八月乙未，遣徐奭、裴繼己爲賀契丹主正旦使副，張若谷、崔準爲賀契丹妻正旦使副。按此係賀太平七年正旦使，誤置於六年正月。又「裴繼起」，長編作「裴繼己」。

〔九〕出爲東州刺史　「東州」，本書卷八〇張儉傳作「康州」。

〔一〇〕以武定軍節度使耶律洪古爲惕隱　「洪古」，原作「漢古」，據下文八月及本書卷七〇屬國表惕隱耶律洪古改。按卷九五本傳作「弘古」。

〔一一〕乙丑　此處月份、干支或有一誤。按本書卷四四朔考，十月甲戌朔，月内無乙丑日。

〔一二〕宋遣韓翼田承説來賀順天節　長編卷一〇四天聖四年（遼太平六年）七月乙丑，遣韓億、田承説爲契丹妻生辰使副，又謂「億名犯北朝諱，權改曰意」。蓋韓翼原名億，避太祖耶律億諱而更名爲「意」或「翼」。

〔一三〕遣杜防蕭藴充賀宋生辰使副　長編卷一〇五天聖五年（遼太平七年）四月辛巳，契丹蕭藴、杜防來賀乾元節。按遼朝例以契丹人爲正使，漢人爲副使，此處使、副倒誤。

〔一四〕宋遣張保維孫繼業孔道輔馬崇至來賀　長編卷一〇五天聖五年（遼太平七年）九月庚子，遣張保雍、孫繼鄴爲賀契丹主正旦使副，孔道輔、馬崇爲賀契丹妻正旦使副。按此係賀太平八年正旦使，誤置於七年正月。又「張保維」、「孫繼業」、「馬崇至」，長編作「張保雍」、「孫繼鄴」、「馬崇」。按孫繼鄴宋史卷二九〇有傳，此處「孫繼業」當爲「孫繼鄴」之誤。

〔一五〕復遣使循遼河源求産金銀之丱　「循」，原作「遁」，據明鈔本、南監本、北監本、殿本改。

〔一六〕不在訴訟之限　「在」，原作「得」，據明鈔本、南監本、北監本、殿本改。

〔一七〕宋遣石中立石貽孫來賀千齡節　「石貽孫」，原作「石貽縣」，據明鈔本、南監本、北監本、殿本改。按長編卷一〇五天聖五年（遼太平七年）九月庚子亦作「石貽孫」。

〔一八〕王博文王雙賀順天節　「王雙」，長編卷一〇五天聖五年（遼太平七年）八月癸酉作「王準」。

〔一九〕己未　原作「乙未」。按本書卷四四朔考，十一月丁酉朔，月内無乙未日。此條在十五日辛亥、二十七日癸亥之間，是月二十三日爲己未，「己」、「乙」形似，此「乙未」當爲「己未」之誤。今據改。

〔二〇〕匡義軍節度使中山郡王查葛保寧軍節度使長沙郡王謝家奴　上文太平四年六月，查哥（即查葛）爲保靜軍節度使，五年十二月，謝家奴爲匡義軍節度使，與此互歧。

〔二一〕遣耶律遂英王永錫充賀宋太后生辰蕭速撒馬保永充賀正旦使副　長編卷一〇六天聖六年十二月乙酉，契丹遣保安軍節度使耶律遂英、衛尉少卿王承錫來賀太后正旦；丙戌，遣彰聖軍節度使蕭素、右千牛衛大將軍馬保永來賀正旦。據此，蓋係賀天聖七年（遼太平九年）正旦使。「王永錫」、「蕭速撒」，長編作「王承錫」、「蕭素」。又一謂賀太后生辰使，一謂賀太后正旦使，未知孰是。

〔二二〕燕京留守蕭孝穆乞于拒馬河接宋境上置戍長巡察　「巡」，原作「城」，據明鈔本、南監本、北監本、殿本改。

〔二三〕以韓寧劉湘充賀宋太后生辰使副　「韓寧」，長編卷一〇七天聖七年正月乙未作「耶律漢寧」。

〔二四〕宋遣唐肅葛懷愍來賀順天節　「葛懷愍」，疑當作「葛懷敏」。按長編卷一〇六天聖六年（遼太平八年）七月己亥作「葛懷敏」，宋史卷二八九有傳。

〔二五〕十二月辛酉朔　此上原有「冬」字，按「冬」字已見上文十月，此係衍文，今刪。

〔二六〕以前北院大王耶律留寧爲雙州節度使　「前」，原作「爲」，據明鈔本、南監本、北監本、殿本改。

〔二七〕宋遣寇瑊康德來賀千齡節　「康德」，疑當作「康德輿」。按長編卷一〇六天聖六年（遼太平八年）八月戊寅作「康德輿」，宋史卷三二六有傳。

〔二八〕朱諫曹英張逸劉永釗賀來歲兩宮正旦　「曹英」，長編卷一〇六天聖六年（遼太平八年）八月戊寅作「曹榮」，且謂「榮仍改名英」，小注云：「英改名，當是避契丹諱，更考之。」

〔二九〕遣使賜高麗王欽物　疑文有訛誤。按是時高麗國王爲詢，參見本書卷一六聖宗紀七校勘記〔二七〕。

〔三〇〕以耶律思忠耶律荷耶律昺遥輦謝佛留陳邈韓紹一韓知白張震充賀宋兩宮生辰及來歲正旦使副　「使副」二字原闕，據文義補。按長編卷一〇九天聖八年（遼太平十年）正月己未，契丹遣耶律忠、陳邈來賀長寧節；卷一〇八天聖七年十二月庚戌，契丹遣耶律倚、韓昭一來賀正旦；同月己酉，契丹遣耶律高、韓知白來賀皇太后正旦，「耶律高」即「耶律昺」。又卷一〇七天聖七年（遼太平九年）四月己亥，契丹遣耶律衮、張震來賀乾元節，「耶律衮」蓋即「遥輦謝佛留」，此賀宋主生辰使副當爲上一年事，遼史誤置於此。

〔三一〕鞭楚搒掠　「楚」，原作「琳」，據明鈔本、南監本、北監本、殿本改。

〔三二〕其皇城進士張人紀趙睦等二十二人入朝　道光殿本據大典改「皇城」爲「防城」，按曰：「『防城』原作『皇城』，與下文『入朝』文義不屬。蓋張人紀與張傑同守瀋州拒大延琳者，故與張傑、夏行美同加恩擢。今據永樂大典改。」

〔三三〕宋遣仇永韓永錫來賀千齡節　長編卷一〇八天聖七年（遼太平九年）八月癸卯，「仇永」作

「鞠詠」，「韓永錫」作「王永錫」。按鞠詠宋史卷二九七有傳，此處「仇永」當爲「鞠詠」之誤。

〔三四〕命耶律育吳克荷蕭可觀趙利用充賀宋生辰使副　長編卷一一〇天聖九年（遼太平十一年）正月癸丑，契丹遣左監門衛上將軍蕭可親、右散騎常侍趙利用來賀長寧節。按「蕭可親」即「蕭可觀」，二者當有一誤。據長編，此係太平十一年生辰使。

〔三五〕耶律元吉崔閏蕭昭古竇振充來歲賀宋正旦使副　「使副」二字原闕，據文義補。又長編卷一〇九繫此事於天聖八年（遼太平十年）十二月，「崔閏」作「崔潤」。

〔三六〕十年春正月乙卯朔　「乙卯」，原作「己卯」，據本書卷四四朔考改。

〔三七〕宋遣王夷簡竇處約張易張士宜來賀　長編卷一〇九繫此事於天聖八年（遼太平十年）八月戊申。「張易」作「張億」，蓋避太祖耶律億諱改；「張士宜」作「張士宣」。

〔三八〕夏行美爲忠順軍節軍使　「忠順」，原作「中順」，據本書卷八七夏行美傳及卷四一地理志五改。又卷二〇興宗紀三重熙十七年八月戊子亦誤，同改。

〔三九〕五月戊申　疑文有訛誤。按本書卷四四朔考，五月癸丑朔，月内無戊申。

〔四〇〕餘分居來隰遷潤等州　「潤」，原作「閏」。按本書卷三九地理志三潤州條謂「聖宗平大延琳，遷寧州之民居此」。今據改。

〔四一〕不亦偉歟　「偉」，原作「他」，據明鈔本、南監本、北監本、殿本改。

遼史卷十八

本紀第十八

興宗一

興宗神聖孝章皇帝，諱宗真，字夷不堇，小字只骨。聖宗長子，母曰欽哀皇后蕭氏。上始生，齊天皇后取養之。幼而聰明，長而魁偉，龍顏日角，豁達大度。善騎射，好儒術，通音律。三歲封梁王，太平元年册爲皇太子，十年六月判北南院樞密使事。

十一年六月己卯，聖宗崩，即皇帝位於柩前。壬午，尊母元妃蕭氏爲皇太后。甲申，遣使告哀于宋及夏、高麗。是年，御宣政殿放進士劉貞等五十七人〔一〕。辛卯，大赦，改元景福。乙未，奉大行皇帝梓宫殯于永安山太平殿。辛丑，皇太后賜駙馬蕭鉏不里、蕭匹敵死，圍場都太師女直著骨里、右祗候郎君詳穩蕭延留等七人皆棄市，籍其家，遷齊天皇后于上京。

秋七月丙午朔，皇太后率皇族大臨于太平殿。高麗遣使弔慰。上召晉王蕭普古等飲博，夜分乃罷。丁未，擊鞠。戊申，以耶律韓八爲左夷离畢，特末里爲左祗候郎君詳穩，横帳郎君樂古權右祗候郎君詳穩。己酉，以耶律鄭留爲于厥迪烈都詳穩，高八爲右皮室詳穩。庚戌，振薊州民饑。癸丑，詔寫大行皇帝御容。甲寅，録囚。以觀察姚居信爲上將軍。建慶州于慶陵之南，徙民實之，充奉陵邑。乙卯，以比歲豐稔，罷給東京統軍司糧。丁巳，上謁大行皇帝御容，哀慟久之，因詔寫北府宰相蕭孝先、南府宰相蕭孝穆象于御容殿。以蕭阿姑軫爲東京留守。丁卯，謁太平殿，焚先帝所御弓矢。幸晉王普古第視疾。辛未，録囚。壬申，上謁神主帳，時奧隈蕭氏始入宫，亦命拜之。

八月壬午〔二〕，遷大行皇帝梓宫於菆塗殿。

九月戊申，躬視慶陵。庚戌，問安于皇太后。辛亥，宋遣王隨、曹儀致祭，王瞬、許懷信、梅詢、張綸來慰兩宫，范諷、孫繼業賀即位〔三〕，孔道輔、魏昭文賀皇太后册禮。戊午，焚弧矢、鞍勒于菆塗殿。庚申，夏國遣使來慰。庚午，以宋使弔祭，喪服臨菆塗殿。甲戌，遣御史中丞耶律翥、司農卿張確、詳穩耶律勵、四方舘使高維翰謝宋弔慰〔四〕。

冬十月戊寅，宰臣呂德懋薨。癸未，殺鉏不里黨彌勒奴、觀音奴等。丙戌，遣工部尚書高德順、崇禄卿李可封致先帝遺物于宋〔五〕；以右領軍衛上將軍耶律遜、少府監馬惲充皇太后謝宋使；右監門衛上將軍耶律元載、引進使魏永充皇帝謝宋使。丁酉，夏國遣使來賻。戊戌，以蕭革、趙爲果、耶律郁、馬保業充來歲賀宋正旦使〔六〕。

閏月辛亥，謁菆塗殿，閱玄宫閟器。有司請以生辰爲永壽節，皇太后生辰爲應聖節，從之。辛酉，閱新造鎧甲。丁卯，振黄龍府饑民。

十一月壬辰，上率百僚奠于菆塗殿。出大行皇帝服御、玩好焚之，縱五坊鷹鶻。甲午，葬文武大孝宣皇帝于慶陵。乙未，祭天地。問安皇太后。丙申，謁慶陵，以遺物賜羣臣，名其山曰慶雲，殿曰望仙。

十二月癸丑，至自慶陵。皇太后聽政，帝不親庶務，羣臣表請，不從。

是歲，以興平公主下嫁夏國王李德昭子元昊，以元昊爲夏國公、駙馬都尉。

重熙元年春正月壬申朔，皇太后御正殿，受帝與羣臣朝。宋遣任布、王遵範、陳琰、王克善來賀〔七〕。乙亥，宋遣鄭向、郭遵範來賀永壽節。丁丑，如雪林。

二月，大蒐。

三月壬申朔，尚父、漆水郡王敵烈復爲惕隱。是春，皇太后誣齊天皇后以罪，遣人即上京行弒。后請具浴以就死，許之。有頃，后崩。

夏四月乙巳，清暑別葦斗。

秋七月，獵平地松林。以蕭達溥、王英秀、蕭麓、張素羽充來歲賀宋正旦生辰使〔八〕。八月丙午，駐蹕剌河源。皇子洪基生〔九〕。

冬十月己酉，幸中京。

十一月己卯，帝率羣臣上皇太后尊號曰法天應運仁德章聖皇太后，羣臣上皇帝尊號曰文武仁聖昭孝皇帝。大赦，改元重熙。癸未，宋遣劉隨、王德本來賀應聖節〔一〇〕。以楊佶爲翰林承旨。丙戌，夏國遣使來賀。辛卯，五國酋長來貢。夏國王李德昭薨，册其子夏國公元昊爲夏國王。

十二月庚戌，宋遣胥偃、王從益、崔暨、張懷志來賀來歲正旦，又遣楊日嚴、王克纂來賀永壽節〔一一〕。以北大王耶律求翰同平章事。

是年，放進士劉師貞等五十七人。

二年春正月庚辰，東幸。乙酉，夏國遣使來貢。壬辰，女直詳穩臺押率所部來貢。宋遣曹琮來告母后劉氏哀，章得象、安繼昌來饋母后遺物。即遣興聖宮使耶律壽寧、給事中知制誥李奎充祭奠使；天德軍節度使耶律卿寧、大理卿和道亨、河西軍節度使耶律嵩、引進使馬世卿充兩宮弔慰使〔一二〕。

秋七月甲子朔，以耶律寔、高升、耶律迪、王惟允充兩宮賀宋生辰使副〔一三〕，以耶律師古、劉五常充賀宋來歲正旦使副〔一四〕。

八月丁酉，幸温泉宮。乙卯，遣使閱諸路禾稼。

冬十一月甲申，宋遣劉寶、符忠、李昭述、張茂實等來謝慰奠〔一五〕。

十二月乙未，宋遣丁度、王繼凝來賀應聖節。己酉，禁夏國使沿路私市金、鐵。甲寅，宋遣章頻、李懿、王沖睦、張緯、李紘、李繼一來賀永壽節及來歲正旦〔一六〕。庚申，以北府宰相蕭孝先爲樞密使。

三年春正月丁卯，宋使章頻卒，詔有司賻贈，命近侍護喪以歸。辛卯，如春水。

二月壬辰，以北院樞密使蕭普古爲東京留守。戊申，耶律大師奴有侍禨祼恩，詔入屬籍。

夏四月甲寅，振耶迷只部。

五月庚申朔，清暑沿柳湖。是月，皇太后還政于上，躬守慶陵。

六月己亥，以蕭普古爲南院樞密使。

秋七月戊子朔，上始親政，以耶律庶徵、劉六符、耶律睦、薄可久充賀宋來歲正旦使副〔一七〕。壬辰，如秋山。

冬十月己未，駐蹕中會川。

十二月，宋遣段少連、杜仁贊來賀來歲正旦〔一八〕，楊偕、李守忠來賀永壽節。

四年春正月庚寅，如耶迷只里。

三月乙酉朔，立皇后蕭氏。

夏四月甲寅朔，如涼陘。

五月庚子，清暑散水源。

六月癸丑朔，皇子竇信奴生。以耶律信、吕士宗、蕭袞、郭揆充賀宋生辰及來歲正旦使副〔一九〕。

秋七月壬午朔，獵于黑嶺。

九月己酉，駐蹕長寧淀。

冬十月，如王子城。

十一月壬午，改南京總管府爲元帥府。乙酉，行柴册禮于白嶺，大赦。加尚父耶律信寧、政事令耶律求翰耆宿贊翊功臣。

十二月癸丑，詔諸軍砲、弩、弓、劍手以時閱習。庚申，宋遣鄭戩、柴貽範、楊日華、張士禹來賀永壽節及正旦。

五年春正月甲申，如魚兒濼。樞密使蕭延寧請改國舅乙室小功帳敞史爲將軍〔二〇〕，從之。

四月庚申，以潞王查葛爲南府宰相，崇德宫使耶律馬六爲惕隱。甲子，幸后弟蕭無曲第，曲水泛觴賦詩。丁卯，頒新定條制。己巳，上與大臣分朋擊鞠。

五月甲午，南幸。丁未，如胡土白山清暑。

六月庚申，幸北院大王高十行帳拜奥，賜銀絹。壬戌，詔修南京宫闕府署〔二一〕。

秋七月辛丑，録囚。耶律把八誣其弟韓哥謀殺己，有司奏當反坐。臨刑，其弟泣訴：「臣惟一兄，乞貸其死。」上憫而從之。

九月癸巳，獵黃花山，獲熊三十六，賞獵人有差。

冬十月丁未，幸南京。辛亥，曲赦析津府境内囚。壬子，御元和殿，以日射三十六熊賦、幸燕詩試進士于廷，賜馮立、趙徽四十九人進士第。以馮立爲右補闕，趙徽以下皆爲太子中舍，賜緋衣、銀魚，遂大宴。御試進士自此始。宋遣宋郊、王世文來賀永壽節。甲子，宰臣張儉等請幸禮部貢院，歡飲至暮而罷，賜物有差。以耶律祥、張素民、耶律甫、王澤充賀宋生辰正旦使副〔三〕。

六年春正月丁丑，西幸。

三月戊寅，以秦王蕭孝穆爲北院樞密使，徙封吴王；晉王蕭孝先爲南京留守。

夏四月，獵野狐嶺。

閏月，獵龍門縣西山。

五月己酉，清暑炭山。以耶律韓八爲北院大王，蕭把哥左夷离畢，王子郎君詳穩鼻姑得林牙，簽北面事耶律涅哥同簽點檢司。甲寅，録囚。以南大王耶律信寧故匿重囚及侍婢贓污，命撻以劍脊而奪其官；都監坐阿附及侍婢罪，皆論死，詔貸之。丙辰，以耶律信寧爲西南路招討使。庚申，出飛龍廄馬，賜皇太弟重元及北、南面侍臣有差。癸亥，以上京留守耶律胡覩衮爲南大王，平章事蕭查剌寧上京留守，侍中管寧行宫都部署，耶律蒲奴寧烏古迪烈得都詳穩。甲子，以上京留守耶律洪古爲北院大王〔二三〕。

六月壬申朔，以善寧爲殿前都點檢，護衛太保耶律合住兼長寧宫使，蕭阿剌里、耶律烏魯斡、耶律和尚、蕭韓家奴、蕭特里、蕭求翰爲各宫都部署。上酒酣賦詩，吴國王蕭孝穆、北宰相蕭撒八等皆屬和〔二四〕，夜中乃罷。己卯，祀天地。癸未，賜南院大王耶律胡覩衮命，上親爲製誥詞，并賜詩以寵之。丙申，以北院大王侯哂爲南京統軍使。

秋七月辛丑朔，以北、南樞密院獄空，賞賚有差。壬寅，以皇太弟重元生子，賜詩及寶玩器物，曲赦死罪以下。癸卯，如秋山。

八月己卯，北樞密院言越棘部民苦其酋帥坤長不法，多流亡；詔罷越棘等五國酋帥，以契丹節度使一員領之。

冬十月癸酉，駐蹕石竇岡。

十一月己亥朔，阻卜酋長來貢。辛亥，以契丹行宫都部署蕭惠爲南院樞密使。壬子，以管寧爲南院樞密使〔二五〕，蕭掃古諸行宫都部署，耶律褭里知南面行宫副部署，蕭阿剌里左祗候郎君詳穩，耶律曷主右祗候郎君詳穩。庚申，幸晉國公主行帳視疾。封皇子洪基爲梁王。

十二月，以楊佶爲忠順軍節度使。遣耶律斡、秦鑑、耶律德、崔繼芳賀宋生辰及正旦。

七年春正月戊戌朔，宋遣高若訥、夏元正、謝絳、張茂實來賀正旦及永壽節。辛丑，如混同江。

二月庚午，如春州。乙亥，駐蹕東川。丁丑，高麗遣使來貢。壬午，幸五坊閱鷹鶻。乙酉，遣使慶州問安皇太后。

三月戊戌朔，幸皇太弟重元行帳。壬寅，如蒲河淀。辛亥，夏國遣使來貢。甲寅，録囚。

夏四月己巳，以興平公主薨，遣北院承旨耶律庶成持詔問夏國王李元昊，公主生與元昊不睦，没，詰其故。己卯，獵白馬堝。甲申，射兔新淀井。乙未，獵金山，遣楊家進鹿尾茸于大安宫。

六月乙亥，御清涼殿試進士，賜邢彭年以下五十五人第。

秋七月甲辰，録囚。乙巳，阻卜酋長屯禿古斯來朝。戊申，如黑嶺。

九月丁未，駐蹕平淀。

冬十月甲子朔，渡遼河。丙寅，駐蹕白馬淀。壬申，録囚。

十一月癸巳朔，以耶律元方、張泥、韓至德、蕭傅充賀宋生辰正旦使副〔二六〕。辛丑，問安皇太后，進珍玩。庚申，録囚。

十二月，召善擊鞠者數十人于東京，令與近臣角勝，上臨觀之。己巳，以皇太弟重元判北南院樞密使事，北府宰相撒八寧再任兼知東京留守事，耶律應穩南府宰相，查割折大內惕隱，乙室已帳蕭翰乾州節度使，劉六符參知政事，王子帳冠哥王子郎君詳穩，鉏窘大王平州節度使，宰臣張克恭守司空，宰臣韓紹芳加侍中，惕隱耶律馬六北院宣徽使，傅父耶律喜孫南府宰相〔二七〕。癸未，宋遣王舉正、張士禹來賀永壽節。甲申，命日進酒于大安宮，致薦慶陵。丁亥，録囚，非故殺者減科。南面侍御壯骨里詐取女直貢物，罪死；上以有吏能，黥而流之。

八年春正月壬辰朔，宋遣韓琦、王從益來賀。丙申，如混同江觀魚。戊戌，振品部。庚戌，叉魚于率没里河。

二月丙子，駐蹕長春河。丁巳，禁朔州鬻羊于宋。

夏六月乙丑，詔括户口。

秋七月丁巳，謁慶陵，致奠于望仙殿；迎皇太后至顯州，謁園陵，還京。

冬十月，駐蹕東京。

十一月甲午，詔有言北院處事失平，擊鍾及邀駕告者，悉以奏聞。戊戌，朝皇太后。召僧論佛法。戊申，皇太后行再生禮，大赦。己酉，城長春。

閏十二月壬辰，視吳國王蕭孝穆疾。宋遣龐籍、杜贇來賀永壽節。

九年春正月丙辰朔，上進酒于皇太后宫，御正殿。宋遣王拱辰、彭再思來賀〔二八〕。庚申，如鴨子河。

二月，駐蹕魚兒濼。

三月辛未，以應聖節，大赦。

五月乙卯朔，清暑永安山。

六月，射柳祈雨。

秋七月癸酉，宋遣郭禎以伐夏來報〔二九〕，遣樞密使杜防報聘〔三〇〕。丁丑，如秋山。

冬十月癸未朔，駐蹕中會川。

十一月甲子，女直侵邊，發黄龍府鐵驪軍拒之。宋遣蘇伸、向傳範來賀應聖節〔三一〕。

十二月庚寅，以北大王府布猥帳郎君自言先世與國聯姻，許置敞史，命本帳蕭胡覩爲之。辛卯，以所得女直户置肅州。以蕭迪、劉三嘏、耶律元方、王惟吉、耶律庶忠、孫文昭、蕭紹筠、秦德昌充賀宋生辰及來歲正旦使副〔三〕。詔諸犯法者，不得爲官吏；諸職官非婚祭，不得沉酗廢事；有治民安邊之略者，悉具以聞。

校勘記

〔一〕放進士劉貞等五十七人　下文重熙元年又謂「是年，放進士劉師貞等五十七人」。按本書卷八九楊晳傳、卷九七楊績傳均謂太平十一年進士及第，又張績墓誌稱績於太平末歲進士乙科登第，知太平十一年確曾開科取士。此處與重熙元年放進士當有一事重出。

〔二〕八月壬午　聖宗皇帝哀册謂八月壬寅始「殯於攢塗殿之西階」。

〔三〕范諷孫繼業賀即位　「孫繼業」，疑當作「孫繼鄴」。按長編卷一一〇天聖九年（遼景福元年）六月辛丑作「孫繼鄴」，宋史卷二九〇有傳。

〔四〕遣御史中丞耶律翥司農卿張確詳穩耶律勵四方舘使高維翰謝宋弔慰　「高維翰」，長編卷一一〇天聖九年（遼景福元年）十二月丙午作「高惟翰」。

〔五〕遣工部尚書高德順崇禄卿李可封致先帝遺物于宋　「高德順」，長編卷一一〇天聖九年（遼景福元年）閏十月己酉作「蕭德順」。按蕭德順墓誌稱「俄賁國訃於梁園，充太行皇帝遺留使」，此處「高德順」乃「蕭德順」之誤。

〔六〕以蕭革趙爲果耶律郁馬保業充來歲賀宋正旦使　長編卷一一〇天聖九年（遼景福元年）十二月丙寅、丁卯，「蕭革」作「蕭格」，「趙爲果」作「趙果」，「馬保業」作「馬保」。

〔七〕宋遣任布王遵範陳琰王克善來賀　「王克善」，疑當作「王克忠」。按長編卷一一〇天聖九年（遼景福元年）十月乙酉作「西染院副使、閤門宣事舍人王克忠」。宋史卷二五〇王承衍傳謂其有孫克忠，曾爲西染院副使兼閤門通事舍人，當即此人。

〔八〕以蕭達溥王英秀蕭麓張素羽充來歲賀宋正旦生辰使　長編卷一一三繫此事於明道二年（遼重熙二年）十二月丁巳，且謂四人均爲正旦使。「蕭達溥」作「蕭傳」、「王英秀」作「王秀英」、「蕭麓」作「蕭麗」。

〔九〕皇子洪基生　「洪基」，聖宗欽哀皇后哀册、興宗仁懿皇后哀册、聖宗仁德皇后哀册均作「弘基」。

〔一〇〕宋遣劉隨王德本來賀應聖節　「王德本」，長編卷一一一明道元年（遼重熙元年）八月壬子作「王德基」。此蓋避道宗洪基諱改。

〔一一〕又遣楊日嚴王克纂來賀永壽節　「王克纂」，長編卷一一一明道元年（遼重熙元年）八月壬子作「王克基」。此蓋避道宗洪基諱改。

〔二〕「宋遣曹琮來告」至「充兩宮弔慰使」　此處誤繫於正月。按長編卷一一二，明道二年（遼重熙二年）三月甲午皇太后崩，四月方遣曹琮、章得象、安繼昌使遼告哀。

〔三〕以耶律寔高升耶律迪王惟允充兩宮賀宋生辰使副　「耶律寔」，道光殿本考證引大典作「耶律實」，明鈔本、南監本、北監本、殿本皆作「耶律楚」，長編卷一一四景祐元年（遼重熙三年）四月庚子作「耶律述」。又「高升」、「王惟允」，長編作「高昇」、「王惟永」。

〔四〕以耶律師古劉五常充賀宋來歲正旦使副　長編卷一一五繫此事於景祐元年（遼重熙三年）十二月辛巳，似爲賀重熙四年正旦使。

〔五〕宋遣劉竇符忠李昭述張茂實等來謝慰奠　長編卷一一三明道二年（遼重熙二年）八月丁未，「劉竇」作「劉賽」，「符忠」作「符惟忠」。按宋史卷四六三有符惟忠傳，此處「符忠」當作「符惟忠」。

〔六〕宋遣章頻李懿王沖睦張緯李紘李繼一來賀永壽節及來歲正旦　長編卷一一三明道二年（遼重熙二年）八月戊午，「李懿」作「李遵懿」，「王沖睦」作「王仲睦」，「張緯」作「張瑋」。

〔七〕以耶律庶徵劉六符耶律睦薄可久充賀宋來歲正旦使副　長編卷一一六景祐二年（遼重熙四年）四月甲子，「耶律庶徵」作「耶律庶幾」，謂庶幾與劉六符爲賀乾元節使副。又長編卷一一七繫耶律睦、薄可久賀正旦事於景祐二年十二月乙亥，似爲賀重熙五年正旦使副。

〔八〕宋遣段少連杜仁贊來賀來歲正旦　「杜仁贊」，長編卷一一五景祐元年（遼重熙三年）七月壬申作「杜贊」。

〔九〕以耶律信吕士宗蕭衮郭揆充賀宋生辰及來歲正旦使副　蕭衮、郭揆賀正旦事，長編卷一一九繫於景祐三年（遼重熙五年）十二月己巳，又「蕭衮」作「耶律衮」。

〔一〇〕樞密使蕭延寧請改國舅乙室小功帳敞史爲將軍　「乙室小功帳」，本書卷四五百官志一作「乙室己小翁帳」，當是。

〔一一〕「六月庚申」至「壬戌詔修南京宫闕府署」　「六月」二字諸本皆闕。按本書卷四四朔考，是年五月戊寅朔，推至庚申計四十三日，壬戌計四十五日，已入六月。今據補。

〔一二〕以耶律祥張素民耶律甫王澤充賀宋生辰正旦使副　此處記事繫年有誤。按耶律甫、王澤賀正旦事，長編卷一二〇繫於景祐四年（遼重熙六年）十二月癸未。又王澤墓誌，稱澤重熙六年「充賀南朝正旦副使」。

〔一三〕以上京留守耶律洪古爲北院大王　本書卷九五本傳，「洪古」作「弘古」，字胡篤堇，重熙六年由上京留守遷南院大王。知此處與上文癸亥條「以上京留守耶律胡覩衮爲南大王」係一事重出，又「北院」疑當作「南院」。

〔一四〕吴國王蕭孝穆北宰相蕭撒八等皆屬和　「撒八」，原作「八撒」。按本書卷八一蕭孝忠傳，孝忠字撒板，太平中擢北府宰相，重熙七年爲東京留守。「撒八」當爲「撒板」之異譯，即蕭孝忠；下文重熙七年十二月「北府宰相撒八寧再任兼知東京留守事」，亦即此人。今據改。

〔二五〕辛亥以契丹行宮都部署蕭惠爲南院樞密使壬子以管寧爲南院樞密使　據上文重熙六年五月，以侍中管寧爲行宮都部署；又據本書卷九三蕭惠傳，興宗初兼侍中，「重熙六年，復爲契丹行宮都部署」，後「拜南院樞密使」，知管寧即蕭惠。此係一事重出。

〔二六〕以耶律元方張泥韓至德蕭傅充賀宋生辰正旦使副　長編卷一二三寶元二年（遼重熙八年）四月辛未，契丹遣耶律九方、張渥來賀乾元節；卷一二五寶元二年閏十二月辛亥，遣蕭溥、韓志德來賀正旦。其名皆與遼史不合。又長編所記正旦使晚遼史一年，遼朝例以契丹人爲正使，漢人爲副使，此處正旦使、副倒誤。

〔二七〕傅父耶律喜孫南府宰相　上文謂「耶律應穩南府宰相」，據本書卷九七本傳，喜孫字盈隱，「應穩」即「盈隱」之異譯。此係一事重出。

〔二八〕宋遣王拱辰彭再思來賀　「彭再思」，長編卷一二四寶元二年（遼重熙八年）八月乙酉作「彭再問」。

〔二九〕宋遣郭禎以伐夏來報　「郭禎」，長編卷一二八康定元年（遼重熙九年）七月乙丑及宋史卷三〇一本傳皆作「郭稹」。按「禎」犯宋仁宗名諱，其名當作「稹」。

〔三〇〕遣樞密使杜防報聘　「樞密使」，本書卷八六本傳作「樞密副使」。

〔三一〕宋遣蘇伸向傳範來賀應聖節　「蘇伸」，疑當作「蘇紳」。按長編卷一二八康定元年（遼重熙九年）八月乙未作「蘇紳」，宋史卷二九四有傳。

〔三〕以蕭迪劉三嘏耶律元方王惟吉耶律庶忠孫文昭蕭紹筠秦德昌充賀宋生辰及來歲正旦使副　蕭迪、劉三嘏、耶律元方、王惟吉係賀仁宗乾元節使副，長編卷一二七繫於康定元年（遼重熙九年）四月乙未，與此抵牾。

遼史卷十九

本紀第十九

興宗二

十年春正月辛亥朔，宋遣梁適、張從一、富弼、趙日宣來賀。甲子，復遣吴育、馮戴來賀永壽節〔一〕。

二月庚辰朔，詔蒲盧毛朵部歸曷蘇館户之没入者使復業。甲申，北樞密院言，南、北二王府洎諸部節度侍衛祗候郎君，皆出族帳，既免與民戍邊，其祗候事，請亦得以部曲代行。詔從其請。

夏四月，詔罷修鴨渌江浮梁及漢兵屯戍之役。又以東京留守蕭撒八言，弛東京擊鞠之禁。

六月戊寅，以蕭寧、耶律坦、崔禹稱、馬世良、耶律仁先、劉六符充賀宋生辰使副〔二〕；耶律庶成、趙成、耶律烈、張旦充來歲賀宋正旦使副〔三〕。

秋七月壬戌，詔諸職官私取官物者，以正盜論。諸敢以先朝已斷事相告言者，罪之。諸帳郎君等於禁地射鹿，決三百，不徵償；小將軍決二百以下；及百姓犯者，罪同郎君論。

八月丙戌，以醫者鄧延貞治詳穩蕭留寧疾驗〔四〕，贈其父母官以獎之。

九月辛亥，朝皇太后。國舅留寧薨。庚申，皇太后射獲熊，上進酒爲壽。癸亥，上獵馬盂山，草木蒙密，恐獵者誤射傷人，命耶律迪姑各書姓名于矢以志之。丙寅，夏國獻宋俘。以石硬砦太保郭三避虎不射〔五〕，免官。

冬十月丙戌，詔東京留守蕭孝忠察官吏有廉幹清强者，具以名聞。庚寅，以女直太師臺押爲曷蘇館都大王。辛卯，以皇子胡盧斡里生，北宰相、駙馬撒八寧迎上至其第宴飲，上命衞士與漢人角觝爲樂。壬辰，復飲皇太后殿，以皇子生，肆赦。夕，復引公主、駙馬及内族大臣入寢殿劇飲。甲午，幸中京。庚子，以駙馬都尉蕭忽列爲國舅詳穩。

十一月丙辰，回鶻遣使來貢。

十二月丙子朔，宋遣劉沆、王整來賀應聖節。乙未，置撻朮不姑酋長。以胡撻剌爲平章事。上聞宋設關河，治壕塹，恐爲邊患，與南、北樞密吴國王蕭孝穆、趙國王蕭貫寧謀取宋舊割關南十縣地，遂遣蕭英、劉六符使宋〔六〕。庚寅〔七〕，宋遣張沔、侯宗亮、薛申、侍其濬、施昌言、潘永照來賀永壽節及來歲正旦〔八〕。以宣政殿學士楊佶爲吏部尚書、判順義軍節度使事〔九〕。丁酉，議伐宋，詔諭諸道。

十一年春正月戊申，奉迎皇太后于内殿。庚戌，遣南院宣徽使蕭特末、翰林學士劉六符使宋，取晉陽及瓦橋以南十縣地，且問興師伐夏及沿邊疏濬水澤、增益兵戍之故。

二月壬寅，如鴛鴦濼。

四月甲戌朔，頒南征賞罰令。

六月乙亥，宋遣富弼、張茂實奉書來聘，以書答之。壬午，御含涼殿，放進士王寔等六十四人。禁氈、銀鬻入宋。

秋七月壬寅朔，詔盜易官馬者減死論。外路官勤瘁正直者，考滿代；不治事者即易之。

八月丙申，宋復遣富弼、張茂實奉書來聘，乞增歲幣銀絹，以書答之。

九月壬寅，遣北院樞密副使耶律仁先、漢人行宫副部署劉六符使宋約和。是時，富弼爲上言，大意謂遼與宋和，坐獲歲幣，則利在國家，臣下無與；與宋交兵，則利在臣下，害在國家。上感其言，和好始定。

閏月癸未，耶律仁先遣人報，宋歲增銀、絹十萬兩、匹，文書稱「貢」，送至白溝。帝喜，宴羣臣于昭慶殿。是日，振恤三父族之貧者。辛卯，仁先、劉六符還，進宋國誓書。

冬十一月丁亥，羣臣加上尊號曰聰文聖武英略神功睿哲仁孝皇帝，册皇后蕭氏曰貞懿宣慈崇聖皇后。大赦。梁王洪基進封燕國王。

十二月癸卯，朝皇太后。甲辰，封皇太弟重元子涅魯古爲安定郡王。己酉，以宣獻皇后忌日，上與皇太后素服，飯僧于延壽、憫忠、三學三寺。辛亥，詔蠲預備伐宋諸部租稅一年。壬子，以吐渾、党項多鬻馬夏國，詔謹邊防。己未，宋遣賀正旦及永壽節使居邸，帝微服往觀。丁卯，禁喪葬殺牛馬及藏珍寶。

十二年春正月辛未，遣同知析津府事耶律敵烈、樞密院都承旨王惟吉諭夏國與宋和。壬申，以吴國王蕭孝穆爲南院樞密使，北府宰相蕭孝忠北院樞密使、封楚王，韓國王蕭惠北府宰相、同知元帥府事，韓八南院大王〔一〇〕，耶律侯哂東京留守〔一一〕，北院樞密副使耶律仁先同知東京留守事〔一二〕，北面林牙蕭革北院樞密副使。甲戌，如武清寨葦淀。

二月壬寅，禁關南漢民弓矢。己酉，夏國以加上尊號，遣使來賀。甲寅，耶律敵烈等使夏國還，奏元昊罷兵，即遣使報宋。

三月辛卯，幸南京。壬辰，高麗國以加上尊號，遣使來賀。

夏四月己亥，置回跋部詳穩、都監。庚子，夏國遣使進馬、駝。

五月辛卯，斡魯、蒲盧毛朵部二使來貢失期，宥而遣還。乙未，詔復定禮制。是月，幸山西。

六月丙午，詔世選宰相、節度使族屬及身爲節度使之家，許葬用銀器；仍禁殺牲以祭。庚戌，詔漢人宮分户絶，恒産以親族繼之。辛亥，阻卜大王屯秃古斯弟太尉撒葛里來朝。丙辰，回鶻遣使來貢。甲子，以南院樞密使吴國王蕭孝穆爲北院樞密使，徙封齊國王。

秋七月丙寅朔，北院樞密使蕭孝忠薨，特釋繫囚。庚寅，夏國遣使上表，請伐宋，不從。

八月丙申，謁慶陵。辛丑，燕國王洪基加尚書令，知北南院樞密使事，進封燕趙國王。戊午，以前西北路招討使蕭塔烈葛爲右夷离畢〔一三〕。庚申，于越耶律洪古薨。甲子，阻卜來貢。

九月壬申，朝皇太后，謁望仙殿。壬午，謁懷陵。

冬十月丁酉，駐蹕中會川。己亥，北院樞密使蕭孝穆薨，追贈大丞相、晉國王。庚子，詔諸路上重囚，遣官詳讞。辛亥，參知政事韓紹芳爲廣德軍節度使，三司使劉六符長寧軍節度使。壬子，以夏人侵党項，遣延昌宮使高家奴讓之。甲子，北府宰相蕭惠爲北院樞密使，豳王遂哥爲惕隱，惕隱敵魯古封漆水郡王、西北路招討使，樞密副使蕭阿剌同知北院宣徽事。出飛龍廐馬，分賜羣臣。

十一月丁丑，追封楚王蕭孝忠爲楚國王。丁亥，以上京歲儉，復其民租稅。癸巳，朝皇太后。

十二月戊申，改政事省爲中書省。

十三年春正月甲子朔，朝皇太后。戊辰，如混同江。辛未，獵兀魯館岡。

二月庚戌，如魚兒濼。丙辰，以參知政事杜防爲南府宰相。

三月丁亥，高麗遣使來貢。以宣政殿學士楊佶參知政事。是月，置契丹警巡院。

夏四月己酉，遣東京留守耶律侯哂、知黄龍府事耶律歐里斯將兵攻蒲盧毛朵部〔一四〕。甲寅，南院大王耶律高十奏党項等部叛附夏國。丙辰，西南面招討都監羅漢奴、詳穩斡魯母等奏，山西部族節度使屈烈以五部叛入西夏，乞南、北府兵援送實威塞州户。詔富者遣行，餘留屯田天德軍[一五]。

五月壬戌朔，羅漢奴奏所發部兵與党項戰不利，招討使蕭普達、四捷軍詳穩張佛奴殁于陣。李元昊來援叛黨。戊辰，詔徵諸道兵會西南邊以討元昊。

六月甲午，阻卜酋長烏八遣其子執元昊所遣求援使窊邑改來[一六]，乞以兵助戰，從之。駐蹕永安山。以將伐夏，遣延昌宫使耶律高家奴告宋。丙申，詔前南院大王耶律谷欲、翰林都林牙耶律庶成等編集國朝上世以來事蹟。丙午，高麗遣使來貢。丁未，録囚。

秋七月辛酉，香河縣民李宜兒以左道惑衆，伏誅。庚午，行再生禮。庚辰，夏國遣使來朝。

八月乙未，以夏使對不以情，覊之。丁巳，夏國復遣使來，詢以事宜，又不以實對，笞之。

九月戊辰，宋以親征夏國，遣余靖致贐禮。壬申，會大軍于九十九泉，以皇太弟重元、北院樞密使韓國王蕭惠將先鋒兵西征。

冬十月庚寅，祭天地。丙申，獲党項偵人，射鬼箭。丁酉，李元昊上表謝罪。己亥，元昊遣使來奏，欲收叛黨以獻，從之。辛亥，元昊遣使來進方物，詔北院樞密副使蕭革迓之。

壬子，軍于河曲。革言元昊親率党項三部來，詔革詰其納叛背盟，元昊伏罪，賜酒，許以自新，遣之。召羣臣議，皆以大軍既集，宜加討伐。癸丑，督數路兵掩襲，殺數千人，駙馬都尉蕭胡覩爲夏人所執。丁巳，元昊遣使以先被執者來歸，詔所留夏使亦還其國。

十一月辛酉，賜有功將校有差。甲子，班師。丁卯，改雲州爲西京。辛巳，朝皇太后。

十二月己丑，幸西京。戊戌，以北院樞密副使耶律敵烈爲右夷离畢。己亥，高麗遣使來貢。戊申，蕭胡覩自夏來歸。

十四年春正月庚申，以侍中蕭虚烈爲南院統軍使，封遼西郡王。庚午，如鴛鴦濼。壬午，以金吾衞大將軍敵魯古爲乙室大王。甲申，夏國遣使進鶻。以常侍斡古得戰歿，命其子習羅爲帥。

二月庚子，朝皇太后。駐蹕撒剌濼。

三月己卯，宋以伐夏師還，遣使來賀。

四月辛亥，高麗遣使來貢〔一七〕。

閏五月癸丑，清暑永安山。

六月丁卯〔一八〕，謁慶陵。己卯，阻卜大王屯秃古斯率諸酋長來朝。庚辰，夏國遣使來貢。辛巳〔一九〕，以西南面招討使蕭普達戰殁，贈同中書門下平章事。

秋七月戊申，駐蹕中會川。

冬十月甲子，望祀木葉山。

十一月壬午朔，回鶻阿薩蘭遣使來貢。甲辰，以同知北院宣徽事蕭阿剌爲北府宰相。

十二月癸丑，觀漢軍習砲射擊刺。癸亥，決滯獄。

十五年春正月乙酉，如混同江。禁契丹以奴婢鬻與漢人。

二月乙卯，如長春河。丙寅，蒲盧毛朵界曷懶河户來附，詔撫之。

三月甲申，朝皇太后。乙酉，以應聖節，減死罪，釋徒以下。辛卯，朝皇太后。丁酉，高麗遣使來貢。詔諸道歲具獄訟以聞。

夏四月辛亥，禁五京吏民擊鞠。戊午，罷遥輦帳戍軍。壬戌，以北女直詳穩蕭高六爲奚六部大王。甲子，清暑永安山。甲戌，蒲盧毛朵曷懶河百八十户來附。

六月癸丑，以西京留守耶律馬六爲漢人行宫都部署，參知政事楊佶出爲武定軍節度使。戊辰，御清涼殿，放進士王棠等六十八人。甲戌，西北路招討使耶律敵魯古坐贓免官。

秋七月乙酉，幽王遂哥薨。戊子，觀穫。乙未，以北院宣徽使旅墳爲左夷离畢，前南府宰相耶律喜孫東北路詳穩。丙申，籍諸路軍。丁酉，如秋山。辛丑，禁扈從踐民田。丁未，以女直部長遮母率衆來附，加太師。

八月癸丑，高麗王欽薨〔一〇〕，遣使來告。

九月甲辰，禁以罝網捕狐兔。

冬十月己酉，駐蹕中會川。

十一月丁亥，以南院樞密使蕭孝友爲北府宰相，契丹行宫都部署耶律仁先南院大王，北府宰相蕭革同知北院樞密使事，知夷离畢事耶律信先漢人行宫都部署，左夷离畢旅墳惕隱，漢人行宫都部署耶律敵烈左夷离畢。己亥，渤海部以契丹户例通括軍馬〔一一〕。乙巳，振南京貧民。

十二月壬申，曲赦徒以下罪〔一二〕，是日爲聖宗在時生辰。

校勘記

〔一〕復遣吳育馮戴來賀永壽節　「馮戴」，長編卷一二八康定元年（遼重熙九年）八月乙未作「馮載」。

〔二〕以蕭寧耶律坦崔禹稱馬世良耶律仁先劉六符充賀宋生辰使副　此事見長編卷一三五慶曆二年（遼重熙十一年）四月甲申：「契丹國母遣保寧節度使耶律坦、左監門衞上將軍蕭寧，契丹主遣嚴州防禦使馬世長、東上閤門使崔禹，來賀乾元節。」按長編無耶律仁先、劉六符二人，又「崔禹稱」作「崔禹」、「馬世良」作「馬世長」。

〔三〕耶律庶成趙成耶律烈張旦充來歲賀宋正旦使副　長編卷一三八繫此事於慶曆二年（遼重熙十一年）十二月乙丑。又「耶律烈」，長編作「耶律寧」。

〔四〕以醫者鄧延貞治詳穩蕭留寧疾驗　「鄧延貞」，鄧中舉墓誌作「鄧延正」。

〔五〕以石硬呰太保郭三避虎不射　「石」字疑衍。按本書卷二九天祚皇帝紀三保大三年四月戊戌及卷四五百官志一皆有「硬寨太保」。

〔六〕遂遣蕭英劉六符使宋　下文重熙十一年正月庚戌又謂「遣南院宣徽使蕭特末、翰林學士劉六符使宋」。據長編卷一三五慶曆二年（遼重熙十一年）三月己巳，契丹遣宣徽南院使蕭英、翰林學士劉六符來致書，知蕭英即蕭特末。此處與下文蓋係一事重出。

〔七〕庚寅　據上文及本書卷四四朔考，是月丙子朔，庚寅爲十五日，然上文乙未爲二十日，下文丁酉爲二十二日，疑此處庚寅與乙未條互倒，或「庚寅」爲「丙申」之誤。

〔八〕宋遣張汭侯宗亮薛申侍其濬施昌言潘永照來賀永壽節及來歲正旦　長編卷一三三慶曆元年（遼重熙十年）八月戊子，以張汭、侯宗亮爲契丹國母正旦使副，王球、侍其濬爲契丹國主正旦使副，施昌言、何九齡爲契丹國主生辰使副。「薛申」、「潘永照」，長編作「王球」、「何九齡」。

〔九〕以宣政殿學士楊佶爲吏部尚書判順義軍節度使事　「順義軍」，原作「順度軍」，據本書卷四一地理志五朔州順義軍條及卷八九楊佶傳改。

〔一〇〕韓八南院大王　「南院大王」，本書卷九一耶律韓八傳作「北院大王」。

〔一一〕耶律侯哂東京留守　「侯哂」，原作「遼哂」，據本書卷九二本傳及下文重熙十三年四月己酉改。

〔一二〕北院樞密副使耶律仁先同知東京留守事　「東京」，疑當作「南京」。按本書卷九六本傳作「同知南京留守事」，耶律仁先墓誌作「燕京留守同知兼權析津府尹事」。

〔一三〕以前西北路招討使蕭塔烈葛爲右夷离畢　「西北路招討使」，卷八五本傳作「西南面招討使」。

〔一四〕遣東京留守耶律侯哂知黃龍府事耶律歐里斯將兵攻蒲盧毛朵部　「耶律歐里斯」，本書卷六九部族表同，卷九二耶律侯哂傳作「蕭歐里斯」。

〔一五〕餘留屯田天德軍　「田」，原作「疑」，據明鈔本、南監本、北監本、殿本改。按遼史百衲本張元濟跋臚列本書七「疑」字之訛，繼云：「以上七『疑』字，殆鐫板之時，原書本文俱已損佚，究爲何字，不敢臆斷，故著一『疑』字以代之。此在宋刊南北諸史多有其例，但彼則旁注小字，此則列入正文。後人疏忽，斷爲訛字，任意改竄，不知妄作，殊失闕疑之意矣。」後六條同改。

〔一六〕阻卜酋長烏八遣其子執元昊所遣求援使窊邑改來　「求援」，原作「來援」，據本書卷七〇屬國表改。

〔一七〕四月辛亥高麗遣使來貢　「四月」二字原闕。按本書卷四四朔考，三月丁巳朔，月內無辛亥；四月丁亥朔，辛亥爲二十五日。又本書卷七〇屬國表亦繫此事於四月。今據補。

〔一八〕六月丁卯　「六月」二字原闕。按本書卷四四朔考，閏五月丙戌朔，月內無丁卯；六月乙卯朔，十三日丁卯，二十五日己卯，二十六日庚辰。又下文阻卜來朝事，卷七〇屬國表亦繫於六月。今據補。

〔一九〕辛巳　原作「辛亥」。據本書卷四四朔考，六月乙卯朔，月內無辛亥。按是月庚辰之後，僅有辛巳、壬午、癸未三日，「辛亥」當爲「辛巳」之誤，今據改。

〔二〇〕高麗王欽薨　本書卷一一五高麗外記同。據高麗史卷五德宗世家、卷六靖宗世家，高麗王欽卒於德宗三年（遼重熙三年）九月癸卯，王亨卒於靖宗十二年（遼重熙十五年）五月丁酉。此處「欽」當爲「亨」之誤。

〔二一〕渤海部以契丹户例通括軍馬　「渤」，原作一字空格，據明鈔本、南監本、北監本、殿本補。

〔二二〕曲赦徒以下罪　「曲赦徒」，原作三字空格，據明鈔本、南監本、北監本、殿本補。

遼史卷二十

本紀第二十

興宗三

十六年春正月己卯，如混同江。

二月庚申，如魚兒濼。辛酉，禁羣臣遇宴樂奏請私事。詔世選之官，從各部耆舊擇材能者用之。

三月丁亥，如黑水濼。癸巳，遣使審決雙州囚。壬寅，大雪。

夏四月乙巳朔，皇太后不豫，上馳往視疾。丙午，皇太后愈，復如黑水濼。丁卯，肆赦。

六月戊申，清暑永安山。丁巳，阻卜大王屯禿古斯來朝，獻方物。戊午，詔士庶言事。

秋七月辛卯，幸慶州。自是月至于九月，日射獵于楚不溝、霞列、繫輪、石塔諸山〔一〕。

冬十月辛亥，幸中京，謁祖廟。丙辰，定公主行婦禮於舅姑儀。庚午，鐵驪仙門來朝，以始入貢，加右監門衛大將軍。

十一月戊寅，祠木葉山。己丑，幸中京，朝皇太后。壬辰，禁漏泄宮中事。

十二月辛丑朔，女直遣使來貢。辛亥，謁太祖廟，觀太宗收晉圖。癸丑，問安皇太后。乙卯，以太后瘉，雜犯死罪減一等論，徒以下免。庚申，南府宰相杜防、韓紹榮奏事有誤，各以大杖決之。出防爲武定軍節度使。壬戌，高麗遣使來貢。

十七年春正月丁亥，如春水。

閏月癸丑，射虎于候里吉。

二月辛巳，振瑶穩、嘲穩部。是月，詔士庶言國家利便，不得及己事；奴婢所見，許白其主，不得自陳。夏國王李元昊薨，其子諒祚遣使來告，即遣永興宮使耶律褭里、右護衛太保耶律興老、將作少監王全慰奠。

三月癸卯，以同知南京留守事蕭塔烈葛爲左夷离畢，知右夷离畢事唐古爲右夷离畢。丙午，夏國李諒祚遣使上其父元昊遺物。丁卯，鐵不得國使來，乞以本部軍助攻夏國，不許。

夏四月辛未，武定軍節度使杜防復爲南府宰相。丙子，高麗遣使來貢。甲申，蒲盧毛朵部大王蒲輦以造舟人來獻。

六月庚辰，阻卜獻馬、駝二萬。辛卯，長白山太師柴葛、回跋部太師撒剌都來貢方物。

秋七月丁未，于越摩梅欲之子不葛一及婆離八部夷离菫虎黏等內附。甲寅，録囚，減雜犯死罪。

八月丙戌，復南京貧户租稅。戊子，以殿前都點檢耶律義先爲行軍都部署，忠順軍節度使夏行美副部署，東北面詳穩耶律朮者爲監軍[二]，伐蒲奴里酋陶得里。

冬十月甲申，南院大王耶律韓八薨。甲午，駐蹕獨盧金。

十一月乙未朔，遣使括馬。丁巳，賜皇太弟重元金券。封皇子和魯斡爲越王，阿璉許王，忠順軍節度使謝家奴陳王，西京留守貼不漢王，惕隱旅墳遼西郡王，行宮都部署別古得柳城郡王，奉陵軍節度使侯古饒樂郡王，安定郡王涅魯古進封楚王。

十八年春正月甲午朔，日有食之。戊戌，留夏國賀正使不遣。己亥，遣北院樞密副使蕭惟信以伐夏告宋。辛丑，録囚。丙午，如鴛鴦濼。丙辰，獵霸特山。耶律義先奏蒲奴里捷。

二月庚辰，幸燕趙國王洪基帳視疾。乙酉，耶律義先等執陶得里以獻。

三月乙巳，高昌國遣使來貢。壬子，以洪基疾愈，赦雜犯死罪以下。丁巳，烏古遣使送款。

夏四月癸酉，以南府宰相耶律高十爲南京統軍使。

五月甲辰，五國酋長各率其部來附。庚戌，回跋部長兀迭、臺扎等來朝。戊午，五國節度使耶律仙童以降烏古叛人，授左監門衞上將軍。

六月壬戌朔，以韓國王蕭惠爲河南道行軍都統，趙王蕭孝友、漢王貼不副之。乙丑，録囚。丙寅，行十二神纛禮。己巳，宋以遼師伐夏，遣錢逸致贐禮〔三〕。庚辰，阻卜來貢馬、駝、珍玩。辛巳，夏國使來貢，留之不遣。丁亥，行再生禮。

秋七月戊戌，親征。

八月辛酉，渡河。夏人遁，乃還。

九月丁未，蕭惠等爲夏人所敗。

冬十月，北道行軍都統耶律敵魯古率阻卜諸軍至賀蘭山，獲李元昊妻及其官僚家屬，遇夏人三千來戰，殪之。烏古敵烈部都詳穩蕭慈氏奴、南尅耶律斡里死焉。

十二月戊寅，慶陵林木火。己卯，録囚。有弟從兄爲强盜者，兄弟俱無子，特原其弟。

十九年春正月庚寅，僧惠鑑加檢校太尉。庚子，耶律敵魯古復封漆水郡王，諸將校及阻卜等部酋長各進爵有差。贈蕭慈氏奴同中書門下平章事。辛丑，遣使問罪于夏國。壬寅，如魚兒濼。

二月丁亥，夏將洼普、猥貨、乙靈紀等來攻金肅城，南面林牙耶律高家奴等破之。洼普被創遁去，殺猥貨、乙靈紀。

三月戊戌，殿前都點檢蕭迭里得與夏戰于三角川，敗之。癸卯，命西南招討使蕭蒲奴、北院大王宜新、林牙蕭撒抹等帥師伐夏，以行宫都部署别古得監戰。甲辰，遣同知北院樞密使蕭革按軍邊城，以爲聲援。己酉，駐蹕息雞淀。丙辰，幸殿前都點檢蕭迭里得、駙馬都尉蕭胡覩帳視疾。

夏四月丙寅，如魚兒濼。壬申，蒲盧毛朵部惕隱信篤來貢。甲申，高麗遣使來貢。丁酉，夏國洼普來降。

五月己丑，如凉陘。癸巳，蕭蒲奴等入夏境，不與敵遇，縱軍俘掠而還。己亥，遠夷拔思母部遣使來貢。

六月丙辰朔，置倒塌嶺都監。丙寅，謁慶陵。庚午，幸慶州，謁大安殿。壬申，詔醫卜、屠販、奴隸及倍父母或犯事逃亡者，不得舉進士。回跋、曷蘇館、蒲盧毛朵部各遣使貢馬。甲戌，宋遣使來賀伐夏捷，高麗使俱至。辛巳，御金鑾殿試進士。

秋七月壬辰，駐蹕括里蒲盌。癸巳，以燕趙國王洪基領北南樞密院。乙未，阻卜長豁得剌弟斡得來朝，加太尉遣之。戊戌，録囚。戊申，以左夷离畢蕭唐古爲北院樞密副使。壬子，獵候里吉。

八月丁卯，阻卜酋長喘只葛拔里斯來朝。

九月壬寅，夏人侵邊，敵魯古遣六院軍將海里擊敗之〔四〕。

冬十月庚午，還上京。辛未，夏國王李諒祚母遣使乞依舊稱藩。使還，詔諭別遣信臣詣闕，當徐思之〔五〕。壬申，釋臨潢府役徒。甲戌，如中會川。

十一月甲午，阻卜酋長豁得剌遣使來貢。庚戌，録囚。壬子，出南府宰相韓知白爲武定軍節度使，樞密副使楊績長寧軍節度使，翰林學士王綱澤州刺史，張宥徽州刺史，知制誥周白海北州刺史。

閏月乙卯，以漢王貼不爲中京留守。辛未，以同知北院樞密使事蕭革爲南院樞密使，南院大王耶律仁先知北院樞密使事，封宋王。

十二月丁亥，北府宰相、趙王蕭孝友出爲東京留守，東京留守蕭塔列葛爲北府宰相，南院樞密使、潞王查葛爲南院大王。庚戌，韓國王蕭惠徙封魏王，致仕。壬子〔六〕，夏國李諒祚遣使上表，乞依舊臣屬。

二十年春正月戊戌〔七〕，駐蹕混同江。

二月甲申，遣前北院都監蕭友括等使夏國〔八〕，索党項叛户。己丑，如蒼耳濼。甲辰，吐蕃遣使來貢。

三月壬子朔，幸黑水。

夏五月癸丑，蕭友括等使夏還，李諒祚母表乞如党項權進馬、駝、牛、羊等物〔九〕。己巳，夏國遣使求唐隆鎮及乞罷所建城邑，以詔答之。

六月丙戌，詔以所獲李元昊妻及前後所俘夏人安置蘇州。以伐夏所獲物遣使遺宋。

秋七月，如秋山。

九月，詔更定條制。駐蹕中會川。

冬十月己卯朔，括諸道軍籍。

十一月庚申，以惕隱都監蕭謨魯爲左夷离畢。甲子，命東京留守司總領户部、内省事。丁卯，罷中丞記録職官過犯，令承旨總之。

十二月乙酉，以皇太后行再生禮，肆赦。

二十二年春正月辛亥，如混同江。

二月，如魚兒濼。

夏四月癸未，以國舅詳穩蕭阿剌爲西北路招討使，封西平郡王。

六月丙子，駐蹕永安山。

秋七月甲辰朔，召北府宰相蕭塔烈葛、南府宰相漢王貼不、南院樞密使蕭革、知北院樞密使事仁先等，賜坐，論古今治道。戊申，祀天地。己酉，詔北、南樞密院日再奏事。壬子，追尊太祖之祖爲簡獻皇帝，廟號玄祖，祖妣爲簡獻皇后；太祖之考爲宣簡皇帝，廟號德祖，妣爲宣簡皇后。追封太祖伯父夷离菫巖木爲蜀國王〔一〇〕，于越釋魯爲隋國王。以燕趙國王洪基爲天下兵馬大元帥、知惕隱事，賜詔諭之。癸亥，近侍小底盧寶僞學御畫，免死，配役終身。甲子，如秋山。戊辰，謁慶陵。以南院樞密使蕭革爲北院樞密使，封吴王。辛未，如慶州。壬申，追封太祖弟寅底石爲許國王。

八月戊子，太尉烏者薨，詔配享聖宗廟。

九月乙卯，平州進白兔。己未，謁懷陵。庚申，追上嗣聖皇帝、天順皇帝尊謚，及更謚彰德皇后曰靖安。癸亥，謚齊天皇后曰仁德皇后。甲子，謁祖陵。增太祖謚大聖大明神烈天皇帝，更謚貞烈皇后曰淳欽，恭順皇帝曰章肅，后蕭氏謚曰和敬。

冬十月戊寅，駐蹕中會川。丁亥，夏國李諒祚遣使乞弛邊備，即遣蕭友括奉詔諭之。戊子，幸顯、懿二州。甲午，遼興軍節度使蕭虛烈封鄭王，南院大王、潞王查葛爲南院樞密使，進封越國王。戊戌，射虎于南撒葛柏。辛丑，謁乾陵。

十一月壬寅朔，增謚文獻皇帝爲文獻欽義皇帝，及謚二后曰端順，曰柔貞。復更謚世宗孝烈皇后爲懷節。丁未，增孝成皇帝謚曰孝成康靖皇帝，更謚聖神宣獻皇后爲睿智。甲子，次中會川。回鶻阿薩蘭遣使貢名馬、文豹。丙寅，録囚。

十二月戊戌，以北府宰相塔烈葛爲南京統軍使，鄭王虛烈北府宰相，契丹行宮都部署耶律義先惕隱。釋役徒限年者。

二十二年春正月乙巳，如混同江。二月丙子，回鶻阿薩蘭爲鄰國所侵，遣使求援。庚辰，如春水。三月癸亥，李諒祚以賜詔許降，遣使來謝。丙寅，如黑水濼。夏四月戊子，獵鶴淀。五月壬寅，詔內地州縣植果。六月壬申，駐蹕胡呂山。癸未，高麗遣使來貢。秋七月己酉，阻卜大王屯禿古斯率諸部長獻馬、駝。庚申，如黑嶺。閏月庚午，烏古來貢。癸巳，長春州置錢帛司。九月壬辰，夏國李諒祚遣使進降表。甲午，遣南面林牙高家奴等奉詔撫諭。冬十月丙申朔，日有食之。十一月辛卯，詔諸職事官以禮受代及以罪去者置籍，歲申樞密院。十二月丙申朔，詔回鶻部副使以契丹人充。庚子，應聖節，曲赦徒以下罪。壬子，詔大臣曰：「朕與宋主約爲兄弟，歡好歲久，欲見其繪像，可諭來使。」

二十三年春正月己巳，如混同江。癸酉，獵雙子淀。戊子，夏國遣使貢方物。壬辰，如春水。甲午，獵盤直坡。

三月丁亥，幸皇太弟重元帳。

夏四月癸卯，高麗遣使來貢。癸丑，獵合只忽里。

五月己巳，李諒祚乞進馬、駝，詔歲貢之。庚寅，駐蹕永安山。壬辰，夏國遣使來貢。

六月丙申，如慶州。己亥，謁慶陵。壬寅，高麗王徽請官其子，詔加檢校太尉。辛亥，吐蕃遣使來貢。

秋七月己巳，夏國李諒祚遣使來求婚。甲戌，如秋山。己卯，詔八房族巾幘。

九月庚寅，獵，遇三虎，縱犬獲之。

冬十月丁酉，駐蹕中京。戊戌，幸新建祕書監。辛丑，有事于祖廟。癸丑，以開泰寺鑄銀佛像，曲赦在京囚。丙辰，李諒祚遣使進誓表。

十一月乙丑，阻卜部長來貢。壬申，帝率羣臣上皇太后尊號曰仁慈聖善欽孝廣德安靜貞純懿和寬厚崇覺儀天皇太后，大赦。內外官進級有差。癸未，録囚。甲申，羣臣上皇帝尊號曰欽天奉道祐世興曆武定文成聖神仁孝皇帝，册皇后蕭氏曰貞懿慈和文惠孝敬廣愛崇聖皇后。

十二月丙申，如中會川。

二十四年春正月癸亥，如混同江。戊辰，朝皇太后。辛巳，宋遣使來賀，饋馴象。

二月己丑朔，召宋使釣魚〔一一〕、賦詩。癸巳，如長春河。甲寅，夏國遣使來賀。

三月癸亥，皇太弟重元生子，曲赦行在及長春、鎮北二州徒以下罪。

夏五月，駐蹕南崖。

秋七月壬午，如秋山。次南崖之北峪，不豫。

八月丁亥，疾大漸，召燕趙國王洪基，諭以治國之要。戊子，大赦，縱五坊鷹鶻，焚鈎魚之具。己丑，帝崩于行宮，年四十。遺詔燕趙國王洪基嗣位。清寧元年十月庚子，上尊謚爲神聖孝章皇帝，廟號興宗。

贊曰：興宗即位年十有六矣，不能先尊母后而尊其母，以致臨朝專政，賊殺不辜，又不能以禮幾諫，使齊天死於弑逆，有虧王者之孝，惜哉！若夫大行在殯，飲酒博鞠，疊見簡書。及其謁遺像而哀慟，受宋弔而衰絰，所爲若出二人。何爲其然歟？至於感富弼之言而申南宋之好，許諒祚之盟而罷西夏之兵，邊鄙不聳，政治内修，親策進士，大修條制，下至士庶，得陳便宜，則求治之志切矣。于時左右大臣，曾不聞一賢之進，一事之諫，欲庶幾古帝王之風，其可得乎？雖然，聖宗而下，可謂賢君矣。

校勘記

〔一〕日射獵于楚不溝霞列繫輪石塔諸山　「繫輪」，本書卷六八遊幸表作「擊輪」。

〔二〕東北面詳穩耶律朮者爲監軍　本書卷九一蕭朮哲傳：「蒲奴里酋長陶得里叛，朮哲爲統軍都監，從都統耶律義先討之。」此耶律朮者應即蕭朮哲。

〔三〕宋以遼師伐夏遣錢逸致賻禮　「錢逸」，長編卷一六六皇祐元年三月庚申作「錢明逸」，宋史卷三一七有傳。

〔四〕敵魯古遣六院軍將海里擊敗之　「古」，原作「疑」，據明鈔本、南監本、北監本、殿本改。參見本書卷一九興宗紀二校勘記〔一五〕。

〔五〕當徐思之　「當」，原作「之」，據明鈔本、南監本、北監本、殿本改。

〔六〕壬子　「壬」字原闕，據明鈔本、南監本、北監本、殿本補。

〔七〕二十年春正月戊戌　本書卷四四朔考，是年正月癸丑朔，月内無戊戌。

〔八〕蕭友括　下文重熙二十年五月癸丑及二十一年十月丁亥同，本書卷一一五西夏外記作「蕭爻括」。

〔九〕李諒祚母表乞如党項權進馬駝牛羊等物　「馬」，原作「之」，據明鈔本、南監本、北監本、殿本改。

〔一〇〕追封太祖伯父夷离堇巖木爲蜀國王 「蜀國王」，本書卷六四皇子表同，卷六六皇族表及諸列傳均作「楚國王」。契丹文字石刻則二者互見。

〔一一〕召宋使釣魚 「釣」，諸本皆同，疑當作「鈎」。

遼史卷二十一

本紀第二十一

道宗一

道宗孝文皇帝，諱洪基〔一〕，字涅鄰，小字查剌。興宗皇帝長子，母曰仁懿皇后蕭氏。六歲封梁王，重熙十一年進封燕國，總領中丞司事。明年，總北南院樞密使事，加尚書令，進封燕趙國王。二十一年爲天下兵馬大元帥，知惕隱事，預朝政。帝性沉靜、嚴毅，每朝，興宗爲之斂容。

二十四年八月己丑，興宗崩，即皇帝位於柩前，哀慟不聽政。辛卯，百僚上表固請〔二〕，許之。詔曰：「朕以菲德，託居士民之上，第恐智識有不及，羣下有未信；賦斂妄興，賞罰不中，上恩不能及下，下情不能達上。凡爾士庶，直言無諱。可則擇用，否則不以爲愆。卿等其體朕意。」壬辰，以皇太弟重元爲皇太叔，免漢拜，不名。癸巳，遣使報哀于宋及夏、高麗。甲午，遣重元安撫南京軍民。戊戌，以遺詔，命西北路招討使西平郡王蕭阿剌爲北府宰相，仍權知南院樞密使事，北府宰相蕭虚烈爲武定軍節度使。辛丑，改元清寧，大赦。

九月戊午，詔常所幸園場外毋禁。庚申，詔除護衞士餘不得佩刃入宫，非勳戚後及夷离堇、副使、承應諸職事人不得冠巾。壬戌，詔夷离堇及副使之族并民如賤〔三〕，不得服駝尼、水獺裘，刀柄、兔鶻、鞍勒、珮子不許用犀玉、骨突犀，惟大將軍不禁。乙丑，賜内外臣僚爵賞有差。庚午，尊皇太后爲太皇太后。辛未，遣左夷离畢蕭謨魯、翰林學士韓運以先帝遺物遺宋〔四〕。癸酉，遣使以即位報宋。丙子，尊皇后爲皇太后，宴菆塗殿。以上京留守宿國王陳留爲南京留守〔五〕。壬午，遣使賜高麗、夏國先帝遺物。

冬十月丁亥，有司請以帝生日爲天安節，從之。以吴王仁先同知南京留守事，陳王塗孛特爲南府宰相，進封吴王。壬寅，以順義軍節度使十神奴爲南院大王。

十一月甲子，葬興宗皇帝於慶陵。宋及高麗遣使來會。名其山曰永興。丙寅，以南院大王侯古爲中京留守，北府宰相、西平郡王蕭阿剌進封韓王。壬申，次懷州。有事於太宗、穆宗廟。甲戌，謁祖陵。戊寅，冬至，有事於太祖、景宗、興宗廟，不受羣臣賀。

十二月丙戌，詔左夷离畢曰：「朕以眇沖，獲嗣大位，夙夜憂懼，恐弗克任。欲聞直言，以匡其失。今已數月，未見所以副朕委任股肱耳目之意。其令內外百官，比秩滿，各言一事。仍轉諭所部，無貴賤老幼，皆得直言無諱。」戊子，應聖節，上太皇太后壽，宴羣臣、命婦，册妃蕭氏爲皇后。進封皇弟越王和魯斡爲魯國王，許王阿璉爲陳國王，楚王涅魯古徙封吳王。辛卯，詔部署院，事有機密即奏，其投謗訕書，輒受及讀者并棄市。癸巳，皇族十公悖母，伏誅。甲午，以樞密副使姚景行爲參知政事，翰林學士吳湛爲樞密副使，參知政事、同知樞密院事韓紹文爲上京留守。丙申，宋遣歐陽脩等來賀即位。戊戌，詔設學養士，頒五經傳疏，置博士、助教各一員。癸卯，以知涿州楊績參知政事兼同知樞密院事。庚戌，以聖宗在時生辰，赦上京囚。

是年，御清涼殿放進士張孝傑等四十四人。

二年春正月丙辰，詔州郡官及僚屬決囚，如諸部族例。己巳，詔二女古部與世預宰相、節度使之選者，免皮室軍〔六〕。是月，幸魚兒濼。

二月乙酉，以左夷离畢蕭謨魯知西南面招討都監事。乙巳，以興宗在時生辰，宴羣臣，命各賦詩。

三月丁巳，應聖節，曲赦百里内囚。己卯，御製放鷹賦賜羣臣，諭任臣之意。

閏月己亥，始行東京所鑄錢。乙巳，南京獄空，進留守以下官。

夏四月甲子，詔曰：「方夏，長養鳥獸孳育之時，不得縱火於郊。」

五月戊戌，謁慶陵。甲辰，有事于興宗廟。

六月丁巳，詔宰相舉才能之士。戊午，命有司籍軍補邊戍。辛酉，阻卜酋長來朝，貢方物。丁卯，高麗遣使來貢。辛未，罷史官預聞朝議，俾問宰相而後書。乙亥，中京蝗蝻爲災。丙子，詔强盜得實者，聽諸路決之。丁丑，南院樞密使趙國王查葛爲上京留守，同知南京留守事吴王仁先爲南院樞密使。乙酉〔七〕，遣使分道平賦税，繕戎器，勸農桑，禁盜賊。

八月辛未，如秋山。

九月庚子，幸中京，祭聖宗、興宗於會安殿。

冬十月丙子，如中會川。

十一月戊戌，知左夷离畢事耶律劃里爲夷离畢，北院大王耶律仙童知黄龍府事。甲辰，文武百僚上尊號曰天祐皇帝，后曰懿德皇后。大赦。乙巳，以皇太叔重元爲天下兵馬大元帥，徙封趙國王查葛爲魏國王、魯國王和魯斡爲宋國王、陳國王阿璉爲秦國王，吴王涅魯古進封楚國王，百官進遷有差。

十二月戊申朔，以韓王蕭阿剌爲北院樞密使，東京留守宿國王陳留北府宰相，宋國王和魯斡上京留守，秦國王阿璉知中丞司事。甲寅，上皇太后尊號曰慈懿仁和文惠孝敬廣愛宗天皇太后〔八〕。

三年春正月庚辰，如鴨子河。丙戌，置倒塌嶺節度使。乙未，五國部長來貢方物。

二月己未，如大魚濼。

三月辛巳，以楚國王涅魯古爲武定軍節度使。

夏四月丙辰，清暑永安山。

五月己亥，如慶陵，獻酎於金殿、同天殿。

六月辛未，以魏國王查葛爲惕隱，同知樞密院事蕭唐古南府宰相，魏國王貼不東京留守。

秋七月甲申，南京地震，赦其境内。乙酉，如秋山。

八月辛亥，帝以君臣同志華夷同風詩進皇太后。

九月庚子，幸中會川。

冬十月己酉，謁祖陵。庚申，謁讓國皇帝及世宗廟。辛酉，奠酎于玉殿。

十一月丙子，以左夷离畢蕭謨魯爲契丹行宫都部署。庚子，高麗遣使來貢。

十二月庚戌，禁職官於部内假貸貿易。戊辰，太皇太后不豫，曲赦行在五百里内囚。己巳，太皇太后崩。

四年春正月壬申朔，遣使報哀于宋、夏。如鴨子河鈎魚。癸酉，宋遣使奉宋主繪像來。丁亥，知易州事耶律頗得秩滿，部民乞留，許之。

二月丙午，詔夷离畢：諸路鞫死罪，獄雖具，仍令别州縣覆案，無冤，然後決之；稱冤者，即具奏。庚戌，如魚兒濼。

三月戊寅，募天德、鎮武〔九〕、東勝等處勇捷者，籍爲軍。甲午，肆赦。

夏四月甲辰，謁慶陵。丁卯，宋遣使弔祭。

五月庚午朔，上大行太皇太后尊謚曰欽哀皇后。癸酉，葬慶陵。夏國、高麗遣使來會。乙酉，如永安山清暑。

六月乙丑，以北院樞密使鄭王蕭革爲南院樞密使，徙封楚王。南院樞密使吴王仁先爲北院樞密使。

秋七月辛巳，制諸掌內藏庫官盜兩貫以上者，許奴婢告。壬午，獵于黑嶺。

冬十月戊戌朔，以同知東京留守事侯古爲南院大王，保安軍節度使奚底爲奚六部大王。

十一月癸酉，行再生及柴册禮，宴羣臣於八方陂。庚辰，御清風殿受大册禮。大赦。以吳王仁先爲南京兵馬副元帥，徙封隋王。壬午，謁太祖及諸帝宮。丙戌，祠木葉山。禁造玉器。

十二月辛丑，弛駝尼〔一〇〕、水獺裘之禁。乙巳，許士庶畜鷹。辛亥，南院樞密使楚王蕭革復爲北院樞密使。

閏月己巳，賜皇太叔重元金券。

是歲，皇子濬生。

五年春，如春州。

夏六月甲子朔，駐蹕納葛濼。己丑，以南院樞密使蕭阿速爲北府宰相，樞密副使耶律乙辛南院樞密使，愓隱查葛遼興軍節度使，魯王謝家奴武定軍節度使，東京留守吳王貼不西京留守。

秋七月丁酉，以烏古敵烈詳穩蕭謨魯爲左夷离畢。

冬十月壬子朔〔一〕，幸南京，祭興宗於嘉寧殿。

十一月，禁獵。

十二月壬戌，以北院林牙奚馬六爲右夷离畢。參知政事吴湛以弟洵冒入仕籍，削爵爲民。

是年，上御百福殿，放進士梁援等百一十五人。

六年春，如鴛鴦濼。

夏五月戊子朔，監修國史耶律白請編次御製詩賦〔二〕，仍命白爲序。己酉，駐蹕納葛濼。

六月戊午朔，以東北路女直詳穩高家奴爲惕隱。壬戌，遣使録囚。丙寅，中京置國子監，命以時祭先聖先師。癸未，以隋王仁先爲北院大王，賜御製誥。

冬十月甲子，駐蹕藕絲淀。

七年春三月庚戌，如春州。以耶律乙辛知北院樞密使事。

夏四月辛未，禁吏民畜海東青鶻。

五月丙戌，清暑永安山。丙午，謁慶陵。辛亥，殺東京留守陳王蕭阿剌。

六月壬子朔，日有食之。甲子，以蕭謨魯爲順義軍節度使。丁卯，幸弘義、永興、崇德三宮致祭。射柳，賜宴，賞賚有差。戊辰，行再生禮，復命羣臣分朋射柳。丁丑，以楚國王涅魯古知南院樞密使事。

秋九月丁丑，駐蹕藕絲淀。

冬十一月壬午〔三〕，以知黃龍府事耶律阿里只爲南院大王。

校勘記

〔一〕諱洪基　「洪基」，聖宗欽哀皇后哀册、興宗仁懿皇后哀册、聖宗仁德皇后哀册均作「弘基」。

〔二〕百僚上表固請　「請」，原作「疑」，據明鈔本、南監本、北監本、殿本改。參見本書卷一九興宗紀二校勘記〔一五〕。

〔三〕詔夷离堇及副使之族并民如賤　「如」，明鈔本、南監本、北監本、殿本均作「奴」，皆窒礙難通，疑文有脱誤。

〔四〕遣左夷离畢蕭謨魯翰林學士韓運以先帝遺物遺宋　長編卷一八一至和二年十二月庚子云：「契丹遣右宣徽使、左金吾衛上將軍蕭運，翰林學士、給事中、史館修撰史運來獻遺留物。」宋會要蕃夷二之一八使者名作「蕭運」、「韓運」。又據長編卷一五九慶曆六年十二月辛未，契丹曾遣韓運使宋賀正旦。此處蓋以「韓運」爲是，「蕭運」或即「蕭謨魯」。

〔五〕以上京留守宿國王陳留爲南京留守　「南京」，疑當作「東京」。按下文清寧二年十二月戊申以東京留守宿國王陳留爲北府宰相。據本書卷八七蕭孝友傳，孝友小字陳留，重熙中爲上京留守，清寧間留守東京，後爲北府宰相。

〔六〕詔二女古部與世預宰相節度使之選者免皮室軍　此下疑闕「役」字。按本書卷六九部族表云：「詔二女古部與世預宰相、節度使之選者，免皮室軍役。」

〔七〕乙酉　此上疑闕「秋七月」三字。按本書卷四四朔考，是年六月辛亥朔，月內無乙酉；七月辛巳朔，乙酉爲初五日。

〔八〕上皇太后尊號曰慈懿仁和文惠孝敬廣愛宗天皇太后　「孝敬」，宋大詔令集卷二三〇至卷二三一宋致遼國書均作「純孝」。

〔九〕鎮武　疑當作「振武」。按本書卷四一地理志五西京道，豐州天德軍下有振武縣。

〔一〇〕弛駝尼　「弛」，原作「詳」，據明鈔本、南監本、北監本、殿本改。

〔一一〕冬十月壬子朔　本書卷四四朔考是月亦作壬子朔，注曰：「誤。宋壬戌。」按是年九月癸巳朔，壬子爲二十日，故十月當爲壬戌朔。

〔一二〕監修國史耶律白請編次御製詩賦　「耶律白」，本書道宗紀咸雍二年七月癸丑及六年六月乙酉、八月丙子同，卷九六本傳及道宗紀清寧九年七月、卷七一興宗仁懿皇后蕭氏傳、卷九六耶律仁先傳、卷一一二涅魯古傳、耶律仁先墓誌均作「耶律良」。按耶律良小字蘇，契丹小字重熙二十二年耶律宗教墓誌、清寧三年蕭令公墓誌及咸雍四年蕭圖古辭墓誌寫作□，音「蘇」，義爲「白」，作「耶律白」者蓋史官記其契丹語□之漢譯。

〔一三〕冬十一月壬午　按本書卷四四朔考，十一月庚戌朔，月內無壬午。此處月份、干支當有一誤。

遼史卷二十二

本紀第二十二

道宗二

八年春正月癸丑，如鴨子河。

二月，駐蹕納葛濼。

三月戊申朔，楚王蕭革致仕，進封鄭國王。

夏五月，吾獨婉惕隱屯禿葛等乞歲貢馬、駝，許之。

六月丙子朔，駐蹕拖古烈。辛丑，以右夷离畢奚馬六爲奚六部大王。是月，御清涼殿放進士王鼎等九十三人。

秋七月甲子，射熊于外室剌。

冬十月甲戌朔，駐蹕獨盧金。

十二月庚辰，以知北院樞密使事蕭圖古辭爲北院樞密使〔一〕。癸未，幸西京。戊子，以皇太后行再生禮，曲赦西京囚。

九年春正月辛亥，幸鴛鴦濼。辛未，禁民鬻銅。

三月辛未，宋主禎殂，以姪曙爲子嗣位。

夏五月丙午，以隋王仁先爲南院樞密使，徙封許王。是月，清暑曷里狘。

秋七月丙辰，如太子山。戊午，皇太叔重元與其子楚國王涅魯古及陳國王陳六、同知北院樞密使事蕭胡覩、衛王貼不、林牙涅剌溥古、統軍使蕭迭里得、駙馬都尉參及弟朮者、圖骨、旗鼓拽剌詳穩耶律郭九、文班太保奚叔、內藏提點烏骨、護衛左太保敵不古、按答、副宮使韓家奴、寶神奴等凡四百人，誘脅弩手軍犯行宮。時南院樞密使許王仁先、知北樞密院事趙王耶律乙辛、南府宰相蕭唐古、北院宣徽使蕭韓家奴、北院樞密副使蕭惟信、敦睦宮使耶律良等率宿衛士卒數千人禦之。涅魯古躍馬突出，將戰，爲近侍詳穩渤海阿廝〔二〕、護衛蘇射殺之。己未，族逆黨家。庚申，重元亡入大漠，自殺。辛酉，詔諭諸道。壬戌，以仁先爲北院樞密使，進封宋王，加尚父，耶律乙辛南院樞密使，韓家奴殿前都點檢，封荆王。蕭惟信、耶律馮家奴並加太子太傅。宿衞官蕭乙辛、回鶻海隣、褭里、耶律撻不也、阿厮，宫分人急里哥、霞抹、乙辛、只魯並加上將軍。諸護衞及士卒、庖夫、弩手、傘子等三百餘人，各授官有差。耶律良密告重元變，命籍横帳夷离堇房，爲漢人行宫都部署。癸亥，貼不訴爲重元等所脅，詔削爵爲民，流鎮州。戊辰，以黑白羊祭天。

八月庚午朔，遣使安撫南京吏民。癸酉，以永興宫使耶律塔不也有定亂功，爲同知點檢司事。

冬十月戊辰朔，幸興王寺。庚午，以六院部太保耶律合朮知南院大王事。是月，駐蹕藕絲淀。

十一月辛丑，以南院宣徽使蕭九哥爲北府宰相。己未，追封故富春郡王耶律義先爲許王。

是歲，封皇子濬爲梁王。

十年春正月己亥，北幸。

二月，禁南京民決水種粳稻。

秋七月壬申，詔決諸路囚。辛巳，禁僧尼私詣行在，妄述禍福取財物。

九月壬寅，幸懷州，謁太宗、穆宗廟。

冬十月壬辰朔，駐蹕中京。戊午，禁民私刊印文字。

十一月甲子，定吏民衣服之制。辛未，禁六齋日屠殺。丁丑，詔求乾文閣所闕經籍，命儒臣校讎。庚辰，以彰國軍節度使韓謝十爲惕隱。詔南京不得私造御用綵段，私貨鐵及非時飲酒。命南京三司，每歲春秋以官錢饗將士。

十二月癸巳，以北院大王蕭兀古匿爲契丹行宮都部署。

是歲，南京、西京大熟。

咸雍元年春正月辛酉朔，文武百僚加上尊號曰聖文神武全功大略廣智聰仁睿孝天祐皇帝。改元，大赦。册梁王濬爲皇太子，内外官賜級有差。甲子，如魚兒濼。庚寅，詔諸遇正旦、重午、冬至，別表賀東宮〔三〕。

三月丁亥，以知興中府事楊績知樞密院事。

夏四月辛卯，以知樞密院事張嗣復疾，改知興中府事。庚子，清暑拖古烈。

五月辛巳，夏國遣使來貢。

秋七月丙子，以皇太后射獲熊，賞賚百官有差。

八月丙申，客星犯天廟，詔諸路備盜賊，嚴火禁。

九月乙亥，駐蹕藕絲淀。丁丑，左夷离畢慥古爲孟父敞穩。

冬十月丁亥朔，幸醫巫閭山。己亥，皇太后射獲虎，大宴羣臣，令各賦詩。

十一月壬戌，有星如斗，逆行，隱隱有聲。

十二月甲午，以遼王仁先爲南京留守，徙封晉王。辛亥，以南京留守蕭惟信爲左夷离畢。壬子，熒惑與月並行，自旦至午。

二年春正月丁巳，如鴨子河。宋賀正使王嚴卒，以禮送還。癸未，幸山榆淀。

二月甲午，詔武定軍節度使姚景行，問以治道，拜南院樞密使。

三月辛巳，以東北路詳穩耶律韓福奴爲北院大王。壬午，彗星見於西方。

夏四月，霖雨。

五月乙亥，駐蹕拖古烈。辛巳，以户部使劉詵爲樞密副使〔四〕。

六月丙戌，回鶻來貢。甲辰，阻卜來貢。

秋七月癸丑朔，以西北路招討使蕭朮者爲北府宰相，左夷离畢蕭惟信南院樞密使〔五〕，同知南院樞密使事耶律白惕隱。丙辰，南院樞密使姚景行致仕。庚申，録囚。辛酉，景行復前職。丁卯，如藕絲淀。以歲旱，遣使振山後貧民。

九月壬子朔，日有食之。以參知政事韓孚爲樞密副使。

冬十二月壬午，以知樞密院事楊績爲南院樞密使，樞密副使劉詵參知政事。戊子，僧守志加守司徒。丁酉，以西京留守合朮爲南院大王。辛丑，以蕭朮者爲武定軍節度使〔六〕。

是年，御永安殿放進士張臻等百一人。

三年春正月辛亥，如鴨子河。甲子，御安流殿鈎魚。

三月癸亥，宋主曙殂，子頊嗣位，遣使告哀，即遣右護衞太保蕭撻不也、翰林學士陳覺等弔祭。

閏月丁亥，扈駕軍營火，賜錢、粟及馬有差。辛卯，駐蹕春州北淀。乙巳，以蕭兀古匿爲北府宰相。

夏五月壬辰，駐蹕納葛濼。壬寅，賜隨駕官諸工人馬。

六月戊申，有司奏新城縣民楊從謀反，僞署官吏。上曰：「小人無知，此兒戲爾。」獨流其首惡，餘釋之。庚戌，宋遣使饋其先帝遺物。辛亥，宋以即位，遣陳襄來報，即遣知黄龍府事蕭圖古辭、中書舍人馬鉉往賀。壬戌，南府宰相韓王蕭唐古致仕。壬申，以廣德軍節度使耶律蘖奴爲南府宰相，度支使趙徽參知政事。

秋七月辛丑，熒惑晝見，凡三十五日。

九月戊戌，詔給諸路囚糧。癸卯，幸南京。

冬十一月壬辰，夏國遣使進回鶻僧、金佛、梵覺經。

十二月丁未，以參知政事劉詵爲樞密副使，東北路詳穩高八南院大王，樞密直學士張孝傑參知政事。己酉，以張孝傑同知樞密院事。丁巳，行再生禮，赦死罪以下。是月，夏國王李諒祚薨。

是歲，南京旱、蝗。

四年春正月甲戌朔，日有食之。丙子，如鴛鴦濼。辛巳，改易州兵馬使爲安撫使。丁亥，獵炭山。辛卯，遣使振西京饑民。

二月甲辰朔，詔元帥府募軍。壬子，夏國王李諒祚子秉常遣使告哀。癸丑，頒行御製華嚴經贊。丁卯，北行。

三月丙子，遣使夏國弔祭。甲申，振應州饑民。乙酉，詔南京除軍行地，餘皆得種稻。庚寅，振朔州饑民。乙未，夏國李秉常遣使獻其父諒祚遺物。

夏四月戊午，阿薩蘭回鶻遣使來貢。

五月丙戌，駐蹕拖古烈。

六月壬子，西北路雨穀，方三十里。丙寅，以北院林牙耶律趙三爲北院大王，右夷离畢蕭素颯中京留守。

秋七月壬申，置烏古敵烈部都統軍司。丙子，獵黑嶺。是月，南京霖雨，地震。

九月己亥，駐蹕藕絲淀。

冬十月辛亥，曲赦南京徒罪以下囚。永清、武清、安次、固安、新城、歸義、容城諸縣水，復一歲租。戊辰，册李秉常爲夏國王。

十二月辛亥，夏國遣使來貢。

五年春三月，阻卜叛，以晉王仁先爲西北路招討使，領禁軍討之。

夏六月己亥，駐蹕拖古烈。丙午，吐蕃遣使來貢。壬戌，以南院樞密使蕭惟信知北院樞密使事。

秋七月乙丑朔，日有食之。戊辰，夏國遣使來謝封册。癸未，詔禁皇族恃勢侵漁細民。

八月，謁慶陵。

九月戊辰，仁先遣人奏阻卜捷。

冬十月己亥，駐蹕藕絲淀。

十一月丁卯，詔四方舘副使止以契丹人充。丁丑，五國剖阿里部叛〔七〕，命蕭素颯討之。

閏月戊申，夏國王李秉常遣使乞賜印綬。己未，僧志福加守司徒。

十二月甲子，行皇太子再生禮，減諸路徒以下罪一等。乙丑，詔百官廷議國政。甲戌，五國來降，仍獻方物。

六年春正月甲午，如千鵝濼。

二月丙寅，阻卜來朝，貢方物。

夏四月癸未，西北路招討司以所降阻卜酋長至行在。

五月甲辰，清暑拖古烈。甲寅，設賢良科，詔應是科者，先以所業十萬言進。

六月辛巳，阻卜來朝。乙酉，以惕隱耶律白爲中京留守。是月，御永安殿放進士趙廷睦等百三十八人。

秋七月辛亥，獵于合魯聶特。

八月丙子，耶律白薨，追封遼西郡王。

九月庚戌，幸藕絲淀。甲寅，以馬希白詩才敏妙，十吏書不能給，召試之。

冬十月丁卯，五國部長來朝。壬申，西北路招討司擒阻卜酋長來獻。

十一月乙卯，禁鬻生熟鐵于回鶻、阻卜等界。

十二月戊午，加圓釋、法鈞二僧並守司空。己未，以坤寧節，赦死罪以下〔八〕。辛酉，禁漢人捕獵。

七年春正月戊子，如鴨子河。

二月乙丑，女直進馬。丙寅，以南院樞密使姚景行知興中府事。

三月己酉，以討五國功，加知黃龍府事蒲延、懷化軍節度使高元紀、易州觀察使高正並千牛衛上將軍，五國節度使蕭陶蘇斡、寧江州防禦使大榮並靜江軍節度使。幸黑水。

夏四月癸酉，如納葛濼。乙亥，禁布帛短狹不中尺度者。

六月己卯，吐蕃來貢。癸未，南院大王高八致仕。

秋七月甲申朔，以東北路詳穩合里只爲南院大王，西南面招討使拾得奴爲奚六部大王。己丑，遣使按問五京囚。庚子，如藕絲淀。

八月辛巳，置佛骨于招仙浮圖，罷獵，禁屠殺。

冬十月己卯〔九〕，如醫巫閭山。壬戌，以南府宰相耶律蘗奴爲南京統軍使。戊辰，謁乾陵。庚辰，詔百官廷議軍國事。

十一月戊子，免南京流民租。己丑，振饒州饑民。丙午，高麗遣使來貢。

十二月壬子，以契丹行宮都部署耶律胡覩知北院樞密使事，知北院樞密使事蕭惟信爲南府宰相，兼契丹行宮都部署。丁巳，漢人行宮都部署李仲禧、北院宣徽使劉霦、樞密副使王觀、都承旨楊興工各賜國姓〔一〇〕。戊寅，回鶻來貢。

是歲，春州斗粟六錢。

校勘記

〔一〕以知北院樞密使事蕭圖古辭爲北院樞密使　本書卷一一一蕭圖古辭傳謂其清寧中「知北院樞密使事。六年，出知黃龍府。八年，拜南府宰相。頃之，爲北院樞密使」，與此異。

〔二〕近侍詳穩渤海阿廝　本書卷一一二涅魯古傳同。「阿廝」，卷九六本傳作「阿思」，且謂其爲「渤海近侍詳穩」。又卷四五百官志一北面諸帳官有「渤海近侍詳穩司」。按阿思爲耶律氏，非渤海人，此處「渤海」當與「近侍詳穩」互倒。

〔三〕詔諸遇正旦重午冬至别表賀東宮　此句語義不周，「諸」字下疑有闕文。

〔四〕以户部使劉詵爲樞密副使　「劉詵」，本書紀、志、傳屢見其人，多作「劉伸」，參見卷九八校勘記〔五〕。

〔五〕左夷离畢蕭惟信南院樞密使　本書卷九六蕭惟信傳謂惟信「歷左右夷离畢，復爲北院樞密副使」。按下文本月南院樞密使姚景行致仕，尋復前職，十二月又以知樞密院事楊績爲南院樞密使；又咸雍五年六月壬戌以南院樞密使蕭惟信知北院樞密使事。三人俱任南院樞密使，恐無是理。

〔六〕以蕭朮者爲武定軍節度使　按本書卷九一蕭朮哲傳謂其咸雍二年罷相，出鎮順義軍，與此異。又武定軍爲奉聖州軍號，順義軍爲朔州軍號，契丹小字梁國王墓誌第十一行稱朮哲是年「知朔州事」，與本傳合。此處所記恐誤。

〔七〕五國剖阿里部叛　「剖阿里」，原作「部阿里」，據明鈔本、南監本及本書聖宗紀統和二十二年七月丁亥、開泰七年三月辛丑，卷三三營衛志下部族下、卷六九部族表、卷九五蕭素颯傳改。

〔八〕赦死罪以下　明鈔本、南監本、北監本、殿本皆作「赦徒罪以下」。

〔九〕冬十月己卯　「己卯」，疑當作「乙卯」。按本書卷四四朔考，是月壬子朔。下文壬戌爲十一日，戊辰爲十七日，己卯當爲二十八日，不應在壬戌、戊辰之前，而初四日爲乙卯。

〔一〇〕都承旨楊興工各賜國姓　「楊興工」，明鈔本、南監本、北監本、殿本皆作「楊興功」。咸雍八年創建靜安寺碑銘、大康元年耶律祁墓誌銘、大安五年梁穎墓誌均作「耶律興公」，亦即「楊興公」。

遼史卷二十三

本紀第二十三

道宗三

八年春正月癸未，烏古敵烈部詳穩耶律巢等奏克北邊捷。以戰多殺人，飯僧南京、中京。甲申，如魚兒濼。壬寅，昏霧連日。

二月丙辰，北、南樞密院言無事可陳。壬戌，以討北部功，烏古敵烈部詳穩耶律巢知北院大王事，都監蕭阿魯帶烏古敵烈部詳穩，加左監門衞上將軍。戊辰，歲饑，免武安州租税，振恩、蔚、順、惠等州民。

三月癸卯，有司奏春、泰、寧江三州三千餘人願爲僧尼，受具足戒，許之。

夏四月壬子，振義、饒二州民。丁巳，駐蹕塔里捨。己卯，清暑拖古烈。

五月壬午，晉王仁先薨〔一〕。

六月甲寅，振易州貧民。己未，振中京。甲子，振興中府〔二〕。甲戌，封北府宰相楊績爲趙王，樞密副使耶律觀參知政事兼知南院樞密使事。丁丑，高麗遣使來貢。

秋七月己卯，慶州靳文高八世同居，詔賜爵。丙申，振饒州饑民。丁酉，幸黑嶺。丁未，以御書華嚴經五頌出示羣臣。

閏月辛未，射熊于羖羊山。

八月庚辰，混同郡王侯古薨，遣使致祭。

九月甲子，駐蹕藕絲淀。

冬十月己丑，參知政事耶律觀矯制營私第，降爲庶人。癸巳，回鶻來貢。

十一月庚戌，免祖州稅。丙辰，大雪，許民樵採禁地。丁卯，賜延昌宫貧户錢。戊辰〔三〕，漢人行宫都部署耶律仲禧封韓國公，樞密副使、參知政事趙徽出爲武定軍節度使，樞密副使柴德滋參知政事，漢人行宫副部署耶律大悲奴陞都部署，同知南院樞密使事蕭韓家奴知左夷离畢事。

十二月丁丑，以坤寧節，大赦。庚寅，賜高麗佛經一藏。

九年春正月丁未，如雙濼。

夏四月壬辰，如旺國崖。

秋七月甲辰，獵大熊山。戊申，烏古敵烈統軍言，八石烈敵烈人殺其節度使以叛。己酉，詔隗烏古部軍分道擊之。丙寅，南京奏歸義、淶水兩縣蝗飛入宋境，餘爲蜂所食。

八月丙申，以耶律仲禧爲南院樞密使。

九月癸卯，駐蹕獨盧金。

冬十月，幸陰山，遂如西京。

十一月戊午，詔行幸之地免租一年。甲子，南院大王合理只致仕。

十二月辛未，以知北院樞密使事耶律宜新爲中京留守〔四〕，南院宣徽使耶律撒剌爲南院大王。壬辰，高麗、夏國並遣使來貢。

十年春正月乙卯，如鴛鴦濼。

二月癸未，蠲平州復業民租賦。戊子，阻卜來貢。

三月甲子，如拖古烈。以耶律巢爲北院大王。

夏四月，旱。辛未，以奚人達魯三世同居，賜官旌之。

五月丙寅，録囚。

六月戊辰，親出題試進士。壬申，詔臣庶言得失。丙子，御永安殿，策賢良。

秋七月丙辰，如秋山。癸亥，謁慶陵。

九月庚戌，幸東京。謁二儀、五鸞殿。癸亥，祠木葉山。

冬十月丁卯，駐蹕藕絲淀。丁丑，詔有司頒行史記、漢書。

十一月戊午，高麗遣使來貢。

十二月辛巳，改明年爲大康，大赦。

大康元年春正月乙未，如混同江。壬寅，振雲州饑。

二月丁卯，祥州火，遣使恤災。乙酉，駐蹕大魚濼。丁亥，以獲鵝，加鷹坊使耶律楊六爲工部尚書。

三月乙巳，命皇太子寫佛書。

夏四月丙子，振平州饑。乙酉，如犢山。

閏月丙午，振平、灤二州饑。庚戌，皇孫延禧生。

五月甲子，賜妃之親及東宫僚屬爵有差。

六月癸巳，以興聖宮使奚謝家奴知奚六部大王事。戊戌，知三司使事韓操以錢穀增羨，授三司使。癸卯，遣使按問諸路囚。以惕隱大悲奴爲始平軍節度使，參知政事柴德滋武定軍節度使。乙卯，吐蕃來貢。丙辰，詔皇太子總領朝政，仍戒諭之。以武定軍節度使趙徽爲南府宰相，樞密副使楊遵勗參知政事。

秋七月辛酉朔，獵平地松林。丙寅，振南京貧民。

八月庚寅朔，日有食之。

九月乙亥，駐蹕藕絲淀。己卯，以南京饑，免租稅一年，仍出錢粟振之。

冬十月，西北路酋長遐搭、雛搭、雙古等來降。

十一月辛酉，皇后被誣，賜死。殺伶人趙惟一、高長命，並籍其家屬。

十二月己丑，以南京統軍使耶律蘗奴爲惕隱，漢人行宮都部署耶律霂樞密副使，同知東京留守事蕭鐸剌夷离畢。庚寅，賜張孝傑國姓。壬辰，以西京留守蕭燕六爲左夷离畢。

二年春正月己未，如春水。庚辰，駐蹕雙濼。

二月戊子，振黃龍府饑。癸丑，南京路饑，免租稅一年。

三月辛酉，皇太后崩。壬戌，遣殿前副點檢耶律轄古報哀于宋〔五〕。癸亥，遣使報哀于高麗、夏國。丁卯，大赦。戊寅，以皇太后遺物遣使遺宋、夏。

六月乙酉朔，上大行皇太后尊謚曰仁懿皇后。戊子，宋及高麗、夏國各遣使弔祭。甲午，葬仁懿皇后于慶陵。己亥，駐蹕拖古烈。壬寅，出北院樞密使魏王耶律乙辛爲中京留守。丁未，册皇后蕭氏，封其父祗候郎君鼈里刺爲趙王，叔西北路招討使余里也遼西郡王、漢人行宮都部署駙馬都尉霞抹柳城郡王。參知政事楊遵勗知南院樞密使事，北院樞密副使蕭速撒知北院樞密使事，漢人行宮副部署劉詵參知政事。己酉，南府宰相趙徽致仕。

秋七月戊辰，如秋山。癸酉，柳城郡王霞抹薨。

八月庚寅，獵，遇麛失其母，憫之，不射。

九月戊午，以南京蝗，免明年租稅。己卯，駐蹕藕絲淀。

冬十月戊戌，召中京留守魏王耶律乙辛復爲北院樞密使。

十一月甲戌，上欲觀起居注，修注郎不攧及忽突堇等不進，各杖二百，罷之，流林牙蕭岩壽於烏隗部。是月，南京地震，民舍多壞。

十二月己丑，以左夷离畢蕭撻不也爲南京統軍使。

三年春正月癸丑，如混同江。乙卯，省諸道春貢金帛，及停周歲所輸尚方銀。

二月壬午朔，東北路統軍使蕭韓家奴加尚父，封吴王。甲申，詔北院樞密使魏王耶律乙辛同母兄大奴、同母弟阿思世預北、南院樞密之選，其異母諸弟世預夷离堇之選。己丑，如魚兒濼。辛卯，中京饑，罷巡幸。

夏四月乙酉，泛舟黑龍江。

五月丙辰，玉田、安次蝝傷稼。癸亥，日中有黑子。己巳，駐蹕犢山。乙亥，北院樞密使耶律乙辛奏，右護衛太保查剌等告知北院樞密使事蕭速撒等八人謀立皇太子〔六〕。上以無狀，不治，出速撒等三人補外，護衛撒撥等六人各鞭百餘，徙于邊。丙子，以西北路招討使遼西郡王蕭余里也爲北府宰相，兼知契丹行宫都部署事。戊寅，詔告謀逆事者，重加官賞。

六月己卯朔，耶律乙辛令牌印郎君蕭訛都斡誣首嘗預速撒等謀，籍其姓名以告。即命乙辛及耶律仲禧、蕭余里也、耶律孝傑、楊遵勗、燕哥、抄只、蕭十三等鞫治，杖皇太子，囚之宫中。辛巳，殺宿直官敵里剌等三人。壬午，殺宣徽使撻不也等二人。癸未，殺始平軍節度使撒剌等十人，又遣使殺上京留守速撒，及已徙護衛撒撥等六人。乙酉，殺耶律撻不也及其弟陳留〔七〕。丙戌，廢皇太子爲庶人，囚之上京。己丑，回鶻來貢。殺東京留守同知耶律回里不。辛卯，殺速撒等諸子，籍其家。戊申，遣使按五京諸道獄。

秋七月辛亥，護衛太保查剌加鎮國大將軍〔八〕，預突呂不部節度使之選，室韋查剌及蕭寶神奴、謀魯古並加左衛大將軍，牌印郎君訛都斡尚皇女趙國公主，授駙馬都尉、始平軍節度使，祗候郎君耶律撻不也及蕭圖古辭並加監門衛上將軍。壬子，知北院樞密副使蕭韓家奴爲漢人行宫都部署。乙丑，如秋山。丁丑，謁慶陵。

八月庚寅，漢人行宫都部署蕭韓家奴薨。辛丑，謁慶陵。

九月癸亥，玉田貢嘉禾。壬申，修乾陵廟。

冬十月辛丑，駐蹕藕絲淀。

十一月，北院樞密使耶律乙辛遣其私人盗殺庶人濬于上京。

閏十二月戊午，以北府宰相遼西郡王蕭余里也知北院樞密使事，左夷离畢耶律燕哥爲契丹行宫都部署。丙寅，預行正旦禮。

是歲，南京大熟。

四年春正月庚辰，如春水。甲午，振東京饑。

二月乙丑，駐蹕掃獲野。戊辰，以東路統軍使耶律王九爲惕隱。

夏四月辛亥，高麗遣使乞賜鴨渌江以東地，不許。

五月丙戌，駐蹕散水原。

六月甲寅，阻卜諸酋長進良馬。

秋七月甲戌，諸路奏飯僧尼三十六萬。

八月癸卯，詔有司決滯獄。

九月乙未，駐蹕藕絲淀。庚子，五國部長來貢。

冬十月癸卯，以參知政事劉伸爲保静軍節度使。

十一月丁亥，禁士庶服用錦綺、日月、山龍之文。己丑，回鶻遣使來貢。庚寅，南院樞密使耶律仲禧爲廣德軍節度使。辛卯，錦州民張寶四世同居，命諸子三班院祗候。

十二月丁卯，以北院樞密副使耶律霂知北院樞密使事。

校勘記

〔一〕五月壬午晉王仁先薨　據耶律仁先墓誌，仁先咸雍八年四月廿日以疾薨於位。

〔二〕振興中府　「興中府」，原作「中興府」，據本書卷三九地理志三興中府條改。

〔三〕戊辰　此上原有「十二月」三字。按本書卷四四朔考，十一月丙午朔，二十二日丁卯，二十三日戊辰；十二月乙亥朔，三日丁丑，十六日庚寅。知此條當屬十一月事。今將「十二月」三字移置於「丁丑」條上。

〔四〕以知北院樞密使事耶律宜新爲中京留守　「以」，原作「已」，據明鈔本、南監本、北監本、殿本改。

〔五〕遣殿前副點檢耶律轄古報哀于宋　長編卷二七四熙寧九年（遼大康二年）四月甲寅及宋史卷一五神宗紀二，遼主遣林牙、臨海軍節度使耶律孝淳以國母喪來告。「孝淳」或即「轄古」之漢名。

〔六〕右護衛太保查剌等告知北院樞密使事蕭速撒等八人謀立皇太子　「知」、「事」二字原闕。據上下文，耶律乙辛時任北院樞密使；又本書卷九九蕭速撒傳及上文二年六月，蕭速撒時爲知北院樞密使事。今據補。

〔七〕「壬午殺宣徽使撻不也等二人」至「乙酉殺耶律撻不也及其弟陳留」　據本書卷九九蕭撻不也傳及耶律撻不也傳，蕭撻不也未嘗爲宣徽使，時爲同知漢人行宮都部署，而耶律撻不也則以宣徽使見殺。是死於壬午者爲耶律撻不也，乙酉被殺者爲蕭撻不也，紀文所記互倒。

〔八〕護衛太保查剌加鎮國大將軍　「查剌」，原作「查次」，據明鈔本、南監本、北監本、殿本及上文大康三年五月乙亥、卷六二刑法志下、卷七二順宗濬傳、卷一一〇耶律乙辛傳改。

遼史卷二十四

本紀第二十四

道宗四

五年春正月壬申，如混同江。癸酉，賜宰相耶律孝傑名仁傑。乙亥，如山榆淀。

三月辛未，以宰相仁傑獲頭鵝，加侍中。壬辰，以北院樞密使魏王耶律乙辛知南院大王事，加于越，知北院樞密使事耶律霂爲北院樞密使，北院樞密副使耶律特里底知北院樞密使事，左夷离畢耶律世遷同知北院樞密使事。

夏四月己未，如納葛濼。

五月丁亥，謁慶陵。以契丹行宮都部署耶律燕哥爲南府宰相，北面林牙耶律永寧爲夷离畢，同知南院樞密使事蕭撻不也及殿前副點檢、駙馬都尉蕭酬斡並封蘭陵郡王。

六月辛亥，阻卜來貢。丁巳，以北府宰相、遼西郡王蕭余里也爲西北路招討使。己未，遣使録囚。是月，放進士劉瓘等百一十三人。

秋七月己卯，獵夾山。

八月庚申，命有司撰太宗神功碑，立于南京。

九月己卯，詔諸路毋禁僧徒開壇。壬午，禁扈從擾民。

冬十月戊戌，夏國遣使來貢。己亥，駐蹕獨盧金。壬子，詔惟皇子仍一字王，餘並削降。丁巳，振平州貧民。己未，以趙王楊績爲遼西郡王，魏王耶律乙辛降封混同郡王，吴王蕭韓家奴蘭陵郡王，致仕。

十一月丁丑，召沙門守道開壇于内殿。癸未，復南京流民差役三年，被火之家免租税一年。

十二月丙午，彗星犯尾。乙卯，幸西京。戊午，行再生禮，赦雜犯死罪以下。

六年春正月癸酉，如鴛鴦濼。辛卯，耶律乙辛出知興中府事。

三月庚寅，封皇孫延禧爲梁王〔一〕，忠順軍節度使耶律頗德南院大王，耶律仲禧南院樞密使，户部使陳毅參知政事。

夏四月乙卯，獵炭山。

五月壬申，免平州復業民租賦一年。庚寅，以旱，禱雨，命左右以水相沃，俄而雨降。

六月戊戌，駐蹕納葛濼。戊申，以度支使王績參知政事。庚戌，女直遣使來貢。

秋七月戊辰，觀市。癸未，爲皇孫梁王延禧設旗鼓拽剌六人衞護之。甲申，獵沙嶺。

九月壬寅，祠木葉山。己酉，駐蹕藕絲淀。

冬十月己未朔，省同知廣德軍節度使事，命奉先軍節度使兼巡警乾、顯二州。丁卯，耶律仁傑出爲武定軍節度使。庚午，參知政事劉詵致仕。癸酉，以陳毅爲漢人行宮都部署，王績同知樞密院事。辛巳，回鶻遣使來貢。

十一月己丑朔，日有食之。癸卯，召羣臣議政。

十二月甲子，以耶律特里底爲孟父敞穩。乙丑，以蕭撻不也爲北府宰相，耶律世遷知北院樞密使事，耶律慎思同知北院樞密使事。庚午，免西京流民租賦一年。甲戌，減民賦。丁亥，豫行正旦禮。戊子，如混同江。

七年春正月戊申，五國部長來貢。甲寅，女直貢良馬。

二月甲子，如魚兒濼。

夏五月壬子，駐蹕嶺西。癸丑，有司奏永清、武清、固安三縣蝗。甲寅，以蕭撻不也兼殿前都點檢，蕭酬斡爲漢人行宫都部署兼知樞密院事。

六月甲子，詔月祭觀德殿，歲寒食，諸帝在時生辰及忌日，詣景宗御容殿致奠。丙寅，阻卜余古赧來貢。丁卯，以翰林學士王言敷參知政事，封北院宣徽使石篤漆水郡王。

秋七月戊子，如秋山。丙申，謁慶陵。

八月丁卯，射鹿赤山，加圍場使涅葛爲静江軍節度使。

九月戊子，次懷州，命皇后謁懷陵。辛卯，次祖州，命皇后謁祖陵。乙巳，駐蹕藕絲淀。

冬十月戊辰，以惕隱王九爲南院大王，夷离畢奚抄只爲彰國軍節度使。

十一月乙酉，詔歲出官錢，振諸宫分及邊戍貧户。丁亥，幸駙馬都尉蕭酬斡第，方飲，宰相梁穎諫曰：「天子不可飲人臣家。」上即還宫。己亥，高麗遣使來貢。辛亥，除絹帛尺度狹短之令。

十二月丁卯，武定軍節度使耶律仁傑以罪削爵爲民。辛未，知興中府事耶律乙辛以罪囚于來州[二]。

八年春正月甲申，如混同江。丁酉，鐵驪、五國諸長各貢方物。

二月戊午，如山榆淀。辛酉，詔北、南院官，凡給驛者，必先奏聞。貢新及奏獄訟，方許馳驛，餘並禁之。己巳，夏國獲宋將張天一〔三〕，遣使來獻。壬申，以耶律頗德爲南府宰相兼知北院樞密使，燕哥爲惕隱，蕭撻不也兼知契丹行宮都部署事。

三月庚戌，黄龍府女直部長朮乃率部民内附，予官，賜印綬。是月，詔行秬黍所定升斗。

夏四月壬戌，以耶律世遷爲上京留守。

六月辛亥朔，駐蹕納葛濼。丙辰，夏國遣使來貢。丁巳，以耶律頗德爲北院樞密使，耶律巢哥南府宰相，劉筠南院樞密使，蕭撻不也兼知北院樞密使事，王績漢人行宮都部署，蕭酬斡國舅詳穩。乙丑，阻卜長來貢。丙子，以耶律慎思知右夷离畢事。

秋七月甲午，如秋山。南京霖雨，沙河溢永清、歸義、新城、安次、武清、香河六縣，傷稼。

九月庚寅，謁慶陵。丁未，駐蹕藕絲淀。大風雪，牛馬多死，賜扈從官以下衣馬有差。

冬十月乙卯，詔化哥傳導梁王延禧，加金吾衛大將軍。丙子，謁乾陵。

十一月壬午，以乙室大王蕭何葛爲南院宣徽使，權知奚六部大王事圖赶爲本部大王。

十二月癸丑，烏古敵烈統軍使耶律馬五爲北院大王。庚申，降皇后爲惠妃，出居乾陵。

九年春正月辛巳，如春水。

夏四月丙午朔，大雪，平地丈餘，馬死者十六七。

五月，如黑嶺。

六月己未，駐蹕散水原。甲子，以耶律阿思爲契丹行宫都部署，耶律慎思北院樞密副使。庚午，詔諸路檢括脱户，罪至死者，原之。

閏月丁丑，以漢人行宫副部署可汗奴爲南院大王。戊寅，追謚庶人濬爲昭懷太子。丁亥，阻卜來貢。己丑，以知興中府事邢熙年爲漢人行宫都部署，漢人行宫都部署王績爲南院樞密副使。

秋七月乙巳，獵馬尾山。丁巳，謁慶陵。癸亥，禁外官部内貸錢取息及使者舘于民家。

八月，高麗王徽薨〔四〕。

九月癸卯朔，日有食之。己酉，射熊于白石山，加圍場使涅葛左金吾衛大將軍。己巳，以高麗王徽子三韓國公勳權知國事。辛未，五國部長來貢。壬申，召北、南樞密院官議政事。

冬十月丁丑，謁觀德殿。己卯，南院樞密使劉筠薨。壬辰，混同郡王耶律乙辛謀亡入宋，伏誅。

十一月丙午，進封梁王延禧爲燕國王，大赦。以南院宣徽使蕭何葛爲南府宰相，三司使王經參知政事兼知樞密事。甲寅，詔僧善知讎校高麗所進佛經，頒行之。己未，定諸令史、譯史遷敍等級。

十二月丁亥，以邢熙年知南院樞密使事。辛卯，以王言敷爲漢人行宮都部署。高麗三韓國公王勳薨〔五〕。

是年，御前放進士李君裕等五十一人。

十年春正月辛丑朔，如春水。丙午，復建南京奉福寺浮圖。戊辰，如山榆淀。

二月庚午朔，萌古國遣使來聘。

三月戊申，遠萌古國遣使來聘。丁巳，命知制誥王師儒、牌印郎君耶律固傳導燕國王延禧。

夏四月丁丑，女直貢良馬。

五月壬戌，駐蹕散水原。乙丑，阻卜來貢。丙寅，降國舅詳穩班位在敞穩之下。

六月壬辰，禁毁銅錢爲器。

秋七月甲辰，如黑嶺。

九月癸亥，駐蹕藕絲淀。

冬十二月乙未，改慶州大安軍曰興平。是月，改明年爲大安，赦雜犯死罪以下。

大安元年春正月丁酉，如混同江。癸卯，王績知南院樞密使事，邢熙年爲中京留守。戊申，以樞密直學士杜公謂參知政事〔六〕。庚戌，五國酋長來貢良馬。

二月辛未，如山榆淀。

夏四月乙酉，宋主頊殂，子煦嗣位，使來告哀。辛卯，西幸。

六月戊辰，駐蹕拖古烈。壬申，以王績爲南府宰相，蕭撻不也兼知南院樞密使事。丁丑，遣使弔祭于宋。戊寅，宋遣王真、甄祐等饋其先帝遺物〔七〕。

秋七月乙巳，遣使賀宋主即位。戊午，獵于赤山。

八月丁卯，幸慶州。戊辰，謁慶陵。

冬十月癸亥，駐蹕好草淀。戊辰，夏國王李秉常遣使報其母梁氏哀。甲申，以蕭撻不也爲南院樞密使。

十一月乙未，詔：「比者，外官因譽進秩，久而不調，民被其害。今後皆以資給遷轉。」丁酉，以南女直詳穩蕭袍里爲北府宰相。辛亥，史臣進太祖以下七帝實録。丙辰，遣使册三韓國公王勳子運爲高麗國王〔八〕。己未，詔僧尼無故不得赴闕。

十二月甲戌，宋遣蔡卞來謝弔祭。

二年春正月辛卯，如混同江。己酉，五國諸部長來貢。癸丑，召權翰林學士趙孝嚴、知制誥王師儒等講五經大義。

二月癸酉，駐蹕山榆淀。是月，太白犯歲星。

三月乙酉，女直貢良馬。

夏四月戊戌，北幸。癸丑，遣使加統軍使蕭訛都斡太子太保，裨將老古金吾衛大將軍，蕭雅哥静江軍節度使，耶律燕奴右監門衛大將軍，仍賜賚諸軍士。

五月丁巳朔，以牧馬蕃息多至百萬，賞羣牧官，以次進階。乙亥，駐蹕納葛濼。戊寅，宰相梁穎出知興中府事。是月，放進士張轂等二十六人。

六月丁亥朔，以左夷离畢耶律坦爲惕隱，知樞密院事耶律斡特剌兼知左夷离畢事。丙申，阻卜來朝。癸卯，遣使按諸路獄。甲辰，以同知南京留守事耶律那也知右夷离畢事。乙巳，阻卜酋長余古赧及愛的來朝，詔燕國王延禧相結爲友。戊申，以契丹行宮都部署耶律阿思兼知北院大王事。壬子，高墩以下、縣令、録事兄弟及子，悉許敍用。

秋七月丁巳，惠妃母燕國夫人削古以厭魅梁王事覺，伏誅，子蘭陵郡王蕭酬斡除名，置邊郡，仍隸興聖宮。戊午，獵沙嶺。甲子，賜興聖、積慶二宮貧民錢。乙酉，出粟振遼州貧民。

八月戊子，以雪罷獵。

九月庚午，還上京。壬申，發粟振上京、中京貧民。丙子，謁二儀、五鸞二殿。己卯，出太祖、太宗所御鎧仗示燕國王延禧，諭以創業征伐之難。辛巳，召南府宰相議國政。

冬十月乙酉朔，以樞密副使竇景庸知樞密院事。丙戌，五國部長來貢。丁亥，以夏國王李秉常薨，遣使詔其子乾順知國事。

十一月甲戌，爲燕國王延禧行再生禮，曲赦上京囚。戊寅，高麗遣使謝封册。癸未，出粟振乾、顯、成、懿四州貧民。

十二月辛卯，以蘭陵郡王蕭撻不也爲南院樞密使〔九〕。己亥，夏國王李乾順遣使上其父遺物。

校勘記

〔一〕封皇孫延禧爲梁王　天慶四年王師儒墓誌：「（大康）九年冬，道宗孝文皇帝以今上始出閣，封梁王。」與此繫年不同。

〔二〕知興中府事耶律乙辛以罪囚于來州　「來州」，原作「萊州」，據本書卷三九地理志三來州條及卷一一〇耶律乙辛傳改。

〔三〕夏國獲宋將張天一　「張天一」，本書卷一一五西夏外記作「張天益」，長編卷三二八元豐五年（遼大康八年）七月壬辰作「張天翼」。

〔四〕八月高麗王徽薨　高麗史卷九順宗世家，徽在位三十七年，卒於是年七月辛酉。

〔五〕高麗三韓國公王勳薨　高麗史卷九順宗世家，勳薨於是年十月乙未。

〔六〕以樞密直學士杜公謂參知政事　「謂」，原作「疑」，據明鈔本、南監本、北監本、殿本改。參見本書卷一九興宗紀二校勘記〔一五〕。

〔七〕宋遣王真甄祐等饋其先帝遺物　長編卷三五四元豐八年（遼大安元年）四月辛巳云：「承議

郎、試中書舍人王震爲大行皇帝遺留北朝禮信使，內殿承制甄育副之。」「王真」作「王震」，「甄祐」作「甄育」。王震宋史卷三二〇有傳，當從。

〔八〕遣使册三韓國公王勳子運爲高麗國王 「子」，疑當作「弟」。按高麗史卷九順宗世家、卷一〇宣宗世家，宣宗運乃文宗第二子，順宗勳母弟。

〔九〕以蘭陵郡王蕭撻不也爲南院樞密使 上文大安元年十月甲申云：「以蕭撻不也爲南院樞密使。」此當係一事重出。

遼史卷二十五

本紀第二十五

道宗五

三年春正月乙卯，如魚兒濼。甲戌，出錢粟振南京貧民，仍復其租賦。己卯，大雪。

二月丙戌，發粟振中京饑。甲辰，以民多流散，除安泊逃户徵償法。

三月乙卯，高麗遣使來貢。己未，免錦州貧民租一年。甲戌，免上京貧民租如錦州。庚辰，女直貢良馬。

夏四月戊子，賜中京貧民帛，及免諸路貢輸之半。丙申，賜隈烏古部貧民帛。庚子，如涼陘。甲辰，南府宰相王績薨。乙巳，詔出户部司粟，振諸路流民及義州之饑。

五月庚申，海雲寺進濟民錢千萬。

秋七月丙辰，獵黑嶺。丁巳，出雜帛賜興聖宮貧民。庚午，大雨，罷獵。丁丑，秦越國王阿璉薨。

冬十月庚辰，以參知政事王經爲三司使。壬辰，罷節度使已下官進珍玩。癸卯，追封秦越國王阿璉爲秦魏國王。

九月乙亥〔一〕，駐蹕匣魯金。

十一月甲寅，以惕隱耶律坦同知南京留守事，遼興軍節度使耶律王九爲南府宰相。

十二月己卯朔，以樞密直學士呂嗣立參知政事。

四年春正月庚戌，如混同江。甲寅，太白晝見。甲子，五國部長來貢。庚午，免上京逋逃及貧户稅賦。甲戌，以上京、南京饑，許良人自鬻。丁丑，曲赦西京役徒。

二月己丑，如魚兒濼。甲午，曲赦春州役徒，終身者皆五歲免。己亥，如春州。赦泰州役徒。

三月乙丑，免高麗歲貢。己巳，振上京及平、錦、來三州饑。

夏四月己卯，振蘇、吉、復、渌、鐵五州貧民，并免其租稅。甲申，振慶州貧民。乙酉，減諸路常貢服御物。丁酉，立入粟補官法。癸卯，西幸。召樞密直學士耶律儼講尚書洪範。

五月辛亥，命燕國王延禧寫尚書五子之歌。乙卯，振祖州貧民。丁巳，詔免役徒，終身者五歲免之。己未，振春州貧民。丙寅，禁挾私引水犯田。

六月庚辰，駐蹕散水原。丁亥，命燕國王延禧知中丞司事，以同知南院樞密使事耶律聶里知右夷离畢，知右夷离畢事耶律那也同知南院樞密使事。庚寅，北院樞密使耶律頗德致仕。

秋七月戊申，曲赦奉聖州役徒。丙辰，遣使冊李乾順爲夏國王。庚申，如秋山。己巳，禁錢出境。

八月庚辰，有司奏宛平、永清蝗爲飛鳥所食。庚寅，謁慶陵。

冬十月丁丑，獵遼水之濱。己卯，駐蹕藕絲淀。癸未，免百姓所貸官粟。己丑，知北院樞密使事耶律阿思封漆水郡王。癸巳，以乙室大王耶律敵烈知西北路招討使事，權知西北路招討使事蕭朽哥知乙室大王事。壬寅，詔諸部長官親鞫獄訟。

十一月庚申，興中府民張化法以父兄犯盜當死，請代，皆免。

十二月戊寅，南府宰相耶律王九致仕。癸未，以孟父敞穩耶律慎思爲中京留守。

閏十二月癸卯朔，預行正旦禮。丙午，如混同江。

五年春正月癸未，如魚兒濼。甲午，高麗遣使來貢。

三月癸酉，詔析津、大定二府精選舉人以聞，仍詔諭學者，當窮經明道。

夏四月甲辰，以知奚六部大王事涅葛爲本部大王。壬子，獵北山。甲子，霖雨，罷獵。

五月丁亥，駐蹕赤勒嶺。己丑，以阻卜磨古斯爲諸部長。癸巳，回鶻遣使貢良馬。己亥，以同知南院樞密使事耶律那也知右夷离畢事，左祇候郎君班詳穩耶律涅里知北院大王事。

六月甲寅，夏國遣使來謝封册。壬戌，以參知政事王言敷爲樞密副使，前樞密副使賈士勳參知政事兼同知樞密院事[二]。

秋七月庚午，獵沙嶺。

九月辛卯，遣使遺宋鹿脯。壬辰，駐蹕藕絲淀。

冬十月乙巳，以新定法令太煩，復行舊法。庚申，以遼興軍節度使何葛爲乙室大王。

十一月丁卯朔，燕國王延禧生子，大赦，妃之族屬進爵有差。

六年春正月，如混同江。

二月辛丑，駐蹕雙山。

三月辛未，女直遣使來貢。

夏四月丁酉，東北路統軍司設掌法官。庚子，以同知南院樞密使事耶律吐朵知左夷离畢事。

五月壬辰，駐蹕散水原。

六月甲寅，遣使決五京囚。

秋七月丙子，如黑嶺。

冬十月丁酉，駐蹕藕絲淀。

十一月壬戌，高麗遣使來貢。己巳，以南府宰相竇景庸爲武定軍節度使。

是年，放進士文充等七十二人。

七年春正月壬戌，如混同江。

二月己亥，駐蹕魚兒濼。壬寅，詔給渭州貧民耕牛、布絹。

三月丙戌，駐蹕黑龍江。

夏四月丙辰，以漢人行宮副部署耶律谷欲知乙室大王事。

五月己未朔，日有食之。

六月甲午，駐蹕赤勒嶺。己亥，倒塌嶺人進古鼎，有文曰「萬歲永爲寶用」。辛丑，回鶻遣使貢方物。癸卯，以權知東京留守蕭陶隗爲契丹行宮都部署。丁未，端拱殿門災。

秋七月戊午朔，回鶻遣使來貢異物，不納，厚賜遣之。

八月庚寅，以霖雨，罷獵。壬寅，幸慶州，謁慶陵。

九月丙申，還上京。己亥，日本國遣鄭元、鄭心及僧應範等二十八人來貢〔三〕。

冬十月辛巳，命燕國王延禧爲天下兵馬大元帥，總北南院樞密使事。

十一月庚子，如藕絲淀。甲子，望祀木葉山。

八年春正月乙酉，如山榆淀。乙未，阻卜諸長來降。

三月己亥，駐蹕撻里捨淀。丁未，曲赦中京、蔚州役徒。

夏四月乙卯，阻卜長來貢。丁丑，獵西山。惕德酋長胡里只來附〔四〕。

五月甲辰，駐蹕赤勒嶺。

六月乙丑，夏國爲宋侵，遣使乞援。

秋七月丁亥，獵沙嶺。

九月乙巳，駐蹕藕絲淀。丁未，日本國遣使來貢。

冬十月庚戌朔，遣使遣宋鹿脯。丙辰，振西北路饑。辛酉，阻卜磨古斯殺金吾吐古斯以叛，遣奚六部禿里耶律郭三發諸蕃部兵討之。壬申，南府宰相王經薨。戊寅，以左夷离畢耶律涅里爲彰聖軍節度使。

十一月戊子，以樞密副使王是敦兼知樞密院事，權參知政事韓資讓參知政事，漢人行宮都部署奚回离保知奚六部大王事。丁酉，以通州潦水害稼，遣使振之。戊申，北院大王合魯薨。

是年，放進士冠尊文等五十三人〔五〕。

九年春正月庚辰，如混同江。

二月，磨古斯來侵。

三月，西北路招討使耶律阿魯掃古追磨古斯還〔六〕，都監蕭張九遇賊，與戰不利。二室韋、拽剌、北王府、特滿羣牧、宮分等軍多陷没。

夏四月乙卯，興中府甘露降，遣使祠佛飯僧。癸酉，獵西山。

六月丁未朔，駐蹕散水原。庚申，以遼興軍節度使榮哥爲南院大王，知左夷离畢事耶律吐朵爲左夷离畢。

秋七月辛卯，如黑嶺。壬寅，遣使賜高麗羊。

九月癸卯，振西北路貧民。

冬十月庚戌，有司奏磨古斯詒西北路招討使耶律撻不也僞降，既而乘虛來襲，撻不也死之。阻卜烏古札叛，達里底、拔思母並寇倒塌嶺。壬子，遣使籍諸路兵。癸丑，以南院大王特末同知南京留守事，命鄭家奴率兵往援倒塌嶺。甲寅，駐蹕藕絲淀，以左夷离畢耶律禿朵、圍場都管撒八並爲西北路行軍都監。乙卯，詔以馬三千給烏古部。丙辰，有司奏阻卜長轄底掠西路羣牧。丁巳，振西北路貧民。己未，燕國王延禧生子，肆赦，妃之族屬並進級。壬戌，以樞密直學士趙廷睦參知政事兼同知南院樞密使事。癸亥，烏古敵烈統軍使蕭朽哥奏討阻卜等部捷。甲子，宋遣使告其母后曹氏哀〔七〕，即遣使弔祭。己巳，詔廣積貯，以備水旱。

十一月辛巳，特抹等奏討阻卜捷。

十二月丙辰，宋遣使以母后遺留物來饋。

十年春正月，如春水。癸未，惕德來貢。戊子，烏古扎等來降。達里底、拔思母二部來侵，四捷軍都監特抹死之。

二月甲辰，以破阻卜，賞有功者。丙午，西南面招討司奏討拔思母捷。癸丑，排雅、僕里、同葛、虎骨、僕果等來降。達里底來侵。

三月壬申朔，日有食之。山北路副部署蕭阿魯帶奏討達里底捷。

夏四月壬寅朔，惕德萌得斯、老古得等各率所部來附，詔復舊地。甲辰，駐蹕春州北平淀。丙午，烏古部節度使耶律陳家奴奏討茶扎剌捷。庚戌，以知北院樞密使事耶律斡特剌爲都統，夷离畢耶律秃朵爲副統，龍虎衞上將軍耶律胡吕都監，討磨古斯，遣積慶宫使蕭糺里監戰。辛亥，朽哥奏頗里八部來侵，擊破之。己巳，除玉田、密雲流民租賦一年。

閏月庚子，賜西北路貧民錢。達里底、拔思母二部來降。

五月甲辰，駐蹕赤勒嶺。甲寅，括馬。戊午，西北路招討司奏敵烈等部來侵，統軍司出兵與戰，不利，招討司以兵擊破之，敦睦宫太師耶律愛奴及其子死之。辛酉，以知國舅詳穩事蕭阿烈同領西北路行軍事。

六月辛未，宋遣使來謝弔祭。乙酉，烏古敵烈統軍使朽哥有罪，除名。丙戌，和烈葛等部來聘。癸巳，惕德來貢。己亥，禁邊民與蕃部爲婚。

是夏，高麗國王運薨，子昱遣使來告，即遣使賻贈。

秋七月庚子朔，獵赤山。是月，阻卜等寇倒塌嶺，盡掠西路羣牧馬去，東北路統軍使耶律石柳以兵追及，盡獲所掠而還。

九月己未，以南院大王特末爲南院樞密使。甲子，敵烈諸酋來降，釋其罪。是月，斡特剌破磨古斯。

冬十月丙子，駐蹕藕絲淀。壬午，山北路副部署蕭阿魯帶以討達里底功，加左金吾衞上將軍。癸巳，西北路統軍司獲阻卜長拍撒葛、蒲魯等來獻。

十一月乙巳，惕德銅刮、阻卜的烈等來降。達里底及拔思母等復來侵，山北副部署阿魯帶擊敗之。

十二月癸酉，三河縣民孫賓及其妻皆百歲，復其家。甲戌，以參知政事趙廷睦兼同知樞密院事，樞密副使王師儒參知政事兼同知樞密院事。己卯，詔録西北路有功將士及戰歿者，贈官。乙酉，詔改明年元，減雜犯死罪以下，仍除貧民租賦。戊子，西北路統軍司奏討磨古斯捷。

校勘記

〔一〕九月乙亥　「乙亥」，明鈔本、南監本同，北監本、殿本作「乙丑」。據本書卷四四朔考，是月庚戌朔，十六日乙丑，二十六日乙亥。

〔二〕前樞密副使賈士勳參知政事兼同知樞密院事　「賈士勳」，賈師訓墓誌及長編卷三五〇元豐七年十二月辛卯均作「賈師訓」。

〔三〕日本國遣鄭元鄭心及僧應範等二十八人來貢　「應範」，藤原宗忠中右記寬治六年（遼大安八年）九月十三日、佚名百鍊抄卷五嘉保元年（遼大安十年）三月六日均作「明範」。此似避穆宗明諱改。

〔四〕惕德酋長胡里只來附　「惕德」，原作「惕隱」。馮校謂當作「惕德」。按下文屢見惕德來貢，且「惕隱」爲官名，非部族名。今據改。

〔五〕放進士冠尊文等五十三人　「冠」，馮校疑當作「寇」。

〔六〕西北路招討使耶律阿魯掃古追磨古斯還　「阿魯掃古」，疑當作「何魯掃古」。按本書卷九四本傳及卷二六道宗紀六壽隆六年五月乙未、卷二七天祚皇帝紀一乾統三年十一月丁酉、卷六六皇族表、卷九六耶律撻不也傳均作「何魯掃古」。

〔七〕宋遣使告其母后曹氏哀　「曹氏」，疑當作「高氏」。按東都事略卷九、皇朝編年綱目備要卷二三及宋史卷二四二后妃傳上均謂元祐八年（遼大安九年）九月太皇太后高氏崩。

遼史卷二十六

本紀第二十六

道宗六

壽隆元年春正月己亥〔一〕，如混同江。庚戌，西南面招討司奏拔思母來侵，蕭阿魯帶等擊破之。乙卯，振奉聖州貧民。

二月戊辰，賜左、右二皮室貧民錢。癸酉，高麗遣使來貢。乙亥，駐蹕魚兒濼。

三月丙午，賜東北路貧民絹。

夏四月丁卯，斡特剌奏討耶覩刮捷。乙亥〔二〕，女直遣使來貢。庚寅，録西北路有功將士。

五月乙未朔，左夷离畢耶律吐朵爲惕隱，南京宣徽使耶律特末爲北院大王〔三〕。癸卯，贈陣亡者官。丁巳，駐蹕特禮嶺。

六月己巳，以知奚六部大王事回里不爲本部大王，權參知政事趙孝嚴爲漢人行宫都部署。圍場都管撒八以討阻卜功，加鎮國大將軍。癸巳，阻卜長禿里底及圖木葛來貢〔四〕。

秋七月庚子，阻卜長猛達斯等來貢。癸卯，獵沙嶺。癸丑，頗里八部來附，進方物。甲寅，斡特剌奏磨古斯捷。

九月甲寅，祠木葉山。丙辰，詔西京砲人、弩人教西北路漢軍。

冬十月甲子，駐蹕藕絲淀。甲戌，以北面林牙耶律大悲奴爲右夷离畢。癸未，以參知政事王師儒爲樞密副使，漢人行宫都部署趙孝嚴參知政事。壬辰，録討阻卜有功將士。

十一月丙申，女直遣使進馬。己亥，以都統斡特剌爲西北路招討使，封漆水郡王。甲辰，夏國進貝多葉佛經。庚申，高麗王昱疾，命其子顒權知國事〔五〕。

十二月癸亥朔，以知北院樞密使事耶律阿思爲北院樞密使。

是年，放進士陳衡甫等百三十人。

二年春正月甲午，如春水。癸卯，西南面招討司討拔思母，破之。乙卯，駐蹕瑟尼思。

辛酉，市牛給烏古、敵烈、隈烏古部貧民。

二月癸亥，振達麻里別古部。

夏四月己卯，振西北邊軍。

六月辛酉，駐蹕撒里乃。

秋七月甲午，阻卜來貢。丙午，獵赤山。

八月乙丑，頗里八部進馬。

九月丙午，徙烏古敵烈部于烏納水，以扼北邊之衝。

冬十月戊辰，駐蹕藕絲淀。庚辰，高麗遣使來貢。

十二月己未，斡特剌討梅里急，破之。壬戌，南府宰相耶律鐸魯斡致仕。癸亥，蕭撻不也爲北府宰相，耶律大悲奴殿前都點檢。乙亥，夏國獻宋俘。

三年春正月丁亥，如春水。壬寅，烏古部節度使耶律陳家奴以功加尚書右僕射。癸卯，駐蹕雙山。

二月丙辰朔〔六〕，南京水，遣使振之。

閏月丙午〔七〕，阻卜長猛撒葛、粘八葛長禿骨撒、梅里急長忽魯八等請復舊地，貢方物，從之。

三月辛酉，燕國王延禧生子。癸亥，賜名撻魯。妃之父長哥遷左監門衛上將軍，仍賜官屬錢。

是春，高麗王昱薨。

夏四月，南府宰相趙廷睦出知興中府事，參知政事牛温舒兼同知樞密院事。

五月癸亥，斡特剌討阻卜，破之。己巳，駐蹕撒里乃。

六月甲申，詔罷諸路馳驲貢新。丙戌，詔每冬駐蹕之所，宰相以下構宅，毋役其民。辛丑，夏人來告宋城要地，遣使之宋，諭與夏和。庚戌，以契丹行宫都部署耶律吾也爲南院大王。

秋七月壬子朔，獵黑嶺。

八月己亥，蒲盧毛朵部長率其民來歸。乙巳，彗星見西方。

九月壬申，駐蹕藕絲淀。丁丑，以武定軍節度使梁援爲漢人行宫都部署〔八〕。戊寅，斡特剌奏討梅里急捷。己卯，五國部長來貢。

冬十月庚戌，以西北路招討使斡特剌爲南府宰相。

十一月乙卯，蒲盧毛朵部來貢。戊午，以安車召醫巫閭山僧志達。己未，以中京留守韓資讓知樞密院事，同知南院樞密使事蕭藥師奴知右夷离畢。丁丑，西北路統軍司奏討梅里急捷。

四年春正月壬子，如魚兒濼。己巳，徙阻卜等貧民于山前。辛未，宋遣使來饋錦綺。三月庚午，幸春州。丙子，有司奏黃河清。夏四月辛丑，以雨，罷獵。五月癸酉，那也奏北邊捷。甲戌，駐蹕撒里乃。六月戊寅朔，夏國爲宋所攻，遣使求援。丁亥，以遼興軍節度使涅里爲惕隱，前知惕隱事耶律郭三爲南京統軍使。甲午，以參知政事牛溫舒兼知中京留守事。

秋七月戊午，如黑嶺。

冬十月乙亥朔，駐蹕藕絲淀。己卯，以南府宰相斡特剌兼契丹行宮都部署，以傅導燕國王延禧。

十一月乙巳朔，知右夷离畢事蕭藥師奴、樞密直學士耶律儼使宋，諷與夏和〔九〕。辛酉，夏復遣使求援。

十二月壬辰，爲燕國王延禧行再生禮，曲赦三百里内囚。

五年春正月乙巳，如魚兒濼。己酉，詔夏國王李乾順伐拔思母等部。

夏五月壬戌，藥師奴等使宋回，奏宋罷兵。癸亥，謁乾陵。戊辰，以南府宰相斡特剌兼西北路招討使、禁軍都統。己巳，駐蹕沿柳湖。

六月甲申，以奚六部大王回离保爲契丹行宮都部署，知右夷离畢事蕭藥師奴南面林牙兼知契丹行宮都部署事。乙未，五國部長來朝。戊戌，阻卜來貢。己亥，以興聖宮使耶律郝家奴爲右夷离畢。

秋七月壬寅朔，惕德長禿的等來貢。辛亥，如大牢古山。

閏九月丙子，駐蹕獨盧金。

冬十月己亥朔，高麗王顒遣使乞封册。丁巳，斡特剌奏討耶覩刮捷。丙寅，以同知南京留守事蕭得里底知北院樞密使事。丁卯，宋遣郭知章、曹平來聘〔一〇〕。戊辰，振遼州饑，仍免租賦一年。

十一月甲戌，振南、北二糺。乙酉，夏國以宋罷兵，遣使來謝。

十二月甲子，以參知政事趙孝嚴爲漢人行宮都部署，漢人行宮都部署梁援爲遼興軍節度使。

六年春正月癸酉，南院大王耶律吾也薨。壬午，以太師致仕禿開起爲奚六部大王。丁亥，如春水。辛卯，斡特剌執磨古斯來獻。丙申，詔問民疾苦。

二月丁未，以烏古部節度使陳家奴爲南院大王。己酉，磔磨古斯于市。癸丑，出絹賜五院貧民。辛酉，宋遣使告宋主煦殂，弟佶嗣位，即日遣使弔祭。

三月甲申，弛朔州山林之禁。

夏四月丁酉朔，日有食之。癸卯，如炭山。

五月壬午，烏古部討茶扎剌，破之。乙酉，漢人行宮都部署趙孝嚴薨。丙戌，駐蹕納葛濼。辛卯，宋遣使饋先帝遺物。乙未，以東京留守何魯掃古爲惕隱，南院宣徽使蕭常哥爲漢人行宮都部署。

六月庚子，遣使賀宋主。辛丑，以有司案牘書宋帝「嗣位」爲「登寶位」〔一〕，詔奪宰相鄭顓以下官，出顓知興中府事，韓資讓爲崇義軍節度使，御史中丞韓君義爲廣順軍節度使。癸丑，阻卜長來貢。戊午，遣使決五京滯獄。己未，以遼興軍節度使梁援爲樞密副使。

秋七月庚午，如沙嶺。壬申，耶覩刮諸部寇西北路。

八月，斡特剌以兵擊敗之，使來獻捷。

九月癸未，望祠木葉山。戊子，駐蹕藕絲淀。

冬十月壬寅，以樞密副使王師儒監修國史。癸卯，五國諸部長來貢。甲寅，以平州饑，復其租賦一年。

十一月壬申，以天德軍民田世榮三世同居，詔官之，令一子三班院祗候。丙子，召醫巫閭山僧志達設壇於内殿。戊子，夏國王李乾順遣使請尚公主。

十二月乙未，女直遣使來貢。己亥，以知右夷离畢事郝家奴爲北面林牙。辛亥，詔燕國王延禧擬注大將軍以下官。庚申，鐵驪來貢。宋遣使來謝。帝不豫。

是歲，封高麗王顒爲三韓國公〔三〕。放進士康秉儉等八十七人。

七年春正月壬戌朔，力疾御清風殿受百官及諸國使賀。是夜，白氣如練，自天而降。黑雲起于西北，疾飛有聲。北有青赤黑白氣，相雜而落。癸亥，如混同江。甲戌，上崩于行宫，年七十。遺詔燕國王延禧嗣位。

六月庚子，上尊謚仁聖大孝文皇帝，廟號道宗。

贊曰：道宗初即位，求直言，訪治道，勸農興學，救菑恤患，粲然可觀。及夫謗訕之令既行，告訐之賞日重。羣邪並興，讒巧競進。賊及骨肉，皇基寖危。衆正淪胥，諸部反側。甲兵之用無寧歲矣。一歲而飯僧三十六萬，一日而祝髮三千。徒勤小惠，蔑計大本。尚足與論治哉？

校勘記

〔一〕壽隆元年春正月己亥　「壽隆」，晁公邁歷代紀年卷一〇，洪遵泉志卷一一外國品中引東北諸蕃樞要、北遼通書，及各種遼代石刻均作「壽昌」。考異卷八三謂遼人謹於避諱，道宗斷無取聖宗名紀元之理，「壽隆」當爲「壽昌」之誤。按此係陳大任遼史避金欽慈皇后「壽昌」諱而改，後爲元修遼史所承襲。「壽昌」之稱，本書僅卷四三閏考一見，餘皆作「壽隆」，今一仍其舊。

〔二〕乙亥　原作「己亥」。按本書卷四四朔考，是月丙寅朔，月内無己亥，初十日乙亥。今據改。

〔三〕南京宣徽使耶律特末爲北院大王　「南京宣徽使」，本書卷九五本傳作「南院宣徽使」。

〔四〕阻卜長禿里底及圖木葛來貢　「禿里底」，原作「香里底」，南監本、北監本、殿本均作「杳里底」，據本書卷七〇屬國表改。

〔五〕高麗王昱疾命其子顒權知國事　「子」，疑當作「叔」。按高麗史文宗、順宗、宣宗、獻宗、肅宗諸世家，文宗三子：勳、運、顒，昱係運之子，顒之從子。

〔六〕二月丙辰朔 「丙辰」，原作「甲辰」。按本書卷四四朔考，正月丙戌朔，二月丙辰朔，月内無甲辰。今據改。

〔七〕閏月丙午 「閏月」二字原闕。按本書卷四四朔考，二月丙辰朔，月内無丙午；閏二月丙戌朔，二十一日丙午。今據補。

〔八〕以武定軍節度使梁援爲漢人行宫都部署 「漢人行宫都部署」，梁援墓誌謂壽昌三年「再授諸行宫都部署」，又壽昌五年玉石觀音像唱和詩碑亦署「諸行宫都部署」。

〔九〕知右夷离畢事蕭藥師奴樞密直學士耶律儼使宋諷與夏和 長編卷五〇七元符二年（遼壽昌五年）三月丙辰，遼國泛使左金吾衞上將軍、簽書樞密院事蕭德崇，副使樞密直學士、尚書禮部侍郎李儼見於紫宸殿。按「李儼」即「耶律儼」，羅校謂「德崇」殆即藥師奴之漢名。

〔一〇〕宋遣郭知章曹平來聘 長編卷五〇九元符二年（遼壽昌五年）四月癸巳謂郭知章、曹誘充回謝北朝國信使副，「已而誘不行，改差東作坊使兼閤門通事舍人宋深」。據宋史卷四六四曹評傳、曹誘傳，評爲誘兄，嘗四使契丹。然長編僅見曹評於元豐二年、五年、八年三次使遼，疑此次宋深終未成行，是年使遼者實爲曹評。

〔一一〕以有司案牘書宋帝嗣位爲登寶位 「宋帝」，明鈔本、南監本、北監本、殿本均作「宋主」。

〔一二〕封高麗王顒爲三韓國公 疑文有訛誤。按高麗史卷一一肅宗世家一，肅宗二年（遼壽昌三年）十二月癸巳册封顒爲高麗王，五年（遼壽昌六年）十月壬子册顒之長子俁爲三韓國公。

遼史卷二十七

本紀第二十七

天祚皇帝一

天祚皇帝，諱延禧，字延寧，小字阿果。道宗之孫，父順宗大孝順聖皇帝，母貞順皇后蕭氏。大康元年生。六歲封梁王，加守太尉，兼中書令。後三年，進封燕國王。大安七年，總北南院樞密使事，加尚書令，爲天下兵馬大元帥。

壽隆七年正月甲戌，道宗崩，奉遺詔即皇帝位于柩前。羣臣上尊號曰天祚皇帝。

二月壬辰朔，改元乾統，大赦。詔爲耶律乙辛所誣陷者，復其官爵，籍没者出之，流放者還之。乙未，遣使告哀于宋及西夏、高麗。乙巳，以北府宰相蕭兀納爲遼興軍節度使，加守太傅。

三月丁卯，詔有司以張孝傑家屬分賜羣臣。甲戌，召僧法頤放戒于内庭。

夏四月，旱。

六月庚寅朔，如慶州。甲午，宋遣王潛等來弔祭〔一〕。丙申，高麗、夏國各遣使慰奠。戊戌，以南府宰相斡特剌兼南院樞密使。庚子，追謚懿德皇后爲宣懿皇后。壬寅，以宋魏國王和魯斡爲天下兵馬大元帥。乙巳，以北平郡王淳進封鄭王。丁未，北院樞密使耶律阿思加于越。辛亥，葬仁聖大孝文皇帝、宣懿皇后于慶陵。

秋七月癸亥，阻卜、鐵驪來貢。

八月甲寅，謁慶陵。

九月壬申，謁懷陵。乙亥，駐蹕藕絲淀。

冬十月壬辰，謁乾陵。甲辰，上皇考昭懷太子謚曰大孝順聖皇帝〔二〕，廟號順宗，皇妣曰貞順皇后。

十二月戊子，以樞密副使張琳知樞密院事，翰林學士張奉珪參知政事兼同知樞密院事。癸巳，宋遣黄實來賀即位〔三〕。丁酉，高麗、夏國並遣使來賀。乙巳，詔先朝已行事，不得陳告。

初，以楊割爲生女直部節度使，其俗呼爲太師。是歲楊割死〔四〕，傳于兄之子烏雅束。束死，其弟阿骨打襲。

二年春正月，如鴨子河。

二月辛卯，如春州。

三月，大寒，冰復合。

夏四月辛亥，詔誅乙辛黨，徙其子孫于邊；發乙辛、得里特之墓，剖棺戮屍；以其家屬分賜被殺之家。

五月乙丑，斡特剌獻耶覩刮等部捷。

六月壬辰，以雨罷獵，駐蹕散水原。丙午，夏國王李乾順復遣使請尚公主。丁未，南院大王陳家奴致仕。壬子，李乾順爲宋所攻，遣李造福、田若水求援。

閏月庚申，策賢良。壬申，降惠妃爲庶人。

秋七月，獵黑嶺，以霖雨，給獵人馬。阻卜來侵，斡特剌等戰敗之。

冬十月乙卯，蕭海里叛，劫乾州武庫器甲。命北面林牙郝家奴捕之，蕭海里亡入陪朮水阿典部。丙寅，以南府宰相耶律斡特剌爲北院樞密使，參知政事牛温舒知南院樞密使事。

十一月乙未，郝家奴以不獲蕭海里，免官。壬寅，以上京留守耶律慎思爲北院樞密副使。有司請以帝生日爲天興節。

三年春正月辛巳朔，如混同江。女直函蕭海里首，遣使來獻。戊申，如春州。

二月庚午，以武清縣大水，弛其陂澤之禁。

夏五月戊子，以獵人多亡，嚴立科禁。乙巳，清暑赤勒嶺。丙午，謁慶陵。

六月辛酉，夏國王李乾順復遣使請尚公主。

秋七月，中京雨雹，傷稼。

冬十月甲辰，如中京〔五〕。己未，吐蕃遣使來貢。庚申，夏國復遣使求援。己巳，有事于觀德殿。

十一月丙申，文武百官加上尊號曰惠文智武聖孝天祚皇帝，大赦，以宋魏國王和魯斡爲皇太叔〔六〕，梁王撻魯進封燕國王，鄭王淳爲東京留守，進封越國王，百官各進一階。丁酉，以愓隱耶律何魯掃古爲南院大王。戊戌，以受尊號，告廟。乙巳，謁太祖廟，追尊太祖之高祖曰昭烈皇帝，廟號肅祖，妣曰昭烈皇后；曾祖曰莊敬皇帝，廟號懿祖，妣曰莊敬皇后。召監修國史耶律儼纂太祖諸帝實録。

十二月戊申，如藕絲淀。

是年，放進士馬恭回等百三人。

四年春正月戊子，幸魚兒濼。壬寅，獵木嶺。癸卯，燕國王撻魯薨。

二月丁丑，鼻骨德遣使來貢〔七〕。

夏六月甲辰，駐蹕旺國崖。甲寅，夏國遣李造福、田若水求援。癸亥，吐蕃遣使來貢。

秋七月，南京蝗。庚辰，獵南山。癸未，以西北路招討使蕭得里底、北院樞密副使耶律慎思並知北院樞密使事。辛卯，以同知南院樞密使事蕭敵里爲西北路招討使。

冬十月己酉，鳳凰見于漷陰。己未，幸南京。

十一月乙亥，御迎月樓，賜貧民錢。

十二月辛丑，以張琳爲南府宰相。

五年春正月乙亥，夏國遣李造福等來求援，且乞伐宋。庚寅，以遼興軍節度使蕭常哥爲北府宰相。丁酉，遣樞密直學士高端禮等諷宋罷伐夏兵。

二月癸卯，微行，視民疾苦。丙午，幸鴛鴦濼。

三月壬申[八]，以族女南仙封成安公主，下嫁夏國王李乾順。

夏四月甲申，射虎炭山。

五月癸卯，清暑南崖。壬子，宋遣曾孝廣、王戩報聘。

六月甲戌，夏國遣使來謝，及貢方物。己丑，幸候里吉。

秋七月，謁慶陵。

九月辛亥，駐蹕藕絲淀。乙卯，謁乾陵。

冬十一月戊戌，禁商賈之家應進士舉。丙辰，高麗三韓國公王顒薨，子俁遣使來告。

十二月己巳，夏國復遣李造福、田若水求援。癸酉，宋遣林洙來議與夏約和[九]。

六年春正月辛丑，遣知北院樞密使事蕭得里底[一〇]、知南院樞密使事牛温舒使宋，諷歸所侵夏地。

夏五月，清暑散水原。

六月辛巳，夏國遣李造福等來謝。

秋七月癸巳，阻卜來貢。甲午，如黑嶺。庚子，獵鹿角山。

冬十月乙亥，宋與夏通好，遣劉正符、曹穆來告〔二二〕。庚辰，以皇太叔、南京留守和魯斡兼惕隱，東京留守、越國王淳爲南府宰相。

十一月乙未，以謝家奴爲南院大王，馬奴爲奚六部大王。丙申，行柴册禮。戊戌，大赦。以和魯斡爲義和仁聖皇太叔〔二三〕，越國王淳進封魏國王，封皇子敖盧斡爲晉王，習泥烈爲饒樂郡王。己亥，謁太祖廟。甲辰，祠木葉山。

十二月己巳，封耶律儼爲漆水郡王，餘官進爵有差。

七年春正月，鈎魚于鴨子河。

二月，駐蹕大魚濼。

夏六月，次散水原。

秋七月，如黑嶺。

冬十月，謁乾陵，獵醫巫閭山。

是年，放進士李石等百人。

八年春正月，如春州。

夏四月丙申，封高麗王俁爲三韓國公，贈其父顒爲高麗國王〔一三〕。

五月，清暑散水原。

六月壬辰，西北路招討使蕭敵里率諸蕃來朝。丙申，射柳祈雨。壬寅，夏國王李乾順以成安公主生子，遣使來告。丁未，如黑嶺。

秋七月戊辰，以雨罷獵。

冬十二月己卯，高麗遣使來謝。

九年春正月丙午朔，如鴨子河。

二月，如春州。

三月戊午，夏國以宋不歸地，遣使來告。

夏四月壬午，五國部來貢。

六月乙亥，清暑特禮嶺。

秋七月，隕霜，傷稼。甲寅，獵于候里吉。

八月丁酉，雪，罷獵。

冬十月癸酉，望祠木葉山。丁丑，詔免今年租稅。

十二月甲申，高麗遣使來貢。

是年，放進士劉楨等九十人。

十年春正月辛丑，預行立春禮。如鴨子河。

二月庚午朔，駐蹕大魚濼。

夏四月丙子，五國部長來貢。丙戌，預行再生禮。癸巳，獵于北山。

六月甲戌，清暑玉丘。癸未，夏國遣李造福等來貢。甲午，阻卜來貢。

秋七月辛丑，謁慶陵。

閏月辛亥〔一四〕，謁懷陵。己未，謁祖陵。壬戌，皇太叔和魯斡薨。

九月甲戌，免重九節禮。

冬十月，駐蹕藕絲淀。

十二月己酉，改明年元。

是歲，大饑。

天慶元年春正月，鈎魚于鴨子河。

二月，如春州。

三月乙亥，五國部長來貢。

夏五月，清暑散水原。

秋七月，獵。

冬十月，駐蹕藕絲淀。

二年春正月己未朔，如鴨子河。丁丑，五國部長來貢。

二月丁酉，如春州，幸混同江鈎魚〔一五〕，界外生女直酋長在千里内者，以故事皆來朝。適遇「頭魚宴」，酒半酣，上臨軒，命諸酋次第起舞，獨阿骨打辭以不能。諭之再三，終不從。他日，上密謂樞密使蕭奉先曰：「前日之燕，阿骨打意氣雄豪，顧視不常，可託以邊事誅之。否則，必貽後患。」奉先曰：「麄人不知禮義，無大過而殺之，恐傷向化之心。假有異志，又何能爲？」其弟吴乞買、粘罕、胡舍等嘗從獵〔一六〕，能呼鹿，刺虎，搏熊。上喜，輒加官爵。

夏六月庚寅，清暑南崖。甲午，和州回鶻來貢。戊戌，成安公主來朝。甲辰，阻卜來貢。

秋七月乙丑，獵南山。

九月己未，射獲熊，燕羣臣，上親御琵琶。初，阿骨打混同江宴歸，疑上知其異志，遂稱兵，先併旁近部族。女直趙三、阿鶻産拒之，阿骨打虜其家屬。二人走訴咸州詳穩司，送北樞密院，樞密使蕭奉先作常事以聞上，仍送咸州詰責，欲使自新。後數召，阿骨打竟稱疾不至。

冬十月辛亥，高麗三韓國公王俁之母死，來告，即遣使致祭，起復。是月，駐蹕奉聖州。

十一月乙卯，幸南京。丁卯，謁太祖廟。

是年，放進士韓昉等七十七人。

三年春正月丙寅，賜南京貧民錢。丁卯，如大魚濼。甲戌，禁僧尼破戒。丙子，獵狗牙山，大寒，獵人多死。

三月，籍諸道户，徙大牢古山圍場地居民于別土。阿骨打一日率五百騎突至咸州，吏民大驚。翌日，赴詳穩司，與趙三等面折庭下。阿骨打不屈，送所司問狀。一夕遁去。遣人訴于上，謂詳穩司欲見殺，故不敢留。自是召不復至。

夏閏四月，李弘以左道聚衆爲亂，支解，分示五京。

六月乙卯，斡朗改國遣使來貢良犬。丙辰，夏國遣使來貢。

秋七月，幸秋山。

九月，駐蹕藕絲淀。

十一月甲午，以三司使虞融知南院樞密使事，西南面招討使蕭樂古爲南府宰相。

十二月庚戌，高麗遣使來謝致祭。癸丑，回鶻遣使來貢。甲寅，以樞密直學士馬人望參知政事。丙辰，知樞密院事耶律儼薨。癸亥，高麗遣使來謝起復。

四年春正月，如春州。初，女直起兵，以紇石烈部人阿疎不從，遣其部撒改討之。阿疎弟狄故保來告，詔諭使勿討，不聽，阿疎來奔。至是女直遣使來索，不發。

夏五月，清暑散水原。

秋七月，女直復遣使取阿疎，不發，乃遣侍御阿息保問境上多建城堡之故〔一七〕。女直以慢語答曰：「若還阿疎，朝貢如故；不然，城未能已。」遂發渾河北諸軍，益東北路統軍司。阿骨打乃與弟粘罕、胡舍等謀〔一八〕，以銀朮割、移烈、婁室、闍母等爲帥，集女直諸部兵，擒遼障鷹官。及攻寧江州，東北路統軍司以聞。時上在慶州射鹿，聞之略不介意，遣海州刺史高仙壽統渤海軍應援。蕭撻不也遇女直，戰于寧江東，敗績。

十月壬寅，以守司空蕭嗣先爲東北路都統，靜江軍節度使蕭撻不也爲副，發契丹奚軍三千人，中京禁兵及土豪二千人，別選諸路武勇二千餘人〔一九〕，以虞候崔公義爲都押官，控鶴指揮邢穎爲副，引軍屯出河店。兩軍對壘，女直軍潛渡混同江，掩擊遼衆。蕭嗣先軍潰，崔公義、邢穎、耶律佛留、蕭葛十等死之，其獲免者十有七人。蕭奉先懼其弟嗣先獲罪，輒奏東征潰軍所至劫掠，若不肆赦，恐聚爲患。上從之，嗣先但免官而已。諸軍相謂曰：「戰則有死而無功，退則有生而無罪。」故士無鬭志，望風奔潰。

十一月壬辰，都統蕭敵里等營于斡鄰濼東，又爲女直所襲，士卒死者甚衆。甲午，蕭敵里亦坐免官〔二〇〕。辛丑，以西北路招討使耶律斡里朵爲行軍都統，副點檢蕭乙薛、同知南院樞密使事耶律章奴副之。

十二月，咸、賓、祥三州及鐵驪、兀惹皆叛入女直。乙薛往援賓州，南軍諸將實婁、特烈等往援咸州，並爲女直所敗。

校勘記

〔一〕宋遣王潛等來弔祭　「王潛」，宋會要職官五一之八建中靖國元年（遼乾統元年）二月十四日作「王漸」。

〔二〕上皇考昭懷太子謚曰大孝順聖皇帝　「大孝順聖皇帝」，乾統元年梁援墓誌作「昭懷大孝德順宗皇帝」。

〔三〕宋遣黄實來賀即位　「黄實」，疑當作「黄寔」。按宋會要職官五一之八、宋史卷一九徽宗紀均作「黄寔」，宋史卷三五四有傳。

〔四〕是歲楊割死　金史卷一世紀，盈歌（即楊割）卒於乾統三年，與此不合。此處蓋據契丹國志卷一〇天祚皇帝上致誤。

〔五〕冬十月甲辰如中京　「甲辰」，疑當作「甲寅」或「丙辰」。按本書卷四四朔考，十月丁未朔，月内無甲辰。

〔六〕以宋魏國王和魯斡爲皇太叔　「皇太叔」，會編卷九宣和四年六月二十四日辛亥引天祚詔書同。義和仁壽皇太叔祖哀册、宋魏國妃蕭氏墓誌、蕭德恭妻耶律氏墓誌皆作「皇太叔祖」。按和魯斡與天祚爲祖孫輩，然遼史皆作「皇太叔」。

〔七〕二月丁丑鼻骨德遣使來貢　本書卷四四朔考，二月乙巳朔，月内無丁丑。

〔八〕三月壬申　本書卷四四朔考，三月戊戌朔，月内無壬申。

〔九〕宋遣林洙來議與夏約和　「林洙」，疑當作「林攄」。按皇宋十朝綱要卷一六崇寧四年（遼乾統五年）五月壬子、皇朝編年綱目備要卷二七崇寧四年五月並作「林攄」，宋史卷三五一有傳，此處作「洙」當係音近致誤。

〔一〇〕遣知北院樞密使事蕭得里底　「事」字原闕，據上文乾統四年七月癸未及卷一〇〇蕭得里底傳補。

〔一一〕遣劉正符曹穆來告　「劉正符」，疑當作「劉正夫」。按皇宋十朝綱要卷一六崇寧五年（遼乾統六年）三月作「劉正夫」，宋史卷三五一有傳，此處作「符」當係音近致誤。

〔一二〕以和魯斡爲義和仁聖皇太叔　「仁聖」，本書卷六四皇子表及宋魏國妃蕭氏墓誌、義和仁壽皇太叔祖哀册並作「仁壽」。

〔一三〕封高麗王俁爲三韓國公贈其父顒爲高麗國王　高麗史卷一一肅宗世家一，肅宗二年（遼壽昌三年）十二月癸巳册顒爲高麗國王，五年（遼壽昌六年）十月壬子册顒長子俁爲三韓國公。又卷一二睿宗世家一，睿宗三年（遼乾統八年）二月丙午，遼遣蕭良、李仁洽等來册命高麗國王俁守太尉兼中書令，加食邑。此處封俁爲三韓國公蓋即是年加封之事，而所記不確。又顒無追贈高麗國王事。

〔一四〕閏月辛亥　此處「閏月」蓋指閏七月。本書卷四三閏考謂是年遼閏七月、宋閏八月。按義和仁壽皇太叔祖哀册稱乾統十年閏八月丁酉朔，此「閏月」内有辛亥、己未、壬戌日，正與之合，當以閏八月爲是。此處「閏」下疑脱「八」字。

〔一五〕「二年春正月己未朔如鴨子河」至「幸混同江鈎魚」　本書卷一六聖宗紀七太平四年二月己

未「詔改鴨子河曰混同江」，此後仍二名互見。此處二月丁酉「幸混同江鈎魚」與正月己未「如鴨子河」事疑係一事重出。

〔六〕其弟吴乞買粘罕胡舍等嘗從獵　「弟」，裔夷謀夏録卷一、契丹國志卷一〇天祚皇帝上天慶二年條皆作「弟姪」。據金史卷三太宗紀，太宗吴乞買係阿骨打弟；又據卷七〇撒改傳、卷七四宗翰傳，粘罕（宗翰）乃撒改子，阿骨打姪。此處當奪一「姪」字。

〔七〕乃遣侍御阿息保問境上多建城堡之故　「境」，原作一字空格，據大典卷五二五一引遼史天祚皇帝紀、明鈔本、南監本、北監本、殿本及本書卷七〇屬國表補。

〔八〕阿骨打乃與弟粘罕胡舍等謀　粘罕乃阿骨打之姪，此處係沿襲上文天慶二年二月丁酉條之誤，參見本卷校勘記〔一六〕。

〔九〕中京禁兵及土豪二千人别選諸路武勇二千餘人　「二千人」、「二千餘人」，契丹國志卷一〇天祚皇帝上天慶四年十月條同。會編卷二一引亡遼録分别作「三千人」、「三百餘人」。

〔一〇〕「十一月壬辰」至「蕭敵里亦坐免官」　上文十月壬寅條「以守司空蕭嗣先爲東北路都統，靜江軍節度使蕭撻不也爲副」，又金史卷二太祖紀太祖二年（遼天慶四年）十一月，「遼都統蕭糺里、副都統撻不野將步騎十萬會于鴨子河北」。按蕭糺里即蕭敵里，知蕭敵里乃蕭嗣先之契丹語名，因疑此條記事係上文重出。

遼史卷二十八

本紀第二十八

天祚皇帝二

五年春正月，下詔親征，遣僧家奴持書納和〔一〕，斥阿骨打名。阿骨打遣賽剌復書，若歸叛人阿疎，遷黄龍府於別地，然後議之。都統耶律斡里朵等與女直兵戰于達魯古城，敗績。

二月，饒州渤海古欲等反，自稱大王。

三月，以蕭謝佛留等討之。遣耶律張家奴等六人齎書使女直，斥其主名，冀以速降。

夏四月癸丑，蕭謝佛留等爲渤海古欲所敗，以南面副部署蕭陶蘇斡爲都統，赴之。

五月，陶蘇斡及古欲戰，敗績。張家奴等以阿骨打書來，復遣之往。

六月己亥朔，清暑特禮嶺。壬子，張家奴等還，阿骨打復書，亦斥名諭之使降。癸丑，以親征諭諸道。丙辰，陶蘇斡招獲古欲等。癸亥，以惕隱耶律末里爲北院大王。是月，遣蕭辭剌使女直，以書辭不屈見留。

秋七月辛未，宋遣使致助軍銀絹。丙子，獵于嶺東。是月，都統斡里朵等與女直戰于白馬濼，敗績。

八月甲子，罷獵，趨軍中。以斡里朵等軍敗，免官。丙寅，以圍場使阿不爲中軍都統，耶律張家奴爲都監，率番、漢兵十萬；蕭奉先充御營都統，諸行營都部署耶律章奴爲副〔二〕，以精兵二萬爲先鋒。餘分五部爲正軍，貴族子弟千人爲硬軍，扈從百司爲護衛軍，北出駱駝口；以都點檢蕭胡覩姑爲都統，樞密直學士柴誼爲副，將漢步騎三萬，南出寧江州。自長春州分道而進，發數月糧，期必滅女直。

九月丁卯朔，女直軍陷黃龍府。己巳，知北院樞密使蕭得里底出爲西南面招討使。辭剌還，女直復遣賽剌以書來報：若歸我叛人阿疎等，即當班師。上親征。粘罕、兀朮等以書來上〔三〕，陽爲卑哀之辭，實欲求戰。書上，上怒，下詔有「女直作過，大軍翦除」之語。女直主聚衆，剺面仰天慟哭曰：「始與汝等起兵，蓋苦契丹殘忍，欲自立國。今主上親征，奈何？非人死戰，莫能當也。不若殺我一族，汝等迎降，轉禍爲福。」諸軍皆曰：

「事已至此，惟命是從。」乙巳，耶律章奴反〔四〕，奔上京，謀迎立魏國王淳。上遣駙馬蕭昱領兵詣廣平淀護后妃，行宮小底乙信持書馳報魏國王。時章奴先遣王妃親弟蕭諦里以所謀說魏國王〔五〕。王曰：「此非細事，主上自有諸王當立，北、南面大臣不來，而汝言及此，何也？」密令左右拘之。有頃，乙信等賚御札至，備言章奴等欲廢立事。魏國王立斬蕭諦里等首以獻，單騎間道詣廣平淀待罪。上遇之如初。章奴知魏國王不聽，率麾下掠慶、饒、懷、祖等州，結渤海羣盜，衆至數萬，趨廣平淀犯行宮。順國女直阿鶻產以三百騎一戰而勝，擒其貴族二百餘人，並斬首以徇。其妻子配役繡院，或散諸近侍爲婢，餘得脱者皆奔女直。章奴詐爲使者，欲奔女直，爲邏者所獲，縛送行在，腰斬于市，剖其心以獻祖廟，支解以徇五路。

冬十一月，遣駙馬蕭特末、林牙蕭察剌等將騎兵五萬、步卒四十萬、親軍七十萬至駝門〔六〕。

十二月乙巳，耶律張家奴叛。戊申，親戰于護步答岡，敗績，盡亡其輜重。己未，錦州刺史耶律朮者叛應張家奴〔七〕。庚申，北面林牙耶律馬哥討張家奴。癸亥，以北院宣徽使蕭韓家奴知北院樞密使事，南院宣徽使蕭特末爲漢人行宮都部署。

六年春正月丙寅朔，東京夜有惡少年十餘人，乘酒執刃，踰垣入留守府，問留守蕭保先所在：「今軍變，請爲備。」蕭保先出，刺殺之。户部使大公鼎聞亂，即攝留守事，與副留守高清明集奚、漢兵千人〔八〕，盡捕其衆，斬之，撫定其民。東京故渤海地，太祖力戰二十餘年乃得之。而蕭保先嚴酷，渤海苦之，故有是變。其裨將渤海高永昌僭號，稱隆基元年〔九〕。遣蕭乙薛、高興順招之，不從。

閏月己亥，遣蕭韓家奴、張琳討之。戊午，貴德州守將耶律余覩以廣州渤海叛附永昌，我師擊敗之。

二月戊辰，侍御司徒撻不也等討張家奴，戰于祖州，敗績。乙酉，遣漢人行宫都部署蕭特末率諸將討張家奴。戊子，張家奴誘饒州渤海及中京賊侯槩等萬餘人，攻陷高州。

三月，東面行軍副統酬斡等擒侯槩于川州。

夏四月戊辰，親征張家奴。癸酉，敗之。甲戌，誅叛黨，饒州渤海平。丙子，賞平賊將士有差，而蕭韓家奴、張琳等復爲賊所敗。

五月，清暑散水原。女直軍攻下瀋州，復陷東京，擒高永昌。東京州縣族人痕孛、鐸剌、吴十、撻不也、道剌、酬斡等十三人皆降女直。

六月乙丑，籍諸路兵，有雜畜十頭以上者皆從軍。庚辰，魏國王淳進封秦晉國王，爲都元帥；上京留守蕭撻不也爲契丹行宮都部署兼副元帥。丁亥，知北院樞密使事蕭韓家奴爲上京留守。

秋七月，獵秋山。春州渤海二千餘户叛，東北路統軍使勒兵追及，盡俘以還。

八月，烏古部叛，遣中丞耶律撻不也等招之。

九月丙午，謁懷陵。

冬十月丁卯，以張琳軍敗，奪官。庚辰，烏古部來降。

十一月，東面行軍副統馬哥等攻曷蘇館，敗績。

十二月乙亥，封庶人蕭氏爲太皇太妃。辛巳，削副統耶律馬哥官。

七年春正月甲寅，減厩馬粟，分給諸局。是月，女直軍攻春州，東北面諸軍不戰自潰，女古、皮室四部及渤海人皆降，復下泰州。

二月，淶水縣賊董厖兒聚衆萬餘，西京留守蕭乙薛、南京統軍都監查剌與戰于易水，破之。

三月，厖兒黨復聚，乙薛復擊破之于奉聖州。

夏五月庚寅，東北面行軍諸將涅里、合魯、涅哥、虚古等棄市。乙巳，諸圍場隙地，縱百姓樵採。

六月辛巳，以同知樞密院事余里也爲北院大王。

秋七月癸卯，獵秋山。

八月丙寅，獵狘斯那里山，命都元帥秦晉王赴沿邊，會四路兵馬防秋。

九月，上自燕至陰涼河，置怨軍八營：募自宜州者曰前宜、後宜，自錦州者曰前錦、後錦，自乾自顯者曰乾曰顯，又有乾顯大營、岩州營，凡二萬八千餘人，屯衞州蒺藜山。丁酉，獵輞子山。

冬十月乙卯朔，至中京。

十二月丙寅，都元帥秦晉國王淳遇女直軍，戰于蒺藜山，敗績〔一〇〕。女直復拔顯州旁近州郡。庚午，下詔自責。癸酉，遣夷离畢查剌與大公鼎諸路募兵。丁丑，以西京留守蕭乙薛爲北府宰相，東北路行軍都統奚霞末知奚六部大王事。

是歲，女直阿骨打用鐵州楊朴策，即皇帝位，建元天輔，國號金。楊朴又言，自古英雄開國或受禪，必先求大國封册，遂遣使議和，以求封册。

八年春正月，幸鴛鴦濼。丁亥，遣耶律奴哥等使金議和。庚寅，保安軍節度使張崇以雙州二百户降金。東路諸州盜賊蜂起，掠民自隨以充食。

二月，耶律奴哥還自金，金主復書曰：「能以兄事朕，歲貢方物，歸我上、中京、興中府三路州縣，以親王、公主、駙馬、大臣子孫爲質，還我行人及元給信符，并宋、夏、高麗往復書詔、表牒，則可以如約。」

三月甲午，復遣奴哥使金。

夏四月辛酉，以西南面招討使蕭得里底爲北院樞密使。

五月壬午朔，奴哥以書來，約不踰此月見報。戊戌，復遣奴哥使金，要以酌中之議。是月，至納葛濼。賊安生兒、張高兒聚衆二十萬，耶律馬哥等斬生兒于龍化州，高兒亡入懿州，與霍六哥相合。金主遣胡突衮與奴哥持書，報如前約。

六月丁卯，遣奴哥等齎宋、夏、高麗書詔、表牒至金。霍六哥陷海北州，趣義州，軍帥回离保等擊敗之。通、祺、雙、遼四州之民八百餘户降于金。

秋七月，獵秋山。金復遣胡突衮來，免取質子及上京、興中府所屬州郡，裁減歲幣之數，「如能以兄事朕，册用漢儀，可以如約」。

八月庚午，遣奴哥、突迭使金，議册禮。

九月，突迭見留，遣奴哥還，謂之曰：「言如不從，勿復遣使。」

閏月丙寅，遣奴哥復使金，而蕭寶、訛里等十五人各率户降于金〔一一〕。冬十月，奴哥、突迭持金書來。龍化州張應古等四人率衆降金。十一月，副元帥蕭撻不也薨。十二月甲申，議定册禮，遣奴哥使金。寧昌軍節度使劉宏以懿州户三千降金。時山前諸路大饑，乾、顯、宜、錦、興中等路，斗粟直數縑，民削榆皮食之，既而人相食。是年，放進士王翬等百三人。

九年春正月，金遣烏林答贊謨持書來迎册。二月，至鴛鴦濼。賊張撒八誘中京射糧軍，僭號，南面軍帥余覩擒撒八。三月丁未朔，遣知右夷离畢事蕭習泥烈等册金主爲東懷國皇帝。己酉，烏林答贊謨、奴哥等先以書報。夏五月，阻卜補疎只等叛，執招討使耶律斡里朵，都監蕭斜里得死之。秋七月，獵南山。金復遣烏林答贊謨來，責册文無「兄事」之語，不言「大金」而云「東懷」，乃「小邦懷其德」之義；及册文有「渠材」二字，語涉輕侮；若「遥芬」、「多戩」等語，皆非善意，殊乖體式。如依前書所定，然後可從。楊詢卿、羅子韋率衆降金。

八月，以趙王習泥烈爲西京留守。

九月，至西京。復遣習泥烈、楊立忠先持册藁使金〔一三〕。

冬十月甲戌朔，耶律陳圖奴等二十餘人謀反，伏誅。是月，遣使送烏林答贊謨持書以還。

十年春二月，幸鴛鴦濼。金復遣烏林答贊謨持書及册文副本以來，仍責乞兵于高麗。

三月己酉，民有羣馬者，十取其一，給東路軍。庚申，以金人所定「大聖」二字，與先世稱號同，復遣習泥烈往議。金主怒，遂絶之。

夏四月，獵胡土白山，聞金師再舉，耶律白斯不等選精兵三千以濟遼師。

五月，金主親攻上京，克外郛，留守撻不也率衆出降。

六月乙酉，以北府宰相蕭乙薛爲上京留守、知鹽鐵内省兩司、東北統軍司事。

秋，獵沙嶺。

冬，復至西京。

校勘記

〔一〕遣僧家奴持書納和　「納」，大典卷五二五一引遼史天祚皇帝紀同，明鈔本、南監本、北監本、殿本及本書卷七〇屬國表天慶五年正月皆作「約」。

〔二〕「耶律張家奴爲都監」至「諸行營都部署耶律章奴爲副」　按本卷下文所記耶律張家奴事與卷一〇〇耶律章奴傳略同，知此處耶律張家奴與耶律章奴記事重出。考本段自「率番、漢兵十萬」以下，與裔夷謀夏録卷一、契丹國志卷一〇天祚皇帝上天慶五年八月條所記耶律章奴事略同，當同出一源。而耶律張家奴事則别有史源，史官雜糅兼採，遂誤爲一人。

〔三〕粘罕兀朮等以書來上　「兀朮」，契丹國志卷一〇天祚皇帝上天慶五年條同。會編卷三、裔夷謀夏録卷一皆作「兀室」，即完顏希尹，當是。

〔四〕乙巳耶律章奴反　是年九月丁卯朔，月内無乙巳。按此即下文「十二月乙巳，耶律張家奴叛」一事之重出，誤繫於此。以下耶律章奴事重出，不備舉。

〔五〕時章奴先遣王妃親弟蕭諦里以所謀説魏國王　據本書卷一〇〇耶律章奴傳，蕭敵里爲耶律淳妻兄，此作「王妃親弟」，未知孰是。

〔六〕遣駙馬蕭特末林牙蕭察剌等將騎兵五萬步卒四十萬親軍七十萬至駝門　金史卷二太祖紀收國元年十一月：「遼主聞取黄龍府，大懼，自將七十萬至駞門。駙馬蕭特末、林牙蕭查剌等將騎五萬、步四十萬至斡鄰濼。」與此異。

〔七〕錦州刺史耶律朮者叛應張家奴　「錦州」疑誤。按本書卷一〇〇耶律朮者傳稱時爲銀州刺史，據本書地理志，銀州爲刺史州，錦州爲節度州。

〔八〕與副留守高清明集奚漢兵千人　「高清明」，本書卷四八百官志四及裔夷謀夏録卷一、宋會要蕃夷二之三二、契丹國志卷一〇天祚皇帝上天慶六年正月並作「高清臣」。

〔九〕稱隆基元年　「隆基」，金史卷七一斡魯傳、高麗史卷一四睿宗世家三睿宗十一年（遼天慶六年）三月壬寅條同，宋會要蕃夷二之三二、契丹國志卷一〇天祚皇帝上天慶六年正月作「應順」。

〔一〇〕「十二月丙寅」至「敗績」　金史卷二太祖紀天輔元年（遼天慶七年）十二月繫於甲子，本書蓋據奏到之日。

〔一一〕蕭寶訛里等十五人各率户降于金　「訛里」，疑當作「訛里野」。按本書卷七〇屬國表及金史卷二太祖紀天輔二年閏九月均作「訛里野」。

〔一二〕復遣習泥烈楊立忠先持册藁使金　「楊立忠」，裔夷謀夏録卷一、契丹國志卷一〇天祚皇帝上天慶八年同，本書卷七〇屬國表作「楊近忠」，會編卷三作「楊丘忠」。按大金集禮卷二〇天會四年有「祕少楊丘忠」，金大安三年楊瀛神道碑亦稱其叔祖爲祕書少監楊丘忠，或即此人。

遼史卷二十九

本紀第二十九

天祚皇帝三

保大元年春正月丁酉朔，改元，肆赦。初，金人興兵，郡縣所失幾半。上有四子〔一〕：長趙王，母趙昭容；次晉王，母文妃；次秦王、許王，皆元妃生。國人知晉王之賢，深所屬望。元妃之兄樞密使蕭奉先恐秦王不得立，潛圖之。文妃姊妹三人：長適耶律撻曷里，次文妃，次適余覩。一日，其姊若妹俱會軍前，奉先諷人誣駙馬蕭昱及余覩等謀立晉王。事覺，昱、撻曷里等伏誅〔二〕，文妃亦賜死，獨晉王未忍加罪。余覩在軍中，聞之大懼，即率千餘騎叛入金〔三〕。上遣知奚王府事蕭遐買、北府宰相蕭德恭、大常衮耶律諦里姑、歸州觀察使蕭和尚奴、四軍太師蕭幹將所部兵追之，及諸閭山縣。諸將議曰：「主上信蕭奉先言，奉先視吾輩蔑如也。余覩乃宗室豪俊，常不肯爲奉先下。若擒余覩，他日吾黨皆余覩也！不若縱之。」還，即紿曰：「追襲不及。」奉先既見余覩之亡，恐後日諸校亦叛，遂勸驟加爵賞，以結衆心。以蕭遐買爲奚王，蕭德恭試中書門下平章事兼判上京留守事，耶律諦里姑爲龍虎衛上將軍，蕭和尚奴金吾衛上將軍，蕭幹鎮國大將軍。

二月，幸鴛鴦濼。

夏五月，至曷里狘。

秋七月，獵炭山。

九月，至南京。

冬十一月癸亥，以西京留守趙王習泥烈爲惕隱。

二年春正月乙亥，金克中京，進下澤州。上出居庸關，至鴛鴦濼。聞余覩引金人婁室孛堇奄至，蕭奉先曰：「余覩乃王子班之苗裔，此來欲立甥晉王耳。若爲社稷計，不惜一子，明其罪誅之，可不戰而余覩自回矣。」上遂賜晉王死，素服三日，耶律撒八等皆伏誅。王素有人望，諸軍聞其死，無不流涕，由是人心解體。余覩引金人逼行宮，上率衛兵五千餘騎幸雲中，遺傳國璽于桑乾河〔四〕。

二月庚寅朔，日有食之，既。甲午，知北院大王事耶律馬哥、漢人行宫都部署蕭特末並爲都統，太和宫使耶律補得副之，將兵屯鴛鴦濼。己亥，金師敗奚王霞末于北安州〔五〕，遂降其城。

三月辛酉，上聞金師將出嶺西，遂趨白水濼。乙丑，羣牧使謨魯斡降金。丙寅，上至女古底倉。聞金兵將近，計不知所出，乘輕騎入夾山，方悟奉先之不忠。怒曰：「汝父子誤我至此，今欲誅汝，何益于事！恐軍心忿怨，爾曹避敵苟安，禍必及我，其勿從行。」奉先下馬，哭拜而去。行未數里，左右執其父子，縛送金兵。金人斬其長子昂，以奉先及其次子昱械送金主。道遇遼軍，奪以歸國，遂並賜死。逐樞密使蕭得里底。召撻不也典禁衛。丁卯，以北院樞密副使蕭僧孝奴知北院樞密使事，同知北院樞密使事蕭查剌爲左夷离畢。戊辰，同知殿前點檢事耶律高八率衛士降金。己巳，偵人蕭和尚、牌印郎君耶律哂斯爲金師所獲。癸酉，以諸局百工多亡，凡扈從不限吏民，皆官之。初，詔留宰相張琳、李處温與秦晉國王淳守燕。處温聞上入夾山，數日命令不通，即與弟處能、子奭，外假怨軍，内結都統蕭幹，謀立淳。遂與諸大臣耶律大石、左企弓、虞仲文、曹勇義、康公弼集蕃漢百官、諸軍及父老數萬人詣淳府。處温邀張琳至，白其事。琳曰：「攝政則可。」處温曰：「天意人心已定，請立班耳。」處温等請淳受禮，淳方出，李奭持赭袍被之，令百官拜舞山呼。淳驚駭，再三辭，不獲已而從之。以處温守太尉，左企弓守司徒，曹勇義知樞密院事，虞仲文參知政事，張琳守太師，李處能直樞密院，李奭爲少府少監、提舉翰林醫官。李爽、陳祕十餘人曾與大計〔六〕，並賜進士及第，授官有差。蕭幹爲北樞密使，駙馬都尉蕭旦知樞密院事。改怨軍爲常勝軍。於是肆赦，自稱天錫皇帝，改元建福，降封天祚爲湘陰王，遂據有燕、雲、平及上京、遼西六路〔七〕。天祚所有，沙漠已北，西南、西北路兩都招討府、諸蕃部族而已。

夏四月辛卯，西南面招討使耶律佛頂降金〔八〕，雲内、寧邊、東勝等州皆降，阿疎爲金兵所擒。金已取西京，沙漠以南部族皆降。上遂遁於訛莎烈。時北部謨葛失贐馬、駝、食羊。

五月甲戌，都統馬哥收集散亡，會于漚里謹。丙子，以馬哥知北院樞密使事，兼都統。

六月，淳寢疾，聞上傳檄天德、雲内、朔、武、應、蔚等州，合諸蕃精兵五萬騎，約以八月人燕，并遣人問勞，索衣裘、茗藥。淳甚驚，命南、北面大臣議。而李處温、蕭幹等有迎秦拒湘之説，集蕃漢百官議之。從其議者東立，惟南面行營都部署耶律寧西立。處温等問故，寧曰：「天祚果能以諸蕃兵大舉奪燕，則是天數未盡，豈能拒之？否則，秦、湘，父子也，拒則皆拒，自古安有迎子而拒其父者？」處温等相顧微笑，以寧扇亂軍心，欲殺之。淳欹枕長歎曰：「彼忠臣也，焉可殺？天祚果來，吾有死耳，復何面目相見耶！」已而淳死，衆乃議立其妻蕭氏爲皇太后，主軍國事。奉遺命，迎立天祚次子秦王定爲帝。太后遂稱制，改元德興。處温父子懼禍，南通童貫，欲挾蕭太后納土于宋，北通于金，欲爲内應，外以援立大功自陳。蕭太后罵曰：「誤秦晉國王者，皆汝父子！」悉數其過數十，賜死，臠其子奭而磔之，籍其家，得錢七萬緡，金玉寶器稱是，爲宰相數月之間所取也。謨葛失以兵來援，爲金人敗于洪灰水，擒其子陀古及其屬阿敵音。夏國援兵至，亦爲金所敗。

秋七月丁巳朔，敵烈部皮室叛，烏古部節度使耶律棠古討平之，加太子太保〔九〕。乙丑，上京毛八十率二千户降金〔一〇〕。辛未，夏國遣曹价來問起居〔一一〕。

八月戊戌，親遇金軍，戰于石輦驛〔一二〕，敗績，都統蕭特末及其姪撒古被執。辛丑，會軍于歡撻新查剌，金兵追之急，棄輜重以遁。

九月，敵烈部叛，都統馬哥克之。

冬十月，金兵攻蔚州，降。

十一月乙丑，聞金兵至奉聖州，遂率衛兵屯于落昆髓。秦晉王淳妻蕭德妃五表于金，求立秦王，不許，以勁兵守居庸。及金兵臨關，厓石自崩，戍卒多壓死，不戰而潰。德妃出古北口，趨天德軍。

十二月，知金主撫定南京，上遂由掃里關出居四部族詳穩之家。

三年春正月丁巳，奚王回离保僭號，稱天復元年〔一三〕，命都統馬哥討之。甲子〔一四〕，初，張瑴爲遼興軍節度副使，民推瑴領州事。秦晉王淳既死，蕭德妃遣時立愛知平州。瑴知遼必亡，練兵畜馬，籍丁壯爲備。立愛至，瑴弗納。金帥粘罕入燕，首問平州事於故參知政事康公弼。公弼曰：「瑴狂妄寡謀，雖有鄉兵，彼何能爲？示之不疑，圖之未晚。」金人招時立愛赴軍前，加瑴臨海軍節度使，仍知平州。既而又欲以精兵三千先下平州，擒張瑴。公弼曰：「若加兵，是趣之叛也。」公弼請自往覘之。瑴謂公弼曰：「遼之八路，七路已降，獨平州未解甲者，防蕭幹耳。」厚賂公弼而還。公弼復粘罕曰：「彼無足慮。」金人遂改平州爲南京，加瑴試中書門下平章事，判留守事。庚辰，宜、錦、乾、顯、成、川、豪、懿等州相繼皆降。上京盧彥倫叛〔一五〕，殺契丹人。

二月乙酉朔，興中府降金。來州歸德軍節度使田顥、權隰州刺史杜師回、權遷州刺史高永昌〔一六〕、權潤州刺史張成〔一七〕，皆籍所管户降金。丙戌，誅蕭德妃，降淳爲庶人，盡釋其黨。癸巳，興中、宜州復城守。

三月，駐蹕于雲内州南。

夏四月甲申朔，以知北院樞密使蕭僧孝奴爲諸道大都督。丙申，金兵至居庸關，擒耶律大石。戊戌，金兵圍輜重于青塚，硬寨太保特母哥竊梁王雅里以遁，秦王、許王、諸妃、公主、從臣皆陷没。庚子，梁宋大長公主特里亡歸。壬寅，金遣人來招。癸卯，答書請和〔一八〕。丙午，金兵送族屬輜重東行，乃遣兵邀戰于白水濼，趙王習泥烈、蕭道寧皆被執。上遣牌印郎君謀盧瓦送兔紐金印僞降，遂西遁雲内。駙馬都尉乳奴詣金降。己酉，金復以書來招，答其書。壬子，金帥書來，不許請和。是月，特母哥挈雅里至，上怒不能盡救諸子，詰之。

五月乙卯，夏國王李乾順遣使請臨其國。庚申，軍將耶律敵烈等夜劫梁王雅里奔西北部〔一九〕，立以爲帝，改元神曆。辛酉，渡河，止于金肅軍北。回离保爲衆所殺。

六月，遣使册李乾順爲夏國皇帝。

秋九月，耶律大石自金來歸。

冬十月，復渡河東還，居突吕不部。梁王雅里殁，耶律朮烈繼之。

十一月，朮烈爲衆所殺。

四年春正月，上趨都統馬哥軍。金人來攻，棄營北遁，馬哥被執。謨葛失來迎，贐馬、駝、羊，又率部人防衛。時侍從乏糧數日，以衣易羊。至烏古敵烈部，以都點檢蕭乙薛知北院樞密使事，封謨葛失爲神于越王。特母哥降金。

二月，耶律遥設等十人謀叛，伏誅。

夏五月，金人既克燕，驅燕之大家東徙，以燕空城及涿、易、檀、順、景、薊州與宋以塞盟。左企弓、康公弼、曹勇義、虞仲文皆東遷。燕民流離道路，不勝其苦，入平州，言於留守張㲄曰：「宰相左企弓不謀守燕，使吾民流離，無所安集。公今臨巨鎮，握强兵，盡忠於遼，必能使我復歸鄉土，人心亦惟公是望。」㲄遂召諸將領議。皆曰：「聞天祚兵勢復振，出没漠南。公若仗義勤王，奉迎天祚，以圖中興，先責左企弓等叛降之罪而誅之，盡歸燕民，使復其業，而以平州歸宋，則宋無不接納，平州遂爲藩鎮矣。即後日金人加兵，内用平山之軍，外得宋爲之援，又何懼焉！」㲄曰：「此大事也，不可草草。翰林學士李石智而多謀，可召與議。」石至，其言與之合。乃遣張謙率五百餘騎，傳留守令，召宰相左企弓、曹勇義、樞密使虞仲文、參知政事康公弼至灤河西岸，遣議事官趙祕校往數十罪〔二〇〕，曰：「天祚播遷夾山，不即奉迎，一也；勸皇叔秦晉王僭號，二也；詆訐君父，降封湘陰，三也；天祚遣知閤王有慶來議事而殺之，四也；檄書始至，有迎秦拒湘之議，五也；不謀守燕而降，六也；不顧大義，臣事于金，七也；根括燕財，取悅于金，八也；使燕人遷徙失業，九也；教金人發兵先下平州，十也。爾有十罪，所不容誅。」左企弓等無以對，皆縊殺之。仍稱保大三年，畫天祚象，朝夕謁，事必告而後行，稱遼官秩。

六月，榜諭燕人復業，恒産爲常勝軍所占者，悉還之。燕民既得歸，大悅。翰林學士李石更名安弼，偕故三司使高黨往燕山，說宋王安中曰：「平州帶甲萬餘，瑴有文武材，可用爲屏翰，不然將爲肘腋之患。」安中深然之，令安弼與黨詣宋〔二〕。宋主詔帥臣王安中、詹度厚加安撫，與免三年常賦。瑴聞之，自謂得計。

秋七月，金人屯來州，闍母聞平州附宋，以二千騎問罪，先入營州。瑴以精兵萬騎擊敗之。宋建平州爲泰寧軍，以瑴爲節度使，以安弼、黨爲徽猷閣待制，令宣撫司出銀絹數萬犒賞。瑴喜，遠迎。金人諜知，舉兵來襲，瑴不得歸，奔燕。金人克三州，始來索瑴，王安中諱之。索急，斬一人貌類者去。金人曰，非瑴也，以兵來取。安中不得已，殺瑴，函其首送金〔三〕。天祚既得林牙耶律大石兵歸，又得陰山室韋謨葛失兵，自謂得天助，再謀出兵，復收燕、雲。大石林牙力諫曰：「自金人初陷長春、遼陽，則車駕不幸廣平淀，而都中京；及陷上京，則都燕山；及陷中京，則幸雲中；自雲中而播遷夾山。向以全師不謀戰備，使舉國漢地皆爲金有。國勢至此，而方求戰，非計也。當養兵待時而動，不可輕舉。」

不從。大石遂殺乙薛及坡里括，置北、南面官屬，自立爲王，率所部西去。上遂率諸軍出夾山，下漁陽嶺，取天德、東勝、寧邊、雲内等州。南下武州，遇金人，戰于奄遏下水，復潰，直趨山陰。

八月，國舅詳穩蕭撻不也、筆硯祗候察剌降金。是月，金主阿骨打死〔三〕。

九月，建州降金。

冬十月，納突呂不部人訛哥之妻諳葛，以訛哥爲本部節度使。昭古牙率衆降金。金攻興中府，降之。

十一月，從行者舉兵亂，北護衞太保朮者、舍利詳穩牙不里等擊敗之。

十二月，置二總管府。

校勘記

〔二〕上有四子　本書卷六四皇子表，天祚凡六子，紀、傳所見皇子之數亦與表合。此處蓋襲宋代文獻之誤。

〔三〕事覺昱撻曷里等伏誅　疑「撻曷里」下奪「妻」字。按裔夷謀夏録卷一謂「蕭昱、撻曷里妻等皆誅」，契丹國志卷一一天祚皇帝中保大元年稱「事發，撻曷里妻等皆伏誅」。

〔三〕即率千餘騎叛入金　此事本書卷七〇屬國表繫於保大元年五月，金史卷二太祖紀同。

〔四〕「上出居庸關」至「遺傳國璽于桑乾河」　本書卷七〇屬國表，是年三月，天祚聞金師將及，輕騎以遁。又金史卷二太祖紀天輔六年（遼保大二年）三月，金師追天祚於鴛鴦泊，天祚奔西京。且下文二月甲午尚稱命人「將兵屯鴛鴦濼」，故知此處所記時間不確，蓋史官鈔襲宋代文獻所致。

〔五〕金師敗奚王霞末于北安州　「于」，原作「非」，據大典卷五二五一引遼史天祚皇帝紀及明鈔本、南監本、北監本、殿本改。

〔六〕李爽陳祕十餘人曾與大計　「陳祕」，會編卷九宣和四年六月二十四日有「陳泌」，或即此人。

〔七〕燕雲平及上京遼西六路　此處僅舉出五路，當有闕誤。按本書卷三〇天祚皇帝紀四附耶律淳傳作「燕、雲、平、上京、中京、遼西六路」，裔夷謀夏録卷一作「燕、雲、平、中上京、遼西六路」，契丹國志卷一一天祚皇帝中作「燕、雲、平、中京、上京、遼西六路」。此處所闕當爲中京，或「及」爲「中」之誤。

〔八〕夏四月辛卯西南面招討使耶律佛頂降金　此處干支疑誤。按金史卷二太祖紀及卷七六杲傳，四月辛卯金師取西京，戊戌杲自西京趨白水濼，耶律坦招徠西南諸部。耶律佛頂降金當在此後。

〔九〕加太子太保　「太子太保」，本書卷六九部族表保大二年七月同。卷一〇〇耶律棠古傳、卷六六皇族表並作「太子太傅」。

〔一〇〕乙丑上京毛八十率二千户降金　按毛八十即毛子廉，金史卷七五毛子廉傳稱「子廉率户二千六百來歸」，卷二太祖紀天輔六年七月乙丑謂「上京漢人毛八十率二千餘户降」，與傳略合。此處所記户數恐不確。又本卷及金史太祖紀皆繫此事於保大二年（金天輔六年）七月乙丑，然金史卷七五毛子廉傳則記於天輔四年，參以同卷盧彦倫傳，知毛八十降金當在天輔四年（遼天慶十年）五月金取上京以前，此處繫年疑誤。

〔一一〕夏國遣曹价來問起居　「曹价」，本書卷七〇屬國表保大二年八月作「曹介」。

〔一二〕石輂驛　本書卷七〇屬國表保大二年八月及金史卷七四宗望傳同。卷六五公主表、卷一〇一耶律阿息保傳、卷一一四蕭特烈傳及金史卷二太祖紀天輔六年八月癸巳、卷六五蒲家奴傳、卷六六勗傳、卷八二蕭仲宣傳並作「石輂鐸」。

〔一三〕天復元年　「天復」，本書卷一一四奚回离保傳同。會編卷一八宣和五年八月十五日作「天阜」，大金弔伐録天輔七年三月又白劄子、會編卷一九宣和六年正月十四日、宋會要蕃夷二之三五皆作「天嗣」，契丹國志卷一二天祚皇帝下作「天興」。

〔一四〕甲子　此處干支下無記事，而徑接追敍之文，有乖史例。按金史卷二太祖紀天輔七年（遼保大三年）正月稱「甲子，遼平州節度使時立愛降」。此處「甲子」下所敍張穀、時立愛降金事與之相涉而無所附麗，聊綴於甲子之下，蓋因史官雜採諸書節録不當所致。

〔一五〕上京盧彦倫叛　「盧彦倫」，原作「盧彦綸」，據大典卷五二五一引遼史天祚皇帝紀、金史卷七五盧彦倫傳改。

〔一六〕權遷州刺史高永昌　「高永昌」，金史卷二太祖紀天輔七年二月乙酉作「高永福」。

〔一七〕權潤州刺史張成　「潤州」，原作「閏州」，據本書卷三九地理志三潤州條及金史卷二太祖紀天輔七年二月乙酉改。

〔一八〕答書請和　「書」，原作「言」，據大典卷五二五一引遼史天祚皇帝紀改。

〔一九〕軍將耶律敵烈等夜劫梁王雅里奔西北部　「耶律敵烈」，或作「蕭特烈」。參見卷一一四逆臣傳下校勘記〔四〕。

〔二〇〕遣議事官趙泌校往數十罪　「趙泌校」，會編卷一七宣和五年五月十四日同。契丹國志卷一二天祚皇帝下作「趙能」，此處「泌校」蓋其官稱。

〔二一〕「翰林學士李石更名安弼」至「令安弼與黨詣宋」　此段抄自宋代文獻。按皇朝編年綱目備要卷二九宣和五年五月云：「（李）石與三司使高履因詣燕山，説王安中。（中略）安中入其語，送石、履赴闕，改石名安弼，履名黨。」續宋中興編年資治通鑑卷一六宣和五年五月略同，則李、高更名當在説王安中之後。

〔二二〕「夏五月金人既克燕」至「函其首送金」　會編卷一七、卷一八及金史卷二太祖紀、卷三太宗紀，張瑴叛金至宋函其首送金，皆保大三年事。此處誤繫於四年。

〔三〕是月金主阿骨打死　金史卷二太祖紀，阿骨打卒於天輔七年（遼保大三年）八月戊申。此處誤繫於保大四年。

遼史卷三十

本紀第三十

天祚皇帝四

五年春正月辛巳，党項小斛禄遣人請臨其地。戊子，趨天德，過沙漠，金兵忽至。上徒步出走，近侍進珠帽，却之，乘張仁貴馬得脱，至天德。己丑，遇雪，無禦寒具，朮者以貂裘帽進；途次絶糧，朮者進麨與棗〔一〕；欲憩，朮者即跪坐，倚之假寐。朮者輩惟齧冰雪以濟饑。過天德。至夜，將宿民家，紿曰偵騎，其家知之，乃叩馬首，跪而大慟，潛宿其家。居數日，嘉其忠，遥授以節度使，遂趨党項。以小斛禄爲西南面招討使，總知軍事，仍賜其子及諸校爵賞有差。

二月，至應州新城東六十里，爲金人完顔婁室等所獲。

八月癸卯，至金。丙午，降封海濱王。以疾終，年五十有四，在位二十四年。金皇統元年二月，改封豫王。五年，葬于廣寧府閭陽縣乾陵傍。

耶律淳者，世號爲北遼。淳小字涅里，興宗第四孫，南京留守、宋魏王和魯斡之子。清寧初，太后鞠育之〔一〕。既長，篤好文學。昭懷太子得罪，上欲以淳爲嗣。上怒耶律白斯不，知與淳善，出淳爲彰聖等軍節度使。

天祚即位，進王鄭。乾統二年，加越王。六年，拜南府宰相，首議制兩府禮儀。上喜，徙王魏。其父和魯斡薨，即以淳襲父守南京。冬夏入朝，寵冠諸王。

天慶五年，東征，都監章奴濟鴨子河，與淳子阿撒等三百餘人亡歸。先遣敵里等以廢立之謀報淳，淳斬敵里首以獻。進封秦晉國王，拜都元帥，賜金券，免漢拜禮，不名。許自擇將士，乃募燕、雲精兵。東至錦州，隊長武朝彦作亂，劫淳。淳匿而免，收朝彦誅之。會金兵至，聚兵戰于阿里軫斗，敗績，收亡卒數千人拒之。淳入朝，釋其罪，詔南京刻石紀功。

保大二年，天祚入夾山，奚王回离保、林牙耶律大石等引唐靈武故事，議欲立淳。淳不從，官屬勸進曰：「主上蒙塵，中原擾攘，若不立王，百姓何歸？宜熟計之。」遂即位。百官上號天錫皇帝，改保大二年爲建福元年，大赦。放進士李寶信等一十九人，遥降天祚爲湘陰王。以燕、雲、平、上京、中京、遼西六路，淳主之；沙漠以北、南北路兩都招討府、諸蕃部族等，仍隸天祚。自此遼國分矣。封其妻普賢女爲德妃，以回离保知北院樞密使事〔三〕，軍旅之事悉委大石。又遣使報宋，免歲幣，結好。宋人發兵問罪，擊敗之。尋遣使奉表于金，乞爲附庸。事未決，淳病死，年六十。百官僞謚曰孝章皇帝，廟號宣宗，葬燕西香山永安陵。

遺命遥立秦王定以存社稷。德妃爲皇太后，稱制，改建福爲德興元年，放進士李球等百八人。時宋兵來攻，戰敗之，由是人心大悦，兵勢日振。宰相李純等潛納宋兵〔四〕，居民内應，抱關者被殺甚衆。翌日，攻内東門，衛兵力戰，宋軍大潰，踰城而走，死者相藉。五表于金，求立秦王，不從。而金兵大至，德妃奔天德軍，見天祚。天祚怒，誅德妃，降淳庶人，除其屬籍。

耶律雅里者，天祚皇帝第二子也，字撒鸞。七歲，欲立爲皇太子〔五〕，別置禁衛，封梁王。

保大三年，金師圍青塚寨，雅里在軍中。太保特母哥挾之出走，間道行至陰山。聞天祚失利趨雲内，雅里馳赴。時扈從者千餘人，多於天祚。天祚慮特母哥生變，欲誅之。責以不能全救諸王，將訊之。仗劍召雅里問曰：「特母哥教汝何爲？」雅里對曰：「無他言。」迺釋之。

天祚渡河奔夏，隊帥耶律敵列等劫雅里北走〔六〕。至沙嶺，見蛇横道而過，識者以爲不祥。後三日，羣僚共立雅里爲主。雅里遂即位，改元神曆，命士庶上便宜。

雅里性寬大，惡誅殺。獲亡者，笞之而已。有自歸者，即官之。因謂左右曰：「欲附來歸，不附則去。何須威逼耶？」每取唐貞觀政要及林牙資忠所作治國詩，令侍從讀之。烏古部節度使糺哲、迭烈部統軍撻不也、都監突里不等各率其衆來附。自是諸部繼至。而雅里日漸荒怠，好擊鞠。特母哥切諫，乃不復出。以耶律敵列爲樞密使，特母哥副之。敵列劾西北路招討使蕭糺里熒惑衆心，志有不臣，與其子麻涅並誅之。以遥設爲招討使，與諸部戰，數敗，杖免官。

從行有疲困者，輒振給之。直長保德諫曰：「今國家空虚，賜賚若此，將何以相給耶？」雅里怒曰：「昔畋於福山，卿誣獵官，今復有此言。若無諸部，我將何取？」不納。

初，令羣牧運鹽濼倉粟，而民盜之，議籍以償。雅里乃自爲直：每粟一車償一羊，三車一牛，五車一馬，八車一駝。左右曰：「今一羊易粟二斗且不可得，乃償一車！」雅里曰：「民有則我有。若令盡償，民何堪〔七〕？」

後獵查剌山，一日而射黄羊四十，狼二十一，因致疾，卒〔八〕，年三十。

耶律大石者，世號爲西遼。大石字重德，太祖八代孫也。通遼、漢字，善騎射，登天慶五年進士第，擢翰林應奉，尋陞承旨。遼以翰林爲林牙，故稱大石林牙。歷泰、祥二州刺史，遼興軍節度使。

保大二年，金兵日逼，天祚播越，與諸大臣立秦晉王淳爲帝。淳死，立其妻蕭德妃爲太后，以守燕。及金兵至，蕭德妃歸天祚。天祚怒誅德妃而責大石曰：「我在，汝何敢立淳？」對曰：「陛下以全國之勢，不能一拒敵，棄國遠遁，使黎民塗炭。即立十淳，皆太祖子孫，豈不勝乞命於他人耶？」上無以答，賜酒食，赦其罪。

大石不自安，遂殺蕭乙薛、坡里括，自立爲王，率鐵騎二百宵遁。北行三日，過黑水，見白達達詳穩牀古兒。牀古兒獻馬四百，駝二十，羊若干。西至可敦城，駐北庭都護府。

會威武、崇德、會蕃、新、大林、紫河、駝等七州及大黃室韋、敵剌、王紀剌、茶赤剌、也喜、鼻古德、尼剌、達剌乖、達密里、密兒紀、合主、烏古里、阻卜、普速完、唐古、忽母思、奚的、糺而畢十八部王衆〔九〕，諭曰：「我祖宗艱難創業，歷世九主，歷年二百。金以臣屬，逼我國家，殘我黎庶，屠翦我州邑，使我天祚皇帝蒙塵于外，日夜痛心疾首。我今仗義而西，欲借力諸蕃，翦我仇敵，復我疆宇。惟爾衆亦有軫我國家，憂我社稷，思共救君父，濟生民於難者乎？」遂得精兵萬餘，置官吏，立排甲，具器仗。

明年二月甲午，以青牛白馬祭天地、祖宗，整旅而西。先遺書回鶻王畢勒哥曰：「昔我太祖皇帝北征，過卜古罕城，即遣使至甘州，詔爾祖烏母主曰：『汝思故國耶，朕即爲汝復之；汝不能返耶，朕則有之。在朕，猶在爾也。』爾祖即表謝，以爲遷國于此，十有餘世，軍民皆安土重遷，不能復返矣。是與爾國非一日之好也。今我將西至大食，假道爾國，其勿致疑。」畢勒哥得書，即迎至邸，大宴三日。臨行，獻馬六百，駝百，羊三千，願質子孫爲附庸，送至境外。所過，敵者勝之，降者安之。兵行萬里，歸者數國，獲駝、馬、牛、羊、財物，不可勝計。軍勢日盛，鋭氣日倍。

至尋思干，西域諸國舉兵十萬，號忽兒珊，來拒戰。兩軍相望二里許。諭將士曰：「彼軍雖多而無謀，攻之，則首尾不救，我師必勝。」遣六院司大王蕭斡里剌、招討副使耶律松山等將兵二千五百攻其右，樞密副使蕭剌阿不、招討使耶律朮薛等將兵二千五百攻其左，自以衆攻其中。三軍俱進，忽兒珊大敗，僵屍數十里。駐軍尋思干凡九十日，回回國王來降，貢方物。

又西至起兒漫，文武百官册立大石爲帝，以甲辰歲二月五日即位〔一〇〕，年三十八，號葛兒罕。復上漢尊號曰天祐皇帝，改元延慶。追謚祖父爲嗣元皇帝，祖母爲宣義皇后，册元妃蕭氏爲昭德皇后。因謂百官曰：「朕與卿等行三萬里，跋涉沙漠，夙夜艱勤〔一一〕。賴祖宗之福，卿等之力，冒登大位。爾祖爾父宜加卹典，共享尊榮。」自蕭斡里剌等四十九人祖、父，封爵有差。

延慶三年，班師東歸，馬行二十日，得善地，遂建都城，號虎思斡耳朵，改延慶爲康國元年。三月，以六院司大王蕭斡里剌爲兵馬都元帥，敵剌部前同知樞密院事蕭查剌阿不副之，茶赤剌部秃魯耶律燕山爲都部署，護衛耶律鐵哥爲都監，率七萬騎東征。以青牛白馬祭天，樹旗以誓于衆曰：「我大遼自太祖、太宗艱難而成帝業，其後嗣君耽樂無厭，不恤國政，盜賊蠭起，天下土崩。朕率爾衆，遠至朔漠，期復大業，以光中興。此非朕與爾世居之地。」申命元帥斡里剌曰：「今汝其往，信賞必罰，與士卒同甘苦，擇善水草以立營，量敵而進，毋自取禍敗也。」行萬餘里無所得，牛馬多死，勒兵而還。大石曰：「皇天弗順，數也！」康國十年殂，在位二十年，廟號德宗。

子夷列年幼，遺命皇后權國。后名塔不煙，號感天皇后，稱制，改元咸清，在位七年。子夷列即位，改元紹興。籍民十八歲以上，得八萬四千五百户。在位十三年殂，廟號仁宗。

子幼，遺詔以妹普速完權國，稱制，改元崇福，號承天太后。後與駙馬蕭朵魯不弟朴古只沙里通，出駙馬爲東平王，羅織殺之。駙馬父斡里剌以兵圍其宫，射殺普速完及朴古只沙里。普速完在位十四年。

仁宗次子直魯古即位，改元天禧，在位三十四年。時秋出獵，乃蠻王屈出律以伏兵八千擒之，而據其位。遂襲遼衣冠，尊直魯古爲太上皇，皇后爲皇太后，朝夕問起居，以侍終焉。直魯古死，遼絶。

耶律淳在天祚之世，歷王大國，受賜金券，贊拜不名。一時恩遇，無與爲比。當天祚播越，以都元帥留守南京，獨不可奮大義以激燕民及諸大臣，興勤王之師，東拒金而迎天祚乎？乃自取之，是篡也，况忍王天祚哉？大石既帝淳而王天祚矣，復歸天祚。天祚責以大義，乃自立爲王而去之。幸藉祖宗餘威遺智，建號萬里之外。雖寡母弱子，更繼迭承，幾九十年，亦可謂難矣。

然淳與雅里、大石之立，皆在天祚之世。有君而復君之，其可乎哉？諸葛武侯爲獻帝發喪，而後立先主爲帝者，不可同年語矣。故著以爲戒云。

贊曰：遼起朔野，兵甲之盛，鼓行寰外，席卷河朔，樹晉植漢，何其壯歟？太祖、太宗乘百戰之勢，輯新造之邦，英謀叡略，可謂遠矣。雖以世宗中才，穆宗殘暴，連遘弑逆，而神器不搖，蓋由祖宗威令猶足以震疊其國人也。

聖宗以來，內修政治，外拓疆宇。既而申固鄰好，四境乂安。維持二百餘年之基，有自來矣。

降臻天祚，既丁末運，又觖人望，崇信姦回，自椓國本，羣下離心。金兵一集，內難先作，廢立之謀，叛亡之迹，相繼蠭起。馴致土崩瓦解，不可復支，良可哀也！耶律與蕭，世爲甥舅，義同休戚。奉先挾私滅公，首釁構難，一至於斯。天祚窮蹙，始悟奉先誤己，不幾晚乎！

淳、雅里所謂名不正，言不順，事不成者也。大石苟延，彼善於此，亦幾何哉？

校勘記

〔一〕朮者進麨與棗　「麨」，原作「之」，據大典卷五二五一引遼史天祚皇帝紀及明鈔本、南監本、北監本、殿本改。

〔二〕清寧初太后鞠育之　本書卷二九天祚皇帝紀三，耶律淳卒於保大二年，會編卷九宣和四年六月二十四日、繫年要録卷一宣和四年六月辛亥同。又下文稱其卒年六十，則應生於清寧九年，不當云「清寧初」。

〔三〕以回离保知北院樞密使事　本書卷一一四奚回离保傳同。然卷二九天祚皇帝紀三保大二年三月謂「蕭幹爲北院樞密使，駙馬都尉蕭旦知樞密院事」，繫年要録卷一宣和四年七月己酉亦稱「遼樞密使蕭幹」，按蕭幹即回离保，惟官銜與此不合。

〔四〕宰相李純等潛納宋兵　「李純」僅此一見，按本書卷二九天祚皇帝紀三保大二年三月及卷一〇二李處温傳俱作「李處温」，會編卷八宣和四年六月十二日同。此處蓋音近致誤。

〔五〕七歲欲立爲皇太子　疑文有訛誤。按本書卷二九天祚皇帝紀三保大三年十月，「梁王雅里歿」，若下文卒年三十無誤，則當生於道宗大安十年；七歲爲壽昌六年，時天祚尚未繼位，不當有立皇太子事。

〔六〕隊帥耶律敵列等劫雅里北走　此事亦見本書卷二九天祚皇帝紀三保大三年五月庚申、卷五九食貨志上、卷六九部族表，惟「耶律敵列」作「耶律敵烈」。然卷一一四蕭特烈傳云：「劫梁王雅里，奔西北諸部，僞立爲帝，特烈自爲樞密使。」蕭特烈與耶律敵列（烈）蓋係一人，其姓氏當有一誤。

〔七〕民何堪　「何」，原作一字空格，據大典卷五二五一引遼史天祚皇帝紀及明鈔本、南監本、北監本、殿本補。

〔八〕因致疾卒　「卒」，原作一字空格，據大典卷五二五一引遼史天祚皇帝紀及明鈔本、南監本、北監本、殿本補。

〔九〕紇而畢　本書卷六九部族表作「紀而畢」。

〔一〇〕又西至起兒漫文武百官册立大石爲帝以甲辰歲二月五日即位　此「甲辰歲」當指遼保大四年（一一二四），然據今人考訂西遼紀年，大石稱帝當在一一三一或一一三二年。疑此「甲辰歲」或爲其北走稱王之年，此處蓋史官追敍致誤。又此句似謂大石稱帝於起兒漫，然據阿拉伯文獻，上文尋思干之戰在一一四一年，大石西至起兒漫當在此後。

〔一一〕夙夜艱勤　「艱」，原作「難」，據大典卷五二五一引遼史天祚皇帝紀及明鈔本、南監本、北監本、殿本改。

〔元〕脱脱 等撰

點校本二十四史修訂本

遼史

第二册

卷三一至卷四四

中華書局

部族。有事則以攻戰爲務，閑暇則以畋漁爲生。無日不營，無在不衞。立國規模，莫重於此。作營衞志。

宮衞

遼國之法：天子踐位，置宮衞，分州縣，析部族，設官府，籍户口，備兵馬。崩則扈從后妃宮帳，以奉陵寢。有調發，則丁壯從戎事，老弱居守。

太祖曰弘義宮，應天皇后曰長寧宮，太宗曰永興宮，世宗曰積慶宮，穆宗曰延昌宮，景宗曰彰愍宮，承天太后曰崇德宮，聖宗曰興聖宮，興宗曰延慶宮，道宗曰太和宮，天祚曰永昌宮。又孝文皇太弟有敦睦宮〔一〕，丞相耶律隆運有文忠王府。凡州三十八，縣十，提轄司四十一，石烈二十三，瓦里七十四，抹里九十八，得里二，閘撒十九。爲正户八萬，蕃漢轉户十二萬三千，共二十萬三千户〔二〕。

算斡魯朵，太祖置。國語心腹曰「算」，宮曰「斡魯朵」。是爲弘義宮。以心腹之衞置，益以渤海俘、錦州户。其斡魯朵在臨潢府，陵寢在祖州東南二十里〔三〕。正户八千，蕃漢轉户七千，出騎軍六千。

州五：錦、祖、嚴、祺、銀。

縣一：富義。

提轄司四：南京、西京、奉聖州、平州。

石烈二：曰須，曰速魯。

瓦里四：曰合不，曰撻撒，曰慢押，曰虎池。

抹里四：曰膻，曰預墩，曰鶻突，曰糾里闡。

得里二：曰述壘北，曰述壘南。

國阿輦斡魯朵，太宗置。收國曰「國阿輦」。是爲永興宮。初名孤穩斡魯朵。以太祖平渤海俘户，東京、懷州提轄司及雲州懷仁縣、澤州灤河縣等户置。其斡魯朵在游古河側，陵寢在懷州南三十里。正户三千，蕃漢轉户七千，出騎軍五千。

州四：懷、黔、開、來。

縣二：保和〔四〕、灤河。

提轄司四：南京、西京、奉聖州、平州。

石烈一：北女古。

瓦里四：曰抹，曰母，曰合李只，曰述壘。

抹里十三：曰述壘軫，曰大隔蔑，曰小隔蔑，曰母，曰歸化不朮，曰唐括，曰吐谷，曰百爾瓜忒，曰合魯不只，曰移馬不只，曰軉，曰清帶，曰速穩。

閘撒七：曰伯德部，曰守狘，曰穴骨只，曰合不頻尼，曰虎里狘，曰耶里只挾室，曰僧隱令公。

耶魯盌斡魯朵，世宗置。興盛曰「耶魯盌」。是爲積慶宫。以文獻皇帝衛從及太祖俘户，及雲州提轄司，并高、宜等州户置。其斡魯朵在土河東，陵寢在長寧宫北〔五〕。正户五千，蕃漢轉户八千，出騎軍八千。

州三：康、顯、宜。

縣一：山東。

提轄司四〔六〕。

石烈一：兮臘。

瓦里八：曰達撒，曰合不，曰吸烈，曰逼里，曰潭馬，曰槊不，曰耶里直，曰耶魯兀也。

抹里十：曰紇斯直，曰鑾葛，曰厥里，曰潭馬忒，曰出懶，曰速忽魯椀，曰牒里得，曰閣馬，曰迭里特，曰女古。

蒲速盌斡魯朵，應天皇太后置。興隆曰「蒲速盌」。是爲長寧宮。以遼州及海濱縣等户置。其斡魯朵在高州，陵寢在龍化州東一百里〔七〕。世宗分屬讓國皇帝宮院。正户七千，蕃漢轉户六千，出騎軍五千。

州四：遼、儀坤、遼西、顯。

縣三：奉先、歸義、定霸。

提轄司四。

石烈一：北女古。

瓦里六：曰潭馬，曰合不，曰達撒，曰慢押，曰耶里只，曰渾只。

抹里十三：曰渾得移鄰稍瓦只，曰合四卑臘因鐵里卑稍只，曰奪羅果只，曰拏葛只，曰合里只，曰婆渾昆母温，曰阿魯埃得本，曰東厮里門，曰西厮里門，曰東鑁里，曰西鑁里，曰牒得只，曰滅母鄰母。

奪里本斡魯朵，穆宗置。是爲延昌宮。討平曰「奪里本」。以國阿輦斡魯朵户及阻卜俘户，中京提轄司、南京制置司，咸、信、韓等州户置。其斡魯朶在糺雅里山南，陵寢在京南〔八〕。正户一千，蕃漢轉户三千，出騎軍二千。

州二：遂、韓。

提轄司三：中京、南京、平州。

石烈一：曰須。

瓦里四：曰抹骨古等，曰兀没，曰潭馬，曰合里直。

抹里四：曰抹骨登兀没滅，曰土木直移鄰，曰息州決里，曰莫瑰奪石。

監母斡魯朶，景宗置。是爲彰愍宫。遺留曰「監母」。以章肅皇帝侍衞及武安州户置。其斡魯朶在合魯河，陵寢在祖州南〔九〕。正户八千，蕃漢轉户一萬，出騎軍一萬。

州四：永、龍化、降聖、同。

縣二：行唐、阜俗〔一〇〕。

提轄司四。

石烈二：曰監母，曰南女古。

瓦里七：曰潭馬，曰奚烈，曰埃合里直，曰鑾雅葛，曰特末，曰烏也，曰滅合里直。

抹里十一：曰尼母曷烈因稍瓦直，曰察改因麻得不，曰移失鄰斡直，曰辛古不直，曰撒改真，曰牙葛直，曰虎猻阿里鄰，曰潑昆，曰潭馬，曰鬧臘，曰楚兀真果鄰。

孤穩斡魯朵，承天太后置。是爲崇德宫。玉曰「孤穩」。以乾、顯、雙三州户置。其斡魯朵在土河東，陵祔景宗皇帝。正户六千，蕃漢轉户一萬，出騎軍一萬。

州四：乾、川、雙、貴德。

縣一：潞。上京。

提轄司三：南京、西京、奉聖州。

石烈三：曰鏤里，曰滂，曰迭里特女古。

瓦里七：曰達撒，曰耶里，曰合不，曰歇不，曰合里直，曰慢押，曰耶里直。

抹里十一：曰阿里厮直述壘，曰預篤温稍瓦直，曰潭馬，曰賃預篤温一臘，曰牙葛直，曰牒得直，曰虎温，曰孤温，曰撒里僧，曰阿里葛斯過鄰，曰鐵里乖穩鏤里。

鬧撒五：曰合不直迷里幾頻你，曰牒耳葛太保果直，曰爪里阿本果直，曰僧隱令公果直，曰老昆令公果直。

女古斡魯朶，聖宗置。是爲興聖宮。金曰「女古」。以國阿輦、耶魯盌、蒲速盌三斡魯朶户置。其斡魯朶在女混活直，陵寢在慶州南安〔一〕。正户一萬，蕃漢轉户二萬，出騎軍五千。

州五：慶、隰、烏、上京。烏、東京。霸。

提轄司四。

石烈四：曰毫兀真女姑，曰拏兀真女室，曰女特里特，曰女古滂。

瓦里六：曰女古，曰蒲速盌〔二〕，曰鶻篤，曰乙抵，曰蓊，曰埃也。

抹里九：曰乙辛不只，曰鐵乖温，曰埃合里只，曰嘲瑰，曰合魯山血古只，曰奪忒排登血古只，曰勞骨，曰虚沙，曰土鄰。

閘撒五：曰達鄰頻你，曰和里懶你，曰爪阿不厥真，曰粘獨里僧，曰袍達夫人厥只。

窩篤盌斡魯朶，興宗置。是爲延慶宫。孳息曰「窩篤盌」。以諸斡魯朶及饒州户置。其斡魯朶在高州西，陵寢在上京慶州。正户七千，蕃漢轉户一萬，出騎軍一萬。

州三：饒、長春、泰。

提轄司四。

石烈二：曰窩篤盌，曰鶻篤骨。

瓦里六：曰窩篤盌，曰廝把，曰廝阿，曰糺里，曰得里，曰歐烈。

抹里六：曰歐里本，曰燕廝，曰緬四，曰乙僧，曰北得里，曰南得里。

阿思斡魯朵，道宗置。是爲太和宫。寬大曰「阿思」。以諸斡魯朵御前承應人及興中府户置。其斡魯朵在好水濼，陵寢在上京慶州。正户一萬，蕃漢轉户二萬，出騎軍一萬五千。

石烈二：曰阿廝，曰耶魯。

瓦里八：曰阿廝，曰耶魯，曰得里，曰糺里，曰撒不，曰鶻篤，曰蒲速斡，曰曷烈。

抹里七：曰恩州得里，曰斡奢得里，曰歐里本，曰特滿，曰查剌土鄰，曰糺里，曰阿里廝迷里。

阿魯盌斡魯朵，天祚皇帝置。是爲永昌宫。輔祐曰「阿魯盌」。以諸斡魯朵御前承應人，春、宣州户置。正户八千〔三〕，蕃漢轉户一萬，出騎軍一萬。

石烈二：曰阿魯盌，曰榆魯盌。

瓦里八：曰阿魯斡，曰合里也，曰鶻突，曰敵剌，曰謀魯斡，曰糺里，曰奪里剌，曰特末也。

抹里八：曰蒲速盌，曰移輦，曰斡篤盌，曰特滿，曰謀魯盌，曰移典，曰悦，曰勃得本。

孝文皇太弟敦睦宫，謂之赤寔得本斡魯朵。孝曰「赤寔得本」。文獻皇帝承應人及渤海俘，建、瀋、巖三州户置〔一四〕。陵寢在祖州西南三十里〔一五〕。正户三千，蕃漢轉户五千，出騎軍五千。

州三：建、瀋、巖。

提轄司一：南京。

石烈二：曰嘲，曰與敦。

瓦里六：曰乙辛，曰得里，曰奚烈直，曰大潭馬，曰小潭馬，曰與敦〔一六〕。

抹里二：曰潭馬抹乖，曰柳實。

閘撒二：曰聶里頻你，曰打里頻你。

大丞相晉國王耶律隆運，本韓氏，名德讓。以功賜國姓，出宫籍，隸横帳季父房。贈尚書令，謚文忠。無子，以皇族魏王貼不子耶魯爲嗣，早卒；天祚皇帝又以皇子敖魯斡繼之。官給葬具，建廟乾陵側。擬諸宫例，建文忠王府。正户五千，蕃漢轉户八千，出騎軍一萬。

州一〔一七〕。

提轄司六：上京、中京、南京、西京、奉聖州、平州。

著帳郎君

著帳郎君：初，遥輦痕德堇可汗以蒲古只等三族害于越釋魯，籍没家屬入瓦里。淳欽皇后宥之，以爲著帳郎君。世宗悉免。後族、戚、世官犯罪者没入。

著帳户

著帳户：本諸斡魯朵析出及諸罪没入者。凡承應小底、司藏、鷹坊、湯樂〔一八〕、尚飲、盥漱、尚膳、尚衣、裁造等役，及宫中、親王祗從、伶官之屬，皆充之。

凡諸宫衞人丁四十萬八千，騎軍十萬一千。著帳釋宥、没入，隨時增損，無常額。

校勘記

〔一〕又孝文皇太弟有敦睦宮　「孝文皇太弟」，重熙十五年秦晉國大長公主墓誌、咸雍元年耶律宗允墓誌及五年秦晉國妃墓誌皆作「孝貞皇太弟」。

〔二〕爲正户八萬蕃漢轉户十二萬三千共二十萬三千户　此處所記蕃漢轉户數及總户數疑誤。按下文各宮蕃漢轉户計爲十二萬四千，則總數當爲二十萬四千户。又本書卷三五兵衞志中稱諸宮丁凡四十萬八千，按各宮丁數例皆倍於户數（參見本卷校勘記〔三〕），亦可證二十萬四千户爲是。

〔三〕陵寢在祖州東南二十里　按本書卷三七地理志一祖州條稱太祖陵在祖州西五里。經考古發掘證實其在祖州西北五里處，與地理志略合。

〔四〕保和　按本書卷三七地理志一上京臨潢府條，保和縣隸彰愍宮。

〔五〕陵寢在長寧宮北　按下文稱長寧宮在高州，據此則世宗陵寢當在高州北。然據本書卷五世宗紀及卷三八地理志二顯州條，世宗葬於顯州西山，即醫巫閭山，今考古發現亦與之合。

〔六〕提轄司四　此下闕提轄司所在地名。據本書卷三五兵衞志中，當爲南京、西京、奉聖州、平州。又下文長寧宮、彰愍宮、興聖宮、延慶宮所闕皆同。

〔七〕陵寢在龍化州東一百里　按本書卷七一淳欽皇后傳謂應天皇后祔葬祖陵。然祖陵在祖州，位於龍化州西北，相去甚遠。

〔八〕陵寢在京南　「京南」所指不明。按本書卷七穆宗紀下應曆十九年二月及卷三七地理志一懷州條，穆宗祔葬懷陵側，當在上京臨潢府西。

〔九〕陵寢在祖州南　按本書卷三八地理志二乾州條，景宗乾陵在東京道乾州附近。又耶律宗教墓誌、耶律宗政墓誌及耶律宗允墓誌皆稱祔葬乾陵，三誌均出土於今遼寧北鎮市，與地理志合，去祖州甚遠。

〔一〇〕縣二行唐阜俗　本書卷三七地理志一上京臨潢府條、卷四一地理志五奉聖州條，保和縣、宣化縣、望雲縣均隸彰愍宮。

〔一一〕陵寢在慶州南安　據本書卷三七地理志一慶州條，慶州無南安，「安」字或係衍文。又卷一八興宗紀一太平十一年七月稱「建慶州于慶陵之南」，則聖宗慶陵當在慶州北。經考古調查證實其在慶州北三十里處，與紀合。

〔一二〕曰蒲速盌　「曰」字原闕，不合「瓦里六」之數。「女古」、「蒲速盌」屢見上下文，今補。

〔一三〕正户八千　「八千」，疑當作「七千」。按本書卷三五兵衛志中記永昌宮正丁一萬四千。錢大昕廿二史考異卷八三遼史兵衛志條稱「營衛志載各宮正户、轉户之數」，「丁數常倍於户數，是一户出二丁也」，則此處户數當爲七千，如此諸宮正户總計方合於上文所稱八萬之數。

〔一四〕文獻皇帝承應人及渤海俘建瀋巖三州户置　依上文文例，此句上疑脱「以」字。

〔一五〕陵寢在祖州西南三十里　按孝文皇太弟即耶律隆慶，本書卷六四皇子表稱其葬於醫巫閭山。

又耶律宗允墓誌稱其祔葬耶律隆慶之塋，此墓誌出土於今遼寧北鎮市，地近醫巫閭山，去祖州甚遠。

〔六〕與敦　原作「與墩」，據明鈔本、南監本、北監本、殿本改。按上文有石烈名「與敦」。

〔七〕州一　此下失載州名。按本書卷三八地理志二宗州條云：「耶律隆運以所俘漢民置。聖宗立爲州，隸文忠王府。」卷三九地理志三川州條云：「初隸崇德宮，統和中屬文忠王府。」此處「州一」未知何指。

〔八〕湯樂　「樂」，疑當作「藥」。

遼史卷三十二

志第二

營衞志中

行營

周官土圭之法：日東，景朝多風〔一〕；日北，景長多寒。天地之間，風氣異宜，人生其間，各適其便，王者因三才而節制之。長城以南，多雨多暑〔二〕，其人耕稼以食，桑麻以衣，宮室以居，城郭以治。大漠之間，多寒多風，畜牧畋漁以食，皮毛以衣，轉徙隨時，車馬爲家。此天時地利所以限南北也。遼國盡有大漠，浸包長城之境，因宜爲治。秋冬違寒，春夏避暑，隨水草就畋漁，歲以爲常。四時各有行在之所，謂之「捺鉢」。

春捺鉢：

曰鴨子河濼。皇帝正月上旬起牙帳，約六十日方至。天鵝未至，卓帳冰上，鑿冰取魚。冰泮，乃縱鷹鶻捕鵝雁。晨出暮歸，從事弋獵。鴨子河濼東西二十里，南北三十里，在長春州東北三十五里，四面皆沙堝，多榆柳杏林。皇帝每至，侍御皆服墨綠色衣，各備連鎚一柄，鷹食一器，刺鵝錐一枚，於濼周圍相去各五七步排立。皇帝冠巾，衣時服，繫玉束帶，於上風望之。有鵝之處舉旗，探騎馳報，遠泊鳴鼓。鵝驚騰起，左右圍騎皆舉幟麾之。五坊擎進海東青鶻，拜授皇帝放之。鶻擒鵝墜，勢力不加，排立近者，舉錐刺鵝，取腦以飼鶻。救鶻人例賞銀絹。皇帝得頭鵝，薦廟，羣臣各獻酒果，舉樂。更相酬酢，致賀語，皆插鵝毛于首以爲樂。賜從人酒，遍散其毛。弋獵網鈞〔三〕，春盡乃還。

夏捺鉢：

無常所，多在吐兒山。道宗每歲先幸黑山，拜聖宗、興宗陵，賞金蓮，乃幸子河避暑。吐兒山在黑山東北三百里，近饅頭山。黑山在慶州北十三里，上有池，池中有金蓮。子河在吐兒山東北三百里。懷州西山有清涼殿，亦爲行幸避暑之所。四月中旬起牙帳，卜吉地爲納涼所，五月末旬、六月上旬至。居五旬。與北、南臣僚議國事，暇日遊獵。七月中旬乃去。

秋捺鉢：

曰伏虎林。七月中旬自納涼處起牙帳，入山射鹿及虎。林在永州西北五十里〔四〕。嘗有虎據林，傷害居民畜牧。景宗領數騎獵焉，虎伏草際，戰慄不敢仰視，上舍之，因號「伏虎林」。每歲車駕至，皇族而下分布濼水側。伺夜將半，鹿飲鹽水，令獵人吹角效鹿鳴，既集而射之。謂之「舐鹻鹿」，又名「呼鹿」。

冬捺鉢：

曰廣平淀。在永州東南三十里，本名白馬淀。東西二十餘里，南北十餘里。地甚坦夷，四望皆沙磧，木多榆柳。其地饒沙，冬月稍暖，牙帳多於此坐冬，與北、南大臣會議國事，時出校獵講武，兼受南宋及諸國禮貢。皇帝牙帳以槍爲硬寨，用毛繩連繫。每槍下黑氈傘一，以芘衛士風雪。槍外小氈帳一層，每帳五人，各執兵仗爲禁圍。南有省方殿，殿北約二里曰壽寧殿〔五〕，皆木柱竹榱，以氈爲蓋，彩繪韜柱，錦爲壁衣，加緋繡額。又以黃布繡龍爲地障，牕、槅皆以氈爲之，傅以黃油絹。基高尺餘，兩廂廊廡亦以氈蓋，無門戶。省方殿北有鹿皮帳，帳次北有八方公用殿。壽寧殿北有長春帳，衛以硬寨。宮用契丹兵四千人，每日輪番千人祗直。禁圍外卓槍爲寨，夜則拔槍移卓御寢帳。周圍拒馬，外設鋪，傳鈴宿衛。

每歲四時，周而復始。

皇帝四時巡守，契丹大小内外臣僚并應役次人，及漢人宣徽院所管百司皆從。漢人樞密院、中書省唯摘宰相一員，樞密院都副承旨二員，令史十人，中書令史一人，御史臺、大理寺選摘一人扈從。每歲正月上旬，車駕啓行。宰相以下，還於中京居守，行遣漢人一切公事。除拜官僚，止行堂帖權差，俟會議行在所取旨，出給誥敕。文官縣令、録事以下更不奏聞，聽中書銓選；武官須奏聞。五月，納涼行在所，南、北臣僚會議。十月，坐冬行在所，亦如之。

部族上

部落曰部，氏族曰族。契丹故俗，分地而居，合族而處。有族而部者，五院、六院之類是也；有部而族者，奚王、室韋之類是也；有部而不族者，特里特勉、稍瓦、曷朮之類是也；有族而不部者，遥輦九帳、皇族三父房是也。

奇首八部爲高麗、蠕蠕所侵，僅以萬口附于元魏。生聚未幾，北齊見侵，掠男女十萬餘口。繼爲突厥所逼，寄處高麗，不過萬家。部落離散，非復古八部矣。别部有臣附突厥者，内附於隋者，依紇臣水而居〔六〕。部落漸衆，分爲十部，有地遼西五百餘里。唐世大賀氏仍爲八部，而松漠、玄州别出，亦十部也。遥輦氏承萬榮、可突于散敗之餘，更爲八部；

然遥輦、迭剌别出，又十部也。阻午可汗析爲二十部，契丹始大。至于遼太祖，析九帳、三房之族，更列二十部。聖宗之世，分置十有六，增置十有八，并舊爲五十四部；內有拔里、乙室已國舅族〔七〕，外有附庸十部，盛矣！

其氏族可知者，略具皇族、外戚二表。餘五院、六院、乙室部止見益古、撒里本，涅剌、烏古部止見撒里卜、涅勒，突吕不、突舉部止見塔古里、航斡，皆兄弟也。奚王府部時瑟、哲里，則臣主也。品部有拏女，楮特部有洼。其餘世繫名字，皆漫無所考矣。

舊志曰：「契丹之初，草居野次，靡有定所。至涅里始制部族，各有分地。太祖之興，以迭剌部强熾，析爲五院、六院。奚六部以下，多因俘降而置。勝兵甲者即著軍籍，分隸諸路詳穩、統軍、招討司。番居内地者，歲時田牧平莽間。邊防糺户，生生之資，仰給畜牧，績毛飲湩，以爲衣食。各安舊風，狃習勞事，不見紛華異物而遷。故家給人足，戎備整完。卒之虎視四方，强朝弱附，東逾蟠木，西越流沙，莫不率服。部族寔爲之爪牙云。」

古八部：

悉萬丹部。

何大何部〔八〕。

伏弗郁部。

羽陵部〔九〕。

日連部。

匹絜部。

黎部〔一〇〕。

吐六于部〔一一〕。

契丹之先，曰奇首可汗，生八子。其後族屬漸盛，分爲八部，居松漠之間。今永州木葉山有契丹始祖廟，奇首可汗、可敦併八子像在焉。潢河之西，土河之北，奇首可汗故壤也。

隋契丹十部：

元魏末〔一二〕，莫弗賀勿于畏高麗、蠕蠕侵逼〔一三〕，率車三千乘、衆萬口内附，乃去奇首可汗故壤，居白狼水東〔一四〕。北齊文宣帝自平州三道來侵，虜男女十餘萬口，分置諸州。又爲突厥所逼，以萬家寄處高麗境内。隋開皇四年，諸莫弗賀悉衆款塞，聽居白狼故地〔一五〕。又别部寄處高麗者曰出伏等，率衆内附，詔置獨奚那頡之北〔一六〕。又别部臣附突厥者四千餘户來降，詔給糧遣還，固辭不去，部落漸衆，徙逐水草，依紇臣水而居。在遼西正北二百里，其地東西亘五百里，南北三百里。分爲十部，逸其名。

唐大賀氏八部：

達稽部，峭落州。

紇便部，彈汗州。

獨活部，無逢州。

芬問部，羽陵州。

突便部，日連州。

芮奚部，徒河州。

墜斤部，萬丹州。

伏部，州二：匹黎、赤山。

唐太宗置玄州，以契丹大帥據曲爲刺史〔一七〕。又置松漠都督府，以窟哥爲都督，分八部，并玄州爲十州。則十部在其中矣。

遙輦氏八部：

旦利皆部。

乙室活部。

實活部。

納尾部。

頻没部。

納會雞部〔一八〕。

集解部。

奚嗢部。

當唐開元、天寶間，大賀氏既微，遼始祖涅里立迪輦祖里爲阻午可汗。時契丹因萬榮之敗，部落凋散，即故有族衆分爲八部。涅里所統迭刺部自爲别部，不與其列。并遙輦、迭剌亦十部也。

遙輦阻午可汗二十部：

耶律七部。

審密五部。

八部。

涅里相阻午可汗，分三耶律爲七，二審密爲五，并前八部爲二十部。三耶律：一曰大賀，二曰遥輦，三曰世里，即皇族也。二審密：一曰乙室己，二曰拔里，即國舅也。其分部皆未詳，可知者曰迭剌，曰乙室，曰品，曰楮特，曰烏隗，曰突吕不，曰捏剌，曰突舉，又有右大部、左大部，凡十，逸其二。大賀、遥輦析爲六，而世里合爲一，茲所以迭剌部終遥輦之世，彊不可制云。

校勘記

〔一〕日東景朝多風　「朝」，疑當作「夕」。按周禮地官司徒第二大司徒作「夕」。

〔二〕多雨多暑　「雨」，原作「疑」，據明鈔本、南監本、北監本、殿本改。參見本書卷一九興宗紀二校勘記〔一五〕。

〔三〕弋獵網釣　「釣」，諸本皆同，疑當作「鈎」。

〔四〕林在永州西北五十里　傅樂焕遼代四時捺鉢考五篇以爲遼帝秋捺鉢皆在慶州附近，距永州尚遠，此處「永州」當作「慶州」。

〔五〕南有省方殿殿北約二里曰壽寧殿　長編卷九七天禧五年九月甲申條引宋綬契丹風俗云：「祭天之地，東向設氈屋，署曰省方殿，無階，以氈藉地。後有二大帳。次北又設氈屋，曰慶壽殿。」宋會要蕃夷二之一〇所引同。按「慶壽殿」或即此處之「壽寧殿」。

〔六〕依紇臣水而居　「紇臣水」，本書卷三四兵衛志序、卷六三世表同。據隋書卷八四契丹傳及北史卷九四契丹傳，當作「託紇臣水」。

〔七〕拔里乙室已國舅族　「乙室已」，原作「乙室巳」，明鈔本、南監本、北監本同，殿本作「乙室已」。按「乙室已」契丹小字複數形式作[契丹小字]、[契丹小字]，其詞根爲[契丹小字]，音isk(i)。舊唐書卷三九地理志二、新唐書卷四三下地理志七下謂契丹有「乙失革」部，疑即「乙室已」之異譯。知此處當作「乙室已」，今改。餘徑改。

〔八〕何大何部　「何大何」，本書卷六三世表及魏書卷一〇〇契丹傳、北史卷九四契丹傳同。然魏書卷六顯祖紀皇興二年四月、通典卷二〇〇邊防一六及宋本冊府卷九六九外臣部朝貢二皆作「阿大何」。

〔九〕伏弗郁部羽陵部　按此二部名本魏書卷一〇〇契丹傳，然魏書卷六顯祖紀皇興元年二月、二年四月皆作「具伏弗」、「郁羽陵」，冊府卷九六九外臣部朝貢二同。又魏書卷一〇〇勿吉傳、北史卷九四勿吉傳均作「具弗伏」、「郁羽陵」。知魏書契丹傳作「伏弗郁」、「羽陵」誤。

〔一〇〕匹絜部黎部　「匹絜」、「黎」，本書卷六三世表及魏書卷一〇〇契丹傳同。然魏書卷六顯祖紀皇興元年二月、二年四月及卷一〇〇勿吉傳作「匹黎尒」，通典卷二〇〇邊防一六、册府卷九六九外臣部朝貢二皇興元年二月條又作「匹黎」，皆係一部。此處蓋襲魏書契丹傳，誤分爲二部，「絜」或爲「黎」形近之衍，如此則「古八部」僅有七部之數。

〔一一〕吐六于部　「吐六于」，本書卷六三世表及魏書卷一〇〇契丹傳同，魏書卷六顯祖紀皇興二年四月、册府卷九六九外臣部朝貢二並作「叱六手」，北史卷九四契丹傳作「吐六千」，通典卷二〇〇邊防一六作「比六于」。疑「吐」、「比」皆爲「叱」之誤，「手」字顯誤，「于」、「千」二字未知孰是。

〔一二〕元魏末　「末」，原作「疑」，據明鈔本、南監本、北監本、殿本改。參見本書卷一九興宗紀二校勘記〔一五〕。

〔一三〕莫弗賀勿于畏高麗蠕蠕侵逼　「莫弗賀」，本書卷六三世表、卷一一六國語解及魏書卷一〇〇契丹傳同。北史卷九四契丹傳作「莫賀弗」。按「莫賀弗」乃中古北族慣用名號，本書所見「莫弗賀」皆襲魏書契丹傳之誤。又「勿于」，魏書契丹傳同，北史契丹傳、通鑑卷一三五齊紀一高帝建元元年末皆作「勿干」。

〔一四〕居白狼水東　「白狼水」，魏書卷一〇〇契丹傳、北史卷九四契丹傳同。隋書卷八四契丹傳作「白貔河」。

〔一五〕隋開皇四年諸莫弗賀悉衆款塞聽居白狼故地　此處繫年不確。按隋書卷八四契丹傳云：

「開皇四年，率諸莫賀弗來謁。五年，悉其衆款塞，高祖納之，聽居其故地。」本書卷六三世表略同。

〔六〕詔置獨奚那頡之北　「獨奚那頡」，本書卷六三世表及隋書卷八四契丹傳、册府卷九七七外臣部降附皆作「渴奚那頡」。

〔七〕以契丹大帥據曲爲刺史　「據曲」，本書卷六三世表同，新唐書卷四三下地理志七下、卷二一九契丹傳及通鑑卷一九九唐紀一五太宗貞觀二十二年四月己未均作「曲據」。又舊唐書卷三九地理志二玄州條謂「處契丹李去閭部落」，「去閭」或即「曲據」。

〔八〕納會雞部　「納會雞」，本書卷三七地理志序及通鑑卷二六六後梁紀一太祖開平元年五月考異引漢高祖實録、五代會要卷二九契丹、新五代史卷七二四夷附録一皆作「内會雞」。

遼史卷三十三

志第三

營衛志下

部族下

遼起松漠，經營撫納，竟有唐、晉帝王之器，典章文物施及潢海之區，作史者尚可以故俗語耶？舊史有部族志，歷代之所無也。古者，巡守于方岳，五服之君各述其職，遼之部族實似之。故以部族置宮衛、行營之後云。

遼內四部族：

遥輦九帳族。

橫帳三父房族。

國舅帳拔里、乙室已族。

國舅別部〔一〕。

太祖二十部，二國舅升帳分，止十八部。

五院部。其先曰益古，凡六營。阻午可汗時，與弟撒里本領之，曰迭剌部〔二〕。傳至太祖，以夷离堇即位。天贊元年，以彊大難制，析五石烈爲五院，六爪爲六院，各置夷离堇。會同元年，更夷离堇爲大王。部隸北府，以鎮南境。大王及都監春夏居五院部之側，秋冬居羊門甸〔三〕。石烈四：

大蔑孤石烈。

小蔑孤石烈。

甌昆石烈。太宗會同二年，以烏古之地水草豐美，命居之。三年，益以海勒水之地爲農田。

乙習本石烈。會同二年，命以烏古之地〔四〕。

六院部。隸北府，以鎮南境。其大王及都監春夏居泰德泉之北，秋冬居獨盧金。石烈四：

轄懶石烈〔五〕。

阿速石烈。

斡納撥石烈。

斡納阿剌石烈。會同二年，命居烏古。三年，益以海勒水地。

乙室部。其先曰撒里本，阻午可汗之世，與其兄益古分營而領之，曰乙室部。會同二年，更夷离堇爲大王〔六〕。隸南府，其大王及都監鎮駐西南之境，司徒居鴛鴦泊，闡撒狘居車軸山。石烈二：

阿里苔石烈。

欲主石烈。

品部〔七〕。其先曰拏女，阻午可汗以其營爲部。太祖更諸部夷离堇爲令穩。統和中，又改節度使。隸北府，屬西北路招討司〔八〕，司徒居太子墳。凡戍軍隸節度使，留後户隸司徒。石烈二：

北哲里只石烈。

南轄懶石烈。

楮特部。其先曰洼，阻午可汗以其營爲部。隸南府，節度使屬西北路招討司，司徒居柏坡山及鏵山之側〔九〕。石烈二：

北石烈。

南石烈。

烏隗部。其先曰撒里卜，與其兄涅勒同營，阻午可汗析爲二：撒里卜爲烏隗部，涅勒爲涅剌部。俱隸北府，烏隗部節度使屬東北路招討司，司徒居徐母山、郝里河之側。石烈二：

北石烈。

南石烈。

涅剌部。其先曰涅勒，阻午可汗分其營爲部。節度使屬西南路招討司，居黑山北，司徒居郝里河側。石烈二：

北塌里石烈。

南察里石烈。

突呂不部。其先曰塔古里，領三營。阻午可汗命分其一與弟航斡爲突舉部；塔古里得其二，更爲突呂不部。隸北府，節度使屬西北路招討司，司徒居長春州西。石烈二：

北托不石烈。

南須石烈。

突舉部。其先曰航斡，阻午可汗分營置部。隸南府，戍於隗烏古部，司徒居冗泉側。

石烈二：

北石烈。

南石烈。

奚王府六部五帳分。其先曰時瑟，事東遥里十帳部主哲里。後逐哲里，自立爲奚王。卒，弟吐勒斯立。遥輦鮮質可汗討之，俘其拒敵者七百户，摭其降者。以時瑟鄰睦之故，止俘部曲之半，餘悉留焉。奚勢由是衰矣。初爲五部：曰遥里，曰伯德，曰奥里，曰梅只，曰楚里〔一〇〕。太祖盡降之，號五部奚。天贊二年〔一一〕，有東扒里厮胡損者，恃險堅壁於箭笴山以拒命，揶揄曰：「大軍何能爲，我當飲墮瑰門下矣！」太祖滅之，以奚府給役户，併括諸部穩丁〔一二〕，收合流散，置墮瑰部，因「墮瑰門」之語爲名，遂號六部奚。命勃魯恩主之，仍號奚王。太宗即位，置宰相、常衮各二員。聖宗合奥里、梅只、墮瑰三部爲一，特置二剋部以足六部之數。奚王和朔奴討兀惹，敗績，籍六部隸北府。

突呂不室韋部。本名大、小二黄室韋户〔三〕。太祖爲達馬狘沙里，以計降之，乃置爲二部。隸北府，節度使屬東北路統軍司，戍泰州東北。

涅剌拏古部。與突呂不室韋部同。節度使戍泰州東。

迭剌迭達部。本鮮質可汗所俘奚七百户，太祖即位，以爲十四石烈，置爲部。隸南府，節度使屬西南路招討司，戍黑山北，部民居慶州南。

乙室奥隗部。神册六年，太祖以所俘奚户置。隸南府，節度使屬東北路兵馬司〔四〕。

楮特奥隗部。太祖以奚户置。隸南府，節度使屬東京都部署司。

品達魯虢部。太祖以所俘達魯虢部置。隸南府，節度使屬西南路招討司，戍黑山北。

烏古涅剌部。亦曰涅離部。太祖取于骨里户六千，神册六年，析爲烏古涅剌及圖魯二部。俱隸北府，節度使屬西南路招討司。

圖魯部。節度使屬東北路統軍司。

已上太祖以遥輦氏舊部族分置者凡十部，增置者八。

聖宗三十四部：

撒里葛部。奚有三營：曰撒里葛，曰窈爪〔一五〕，曰耨盌爪。太祖伐奚，乞降，願爲著帳子弟，籍于宮分，皆設夷离菫。聖宗各置爲部，改設節度使，皆隸南府，以備畋獵之役。居澤州東。

窈爪部。與撒里葛部同。居潭州南。

耨盌爪部。節度使屬東京都部署司。

訛僕括部。與撒里葛三部同。居望雲縣東。

特里特勉部。初於八部各析二十户以戍奚，偵候落馬河及速魯河側，置二十詳穩。聖宗以户口蕃息，置爲部，設節度使。隸南府，戍倒塌嶺，居槖駝岡。

稍瓦部。初，取諸宮及横帳大族奴隸置稍瓦石烈。「稍瓦」，鷹坊也。居遼水東，掌羅捕飛鳥。聖宗以户口蕃息置部。節度使屬東京都部署司。

曷朮部。初，取諸宮及横帳大族奴隸置曷朮石烈。「曷朮」，鐵也。以冶于海濱柳濕河、三黜古斯、手山。聖宗以户口蕃息置部。屬東京都部署司。

遥里部。居潭、利二州間。石烈三：

撒里必石烈。

北石烈。

帖魯石烈。

伯德部。松山、平州之間[一六]，太師、太保居中京西。石烈六：

啜勒石烈。

速古石烈。

腆你石烈。

迭里石烈。

旭特石烈。

悅里石烈。

楚里部。居潭州北。

奧里部。統和十二年，以與梅只、墮瑰三部民籍數寡，合爲一部。并上三部，本屬奚王府，聖宗分置。

南剋部。

北剋部。統和十二年，以奚府二剋分置二部[一七]。

隗衍突厥部。聖宗析四闢沙、四頗憊户置，以鎮東北女直之境。開泰九年，節度使奏請置石烈。隸北府，屬黃龍府都部署司。

奥衍突厥部。與隗衍突厥同。

涅剌越兀部。以涅剌室韋户置。隸北府，節度使屬西南面招討司，戍黑山北。

奥衍女直部。聖宗以女直户置。隸北府，節度使屬西北招討司，戍鎮州境。自此至河西部，皆俘獲諸國之民。初隸諸宫，户口蕃息置部。訖於五國，皆有節度使。

乙典女直部。聖宗以女直户置。隸南府〔一八〕，居高州北。

斡突盌烏古部。聖宗以烏古户置。隸南府，節度使屬西南面招討司，戍黑山北。

迭魯敵烈部。聖宗以敵烈户置。隸北府，節度使屬烏古敵烈統軍司。

室韋部。聖宗以室韋户置。節度使屬西北路招討司。

朮哲達魯虢部。聖宗以達魯虢户置。隸北府，節度使屬東北路統軍司，戍境内，居境外。

梅古悉部。聖宗以唐古户置。隸北府，節度使屬西南面招討司。

頡的部。聖宗以唐古户置。隸北府，節度使屬西南面招討司。

北敵烈部。聖宗以敵烈户置。戍隗烏古部。

匿訖唐古部。聖宗置。隸北府，節度使屬西南面招討司。

北唐古部。聖宗以唐古户置。隸北府，節度使屬黄龍府都部署司，戍府南。

南唐古部。聖宗置。隸北府〔一九〕。節度使屬西南面招討司。

鶻剌唐古部。與南唐古同。節度使屬東北路統軍司。

河西部。聖宗置。隸北府，節度使屬東北路統軍司。

薛特部。開泰四年，以回鶻户置。隸北府〔二〇〕，居慈仁縣北。

伯斯鼻骨德部。本鼻骨德户。初隸諸宫，聖宗以户口蕃息置部。隸北府，節度使屬東北路統軍司，戍境内，居境外。

達馬鼻骨德部。聖宗以鼻骨德户置。隸南府，節度使屬東北路統軍司。

五國部。剖阿里國、盆奴里國、奥里米國、越里篤國、越里吉國，聖宗時來附，命居本土，以鎮東北境，屬黄龍府都部署司。重熙六年，以越里吉國人尚海等訴酋帥渾敞貪污〔二一〕，罷五國酋帥，設節度使以領之。

已上聖宗以舊部族置者十六，增置十八。

遼國外十部：

烏古部。

敵烈八部。

隗古部。
回跋部。
嵓母部。
吾禿婉部。
迭剌葛部。
回鶻部。
長白山部。
蒲盧毛朵部。

右十部不能成國，附庸於遼，時叛時服，各有職貢，猶唐人之有羈縻州也。

校勘記

〔一〕國舅別部 「別部」，明鈔本、南監本、北監本、殿本並作「部族」。

〔二〕與弟撒里本領之曰迭剌部 下文乙室部條云：「其先曰撒里本，阻午可汗之世，與其兄益古分營而領之，曰乙室部。」知益古、撒里本分領迭剌、乙室二部，非二人同領迭剌部。

〔三〕秋冬居羊門甸 「冬」字原闕，據文義並參六院部條文例補。

〔四〕命以烏古之地　馮校謂此下當有「居之」二字。

〔五〕轄懶石烈　本書卷一太祖紀上稱太祖乃「契丹迭剌部霞瀨益石烈鄉耶律彌里人」，太祖七年六月又有轄賴縣，「霞瀨益」、「轄賴」與此處之「轄懶」皆係同名異譯。

〔六〕會同二年更夷离堇爲大王　上文五院部條及本書卷四太宗紀下皆繫此事於會同元年。

〔七〕品部　「品」，本書卷四太宗紀下會同四年正月作「品卑」，卷一一聖宗紀二統和四年四月戊申、卷六九部族表作「頻不」，卷四六百官志二北面軍官條作「頻必」，宋會要蕃夷二之四作「頻畢」，蓋皆此部之異譯。

〔八〕隸北府屬西北路招討司　本書卷三五兵衞志中衆部族軍條稱其隸南府，屬西南路招討司。

〔九〕韃山　「韃」，南監本同，明鈔本、北監本、殿本皆作「韃」。「韃」、「韃」均不見字書，疑當作「韃」或「韃」。

〔一〇〕初爲五部曰遥里曰伯德曰奥里曰梅只曰楚里　金史卷六七奚王回离保傳贊云：「奚有五，大定間，類族著姓有遥里氏、伯德氏、奥里氏、梅知氏、揣氏。」「梅知」殆即此處之「梅只」，「揣」殆即「楚里」。又「楚里」，本書卷四太宗紀下會同六年六月己未作「鋤骨里」，金史卷七二麻吉傳作「楚里迪」。

〔一一〕天贊二年　「二年」，原作「八年」。按天贊僅五年，據本書卷二太祖紀下，討胡損事在天贊二年三月，今據改。

〔二〕併括諸部穩丁　「穩」，諸本皆同。按「穩丁」語義不明，「穩」疑當作「隱」。

〔三〕本名大小二黄室韋户　此句語義不明，恐有訛誤。

〔四〕節度使屬東北路兵馬司　本書卷三五兵衛志中衆部族軍條謂乙室奥隗部屬東北路女直兵馬司。

〔五〕窈爪　原作「窈介」，據下文及本書卷三五兵衛志中衆部族軍條、卷四六百官志二北面部族官條改。

〔六〕松山平州之間　依上下文例，此句上疑闕「居」字。

〔七〕統和十二年以奚府二剋分置二部　「十二年」，原作「二年」。按本書卷一三聖宗紀四繫此事於統和十二年十二月戊寅。今據改。

〔八〕隸南府　按本書卷三五兵衛志中衆部族軍條，乙典女直部屬西南路招討司。此下疑脱「節度使屬西南路招討司」。

〔九〕隸北府　本書卷三五兵衛志中衆部族軍條，南唐古部隸南府。

〔一〇〕隸北府　本書卷三五兵衛志中衆部族軍條，薛特部隸南府。

〔一一〕以越里吉國人尚海等訴酋帥渾敞貪污　本書卷一八興宗紀一重熙六年八月己卯云：「北樞密院言越棘部民苦其酋帥坤長不法。」按「越棘」即此處之「越里吉」，「坤長」即此處之「渾敞」，皆係同名異譯。

遼史卷三十四

志第四

兵衛志上

軒轅氏合符東海，邑于涿鹿之阿，遷徙往來無常處，以兵爲營衛。飛狐以北，無慮以東，西暨流沙，四戰之地，聖人猶不免於兵衛，地勢然耳。

遼國左都遼海，右邑涿鹿，兵力莫彊焉。其在隋世，依紇臣水而居，分爲十部。兵多者三千，少者千餘。順寒暑，逐水草畜牧。侵伐則十部相與議，興兵致役，合契而後動。獵則部得自行。至唐，大賀氏勝兵四萬三千人，分爲八部。大賀氏中衰，僅存五部。有耶律雅里者，分五部爲八，立二府以總之，析三耶律氏爲七，二審密氏爲五，凡二十部，刻木爲契，政令大行，遜不有國，迺立遙輦氏代大賀氏，兵力益振，即太祖六世祖也〔一〕。及太祖會李克用于雲中，以兵三十萬〔二〕，盛矣。

遥輦耶瀾可汗十年，歲在辛酉〔三〕，太祖授鉞專征，破室韋、于厥、奚三國，俘獲廬帳，不可勝紀。十月，授大迭烈府夷离堇，明賞罰，繕甲兵，休息民庶，滋蕃羣牧，務在戢兵。十一年，總兵四十萬伐代北，克郡縣九，俘九萬五千口。十二年，德祖討奚，俘七千户〔四〕。十五年，遥輦可汗卒，遺命遜位于太祖〔五〕。

太祖即位五年，討西奚、東奚，悉平之，盡有奚、霫之衆。六年春，親征幽州，東西旌旗相望，亘數百里。所經郡縣，望風皆下，俘獲甚衆，振旅而還。秋，親征背陰國〔六〕，俘獲數萬計。神册元年，親征突厥、吐渾、党項、小蕃、沙陀諸部，俘户一萬五千六百。攻振武，乘勝而東，攻蔚、新、武、嬀、儒五州，俘獲不可勝紀，斬不從命者萬四千七百級。盡有代北、河曲、陰山之衆，遂取山北八軍。四年，親征于骨里國，俘獲一萬四千二百口。五年，征党項，俘獲二千六百口。攻天德軍，拔十有二栅，徙其民。六年，出居庸關，分兵掠檀、順等州，安遠軍、三河、良鄉、望都、潞、滿城、遂城等縣，俘其民徙内地。皇太子略定州，俘獲甚衆。天贊元年，以户口滋繁，糺轄疎遠，分北大濃兀爲二部，立兩節度以統之。三年，西征党項等國，俘獲不可勝紀。四年，又親征渤海〔七〕。天顯元年，滅渤海國，地方五千里，兵數十萬，五京、十五府、六十二州，盡有其衆，契丹益大。

會同初，太宗滅唐立晉，晉獻燕、代十六州，民衆兵强，莫之能禦矣。

兵制

遼國兵制，凡民年十五以上，五十以下，隸兵籍。每正軍一名，馬三疋〔八〕，打草穀、守營鋪家丁各一人。人鐵甲九事，馬韉轡、馬甲皮鐵視其力，弓四，箭四百，長短鎗、䤖鍒、斧鉞、小旗、鎚錐、火刀石、馬盂、炒一斗、炒袋、搭毬傘各一〔九〕，縻馬繩二百尺，皆自備。人馬不給糧草，日遣打草穀騎四出抄掠以供之。鑄金魚符，調發軍馬。其捉馬及傳命有銀牌二百。軍所舍，有遠探攔子馬，以夜聽人馬之聲。

凡舉兵，帝率蕃、漢文武臣僚，以青牛白馬祭告天地、日神，惟不拜月，分命近臣告太祖以下諸陵及木葉山神，乃詔諸道徵兵。惟南、北、奚王，東京渤海兵馬，燕京統軍兵馬，雖奉詔，未敢發兵，必以聞。上遣大將持金魚符，合，然後行。始聞詔，攢户丁，推户力，覈籍齊衆以待。自十將以上，次第點集軍馬、器仗。符至，兵馬本司自領，使者不得與。唯再共點軍馬訖，又以上聞。量兵馬多少，再命使充軍主，與本司互相監督。又請引五方旗鼓，然後皇帝親點將校。又選勳戚大臣，充行營兵馬都統、副都統、都監各一人。又選諸軍兵馬尤精鋭者三萬人爲護駕軍，又選驍勇三千人爲先鋒軍，又選剽悍百人之上爲遠探攔子軍，以上各有將領。又於諸軍每部量衆寡，抽十人或五人，合爲一隊，別立將領，以備勾取兵馬，騰遞公事。

其南伐點兵，多在幽州北千里鴛鴦泊。及行，並取居庸關、曹王峪、白馬口、古北口、安達馬口、松亭關、榆關等路。將至平州、幽州境，又遣使分道催發，不得久駐，恐踐禾稼。出兵不過九月，還師不過十二月。在路不得見僧尼、喪服之人。

皇帝親征，留親王一人在幽州，權知軍國大事。既入南界，分爲三路，廣信軍、雄州、霸州各一。駕必由中道，兵馬都統、護駕等軍皆從。各路軍馬遇縣鎮，即時攻擊。若大州軍，必先料其虛實、可攻次第而後進兵。沿途民居、園囿、桑柘，必夷伐焚蕩。至宋北京，三路兵皆會，以議攻取，及退亦然。三路軍馬前後左右有先鋒。遠探攔子馬各十數人，在先鋒前後二十餘里，全副衣甲，夜中每行十里或五里少駐，下馬側聽無有人馬之聲。有則擒之，力不可敵，飛報先鋒，齊力攻擊。如有大軍，走報主帥。敵中虛實，動必知之。

軍行當道州城，防守堅固，不可攻擊，引兵過之。恐敵人出城邀阻，乃圍射鼓譟，詐爲攻擊。敵方閉城固守，前路無阻，引兵進，分兵抄截，使隨處州城隔絕不通，孤立無援。所過大小州城，至夜，恐城中出兵突擊，及與鄰州計會軍馬，甲夜，每城以騎兵百人去城門左右百餘步，被甲執兵，立馬以待。兵出，力不能加，馳還勾集衆兵與戰。左右官道、斜徑、山路、河津，夜中並遣兵巡守。其打草穀家丁，各衣甲持兵，旋團爲隊，必先斫伐園林，然後驅掠老幼，運土木塡壕塹，攻城之際，必使先登，矢石檑木併下，止傷老幼。又於本國州縣起漢人鄉兵萬人，隨軍專伐園林，塡道路。御寨及諸營壘，唯用桑柘梨栗，軍退，縱火焚之。

敵軍既陣，料其陣勢小大、山川形勢、往回道路、救援捷徑、漕運所出，各有以制之。然後於陣四面，列騎爲隊，每隊五、七百人，十隊爲一道，十道當一面，各有主帥。最先一隊走馬大譟，衝突敵陣。得利，則諸隊齊進；若未利，引退，第二隊繼之，退者息馬飲水粆。諸道皆然。更退迭進，敵陣不動，亦不力戰。歷二三日，待其困憊，又令打草穀家丁馬施雙箒，因風疾馳，揚塵敵陣，更互往來。中既飢疲，目不相覩，可以取勝。若陣南獲勝，陣北失利，主將在中，無以知之，則以本國四方山川爲號，聲以相聞，得相救應。

若帝不親征，重臣統兵不下十五萬衆，三路往還，北京會兵，進以九月，退以十二月，行事次第皆如之。若春以正月，秋以九月，不命都統，止遣騎兵六萬，不許深入，不攻城池，不伐林木，但於界外三百里内，耗蕩生聚，不令種養而已。

軍入南界，步騎車帳不循阡陌。三道將領各一人，率攔子馬各萬騎，支散游弈百十里外，更迭覘邏。及暮，以吹角爲號，衆即頓舍，環繞御帳。自近及遠，折木稍屈，爲弓子鋪，不設鎗營塹柵之備。

每軍行，鼓三伐，不問晝夜，大衆齊發。未遇大敵，不乘戰馬，俟近敵師，乘新羈馬，蹄有餘力。成列不戰，退則乘之。多伏兵斷糧道，冒夜舉火，上風曳柴。饋餉自賫，散而復聚。善戰，能寒。此兵之所以彊也。

校勘記

〔一〕即太祖六世祖也　本書卷二太祖紀贊所記太祖世系，雅里乃太祖七世祖。

〔二〕及太祖會李克用于雲中以兵三十萬　「三十萬」，通鑑卷二六六後梁紀一太祖開平元年五月丁丑及考異引唐太祖紀年録、新五代史卷七二四夷附録一、契丹國志卷一太祖大聖皇帝同。然本書卷一太祖紀上云：「太祖以騎兵七萬會克用于雲州。」似當以七萬爲是。

〔三〕遥輦耶瀾可汗十年歲在辛酉　此下所記本年事，皆見於本書卷一太祖紀上：「唐天復元年，歲辛酉，痕德菫可汗立，以太祖爲本部夷离菫，專征討，連破室韋、于厥及奚帥轄剌哥，俘獲甚衆。冬十月，授大迭烈府夷离菫。」據卷六三世表及卷五七儀衛志三符印條，耶瀾可汗當在唐武宗會昌間，與天復元年相去甚遠。此處及下文十一年、十二年、十五年紀年恐皆有誤。

〔四〕十二年德祖討奚俘七千户　此處耶瀾可汗「十二年」即天復三年，本書卷一太祖紀上天復三年云：「先是德祖俘奚七千户，徙饒樂之清河，至是創爲奚迭剌部，分十三縣。」可知德祖討奚乃係追述，非本年事，此處所記不確。

〔五〕十五年遥輦可汗卒遺命遜位于太祖　此處「十五年」指唐天祐三年（九〇六），即遥輦可汗卒於是年。然五代會要卷二九契丹及册府卷九七二外臣部朝貢五，皆云開平二年（九〇八）五月契丹「前國王欽德」（即遥輦可汗）遣使入貢於梁。與此處記載抵牾。

〔六〕秋親征背陰國　本書卷一太祖紀上六年七月丙午：「親征朮不姑，降之，俘獲以數萬計。」此「背陰國」蓋即「朮不姑」，册府卷九七七外臣部降附作「背陰達勒」。

〔七〕又親征渤海　「又」，原作「疑」，據明鈔本、南監本、北監本、殿本改。參見本書卷一九興宗紀二校勘記〔一五〕。

〔八〕每正軍一名馬三疋　通考卷三四六四裔考二三作「每正兵一名，自備馬二匹」，與此異。

〔九〕搭⿰金毛傘各一　通考卷三四六四裔考二三作「搭鉤、氈傘各一」。按「⿰金毛」字不見字書，文淵閣本考證及道光殿本考證皆謂此處蓋以「鉤」、「氈」二字偏旁誤合爲「⿰金毛」字。

遼史卷三十五

志第五

兵衛志中

御帳親軍

漢武帝多行幸之事，置期門、佽飛、羽林之目，天子始有親軍。唐太宗加親、勳、翊、千牛之衛，布腹心之地，防衛密矣。遼太祖宗室盛彊，分迭剌部爲二，宮衛內虛，經營四方，未遑鳩集。皇后述律氏居守之際，摘蕃、漢精鋭爲屬珊軍。太宗益選天下精甲，置諸爪牙爲皮室軍。合騎五十萬〔一〕，國威壯矣。

大帳皮室軍。

太宗置，凡三十萬騎。

屬珊軍。

地皇后置，二十萬騎〔三〕。

宮衞騎軍

太祖以迭剌部受禪，分本部爲五院、六院，統以皇族，而親衞缺然。乃立斡魯朵法，裂州縣，割户丁，以彊幹弱支。詒謀嗣續，世建宮衞。入則居守，出則扈從，葬則因以守陵。有兵事，則五京、二州各提轄司傳檄而集，不待調發州縣、部族，十萬騎軍已立具矣。恩意親洽，兵甲犀利，教練完習。簡天下精鋭，聚之腹心之中。懷舊者歲深，增新者世盛。此軍制之良者也。

弘義宮：

正丁一萬六千，

蕃漢轉丁一萬四千，

騎軍六千。

長寧宮：

正丁一萬四千，
蕃漢轉丁一萬二千，
騎軍五千。
永興宮：
正丁六千，
蕃漢轉丁一萬四千，
騎軍五千。
積慶宮：
正丁一萬，
蕃漢轉丁一萬六千，
騎軍八千。
延昌宮：
正丁二千，
蕃漢轉丁六千，
騎軍二千。

彰愍宮：

正丁一萬六千，

蕃漢轉丁二萬，

騎軍一萬。

崇德宮：

正丁一萬二千，

蕃漢轉丁二萬，

騎軍一萬。

興聖宮：

正丁二萬，

蕃漢轉丁四萬，

騎軍五千。

延慶宮：

正丁一萬四千，

蕃漢轉丁二萬，

騎軍一萬。

太和宮：

正丁二萬，

蕃漢轉丁四萬，

騎軍一萬五千。

永昌宮：

正丁一萬四千，

蕃漢轉丁二萬，

騎軍一萬。

敦睦宮：

正丁六千，

蕃漢轉丁一萬，

騎軍五千。

文忠王府：

正丁一萬，

蕃漢轉丁一萬六千，

騎兵一萬。

十二宮一府，自上京至南京總要之地，各置提轄司。重地每宮皆置，內地一二而已。太和、永昌二宮宜與興聖、延慶同，舊史不見提轄司，蓋闕文也。

南京：

弘義宮提轄司。

長寧宮提轄司。

永興宮提轄司。

積慶宮提轄司。

延昌宮提轄司。

彰愍宮提轄司。

崇德宮提轄司。

興聖宮提轄司。

延慶宮提轄司。

敦睦宮提轄司。

文忠王府提轄司。

西京〔三〕：

弘義宮提轄司。

長寧宮提轄司。

永興宮提轄司。

積慶宮提轄司。

彰愍宮提轄司。

崇德宮提轄司。

延慶宮提轄司。

文忠王府提轄司。

奉聖州：

弘義宮提轄司。

長寧宮提轄司。

永興宮提轄司。

積慶宮提轄司。
彰愍宮提轄司。
崇德宮提轄司。
興聖宮提轄司。
延慶宮提轄司。
文忠王府提轄司。

平州：

弘義宮提轄司。
長寧宮提轄司。
永興宮提轄司。
積慶宮提轄司。
延昌宮提轄司。
彰愍宮提轄司。
興聖宮提轄司。
延慶宮提轄司。

文忠王府提轄司。

中京：

延昌宮提轄司。

文忠王府提轄司。

上京：

文忠王府提轄司。

凡諸宮衞，丁四十萬八千，出騎軍十萬一千。

大首領部族軍

遼親王大臣，體國如家，征伐之際，往往置私甲以從王事。大者千餘騎，小者數百人，著籍皇府。國有戎政，量借三五千騎，常留餘兵爲部族根本。

太子軍。

偉王軍。

永康王軍。

于越王軍。

麻荅軍。

五押軍〔四〕。

衆部族軍

衆部族分隸南北府，守衛四邊，各有司存，具如左。

北府凡二十八部〔五〕。

侍從宮帳：

奚王府部。

鎮南境：

五院部。

六院部。

東北路招討司：

烏隗部。

東北路統軍司〔六〕：

遙里部。

伯德部。

奧里部。

南剋部。

北剋部。

圖盧部。

朮者達魯虢部〔七〕。

河西部。

西北路招討司〔八〕：

突呂不部。

奧衍女直部。

室韋部。

西南路招討司：

涅剌部。

烏古涅剌部〔九〕。

涅剌越兀部。

梅古悉部。

頡的部。

匿訖唐古部。

鶻剌唐古部。

黄龍府都部署司：

隗衍突厥部。

奥衍突厥部。

北唐古部。

五國部。

烏古敵烈統軍司：

迭魯敵烈部。

戍隗烏古部：

北敵烈部。

南府凡一十六部〔一〇〕。

鎮駐西南境：

乙室部。

西南路招討司：

品部〔一一〕。

迭達迭剌部〔一二〕。

品達魯虢部。

乙典女直部。

西北路招討司：

楮特部。

東北路統軍司：

達馬鼻古德部。

東北路女直兵馬司：

乙室奧隗部。

東京都部署司〔一三〕：
楮特奧隗部。
窈爪部。
稍瓦部。
曷朮部。
戍倒塌嶺：
訛僕括部〔一四〕。
屯駐本境：
撒里葛部。
南唐古部〔一五〕。
薛特部〔一六〕。

校勘記

〔一〕合騎五十萬　「五十萬」，疑當作「五萬」，參見本卷校勘記〔二〕。

〔二〕大帳皮室軍太宗置凡三十萬騎屬珊軍地皇后置二十萬騎　按宋琪平燕薊十策云：「晉末契

丹主頭下兵，謂之『大帳』，有皮室兵約三萬人騎，皆精甲也，爲其爪牙。國母述律氏頭下，謂之『屬珊』，有衆二萬，是先戎主阿保機牙將，半已老矣。」契丹國志卷二三兵馬制度條所記略同。據此則當爲皮室軍三萬，屬珊軍二萬，此處言「三十萬」、「二十萬」者疑誤。上文謂「合騎五十萬」，亦由此致誤。

〔三〕西京　此下疑闕興聖宮提轄司。按本書卷三一營衛志上宮衛興聖宮條，興聖宮領提轄司四，本卷僅見南京、奉聖州及平州三處，循積慶、長寧、彰愍、延慶四宮之例，則興聖宮亦當於西京置司。

〔四〕太子軍偉王軍永康王軍于越王軍麻荅軍五押軍　宋琪平燕薊十策云：「其諸大首領太子、偉王、永康、南北王、于越、麻荅、五押等，大者千餘騎，次者數百人，皆私甲也。」此「太子」即耶律李胡，「偉王」即耶律安端，「永康王」即遼世宗，「南北王」即耶律吼、耶律洼，「于越」即蕭翰，「麻荅」即耶律解里，「五押」即韓德威。以上軍名均爲專指，徑置於本志，不合於例。蓋史臣輾轉抄書，誤襲所致。

〔五〕北府凡二十八部　下文南府所轄品部、南唐古部及薛特部，本書卷三三營衛志下部族下均隸北府。又據營衛志，隸北府者尚有突吕不室韋部、涅剌拏古部、伯斯鼻骨德部。

〔六〕東北路統軍司　據本書卷三三營衛志下部族下，尚有突吕不室韋部、涅剌拏古部及伯斯鼻骨德部三部屬東北路統軍司。

〔七〕朮者達魯號部　「達」，原作「違」，按本書卷三三營衛志下部族下、卷四六百官志二北面部族官條俱作「朮哲達魯虢部」，今據改。

〔八〕西北路招討司　據本書卷三三營衞志下部族下，尚有品部亦屬西北路招討司。

〔九〕烏古涅剌　原作「烏古剌」，據本書卷三三營衞志下部族下補。

〔一〇〕南府凡一十六部　據本書卷三三營衞志下部族下，隸南府者尚有耨盌爪部、斡突盌烏古部、突舉部、特里特勉部。又下文品部、南唐古部、薛特部，營衞志下皆隸北府。

〔一一〕品部　此處繫於南府西南路招討司下，然本書卷三三營衞志下部族下謂品部「隸北府，屬西北路招討司」，與此不合。

〔一二〕迭達迭剌　本書卷三三營衞志下部族下、卷四六百官志二北面部族官條皆作「迭剌迭達」。

〔一三〕東京都部署司　此下有窈爪部。按本書卷三三營衞志下部族下謂「窈爪部，與撒里葛部同，居潭州南」，其下繼稱「耨盌爪部，節度使屬東京都部署司」，蓋史官因二條相踵而誤以「節度使屬東京都部署司」句徑屬窈爪部。疑此下當有耨盌爪部，而與窈爪部無涉。

〔一四〕戍倒塌嶺訛僕括部　本書卷三三營衞志下部族下云：「訛僕括部，與撒里葛三部同，居望雲縣東。特里特勉部，（中略）戍倒塌嶺，居橐駝岡。」知戍倒塌嶺者爲特里特勉部，此處蓋史官誤合二部爲一條。

〔一五〕南唐古部　本書卷三三營衞志下部族下南唐古部條稱南唐古部隸北府，與此異。

〔一六〕薛特部　本書卷三三營衞志下部族下薛特部條稱薛特部隸北府，與此異。

遼史卷三十六

志第六

兵衞志下

五京鄉丁

遼建五京：臨潢，契丹故壤；遼陽，漢之遼東，爲渤海故國；中京，漢遼西地，自唐以來契丹有之。三京丁籍可紀者二十二萬六千一百，蕃漢轉户爲多。析津、大同，故漢地，籍丁八十萬六千七百。契丹本户多隸宫帳、部族，其餘蕃漢户丁分隸者，皆不與焉。

太祖建皇都于臨潢府。太宗定晉，晉主石敬瑭來獻十六城〔一〕，乃定四京〔二〕，改皇都爲上京。有丁一十六萬七千二百。

臨潢府：

臨潢縣丁七千。

長泰縣丁八千。

保和縣丁六千〔三〕。

定霸縣丁六千。

宣化縣丁四千〔四〕。

潞縣丁六千。

易俗縣丁一千五百。

遷遼縣丁一千五百。

祖州：

長霸縣丁四千。

咸寧縣丁二千。

越王城丁二千。

懷州：

扶餘縣丁三千。

顯理縣丁二千。

慶州玄寧縣丁一萬二千〔五〕。

泰州興國縣丁一千四百。

長春州長春縣丁四千。

烏州愛民縣丁二千。

永州：

長寧縣丁九千。

義豐縣丁三千。

慈仁縣丁八百。

儀坤州廣義縣丁五千。

龍化州龍化縣丁二千。

降聖州永安縣丁一千五百。

饒州：

長樂縣丁八千。

臨河縣丁二千。

安民縣丁二千。

頭下：

徽州丁二萬。

成州丁八千。

懿州丁八千。

渭州丁二千。

原州丁一千。

壕州丁一萬二千。

福州丁五百。

横州丁四百。

鳳州丁一千〔六〕。

遂州丁一千。

豐州丁一千。

順州丁二千。

閭州丁二千。

松山州丁一千。

豫州丁一千。

寧州丁六百。

東京，本渤海，以其地建南京遼陽府。統縣六，轄軍、府、州、城二十六〔七〕，有丁四萬一千四百。天顯十三年，太宗改爲東京。

遼陽府：

遼陽縣丁三千。

仙鄉縣丁三千。

鶴野縣丁二千四百。

析木縣丁二千。

紫蒙縣丁二千。

興遼縣丁二千。

開州開遠縣丁二千。

鹽州丁五百。

穆州丁五百。

賀州丁五百。

定州定東縣丁一千六百。

保州來遠縣丁二千。

辰州丁四千。

盧州丁五百。

鐵州丁二千。

興州丁三百。

湯州丁七百。

崇州丁一千。

海州丁三千。

耀州丁一千二百。

嬪州丁七百。

淥州丁四千。

桓州丁一千。

豐州丁五百。

正州丁七百。

慕州丁三百。

南京析津府，統縣十一〔八〕，轄軍、府、州、城九，有丁五十六萬六千。

析津府：

析津縣丁四萬。

宛平縣丁四萬四千。

昌平縣丁一萬四千。

良鄉縣丁一萬四千。

潞縣丁一萬一千〔九〕。

安次縣丁二萬四千。

武清縣丁二萬。

永清縣丁一萬。

香河縣丁一萬四千。

玉河縣丁二千。

潞陰縣丁一萬。

順州懷柔縣丁一萬。

檀州：

密雲縣丁一萬。

行唐縣丁六千。

涿州：

范陽縣丁二萬。

固安縣丁二萬。

新城縣丁二萬。

歸義縣丁八萬〔一〇〕。

易州：

易縣丁五萬。

淶水縣丁五萬四千。

容城縣丁一萬。

薊州：

漁陽縣丁八千。

三河縣丁六千。

玉田縣丁六千。

平州：

盧龍縣丁一萬四千。

安喜縣丁一萬。

望都縣丁六千。

灤州：

義豐縣丁八千。

馬城縣丁六千。

石城縣丁六千。

營州廣寧縣丁六千。

景州遵化縣丁六千。

西京大同府，統縣七，轄軍、府、州、城十七，有丁三十二萬二千七百〔二〕。

大同府：

大同縣丁二萬。

雲中縣丁二萬。

天城縣丁一萬〔三〕。

長青縣丁八千。

奉義縣丁六千。

懷仁縣丁六千。

懷安縣丁六千。

弘州：

永寧縣丁二萬。

順聖縣丁六千。

德州宣德縣丁六千。

豐州：

富民縣丁二千四百。

振武縣鄉兵三百。

奉聖州：

永興縣丁一萬六千。

礬山縣丁六千。

龍門縣丁八千。

望雲縣丁二千。

歸化州文德縣丁二萬。

可汗州懷來縣丁六千。

儒州縉山縣丁一萬。

蔚州：

靈仙縣丁四萬。

定安縣丁二萬。

飛狐縣丁一萬。

靈丘縣丁六千。

廣陵縣丁六千。

應州：

金城縣丁一萬六千。

渾源縣丁一萬。

河陰縣丁六千。

朔州：

鄯陽縣丁八千。

寧遠縣丁四千。

馬邑縣丁六千。

金肅軍防秋兵一千。

武州神武縣丁一萬。

河清軍防秋兵一千。

聖宗統和二十三年，城七金山，建大定府，號中京。統縣九，轄軍、府、州、城二十三。草創未定，丁籍莫考，可見者一縣：

高州三韓縣丁一萬。

大約五京民丁可見者，一百一十萬七千三百爲鄉兵。

屬國軍

遼屬國可紀者五十有九〔一三〕，朝貢無常。有事則遣使徵兵，或下詔專征，不從者討之。助軍衆寡，各從其便，無常額。又有鐵不得國者，興宗重熙十七年乞以兵助攻夏國，詔不許。

吐谷渾。

鐵驪。

鞢鞨。

兀惹。

黑車子室韋〔一四〕。

西奚。

東部奚。

烏馬山奚。

斜離底。

突厥。

党項。

小蕃。

沙陀。

阻卜。

烏古。

素昆那〔一五〕。

胡母思山蕃〔一六〕。

波斯。

大食。

甘州回鶻。

新羅。

烏孫。

燉煌〔一七〕。

賃烈。

要里。

回鶻。

轄戛斯。

吐蕃。

黄室韋。

小黄室韋。

大黄室韋。

阿薩蘭回鶻〔一八〕。

于闐。

師子。

北女直。

河西党項。

南京女直〔一九〕。

沙州燉煌。

曷蘇館。

沙州回鶻。

查只底。

蒲盧毛朵。

蒲奴里。

大蕃。

高昌。

回拔。

頗里。

達里底。

拔思母。

敵烈。

粘八葛。

梅里急。

耶覩刮。

鼻骨德。

和州回鶻。

斡朗改。

高麗。

西夏。

女直。

遼之爲國，鄰於梁、唐、晉、漢、周、宋。晉以恩故，始則父子一家，終則寇讎相攻；梁、唐、周隱然一敵國〔一〇〕；宋惟太宗征北漢，遼不能救，餘多敗衄，縱得亦不償失。良由石晉獻土，中國失五關之固然也。高麗小邦，屢喪遼兵，非以險阻足恃故歟。西夏彈丸之地，南敗宋，東抗遼。雖西北士馬雄勁，元昊、諒祚智勇過人，能使党項、阻卜掣肘大國，蓋亦襟山帶河，有以助其勢耳。雖然，宋久失地利，而舊志言兵，唯以敵宋爲務。踰三關，聚議北京，猶不敢輕進。豈不以大河在前，三鎮在後，臨事好謀之審，不容不然歟。

二帳、十二宮一府、五京，有兵一百六十四萬二千八百。宮丁、大首領、諸部族，中京、頭下等州，屬國之衆，皆不與焉。不輕用之，所以長世。

邊境戍兵

又得高麗大遼事跡，載東境戍兵，以備高麗、女直等國，見其守國規模，布置簡要，舉一可知三邊矣。

東京至鴨渌西北峰爲界：

黄龍府正兵五千。

咸州正兵一千。

東京沿女直界至鴨渌江：

軍堡凡七十，各守軍二十人，計正兵一千四百。

來遠城宣義軍營八：

太子營正兵三百。

大營正兵六百。

蒲州營正兵二百。

新營正兵五百。

加陀營正兵三百。

王海城正兵三百。

柳白營正兵四百。

沃野營正兵一千。

神虎軍城正兵一萬。大康十年置。

右一府、一州、二城、七十堡、八營，計正兵二萬二千〔三〕。

校勘記

〔一〕晉主石敬瑭來獻十六城　「主」，原作「王」，據大典卷七七〇二引遼史兵衞志改。

〔二〕乃定四京　「四京」疑誤。按本書卷三七地理志序云：「太宗以皇都爲上京，升幽州爲南京，改南京爲東京，聖宗城中京，興宗升雲州爲西京，於是五京備焉。」按太宗時僅有上京、南京、東京三京。

〔三〕保和縣丁六千　據本書卷三七地理志一上京道保和縣條，保和縣户四千。按錢大昕廿二史考異卷八三遼史兵衞志條稱「兵衞志載正丁、轉丁之數，丁數常倍於户數，是一户出二丁也」，此處似與常例不合。下文諸縣丁數與地理志所記户數亦有不合一户二丁之例者，不一一出校。

〔四〕宣化縣丁四千　據本書卷三七地理志一上京道宣化縣條，宣化縣户四千。一户一丁，於常例不合，户、丁數當有一誤。

〔五〕慶州玄寧縣　大康十年高玄圭墓誌稱其居於「慶州玄寧縣興仁鄉敦義里」，與此合。然據本書卷三七地理志一上京道，慶州軍號玄寧，下有「玄德縣」。

〔六〕鳳州丁一千　據本書卷三七地理志一上京道頭下軍州鳳州條，鳳州户四千。此丁數少於户數，當有一誤。

〔七〕統縣六轄軍府州城二十六　本書卷三八地理志二東京道東京遼陽府條：「轄州、府、軍、城八十七。統縣九。」按此言「縣六」，僅就其丁數可見者而言之；又此言「二十六」，疑誤。

〔八〕統縣十一　「一」字原闕。按下列縣數爲十一，與本書卷四〇地理志四南京道南京析津府條合。今據補。

〔九〕潞縣丁一萬一千　「一萬一千」，疑當作「一萬二千」。按本書卷四〇地理志四南京道潞縣條，潞縣户六千。依一户二丁之通例，應爲丁一萬二千，如此亦合於上文南京「五十六萬六千」之丁數。

〔一〇〕歸義縣丁八萬　「八萬」，疑當作「八千」。按本書卷四〇地理志四南京道歸義縣條，歸義縣户四千。依例丁數當倍於户數。又史官誤以八萬計入南京丁數，因得上文五十六萬六千之數。

〔一二〕有丁三十二萬二千七百　此處丁數乃併下文振武縣鄉兵及金肅軍、河清軍防秋兵計之，欠妥。

〔一三〕天城縣　「天城」，原作「天詳」，明鈔本、南監本、北監本、殿本作「天域」。金史卷二四地理志上、卷四九食貨志四作「天城」，則「域」當爲「城」之誤。今據改。按本書卷四一地理志五西京道、開泰八年慈雲寺舍利塔記皆作「天成」。

〔一四〕遼屬國可紀者五十有九　此下所載屬國多有重複，又頗有遺漏，此處稱「可紀者五十有九」，不確。

〔一五〕黑車子室韋　本書卷六九部族表太祖元年正月云：「黑車子室韋八部降。」則黑車子室韋當屬遼之部族，此入「屬國軍」，不合。下文類此者頗多，不一一出校。

〔一六〕素昆那　本書卷二太祖紀下天贊三年七月辛亥云：「曷剌等擊素昆那山東部族，破之。」蓋即此處史源所自。素昆那係山名，非屬國名。

〔一七〕胡母思山蕃　本書卷二太祖紀下天贊三年九月謂「破胡母思山諸蕃部」，知胡母思係山名，非屬國名。

〔一八〕燉煌　此即下文沙州燉煌、沙州回鶻之重出。

〔一九〕阿薩蘭回鶻　此與下文師子、高昌、和州回鶻殆爲重出。

〔二〇〕南京女直　遼無所謂「南京女直」。本書卷一四聖宗紀五統和二十二年九月丙午云：「幸南京。女直遣使獻所獲烏昭慶妻子。」卷七〇屬國表誤以「南京」與下句「女直」連讀，作「南京女直國遣使獻所獲烏昭慶妻子」，此「南京女直」似沿襲屬國表之誤。

〔三〇〕梁唐周隱然一敵國　「隱」原作「德」，「一」原作「然」，據明鈔本、南監本、北監本、殿本改。

〔三一〕計正兵二萬二千　前文所列正兵數凡二萬一千，與此不合。

遼史卷三十七

志第七

地理志一

帝堯畫天下爲九州。舜以冀、青地大，分幽、并、營，爲州十有二。幽州在渤、碣之間，并州北有代、朔，營州東暨遼海。其地負山帶海，其民執干戈，奮武衛，風氣剛勁，自古爲用武之地。太祖以迭剌部之衆代遥輦氏，起臨潢，建皇都；東併渤海，得城邑之居百有三。太宗立晉，有幽、涿、檀、薊、順、營、平、蔚、朔、雲、應、新、嬀、儒、武、寰十六州〔一〕，於是割古幽、并、營之境而跨有之。東朝高麗，西臣夏國，南子石晉而兄弟趙宋，吴越、南唐航海輸貢。嘻，其盛矣！

遼國其先曰契丹，本鮮卑之地，居遼澤中；去榆關一千一百三十里，去幽州又七百一十四里。南控黄龍，北帶潢水，冷陘屏右，遼河塹左。高原多榆柳，下隰饒蒲葦。當元魏時，有地數百里。至唐，大賀氏蠶食扶餘、室韋、奚、靺鞨之區，地方二千餘里。貞觀三年，以其地置玄州〔二〕。尋置松漠都督府，建八部爲州，各置刺史：達稽部曰峭落州，紇便部曰彈汗州，獨活部曰無逢州，芬阿部曰羽陵州〔三〕，突便部曰日連州，芮奚部曰徒河州，墜斤部曰萬丹州，伏部曰匹黎、赤山二州。以大賀氏窟哥爲使持節十州軍事。分州建官，蓋昉於此。

迨于五代，闢地東西三千里。遥輦氏更八部曰旦利皆部、乙室活部、實活部、納尾部、頻没部、内會雞部、集解部、奚嗢部，屬縣四十有一。每部設刺史，縣置令。太宗以皇都爲上京，升幽州爲南京，改南京爲東京，聖宗城中京，興宗升雲州爲西京，於是五京備焉。又以征伐俘户建州襟要之地，多因舊居名之；加以私奴置投下州。總京五，府六，州、軍、城百五十有六，縣二百有九，部族五十有二，屬國六十。東至于海，西至金山，暨于流沙，北至臚朐河，南至白溝，幅員萬里。

上京道

上京臨潢府，本漢遼東郡西安平之地。新莽曰北安平。太祖取天梯、蒙國、别魯等三山之勢〔四〕，于葦甸射金鋋箭以識之，謂之龍眉宮。神册三年城之，名曰皇都。天顯十三年，更名上京，府曰臨潢。

淶流河自西北南流，遶京三面，東入于曲江，其北東流爲按出河〔五〕。又有御河〔六〕、沙河、黑河、潢河、鴨子河、他魯河、狼河、蒼耳河、輞子河、臚朐河、陰涼河、豬河、鴛鴦湖〔七〕、興國惠民湖、廣濟湖、鹽濼、百狗濼、火神淀〔八〕、馬盂山、兔兒山〔九〕、野鵲山、鹽山、鑿山〔一〇〕、松山、平地松林、大斧山、列山、屈劣山、勒得山——唐所封大賀氏勒得王有墓存焉。

户三萬六千五百〔一一〕。轄軍、府、州、城二十五〔一二〕。統縣十：

臨潢縣。太祖天贊初南攻燕、薊，以所俘人户散居潢水之北，縣臨潢水，故以名。地宜種植。户三千五百。

長泰縣。本渤海國長平縣民，太祖伐大諲譔，先得是邑，遷其人於京西北，與漢民雜居。户四千。

定霸縣。本扶餘府强師縣民，太祖下扶餘，遷其人於京西，與漢人雜處，分地耕種。統和八年，以諸宮提轄司人户置。隸長寧宮。户三千〔一三〕。

保和縣。本渤海國富利縣民，太祖破龍州，盡徙富利縣人散居京南。統和八年，以諸宮提轄司人户置〔一四〕。隸彰愍宮〔一五〕。户四千。

潞縣。本幽州潞縣民，天贊元年，太祖破薊州，掠潞縣民，布於京東，與渤海人雜處。隸崇德宮。户三千。

易俗縣。本遼東渤海之民，太平九年，大延琳結搆遼東夷叛，圍守經年，乃降，盡遷於京北，置縣居之。是年，又徙渤海叛人家屬置焉。户一千。

遷遼縣。本遼東諸縣渤海人，大延琳叛，擇其謀勇者置之左右。後以城降，戮之，徙其家屬於京東北，故名。户一千。

渤海縣。本東京人，因叛，徙置。

興仁縣。開泰二年置。

宣化縣。本遼東神化縣民，太祖破鴨渌府，盡徙其民居京之南。統和八年，以諸宮提轄司人户置。隸彰愍宮。户四千。

上京，太祖創業之地。負山抱海，天險足以爲固。地沃宜耕植，水草便畜牧。金齪一箭，二百年之基，壯矣。天顯元年，平渤海歸，乃展郛郭，建宮室，名以天贊。起三大殿：曰開皇、安德、五鑾[一六]。中有歷代帝王御容，每月朔望、節辰、忌日，在京文武百官並赴致祭。又於内城東南隅建天雄寺，奉安烈考宣簡皇帝遺像。是歲太祖崩，應天皇后於義節寺斷腕，置太祖陵，即寺建斷腕樓，樹碑焉。太宗援立晉，遣宰相馮道、劉昫等持節，具鹵簿、法服至此，册上太宗及應天皇后尊號。太宗詔蕃部並依漢制，御開皇殿，闢承天門受禮，因改皇都爲上京。

城高二丈，不設敵樓，幅員二十七里。門，東曰迎春，曰雁兒；南曰順陽〔一七〕；西曰金鳳，曰西雁兒，曰南福〔一八〕。其北謂之皇城，高三丈，有樓櫓。門，東曰安東，南曰大順，西曰乾德，北曰拱辰。中有大內。內南門曰承天，有樓閣；東門曰東華，西曰西華。此通內出入之所。正南街東，留守司衙，次鹽鐵司，次南門，龍寺街。南曰臨潢府，其側臨潢縣。縣西南崇孝寺，承天皇后建。寺西長泰縣，又西天長觀。西南國子監，監北孔子廟，廟東節義寺。又西北安國寺，太宗所建〔一九〕。寺東齊天皇后故宅，宅東有元妃宅，即法天皇后所建也。其南具聖尼寺，綾錦院、內省司、麴院，贍國、省司二倉，皆在大內西南。八作司與天雄寺對。南城謂之漢城，南當橫街，各有樓對峙，下列井肆。東門之北潞縣，又東南興仁縣。南門之東回鶻營，回鶻商販留居上京，置營居之。西南同文驛，諸國信使居之。驛西南臨潢驛，以待夏國使。驛西福先寺。寺西宣化縣，西南定霸縣，縣西保和縣。西門之北易俗縣，縣東遷遼縣。

周廣順中，胡嶠記曰：上京西樓，有邑屋市肆，交易無錢而用布。有綾錦諸工作、宦者、翰林、伎術、教坊、角觝、儒、僧尼、道士。中國人并、汾、幽、薊爲多。

宋大中祥符九年，薛映記曰：上京者，中京正北八十里至松山館〔一〇〕，七十里至崇信館，九十里至廣寧館，五十里至姚家寨館，五十里至咸寧館。三十里度潢水石橋，旁有饒州，唐於契丹嘗置饒樂州〔一一〕，今渤海人居之。五十里保和館，度黑水河，七十里宣化館，五十里長泰館。館西二十里有佛舍、民居，即祖州。又四十里至臨潢府。自過崇信館乃契丹舊境，其南奚地也。入西門，門曰金德，內有臨潢館。子城東門曰順陽。北行至景福門，又至承天門，內有昭德、宣政二殿與氈廬，皆東向。臨潢西北二百餘里號涼淀〔一二〕，在饅頭山南，避暑之處。多豐草，掘地丈餘即有堅冰。

祖州，天成軍，上，節度。本遼右八部世沒里地〔一三〕。太祖秋獵多於此，始置西樓。後因建城，號祖州。以高祖昭烈皇帝、曾祖莊敬皇帝、祖考簡獻皇帝、皇考宣簡皇帝所生之地，故名。城高二丈，無敵棚，幅員九里。門，東曰望京，南曰大夏，西曰液山，北曰興國。西北隅有內城。殿曰兩明，奉安祖考御容；曰二儀，以白金鑄太祖像；曰黑龍，曰清秘，各有太祖微時兵仗器物及服御皮毳之類〔一四〕，存之以示後嗣，使勿忘本。內南門曰興聖，凡三門，上有樓閣，東西有角樓。東爲州廨及諸官廨舍，綾錦院，班院祗候蕃、漢、渤海三百人，供給內府取索。東南横街，四隅有樓對峙，下連市肆。東長霸縣，西咸寧縣。有祖山，山有太祖天皇帝廟，御靴尚存。又有龍門、黎谷、液山、液泉、白馬、獨石、天梯之山。水則南沙河、西液泉。太祖陵鑿山爲殿，曰明殿。殿南嶺有膳堂，以備時祭。門曰黑龍。東偏有聖蹤殿，立碑述太祖遊獵之事。殿東有樓，立碑以紀太祖創業之功。皆在州西五里。天顯中太宗建，隸弘義宮。統縣二、城一：

長霸縣。本龍州長平縣民，遷于此。户二千。

咸寧縣。本長寧縣。破遼陽，遷其民置。户一千。

越王城。太祖伯父于越王述魯西伐党項、吐渾，俘其民放牧於此，因建城。在州東南二十里。户一千。

懷州，奉陵軍，上，節度。本唐歸誠州。太宗行帳放牧於此。天贊中，從太祖破扶餘城，下龍泉府，俘其人，築寨居之。會同中，掠燕、薊所俘亦置此。太宗崩，葬西山，曰懷陵。大同元年，世宗置州以奉焉。是年，有騎十餘獵于祖州西五十里大山中，見太宗乘白馬，獨追白狐，射之，一發而斃；忽不見，但獲狐與矢。是日，太宗崩于欒城。後於其地建廟，又於州之鳳凰門繪太宗馳騎貫狐之像。穆宗被害，葬懷陵側，建鳳凰殿以奉焉。有清涼殿，爲行幸避暑之所。皆在州西二十里。隸永興宮。統縣二：

扶餘縣。本龍泉府。太祖遷渤海扶餘縣降户於此，世宗置縣。户一千五百。

顯理縣。本顯理府人〔二五〕，太祖伐渤海，俘其王大諲譔，遷民於此，世宗置縣。户一千。

慶州，玄寧軍〔二六〕，上，節度。本太保山黑河之地，巖谷險峻。穆宗建城，號黑河州。每歲來幸，射虎障鷹，軍國之事多委大臣。後遇弒於此。以地苦寒，統和八年，州廢。聖宗秋畋，愛其奇秀，建號慶州〔二七〕。遼國五代祖勃突，貌異常，有武略，力敵百人，衆推爲王。生于勃突山，因以名；没，葬山下。在州二百里〔二八〕。慶雲山，本黑嶺也。聖宗駐蹕，愛羨曰：「吾萬歲後，當葬此。」興宗遵遺命，建永慶陵。有望仙殿、御容殿。置蕃、漢守陵三千户，並隸大内都總管司。在州西二十里。有黑山、赤山、太保山、老翁嶺、饅頭山、興國湖、轄失濼、黑河。景福元年復置，更隸興聖宫。統縣三：

玄德縣〔二九〕。本黑山黑河之地。景福元年，括落帳人户，從便居之。户六千。

孝安縣。

富義縣。本義州，太宗遷渤海義州民於此〔三〇〕。重熙元年降爲義豐縣，後更名。隸弘義宫。

泰州，德昌軍，節度。本契丹二十部族放牧之地。因黑鼠族累犯通化州，民不能禦，遂移東南六百里來，建城居之，以近本族。黑鼠穴居，膚黑，吻鋭，類鼠，故以名。州隸延慶宫，兵事屬東北統軍司。統縣二：

樂康縣。倚郭。

興國縣。本山前之民，因罪配遞至此，興宗置縣。户七百。

長春州，韶陽軍，下，節度。本鴨子河春獵之地。興宗重熙八年置。隸延慶宫，兵事隸東北統軍司。統縣一：

長春縣。本混同江地。燕、薊犯罪者流配於此。户二千。

烏州，静安軍，刺史。本烏丸之地，東胡之種也。遼北大王撥剌占爲牧〔三二〕，建城，後官收。隸興聖宫。有遼河、夜河、烏丸川、烏丸山。統縣一：

愛民縣。撥剌王從軍南征，俘漢民置于此。户一千。

永州，永昌軍，觀察。承天皇太后所建。太祖於此置南樓。乾亨三年，置州于皇子韓八墓側。東潢河，南土河，二水合流，故號永州。冬月牙帳多駐此，謂之冬捺鉢。有木葉山，上建契丹始祖廟，奇首可汗在南廟，可敦在北廟，繪塑二聖并八子神像。相傳有神人乘白馬，自馬盂山浮土河而東，有天女駕青牛車由平地松林泛潢河而下。至木葉山，二水合流，相遇爲配偶，生八子。其後族屬漸盛，分爲八部。每行軍及春秋時祭，必用白馬青牛，示不忘本云。興王寺，有白衣觀音像。太宗援石晉主中國〔三二〕，自潞州迴，入幽州，幸大悲閣，指此像曰：「我夢神人令送石郎爲中國帝，即此也。」因移木葉山，建廟，春秋告賽，尊爲家神。興軍必告之，乃合符傳箭於諸部。又有高淀山、柳林淀，亦曰白馬淀〔三三〕。隸彰愍宮。統縣三：

長寧縣。本顯德府縣名。太祖平渤海，遷其民於此。户四千五百。

義豐縣。本鐵利府義州。遼兵破之，遷其民於南樓之西北，仍名義州。重熙元年，廢州，改今縣。在州西北一百里。又嘗改富義縣，屬泰州〔三四〕。始末不可具考，今兩存之。户一千五百。

慈仁縣。太宗以皇子只撒古亡，置慈州墳西。重熙元年，州廢，改今縣。户四百。

儀坤州，啓聖軍，節度。本契丹右大部地。應天皇后建州。回鶻糯思居之，至四世孫容我梅里，生應天皇后述律氏，適太祖。太祖開拓四方，平渤海，后有力焉。俘掠有伎藝者多歸帳下，謂之屬珊。以所生之地置州。州建啓聖院，中爲儀寧殿，太祖天皇帝、應天地皇后銀像在焉。隸長寧宮。統縣一〔三五〕：

廣義縣。本回鶻部牧地。應天皇后以四征所俘居之，因建州縣。統和八年，以諸宮提轄司户置來遠縣，十三年併入。户二千五百。

龍化州，興國軍，下，節度。本漢北安平縣地。契丹始祖奇首可汗居此，稱「龍庭」。太祖於此建東樓。唐天復二年，太祖爲迭烈部夷离堇，破代北，遷其民，建城居之。明年，伐女直，俘數百户實焉。天祐元年，增修東城，制度頗壯麗。十三年，太祖於城東金鈴岡受尊號曰大聖大明天皇帝，建元神册。天顯元年，崩于東樓〔三六〕。太宗升節度。隸彰愍宮，兵事屬北路女直兵馬司。刺史州一，未詳。統縣一：

龍化縣。太祖東伐女直，南掠燕、薊，所俘建城置邑。户一千。

降聖州，開國軍，下，刺史。本大部落東樓之地。太祖春月行帳多駐此。應天皇后夢神人金冠素服，執兵仗，貌甚豐美，異獸十二隨之。中有黑兔躍入后懷，因而有娠，遂生太宗。時黑雲覆帳，火光照室，有聲如雷，諸部異之。穆宗建州。四面各三十里，禁樵採放牧。先屬延昌宫，後隸彰愍宫。統縣一：

永安縣。本龍原府慶州縣名。太祖平渤海，破懷州之永安，遷其人置寨於此，建縣〔三七〕。户八百。

饒州，匡義軍，中，節度。本唐饒樂府地。貞觀中置松漠府。太祖完葺故壘。有潢河、長水濼、没打河、青山、大福山、松山。隸延慶宫。統縣三：

長樂縣。本遼城縣名。太祖伐渤海，遷其民，建縣居之。户四千，内一千户納鐵。

臨河縣。本豐永縣人〔三八〕，太宗分兵伐渤海，遷於潢水之曲。户一千。

安民縣。太宗以渤海諸邑所俘雜置。户一千。

頭下軍州〔三九〕

頭下軍州，皆諸王、外戚、大臣及諸部從征俘掠，或置生口，各團集建州縣以居之。横帳諸王、國舅、公主許創立州城，自餘不得建城郭。朝廷賜州縣額。其節度使朝廷命之，刺史以下皆以本主部曲充焉。官位九品之下及井邑商賈之家，征税各歸頭下，唯酒税課納上京鹽鐵司。

徽州，**宣德軍**，節度。景宗女秦晉大長公主所建。媵臣萬户，在宜州之北二百里，因建州城。北至上京七百里。節度使以下，皆公主府署。户一萬。

成州，**長慶軍**，節度。聖宗女晉國長公主以上賜媵臣户置。在宜州北一百六十里〔四〇〕，因建州城。北至上京七百四十里。户四千。

懿州，**廣順軍**，節度。聖宗女燕國長公主以上賜媵臣户置。在顯州東北二百里，因建州城。西北至上京八百里。户四千。

渭州，**高陽軍**，節度。駙馬都尉蕭昌裔建。尚秦國王隆慶女韓國長公主〔四一〕，以所賜媵臣建州城。顯州東北二百五十里。遼制，皇子嫡生者，其女與帝女同。户一千。

壕州〔四二〕。國舅宰相南征，俘掠漢民，居遼東西安平縣故地。在顯州東北二百二十里，西北至上京七百二十里。户六千。

原州。本遼東北安平縣地。顯州東北三百里。國舅金德俘掠漢民建城。西北至上京八百里。户五百。

福州。國舅蕭寧建。南征俘掠漢民，居北安平縣故地。在原州北二十里，西北至上京七百八十里。户三百。

横州。國舅蕭克忠建。部下牧人居漢故遼陽縣地，因置州城。在遼州西北九十里，西北至上京七百二十里。有横山。户二百。

鳳州。槀離國故地，渤海之安寧郡境，南王府五帳分地。在韓州北二百里，西北至上京九百里。户四千〔四三〕。

遂州。本高州地，南王府五帳放牧於此。在檀州西二百里，西北至上京一千里。户五百。

豐州。本遼澤大部落，遥輦氏僧隱牧地。北至上京三百五十里。户五百。

順州。本遼隊縣地。横帳南王府俘掠燕、薊、順州之民，建城居之。在顯州東北一百二十里，西北至上京九百里。户一千。

閭州。羅古王牧地，近醫巫閭山。在遼州西一百三十里，西北至上京九百五十里。户一千。

松山州。本遼澤大部落，横帳普古王牧地。有松山。北至上京一百七十里。户五百。

豫州。横帳陳王牧地。南至上京三百里。户五百。

寧州。本大賀氏勒得山，橫帳管寧王放牧地。在豫州東八十里，西南至上京三百五十里。户三百。

邊防城

遼國西北界防邊城，因屯戍而立，務據形勝，不資丁賦。具列如左：

靜州，觀察。本泰州之金山。天慶六年升。

鎮州，**建安軍**，節度。本古可敦城。統和二十二年皇太妃奏置。選諸部族二萬餘騎充屯軍，專捍禦室韋、羽厥等國，凡有征討，不得抽移。渤海、女直、漢人配流之家七百餘户，分居鎮、防、維三州〔四四〕。東南至上京三千餘里。

維州，刺史。

防州，刺史。

河董城。本回鶻可敦城，語訛爲河董城。久廢，遼人完之以防邊患。高州界女直常爲盜，劫掠行旅，遷其族於此。東南至上京一千七百里。

靜邊城。本契丹二十部族水草地。北鄰羽厥，每入爲盜，建城，置兵千餘騎防之。東南至上京一千五百里。

皮被河城。地控北邊，置兵五百於此防托。皮被河出回紇北，東南經羽厥，入臚朐河，沿河董城北，東流合沱漉河，入于海。南至上京一千五百里。

招州，綏遠軍，刺史。開泰三年以女直户置。隸西北路招討司。

塔懶主城。大康九年置。在臚朐河。

校勘記

〔一〕有幽涿檀薊順營平蔚朔雲應新嬀儒武寰十六州　本書卷四太宗紀下會同元年十一月及新五代史卷八晉高祖紀、通鑑卷二八〇後晉紀一高祖天福元年十一月癸巳、宋會要蕃夷一之一、會編卷二一，十六州内有瀛、莫，無營、平。按廿二史考異卷八三遼史地理志條謂瀛、莫二州得而旋失，後人因以營、平計入十六州，此處蓋相沿而誤。

〔二〕貞觀三年以其地置玄州　「三年」疑誤。按新唐書卷四三下地理志七下謂玄州置於貞觀二十年，通鑑卷一九九唐紀一五則謂置於貞觀二十二年。

〔三〕芬阿部曰羽陵州　「芬阿部」，本書卷三二營衞志中、卷六三世表，唐會要卷七三營州都督府，册府卷九七七外臣部降附，新唐書卷四三下地理志七下、卷二一九契丹傳均作「芬問部」。

〔四〕天梯蒙國別魯　「蒙國」二字原闕，據本書卷一一六國語解補。

〔五〕涞流河自西北南流遶京三面東入于曲江其北東流爲按出河　金史卷二四地理志上會寧府條，涞流河、曲江、按出河均在金上京附近，此處蓋將遼上京與金上京混爲一談。參見賈敬顔東北古地理古民族叢考、馮永謙遼上京附近水道辨誤——兼考金上京之曲江縣故址。

〔六〕御河　大典卷七七〇二引遼史地理志作「枯河」。

〔七〕鴛鴦湖　本書諸帝紀及卷六八遊幸表、卷九八耶律儼傳並作「鴛鴦濼」。

〔八〕火神淀　原作「大神淀」，據通鑑卷二九〇後周紀一太祖廣順元年九月、宋會要蕃夷一之一四及通考卷三四五四裔考二二契丹上改。

〔九〕兔兒山　本書卷三二營衞志中作「吐兒山」。

〔一〇〕鑿山　大典卷七七〇二引遼史地理志作「鑿山」。

〔一一〕户三萬六千五百　下文上京道户數計爲八萬九千七百，臨潢府所統十縣户數爲二萬二千五百，皆與此不合。

〔一二〕轄軍府州城二十五　「二十五」與下文所列軍、府、州、城實數不合。

〔一三〕户三千　原作「二千」，據明鈔本、南監本、北監本、殿本改。又本書卷三六兵衞志下五京鄉丁條謂定霸縣丁六千，按一户二丁通例，亦當以「三千」爲是。

〔一四〕統和八年以諸宫提轄司人户置　本書卷一五聖宗紀六開泰二年四月，「詔從上京請，以韓斌所括贍國、撻魯河、奉豪等州户二萬五千四百有奇，置長霸、興仁、保和等十縣」，與此異。

〔一五〕隸彰愍宮　本書卷三一營衛志上，保和縣隸永興宮。

〔一六〕五鸞　原作「五鑾」，據本書卷三太宗紀上、卷一五聖宗紀六、卷一六聖宗紀七、卷二四道宗紀四改。

〔一七〕南曰順陽　「順陽」，大典卷七七〇二引遼史地理志作「順歸」。

〔一八〕曰南福　諸本皆置於此處，疑此三字當在「南曰順陽」下。

〔一九〕又西北安國寺太宗所建　「太宗」，疑當作「太祖」。按本書卷二太祖紀下，天贊四年十一月丁酉，「幸安國寺」，知太祖時已有安國寺。

〔二〇〕中京正北八十里至松山館　此句疑有闕文。按長編卷八八大中祥符九年九月己酉引薛映、張士遜所上行程録及通考卷三四六四裔考二三契丹中皆謂自中京正北八十里至臨都館，又四十里至官窑館，又七十里至松山館；契丹國志卷二四富鄭公行程録亦同。疑所闕爲臨都館、官窑館兩程。

〔二一〕唐於契丹嘗置饒樂州　「州」字諸本皆闕，據長編卷八八大中祥符九年九月己酉引薛映、張士遜所上行程録及通考卷三四六四裔考二三契丹中補。

〔二二〕涼淀　本書諸帝紀、卷六八遊幸表及鄭頡墓誌並作「涼陘」。

〔二三〕祖州天成軍上節度本遼右八部世没里地　「天成軍」，本書太祖紀、太宗紀、聖宗紀並作「天城軍」。又「右八部」，疑當作「右大部」。按本書卷三二營衛志中阻午可汗二十部中有右大部，下文儀坤州亦有右大部之名。索隱卷三祖州條謂「右」當作「古」。又「世沒里」，本書卷一一六國語解、新五代史卷七二四夷附録一、通考卷三四五四裔考二二契丹上皆作「世里」，契丹國志卷二三族姓原始同，或謂作「世里沒里」。

〔二四〕各有太祖微時兵仗器物及服御皮毳之類　「仗」，原作「伐」，據明鈔本、南監本、北監本、殿本改。按大典卷七七〇二引遼史地理志作「戈」。

〔二五〕顯理縣本顯理府人　「顯理」，疑當作「顯德」。按新唐書卷二一九渤海傳，渤海無「顯理府」，有顯德府。

〔二六〕慶州玄寧軍　本書卷二四道宗紀四大康十年十二月乙未謂「改慶州大安軍曰興平」。然重熙八年趙爲幹墓誌、重熙十八年慶州螭首造像建塔碑、慶州五層塔室碑及保大元年劉暐墓誌皆作玄寧軍，金史卷二四地理志上慶州軍號亦作玄寧。

〔二七〕聖宗秋畋愛其奇秀建號慶州　按諸下文及本書卷一八興宗紀一景福元年七月甲寅，知慶州始置於興宗景福元年，非聖宗所置。

〔二八〕在州二百里　「州」下疑闕方位字。

〔二九〕玄德縣　本書卷三六兵衛志下五京鄉丁及大康十年高玄圭墓誌並作「玄寧縣」。

〔三〇〕太宗遷渤海義州民於此　「此」字原闕，據明鈔本、南監本、北監本、殿本補。

〔三一〕遼北大王撥剌占爲牧　「牧」下應有「地」或「場」字，文意始完。

〔三二〕太宗援石晉主中國　「太宗」，原作「太祖」。按援石晉爲太宗時事，今據改。

〔三三〕柳林淀亦曰白馬淀　「白馬淀」，原作「馬淀」，據本書卷一八興宗紀一重熙七年十月丙寅及卷三二營衞志中改。

〔三四〕又嘗改富義縣屬泰州　上文富義縣屬慶州。

〔三五〕統縣一　「一」字原闕，據明鈔本、南監本、北監本、殿本補。

〔三六〕天顯元年崩于東樓　本書卷二太祖紀下天顯元年七月甲戌，太祖崩於渤海扶餘府，與此異。

〔三七〕「永安縣」至「建縣」　此段既云「永安縣。本龍原府慶州縣名」，又云「破懷州之永安」，二者或有一誤，或永安先後隸屬慶、懷二州。

〔三八〕本豐永縣人　「豐永縣」，本書卷三八地理志二遼陽府仙鄉縣條作「永豐縣」。

〔三九〕頭下軍州　原無此目。契丹國志卷二二州縣載記有「投下州」一目。按「頭下軍州」皆因諸王、外戚、大臣私城所建，與以上州軍性質不同，且以下頭下軍州不全在上京道境内。今仿下文「邊防城」例，增此一目。

〔四〇〕在宜州北一百六十里　「一」，原作「然」，據明鈔本、南監本、北監本、殿本改。

〔四一〕尚秦國王隆慶女韓國長公主　「秦國王」，本書卷一五聖宗紀六開泰元年、五年、六年，卷六四皇子表及秦晉國大長公主墓誌、耶律宗政墓誌、耶律宗允墓誌、秦晉國妃墓誌並作「秦晉國王」。

〔四二〕壕州　「壕」，遼、金、元三史多作「豪」，陳萬墓誌、劉承嗣墓誌、蕭僅墓誌亦均作「豪」。

〔四三〕户四千　據本書卷三六兵衛志下五京鄉丁條，鳳州丁一千。按一户二丁通例，户、丁數當有一誤。

〔四四〕分居鎮防維三州　「三」，原作「二」，據文義改。羅校疑「鎮」字衍，「二」字不誤。

遼史卷三十八

志第八

地理志二

東京道

東京遼陽府，本朝鮮之地。周武王釋箕子囚，去之朝鮮，因以封之。作八條之教，尚禮義，富農桑，外户不閉，人不爲盜。傳四十餘世。燕屬真番、朝鮮，始置吏、築障。秦屬遼東外徼。漢初，燕人滿王故空地。武帝元封三年，定朝鮮爲真番、臨屯、樂浪、玄菟四郡。後漢出入青、幽二州，遼東、玄菟二郡，沿革不常。漢末爲公孫度所據，傳子康；孫淵，自稱燕王，建元紹漢，魏滅之。晉陷高麗，後歸慕容垂；子寶，以勾麗王安爲平州牧居之。元魏太武遣使至其所居平壤城，遼東京本此。唐高宗平高麗，於此置安東都護府；

後爲渤海大氏所有。大氏始保挹婁之東牟山。武后萬歲通天中，爲契丹盡忠所逼，有乞乞仲象者，度遼水自固，武后封爲震國公。傳子祚榮，建都邑，自稱震王，併吞海北，地方五千里，兵數十萬。中宗賜所都曰忽汗州，封渤海郡王。十有二世至彝震，僭號改元〔一〕，擬建宮闕，有五京、十五府、六十二州，爲遼東盛國。忽汗州即故平壤城也，號中京顯德府〔二〕。太祖建國，攻渤海，拔忽汗城，俘其王大諲譔，以爲東丹王國，立太子圖欲爲人皇王以主之。神册四年，葺遼陽故城，以渤海、漢户建東平郡，爲防禦州。天顯三年，遷東丹國民居之，升爲南京。

城名天福〔三〕，高三丈，有樓櫓，幅員三十里。八門：東曰迎陽，東南曰韶陽，南曰龍原，西南曰顯德，西曰大順，西北曰大遼，北曰懷遠，東北曰安遠。宮城在東北隅，高三丈，具敵樓，南爲三門，壯以樓觀，四隅有角樓，相去各二里。宮牆北有讓國皇帝御容殿。大内建二殿，不置宮嬪，唯以内省使副、判官守之。大東丹國新建南京碑銘，在宮門之南。外城謂之漢城，分南北市，中爲看樓；晨集南市，夕集北市。街西有金德寺；大悲寺；駙馬寺，鐵幡竿在焉；趙頭陀寺；留守衙；户部司；軍巡院，歸化營軍千餘人，河、朔亡命，皆籍于此。東至北烏魯虎克四百里，南至海邊鐵山八百六十里，西至望平縣海口三百六十里，北至挹婁縣范河二百七十里。東、西、南三面抱海。遼河出東北山口爲范河，西南流爲大口，入于海；東梁河自東山西流，與渾河合爲小口，會遼河入于海，又名太子河，亦曰大梁水；渾河在東梁、范河之間；沙河出東南山西北流，徑蓋州入于海。有蒲河；清河；浿水，亦曰泥河，又曰蓒芋濼，水多蓒芋之草；駐蹕山，唐太宗征高麗，駐蹕其巔數日，勒石紀功焉，俗稱手山，山巔平石之上有掌指之狀，泉出其中，取之不竭。又有明王山、白石山——亦曰横山。天顯十三年，改南京爲東京，府曰遼陽。

户四萬六百四〔四〕。轄州、府、軍、城八十七〔五〕。統縣九：

遼陽縣。本渤海國金德縣地。漢浿水縣，高麗改爲勾麗縣，渤海爲常樂縣。户一千五百。

仙鄉縣。本漢遼隊縣，渤海爲永豐縣。神仙傳云：「仙人白仲理能煉神丹，點黃金，以救百姓。」户一千五百。

鶴野縣。本漢居就縣地，渤海爲雞山縣。昔丁令威家此，去家千年，化鶴來歸，集於華表柱，以咮畫表云：「有鳥有鳥丁令威，去家千年今來歸；城郭雖是人民非，何不學仙塚纍纍。」户一千二百。

析木縣〔六〕。本漢望平縣地，渤海爲花山縣。户一千。

紫蒙縣。本漢鏤芳縣地〔七〕。後拂涅國置東平府，領蒙州紫蒙縣。後徙遼城，并入黃嶺縣。渤海復爲紫蒙縣。户一千。

興遼縣。本漢平郭縣地，渤海改爲長寧縣。唐元和中，渤海王大仁秀南定新羅，北略諸部，開置郡邑，遂定今名。户一千。

肅愼縣。以渤海户置。

歸仁縣。

順化縣。

開州，鎮國軍，節度。本濊貊地，高麗爲慶州，渤海爲東京龍原府。有宫殿。都督慶、鹽、穆、賀四州事。故縣六：曰龍原、永安、烏山、壁谷、熊山、白楊，皆廢。疊石爲城，周圍二十里。唐薛仁貴征高麗，與其大將温沙門戰熊山，擒善射者於石城，即此。太祖平渤海，徙其民于大部落，城遂廢。聖宗伐新羅還〔八〕，周覽城基，復加完葺。開泰三年，遷雙、韓二州千餘户實之，號開封府開遠軍，節度；更名鎮國軍。隸東京留守，兵事屬東京統軍司。統州三、縣一：

開遠縣。本栅城地，高麗爲龍原縣，渤海因之，遼初廢。聖宗東討，復置以軍額。民户一千〔九〕。

鹽州。本渤海龍河郡，故縣四：海陽、接海、格川、龍河，皆廢。户三百。隸開州。相去一百四十里。

穆州，保和軍，刺史。本渤海會農郡，故縣四：會農、水歧、順化、美縣，皆廢。户三百。隸開州。東北至開州一百二十里。統縣一：

會農縣。

賀州，刺史。本渤海吉理郡，故縣四：洪賀、送誠、吉理、石山，皆廢。户三百。隸開州。

定州，保寧軍。高麗置州，故縣一，曰定東。聖宗統和十三年升軍，遷遼西民實之。隸東京留守司。統縣一：

定東縣。高麗所置，遼徙遼西民居之。户八百。

保州，宣義軍，節度。高麗置州，故縣一，曰來遠。聖宗以高麗王詢擅立，問罪不服，統和末，高麗降〔一〇〕。開泰三年取其保、定二州，於此置榷場。隸東京統軍司。統州、軍二，縣一：

來遠縣。初徙遼西諸縣民實之，又徙奚、漢兵七百防戍焉。户一千。

宣州，定遠軍，刺史。開泰三年徙漢户置。隸保州。

懷化軍，下，刺史。開泰三年置。隸保州。

辰州，奉國軍，節度。本高麗蓋牟城。唐太宗會李世勣攻破蓋牟城，即此。渤海改爲蓋州，又改辰州，以辰韓得名。井邑駢列，最爲衝會。遼徙其民於祖州。初曰長平軍。户二千。隸東京留守司。統縣一：

建安縣。

盧州，玄德軍，刺史。本渤海杉盧郡，故縣五：山陽、杉盧、漢陽、白巖、霜巖，皆廢。户三百。在京東一百三十里。兵事屬南女直湯河司。統縣一：

熊岳縣。西至海一十五里，傍海有熊岳山。

來遠城。本熟女直地。統和中伐高麗，以燕軍驍猛，置兩指揮，建城防戍。兵事屬東京統軍司。

鐵州，**建武軍**，刺史。本漢安市縣，高麗爲安市城。唐太宗攻之不下，薛仁貴白衣登城，即此。渤海置州，故縣四：位城、河端〔一二〕、蒼山、龍珍，皆廢。户一千。在京西南六十里。統縣一：

湯池縣。

興州，**中興軍**〔一三〕，節度。本漢海冥縣地。渤海置州，故縣三：盛吉、蒜山、鐵山，皆廢。户二百。在京西南三百里。

湯州。本漢襄平縣地。故縣五：靈峰、常豐、白石、均谷、嘉利，皆廢。户五百。在京西北一百里。

崇州，**隆安軍**，刺史。本漢長岑縣地。渤海置州，故縣三：崇山、潙水、緑城，皆廢。户五百。在京東北一百五十里。統縣一：

崇信縣。

海州，南海軍，節度。本沃沮國地。高麗爲沙卑城，唐李世勣嘗攻焉。渤海號南京南海府。疊石爲城，幅員九里，都督沃、晴、椒三州。故縣六：沃沮、鷲巖、龍山、濱海、昇平、靈泉，皆廢。太平中，大延琳叛，南海城堅守，經歲不下，別部酋長皆被擒，乃降。因盡徙其人於上京，置遷遼縣，移澤州民來實之。户一千五百〔三〕。統州二、縣一：

臨溟縣。

耀州，刺史。本渤海椒州，故縣五：椒山、貂嶺、澌泉、尖山、巖淵，皆廢。户七百。隸海州。東北至海州二百里。統縣一：

巖淵縣。東界新羅，故平壤城在縣西南。東北至海州一百二十里。

嬪州，柔遠軍，刺史。本渤海晴州，故縣五：天晴、神陽、蓮池、狼山、仙巖，皆廢。户五百。隸海州。東南至海州一百二十里。

淥州，鴨淥軍，節度。本高麗故國，渤海號西京鴨淥府。城高三丈，廣輪二十里，都督神、桓、豐、正四州事。故縣三：神鹿、神化、劍門，皆廢。大延琳叛，遷餘黨於上京，置易俗縣居之。在者户二千。隸東京留守司。統州四、縣二：

弘聞縣。

神鄉縣。

桓州。高麗中都城，故縣三：桓都、神鄉、淇水〔一四〕，皆廢。高麗王於此剏立宮闕，國人謂之新國。五世孫釗，晉康帝建元初爲慕容皝所敗，宮室焚蕩。户七百。隸渌州。在西南二百里。

豐州。渤海置盤安郡，故縣四：安豐、渤恪、隰壤、硤石，皆廢。户三百。隸渌州。在東北二百一十里。

正州。本沸流王故地，國爲公孫康所併。渤海置沸流郡。有沸流水。户五百。隸渌州。在西北三百八十里。統縣一：

東那縣。本漢東耐縣地〔一五〕。在州西七十里。

慕州。本渤海安遠府地，故縣二：慕化、崇平，久廢。户二百。隸渌州。在西北二百里。

顯州，**奉先軍**，上，節度。本渤海顯德府地。世宗置，以奉顯陵。顯陵者，東丹人皇王墓也。人皇王性好讀書，不喜射獵，購書數萬卷，置醫巫閭山絶頂，築堂曰望海。山南去海一百三十里。大同元年，世宗親護人皇王靈駕歸自汴京。以人皇王愛醫巫閭山水奇秀，因葬焉。山形掩抱六重，於其中作影殿，制度宏麗。州在山東南，遷東京三百餘户以實之。應曆元年，穆宗葬世宗於顯陵西山，仍禁樵採。有十三山，有沙河。隸長寧、積慶二宮，兵事屬東京都部署司。統州三、縣三：

奉先縣〔一六〕。本漢無慮縣，即醫巫閭，幽州鎮山。世宗析遼東長樂縣民以爲陵户，隸長寧宮。

山東縣。本漢望平縣。穆宗割渤海永豐縣民爲陵户，隸積慶宮。

歸義縣。初置顯州，渤海民自來助役，世宗嘉憫，因籍其人户置縣，隸長寧宮。

嘉州，嘉平軍，下，刺史。隸顯州。

遼西州，阜成軍，中，刺史。本漢遼西郡地，世宗置州，隸長寧宮，屬顯州。統縣一：

長慶縣。統和八年，以諸宮提轄司人户置。

康州，下，刺史。世宗遷渤海率賓府人户置，屬顯州。初隸長寧宮，後屬積慶宮。統縣一：

率賓縣。本渤海率賓府地〔一七〕。

宗州，下，刺史。在遼東石熊山，耶律隆運以所俘漢民置。聖宗立爲州，隸文忠王府。王薨，屬提轄司。統縣一：

熊山縣。本渤海縣地。

乾州，**廣德軍**，上，節度。本漢無慮縣地。聖宗統和三年置〔一八〕，以奉景宗乾陵。有凝神殿。隸崇德宮，兵事屬東京都部署司。統州一、縣四：

奉陵縣。本漢無慮縣地。括諸落帳户，助營山陵。

延昌縣。析延昌宫户置。

靈山縣。本渤海靈峰縣地。

司農縣。本渤海麓郡縣，併麓波、雲川二縣入焉。

海北州，廣化軍，中，刺史。世宗以所俘漢户置。地在閭山之西，南海之北。初隸宣州〔一九〕，後屬乾州。統縣一：

開義縣〔二〇〕。

貴德州，**寧遠軍**，下，節度。本漢襄平縣地，漢公孫度所據。太宗時察割以所俘漢民置。後以弒逆誅，没入焉。聖宗建貴德軍[一]，後更名。有陀河、大寶山。隸崇德宮，兵事屬東京都部署司。統縣二：

貴德縣。本漢襄平縣，渤海爲崇山縣。

奉德縣。本渤海緣城縣地[二]，常置奉德州。

瀋州，昭德軍，中，節度。本挹婁國地。渤海建瀋州，故縣九，皆廢[三]。太宗置興遼軍，後更名。初隸永興宮[四]，後屬敦睦宮，兵事隸東京都部署司。統州一、縣二：

樂郊縣。太祖俘薊州三河民，建三河縣，後更名。

靈源縣。太祖俘薊州吏民，建漁陽縣，後更名。

巖州，白巖軍，下，刺史。本渤海白巖城，太宗撥屬瀋州。初隸長寧宮，後屬敦睦宮。統縣一：

白巖縣。渤海置。

集州，懷衆軍[五]，下，刺史。古陴離郡地，漢屬險瀆縣，高麗爲霜巖縣，渤海置州。統縣一：

奉集縣。渤海置。

昌義縣。

廣州，防禦。漢屬襄平縣，高麗爲當山縣，渤海爲鐵利郡。太祖遷渤海人居之，建鐵利州，統和八年省。開泰七年以漢户置。統縣一：

遼州，**始平軍**，下，節度。本拂涅國城，渤海爲東平府。唐太宗親征高麗，李世勣拔遼城；高宗詔程振、蘇定方討高麗〔二六〕，至新城，大破之：皆此地也。太祖伐渤海，先破東平府，遷民實之。故東平府都督伊、蒙、陀、黑、北五州〔二七〕，共領縣十八，皆廢。太祖改爲州，軍曰東平，太宗更爲始平軍。有遼河、羊腸河、錐子河、蛇山、狼山、黑山、巾子山。隸長寧宮，兵事屬北女直兵馬司。統州一、縣二：

遼濱縣。

安定縣。

祺州〔二八〕，祐聖軍，下，刺史。本渤海蒙州地。太祖以檀州俘於此建檀州，後更名。隸弘義宮，兵事屬北女直兵馬司。統縣一：

慶雲縣。太祖俘密雲民，於此建密雲縣，後更名。

遂州，刺史。本渤海美州地，採訪使耶律頗德以部下漢民置。穆宗時，頗得嗣絶，没入焉。隸延昌宫。統縣一：

山河縣。本渤海縣，併黑川、麓川二縣置。

通州，安遠軍，節度。本扶餘國王城，渤海號扶餘城。太祖改龍州，聖宗更今名。保寧七年，以黄龍府叛人燕頗餘黨千餘户置，升節度〔二九〕。統縣四：

通遠縣。本渤海扶餘縣，併布多縣置。

安遠縣。本渤海顯義縣，併鵲川縣置。

歸仁縣。本渤海强帥縣〔三〇〕，併新安縣置。

漁谷縣。本渤海縣。

韓州，東平軍，下，刺史。本藁離國舊治柳河縣。高麗置鄚頡府，都督鄚、頡二州〔三一〕。渤海因之。今廢。太宗置三河、榆河二州。聖宗併二州置。隸延昌宫，兵事屬北女直兵馬司。統縣一：

柳河縣。本渤海粵喜縣地[三二]，併萬安縣置。

雙州，保安軍，下，節度。本挹婁故地。渤海置安定郡，久廢。漚里僧王從太宗南征，以俘鎮、定二州之民建城置州。察割弒逆誅，没入焉。初隸延昌宫，後屬崇德宫，兵事隸北女直兵馬司。統縣一：

雙城縣。本渤海安夷縣地。

銀州，富國軍，下，刺史。本渤海富州，太祖以銀冶更名。隸弘義宫，兵事屬北女直兵馬司。統縣三：

延津縣。本渤海富壽縣，境有延津故城，更名。

新興縣。本故越喜國地，渤海置銀冶，常置銀州。

永平縣。本渤海優富縣地，太祖以俘户置。舊有永平寨。

同州，鎮安軍，下，節度。本漢襄平縣地，渤海爲東平寨。太祖置州，軍曰鎮東，後更名。隸彰愍宫，兵事屬北女直兵馬司。統州一，未詳；縣二：

東平縣。本漢襄平縣地。産鐵，撥户三百採鍊，隨征賦輸。

永昌縣。本高麗永寧縣地。

咸州，安東軍，下，節度。本高麗銅山縣地，渤海置銅山郡。地在漢候城縣北，渤海龍泉府南。地多山險，寇盜以爲淵藪，乃招平、營等州客户數百，建城居之。初號郝里太保城，開泰八年置州。兵事屬北女直兵馬司。統縣一：

咸平縣。唐安東都護，天寶中治營、平二州間，即此。太祖滅渤海，復置安東軍。開泰中置縣。

信州，彰聖軍，下，節度。本越喜故城。渤海置懷遠府，今廢。聖宗以地鄰高麗，開泰初置州，以所俘漢民實之。兵事屬黄龍府都部署司。統州三，未詳；縣二：

武昌縣。本渤海懷福縣地，析平州提轄司及豹山縣一千户隸之。

定武縣。本渤海豹山縣地，析平州提轄司併乳水縣人户置。初名定功縣。

賓州，懷化軍，節度。本渤海城。統和十七年，遷兀惹户，置刺史于鴨子、混同二水之間〔三三〕，後升。兵事隸黄龍府都部署司〔三四〕。

龍州，黄龍府。本渤海扶餘府。太祖平渤海還，至此崩，有黄龍見，更名。保寧七年，軍將燕頗叛，府廢。開泰九年，遷城于東北，以宗州、檀州漢户一千復置。統州五、縣三：

黄龍縣。本渤海長平縣，併富利、佐慕、肅慎置。

遷民縣。本渤海永寧縣，併豐水、扶羅置。

永平縣。渤海置。

益州，觀察。屬黄龍府。統縣一：

静遠縣。

安遠州，懷義軍，刺史。屬黄龍府。

威州，武寧軍，刺史。屬黄龍府。

清州，建寧軍，刺史。屬黄龍府。

雍州，刺史。屬黄龍府。

湖州，興利軍，刺史。渤海置。兵事隸東京統軍司。統縣一：

長慶縣。

渤州，清化軍，刺史。渤海置。兵事隸東京統軍司。統縣一：

貢珍縣。渤海置。

郢州，彰聖軍，刺史。渤海置。兵事隸北女直兵馬司。統縣一：

延慶縣。

銅州，廣利軍，刺史。渤海置。兵事隸北兵馬司。統縣一：

析木縣。本漢望平縣地，渤海爲花山縣。初隸東京，後來屬。

涑州，刺史。渤海置。兵事隸南兵馬司。

率賓府，刺史。故率賓國地。

定理府，刺史。故挹婁國地。

鐵利府，刺史。故鐵利國地。

安定府。

長嶺府。

鎮海府，防禦。兵事隸南女直湯河司。統縣一：

平南縣。

冀州，防禦。聖宗建，升永安軍。

東州。以渤海户置。

尚州。以渤海户置。

吉州，福昌軍，刺史。

麓州，下，刺史。渤海置。

荆州，刺史。

懿州，寧昌軍，節度。太平三年越國公主以媵臣户置。初曰慶懿軍，更曰廣順軍，隸上京。清寧七年宣懿皇后進入，改今名。統縣二：

寧昌縣。本平陽縣。

順安縣。

媵州〔三五〕，昌永軍，刺史。

順化城，**嚮義軍**，下，刺史。開泰三年以漢户置。兵事隸東京統軍司。

寧州，觀察。統和二十九年伐高麗，以渤海降户置。兵事隸東京統軍司。統縣一：

新安縣。

衍州，**安廣軍**，防禦。以漢户置。初刺史，後升軍。兵事屬東京統軍司。統縣一：

宜豐縣。

連州，**德昌軍**，刺史。以漢户置。兵事屬東京統軍司。統縣一：

安民縣。

歸州，觀察。太祖平渤海，以降户置，後廢。統和二十九年伐高麗，以所俘渤海户復置。兵事屬南女直湯河司。統縣一：

歸勝縣。

蘇州，安復軍，節度。本高麗南蘇，興宗置州。兵事屬南女直湯河司。統縣二：

來蘇縣。

懷化縣。

復州，懷德軍，節度〔三六〕。興宗置。兵事屬南女直湯河司。統縣二：

永寧縣。

德勝縣。

肅州，信陵軍，刺史。重熙十年州民亡入女直，取之復置。兵事隸北女直兵馬司。統縣一：

清安縣。

安州，刺史。兵事隸北女直兵馬司。

榮州。

率州。

荷州。

源州。

渤海州。

寧江州，**混同軍**，觀察。清寧中置。初防禦，後升。兵事屬東北統軍司。統縣一：

混同縣。

河州，**德化軍**。置軍器坊。

祥州，瑞聖軍，節度。興宗以鐵驪户置。兵事隸黄龍府都部署司。統縣一：

懷德縣。

校勘記

〔一〕十有二世至彝震僭號改元　新唐書卷二一九渤海傳，祚榮自號震國王，謚曰高王，子武藝改年曰仁安。故僭號改元，不自彝震始。

〔二〕「東京遼陽府」至「號中京顯德府」　此段敍述多有舛誤。「本朝鮮之地」，據史記卷一一五朝鮮列傳、漢書卷二八下地理志下，應作「本燕國地」。此段誤以遼陽爲平壤。又據新唐書卷二一九渤海傳，忽汗州爲上京龍泉府，非中京顯德府，去平壤城或遼陽甚遠。

〔三〕城名天福　疑文有訛誤。按本書卷二太祖紀下天顯元年二月丙午，改「忽汗城爲天福」，非謂南京遼陽「城名天福」。

〔四〕户四萬六百四　下文遼陽府及東京道所統州縣户數皆與此不合。按金史卷二四地理志上東京路遼陽府户數爲四萬六百四，疑此處以金代户數誤入遼史。

〔五〕韓州府軍城八十七　「八十七」與下文所列州、府、軍、城之數不合。

〔六〕析木縣　下文銅州析木縣條謂「初隸東京，後來屬」，則不應復載於此。

〔七〕本漢鏤芳縣地　「鏤芳」，漢書卷二八地理志、續漢書郡國志五均作「鏤方」，屬樂浪郡。

〔八〕聖宗伐新羅還　新羅亡於遼天顯十年，聖宗所伐實爲高麗，此處或係沿用舊稱。

〔九〕復置以軍額民户一千　張修桂、賴青壽遼史地理志平議疑此處「民」當作「名」；「復置，以軍額名」，意謂開遠縣以軍額名爲縣名。

〔一〇〕統和末高麗降　此六字原誤置於「開泰三年，取其保、定二州」句下，時間倒舛，今乙正。

〔一一〕河端　道光殿本考證引大典作「河瑞」。

〔一二〕興州中興軍　金史卷二四地理志上東京路瀋州挹樓縣條注云：「遼舊興州興中軍。」軍號與此異。

〔一三〕户一千五百　「一」，原作一字空格，據明鈔本、南監本、北監本、殿本補。

〔一四〕淇水　疑當作「涓水」。按道光殿本考證引元一統志、讀史方輿紀要卷三八渌州城條並作「涓水」。又漢書卷二八下地理志下樂浪郡條、續漢書郡國志五樂浪郡條亦有涓水縣。李慎儒遼史地理志考卷二渌州條謂涓水縣蓋渤海沿漢舊名，「淇」字當爲「涓」字之訛。

〔一五〕本漢東耐縣地　「東耐」疑誤。按漢無東耐縣，漢書卷二八下地理志下樂浪郡條有「東暆」、「不而」二縣。續通典卷一二九渌州條疑「耐」爲「暆」之誤，道光殿本考證謂「耐」與「而」通，蓋脱「暆」、「不」二字，索隱卷四則謂東耐或爲唐代那州。

〔一六〕奉先縣　金史卷二四地理志上廣寧府條及壽昌三年賈師訓墓誌均作「奉玄縣」。

〔一七〕率賓縣本渤海率賓府地　上文謂世宗遷渤海率賓府人户置州，而此處稱本渤海率賓府地，相互抵牾。索隱卷四謂遼率賓縣非渤海故地。

〔八〕聖宗統和三年置　本書卷一〇聖宗紀一，乾州置於乾亨四年十一月甲午。又常遵化墓誌云：「乾亨五年，授乾州觀察判官。」此處所記恐不確。

〔九〕宣州　疑當作「宜州」。按本書卷三九地理志三宜州條及金史卷二四地理志上義州條，此處所指應是中京道之宜州。

〔一〇〕開義縣　金史卷二四地理志上義州條同，本書卷三九地理志三宜州條作「聞義」。

〔一一〕聖宗建貴德軍　「建」，原作「外」，據明鈔本、南監本、北監本、殿本改。

〔一二〕本渤海緣城縣地　「緣城」，上文崇州條作「綠城」。

〔一三〕渤海建瀋州故縣九皆廢　滿洲源流考卷一〇瀋州條引元一統志云：「渤海建定理府，都督瀋、定二州，領定理、平邱、巖城、慕美、安夷、瀋水、安定、保山、能利九縣，此爲瀋州地。後罹兵火，其定州與縣並廢。」

〔一四〕初隸永興宮　「宮」字原闕，據本書卷三一營衛志上補。

〔一五〕集州懷衆軍　金史卷二四地理志上奉集縣條注云：「遼集州懷遠軍。」軍號與此異。

〔一六〕高宗詔程振蘇定方討高麗　「程振」，新唐書卷三高宗紀永徽六年二月乙丑、卷一一一蘇定方傳及卷二二〇高麗傳皆作「程名振」。

〔一七〕伊蒙陀黑北五州　「北」，新唐書卷二一九渤海傳作「比」。

〔二八〕祺州　原作「棋州」，據本書卷三一營衛志上算斡魯朵條、卷四八百官志四南面方州官條及金史卷二四地理志上慶雲縣條改。

〔二九〕聖宗更今名保寧七年以黄龍府叛人燕頗餘黨千餘户置升節度　本書卷八景宗紀上保寧七年九月，以燕頗餘黨千餘户「城通州」。中國歷史地圖集釋文彙編（東北卷）謂「聖宗」當作「景宗」。

〔三〇〕强師縣　本書卷三七地理志一定霸縣條及金史卷二四地理志上歸仁縣條均作「强師縣」。

〔三一〕高麗置鄚頡府都督鄚頡二州　新唐書卷二一九渤海傳，鄚頡府領鄚、高二州。

〔三二〕本渤海粤喜縣地　「粤喜」，下文銀州新興縣條作「越喜」。

〔三三〕置刺史于鴨子混同二水之間　本書卷一六聖宗紀七太平四年二月己未，「詔改鴨子河曰混同江」。然此後仍二名互見。又卷九八耶律儼傳謂清寧四年城鴨子、混同二水間，或以爲二名分指不同河段。

〔三四〕黄龍府都部署司　「司」，原作「事」，據上下文及卷三三營衛志下、卷三五兵衛志中、卷四六百官志二改。

〔三五〕滕州　本書卷四八百官志四南面方州官條及蕭僅墓誌、高爲裘墓誌、高澤墓誌均作「勝州」。

〔三六〕復州懷德軍節度　金史卷二四地理志上云：「復州，下，刺史，遼懷遠軍節度。」軍號與此異。

遼史卷三十九

志第九

地理志三

中京道

中京大定府，虞爲營州，夏屬冀州，周在幽州之分。秦郡天下，是爲遼西。漢爲新安平縣。漢末步奚居之，幅員千里，多大山深谷，阻險足以自固。魏武北征，縱兵大戰，降者二十餘萬，去之松漠。其後拓拔氏乘遼建牙於此〔一〕，當饒樂河水之南，温渝河水之北。唐太宗伐高麗，駐蹕於此。部帥蘇支從征有功。奚長可度率衆内附〔二〕，爲置饒樂都督府。咸通以後，契丹始大，奚族不敢復抗。太祖建國，舉族臣屬。聖宗常過七金山土河之濱，南望雲氣，有郛郭樓闕之狀，因議建都。擇良工於燕、薊，董役二歲，郛郭、宫掖、樓閣、府庫、市肆、廊廡，擬神都之制。統和二十四年，五帳院進故奚王牙帳地。二十五年，城之，實以漢户，號曰中京，府曰大定〔三〕。

皇城中有祖廟，景宗、承天皇后御容殿。城池湫濕，多鑿井泄之，人以爲便。大同驛以待宋使，朝天舘待新羅使，來賓舘待夏使。有七金山、馬盂山、雙山、松山、土河。

統州十、縣九：

大定縣。白霫故地。以諸國俘户居之。

長興縣〔四〕。本漢賓從縣。以諸部人居之。

富庶縣。本漢新安平地。開泰二年析京民置。

勸農縣。本漢賓從縣地。開泰二年析京民置。

文定縣。開泰二年析京民置。

升平縣。開泰二年析京民置。

歸化縣。本漢柳城縣地。

神水縣。本漢徒河縣地。開泰二年置。

金源縣〔五〕。本唐青山縣境。開泰二年析京民置。

恩州，懷德軍，下，刺史。本漢新安平縣地。太宗建州。開泰中，以渤海户實之。初隸永興宮，後屬中京。統縣一：

恩化縣。開泰中渤海人户置。

惠州，惠和軍，中，刺史。本唐歸義州地。太祖俘漢民數百户兔麛山下，創城居之，置州。屬中京。統縣一：

惠和縣。聖宗遷上京惠州民，括諸宮院落帳户置。

高州，觀察。唐信州之地。萬歲通天元年，以契丹室活部置。開泰中，聖宗伐高麗，以俘户置高州。有平頂山〔六〕、樂河。屬中京。統縣一：

三韓縣。辰韓爲扶餘，弁韓爲新羅，馬韓爲高麗。開泰中，聖宗伐高麗，俘三國之遺人置縣。户五千。

武安州，觀察。唐沃州地。太祖俘漢民居木葉山下，因建城以遷之，號杏堝新城。復以遼西户益之，更曰新州。統和八年改今名。初刺史，後升。有黄柏嶺、臬羅水箇沒里水〔七〕。屬中京。統縣一：

沃野縣。

利州，中，觀察。本中京阜俗縣。統和二十六年置刺史州〔八〕，開泰元年升〔九〕。屬中京。統縣一：

阜俗縣。唐末，契丹漸熾，役使奚人，遷居琵琶川。統和四年置縣。初隸彰愍宮，更隸中京。後置州，仍屬中京。

榆州，高平軍，下，刺史。本漢臨渝縣地，後隸右北平驪城縣。唐載初二年，析慎州置黎州〔一〇〕，處靺鞨部落，後爲奚人所據。太宗南征，横帳解里以所俘鎮州民置州。開泰中没入。屬中京。統縣二：

和衆縣。本新黎縣地。

永和縣。本漢昌城縣地。統和二十二年置。

澤州，廣濟軍，下，刺史。本漢土垠縣地。太祖俘蔚州民，立寨居之，採煉陷河銀冶。隸中京留守司。開泰中置澤州。有松亭關、神山、九宫嶺、石子嶺、灤河、撒河。屬中京。統縣二：

神山縣。神山在西南。

灤河縣。本漢徐無縣地。屬永興宫。

北安州，興化軍，上，刺史。本漢女祁縣地，屬上谷郡。晉爲馮跋所據。唐爲奚王府西省地。聖宗以漢户置北安州。屬中京。統縣一：

利民縣〔一一〕。本漢且居縣地。

潭州，廣潤軍，下，刺史。本中京之龍山縣，開泰中置州，仍屬中京。統縣一：

龍山縣。本漢交黎縣地。開泰二年以習家寨置。

松山州〔一二〕，勝安軍，下，刺史。開泰中置。統和八年省，復置。屬中京。統縣一：

松山縣〔一三〕。本漢文成縣地。邊松漠，商賈會衝。開泰二年置縣。有松山川。

宋王曾上契丹事曰：出燕京北門，至望京館。五十里至順州。七十里至檀州，漸入山。五十里至金溝館。將至館，川原平曠，謂之金溝淀。自此入山，詰曲登陟，無復里堠，但以馬行記日，約其里數〔一四〕。九十里至古北口，兩傍峻崖，僅容車軌。又度德勝嶺，盤道數層，俗名思鄉嶺，八十里至新館。過雕窠嶺、偏槍嶺，四十里至卧如來館〔一五〕。過烏灤河〔一六〕，東有灤州，又過墨斗嶺，亦名度雲嶺〔一七〕，芹菜嶺，七十里至柳河館。松亭嶺甚險峻，七十里至打造部落館〔一八〕。東南行五十里至牛山館。八十里至鹿兒峽館。過蝦蟆嶺，九十里至鐵漿館。過石子嶺，自此漸出山，七十里至富谷館。八十里至通天館。二十里至中京大定府。城垣卑小，方圓纔四里許。門但重屋，無築闍之制。南門曰朱夏，門內通步廊，多坊門。又有市樓四：曰天方、大衢、通闤、望闕。次至大同館。其門正北曰陽德、閶闔。城內西南隅岡上有寺〔一九〕。城南有園圃，宴射之所。自過古北口〔二〇〕，居人草庵板屋，耕種，但無桑柘；所種皆從壠上，虞吹沙所壅。山中長松鬱然，深谷中時見畜牧牛馬槖駝，多青羊黄豕〔二〕。

成州，興府軍，節度。晉國長公主以媵户置，軍曰長慶，隸上京。復改軍名〔三〕。統縣一：

同昌縣。

興中府。本霸州彰武軍，節度。古孤竹國。漢柳城縣地。慕容皝以柳城之北，龍山之南，福德之地，乃築龍城，構宫廟，改柳城爲龍城縣，遂遷都，號曰和龍宫。慕容垂復居焉，後爲馮跋所滅。元魏取爲遼西郡。隋平高保寧〔三〕，置營州。煬帝廢州置柳城郡。唐武德初，改營州總管府，尋爲都督府。萬歲通天中，陷李萬榮。神龍初，移府幽州。開元四年復治柳城。八年西徙漁陽。十年還柳城。後爲奚所據。太祖平奚及俘燕民，將建城，命韓知方擇其處〔四〕。乃完葺柳城，號霸州彰武軍，節度。統和中，制置建、霸、宜、錦、白川等五州。尋落制置，隸積慶宫。後屬興聖宫。重熙十年升興中府〔五〕。有大華山、小華山、香高山、麝香崖——天授皇帝刻石在焉、駐龍峪、神射泉、小靈河。統州二、縣四：

興中縣。本漢柳城縣地。太祖掠漢民居此，建霸城縣。重熙中置府，更名。

營丘縣。析霸城置。

象雷縣。開泰二年以麥務川置。初隸中京，後屬。

閭山縣。本漢且慮縣。開泰二年以羅家軍置。隸中京，後屬。

安德州，化平軍，下，刺史。以霸州安德縣置，來屬。統縣一：

安德縣。統和八年析霸城東南龍山徒河境户置。初隸乾州，更屬霸州，置州來屬。

黔州，阜昌軍，下，刺史。本漢遼西郡地。太祖平渤海，以所俘户居之，隸黑水河提轄司。安帝置州[二六]，析宜、霸二州漢户益之。初隸永興宮，更隸中京，後置府，來屬。統縣一：

盛吉縣。太祖平渤海，俘興州盛吉縣民來居，因置縣。

宜州，崇義軍，上，節度。本遼西纍縣地。東丹王每秋畋于此。興宗以定州俘户建州[二七]。有墳山，松柏連亘百餘里，禁樵採，浚河累石爲堤[二八]。隸積慶宮。統縣二：

弘政縣。世宗以定州俘户置。民工織紝，多技巧。

聞義縣[二九]。世宗置。初隸海北州，後來屬。

錦州，臨海軍，中，節度。本漢遼東無慮縣。慕容皝置西樂縣。太祖以漢俘建州。有大胡僧山、小胡僧山、大查牙山、小查牙山、淘河島。隸弘義宫。統州一、縣二：

永樂縣。

安昌縣。

巖州，保肅軍，下，刺史。本漢海陽縣地。太祖平渤海，遷漢户雜居興州境，聖宗於此建城焉。隸弘義宫。來屬。統縣一：

興城縣。

川州，長寧軍，中，節度。本唐青山州地。太祖弟明王安端置。會同三年，詔爲白川州。安端子察割以大逆誅，没入。省曰川州。初隸崇德宫，統和中屬文忠王府。統縣三：

弘理縣[三〇]。統和八年以諸宫提轄司户置。

咸康縣。

宜民縣。統和中置。

建州，保靜軍，上，節度。唐武德中，置昌樂縣。太祖完葺故壘，置州。漢乾祐元年，故石晉太后詣世宗，求於漢城側耕墾自贍。許於建州南四十里給地五十頃，營構房室，創立宗廟。州在靈河之南，屢遭水害，聖宗遷於河北唐崇州故城〔三一〕。初名武寧軍〔三二〕，隸永興宮，後屬敦睦宮。統縣二：

永霸縣。

永康縣。本唐昌黎縣地。

來州，歸德軍，下，節度。聖宗以女直五部歲饑來歸，置州居之。初刺史，後升。隸永興宮。有三州山、六州山、五脂山〔三三〕。統州二〔三四〕、縣一：

來賓縣。本唐來遠縣地。

隰州，平海軍〔三五〕，下，刺史。慕容皝置集寧縣。聖宗括帳户遷信州，大雪不能進，建城於此，置焉。隸興聖宮。來屬。統縣一：

海濱縣〔三六〕。本漢縣。瀕海，地多鹻鹵，置鹽場於此。

遷州，興善軍，下，刺史。本漢陽樂縣地。聖宗平大延琳，遷歸州民置，來屬。有箭笴山。統縣一：

遷民縣。

潤州，海陽軍，下，刺史。聖宗平大延琳，遷寧州之民居此，置州。統縣一：

海陽縣。本漢陽樂縣地，遷潤州，本東京城內渤海民户，因叛移於此。

校勘記

〔一〕其後拓拔氏乘遼建牙於此　疑文有闕誤。按「乘遼」二字殊不可解。欽定熱河志卷六〇建置沿革遼引元一統志云：「奚匿松漠間，歷晉不敢復出。元魏時其部族始於此建牙帳。」

〔二〕奚長可度率衆內附　「可度」，舊唐書卷三太宗紀下貞觀二十二年十一月庚子、卷一九九下北狄傳，新唐書卷二一九北狄傳，通鑑卷一九九唐紀一五太宗貞觀二十二年十一月庚子並作「可度者」。

〔三〕「統和二十四年五帳院進故奚王牙帳地」至「府曰大定」　本書卷一四聖宗紀五統和二十年十二月云：「奚王府五帳六節度獻七金山土河川地。」與此繫年不合。按卷三六兵衛志下五京鄉丁條曰：「聖宗統和二十三年，城七金山，建大定府，號中京。」又上文記建中京事有「董役二歲」語。疑統和二十年獻七金山土河川地，二十三年始建城，二十五年中京成。

〔四〕長興縣　「長興」，原作「長安」。欽定熱河志卷六〇建置沿革遼引元一統志云：「遼既建中京，置長興爲赤縣」，金史卷二四地理志上北京路條大定府下有長興縣。又陳襄使遼語録謂中京南有長興館，當即長興縣。今據改。

〔五〕金源縣　金史卷二四地理志上北京路條同。本書卷一五聖宗紀六開泰二年二月丙子、大安三年董庠妻張氏墓誌、壽昌五年劉祜墓誌並作「金原縣」。

〔六〕平頂山　原作「半頂山」，欽定熱河志卷六八山四平頂山條引元一統志云：「平頂山在高州北五里。」今據改。

〔七〕梟羅水箇没里水　前一「水」字當係衍文。按新五代史卷七二四夷附録一謂契丹「其居曰梟羅箇没里。没里者，河也」。又契丹國志卷首契丹國初興本末謂「梟羅箇没里，復名女古没里者（中略）華言所謂潢河是也」。知梟羅箇没里即潢河。

〔八〕統和二十六年置刺史州　金史卷二四地理志上北京路條謂利州「遼統和十六年置」，又統和二十三年王悦墓誌謂悦「葬於利州」，知統和二十六年前已有利州。

〔九〕開泰元年升　本書卷一五聖宗紀六謂統和二十九年六月庚戌「升蔚州、利州爲觀察使」，與此異。

〔一〇〕唐載初二年析慎州置黎州　「慎州」，原作「鎮州」。按舊唐書卷三九地理志二河北道、新唐書卷四三下地理志七下河北道並作「黎州，載初二年，析慎州置」。今據改。

〔一一〕利民縣　疑當作「興化縣」。按金史卷二四地理志上北京路條謂「興州，本遼北安州興化軍興化縣」，興化縣下小注亦稱「遼舊縣」。又屬縣下注云：「又有利民縣，承安五年以利民寨升。」廿二史考異卷八三遼史地理志條因謂遼北安州有興化縣，無利民縣。又太平六年宋匡世墓誌謂匡世曾任「北安州興化縣令」。

〔二〕松山州　原作「松江州」。按本書卷四八百官志四南面方州官條謂中京道有松山州，金史卷二四地理志上松山縣條謂遼有「松山州勝安軍松山縣」。今據改。

〔三〕松山縣　原作「松江縣」。按本書卷一五聖宗紀六開泰二年二月丙子詔以「松山川爲松山縣」，與下文開泰二年置縣合。又金史卷二四地理志上松山縣條亦謂遼有「松山州勝安軍松山縣」。今據改。

〔四〕以馬行記日約其里數　長編卷七九大中祥符五年十月己酉引王曾上契丹事、通考卷三四六四裔考二三契丹中、契丹國志卷二四王沂公行程録並作「以馬行記日景而約其里數」。宋會要蕃夷二之七作「以馬行記日而約其里數」。兩説皆通。

〔五〕四十里至卧如來館　「至」字原闕，據長編卷七九大中祥符五年十月己酉、宋會要蕃夷二之七引王曾上契丹事及契丹國志卷二四王沂公行程録補。

〔六〕烏灤河　原作「烏濼河」，據長編卷七九大中祥符五年十月己酉、宋會要蕃夷二之七引王曾上契丹事及通考卷三四六四裔考二三契丹中、契丹國志卷二四王沂公行程録改。

〔七〕墨斗嶺亦名度雲嶺　「墨斗」，原作「黑斗」，據大典卷一一九八一引遼史地理志及長編卷七九大中祥符五年十月己酉、宋會要蕃夷二之七引王曾上契丹事、通考卷三四六四裔考二三契丹中、契丹國志卷二四王沂公行程録改。又「亦名」二字原闕，據上引長編等書補。

〔一八〕至打造部落館　「至」、「館」二字原闕，據長編卷七九大中祥符五年十月己酉、宋會要蕃夷二之七引王曾上契丹事、通考卷三四六四裔考二三契丹中、契丹國志卷二四王沂公行程録補。

〔一九〕城内西南隅岡上有寺　「城」下原衍「西」字，據長編卷七九大中祥符五年十月己酉引王曾上契丹事及通考卷三四六四裔考二三契丹中、契丹國志卷二四王沂公行程録删。

〔二〇〕古北口　原作「北口」，據長編卷七九大中祥符五年十月己酉、宋會要蕃夷二之八引王曾上契丹事及契丹國志卷二四王沂公行程録改。

〔二一〕青羊黄豕　「羊」，原作「鹽」，據長編卷七九大中祥符五年十月己酉引王曾上契丹事及通考卷三四六四裔考二三契丹中、契丹國志卷二四王沂公行程録改。

〔二二〕復改軍名　此上應有「後來屬」三字。按本書卷三七地理志一上京道作「成州長慶軍」；卷一六聖宗紀七太平元年三月庚子，「駙馬都尉蕭紹業建私城，賜名睦州，軍曰長慶」。是此州原爲頭下州，名睦州，軍號長慶；後隸上京道，爲成州長慶軍；復改隸中京道，爲成州興府軍。

〔二三〕高保寧　北齊書卷四一高保寧傳同。本書卷四〇地理志四南京道營州條及北史卷五三高寶寧傳、隋書卷一高祖紀上開皇三年四月庚辰並作「高寶寧」。

〔二四〕命韓知方擇其處　「韓知方」，疑當作「韓知古」。按本書卷七四韓知古傳，神册初知古曾遥授彰武節度使，似與此事合。

〔二五〕重熙十年升興中府　「十年」，金史卷二四地理志上北京路條作「十一年」。

〔二六〕安帝置州　王士點禁扁卷一所記遼代宮衞，備載遼帝謚號，有稱「安帝」者。按本書穆宗紀，穆宗謚號「孝安敬正皇帝」，知安帝當即穆宗。然武經總要前集卷二二北蕃地理中京四面諸州條謂「黔州，虜王耶律德光初置」，與此異。

〔二七〕興宗以定州俘户建州　本書卷七五王郁傳謂太祖時已有宜州，景宗保寧二年劉承嗣墓誌、保寧十年李内貞墓誌、乾亨三年王裕墓誌及劉繼文墓誌皆有「宜州」。本書卷一三聖宗紀四又謂統和八年三月辛丑置宜州。下文所屬弘政縣，稱「世宗以定州俘户置」。此處所記恐不確。

〔二八〕浚河累石爲堤　「浚」，原作「埈」，據明鈔本、南監本、北監本、殿本改。

〔二九〕聞義縣　本書卷三八地理志二海北州條、金史卷二四地理志上義州條並作「開義縣」。參見卷三八地理志二校勘記〔三〇〕。

〔三〇〕弘理　本書卷一三聖宗紀四統和八年七月庚辰作「洪理」。

〔三一〕唐崇州故城　「唐」，原作「康」，據舊唐書卷三九地理志二河北道、新唐書卷四三下地理志七下河北道改。

〔三二〕初名武寧軍　「名」，原作「屬」。按金史卷二四地理志上建州條謂「遼初名軍曰武寧」。今據改。

〔三三〕五脂山　疑當作「五指山」。按明一統志卷二五遼東都指揮使司山川條有五指山，小注稱「五峯秀拔若手指然」；讀史方輿紀要卷三七山東八遼東都指揮使司廣寧前屯衛條亦稱「五指山，五峯秀拔若五指然」，當即此山。

〔三四〕統州二　「二」字疑誤。按下文實統三州。

〔三五〕隰州平海軍　金史卷二四地理志上海濱縣條注云：「遼隰州海平軍故縣」，軍號與此異。

〔三六〕海濱縣　原與下文潤州海陽縣互舛。按金史卷二四地理志上海濱縣條注稱「遼隰州海平軍故縣」，海陽縣下注稱「遼潤州海陽軍故縣」。又欽定熱河志卷六〇建置沿革遼引元一統志亦謂「遼隰州治海濱縣」。今據改。

遼史卷四十

志第十

地理志四

南京道

南京析津府，本古冀州之地。高陽氏謂之幽陵，陶唐曰幽都，有虞析爲幽州。商併幽於冀。周分并爲幽。職方：東北幽州，山鎮醫巫閭，澤藪貕養，川河、泲，浸菑、時，其利魚、鹽，其畜馬、牛、豕，其穀黍、稷、稻。武王封太保奭于燕。秦以其地爲漁陽、上谷、右北平、遼西、遼東五郡。漢爲燕國，歷封臧荼、盧綰、劉建、劉澤、劉旦，嘗置涿郡、廣陽國。後漢爲廣平國、廣陽郡；或合于上谷，復置幽州。後周置燕及范陽郡，隋爲幽州總管。唐置大都督府，改范陽節度使。安禄山、史思明、李懷仙、朱滔、劉怦、劉濟相繼割據。劉總歸唐。至張仲武、張允仲〔一〕，以正得民。劉仁恭父子僭爭，遂入五代。自唐而晉，高祖以遼有援立之勞，割幽州等十六州以獻〔二〕。太宗升爲南京，又曰燕京。

城方三十六里，崇三丈，衡廣一丈五尺。敵樓、戰櫓具。八門：東曰安東、迎春，南曰開陽、丹鳳，西曰顯西、清晉，北曰通天、拱辰。大内在西南隅。皇城内有景宗、聖宗御容殿二，東曰宣和，南曰大内。内門曰宣教，改元和；外三門曰南端、左掖、右掖。左掖改萬春，右掖改千秋。門有樓閣，毬場在其南，東爲永平館。皇城西門曰顯西，設而不開；北曰子北。西城顛有涼殿，東北隅有燕角樓。坊市、廨舍、寺觀，蓋不勝書。其外，有居庸、松亭、榆林之關〔三〕，古北之口，桑乾河、高梁河、石子河、大安山、燕山——中有瑶嶼。府曰幽都，軍號盧龍，開泰元年落軍額。

統州六、縣十一：

析津縣。本晉薊縣，改薊北縣，開泰元年更今名。以燕分野旅寅爲析木之津，故名〔四〕。户二萬。

宛平縣。本晉幽都縣，開泰元年改今名〔五〕。户二萬二千。

昌平縣。本漢軍都縣，後漢屬廣陽郡，晉屬燕國，元魏置東燕州、平昌郡及昌平縣〔六〕。郡廢，縣隸幽州。在京北九十里。户七千。

良鄉縣。燕爲中都縣，漢改良鄉縣，舊屬涿郡，北齊天保七年省入薊縣，武平六年復置。唐聖曆元年改固節鎮〔七〕，神龍元年復爲良鄉縣，劉守光徙治此。在京南六十里。户七千。

潞縣。本漢舊縣，屬漁陽郡。唐武德二年置元州，貞觀元年州廢，復爲縣。有潞水。在京東六十里。户六千。

安次縣。本漢舊縣，屬漁陽郡。唐武德四年徙置東南五十里石梁城，貞觀八年又徙今縣西五里常道城，開元二十三年又徙耿就橋行市南。在京南一百二十里。户一萬二千。

永清縣。本漢益昌縣，隋置通澤縣，唐置武隆縣，改會昌，天寶初爲永清縣。在京南一百五十里。户五千。

武清縣。前漢雍奴縣，屬漁陽郡。水經注〔八〕：雍奴者，藪澤之名，四面有水曰雍，不流曰奴。唐天寶初改武清。在京東南一百五十里。户一萬。

香河縣。本武清孫村。遼於新倉置榷鹽院，居民聚集，因分武清、三河、潞三縣户置〔九〕。在京東南一百二十里。户七千。

玉河縣。本泉山地。劉仁恭於大安山創宫觀，師煉丹羽化之術于方士王若訥，因割薊縣分置，以供給之。在京西四十里。户一千。

漷陰縣。本漢泉山之霍村鎮〔一〇〕。遼每季春，弋獵於延芳淀，居民成邑，就城故漷陰鎮〔一一〕，後改爲縣。在京東南九十里。延芳淀方數百里，春時鵝鶩所聚，夏秋多菱芡。國主春獵，衛士皆衣墨緑，各持連鎚、鷹食、刺鵝錐，列水次，相去五七步。上風擊鼓，驚鵝稍離水面。國主親放海東青鶻擒之。鵝墜，恐鶻力不勝，在列者以佩錐刺鵝，急取其腦飼鶻。得頭鵝者，例賞銀絹。國主、皇族、羣臣各有分地。户五千。

宋王曾上契丹事曰：自雄州白溝驛度河，四十里至新城縣，古督亢亭之地。又七十里至涿州。北渡范水、劉李河〔一二〕，六十里至良鄉縣。度盧溝河〔一三〕，六十里至幽州，號燕京。子城就羅郭西南爲之。正南曰啓夏門，内有元和殿，東門曰宣和。城中坊閈皆有樓。有閔忠寺，本唐太宗爲征遼陣亡將士所造；又有開泰寺，魏王耶律漢寧造。皆遣朝使遊觀。南門外有于越王廨〔一四〕，爲宴集之所。門外永平館，舊名碣石館，請和後易之〔一五〕。南即桑乾河。

順州，歸化軍，中，刺史。秦上谷、漢范陽〔一六〕、北齊歸德郡境。隋開皇中，粟末靺鞨與高麗戰不勝，厥稽部長突地稽率八部勝兵數千人，自扶餘城西北舉落内附，置順州以處之〔一七〕。唐武德初改燕州，會昌中改歸順州，唐末仍爲順州〔一八〕。有温渝河；白遂河，曹王山，曹操嘗駐軍于此；黍谷山，鄒衍吹律之地，南有齊長城。城東北有華林、天柱二莊，遼建涼殿，春賞花，夏納涼。初軍曰歸寧，後更名。統縣一：

懷柔縣。唐貞觀六年置，治五柳城，改順義縣。開元四年置松漠府彈汗州。天寶元年改歸化縣〔一九〕。乾元元年復今名〔二〇〕。户五千。

檀州，武威軍，下，刺史。本燕漁陽郡地，漢爲白檀縣。魏書：曹公歷白檀，破烏丸於柳城。續漢書：白檀在右北平。元魏創密雲郡，兼置安州。後周改爲元州。隋開皇十八年割燕樂、密雲二縣置檀州。唐天寶元年改密雲郡，乾元元年復爲檀州。遼加今軍號。有桑溪、鮑丘山、桃花山、螺山。統縣二：

密雲縣。本漢白檀縣，後漢以居庠奚。元魏置密雲郡，領白檀、要陽、密雲三縣。高齊廢郡及二縣，來屬。户五千。

行唐縣。本定州行唐縣。太祖掠定州，破行唐，盡驅其民，北至檀州，擇曠土居之，凡置十寨，仍名行唐縣。隸彰愍宮。户三千。

涿州，永泰軍，上，刺史。漢高祖六年分燕置涿郡，魏文帝改范陽郡，晉爲范陽國，元魏復爲郡。隋開皇三年罷郡，屬幽州，大業三年以幽州爲涿郡。唐武德元年郡廢，爲涿縣，七年改范陽縣，大曆四年置涿州。石晉以歸太宗〔一一〕。有大房山、六聘山、涿水、樓桑河、橫溝河、禮遜河、祁溝河。統縣四：

范陽縣。本漢涿縣。唐武德中，改范陽縣。有涿水、范水。户一萬。

固安縣。本漢方城縣，先屬廣陽國。隋開皇九年，自易州淶水縣移置，屬幽州，取漢故安縣名。唐武德四年屬北義州〔一二〕，徙治章信堡。貞觀二年義州廢，移今治，復屬幽州。在州東南九十里。户一萬。

新城縣。本漢新昌縣。唐大曆四年析固安縣置，後省。後唐天成四年復析范陽縣置。在州南六十里。户一萬。

歸義縣。本漢易縣地。齊併入鄚縣。唐武德五年置北義州，州廢，復置縣來屬。民居在巨馬河南，僑治新城。户四千。

易州，高陽軍，上，刺史。漢爲易、故安二縣地〔一三〕。隋置易州，隋末爲上谷郡。唐武德四年復易州。天寶元年仍上谷郡。乾元元年又改易州。五代隸定州節度使。會同九年孫方簡以其地來附。應曆九年爲周世宗所取，後屬宋。統和七年攻克之，升高陽軍。有易水、淶水、狼山、太寧山、白馬山。統縣三：

易縣。本漢縣，故城在今縣東南六十里。齊天保七年省。隋開皇十六年，於故安城西北隅置縣，即今縣治也。户二萬五千。

淶水縣。本漢道縣，今縣北一里故道城是也〔二四〕。元魏移於故城南，即今縣置。周大象二年省。隋開皇十八年改淶水縣〔二五〕。在州東四十里。有淶水。户二萬七千。

容城縣。本漢縣，先屬涿郡，故城在雄州西南。唐武德五年屬北義州。貞觀元年還本屬。聖曆二年改全忠縣。天寶元年復名容城縣。在州東八十里。户民皆居巨馬河南，僑治涿州新城縣。户五千。

薊州，尚武軍，上，刺史。秦漁陽、右北平二郡地。隋開皇中徙治玄州總管府，煬帝改漁陽郡。唐武德元年廢入幽州，開元十八年分立薊州。統縣三：

漁陽縣。本漢縣，屬漁陽郡。晉省，復置。元魏省。唐屬幽州，開元十八年置薊州。有鮑丘水。户四千。

三河縣。本漢臨朐縣地，唐開元四年析潞州置〔二六〕。户三千。

玉田縣。本春秋無終子國。漢置無終縣，屬右北平郡。元魏屬漁陽郡治，省，唐武德二年復置。貞觀初省，乾封中復置。萬歲通天元年更名玉田。屬營州。開元四年還屬幽州。八年屬營州。十一年又屬幽州。十八年來屬。搜神記：

「雍伯，洛陽人，性孝，父母没，葬無終山。山高八十里，上無水，雍伯置飲。人有就飲者，與石一斗，種生玉，因名玉田。」户三千。

景州，清安軍，下，刺史。本薊州遵化縣，重熙中置。户三千。遵化縣。本唐平州買馬監，爲縣來屬。

平州，遼興軍，上，節度。商爲孤竹國，春秋山戎國。秦爲遼西、右北平二郡地，漢因之。漢末，公孫度據有，傳子康、孫淵，入魏。隋開皇中改平州，大業初復爲郡。唐武德初改州，天寶元年仍北平郡。後唐復爲平州。太祖天贊二年取之，以定州俘户錯置其地。統州二、縣三：

盧龍縣。本肥如國。春秋晉滅肥，肥子奔燕，受封於此。漢、晉屬遼西郡。元魏爲郡治，兼立平州。北齊屬北平郡。隋開皇中，省肥如，入新昌。十八年改新昌曰盧龍。唐爲平州，後因之。户七千。

安喜縣。本漢令支縣地，久廢。太祖以定州安喜縣俘户置。在州東北六十里〔二七〕。户五千。

望都縣。本漢海陽縣，久廢。太祖以定州望都縣俘户置。有海陽山。縣在州南三十里。户三千。

灤州，永安軍，中，刺史。本古黃洛城。灤河環繞，在盧龍山南。齊桓公伐山戎，見山神俞鬼〔二八〕，即此。秦爲右北平。漢爲石城縣，後名海陽縣。漢末爲公孫度所有。晉以後屬遼西。石晉割地，在平州之境〔二九〕。太祖以俘户置。灤州負山帶河，爲朔漢形勝之地。有扶蘇泉，甚甘美，秦太子扶蘇北築長城嘗駐此；臨榆山，峰巒崛起，高千餘仞，下臨榆河〔三〇〕。統縣三：

義豐縣。本黃洛故城。黃洛水北出盧龍山，南流入於濡水。漢屬遼西郡，久廢。唐季入契丹，世宗置縣。户四千。

馬城縣。本盧龍縣地。唐開元二十八年析置縣，以通水運。東北有千金冶，東有茂鄉鎮。遼割隸灤州。在州西南四十里。户三千。

石城縣。漢置，屬右北平郡，久廢。唐貞觀中於此置臨渝縣，萬歲通天元年改石城縣〔三一〕，在灤州南三十里，唐儀鳳石刻在焉。今縣又在其南五十里，遼徙置以就鹽官。户三千。

營州，鄰海軍，下，刺史。本商孤竹國。秦屬遼西郡。漢爲昌黎郡。前燕慕容皝徙都于此。元魏立營州，領昌黎、建德、遼東、樂浪、冀陽〔三二〕、營丘六郡。後周爲高寶寧所據。隋開皇置州，大業改遼西郡。唐武德元年改營州，萬歲通天元年始入契丹。聖曆二年僑治漁陽。開元五年還治柳城。天寶元年改曰柳城郡。後唐復爲營州。太祖以居定州俘户。統縣一：

廣寧縣。漢柳城縣，屬遼西郡。東北與奚、契丹接境。萬歲通天元年，入契丹李萬榮〔三〕。神龍元年移幽州界。開元四年復舊地。遼改今名。户三千。

校勘記

〔一〕至張仲武張允仲　「張允仲」，疑當作「張允伸」。按唐鎮幽州者無張允仲。舊唐書卷一八〇、新唐書卷二一二張允伸傳，允伸鎮幽二十餘年。

〔二〕高祖以遼有援立之勞割幽州等十六州以獻　「援立」，原作「援力」。本書卷四一地理志五大同府條謂晉高祖「以契丹有援立功，割山前、代北地爲賂」。今據改。

〔三〕榆林　疑當作「臨渝」。按新唐書卷三九地理志三河北道平州條謂石城縣有「臨渝關，一名臨閭關」。通鑑卷一七八隋紀二文帝開皇十八年六月丙寅，漢王諒軍出臨渝關，胡注謂「臨渝關在柳城西四百八十里，所謂盧龍之險也」。又武經總要前集卷二二北蕃地理幽州四面州軍謂遼州東北有臨渝關。

〔四〕故名　原作「故民」，今據文義改。

〔五〕開泰元年改今名　大明清類天文分野之書卷二三燕分野北平府宛平縣條謂「統和二十二年改爲宛平」。

〔六〕元魏置東燕州平昌郡及昌平縣　「州平昌」三字原闕。太平寰宇記卷六九河北道一八昌平縣條謂元魏「置東燕州及平昌郡昌平縣」，元一統志卷一昌平縣條亦云：「後魏即縣郭置東燕州及平昌郡昌平縣，後郡廢縣存，以隸幽州。」今據補。

〔七〕固節鎮　據新唐書卷三九地理志三河北道幽州良鄉縣條及太平寰宇記卷六九河北道一八良鄉縣條，應作「固節縣」。

〔八〕水經注　「注」字原闕。按今本水經注無此處引文，太平寰宇記卷六九河北道一八武清縣條引水經注云：「雍奴，藪澤之名，四面有水曰雍，水不流曰奴。」蓋即此處所本。今據補。

〔九〕因分武清三河潞三縣户置　「三河」，原作「香河」。按香河係分武清、三河、潞三縣民户新置，非舊有。日下舊聞考卷一一八京畿香河縣條引金劉晞顔新建寶坻縣記：遼「於武清北鄙孫村，度地之宜，分武清、潞縣、三河之民置香河縣」。今據改。

〔一〇〕本漢泉山之霍村鎮　「泉山」，疑當作「泉州」。按漢無泉山縣，漢書卷二八下地理志下、續漢書郡國志五漁陽郡下皆有泉州縣。又康熙大清一統志卷四順天府漷縣故城條引遼史地理志，及大明清類天文分野之書卷二三燕分野通州漷縣條、明一統志卷一順天府漷縣條均作

「泉州」。

〔二〕就城故漷陰鎮　疑文有闕誤。按大明清類天文分野之書卷二三漷縣沿革謂遼「以春時獵於延芳淀，居民因成市肆，遂於漷河之南置漷陰鎮。太平中，改爲漷陰縣」。

〔三〕北渡范水劉李河　「渡」，原作「復」，明鈔本、南監本、北監本、殿本皆作「復」。今據長編卷七九大中祥符五年十月己酉、宋會要蕃夷二之七引王曾上契丹事改。

〔三〕度盧溝河　「盧溝河」，長編卷七九大中祥符五年十月己酉引王曾上契丹事、契丹國志卷二四王沂公行程録同。宋會要蕃夷二之七引王曾上契丹事、通考卷三四六四裔考二三契丹中作「盧孤河」。

〔四〕南門外有于越王廨　「南門外」，宋會要蕃夷二之七引王曾上契丹事、契丹國志卷二四王沂公行程録同。長編卷七九大中祥符五年十月己酉引王曾上契丹事、通考卷三四六四裔考二三契丹中作「南門内」。按下文謂「門外永平館」云云，疑作「南門内」是。

〔五〕請和後易之　「請和」，原作「清和」，據長編卷七九大中祥符五年十月己酉、宋會要蕃夷二之七引王曾上契丹事及通考卷三四六四裔考二三契丹中、契丹國志卷二四王沂公行程録改。

〔六〕秦上谷漢范陽　李慎儒遼史地理志考卷四謂順州「乃漢漁陽郡狐奴縣，非涿郡范陽」。按本書所記前代地理沿革多有訛誤，以下不復一一出校。

〔七〕置順州以處之　「處之」，原作「處書」，據明鈔本、南監本、北監本、殿本改。

〔一八〕「隋開皇中」至「唐末仍爲順州」　據舊唐書卷三九地理志二河北道燕州、順州及歸順州條，太平寰宇記卷七一河北道二〇燕州、思順州及歸順州條，知唐燕州與順州無涉，「隋開皇」至「唐武德初改燕州」句實爲唐燕州沿革，又會昌中改燕州爲歸順州，亦無其事。又，隋書、兩唐書、太平寰宇記均未言及隋置順州事。此段當係史臣抄撮失當。

〔一九〕改順義縣開元四年置松漠府彈汗州天寶元年改歸化縣　據舊唐書卷三九地理志二河北道順州及歸順州條、太平寰宇記卷七一河北道二〇思順州及歸順州條，此句中「順義縣」、「歸化縣」疑當作「順義郡」、「歸化郡」。

〔二〇〕「唐貞觀六年置」至「乾元元年復今名」　據舊唐書卷三九地理志二河北道順州及歸順州條、太平寰宇記卷七一河北道二〇思順州及歸順州條，知「唐貞觀六年置，治五柳城，改順義縣」句實爲唐順州沿革，「開元四年置松漠府彈汗州。天寶元年改歸化縣。乾元元年復今名」句乃爲唐歸順州沿革。此處誤合爲一，且誤繫於懷柔縣下。

〔二一〕石晉以歸太宗　「太宗」，原作「太祖」，今據文義改。

〔二二〕唐武德四年屬北義州　舊唐書卷三九地理志二河北道涿州固安縣條同。然據舊唐書同卷易州條及涿州歸義縣條、新唐書卷三九地理志三河北道易州條，知北義州始置於武德五年。又本書下文歸義縣條亦謂「唐武德五年置北義州」。此處「四年」當爲「五年」之誤。

〔二三〕易故安二縣地　「故安」，原作「安故」，據漢書卷二八上地理志上涿郡條、卷二八下地理志下燕地條及上文乙正。

〔二四〕本漢道縣今縣北一里故道城是也　「道縣」，漢書卷二八上地理志上涿郡條、續漢書郡國志五涿郡條作「迺縣」，太平寰宇記卷六七河北道一六廢涞水縣條作「遒縣」。又「道城」，太平寰宇記作「遒城」。按「迺」、「遒」二字相通，此處「道」皆爲「遒」之誤。

〔二五〕周大象二年省隋開皇十八年改涞水縣　「二年省隋開皇」六字原闕。按周大象三年二月亡於隋，無十八年。隋書卷三〇地理志中上谷郡涞水縣條云：「舊曰迺縣，後周廢。開皇元年，以范陽爲迺，更置范陽於此。六年改爲固安，八年廢。十年又置，爲永陽。十八年改爲涞水。」太平寰宇記卷六七河北道一六廢涞水縣條謂「後周大象二年省入涿縣」，隋開皇「十八年改爲涞水縣」。今據補。

〔二六〕三河縣本漢臨朐縣地唐開元四年析潞州置　「漢臨朐縣」、「潞州」，疑當作「唐臨泃縣」、「潞縣」。按漢書卷二八上地理志上齊郡、東萊郡及續漢書郡國志四齊國下皆有臨朐縣，然均不在幽薊之境，顯非三河縣故地。又舊唐書卷三九地理志二河北道薊州條、新唐書卷三九地理志三河北道薊州條並謂唐武德二年置臨泃縣，貞觀元年省，開元四年分潞縣置三河。

〔二七〕在州東北六十里　「州」，原作「平」，今據文義改。

〔二八〕見山神俞鬼　「俞鬼」，管子卷一六小問作「俞兒」，太平寰宇記卷七〇河北道一九盧龍縣條亦作「俞兒」。

〔二九〕石晉割地在平州之境　平州非石晉所獻地，參見本書卷三七地理志一校勘記〔一〕。

〔三〇〕榆河　原作「渝河」，據明鈔本、南監本、北監本、殿本改。按上文有「臨榆山」，知作「榆河」是。

〔三一〕萬歲通天元年改石城縣　「元年」，舊唐書卷三九地理志二河北道平州條、新唐書卷三九地理志三河北道平州條並作「二年」。

〔三二〕冀陽　原作「翼陽」，據魏書卷一〇六上地形志上營州條及隋書卷三〇地理志中遼西郡條改。

〔三三〕李萬榮　原作「李萬營」，據本書卷六三世表及舊唐書卷一九九下、新唐書卷二一九契丹傳改。

遼史卷四十一

志第十一

地理志五

西京道

西京大同府，陶唐冀州之域。虞分并州。夏復屬冀州。周職方：正北曰并州。戰國屬趙，武靈王始置雲中郡。秦屬代王國，後爲平城縣。魏屬新興郡。晉仍屬雁門。劉琨表封猗盧爲代王，都平城。元魏道武於此遂建都邑。孝文帝改爲司州牧，置代尹，遷都洛邑，改萬年，又置恒州。高齊文宣帝廢州爲恒安鎮，今謂之東城，尋復恒州。周復恒安鎮，改朔州〔一〕。隋仍爲鎮。唐武德四年置北恒州〔二〕，七年廢。貞觀十四年移雲中定襄縣於此。永淳元年默啜爲民患，移民朔州。開元十八年置雲州〔三〕。天寶元年改雲中郡。乾元元年曰雲州。乾符三年，大同軍節度使李國昌子克用爲雲中守捉使，殺防禦使，據州以聞。僖宗赦克用，以國昌爲大同軍防禦使，不受命。廣明元年，李琢攻國昌，國昌兵敗，與克用奔北地。黄巢入京師，詔發代北軍，尋赦國昌，使討賊。克用率三萬五千騎而南，收京師，功第一，國昌封隴西郡王。國昌卒，克用取雲州〔四〕。既而所向失利，乃卑詞厚禮，與太祖會于雲州之東城，謀大舉兵攻梁，不果。克用子存勗滅梁，是爲唐莊宗。同光三年，復以雲州爲大同軍節度使。晉高祖代唐，以契丹有援立功，割山前、代北地爲賂，大同來屬，因建西京。

敵樓、棚櫓具。廣袤二十里。門，東曰迎春，南曰朝陽，西曰定西，北曰拱極。元魏宫垣占城之北面，雙闕尚在。遼既建都，用爲重地，非親王不得主之。清寧八年建華嚴寺，奉安諸帝石像、銅像。又有天王寺、留守司衙，南曰西省。北門之東曰大同府，北門之西曰大同驛。初爲大同軍節度，重熙十三年升爲西京，府曰大同。

統州二、縣七：

大同縣。本大同川地。重熙十七年西夏犯邊，析雲中縣置。户一萬。

雲中縣。趙置。沿革與京府同。户一萬。

天成縣〔五〕。本極塞之地。魏道武帝置廣牧縣，唐武德五年置定襄縣，遼析雲中置。

在京北一百八十里。户五千。

長青縣〔六〕。本白登臺地。冒頓單于縱精騎三十餘萬圍漢高帝於白登七日，即此。遼始置縣。有青陂。梁元帝横吹曲云：「朝跋青陂，暮上白登。」在京東北一百一十里。户四千。

奉義縣。本漢陶林縣地。後唐武皇與太祖會此。遼析雲中置。户三千。

懷仁縣。本漢沙南縣。元魏葛榮亂，縣廢。隋開皇二年移雲内于此。大業二年置大利縣，屬雲州，改屬定襄郡。隋末陷突厥。李克用敗赫連鐸，駐兵於此。遼改懷仁。在京南六十里。户三千。

懷安縣。本漢夷輿縣地。歷魏至隋，爲突厥所據。唐克頡利，縣遂廢爲懷荒鎮。高勳鎮燕，奏分歸化州文德縣置。初隸奉聖州，後來屬。在州西北二百八十里。户三千。

弘州，博寧軍，下，刺史。東魏静帝置北靈丘縣。唐初地陷突厥，開元中置横野軍安邊縣，天寶亂廢，後爲襄陰村。統和中，以寰州近邊，爲宋將潘美所破，廢之，乃於此置弘州，初軍曰永寧。有桑乾河、白道泉、白登山，亦曰火燒山，有火井。統縣二：

永寧縣。户一萬。

順聖縣。本魏安塞軍，五代兵廢。高勳鎮幽州，奏景宗分永興縣置〔七〕。初隸奉聖州。在州西北二百八十里。户三千。

德州，下，刺史。唐會昌中以西德店置德州。開泰八年以漢户復置。有步落泉、金河山、野狐嶺、白道坂。縣一：

宣德縣。本漢桐過縣地，屬雲中郡，後隸定襄郡，漢末廢。高齊置紫阿鎮。唐會昌中置縣〔八〕。户三千。

豐州，天德軍，節度使。秦爲上郡北境，漢屬五原郡。地磧鹵，少田疇。自晉永嘉之亂，屬赫連勃勃。後周置永豐鎮。隋開皇中升永豐縣，改豐州。大業七年爲五原郡。義寧元年太守張遜奏改歸順郡。唐武德元年爲豐州總管府。六年省，遷民於白馬縣，遂廢。貞觀四年分靈州境，置豐州都督府，領蕃户。天寶初改九原郡。乾元元年復豐州，後入回鶻。會昌中克之，後唐改天德軍。太祖神册五年攻下，更名應天軍，復爲州。有大鹽濼、九十九泉、没越濼、古磧口、青塚——即王昭君墓。兵事屬西南面招討司。統縣二：

富民縣。本漢臨戎縣，遼改今名。户一千二百。

振武縣。本漢定襄郡盛樂縣。背負陰山，前帶黃河。元魏嘗都盛樂，即此。唐武德四年克突厥，建雲中都督府。麟德三年改單于大都督府〔九〕。聖曆元年又改安北都督。開元七年割隸東受降城。八年置振武軍節度使。會昌五年爲安北都護府〔一〇〕。後唐莊宗以兄嗣本爲振武節度使。太祖神册元年，伐吐渾還，攻之，盡俘其民以東，唯存鄉兵三百人防戍。後更爲縣。

雲內州，開遠軍，下，節度。本中受降城地。遼初置代北雲朔招討司，改雲內州。清寧初升。有威塞軍、古可敦城、大同川〔一一〕、天安軍、永濟柵、安樂戍、拂雲堆。兵事屬西南面招討司。縣二：

柔服縣。

寧人縣〔一二〕。

天德軍，本中受降城。唐開元中廢橫塞軍，置天安軍於大同川。乾元中改天德軍，移永濟柵，今治是也。太祖平党項，遂破天德，盡掠吏民以東。後置招討司，漸成井邑，乃以國族爲天德軍節度使。有黃河、黑山峪、盧城、威塞軍、秦長城、唐長城；又有牟那山，鉗耳觜城在其北。

寧邊州，鎮西軍，下，刺史。本唐隆鎮，遼置。兵事屬西南面招討司。

奉聖州，武定軍，上，節度。本唐新州。後唐置團練使，總山後八軍，莊宗以弟存矩爲之。軍亂，殺存矩于祁州[三]，擁大將盧文進亡歸。太祖克新州，莊宗遣李嗣源復取之。同光二年升威塞軍。石晉高祖割獻，太宗改升。有兩河會、温泉、龍門山、涿鹿山。東南至南京三百里，西北至西京四百四十里。兵事屬西京都部署司。統州三、縣四：

永興縣。本漢涿鹿縣地。黄帝與蚩尤戰于此。户八千。

礬山縣。本漢軍都縣。山出白緑礬，故名。有礬山、桑乾河。在州南六十里。户三千。

龍門縣。有龍門山，石壁對峙，高數百尺，望之若門。徼外諸河及沙漠潦水，皆於此趣海。雨則俄頃水踰十仞，晴則清淺可涉，實塞北控扼之衝要也。在州東北二百八十里。户四千。

望雲縣。本望雲川地。景宗於此建潛邸，因而成井肆。穆宗崩，景宗入紹國統，號御莊。後置望雲縣，直隸彰愍宮，附庸于此。在州東北二百六十里。户一千。

歸化州，雄武軍，上，刺史。本漢下洛縣〔一四〕。元魏改文德縣。唐升武州，僖宗改毅州。後唐太祖復武州，明宗又爲毅州，潞王仍爲武州。晉高祖割獻于遼，改今名。有桑乾河；會河川；愛陽川；炭山，又謂之陘頭，有涼殿，承天皇后納涼於此，山東北三十里有新涼殿，景宗納涼於此，唯松棚數陘而已；斷雲嶺，極高峻，故名。州西北至西京四百五十里。統縣一：

文德縣。本漢女祁縣地。元魏置。户一萬。

可汗州，清平軍，下，刺史。本漢潘縣，元魏廢。北齊置北燕郡〔一五〕，改懷戎縣。隋廢郡，屬涿郡。唐武德中復置北燕州，縣仍舊。貞觀八年改嬀州。五代時，奚王去諸以數千帳徙嬀州〔一六〕，自別爲西奚，號可汗州，太祖因之。有嬀泉在城中，相傳舜嬪二女於此。又有溫泉、版泉、磨笄山、雞鳴山、喬山、歷山。統縣一：

懷來縣。本懷戎縣，太祖改。户三千。

儒州，縉陽軍，中，刺史。唐置。後唐同光二年隸新州。太宗改奉聖州，仍屬。有南溪河、沽河、宋王峪、桃峪口。統縣一：

縉山縣。本漢廣寧縣地〔一七〕。唐天寶中割嬀川縣置。户五千。

蔚州，忠順軍，上，節度。周職方，并州川曰滱夷，在州境飛狐縣〔八〕。趙襄子滅代，武靈王置代郡；項羽徙趙歇爲代王，歇還趙，立陳餘王代，漢韓信斬餘，復置代郡；文帝初封代：皆此地。周宣帝始置蔚州，隋開皇中廢。唐武德四年復置〔九〕。至德二年改興唐縣〔一〇〕。乾元元年仍舊。大中後，朱邪執宜爲刺史，有功，賜姓名李國昌〔一一〕。子克用乞爲留後，僖宗不許。廣明初，攻敗國昌，代北無備，太祖來攻，克之，俘掠居民而去。石晉獻地，升忠順軍，後更武安軍。統和四年入宋，尋復之，降刺史，隸奉聖州。升觀察，復忠順軍節度。兵事屬西京都部署司。統縣五：

靈仙縣。唐置興唐縣，梁改隆化縣，後唐同光初復置，晉改今名。户二萬。

定安縣。本漢東安陽縣地，久廢。後唐太祖伐劉仁恭，次蔚州，晨霧晦冥，占，不利深入，會雷電大作，燕軍解去，即此。遼置定安縣。西北至州六十里。户一萬。

飛狐縣。後周大象二年置廣昌縣于五龍城，即此。隋仁壽元年改名飛狐。相傳有狐於紫荆嶺食五粒松子，成飛仙，故云。西北至州一百四十里。户五千。

靈丘縣。漢置。後漢省。東魏復置，屬靈丘郡。隋開皇中罷郡來屬。大業初改隸代州。唐武德六年仍舊。東北至州一百八十里。户三千。

廣陵縣〔三〕。本漢延陵縣。隋唐爲鎮州。後唐同光初分興唐縣置。石晉割屬遼。東南至州四十里。户三千。

應州，彰國軍，上，節度。唐武德中置金城縣，後改應州。後唐明宗，州人也。天成元年升彰國軍節度，興唐軍、寰州隸焉。遼因之。北龍首山，南雁門。兵事屬西京都部署司。統縣三：

金城縣。本漢陰舘縣地，漢末廢爲陰舘城。大業末陷突厥。唐始置金城縣，遼因之。户八千。

渾源縣。唐置。有渾源川。在州東南一百五十里。户五千。

河陰縣。本漢陰舘縣地。初隸朔州，清寧中來屬。户三千。

朔州，順義軍，下，節度。本漢馬邑縣地。元魏孝文帝始置朔州，在今州北三百八十里定襄故城。葛榮亂，廢。高齊天保六年復置，在今州南四十七里新城。八年徙馬邑，即今城。武成帝置北道行臺。周武帝置朔州總管府。隋大業三年改馬邑郡。唐武德四年復朔州。遼升順義軍節度。兵事屬西京都部署司。統州一、縣三：

鄯陽縣。本漢定襄縣地。建安中置新興郡。元魏置桑乾郡。高齊置招遠縣，郡仍舊。隋開皇三年罷郡，隸朔州。大業元年初名鄯陽縣，遼因之。户四千。

寧遠縣。齊天保六年，於朔州西置招遠縣。唐乾元元年改今名，遼因之。有寧遠鎮。東至朔州八十里。户二千。

馬邑縣。漢置，屬雁門郡。唐開元五年，析鄯陽縣東三十里置大同軍，倚郭置馬邑縣。南至朔州四十里。户三千。

武州，宣威軍，下，刺史。趙惠王置武川塞。魏置神武縣。唐末置武州。唐改毅州。重熙九年復武州〔三〕，號宣威軍。統縣一：

神武縣。魏置。晉改新城。後唐太祖生神武川之新城，即此。初隸朔州，後置州，併寧遠爲一縣來屬。户五千。

東勝州，武興軍，下，刺史。隋開皇七年置勝州。大業五年改榆林郡。唐貞觀五年於南河地置决勝州，故謂此爲東勝州。天寶七年又爲榆林郡〔四〕。乾元元年復爲勝州。太祖神册元年破振武軍，勝州之民皆趨河東，州廢。晉割代北來獻，復置。兵事屬西南面招討司。統縣二：

榆林縣。

河濱縣。

金肅州。重熙十二年伐西夏置。割燕民三百户，防秋軍一千實之。屬西南面招討司。

河清軍。西夏歸遼，開直路以趨上京。重熙十二年建城，號河清軍。徙民五百户，防秋兵一千人實之。屬西南面招討司。

校勘記

〔一〕周復恒安鎮改朔州　「改」，疑當作「屬」。按元和郡縣圖志卷一四雲州條云：「周武平齊，州郡並廢，又於其所置恒安鎮，屬朔州。」太平寰宇記卷四九雲州條同。

〔二〕唐武德四年置北恒州　元和郡縣圖志卷一四雲州條同。舊唐書卷三九地理志二雲州條、太平寰宇記卷四九雲州條皆謂武德四年平劉武周，六年置北恒州。

〔三〕開元十八年置雲州　「雲州」，原作「雲中州」，據元和郡縣圖志卷一四雲州條、舊唐書卷三九地理志二雲州條、新唐書卷三九地理志三雲州條、太平寰宇記卷四九雲州條改。又「開元十八年」，元和郡縣圖志、新唐書地理志及太平寰宇記雲州條序同，然舊唐書卷三九地理志二雲州條、太平寰宇記卷四九雲中縣條序作「開元二十年」。

〔四〕克用取雲州　「雲州」，原作「雲南」，據舊五代史卷二五唐武皇紀上大順二年七月及新五代史卷四唐莊宗紀上大順二年四月改。

〔五〕天成縣　開泰八年慈雲寺舍利塔記、大元混一方輿勝覽卷上腹裏及金史卷八九蘇保衡傳、卷一三三移剌窩斡傳同。然金史卷二四地理志上、卷四九食貨志四及寰宇通志卷八一均作「天城縣」。

〔六〕長青縣　「長青」，本書卷三六兵衛志下同。太平四年張琪墓誌、咸雍五年董匡信及妻王氏墓誌及金史卷二四地理志上並作「長清」。

〔七〕高勳鎮幽州奏景宗分永興縣置　「景宗」，疑當作「穆宗」。按本書卷八五高勳傳及穆宗、景宗紀，高勳鎮幽應在穆宗時。金史卷二四地理志上弘州順聖縣條曰「遼應曆中置」。

〔八〕唐會昌中置縣　新、舊唐書地理志均無宣德縣。本書卷一六聖宗紀七謂開泰八年十一月甲寅「置雲州宣德縣」。

〔九〕唐武德四年克突厥建雲中都督府麟德三年改單于大都督府　新唐書卷四三下地理志七下雲中都督府條、通鑑卷一九三唐紀九太宗貞觀四年四月戊戌、唐會要卷七三安北都護府條均謂貞觀四年置雲中都督府。又舊唐書卷三九地理志二單于都護府條、新唐書卷三七地理志一單于大都護府條、通鑑卷二〇一唐紀一七皆謂唐龍朔三年置雲中都護府，麟德元年改爲單于大都護府。

〔一〇〕會昌五年爲安北都護府　唐會要卷七三安北都護府條同，新唐書卷六四方鎮表一則繫此事於會昌三年。

〔一一〕大同川　原作「大同州」，據下文天德軍條及新唐書卷三七地理志一豐州中受降城條改。

〔一二〕寧人縣　金史卷二四地理志上稱雲内州舊有寧仁縣。本書卷一五聖宗紀六謂開泰六年七月辛酉以西南路招討請，置寧仁縣於勝州。疑此處「寧人縣」即「寧仁縣」，初隸勝州，後改屬雲内州。

〔一三〕殺存矩于祁州　「祁州」，舊五代史卷九七盧文進傳、卷一三七契丹傳，新五代史卷四八盧文進傳、卷七二四夷附録一及通鑑卷二六九後梁紀四均王貞明三年二月甲午並作「祁溝關」。

〔一四〕本漢下洛縣　「下洛」，漢書卷二八下地理志下上谷郡條、續漢書郡國志五上谷郡條並作「下落」。

〔一五〕北齊置北燕郡　隋書卷三〇地理志中涿郡條、舊唐書卷三九地理志二嬀州條皆謂北齊置北燕州，與此異。

〔一六〕奚王去諸以數千帳徙嬀州　「徙」，原作「欲」，據新五代史卷七四四夷附録三改。

〔一七〕本漢廣甯縣地　「漢」，原作「縣」，據明鈔本、南監本、北監本、殿本改。

〔一八〕周職方并州川曰滹夷在州境飛狐縣　元和郡縣圖志卷一四河東道三蔚州條云：「周禮『并州川曰滹夷，浸曰淶、易』，今滹夷在靈丘，淶、易在飛狐，皆在州境。」太平寰宇記卷五一河東道一二蔚州條同。此處史文刪節失當。

〔一九〕唐武德四年復置　元和郡縣圖志卷一四河東道三蔚州條謂「武德四年平劉武周，重置蔚州」，與此同。舊唐書卷三九地理志二蔚州條、太平寰宇記卷五一河東道一二蔚州條並作「武德四年平劉武周，六年置蔚州」。

〔二〇〕至德二年改興唐縣　「興唐縣」，元和郡縣圖志卷一四河東道三蔚州興唐縣條、舊唐書卷三九地理志二蔚州條、新唐書卷三九地理志三蔚州條並作「興唐郡」。

〔二一〕大中後朱邪執宜爲刺史有功賜姓名李國昌　舊唐書卷一九上懿宗紀咸通十一年正月己酉、新唐書卷二一八沙陀傳、舊五代史卷二五唐武皇紀上、新五代史卷四唐莊宗紀上，賜姓名李國昌者乃朱邪執宜子赤心。

〔二二〕廣陵縣　本書卷三六兵衞志下五京鄉丁條同，卷一三聖宗紀四統和十三年正月甲寅則作「置廣靈縣」。又金史卷二四地理志上蔚州有廣靈縣，其下小注謂「亦作『陵』」。

〔二三〕唐末置武州唐改毅州重熙九年復武州　疑文有訛誤。按上文歸化州條云：「唐升武州，僖宗改毅州。後唐太祖復武州，明宗又爲毅州，潞王仍爲武州。晉高祖割獻于遼，改今名。」通考卷三一六輿地考二武州條亦云：「武州，唐末置，屬河東道。後唐改爲毅州。石晉時没於契丹，契丹改爲歸化州。」知唐末所置武州即遼歸化州。此處遼武州在朔州境，與歸化州相去甚遠，顯非唐武州。譚其驤遼史地理志補正謂此武州係遼重熙間創置。

〔一四〕天寶七年又爲榆林郡　「七年」，舊唐書卷三八地理志一勝州條、太平寰宇記卷三八關西道一四勝州條並作「元年」。

遼史卷四十二

志第十二

曆象志上

遼以幽、營立國，禮樂制度規模日完，授曆頒朔二百餘年。今奉詔修遼史，體與宋、金儗，其大明曆不可少也。曆書法禁不可得，求大明曆元，得祖沖之法于外史。沖之之法，遼曆之所從出也歟，國朝亦嘗因之。以沖之法筭，而至於遼更曆之年，以起元數，是蓋遼大明曆。遼曆因是固可補，然弗之補，史貴闕文也。外史紀其法，司天存其職，遼史志是足矣。作曆象志。

曆

大同元年，太宗皇帝自晉汴京收百司僚屬伎術曆象，遷于中京〔一〕，遼始有曆。先是，梁、唐仍用唐景福崇玄曆。晉天福四年，司天監馬重績奏上乙未元曆，號調元曆，太宗所收于汴是也。穆宗應曆十一年，司天王白、李正等進曆，蓋乙未元曆也。聖宗統和十二年，可汗州刺史賈俊進新曆，則大明曆是也。高麗所志大遼古今録稱統和十二年始頒正朔改曆，驗矣。大明曆本宋祖沖之法〔二〕，具見沈約宋書。具如左。

宋武帝大明六年，祖沖之上甲子元曆法，未及施用，因名大明曆。

上元甲子至宋大明七年癸卯，五萬一千九百三十九年筭外。

元法：五十九萬二千三百六十五。

紀法：三萬九千四百九十一。

章歲：三百九十一。

章月：四千八百三十六。

章閏：一百四十四。

閏法：十二。

月法：十一萬六千三百二十一。
日法：三千九百三十九。
餘數：二十萬七千四十四。
歲餘：九千五百八十九。
没分：三百六十萬五千九百五十一。
没法：五萬一千七百六十一。
周天：一千四百四十二萬四千六百六十四。
虚分：萬四百四十九。
行分法：二十三。
小分法：一千七百一十七。
通周：七十二萬六千八百一十。
會周：七十一萬七千七百七十七。
通法：二萬六千三百七十七。
差率：三十九。
推朔術：

置入上元年數，筭外，以章月乘之，滿章歲爲積月，不盡爲閏餘。閏餘二百四十七以上，其年有閏。以月法乘積月，滿日法爲積日〔三〕，不盡爲小餘。六旬去積日，不盡爲大餘。大餘命以甲子，筭外，所求年天正十一月朔也。小餘千八百四十九以上，其月大。

求次月：

加大餘二十九，小餘二千九十。小餘滿日法從大餘〔四〕，大餘滿六旬去之，命如前，次月朔也。

求弦望：

加朔大餘七，小餘千五百七，小分一。小分滿四從小餘，小餘滿日法從大餘，命如前，上弦日也。又加得望，又加得下弦，又加得後月朔也。

推閏術：

以閏餘減章歲，餘滿閏法得一月，命以天正，筭外，閏所在也。閏有進退，以無中氣爲正。

推二十四氣〔五〕：

置入上元年數，筭外，以餘數乘之，滿紀法爲積日，不盡爲小餘。六旬去積日，不盡爲大餘。大餘命以甲子，筭外，天正十一月冬至日也。

求次氣：

加大餘十五，小餘八千六百二十六，小分五。小分滿六從小餘，小餘滿紀法從大餘〔六〕，命如前，次氣日也。

求土王用事：

加冬至大餘二十七，小餘萬五千五百二十八，季冬土用事日也〔七〕。又加大餘九十一，小餘萬二千二百七十，次土用事日也。

推沒術：

以九十乘冬至小餘，以減沒分，滿沒法爲日，不盡爲日餘，命日以冬至，筭外，沒日也。

求次沒：

加日六十九，日餘三萬四千四百四十二，餘滿沒法從日，次沒日也。日餘盡爲滅。

推日所在度術：

以紀法乘朔積日爲度實，周天去之，餘滿紀法爲積度，不盡爲度餘。命以虛一，次宿除之，筭外，天正十一月朔夜半日所在度也。

求次月：

大月加度三十，小月加度二十九，入虛去度分。

求行分：

以小分法除度餘，所得爲行分，不盡爲小分，小分滿法從行分，行分滿法從度。

求次日：

加一度。入虛去行分六，小分百四十七。

推月所在度術：

以朔小餘乘百二十四爲度餘，又以朔小餘乘八百六十爲微分，微分滿月法從度餘〔八〕，度餘滿紀法爲度。以減朔夜半日所在，則月所在度。

求次月：

大月加度三十五，度餘三萬一千八百三十四，微分七萬七千九百六十七，小月加度二十二，度餘萬七千二百六十一，微分六萬三千七百三十六，入虛去度分也〔九〕。

遲疾曆：

月行度	損益率	盈縮積分	差法
一日 十四行分十三	益七十	盈初	五千三百四

二日	十四十一	益六十五	盈百八十四萬二千三百一十六	五千二百七十
三日	十四八	益五十七	盈三百五十五萬七百六	五千二百一十九
四日	十四四	益四十七	盈五百五萬八千三百八〔一〇〕	五千一百五十一
五日	十三二十一〔一一〕	益三十四	盈六百二十九萬七千八百五十七	五千六十六
六日	十三十七	益二十二	盈七百二十萬二千六百九十一	四千九百八十一
七日	十三十一	益六	盈七百七十七萬二千七百一十一	四千八百七十九
八日	十三五	損九	盈七百九十四萬九百五十二	四千七百七十七
九日	十二二十二	損二十四	盈七百七十萬七千四百一十五	四千六百七十五
十日	十二十六	損三十九	盈七百七萬二千一百	四千五百七十三
十一日	十二十一	損五十二	盈六百三萬五千七	四千四百八十八
十二日	十二八	損六十	盈四百六十六萬三千一百	四千四百三十七
十三日	十二六	損六十五	盈三百九萬三百三	四千四百三

十四日	十二四	損七十	盈百三十八萬三千五百八十	四千三百六十九
十五日	十二五	益六十七	縮四十五萬七千六十九	四千三百八十六
十六日	十二七	益六十二	縮二百二十三萬七百五十五	四千四百二十
十七日	十二十	益五十五	縮三百八十七萬五十四〔一二〕	四千四百七十一
十八日	十二十四	益四十四	縮五百三十一萬九千三百八十五〔一三〕	四千五百二十九〔一四〕
十九日	十二十九	益三十二	縮六百四十八萬四百四	四千六百二十四
二十日	十三〔一五〕	益十九	縮七百三十一萬六千六百八	〔一六〕
二十一日	十三七	益四	縮七百八十一萬七千九百九十六	四千八百一十一
二十二日	十二十二〔一七〕	損十一	縮七百九十一萬七千六百七	四千九百一十三
二十三日	十三十九	損三十七〔一八〕	縮七百六十一萬五千四百四十	五千一十五
二十四日	十四一	損三十九	縮六百九十萬一千四百九十五〔一九〕	五千一百
二十五日	十四十六〔二〇〕	損五十二	縮五百八十七萬一千七百三十五〔二一〕	五千一百八十五

二十六日	十四十	損六十二	縮四百四十九萬九千一百五十九	五千二百五十三
二十七日	十四十二	損六十七	縮二百八十五萬七千七百三十二	五千二百八十七
二十八日	十四十〔二二〕	損七十四〔二三〕	縮百八萬二千三百七十九	五千三百三十一〔二四〕

推入遲疾曆術：

以通法乘朔積日爲通實，通周去之，餘滿通法爲日，不盡爲日餘。命日筭外，天正十一月朔夜半入曆日也。

求次月：

大月加二日，小月加一日，日餘皆萬一千七百四十六。曆滿二十七日，日餘萬四千六百三十一，則去之。

求次日：

加一日。

求日所在定度：

以夜半入曆日餘乘損益率，以損益盈縮積分，如差率而一，所得滿紀法爲度，不盡爲度餘，以盈加縮減平行度及餘爲定度。益之或滿法，損之或不足，以紀法進退。求度行分如上法。求次日，如所入遲疾加之。虛去分如上法。

陰陽曆：

	損益率	兼數
一日	益十六	初
二日	益十五	十六
三日	益十四	三十一
四日	益十二	四十五
五日	益九	五十七
六日	益五	六十六
七日	益一	七十一
八日	損二	七十二
九日	損六	七十

十日	損十	六十四
十一日	損十三	五十四
十二日	損十五	四十一
十三日	損十六	二十六
十四日	損十六	十

推入陰陽曆術：

置通實以會周去之，不滿交數三十五萬八千八百八十八半爲朔入陽曆分〔二五〕，各去之〔二六〕，爲朔入陰曆分，各滿通法得一日，不盡爲日餘。命日筭外，天正十一月朔夜半入曆日也。

求次月：

大月加二日，小月加一日，日餘皆二萬七百七十九。曆滿十三日，日餘萬五千九百八十七半，則去之。陽竟入陰，陰竟入陽。

求次日：

加一日。

求朔望差：

以二千二十九乘朔小餘，滿三百三爲日餘，不盡倍之爲小分，則朔差數也。加一十四日，日餘二萬一百八十六，小分百二十五。小分滿六百六從日餘，日餘滿通法爲日，即望差數也。又加之，後月朔也。

求合朔月食：

置朔望夜半入陰陽曆及餘〔二七〕，有半者去之，置小分三百三，以差數加之。小分滿六百六從日餘，日餘滿通法從日，日滿一曆去之。命日筭外，則朔望加時入曆也。朔望加時入曆一日，日餘四千一百九十八，小分四百二十八以下，十二日，日餘萬一千七百八十八，小分四百八十一以上，朔則交會，望則月食。

求合朔月食定大小餘：

令差數日餘加夜半入遲疾曆餘〔二八〕，日餘滿通法從日，則朔望加時入曆也。以入曆餘乘損益率，以損益盈縮積分，如差法而一，以盈減縮加本朔望小餘爲定小餘。益之或滿法，損之或不足，以日法進退日。

求合朔月食加時：

以十二乘定小餘，滿日法得一辰，命以子，筭外，加時所在辰也。有餘者四之，滿日法得一爲少，二爲半，三爲太。又有餘者三之，滿日法得一爲强，以强并少爲少强，并半爲半强，并太爲太强。得二者爲少弱，以并太爲一辰弱〔二九〕，以前辰名之。

求月去日道度：

置入陰陽曆餘乘損益率，如通法而一，以損益兼數爲定。定數十二而一爲度。不盡三而一，爲少、半、太。又不盡者，一爲强，二爲少弱，則月去日道數也。陽曆在表，陰曆在裏。

測景漏刻中星數：

二十四氣	日中景	晝漏刻	夜漏刻	昏中星度	明中星度
冬至	一丈三尺	四十五	五十五	八十二行分二十一	二百八十三行分八
小寒	一丈二尺四寸三分	四十五六	五十四四	八十四	二百八十二六
大寒	一丈一尺二寸	四十六七	五十三二〔三〇〕	八十六一	二百八十六〔三一〕
立春	九尺八寸	四十八四	五十一六	八十九三	二百七十七三

雨水	八尺一寸七分	五十五	四十九五	九十三	二百七十三七〔三二〕
驚蟄	六尺六寸七分	五十二九	四十七一	九十一〔三三〕	二百六十八二十
春分	五尺三寸七分	五十五五	四十四五	百二三	二百六十四三
清明	四尺二寸五分	五十八一	四十一九	百六二十一	二百五十九八
穀雨	二尺二寸六分〔三四〕	六十四	三十九六	百一十一三	二百五十四四〔三五〕
立夏	二尺五寸三分	六十二四	三十七六	百一十四十八	二百五十一七〔三六〕
小滿	一尺九寸九分	六十三九	三十六二〔三七〕	百一十七十二	二百四十八十七
芒種	一尺六寸九分	六十四八	二十五二〔三八〕	百一十九四	二百四十七二
夏至	一尺五寸	六十五	三十五	百一十九十三	二百四十六十七
小暑	一尺六寸九分	六十四八分〔三九〕	三十五二〔四〇〕	百一十九四	二百四十七二〔四一〕
大暑	一尺九寸九分	六十三九	三十六一	百一十七十二	二百四十八十七

立秋	二尺五寸三分	六十二四	三十七六	百一十四十八	二百五十一十二〔四二〕
處暑	三尺二寸六分	六十四	三十九六	百一十一二	二百五十四四〔四三〕
白露	四尺二寸五分	五十八一	四十一九	百六二十一	二百五十九八
秋分	五尺三寸七分	五十五五	四十四五	百二三	二百六十四三
寒露	六尺六寸七分	五十二九	四十七一	九十七九	二百六十八二十
霜降	八尺一寸七分	五十五	四十九五	九十三	二百七十三七〔四四〕
立冬	九尺八寸	四十八四	五十一六	八十九三	二百七十七三
小雪	一丈一尺二寸	四十六七	五十三三	八十六一	二百八十六〔四五〕
大雪	一丈二尺四寸三分	四十五六	五十四四	八十四	二百八十二六

求昏明中星：

各以度數如夜半日所在〔四六〕，則中星度。

推五星術：

木率：千五百七十五萬三千八十二。

火率：三千八十萬四千一百九十六。

土率：千四百九十三萬三百五十四。

金率：二千三百六萬一十四。

水率：四百五十七萬六千二百四。

推五星術：

置度實各以率去之，餘以減率，其餘如紀法而一，爲入歲日，不盡爲日餘，命以天正朔，筭外，星合日。

求星合度：

以入歲日及餘從天正朔日積度及餘，滿紀法從度，滿三百六十餘度分則去之，命以虚一，筭外，星合所在度也。

求星見日：

以術伏日及餘〔四七〕，加星合日及餘，餘滿紀法從日，命如前，見日也。

求星見度：

以術伏度及餘〔四八〕，加星合度及餘，餘滿紀法從度，入虚去度分，命如前，星見度也。

行五星法：

以小分法除度餘，所得爲行分，不盡爲小分，及日加所行分，滿法從度，留者因前，逆則減之，伏不盡度〔四九〕。從行入虚，去行分六，小分百四十七，逆行出虚，則加之。

木星：

初與日合，伏，十六日，日餘萬七千八百三十二，行二度，度餘三萬七千五百四，晨見東方。從，日行四分，百一十二日行十九度十一分。留，二十八日。逆，日行三分，八十六日退十一度五分。又留二十八日〔五〇〕。從，日行四分，百一十二日〔五一〕，夕伏西方，日度餘如初。一終三百九十八日，日餘三萬五千六百六十四〔五二〕，行三十三度，度餘二萬五千二百一十五。

火星：

初與日合，伏，七十二日〔五三〕，日餘六百八，行五十五度，度餘二萬八千八百六十五，晨見東方。從，疾，日行十七分，九十二日行六十八度。小遲，日行十四分，九十二日行五十六度。大遲，日行九分，九十二日行三十六度。留，十日。逆，日行六分，六十四日退十六度十六分。又留，十日。從，遲，日行九分，九十二日。小疾，日行十四分，九十二日。大疾，日行十七分，九十二日。夕伏西方，日度餘如初。一終七百八十日，日餘千二百一十六，行四百一十四度，度餘三萬二百五十八，除一周，定行四十九度，度餘萬九千八百九。

土星：

初與日合，伏，十七日，日餘千三百七十八，行一度，度餘萬九千三百三十三，晨見東方。行順，日行二分，八十四日行七度七分。留，三十三日。行逆，日行一分，百一十日退四度十八分。又留，三十三日。從，日行二分，八十四日，夕伏西方，日度餘如初。一終三百七十八日，日餘二千七百五十六，行十二度，度餘三萬一千七百九十八。

金星：

初與日合，伏，三十九日，日餘三萬八千一百二十六，行四十九度，度餘三萬八千一百二十六，夕見西方。從，疾，日行一度五分，九十二日行百十二度。小遲，日行一度四分，九十二日行百八度。大遲，日行十七分，四十五日行三十三度六分〔五四〕。留，九日。遲，日行十六分〔五五〕，九日退六度六分，夕伏西方。伏五日，退五度，而與日合。又五日退五度，而晨見東方。逆，日行十六分，九日。留，九日。從日〔五六〕，遲，日行十七分，四十五日。小疾，日行一度四分，九十二日。大疾，日行一度五分，九十二日。晨伏東方，日度餘如初。一終五百八十三日，日餘三萬六千七百六十一，行星如之。除一周，定行二百十八度，度餘二萬六千三百一十二。一合二百九十一日〔五七〕，日餘三萬八千一百二十六，行星亦如之。

水星：

初與日合，伏，十四日，日餘三萬七千一百一十五，行三十度，度餘三萬七千一百一十五，夕見西方。從，疾，日行一度六分，二十三日行二十九度。遲，日行二十分，八日行六度二十二分。留，二日。遲，日行十一分〔五八〕，二日退二十二分〔五九〕，夕伏西方。伏八日，退八度，而與日合。又八日退八度，晨見東方。逆，日行十一分，二日。留，二日。從，遲，日行二十分，八日。疾，日行一度六分，二十三日。晨伏東方，日度餘如初。一終百一十五日，日餘三萬四千七百三十九，行星如之。一合五十七日，日餘三萬七千一百一十五，行星亦如之。

上元之歲，歲在甲子，天正甲子朔夜半冬至，日月五星聚于虛度之初，陰陽遲疾並自此始。

梁武帝天監三年，沖之子暅上疏，論何承天曆乖謬不可用。九年正月，詔用祖沖之所造甲子元曆頒朔。陳氏因梁，亦用祖沖之曆。至遼，聖宗以賈俊所進新曆，因宋大明舊號行之。金曰重修大明曆。傳至皇元亦曰重修大明曆。及改授時曆，別立司天監存肄之，每歲甲子冬至重修其法。書在太史院，禁莫得聞。

校勘記

〔一〕大同元年太宗皇帝自晉汴京收百司僚屬伎術曆象遷于中京　本書卷四太宗紀下謂是年三月壬寅，將晉諸司僚吏及方技、曆象、諸宮懸等物悉送上京，然卷五四樂志雅樂條云：「大同元年，太宗自汴將還，得晉太常樂譜、諸宮懸、樂架，委所司先赴中京。」按此中京即爲鎮州。

〔二〕大明曆本宋祖沖之法　考異卷八三遼史謂「祖沖之曆已見前史，而此志全録之。蓋作史者徒求卷帙之富，於史例無當也」。汪曰楨古今推步諸術考卷下云：「遼賈俊大明術無考，見遼史志，謂即劉宋時祖沖之大明術，其説出于臆度附會，實則『大明』之名偶同，非即祖術也。」按本卷下文稱：「至遼，聖宗以賈俊所進新曆，因宋大明舊號行之。」是元人修史時固已知賈俊新曆與祖沖之曆無涉，但襲大明舊號耳，然本卷仍全録宋書律曆志所載祖沖之曆。

〔三〕滿日法爲積日　「積日」，原作「積月」，據宋書卷一三律曆志下改。

〔四〕小餘滿日法從大餘　「小」字原闕，據金陵書局本宋書律曆志補。

〔五〕推二十四氣　宋書律曆志此下有「術」字，是。

〔六〕小餘滿紀法從大餘　「小餘」二字原闕，據宋書律曆志補。

〔七〕季冬土用事日也　「冬」，原作「月」，據宋書律曆志改。

〔八〕微分滿月法從度餘　「餘」字原闕，宋書王校謂當據曆理補，今從。

〔九〕入虚去度分也　「分」字原闕，宋書王校謂當據曆理補，今從。

〔一〇〕五百五萬八千三百八　「三百八」，宋書律曆志作「三百」，宋書王校據曆理校算，謂當作「二百八」。嚴敦杰校釋則謂當作「二百七」。

〔一一〕十三二十一　行分「二十一」，金陵書局本宋書律曆志作「二十二」，與宋書王校及嚴敦杰校釋校算結果合。

〔一二〕三百八十七萬五十四　「五十四」，宋書王校據曆理校算，謂當作「五百一十四」。嚴敦杰校釋則謂當作「五百一十五」。

〔一三〕五百三十一萬九千三百八十五　「三十一萬」，宋書王校據曆理校算，謂當作「三十萬」。嚴敦杰校釋亦同此說。

〔一四〕四千五百二十九　「二十九」，宋書律曆志作「三十九」，與嚴敦杰校釋校算結果合。

〔一五〕十三　宋書律曆志此下有行分「一」，是。

〔一六〕金陵書局本宋書律曆志此欄内有「四千七百九」五字，與宋書王校及嚴敦杰校釋校算結果合。

〔一七〕十二十二　月行度「十二」、行分「十二」，宋書律曆志均作「十三」，與嚴敦杰校釋校算結果合。

〔一八〕三十七　宋書律曆志作「二十七」，與嚴敦杰校釋校算結果合。

〔一九〕六百九十萬一千四百九十五　「九十萬」，宋書律曆志同，嚴敦杰校釋據曆理校算，謂當作「九十一萬」。

〔二〇〕十四十六　行分「十六」，金陵書局本宋書律曆志作「六」，與宋書王校及嚴敦杰校釋校算結果合。

〔二一〕五百八十七萬一千七百三十五　「一千」，宋書律曆志作「二千」，與嚴敦杰校釋校算結果合。

〔二二〕十四十　行分「十」，金陵書局本宋書律曆志作「十四」，與宋書王校及嚴敦杰校釋校算結果合。

〔二三〕七十四　宋書律曆志同。嚴敦杰校釋據曆理校算，謂當作「七十二」。

〔二四〕五千三百三十一　「三十一」，金陵書局本宋書律曆志作「二十一」，與宋書王校及嚴敦杰校釋校算結果合。

〔二五〕不滿交數三十五萬八千八百八十八半爲朔入陽曆分　「三」，原作「二」，據宋書律曆志及嚴敦杰校釋改。

〔二六〕各去之　「各」，金陵書局本宋書律曆志作「滿」，宋書王校從之，是。

〔二七〕置朔望夜半入陰陽曆及餘　宋書律曆志「陰陽曆」下有「日」字，是。

〔二八〕令差數日餘加夜半入遲疾曆餘　「令」，原作「合」，據宋書律曆志改。

〔二九〕得二者爲少弱以并太爲一辰弱　宋書律曆志同。宋書王校謂此段文字據曆理當作「得二者爲少弱，以并少爲半弱，并半爲太弱，并太爲一辰弱」。

〔三〇〕五十三二　行分「二」，疑當作「三」。按宋書律曆志作「三」，又晝漏刻與夜漏刻之和應爲百刻。

〔三一〕二百八十六　行分「六」原作大字，據宋書律曆志改。又宋書王校據曆理校算，謂當作「五」。

〔三二〕二百七十三七　行分「七」，宋書王校據曆理校算，謂當作「六」。

〔三三〕九十一　宋書律曆志作「九十七」。又宋書王校謂據曆理校算，此下當脱行分「九」。

〔三四〕二尺二寸六分　「二尺」，宋書律曆志作「三尺」，是。

〔三五〕百一十一三二百五十四四　昏中星度行分「三」，百衲本宋書律曆志同，北監本、汲古閣本、乾隆殿本、金陵書局本宋書皆作「二」。明中星度「二百五十四四」，宋書王校謂據曆理校算當作「二百五十五三」，嚴敦杰校釋則謂當作「二百五十五四」。按昏中星度與明中星度之和應爲三百六十六度、分六，行分滿二十三成度。此處度數、行分總數與之不合。

〔三六〕百一十四十八二百五十一七　明中星度行分「七」，宋書律曆志作「十一」。嚴敦杰校釋據曆理校算，謂昏中星度當作「百一十四十九」，明中星度當作「二百五十一十」。

〔三七〕三十六一　「三十六」，原作「二十六」，據殿本及宋書律曆志改。

〔三八〕二十五二　「二十五」，宋書律曆志作「三十五」，是。

〔三九〕六十四八分　「八分」，金陵書局本宋書律曆志無「分」字，是。

〔四〇〕三十五一　行分「一」，宋書律曆志作「二」，是。

〔四一〕二百四十七一　行分「一」，宋書律曆志作「二」，是。

〔四二〕百一十四十八二百五十一十一　嚴敦杰校釋據曆理校算，謂昏中星度當作「百一十四十九」，明中星度當作「二百五十一十」。

〔四三〕百一十一二二百五十四四　昏中星度行分「二」，宋書律曆志作「三」。明中星度「二百五十四」，宋書王校謂據曆理校算當作「二百五十五三」，嚴敦杰校釋則謂當作「二百五十五四」。按此處昏中星度與明中星度之和與曆理不合。

〔四四〕二百七十三七　行分「七」，宋書王校據曆理校算，謂當作「六」。

〔四五〕二百八十六　行分「六」，宋書王校據曆理校算，謂當作「五」。

〔四六〕各以度數如夜半日所在　「如」，金陵書局本宋書律曆志作「加」，是。

〔四七〕求星見日以術伏日及餘　宋書王校謂「術」當在「求星見日」句下，是。

〔四八〕求星見度以術伏度及餘　「術」，乾隆殿本宋書在「求星見度」句下，宋書王校從之，是。

〔四九〕伏不盡度　「盡」，後漢書律曆志下及宋書律曆志中所載景初曆皆作「書」，宋書王校從之，是。

〔五〇〕又留二十八日　「二」，原作「一」，據宋書律曆志及嚴敦杰校釋改。

〔五一〕百一十二日　「二」，原作「五」，據宋書律曆志及嚴敦杰校釋改。

〔五二〕日餘三萬五千六百六十四　「三萬」，原作「五萬」，據宋書律曆志及嚴敦杰校釋改。

〔五三〕初與日合伏七十二日　「七十二」，原作「二十七」，據宋書律曆志及嚴敦杰校釋改。

〔五四〕四十五日行三十三度六分　「三十三」，原作「二十三」，據宋書律曆志及嚴敦杰校釋改。

〔五五〕遲日行十六分　「遲」，宋書律曆志同。按下文既謂「退六度六分」，則當由留而逆，知此字應作「逆」。

〔五六〕從日　諸本皆同，金陵書局本宋書律曆志無「日」字，是。

〔五七〕度餘二萬六千三百一十二一合二百九十一日　「一十二」，原作「一十三」；「合」上「一」字原闕，據宋書律曆志補。按一終一合乃曆家術語，遼史諸本蓋誤合「二」、「一」兩字爲「三」字。

〔五八〕遲日行十一分　「遲」，宋書律曆志同。按下文既稱「退二十二分」，則當由留而逆，宋書王校及嚴敦杰校釋謂「遲」當作「逆」，是。

〔五九〕二日退二十二分　「二十二」，原作「二十一」，據宋書律曆志及嚴敦杰校釋改。

遼史卷四十三

志第十三

曆象志中

閏考

月度不足，是生朔虛；天行有餘，是爲氣盈。盈虛相懸，歲月乃拌。積拌而差，寒暑互易，百穀不成，庶政不明。聖人驗以斗柄，準以歲星，爰立閏法，信治百官。是故閏正而月正，月正而歲正。歲月既正，頒令考績，無有不時。國史正歲年以敍事，莫重於此。

遼始徵曆梁、唐。入晉之後，奄有帝制，乙未、大明，曆法再變。穆宗應曆六年，周用顯德欽天曆；十年，宋用建隆應天曆〔一〕。景宗乾亨四年，宋用乾元曆。聖宗統和十九年，宋用儀天曆；太平元年，宋用崇天曆〔二〕。道宗清寧十年，宋用明天曆〔三〕；大康元年，宋用奉元曆；大安七年，宋用觀天曆〔四〕。天祚皇帝乾統六年，宋用紀元曆〔五〕。五代曆三變，宋凡八變，遼終始再變。曆法不齊，故定朔置閏，時有不同，覽者惑焉。作閏考。

年	正	二	三	四	五	六	七	八	九	十	十一	十二
太祖首缺五閏〔六〕。						閏 耶律儼 陳大任						
神册五年												
天贊二年〔七〕				梁閏								

	一	二	三	四	五	六	七	八	九	十	十一	十二
太宗缺一閏〔八〕。天顯三年								閏 儼				
六年					閏 儼 唐							
九年	閏 儼 大任 唐											

十一年	會同二年〔九〕	七年 缺一閏。
	閏 儼 大任 晉	
閏 儼 大任 唐		
		閏 儼 大任

大同元年〔一〇〕	穆宗缺再閏〔一二〕。應曆三年〔一三〕	五年
閏 儼 大任 高麗十年七月〔一一〕		
		閏 儼 大任

八年	十一年	十三年
	閏 儼 大任 宋	
閏 儼 大任		
		宋閏

十六年	十九年	景宗保寧四年
		閏 儼 大任 宋
	宋閏	
閏 儼 大任 宋		

六年	九年	乾亨二年
		閏 儼 大任 宋
	宋閏	
宋閏		

四年	聖宗統和三年〔一四〕	六年
		閏 儼 大任
	宋閏	
宋閏		

九年		閏 儼 大任 宋										
十一年		高麗，誤，當在九年。								宋閏 高麗		
十四年							閏 大任 宋					

十七年	十九年	二十二年
宋閏		
		閏 大任 宋
	閏 儼 大任	
	宋閏 異	

二十五年					宋閏							
二十八年		宋閏										
開泰元年										宋閏		

四年	七年	九年〔一五〕
		閏 儼
	宋閏	
宋閏		
		宋閏 異

	太平三年	六年	九年
1			
2			宋閏
3			
4			
5		宋閏	
6			
7			
8			
9	閏 儼 宋		
10			
11			
12			

十一年	興宗重熙三年	六年
		閏 儀 宋
	宋閏	
閏 儀 大任 宋 高麗		

八年	十一年	十四年
		閏 儼 宋
	閏 儼 宋	
閏 儼 宋 高麗		

年												
十七年	閏 儼 宋 高麗											
十九年											閏 儼 宋 高麗	
二十二年							閏 儼 宋					

道宗清寧二年	四年	七年
閏 儼 宋		
		宋閏
	閏 儼 宋	

十年					宋閏							
咸雍三年			宋閏									
五年											閏 大任 宋	

八年	大康元年	三年 宋閏來年正月，異。
	閏 僊 大任 宋	
閏 僊 宋		
		閏 僊

六年									宋閏			
九年						閏 儼 大任 宋						
大安四年〔一六〕												閏 儼 大任 宋 高麗

七年	十年	壽昌三年
		宋閏
	閏 大任 宋	
宋閏		

五年	天祚乾統二年	五年
		宋閏
	閏 儼 大任 宋	
閏 儼 大任 宋		

七年									宋閏		
十年〔一七〕							閏 儼 大任	宋閏 異			
天慶三年				閏 儼 大任 宋							

六年	八年	保大元年
閏 儼 大任 宋		
		宋閏
	閏 儼 大任 宋	

四年	宋閏　儼　大任〔一八〕																		

校勘記

〔一〕十年宋用建隆應天曆　「十年」疑誤。按長編卷四乾德元年四月辛卯云：「王處訥上新定建隆應天曆，上爲曆序，頒行之。」乾德元年即建隆四年，乃遼應曆十三年。

〔二〕太平元年宋用崇天曆　「元年」疑誤。按長編卷一〇〇天聖元年三月辛卯云：「司天監上新曆，賜名崇天，保章正張奎、靈臺郎楚衍等所造也。」玉海卷一〇律曆門曆法下天聖崇天曆條同。天聖元年乃遼太平三年。

〔三〕道宗清寧十年宋用明天曆　「清寧十年」疑誤。按長編卷二〇四治平二年三月丁卯、玉海卷一〇律曆門曆法下治平明天曆條及宋史卷七四律曆志七明天曆，嘉祐八年英宗命判司天監周琮等人作新曆，治平二年成，賜名明天曆。按治平二年乃遼咸雍元年。

〔四〕大安七年宋用觀天曆　此處所記恐不確。按玉海卷一〇律曆門曆法下元祐觀天曆條，元祐五年改造新曆，六年十一月賜名觀天曆，紹聖元年頒行。元祐六年即遼大安七年，紹聖元年乃大安十年。

〔五〕天祚皇帝乾統六年宋用紀元曆　此處所記恐不確。按玉海卷一〇律曆門曆法下紀元曆條及宋會要運曆一之一〇，宋徽宗命姚舜輔等造新曆，崇寧五年五月成，賜名紀元曆，大觀元年頒行。崇寧五年爲遼乾統六年，大觀元年乃乾統七年。

〔六〕首缺五閏　檢輯要卷八、陳表，自太祖元年至神册四年，實缺四閏，即太祖三年閏八月、六年閏五月、九年閏二月、神册二年閏十月。

〔七〕天贊二年　「二」，原作一字空格，據北監本補。按本書卷二太祖紀下及舊五代史卷一〇梁末帝紀下、卷二九唐莊宗紀三，均於天贊二年即梁龍德三年、唐同光元年四月置閏，輯要卷八、陳表同，與此表梁閏四月合。

〔八〕缺一閏　此三字不應置於「太宗」後。按本書卷二太祖紀下、舊五代史卷三三唐莊宗紀七及輯要卷八、陳表，此處所缺一閏爲太祖天贊四年（唐同光三年）閏十二月。

〔九〕會同二年　此表作閏五月，疑誤。按本書卷四太宗紀下、卷四四朔考均謂會同二年（晉天福四年）閏七月，舊五代史卷七八晉高祖紀四及輯要卷八、陳表皆同。

〔一〇〕大同元年　「元年」，原作「九年」。按大同元年九月即改元天祿，無九年。據本書卷五世宗紀、舊五代史卷一〇〇漢高祖紀下及輯要卷八、陳表，大同元年（晉開運四年）閏七月，與此表合，今據改。

〔一一〕高麗十年七月　按遼會同十年二月改元大同，疑高麗兼奉遼朝正朔，未及改元。故此處「十年」蓋指會同十年。

〔一二〕缺再閏　據舊五代史卷一〇三漢隱帝紀下及輯要卷八、陳表，止缺世宗天禄四年（漢乾祐三年）閏五月。此處當作「缺一閏」，且不應置於「穆宗」後。

〔一三〕應曆三年　據本書卷六穆宗紀上、舊五代史卷一一二周太祖紀三及輯要卷八、陳表，應曆三年（周廣順三年）閏正月，此表失載。

〔一四〕聖宗統和三年　據輯要、陳表，是年遼閏八月，宋閏九月，陳校因謂此失書遼閏。按本書聖宗紀是年閏九月，遼閏八月説不足爲據。參見卷一〇聖宗紀一校勘記〔一三〕。

〔一五〕（開泰）九年　此表耶律儼閏二月、宋閏十二月，本書卷四四朔考同。按道光殿本考證謂聖宗紀所載是年五、七、九、十、十一、十二月干支，若以閏二月推之，均不相符，而皆與閏十二月丁未朔合。又高麗奉遼正朔，據高麗史卷四顯宗世家一，顯宗十一年（遼開泰九年）亦閏十二月。輯要卷八及陳表稱是年遼宋同閏十二月。知此處耶律儼閏二月，誤。

〔一六〕大安四年　據長編卷三六八元祐元年及輯要卷八、陳表，當缺大安二年（宋元祐元年）閏二月，或此欄内漏注「缺一閏」。

〔一七〕（乾統）十年　此處記載恐誤。此欄遼閏七月、宋閏八月，然輯要卷八及陳表謂是年遼宋同閏八月。按義和仁壽皇太叔祖哀册亦稱乾統十年閏八月丁酉朔。又本書卷二七天祚皇帝紀一是年七月後書「閏月」，有辛亥、己未、壬戌日，正與閏八月丁酉朔合。

〔一八〕宋閏儼大任　諸本皆同，然與本卷體例不合。羅校云：「『宋』字當列『大任』後。」

遼史卷四十四

志第十四

曆象志下

朔考

古者太史掌正歲年以敍事，國史以事繫日，以日、月、時繫年。時月不正，則敍事不一。故二史合爲一官，頒曆授時，必大一統。

遼、漢、周、宋，俱行夏時，各自爲曆。國史閏朔，頗有異同。遼初用乙未元曆，本何承天元嘉曆法〔一〕；後用大明曆，本祖沖之甲子元曆法。承天日食晦朏，一章必七閏；沖之日食必朔〔二〕，或四年一閏。用乙未曆，漢、周多同；用大明曆，則間與宋異。國史敍事，甲子不殊，閏朔多異，以此故也。耶律儼紀以大明法追正乙未月朔，又與陳大任紀時或牴牾。稽古君子，往往惑之。

用五代職方考志契丹州軍例，作朔考。法殊曰「異」，傳訛曰「誤」，遼史不書國，儼、大任偏見並見各名；他史以國冠朔。並見注于後。

年	太祖元年〔三〕			
孟月朔		丁未 耶律儼		
仲月朔		梁丁丑		
季月朔				

二年〔四〕				三年〔五〕			
			乙亥 儼				
				丁酉			
梁壬申							

年				
四年	梁壬辰		戊子 儼	
五年〔六〕	戊戌 儼	梁甲申	壬午 儼	梁辛巳

六年〔七〕				七年			
丙戌 儼				甲辰 儼	癸酉 儼	辛丑 儼	己巳 儼
				甲戌 儼	壬寅 儼	庚午 儼	
				甲辰 儼	壬申 儼 梁庚寅，誤。	庚子 儼	戊辰 儼

八年				九年〔八〕			
戊戌 儼	丁卯 儼	丙申 儼	甲子 儼	壬辰 儼		庚申 儼	戊子 儼
					庚寅 儼		

年			
神册元年	丙辰儼	戊戌〔九〕儼	乙卯儼
	乙酉儼		甲申儼
	甲寅儼	癸未儼	
	癸未儼	壬子儼	壬戌〔一〇〕儼
二年〔一一〕	辛亥儼	庚辰儼	庚戌儼
	己卯儼		戊寅儼
	戊申儼	戊寅儼	
	丁丑儼		

年			
三年	乙亥儼	甲辰儼	甲戌
	癸卯儼	癸酉儼	
	壬申儼		
	辛丑儼		庚子
四年	庚午儼	己亥儼	
	戊戌儼	丁卯儼	
	丙寅儼	乙未儼	
	乙未儼		

五年〔一二〕閏六月庚申 儀 大任〔一三〕				六年〔一四〕			
甲子 儀	癸巳 儀	庚寅 儀	己未 儀	戊子 儀	丁卯 儀 誤，當作丁亥。	甲申 儀	癸丑 儀 大任
	壬戌 儀 誤，當作壬辰。	己未 儀 梁乙未，誤。	戊午 儀 誤，當作戊子。	戊午 儀	丙戌 儀 大任 誤，當作丙辰。		壬午 儀
癸亥 儀 梁 誤，當作癸巳。	辛亥 儀 誤，當作辛酉。	己丑 儀 大任		丁亥 儀 誤，當作丁巳。	己卯 儀 大任		

天贊元年	二年〔一五〕
	辛未 僪大任 梁
	庚午 僪 唐

三年		唐己巳	
			丙申 儼
	丙寅 儼	乙未 儼	
四年〔一六〕			
	唐癸亥		

天顯元年				二年			
	丁亥 儼 大任			唐癸丑			
		唐乙酉		唐壬午		己卯 儼 唐	
				唐壬子			

三年 閏八月癸卯 儼				四年〔一七〕			
戊申 儼	丙子 儼	甲辰 儼	壬寅 儼 大任癸卯，異。	壬申 儼大任	庚子 儼	戊辰 儼	丙申 儼
丁丑 儼 唐	乙巳 儼	癸酉 儼	壬申 儼	辛丑 儼	己巳 儼 唐	丁丑 儼	丙寅 儼
丁未 儼 唐	甲戌 儼	癸酉 儼	壬寅 儼	辛未 儼	戊戌 儼	丁卯 儼大任	丙申 儼

五年				六年 閏五月戊子 儼唐			
丙寅 儼	甲午 儼	壬戌 儼	辛卯 儼	庚申 儼	己丑 儼	丙戌 儼	乙卯 儼
乙未 儼	甲子 儼	壬辰 儼	庚申 儼 唐	己丑 儼	戊午 儼	丙辰 儼	甲申 儼 唐
乙丑 儼	癸巳 儼 唐	辛酉 儼	庚寅 儼	己未 儼	丁巳 儼	乙酉 儼	甲寅 儼 唐

七年				八年〔一八〕			
癸未　儼	癸丑　儼	辛巳　儼大任	己酉　儼	戊寅　儼	丁未　儼	乙亥　儼	甲辰　儼
癸丑　儼	壬午　儼大任	庚戌　儼	己卯　儼	丁未　儼	丙子　儼		癸酉　儼
癸未　儼	壬子　儼	庚辰　儼	戊申　儼	丁丑　儼	丙午　儼		癸卯　儼　大任己巳異。

九年〔一九〕閏正月壬寅 唐				十年			
壬申 儼 唐	庚午 儼	己亥 儼	戊辰 儼	丙申 儼	乙丑 儼	癸巳 儼	壬戌 儼
辛未 儼	庚子 儼	己巳 儼	丁酉 儼	丙寅 儼	甲午 儼 大任		壬辰 儼
辛丑 儼	庚午 儼	戊戌 儼	丁卯 儼	乙未 儼	甲子 儼	癸巳 儼	壬戌 儼

年			
十一年[二〇]閏十一月丙辰 儀唐大任	辛卯 儀	庚申 儀	庚寅 儀大任
	己未 儀	己丑 儀	
	丁亥 儀	丁巳 儀	丁亥 儀
	丙辰 儀	丙戌 儀	乙酉 儀
十二年	甲寅 儀 大任乙卯。晉二日乙卯，同。	甲申 儀	甲寅 儀
	癸未 儀	壬子 儀	壬午 儀
	辛亥 儀	辛巳 儀	庚戌 儀
	庚辰 儀	庚戌 儀	己卯 儀

年			
會同元年	戊申儼大任己酉，異。晉同。	戊寅儼	戊申儼
	戊寅儼大任	丁未儼	丙子儼大任
	丙午儼	乙亥儼	乙巳儼
	甲戌儼	甲辰儼	甲戌儼
二年〔三〕閏七月儼大任晉	癸卯儼	癸酉儼	癸卯儼
	壬申儼晉	壬寅儼	辛未儼
	庚子儼	己亥儼	己巳儼
	戊戌儼	戊辰儼	丁酉儼

年			
三年	丁卯　儀	丁酉　儀	丁卯　儀
	丙申　儀	丙寅　儀	乙未　儀
	甲子　儀	甲午　儀	癸亥　儀
	癸巳　儀	壬戌　儀	壬辰　儀
四年	辛酉　儀	辛卯　儀	辛酉　儀
	庚寅　儀	庚申　儀	庚寅　儀
	己未　儀	戊子　儀	戊午　儀
	丁亥　儀	丁巳　儀	丙戌　儀

五年 閏三月甲申				六年〔三〕			
丙辰 儼	甲寅 儼大任 晉	癸未 儼	辛亥 儼	庚辰 儼	戊申 儼	丁丑 儼	丙午 儼
乙酉 儼	甲申 儼	壬子 儼	辛巳 儼	己酉 儼	戊寅 儼	丁未 儼 陳〔三〕	乙亥 儼
乙卯 儼	癸丑 儼大任	壬午 儼	庚戌 儼	己卯 儼大任	丁未 儼	丙子 儼	乙巳 儼

年			
七年　閏十二月己巳　儀晉大任	甲戌　儀	甲辰　儀大任	癸酉　儀大任
	癸卯　儀	壬申　儀	辛丑　儀
	辛未　儀	辛丑　儀	庚午　儀　晉
	庚子　儀	庚午　儀	己卯　儀　誤，當作己亥。
八年	戊戌　儀	戊辰　儀	丁酉　儀
	丙寅　儀	丙申　儀	乙丑　儀
	乙未　儀	甲子　儀　晉	甲午　儀
	甲子　儀	甲午　儀	癸亥　儀

九年				大同元年[二四]九月改天祿元年[二五]			
癸巳 儼	辛酉 儼大任	己丑 儼	戊午 儼	丁亥 儼大任	丙辰 儼大任		
壬戌 儼 晉	庚寅 儼	己未 儼	戊子 儼大任	丁巳 儼大任		壬午 儼大任	
壬辰 儼	庚申 儼	戊子 儼	丁巳 儼	丙戌 儼大任	甲寅 儼大任	壬子 儼大任	

世宗天祿二年				三年			
	庚辰 儼大任	漢戊申		漢乙巳			
	漢戊寅				漢癸酉〔二六〕	辛丑 儼大任	

四年〔二七〕				五年 九月改元應曆			
				癸亥 儼大任		辛酉 儼大任	
			漢甲子		壬戌 儼大任	丙辰 儼 誤，當作庚寅。	
戊戌 儼大任		乙丑 儼大任			辛卯 儼大任	庚申 儼大任	

年			
穆宗應曆二年	戊午 儠大任		周丁巳
	丙戌 儠大任	丙辰 儠大任	周乙酉
			甲寅 儠大任
	甲申 儠大任	癸丑 儠大任	癸未 儠大任
三年〔二八〕	壬午〔二九〕 儠大任 周	辛亥 儠大任	庚申〔三〇〕 儠大任

年			
四年	周丙子	丙午 儼大任	
五年 閏九月[三] 儼大任	辛未 儼大任	庚子 儼大任 周	
		乙未 儼大任	乙丑 儼大任

六年				七年			
					戊午 儼大任		
			己未 儼大任		丙辰 儼大任		

八年 閏七月庚戌 儼大任				九年			
	周辛巳				乙巳 儼大任 周	甲戌 儼大任	
周壬午					乙亥 儼大任		

十年〔三〕			
宋辛丑	宋辛未	宋庚子	
宋庚午	宋己亥	宋己巳	
己亥 儼 宋	戊辰 儼大任 宋	宋戊戌	
宋丁亥	宋丁酉	宋丙寅	
十一年 閏三月甲子 宋大任			
宋丙申	宋乙丑	宋乙未	
癸巳 儼大任 宋	宋癸亥	宋癸巳	
宋壬戌	宋壬辰	宋壬戌	
宋辛卯	宋辛酉	宋庚寅	

十二年[三]	宋庚申	宋戊子	宋丙辰	宋乙酉	己丑儼大任宋	丁巳儼宋戊午，異。	宋丙戌	宋乙卯	宋戊午	宋丁亥	宋丙辰	宋乙酉
十三年宋閏十二月己酉	宋甲寅	宋壬午	辛亥儼大任宋	宋己卯	宋甲申	宋壬子	宋庚辰	宋己酉	癸丑儼大任宋	宋辛巳	庚戌儼大任宋	宋己卯

年			
十四年〔三四〕	戊寅 儼大任 宋	宋戊申	宋丁丑
	宋丁未	宋丙子	丙午 儼大任 宋乙巳，異。
	宋甲戌	宋甲辰	宋甲戌
	宋癸卯	宋癸酉	宋癸卯
十五年	宋癸酉	壬寅 儼大任 宋	宋壬申
	宋辛丑	宋辛未	宋庚子
	宋己巳	宋戊戌	宋戊辰
	宋丁酉	宋丁卯	宋丁酉

十六年 閏八月壬戌 宋大任				十七年			
丁卯 儀大任 宋	宋丙申	宋甲子	宋辛酉	庚寅 儀大任 宋	宋己未	宋戊子	宋丙辰
宋丙申	宋乙丑	宋癸巳	宋辛卯	宋庚申	宋己丑	宋丁巳	宋乙酉
宋丙寅	宋甲午	宋壬辰	宋辛酉	宋庚寅	宋戊午	丙戌 大任 宋	宋乙卯

十八年				十九年 宋閏五月丁未			
乙酉 儼大任 宋	癸丑 大任 宋	宋壬午	辛亥 儼大任 宋庚戌，異。	己卯 儼大任 宋	戊申 儼大任 宋	宋丙午	宋乙亥
宋甲寅	宋癸未	宋壬子	宋庚辰	己酉 儼大任 宋戊申，異。	宋丁丑	宋丙子	甲辰 儼大任 宋
甲申 儼大任 宋乙酉，異。	宋癸丑	宋辛巳	宋己酉	宋戊寅	丙子 儼大任 宋	宋乙巳	宋甲戌

景宗保寧二年[三五]				三年			
宋癸卯	宋辛未	宋庚子	宋己巳	宋戊戌	宋丙寅	宋甲午	宋癸亥
宋壬申	宋辛丑	宋庚午	宋己亥	宋丁卯	宋乙未	甲子 儀大任 宋	宋癸巳
宋壬寅	宋庚午	宋己亥	宋己巳	宋丙申	宋乙丑	宋甲午	癸亥 儀大任 宋

四年 宋閏二月辛卯				五年			
宋壬辰	庚寅 儼大任 宋	宋戊午	丁亥 儼大任 宋	宋丙辰	宋甲申	宋壬子	宋辛巳
宋壬戌	宋己未	宋戊子	宋丁巳	宋丙戌	宋癸丑	宋壬午	辛亥 儼大任 宋
庚申 儼大任 宋	宋戊子	宋丁巳	宋丙戌	乙卯 儼大任 宋	宋癸未	宋壬子	宋辛巳

六年[三六] 宋閏十月己巳				七年			
宋庚戌	宋己卯	丁未 儼大任 宋	乙亥 儼大任 宋	甲戌 儼大任 宋	宋癸卯	宋辛未	宋己亥
宋庚辰	宋戊申	宋丙子	宋乙亥	宋甲辰	宋壬申	宋庚子	宋己巳
宋庚戌	宋戊寅	宋丙午	宋甲辰	宋癸酉	宋壬寅	宋庚午	宋己亥

八年〔三七〕				九年 宋閏七月庚寅			
宋戊辰	宋丁卯	宋乙未	宋癸亥	宋壬戌	宋辛卯	庚申 儼 宋	宋戊午
宋戊戌	宋丁酉	宋乙丑	宋癸巳	宋壬辰	宋辛酉	宋己未	丁亥 儼大任 宋
宋戊辰	宋丙申	甲子 儼大任 宋	宋癸亥	宋壬戌	宋辛卯	宋己丑	宋丁巳

年			
十年〔三八〕	宋丙戌	宋丙辰	宋乙酉
	宋乙卯	宋乙酉	宋甲寅
	宋甲申	癸丑 儼大任 宋	宋癸未
	癸丑 儼大任 宋	宋癸未	宋壬子
乾亨元年〔三九〕	宋辛巳	宋辛亥	宋庚辰
	宋己酉	己卯 儼大任 宋	宋己酉
	宋戊寅	宋戊申	宋丁丑
	宋丁未	宋丁丑	宋丙午

二年〔四〇〕宋閏三月甲辰				三年			
丙子 儀大任 宋	宋甲戌	宋癸卯	辛未 儀大任 宋	宋庚子	宋戊辰	宋丙申	宋乙丑
宋乙巳	宋癸卯	宋壬申	庚子 儀大任 宋	宋己巳	宋丁酉	宋乙丑	宋乙未
宋甲戌	宋癸酉	宋壬寅	庚午 儀大任 宋			宋乙未	宋甲子

四年 宋閏十二月戊子				五年 是歲改統和元年			
宋甲午	宋壬戌		己未 儼大任 宋	戊午 儼 宋	丙戌 儼大任 宋	甲寅 儼宋 大任乙卯，異。	癸未 儼大任
		宋庚申	宋己丑	戊子 儼宋 大任丁亥，異。	丙辰 儼 宋	甲申 儼 大任	壬子 儼宋 大任〔四一〕
		宋己丑	戊午 儼大任 宋	宋丁巳	乙酉 儼大任 宋	癸丑 儼大任 宋	壬午 儼大任 宋

聖宗統和二年〔四二〕				三年〔四三〕宋閏九月壬申			
壬子 儼 宋	辛巳 儼	己酉 儼	丁丑 儼 宋戊寅，異。	丙午 儼宋 大任甲戌，異。	乙亥 儼宋 大任甲戌，異。	甲辰 儼宋	辛丑
壬午 儼	庚戌 儼	戊寅 儼	丁未 儼 宋	丙子 儼 宋乙亥，異。	乙巳 儼 宋甲辰，異。	癸酉 儼大任 宋	辛未
辛亥 儼宋 大任庚戌，異。	庚辰 儼宋 大任己卯，異。	戊申 儼大任 宋		乙巳 儼 宋	甲戌 儼宋 大任癸酉，異。	壬寅	庚子 儼 宋

四年				五年			
庚午 儼 宋	己亥 宋 大任	宋戊辰	丙申 儼大任 宋	甲子 儼 宋	癸巳 儼大任 宋	壬戌	宋庚寅
己亥 儼 宋庚子，異。	戊辰 儼 宋	丁酉 儼宋 大任丙申，異。	乙丑 儼宋 大任丙寅，異。	甲午 儼 宋	壬戌 儼 宋癸亥，異。	宋辛卯	宋庚申
己巳 儼大任 宋	戊戌 儼 宋	丙寅 儼 宋	丁酉 儼誤 宋乙未，異。	癸亥 儼大任 宋	壬辰 儼 宋	宋辛酉	宋庚寅

六年〔四四〕閏五月丙戌 宋大任				七年			
己未 儼 宋	丁亥	乙酉	宋甲寅	癸未 儼大任 宋	辛亥 儼 宋	宋己卯	宋己酉
戊子 儼 宋己丑，異。	丁巳 儼 宋丙辰，異。	乙卯	甲申 儼 宋	壬子 儼 宋	庚辰 大任 宋	宋己酉	宋戊寅
戊午 儼 宋	丙辰 儼 宋	乙酉 儼 宋	甲寅 儼 宋	壬午 儼大任 宋	庚戌	宋己卯	宋戊申

八年	宋戊寅	丁未 儼宋	宋丙子	丙午 儼宋	宋乙亥	宋甲辰	宋甲戌	宋癸卯	宋癸酉	宋癸卯	宋壬申	宋壬寅
九年 閏二月辛未 儼宋	宋壬申	宋辛丑	庚子 儼宋	宋庚午	宋己亥	宋己巳	宋戊戌	宋丁卯	宋丁酉	宋丙寅	宋丙申	宋丙寅

年			
十年	宋丙申	乙丑 儼 宋	宋乙未
十年	宋甲子	甲午 儼	宋癸亥
十年	宋壬辰	宋壬戌	宋壬辰
十年	庚申 儼誤 宋辛酉	宋辛卯	宋庚申
十一年〔四五〕 宋閏十月甲申	宋庚寅	宋己未	宋己丑
十一年〔四五〕 宋閏十月甲申	宋己未	宋戊子	宋戊午
十一年〔四五〕 宋閏十月甲申	宋丁亥	宋丙辰	宋丙戌
十一年〔四五〕 宋閏十月甲申	甲申 儼誤 宋乙卯	宋甲寅	宋甲申

年			
十二年[四六]	癸丑（儼大任 宋甲寅，異。）	宋癸未	宋癸丑
	宋壬午	宋壬子	辛巳（儼 宋壬午，異。）
	辛亥（儼大任 宋）	庚辰（儼大任 宋）	宋庚戌
	宋己卯	戊申（儼大任 宋）	戊寅（儼大任 宋）
十三年[四七]	宋戊申	丁丑（儼大任 宋）	宋丁未
	宋丙子	宋丙午	丙子（儼大任 宋）
	己巳（儼大任 宋）	宋乙亥	宋甲辰
	宋甲戌	宋癸卯（高麗）	宋癸酉

十四年 閏七月己巳 儀大任宋				十五年			
宋壬寅	宋辛未	宋己亥	宋戊戌	宋丙寅	乙未 儀大任 宋	宋癸亥	壬辰 儀大任 宋
宋壬申	宋辛丑	宋己亥	宋丁卯	丙申 儀大任 宋	甲子 儀大任 宋	宋癸巳	壬戌 儀大任 宋
宋辛丑	宋庚午	宋戊辰	宋丁酉	乙丑 儀大任 宋	宋癸巳	宋癸亥	宋壬辰

十六年			
宋辛酉	宋己丑	丁巳儼大任宋	宋丙戌
宋庚寅	宋戊午	丁亥儼大任宋	宋丙辰
宋庚申	戊子儼大任宋	丁巳儼大任宋	丙戌儼大任宋

十七年〔四八〕宋閏三月甲申			
乙卯儼大任宋丙辰，異。	宋癸丑	宋辛丑	宋庚戌
宋乙酉	宋壬午	宋辛亥	宋庚辰
宋甲寅	宋壬子	庚辰儼宋大任	宋庚戌

十八年		
宋己卯	宋己酉	宋戊寅
宋戊申	宋丁丑	宋丙午
宋丙子	宋乙巳	乙亥 儼大任 宋
宋甲辰	甲戌 儼大任 宋	宋甲辰

十九年〔四九〕宋閏十二月戊辰		
宋甲戌	宋癸卯	宋壬申
宋壬寅	宋壬申	宋辛丑
庚午 儼大任 宋	宋庚子	己巳 儼大任 宋
宋己亥	宋戊辰	宋戊戌

二十年				二十一年			
宋丁酉	丙寅 儼大任 宋	甲午 儼大任 宋	癸亥 儼大任 宋	宋辛卯	宋庚申	宋己丑	丁巳 儼大任 宋
宋丁卯	宋丙申	甲子 儼大任 宋	宋壬辰	宋辛酉	庚寅 儼大任 宋	宋戊午	丁亥 儼大任 宋
宋丁酉	宋乙丑	癸巳 儼大任 宋	宋壬戌	宋辛卯	宋己未	宋戊子	宋丙辰

二十二年 閏九月壬子 儼宋大任				二十三年			
宋丙戌	宋甲寅	宋癸未	宋辛巳	宋庚戌	宋戊寅	宋丁未	丙子 儼大任 宋
乙卯 儼大任 宋	宋甲申	宋癸丑	宋辛亥	宋己卯	戊申 儼大任 宋	宋丁丑	乙巳
宋乙酉	宋甲寅	宋壬午	庚辰 儼大任 宋	宋己酉	宋丁丑	宋丙午	宋乙亥

二十四年				二十五年 宋閏五月丙寅			
宋甲辰	宋壬申	辛丑 儼大任 宋	庚午 儼 宋	宋己亥	宋丁卯	宋乙丑	宋甲午
宋甲戌	壬寅 儼大任 宋	宋辛未	宋庚子	宋戊辰	宋丙申	宋甲午	宋甲子
宋癸卯	宋辛未	宋庚子	宋己巳	宋戊戌	宋乙未	宋甲子	宋癸巳

二十六年				二十七年			
宋癸亥	辛卯 儼大任 宋	宋己未	戊子 儼 宋	宋丁巳	丙戌 儼大任 宋	甲申 儼誤 宋大任甲寅	宋壬午
宋壬辰	庚申 儼 宋	宋己丑	宋戊午	宋丁亥	宋乙卯	宋癸未	壬子 儼大任 宋
宋壬戌	宋庚寅	宋戊午	宋丁亥	宋丙辰	宋甲申	宋壬子	宋辛巳

二十八年 宋閏二月辛亥				二十九年			
辛亥 儼大任 宋	宋庚戌	宋戊寅	丙午 儼大任 宋	乙亥 儼大任 宋	宋甲辰	宋壬申	宋庚子
宋辛巳	己卯 儼大任 宋乙卯，誤。	宋丁未	宋丙子	宋乙巳	甲戌 儼大任 宋	宋壬寅	庚午 大任 宋
宋庚辰	宋戊申	宋丙子	宋乙巳	宋甲戌	宋癸卯	宋辛未	宋庚子

開泰元年〔五〇〕宋閏十月己丑				二年			
宋己巳	宋戊戌	宋丁卯	宋乙未	宋癸巳	壬戌	辛卯	己未 儼大任 宋
宋己亥	戊辰 儼大任 宋	宋丙申	甲午 大任 宋	宋癸亥	辛卯 儼大任 宋	宋庚申	宋己丑
宋戊辰	宋丁酉	宋丙寅	宋甲子	壬辰 儼大任 宋	辛酉 儼大任 宋	宋庚寅	宋戊午

三年〔五一〕				四年〔五二〕 宋閏六月己卯			
宋戊子	宋丙辰	乙酉 儼大任 宋	甲寅 儼大任 宋	宋壬午	庚戌 儼大任 宋	宋戊申	宋戊寅
宋丁巳	丙戌 儼大任 宋乙酉，異。	甲寅 儼大任 宋	宋癸未	壬子 儼大任 宋	宋庚辰	宋戊寅	宋丁未
宋丙戌	宋乙卯	宋甲申	宋癸丑	宋辛巳	宋己酉	宋戊申	宋丁丑

五年	宋丙午	宋丙子	乙巳 儼大任 宋
	宋甲戌	宋甲辰	宋甲戌
	宋癸卯	宋壬申	宋壬寅
	宋壬申	宋辛丑	宋辛未
六年	宋辛丑	宋庚午	宋庚子
	宋己巳	戊戌 儼大任 宋	戊辰 大任 宋
	宋丁酉	宋丙寅	宋丙申
	宋丙寅	宋乙未	宋乙丑

年			
七年〔五三〕 宋閏四月癸巳	宋乙未	乙丑 儼大任 宋	宋乙未
	宋甲子	宋壬戌	宋壬辰
	宋辛酉	宋庚寅	宋庚申
	宋庚寅	宋己未	宋己丑
八年	宋己未	宋己丑	宋戊午
	戊子 儼大任 宋	宋丁巳	宋丙戌
	宋丙辰	宋乙酉	宋甲寅
	宋甲申	宋癸丑	宋癸未

九年〔五四〕 閏二月壬子 儼				太平元年			
宋癸丑	宋壬午 儼三月。以下用此推之。	庚戌 儼大任 宋	宋戊寅	宋丁丑	宋丙午	甲戌 儼大任 宋	宋癸卯
宋癸未	宋辛亥	宋庚辰	宋戊申	宋丙午	宋乙亥	宋甲辰	壬申 儼 宋癸酉，異。
宋壬子 以下宋朔同、月異。	宋辛巳	宋己酉	宋丁丑 宋閏丁未，異。	宋丙子	宋乙巳	宋甲戌	宋壬寅

二年	宋辛未	辛丑 儀大任宋庚子，異。	宋庚午
	宋庚子	宋己巳	宋己亥
	宋戊辰	宋戊戌	宋戊辰
	宋丁酉	宋丁卯	宋丙申
三年 閏九月壬辰 儀宋	宋丙寅 高麗	宋乙未	宋甲子
	宋甲午	宋癸亥	宋癸巳
	宋壬戌	宋壬辰	宋壬戌
	宋辛酉	宋辛卯	宋庚申

年			
四年	宋庚寅	宋己未	戊子儼宋
	宋戊午	宋丁亥	宋丁巳
	宋丙戌	宋丙辰	宋丙戌
	宋乙卯	宋乙酉	宋乙卯
五年	宋甲申	宋甲寅	宋癸未
	宋壬子	宋壬午	宋辛亥
	宋庚辰	宋庚戌	宋庚辰
	宋己酉	宋己卯	宋己酉

年			
六年 閏五月丙午 宋	宋己卯	宋戊申	宋戊寅
	丁未 儼 宋	宋丁丑	宋乙亥
	宋甲辰	宋甲戌	宋甲辰
	宋甲戌	宋癸卯	宋壬申
七年	宋壬寅	宋壬申	宋壬寅
	宋辛未	宋庚子	宋庚午
	宋己亥	宋戊辰	宋戊戌
	宋丁卯	宋丁酉	宋丁卯

年			
八年	宋丁酉	宋丙寅	宋丙申
	宋丙寅	宋乙未	宋甲子
	宋甲午	宋癸亥	宋壬辰
	宋壬戌	宋辛卯	宋辛酉
九年〔五五〕閏七月庚寅 宋	宋辛卯	宋庚申	宋庚申
	宋己丑	宋己未	宋戊子
	戊午 儼大任 宋	丁卯 儼誤 宋丁亥	宋丙辰
	丙戌 儼大任 宋	乙卯 儼大任 宋	宋乙酉

年												
十年	宋乙卯	宋癸未	宋壬子	宋辛巳	宋甲申	宋癸丑	宋壬午	宋庚戌	宋甲寅	宋癸未	宋辛亥	宋己卯
十一年 閏十月乙巳 儼宋	宋己酉	宋丁丑	宋丙午	宋乙亥	宋戊寅	宋丁未	宋庚子 誤，當作丙子。	宋甲戌	宋戊申	丁丑 儼大任 宋	宋丙午	宋癸卯

興宗重熙元年				二年			
宋壬申	宋辛丑	宋庚午	宋己亥	宋戊辰	宋丙申	宋甲子	宋癸巳
宋壬寅	宋辛未	宋庚子	宋己巳	宋丁酉	宋乙丑	宋甲午	宋癸亥
壬申 儼 宋	宋庚子	宋己巳	宋戊戌	宋丙寅	宋甲午	宋癸亥	宋癸巳

三年 閏六月戊午 宋				四年			
宋壬戌	宋庚寅	戊子 儼 宋	宋丁巳	宋丙戌	甲寅 儼 宋	壬午 儼 宋	宋辛亥
壬辰 儼 宋	庚申 儼 宋	宋戊午	宋丁亥	宋丙辰	宋甲申	宋壬子	宋辛巳
宋辛酉	宋己丑	宋丁亥	宋丁巳	乙酉 儼 宋	癸酉 儼誤 宋癸丑	宋辛巳	宋辛亥

五年				六年 閏四月癸酉 宋			
宋庚辰	宋己酉	宋丁丑	宋乙巳	宋甲戌	宋甲辰	辛丑 儼 宋	宋己巳
宋庚戌	宋戊寅	丙午 儼 宋	宋乙亥	宋甲辰	宋壬寅	宋庚午	宋己亥
宋庚辰	宋戊申	丙子	宋乙巳	宋甲戌	宋壬申	宋庚子	己亥 儼誤 宋戊辰

七年				八年 閏十二月丁亥 宋			
宋戊戌	宋丁卯	宋丙申	甲子 儸 宋	宋壬辰	宋辛酉	宋庚寅	宋己未
宋戊辰	宋丁酉	宋乙丑	宋癸巳	宋壬戌	宋辛卯	宋庚申	宋戊子
戊戌	宋丙寅	宋甲午	宋癸亥	宋壬辰	宋庚申	宋己丑	宋丁巳

九年				十年			
丙辰儼宋	宋乙酉	宋甲寅	癸未儼宋	宋辛亥	宋己卯	宋戊申	宋丁丑
宋丙戌	乙卯儼宋甲寅，異。	宋癸未	宋壬子	庚辰儼宋	宋己酉	宋丁丑	宋丁未
宋乙卯	宋甲申	宋癸丑	宋壬午	宋庚戌	宋戊寅	宋丁未	宋丙子

十一年[五六] 閏九月辛未 宋				十二年			
宋丙午	甲戌 儼 宋	壬寅 儼 宋	宋辛丑	宋庚午	宋戊戌	丙寅 儼 宋	宋乙未
宋乙亥	宋癸卯	宋壬申	宋庚午	宋己亥	宋丁卯	乙未 儼 宋高麗	宋乙丑
甲辰 儼 宋	宋癸酉	宋辛丑	宋庚子	宋戊辰	宋丙申	壬申 誤 宋乙丑	宋甲午

十三年〔五七〕	甲子 儼 宋	宋甲午	宋癸亥	宋壬辰	壬戌 儼 宋	宋辛卯	宋辛酉	宋庚寅	宋己未	宋己丑	宋戊午	宋戊子
十四年 閏五月丙戌 宋	宋戊午	宋戊子	宋丁巳	宋丁亥	宋丙辰	宋乙卯	甲申 儼 宋	宋甲寅	宋癸未	宋癸丑	壬午 儼 宋	宋壬子

年			
十五年	宋壬午	宋壬子	宋辛巳
	辛亥 儀 宋	宋庚辰	宋庚戌
	宋己卯	宋戊申	宋戊寅
	宋丁未	宋丁丑	宋丙午
十六年	宋丙子	宋丙午	宋乙亥
	乙巳 儀 宋	宋乙亥	宋甲辰
	宋甲戌	宋癸卯	宋壬申
	宋壬寅	宋辛未	辛丑 儀 宋

十七年 閏正月庚子 宋	宋庚午	宋己巳	宋丁酉	宋丙寅	宋己巳	宋戊戌	宋丁卯	乙未 儼 宋	宋己亥	宋戊辰	宋丙申	宋乙丑
十八年	甲午 儼 宋高麗	宋癸亥	宋壬辰	宋庚申	宋甲子	宋壬辰	宋辛酉	宋庚寅	宋癸巳	宋壬戌	宋辛卯	宋庚申

年			
十九年 閏十一月甲寅 宋	宋己丑	宋戊午	宋戊子
	宋丁巳	宋丁亥	丙辰 儼 宋
	丙戌	宋乙卯	宋乙酉
	宋乙卯	宋甲申	宋甲申
二十年	宋癸丑	宋壬午	壬子 儼 宋
	宋辛巳	宋庚戌	宋庚辰
	宋己酉	宋己卯	宋己酉
	己卯 儼 宋	宋戊申	宋戊寅

二十一年	宋戊申	宋丁丑	宋丙午
	宋丙子	宋乙巳	宋甲戌
	甲辰 儼 宋	癸酉 儼 宋	宋癸卯
	宋癸酉	宋壬寅	宋壬申
二十二年 閏七月戊辰	宋壬寅	宋壬申	宋辛丑
	宋庚午	宋庚子	宋己巳
	宋戊戌	宋丁酉	宋丁卯
	丙申 儼 宋	宋丙寅	丙申 儼 宋

年			
二十三年	宋丙寅	宋乙未	宋乙丑
	宋甲午	宋甲子	宋癸巳
	宋壬戌	宋壬辰	宋辛酉
	宋辛卯	宋庚申	宋庚寅
二十四年	宋庚申	宋己丑	宋己未 高麗〔五八〕
	宋己丑	宋戊午	宋戊子
	宋丁巳	宋丙戌	宋丙辰
	宋乙酉	宋乙卯	宋甲申

年			
道宗清寧二年 宋閏三月癸未	宋甲寅	宋癸未	宋癸丑
	宋壬子	宋壬午	宋辛亥
	宋辛巳	宋庚戌	宋庚辰
	宋己酉	宋己卯	戊申 儼 宋
三年	宋戊寅 高麗	宋丁未	宋丁丑
	宋丙午	宋丙子	宋丙午
	宋乙亥	宋乙巳	宋甲戌
	宋甲辰	宋癸酉	宋癸卯

四年 宋閏十二月丁卯	壬申 儼 宋	宋壬寅	宋辛未
	宋辛丑	庚午 儼 宋	宋庚子
	宋己巳	宋己亥	宋己巳
	戊戌 儼 宋	宋戊辰	宋丁酉
五年	宋丙申	宋丙寅	宋乙未
	甲子 儼 宋乙丑，異。	宋甲午	宋癸亥
	宋癸巳	宋癸亥	宋癸巳
	壬子 誤 宋壬戌	宋壬辰	宋壬戌

六年				七年 閏八月辛巳 宋			
宋辛卯	宋己未	宋丁亥	宋丙辰	宋乙酉	宋甲寅	宋壬午	宋庚辰
宋庚申	戊子 儼 宋	宋丁巳	宋丙戌	宋乙卯	宋癸未	宋辛亥	宋庚戌
宋庚寅	戊午 儼 宋	宋丁亥	宋丙辰	宋甲申	壬午 儼誤 宋壬子	宋庚戌	宋庚辰

八年				九年〔五九〕			
宋己酉	宋戊寅	宋丙午	甲戌 儼 宋	宋癸卯	宋壬申	宋庚子	戊辰 儼 宋
宋己卯	宋丁未	宋乙亥	宋甲辰	宋癸酉	宋壬寅	庚午 儼 宋	宋戊戌
戊申 儼 宋	甲子 儼誤 宋丙子	宋乙巳	宋甲戌	宋癸卯	宋辛未	宋己亥	宋戊辰

年			
十年 閏五月丙寅 宋	宋丁酉	宋丁卯	宋丁酉
	宋丁卯	宋丙申	宋乙未
	宋甲子	宋甲午	宋癸亥
	壬辰 儼 宋癸巳，異。	宋壬戌	宋壬辰
咸雍元年	辛酉 儼大任 宋高麗	宋辛卯	宋辛酉
	宋庚寅	宋庚申	宋己丑
	宋己未	宋戊子	宋戊午
	丁亥 儼大任 宋	宋丁巳	宋丙戌

年			
二年	宋丙辰	宋乙酉	宋乙卯
	宋甲申	宋甲寅	宋甲申
	癸丑 儠大任 宋	宋癸未	壬子 儠大任 宋
	宋壬午	宋辛亥	宋辛巳
三年〔六〇〕閏三月己卯 宋	宋庚戌	宋庚辰	宋己酉
	宋戊申	宋戊寅	宋丁未
	宋丁丑	宋丁未	宋丙子
	宋丙午	宋乙亥	宋乙巳

年			
四年	甲戌 儀大任 宋	甲辰 儀大任 宋	宋癸酉
	宋壬寅	宋壬申	宋辛丑
	宋辛未	宋辛丑	宋庚午
	宋庚子	宋庚午	宋己亥
五年 閏十一月甲午 宋	宋己巳	宋戊戌	宋戊辰
	宋丁酉	宋丙寅	宋丙申
	乙丑 儀大任 宋	宋乙未	宋甲子
	宋甲午	宋甲子	宋癸亥

年			
六年〔六一〕	宋癸巳	宋癸亥	宋壬辰
	宋辛酉	宋庚寅	宋庚申
	宋己丑	宋戊午	宋戊子
	宋戊午	宋戊子	宋丁巳
七年	宋丁亥	宋丁巳	宋丙戌
	宋丙辰	宋乙酉	宋甲寅
	甲申儼大任宋	宋癸丑	宋壬午
	宋壬子	宋壬午	宋辛亥

八年 閏七月戊申 宋				九年			
宋辛巳	宋庚戌	宋戊寅	宋丙子	宋乙巳	宋甲戌	宋壬寅	宋庚午
宋辛亥	宋庚辰	宋丁丑	宋丙午	宋乙亥	宋癸卯	宋壬申	宋庚子
宋辛巳	宋己酉	宋丙午	宋乙亥	宋甲辰	宋癸酉	宋辛丑	宋庚午

十年				大康元年〔六二〕閏四月壬辰 宋			
宋己亥	宋戊辰	宋丁酉	宋乙丑	宋甲午	宋壬戌	辛酉 宋	宋己丑
宋己巳	宋戊戌	宋丙寅	宋乙未	宋癸亥	宋辛酉	庚寅 儼大任 宋	宋己未
宋戊戌	宋丁卯	宋丙申	宋甲子	宋癸巳	宋辛卯	宋庚申	宋己丑

二年	宋戊午	宋丁亥	宋丙辰
	宋丙戌	宋丙辰	乙酉 儼大任 宋
	宋乙卯	宋甲申	宋甲寅
	宋甲申	宋癸丑	宋癸未
三年〔六三〕	宋壬子	壬午 儼大任 宋	宋辛亥
	宋庚辰	宋庚戌	己卯
	宋己酉	宋戊寅	宋戊申
	宋戊寅	宋戊申	宋丁丑

四年〔六四〕閏正月丙子 宋				五年			
宋丁未	宋甲辰	宋癸酉	宋壬寅	宋辛未	宋己亥	宋丁卯	宋丙申
宋丙午	宋甲戌	宋壬寅	宋辛未	宋庚子	宋戊辰	宋丙申	宋乙丑
宋乙亥	宋癸卯	宋壬申	宋辛丑	宋庚午	宋戊戌	宋丙寅	宋乙未

六年 閏九月庚寅 宋				七年			
宋乙丑	宋甲午	宋壬戌	己未 儼大任 宋	宋己丑	宋戊午	宋丙戌	宋甲寅
宋乙未	癸亥 大任	宋辛卯	己丑 儼大任 宋	宋戊午	宋丁亥	宋乙卯	宋癸未
宋甲子	宋壬辰	宋庚申	宋己未	宋戊子	宋丙辰	宋甲申	宋癸丑

八年	宋癸未	宋癸丑	宋壬午	宋壬子	宋辛巳	辛亥 儼大任 宋	宋庚辰	宋庚戌	宋己卯	宋戊申	宋戊寅	宋丁未
九年 閏六月乙亥 宋	宋丁丑	宋丁未	宋丙子	丙午 儼大任 宋	宋丙子	宋乙巳	宋甲辰	宋甲戌	癸卯 儼大任	宋癸酉	宋壬寅	宋辛未

十年				大安元年 缺一閏			
辛丑 儼大任 宋高麗	宋庚午	宋戊戌	宋丁卯	宋丙申	宋甲子	宋癸巳	宋壬戌
庚午 儼 宋	宋己亥	宋戊辰	宋丁酉	宋乙丑	宋癸巳	宋壬戌	辛卯 高麗 宋
宋庚子	宋己巳	宋戊戌	宋丙寅	宋甲午	宋癸亥	宋壬辰	辛酉

二年〔六五〕				三年			
宋庚寅	宋戊子	宋丙辰	己酉儼誤宋乙酉	宋甲寅	宋壬午	宋庚戌	宋己卯
庚申	丁巳儼大任宋	宋丙戌	宋庚午誤，當作乙卯。	宋甲申	宋壬子	宋庚辰	宋己酉
宋戊午	丁亥儼大任丙午，誤。宋	宋丙辰	宋乙酉	宋癸丑	宋辛巳	宋庚戌	宋己卯

年			
四年 閏十二月癸卯 宋	宋己酉	宋戊寅	宋戊申
	宋丁丑	宋丙午	宋丙子
	宋乙巳	宋甲戌	宋甲辰
	宋癸酉	宋癸卯	癸卯 儼誤 大任宋癸酉
五年	宋壬申	宋壬寅	宋壬申
	宋辛丑	宋庚午	宋庚子
	宋己巳	宋戊戌	宋戊辰
	宋丁酉	丁卯 儼大任 宋	宋丁酉

六年				七年 閏八月丁巳 宋			
宋丁卯	宋丙申	宋甲子	宋壬辰	宋辛酉	宋庚寅	戊午 儼大任 宋	宋丙辰
宋丙申	宋乙丑	宋癸巳	宋辛酉	宋庚寅	己未 儼大任 宋	宋戊子	宋乙酉
宋丙寅	宋甲午	宋壬戌	宋辛卯	宋庚申	宋己丑	宋丙戌	宋乙卯

八年				九年〔六六〕			
宋甲申	宋癸丑	宋壬午	庚戌 儼大任 宋	宋己卯	宋丁未	宋丙子	宋乙巳
宋甲寅	宋癸未	宋壬子	宋庚辰	宋戊申	宋丁丑	宋丙午	宋乙亥
宋甲申	宋癸丑	宋辛巳	宋己酉	宋戊寅	丁未 儼大任 宋	宋丙子	宋甲辰

十年 閏四月辛未 宋				壽隆元年			
宋癸酉	壬寅 儼大任 宋	庚子 大任 宋	宋己巳	戊戌 儼大任 宋	宋丙寅	宋甲午	宋癸亥
宋癸卯	宋辛丑	宋庚午	宋己亥	宋丁卯	乙未 儼大任 宋	宋甲子	宋癸巳
壬申 儼 宋	宋庚午	宋己亥	宋戊辰	宋丙申	宋乙丑	宋癸巳	宋癸亥

二年				三年 閏二月丙戌 宋			
宋壬辰	宋庚申	宋戊子	宋丁巳	宋丙戌	宋甲申	壬子 大任	宋辛巳
宋壬戌	宋庚寅	宋戊午	宋丁亥	丙辰 儼大任 宋	宋甲寅	宋壬午	宋辛亥
宋辛卯	宋己未	宋丁亥	宋丁巳	宋乙卯	宋癸未	宋辛亥	宋辛巳

四年				五年 閏九月庚午 宋			
宋庚戌	宋己卯	宋丁未	乙亥 儼大任 宋	宋甲辰	宋癸酉	壬寅 儼大任 宋	己亥 儼大任 宋
宋庚辰	宋戊申	宋丙子	乙巳 儼大任 宋	宋甲戌	宋癸卯	宋辛未	己巳 儼
宋庚戌	戊寅 儼大任 宋	宋丙午	宋乙亥	宋甲辰	宋壬申	宋庚子	宋戊戌

年			
六年	宋戊辰	宋戊戌	宋戊辰
	丁酉 儼大任 宋	宋丁卯	宋丙申
	宋丙寅	宋乙未	宋甲子
	宋甲午	宋癸亥	宋癸巳
七年	壬戌 儼大任 宋	壬辰 儼大任 宋	宋壬戌
	宋辛卯	宋辛酉	宋庚寅
	宋庚申	宋庚寅	宋己未
	宋戊子	宋戊午	宋丁亥

天祚乾統二年 閏六月甲寅 宋				三年			
宋丁巳	宋乙酉	宋甲申	宋壬子	宋辛巳	宋己酉	宋戊寅	宋丁未
宋丙戌	宋乙卯	宋癸丑	宋壬午	宋庚戌	宋己卯	宋丁未	宋丁丑
宋丙辰	宋乙酉	宋癸未	宋辛亥	宋庚辰	宋戊申	宋丁丑	宋丙午

四年				五年 閏二月己巳 宋			
宋丙子	宋甲辰	宋壬申	宋辛丑	宋庚午	宋戊辰	宋丙申	宋乙丑
宋乙巳	宋癸酉	宋壬寅	宋辛未	宋庚子	宋丁酉	宋乙丑	宋乙未
宋甲戌	宋壬寅	宋辛未	宋庚子	宋戊戌	宋丙寅	宋乙未	宋甲子

年												
六年	宋甲午	宋壬戌	宋庚寅	宋己未	宋甲子	宋壬辰	宋庚申	宋戊子	宋癸巳	宋辛酉	宋己丑	宋戊午
七年 閏十月癸未 宋	宋戊子	宋丁巳	宋乙酉	宋癸丑	宋戊午	宋丙戌	宋甲寅	宋壬子	宋丁亥	宋丙辰	宋甲申	宋壬午

八年				九年			
宋壬子	宋辛巳	宋己酉	宋丁丑	丙午 大任 宋	宋乙亥	宋甲辰	宋壬申
宋壬午	宋庚戌	宋戊寅	宋丁未	宋丙子	宋乙巳	宋癸酉	宋辛丑
宋辛亥 高麗	宋庚辰	宋戊申	宋丙子	宋乙巳	宋甲戌	宋壬寅	宋辛未

年			
十年 閏八月丁酉 宋	宋庚子	宋庚午	宋己亥
	宋己巳	宋己亥	宋戊辰
	宋戊戌	宋丁卯	宋丙寅
	宋丙申	宋乙丑	宋乙未
天慶元年	宋甲子	宋甲午	宋癸亥
	宋癸巳	宋壬戌	宋壬辰
	宋壬戌	宋辛卯	宋辛酉
	宋庚寅	宋庚申	宋己丑

二年		
己未 儷大任 宋	宋戊子	宋戊午
丁亥 儷大任 宋	宋丁巳	宋丙戌
宋丙辰	宋乙酉	宋乙卯
宋乙酉	宋甲寅	宋甲申
三年 閏四月辛亥 宋		
宋甲寅	宋癸未	宋壬子
宋壬午	宋庚辰	宋庚戌
宋己卯	宋己酉	宋己卯
宋戊申	宋戊寅	宋戊申

四年	宋戊寅	宋丁未	宋丙子
	宋丙午	宋乙亥	宋甲辰
	宋甲戌	宋癸卯	宋癸酉
	壬寅 儼大任 宋	宋壬申	宋壬寅
五年	宋壬申	宋辛丑	宋辛未
	宋庚子	宋庚午	己亥 儼大任 宋
	宋戊辰	宋戊戌	丁卯 儼大任 宋
	宋丁酉	宋丙寅	宋丙申

六年 閏正月丙申 宋				七年			
宋丙寅	宋甲子	宋壬辰	宋辛酉	宋庚寅	宋己未	宋丁亥	乙卯 儼大任 宋
宋乙丑	宋甲午	宋壬戌	宋庚寅	宋己未	宋戊子	宋丙辰	宋乙酉
宋乙未	宋癸亥	宋辛卯	宋庚申	宋己丑	宋戊午	宋丙戌	宋甲寅

年			
八年〔六七〕閏九月庚戌 宋	宋甲申	宋癸丑	宋癸未
	宋癸丑	壬午 儼 宋	宋壬子
	宋辛巳	宋辛亥	宋庚辰
	宋己卯	宋己酉	宋戊寅
九年	宋戊申	宋丁丑	丁未 儼大任 宋
	宋丙子	宋丙午	宋丙子
	宋乙巳	宋乙亥	宋甲辰
	甲戌 大任 宋	宋癸卯	宋癸酉

十年				保大元年 閏五月甲子 宋			
宋壬寅	宋辛未	宋己亥	宋戊辰	丁酉 儼大任 宋	宋乙丑	宋癸亥	宋壬辰
宋壬申	宋庚子	宋己巳	宋戊戌	宋丙寅	宋甲午	宋癸巳	宋壬戌
宋辛丑	宋庚午	宋己亥	宋丁卯	宋丙申	宋癸巳	宋壬戌	宋辛卯

二年				三年			
宋辛酉	宋己丑	丁巳 儼大任 宋	宋丙戌	宋乙卯	甲申 儼大任 宋	宋壬子	宋庚辰
庚寅 儼大任 宋	宋戊午	宋丁亥	宋丙辰	乙酉 儼 宋	癸丑 大任 宋	宋辛巳	宋庚戌
宋庚申	宋戊子	宋丁巳	宋丙戌	宋甲寅	宋壬午	宋辛亥	宋庚辰

四年 閏三月戊寅 宋				五年			
宋庚戌	宋戊申	宋丙子	宋甲辰	宋癸酉	宋壬寅	宋庚午	宋戊戌
宋己卯	宋丁丑	宋乙巳	宋甲戌	宋癸卯	宋壬申	宋庚子	宋戊辰
宋己酉	宋丙午	宋甲戌	宋甲辰	宋癸酉	宋辛丑	宋己巳	宋戊戌

宋元豐元年十二月，詔司天監考遼及高麗、日本國曆與奉元曆同異。遼己未歲氣朔與宣明曆合，日本戊午歲與遼曆相近，高麗戊午年朔與奉元曆合，氣有不同。戊午，遼大康四年；己未，五年也。當遼、宋之世，二國司天固相參考矣。

高麗所進大遼事蹟，載諸王册文，頗見月朔，因附入。

象

孟子有言：「天之高也，星辰之遠也，苟求其故，千歲之日至可坐而致。」甚哉！聖人之用心，可謂廣大精微，至矣盡矣。

日有晷景，月有明魄，斗有建除，星有昏旦。觀天之變而制器以候之，八尺之表，六尺之筒，百刻之漏，日月星辰示諸掌上。運行既察，度分既審，於是像天圜以顯運行，置地櫃以驗出入，渾象是作。天道之常，尋尺之中可以俯窺，陶唐之象是矣。設三儀以明度分，管一衡以正辰極，渾儀是作。天文之變，六合之表可以仰觀，有虞之璣是矣。體莫固於金，用莫利於水。範金走水，不出户而知天道，此聖人之所以爲聖也。

歷代儀象表漏，各具于志。太宗大同元年，得晉曆象、刻漏、渾象。後唐清泰二年已稱損折不可施用，其至中京者槩可知矣。古之鍊銅，黑黄白青之氣盡，然後用之，故可施於久遠。唐沙門一行鑄渾天儀，時稱精妙，未幾銅鐵漸澁，不能自轉，置不復用。金質不精，水性不行，況移之沍寒之地乎？

刻漏

晉天福三年造。周官挈壺氏懸壺必爨之以火。地雖沍寒，蓋可施也。

官星

古者官星萬餘名。遭秦焚滅圖籍，世祕不傳。漢收散亡，得甘德、石申、巫咸三家圖經。經緯合千餘官，僅存什一。分爲三垣、四宫、二十八宿，樞以二極，建以北斗，緯以五星，日月代明，貴而太一，賤逮屎糠。占決之用，亦云備矣。司馬遷天官書既以具録，後世保章守候，無出三家官星之外者。天象昭垂，歷代不易，而漢、晉、隋、唐之書累志天文，近於衍矣。且天象機祥，律格有禁，書于勝國之史，詿誤學者，不宜書。其日食、星變、風雲、震雪之祥，具載帝紀，不復書。

校勘記

〔一〕遼初用乙未元曆本何承天元嘉曆法　本書卷四二曆象志上云：「晉天福四年，司天監馬重績奏上乙未元曆，號調元曆，太宗所收于汴是也。穆宗應曆十一年，司天王白、李正等進曆，蓋乙未元曆也。」知遼初所行乙未元曆乃後晉馬重績調元曆，似與劉宋何承天元嘉曆無涉。

〔二〕沖之日食必朔　「日食必朔」，原作「日必食朔」，據文義及曆理乙正。

〔三〕太祖元年　四月耶律儼丁未朔，五月梁丁丑朔，原置於前行正月、二月內。按本書卷一太祖紀上及新五代史卷二梁太祖紀下、通鑑目録卷二六，是年（梁開平元年）遼四月丁未朔，梁五月丁丑朔，輯要卷八、陳表同。今據移。

〔四〕（太祖）二年　十月乙亥朔，「乙亥」，疑當作「己亥」。按本書卷一太祖紀上作「己亥」，通鑑目録卷二六及輯要卷八、陳表皆同。又九月己巳朔，距乙亥僅六日，距己亥計三十日。以下凡朔日干支訛誤，均出校不改。另，本書卷一太祖紀上謂是年正月癸酉朔，此表失書。

〔五〕（太祖）三年　此年原闕，據文例補。按本書卷一太祖紀上是年二月丁酉朔，今據補。另，據通鑑目録卷二六及輯要卷八、陳表，是年（梁開平三年）閏八月癸亥朔，遼、梁同，此表失書。

〔六〕（太祖）五年　正月戊戌朔，「戊戌」，疑當作「丙戌」。按本書卷一太祖紀上作「丙戌」，舊五代史卷六梁太祖紀六、通鑑目録卷二六及輯要卷八、陳表皆同。又四年十二月丁巳朔，距戊戌計四十一日，距丙戌計二十九日。

〔七〕（太祖）六年　正月丙戌朔，「丙戌」，疑當作「庚辰」。按通鑑目録卷二六及輯要卷八、陳表，是年（梁乾化二年）正月庚辰朔。又五年十二月辛亥朔，距丙戌計三十五日，距庚辰計二十九日。另，據上引通鑑目録及輯要、陳表，是年閏五月戊申朔，遼、梁同，此表失書。

〔八〕（太祖）七年八年九年　此處原有太祖七年、八年、九年、十年、十一年共五欄，且七年二月書「甲戌儼」，八年十月書「甲子儼」，諸本皆同。按太祖十年二月已建元神册，則不當有十年、十一年。核以本書卷一太祖紀上、通鑑目録卷二六及輯要卷八、陳表，原九年、十年、十一年三欄實當爲七年、八年、九年曆日。蓋先是七、八兩年重出，後誤改重出之七年、八年爲九年、十年，又改九年爲十一年。今删去七年、八年兩欄，將原九年、十年、十一年改爲七年、八年、九年。又七年六月壬申注云：「梁庚寅，誤。」按太祖七年即梁乾化三年，通鑑卷二六八後梁紀三謂是年六月壬申朔，與遼同；而新五代史卷三梁末帝紀稱梁貞明元年（遼太祖九年）六月庚寅朔。蓋史官誤以太祖七年爲九年，遂謂「梁庚寅，誤」。另，據通鑑目録卷二六及輯要卷八、陳表，太祖九年閏二月壬辰朔，遼、梁同，此表失書。

〔九〕（神册元年二月）戊戌　疑當作「丙戌」。按本書卷一太祖紀上作「丙戌」，通鑑目録卷二六及輯要卷八、陳表皆同。又正月丙辰朔，距戊戌計四十二日，距丙戌計三十日。

〔一〇〕（神册元年十二月）壬戌　疑當作「壬午」。按通鑑目録卷二六及輯要卷八、陳表，是年（梁貞明二年）十二月壬午朔，遼、梁同。又十一月壬子朔，距壬戌僅十日，距壬午計三十日。

〔二〕（神册）二年　據通鑑目録卷二六及輯要卷八、陳表，是年（梁貞明三年）閏十月丁未朔，遼、梁同，此表失書。

〔三〕（神册）五年　據通鑑目録卷二七及輯要卷八、陳表，是年（梁貞明六年）三月癸亥朔、五月壬戌朔、六月辛卯朔、八月己未朔，遼、梁同。此年三月癸亥下注「儼誤，當作癸巳」及五月壬戌下注「儼誤，當作壬辰」，均以不誤爲誤；六月辛亥下注「儼誤，當作辛酉」，正文及注皆誤；八月己未下注「梁乙未誤」。按舊五代史卷九梁末帝紀中、新五代史卷三梁末帝紀均謂貞明五年八月乙未朔，是年爲遼神册四年，此處蓋誤當作五年，遂謂「梁乙未誤」。又三月癸亥朔後三十日爲癸巳，即四月朔日，五月壬戌朔後三十日爲壬辰，六月辛卯朔後三十日爲辛酉，壬辰至辛酉亦計三十日，皆有一月之差，疑元朝史官於校正此表時或有錯位。

〔三〕閏六月庚申儼大任　此八字原置於「五年」前，諸本皆同，今據文例移。以下依例徑改，不再出校。

〔四〕（神册）六年　據本書卷二太祖紀下、通鑑目録卷二七及輯要卷八、陳表，是年（梁龍德元年）三月丁亥朔、四月丁巳朔、五月丙戌朔、六月乙卯朔，遼、梁同。此年三月丁亥下注「儼誤，當作丁巳」及五月丙戌下注「儼誤，當作丙辰」，均以不誤爲誤；四月丁卯下注「儼誤，當作丁亥」，正文及注皆誤，又「當」字原闕，據文義補；六月「己卯」，當作「乙卯」。按三月丁亥朔後三十日爲丁巳，即四月朔日，又後三十日爲丁亥，五月丙戌朔後三十日爲丙辰，丁亥至丙辰亦計三十日，皆有一月之差，疑元朝史官於校正此表時或有錯位。

〔一五〕（天贊）二年　據本書卷二太祖紀下、卷四三閏考及通鑑目録卷二七、輯要卷八、陳表，是年（梁龍德三年）閏四月乙亥朔，遼、梁同，此表失書。

〔一六〕（天贊）四年　據通鑑目録卷二七及輯要卷八、陳表，是年（唐同光三年）閏十二月己丑朔，遼、唐同，此表失書。

〔一七〕（天顯）四年　八月丁丑朔，「丁丑」，疑當作「丁酉」。按舊五代史卷四〇唐明宗紀六、通鑑目録卷二七及輯要卷八、陳表，是年（唐天成四年）八月丁酉朔，遼、唐同。又七月戊辰朔，距丁丑僅九日，距丁酉計二十九日。

〔一八〕（天顯）八年　十二月癸卯下注「大任己巳，異」，「己巳」，疑當作「乙巳」。按舊五代史卷四四唐明宗紀一〇、通鑑目録卷二八及輯要卷八、陳表，是年（唐長興四年）十二月癸卯朔，遼、唐同。又癸卯後二日爲乙巳，後二十六日爲己巳。

〔一九〕（天顯）九年　六月庚午朔，輯要卷八、陳表同，然本書卷三太宗紀上謂是年六月己巳朔。

〔二〇〕（天顯）十一年　本書卷三太宗紀上謂是年六月戊午朔，通鑑目録卷二八及輯要卷八、陳表皆同，此表失書。

〔二一〕（會同）二年　儼大任晉閏七月，「閏七月」下疑闕「庚午」二字。按舊五代史卷七八晉高祖紀四、通鑑目録卷二八及輯要卷八、陳表均謂是年（晉天福四年）閏七月庚午朔，遼、晉同。

〔三二〕（會同）六年　「六年」二字原闕，據明鈔本、南監本、北監本、殿本補。

〔三三〕陳　明鈔本、南監本同，蓋指陳大任。北監本作「東」，疑爲「陳」之誤。殿本作「晉」，恐係臆改。

〔三四〕大同元年　據本書卷五世宗紀、卷四三閏考及通鑑目録卷二九、輯要卷八、陳表，是年（漢天福十二年）閏七月癸丑朔，遼、漢同，此表失書。

〔三五〕九月改天禄元年　「禄」，原作一字空格，據殿本補。

〔三六〕漢癸酉　此三字原置於七月内，諸本皆同。按舊五代史卷一〇二漢隱帝紀中、通鑑目録卷二九及輯要卷八、陳表，是年（漢乾祐二年）六月癸酉朔、七月壬寅朔。今據移。

〔三七〕（天禄）四年　通鑑目録卷二九謂是年（漢乾祐三年）閏五月戊辰朔，然輯要卷八及陳表作丁卯朔，遼、漢同。此表失書。

〔三八〕（應曆）三年　據本書卷六穆宗紀上、通鑑目録卷三〇及輯要卷八、陳表，是年（周廣順三年）閏正月壬午朔，遼、周同，此表失書。

〔三九〕（應曆三年正月）壬午　疑當作「壬子」。按舊五代史卷一一二周太祖紀三、通鑑目録卷三〇及輯要卷八、陳表，是年（周廣順三年）正月壬子朔，遼、周同。又應曆二年十二月癸未朔，距壬午計五十九日，距壬子計二十九日。知此處蓋史官誤以閏正月壬午朔爲正月朔。

〔四〇〕（應曆三年三月）庚申　疑當作「庚辰」。按本書卷六穆宗紀上、舊五代史卷一一二周太祖紀

三、通鑑目録卷三〇及輯要卷八、陳表，是年（周廣順三年）三月庚辰朔，遼、周同。又二月辛亥朔，距庚申僅九日，距庚辰計二十九日。

〔三一〕閏九月　本書卷四三閏考同。據通鑑目録卷三〇及輯要卷八、陳表，是年（周顯德二年）閏九月丙申朔，遼、周同。此下疑闕「丙申」二字。

〔三二〕（應曆）十年　十月宋丁亥朔，「丁亥」，疑當作「丁卯」。按長編卷一建隆元年作丁卯，輯要卷八、陳表同。又九月戊戌朔，距丁亥計四十九日，距丁卯計二十九日。

〔三三〕（應曆）十二年　五月宋戊午朔，「戊午」，長編卷三建隆三年作丁巳，輯要卷八、陳表同。

〔三四〕（應曆）十四年　五月宋丙子朔，輯要卷八、陳表同，然長編卷五乾德二年作丁丑朔。

〔三五〕景宗保寧二年　十二月宋己巳朔，然據輯要卷八、陳表，是年十二月戊辰朔，遼、宋同。按長編卷一一開寶三年十二月戊子條下有注文稱「十二月二十四日辛卯」云，則當爲戊辰朔；又引十國紀年謂「十二月七日乙亥」，則當爲己巳朔。未知孰是。

〔三六〕（保寧）六年　宋閏十月己巳朔，「己巳」，疑當作「乙巳」。按開寶七年陁羅尼經幢及輯要卷八、陳表，是年閏十月乙巳朔。又十月乙亥朔，距己巳計五十四日，距乙巳計三十日。

〔三七〕（保寧）八年　是年各月錯位之處甚多，當易爲四月丁酉朔、五月丁卯朔、七月乙丑朔、八月乙未朔、十月癸巳朔、十一月癸亥朔、十二月癸巳朔。又七月乙丑朔、十月癸巳朔，本書卷八景宗紀上作七月丙寅朔，長編卷一七開寶九年作十月甲午朔；輯要卷八、陳表謂七月丙寅朔、十月甲午朔，遼、宋同。

〔三八〕（保寧）十年　六月宋甲寅朔、七月宋甲申朔、九月宋癸未朔，輯要卷八、陳表同。然據長編卷一九，是年（宋太平興國三年）七月乙酉朔，五月亦爲乙酉朔，可推知六月當爲乙卯朔。又長編九月甲申朔，玉海卷七三禮儀門燕饗太平興國進士賜宴條同。皆與此異。

〔三九〕乾亨元年　十二月宋丙午朔，輯要卷八、陳表同，長編卷二〇太平興國四年則作十二月丁未朔。

〔四〇〕（乾亨）二年　四月宋甲戌朔，太平興國五年上清太平宮碑作四月癸酉朔，輯要卷八、陳表同。

〔四一〕大任　此二字諸本皆另起行，與文例不合，疑此下或有闕文。

〔四二〕聖宗統和二年　三月宋辛亥朔，輯要卷八、陳表同，然太宗皇帝實録卷二九謂是年（宋太平興國九年）三月壬子朔。

〔四三〕（統和）三年　正月儼宋丙午朔、大任甲戌朔，本書卷一〇聖宗紀一與儼同。「甲戌」，疑當作「乙巳」。按輯要卷八、陳表，二年十二月丙子朔，距丙午計三十日，距甲戌計五十八日，距乙巳計二十九日。

〔四四〕（統和）六年　六月儼宋丙辰朔，七月乙酉朔，本書卷一二聖宗紀三是年六月有乙酉日，則七月當爲丙戌朔，與此異。

〔四五〕（統和）十一年　十月儼誤作甲申朔，宋閏十月甲申朔，本書卷一三聖宗紀四亦作十月甲申朔。按九月丙戌朔，距甲申計五十八日，顯有訛誤。「十月」上疑闕「閏」字；或是年遼於九月置閏，則十月甲申朔不誤。

〔四六〕（統和）十二年　二月宋癸未朔，長編卷三五淳化五年作甲申朔，與此異。

〔四七〕（統和）十三年　四月宋丙子朔，然據輯要卷八、陳表，是年四月丁丑朔，宋會要禮三一之一八引孝莊皇后哀册謂是年（宋至道元年）四月二十八日甲辰，則亦當爲丁丑朔。另，七月己巳朔，「己巳」，疑當作「乙巳」。按本書卷一三聖宗紀四作「乙巳」，輯要卷八、陳表同。又六月丙子朔，距己巳計五十三日，距乙巳計二十九日。

〔四八〕（統和）十七年　七月宋辛丑朔，「辛丑」，疑當作「辛巳」。按輯要卷八、陳表作「辛巳」。又六月壬子朔，距辛丑計四十九日，距辛巳計二十九日。

〔四九〕（統和）十九年　本書卷四三閏考，是年儼、大任閏十一月，卷一四聖宗紀五同，輯要卷八、陳表謂是年遼閏十一月戊戌朔。此表失書。

〔五〇〕開泰元年　宋閏十月己丑朔，「己丑」，疑當作「乙丑」。按長編卷七九大中祥符五年作「乙丑」，輯要卷八、陳表同。又十月乙未朔，距己丑計五十四日，距乙丑計三十日。

〔五一〕（開泰）三年　五月儼大任丙戌朔、宋乙酉朔，本書卷一五聖宗紀六作五月乙酉朔，與此異。

〔五二〕（開泰）四年　五月宋庚辰朔，輯要卷八、陳表同，然長編卷八四謂大中祥符八年五月辛巳朔。

〔五三〕（開泰）七年　三月宋乙未朔，長編卷九一天禧二年作甲午朔，輯要卷八、陳表同。

〔五四〕（開泰）九年　儼閏二月壬子朔、宋閏十二月丁未朔，本書卷四三閏考同。按是年遼、宋皆爲閏十二月丁未朔，參見卷四三曆象志中校勘記〔一五〕。蓋史官誤以遼閏二月，與宋閏十二月異，故以宋之三月當遼之閏二月，宋之四月當遼之三月，如此類推。知三月、四月、十二月下之注文皆因此誤而起。

〔五五〕（太平）九年　宋閏七月庚寅朔，「閏七月」疑誤。按本書卷四三閏考及長編卷一〇七天聖七年均作宋閏二月，輯要卷八、陳表亦謂是年閏二月庚寅朔。

〔五六〕（重熙）十一年　六月宋癸酉朔，宋史卷五二天文志五日食同。然王林燕翼詒謀録卷五及通考卷二八三象緯考六日食均謂是年（宋慶曆二年）六月壬申朔，輯要卷八、陳表同，未知孰是。

〔五七〕（重熙）十三年　七月宋辛酉朔，然宋重修鎮國寺記謂是年（宋慶曆四年）七月庚申朔，輯要卷八、陳表同。

〔五八〕高麗　「高」字原闕，據文義補。按明鈔本、南監本、北監本、殿本皆無「高麗」二字。

〔五九〕（清寧）九年　九月宋己亥朔，輯要卷八、陳表同，然宋大詔令集卷九仁宗謚册謂是年（宋嘉祐八年）九月戊戌朔。

〔六〇〕（咸雍）三年　宋閏三月己卯朔，「三」，原作「二」。按長編卷二〇九治平四年及本書卷二二道宗紀二、卷四三閏考均作閏三月，輯要卷八、陳表亦謂是年閏三月己卯朔，遼、宋同。今據改。

〔六一〕（咸雍）六年　二月宋癸亥朔，長編紀事本末卷六八青苗法上及宋史全文卷一一熙寧三年均作二月壬戌朔，輯要卷八、陳表同。

〔六二〕大康元年　十二月宋己丑朔，司馬光集卷七九尚書駕部員外郎司馬府君墓誌銘作十二月戊子朔，輯要卷八、陳表同。按長編卷二七一熙寧八年及本書卷二三道宗紀三是年十二月己丑均未書「朔」，似當初二日，則應爲戊子朔。

〔六三〕（大康）三年　據本書卷四三閏考及卷二三道宗紀三，是年（宋熙寧十年）遼閏十二月，宋閏次年正月，輯要卷八、陳表亦謂是年遼閏十二月丁未朔。此表失書。

〔六四〕（大康）四年　宋閏正月丙子朔，「正」，原作「五」。按本書卷四三閏考謂儼閏三年十二月、宋閏四年正月，長編卷二八七元豐元年亦謂是年閏正月丙子朔，輯要卷八、陳表同。今據改。

〔六五〕（大安）二年　據長編卷三六八元祐元年及高麗史卷一〇宣宗世家，是年閏二月己丑朔，輯要卷八、陳表謂遼、宋同，此表失書。大安元年下注「缺一閏」，蓋即此。

〔六六〕（大安）九年　十二月宋甲辰朔，宋大詔令集卷一二宣仁聖烈謚册及輯要卷八、陳表同，然宋王公儀碑銘謂元祐八年十二月二十二日甲子，則當爲十二月癸卯朔。

〔六七〕（天慶）八年　宋閏九月庚戌朔，「九」，原作「五」。按宋大詔令集卷一二七（政和八年）閏九月月令謂是年閏九月庚戌朔，本書卷二八天祚皇帝紀二、卷四三閏考亦作閏九月，輯要卷八、陳表同。今據改。

〔元〕脱脱 等撰

點校本二十四史修訂本

遼史

第三册

卷四五至卷六二

中華書局

北面

初，太祖分迭剌夷离堇爲北、南二大王，謂之北、南院。宰相、樞密、宣徽、林牙，下至郎君、護衛，皆分北、南，其實所治皆北面之事。語遼官制者不可不辨。

北面朝官〔一〕

凡遼朝官，北樞密視兵部，南樞密視吏部，北、南二王視户部，夷离畢視刑部，宣徽視工部，敵烈麻都視禮部，北、南府宰相總之。惕隱治宗族，林牙修文告，于越坐而論議以象公師。朝廷之上，事簡職專，此遼所以興也。

契丹北樞密院。掌兵機、武銓、羣牧之政，凡契丹軍馬皆屬焉。以其牙帳居大内帳殿之北，故名北院。元好問所謂「北衙不理民」是也。

北院樞密使。

知北院樞密使事。

知樞密院事〔二〕。

北院樞密副使。

知北院樞密副使事。

同知北院樞密使事。

簽書北樞密院事。

北院都承旨。

北院副承旨。

北院林牙。

知北院貼黃。

給事北院知聖旨頭子事。

掌北院頭子。

北樞密院敞史。

北院郎君。

北樞密院通事。

北院掾史。

北樞密院中丞司。

北南樞密院點檢中丞司事。

總知中丞司事。

北院左中丞。

北院右中丞。

同知中丞司事。

北院侍御。

契丹南樞密院〔三〕。掌文銓、部族、丁賦之政，凡契丹人民皆屬焉。以其牙帳居大内之南，故名南院。元好問所謂「南衙不主兵」是也。

南院樞密使。

知南院樞密使事。

知南院樞密事。

南院樞密副使。

知南院樞密副使事。

同知南院樞密使事。

籤書南樞密院事。

南院都承旨。

南院副承旨。

南院林牙。

知南院帖黃。

給事南院知聖旨頭子事〔四〕。

掌南院頭子。

南樞密院敞史。

南院郎君。

南樞密院通事。

南院掾史。

南樞密院中丞司。

北南樞密院點檢中丞司事。

總知中丞司事。

南院左中丞。

南院右中丞。

同知中丞司事。

南院侍御。

北宰相府。掌佐理軍國之大政，皇族四帳世預其選。

北府左宰相。

北府右宰相。

總知軍國事。

知國事。

南宰相府。掌佐理軍國之大政，國舅五帳世預其選〔五〕。

南府左宰相。

南府右宰相。

總知軍國事。

知國事。

北大王院。分掌部族軍民之政。

北院大王。初名迭剌部夷离菫，太祖分北、南院，太宗會同元年改夷离菫爲大王。

知北院大王事。

北院太師。

北院太保。

北院司徒。

北院司空。

北院郎君。

北院都統軍司。掌北院從軍之政令。

北院統軍使。

北院副統軍使。

北院統軍都監。

北院詳穩司。掌北院部族軍馬之政令。

北院詳穩。

北院都監。

北院將軍。

北院小將軍。

北院都部署司。掌北院部族軍民之事。

北院都部署。

北院副部署。

南大王院。分掌部族軍民之政。

南院大王[六]。

知南院大王事。

南院太師。

南院太保。天慶八年，省南院太保。

南院司徒。

南院司空。

南院郎君。

南院都統軍司。掌南院從軍之政令。

南院統軍使。

南院副統軍使。

南院統軍都監。

南院詳穩司。掌南院部族軍馬之政令。

南院詳穩。

南院都監。

南院將軍。

南院小將軍。

南院都部署司。掌南院部族軍民之事。

南院都部署。

南院副部署。

宣徽北院。太宗會同元年置，掌北院御前祗應之事。

北院宣徽使。

知北院宣徽事。

北院宣徽副使。

同知北院宣徽事。

宣徽南院。會同元年置，掌南院御前祗應之事。

南院宣徽使。

知南院宣徽事。

南院宣徽副使。

同知南院宣徽事。

大于越府。無職掌，班百僚之上，非有大功德者不授，遼國尊官，猶南面之有三公。太祖以遙輦氏于越受禪。終遼之世，以于越得重名者三人：耶律曷魯、屋質、仁先，謂之三于越。

大于越。

大惕隱司〔七〕。太祖置，掌皇族之政教。興宗重熙二十一年，耶律義先拜惕隱〔八〕，戒族人曰：「國家三父房最爲貴族，凡天下風化之所自出，不孝不義，雖小不可爲。」其妻晉國長公主之女，每見中表，必具禮服。義先以身率先，國族化之。遼國設官之實，於此可見。太祖有國，首設此官，其後百官擇人，必先宗姓。

惕隱。亦曰梯里已。

知惕隱司事。

惕隱都監。

夷离畢院。掌刑獄。

夷离畢。

左夷离畢。

右夷离畢。

知左夷离畢事。

知右夷离畢事。

敞史。

選底。掌獄。

大林牙院。掌文翰之事。

北面都林牙。

北面林牙承旨。

北面林牙。

左林牙。

右林牙。

敵烈麻都司。掌禮儀。

敵烈麻都。

總知朝廷禮儀。

總禮儀事。

文班司。所掌未詳。

文班太保。

文班林牙。

文班牙署。

文班吏。

阿札割只。所掌未詳。遥輦故官，後併樞密院。

阿札割只。

北面御帳官

三皇聖人也，當淳朴之世，重門擊柝，猶嚴於待暴客。遼之先世，未有城郭、溝池、宮室之固，氈車爲營，硬寨爲宮，御帳之官不得不謹。出於貴戚爲侍衞，著帳爲近侍，北南部族爲護衞，武臣爲宿衞，親軍爲禁衞，百官番宿爲宿直。奉宸以司供御，三班以肅會朝，硬寨以嚴晨夜。法制可謂嚴密矣。考其凡如左。

侍衞司。掌御帳親衞之事。

侍衞太師。

侍衞太保。

侍衞司徒。

侍衞司空。

侍衞。

近侍局。

近侍直長。

近侍。

近侍小底。

近侍詳穩司。

近侍詳穩。

近侍都監。

近侍將軍。

近侍小將軍。

北護衞府。掌北院護衞之事。皇太后宮有左右護衞。

北護衞太師。

北護衞太保。

北護衞司徒。

總領左右護衞司。

總領左右護衞。

左護衞司。

左護衞太保。

左護衞。

右護衞司。

右護衞太保。

右護衞。

南護衞府。掌南院護衞之事。

南護衞太師。

南護衛太保。

南護衛司徒。

總領左右護衛司。

總領左右護衛。

左護衛司。

左護衛太保。

左護衛。

右護衛司。

右護衛太保。

右護衛。

奉宸司。掌供奉宸御之事。

官名未詳。

奉宸。

三班院。掌左、右、寄班之事。

左班都知。

右班都知。

寄班都知。

三班院祇候。

宿衛司。專掌宿衛之事。

總宿衛事。亦曰典宿衛事。

總知宿衛事。

同掌宿衛事。

宿衛官。

禁衛局。

總禁衛事。

禁衛長。

宿直司。掌輪直官員宿直之事。皇太后宫有宿直官。

宿直詳穩。

宿直都監。

宿直將軍。

宿直小將軍。

宿直官。

宿直護衛。

硬寨司。掌禁圍槍寨、下鋪、傳鈴之事。

硬寨太保。

皇太子惕隱司。掌皇太子宫帳之事。

皇太子惕隱〔九〕。

北面著帳官

古者刑人不在君側。叛逆家屬没爲著帳，執事禁衛，可爲寒心。此遼世所以多變起肘掖歟。

著帳郎君院。遥輦痕德堇可汗以蒲古只等三族害于越室魯，家屬没入瓦里。應天皇太后知國政，析出之，以爲著帳郎君、娘子，每加矜恤。世宗悉免之。其後内族、外戚及世官之家犯罪者〔一〇〕，皆没入瓦里。人户益衆，因復故名。皇太后、皇太妃帳，皆有著帳諸局。

著帳郎君節度使。

著帳郎君司徒。

祗候郎君班詳穩司。

祗候郎君班詳穩。

祗候郎君直長。

祗候郎君閘撒狘。

祗候郎君。

祗候郎君拽剌。

左祗候郎君班詳穩司。

左祗候郎君班詳穩。

左祗候郎君直長。

左祗候郎君閘撒狘。

左祗候郎君。

左祗候郎君拽剌。

右祗候郎君班詳穩司。

右祗候郎君班詳穩。

右祗候郎君直長。

右祗候郎君閘撒狘。

右祗候郎君。

右祗候郎君拽剌。

筆硯局。

筆硯祗候郎君。

筆硯吏。

牌印局。

牌印郎君。

裀褥局。

裀褥郎君。

燈燭局。

燈燭郎君。

牀幔局。

牀幔郎君。

殿幄局。

殿幄郎君。

車輿局。

車輿郎君。

御盞局。

御盞郎君。

本班局。

本班郎君。

皇太后祗應司。

領皇太后諸局事。

知皇太后宮諸司事。

皇太妃祗應司。

皇后祗應司。

近位祗應司。

皇太子祗應司。

親王祗應司。

著帳户司。本諸斡魯朵户析出，及諸色人犯罪没入。凡御帳、皇太后、皇太妃、皇后[一]、皇太子、近位、親王祗從、伶官，皆充其役。

著帳節度使。

著帳殿中。

承應小底局。

筆硯小底。

寢殿小底。

佛殿小底。

司藏小底。

習馬小底。

鷹坊小底。

湯藥小底。

尚飲小底。

盥漱小底。

尚膳小底。

尚衣小底。

裁造小底。

北面皇族帳官

肅祖長子洽眘之族在五院司，叔子葛剌、季子洽禮及懿祖仲子帖剌、季子褭古直之族皆在六院司。此五房者，謂之二院皇族。玄祖伯子麻魯無後，次子巖木之後曰孟父房，叔子釋魯曰仲父房，季子爲德祖。德祖之元子是爲太祖天皇帝，謂之橫帳；次曰剌葛，曰迭剌，曰寅底石，曰安端，曰蘇，皆曰季父房。此一帳三房，謂之四帳皇族。二院治之以北、南二王，四帳治之以大內惕隱，皆統於大惕隱司。

大內惕隱司。掌皇族四帳之政教。

大內惕隱。

知大內惕隱事。

大內惕隱都監。

大橫帳常衮司。掌太祖皇帝後九帳皇族之事。

橫帳常衮。亦曰橫帳敞穩。

橫帳太師。

橫帳太保。

橫帳司空。

橫帳郎君。

橫帳知事。

孟父族帳常衮司。掌蜀國王巖木房族之事。

仲父族帳常衮司。掌隋國王釋魯房族之事。

季父族帳常衮司。掌德祖皇帝三房族之事。

四帳都詳穩司。掌四帳軍馬之事。

都詳穩。

都監。

將軍。本名敞史。

小將軍。

橫帳詳穩司。

孟父帳詳穩司。

仲父帳詳穩司。

季父帳詳穩司。

舍利司。掌皇族之軍政。

舍利詳穩。

舍利都監。

舍利將軍。

舍利小將軍。

舍利。

梅里。

親王國。官制未詳。

王府近侍。

王府祗候。

大東丹國中臺省。太祖天顯元年置，乾亨四年聖宗省〔二〕。

左大相。

右大相。

左次相。

右次相。

王子院。掌王子各帳之事。

王子太師。

王子太保。

王子司徒。

王子司空。

王子班郎君。

駙馬都尉府。掌公主帳宅之事。

駙馬都尉。

北面諸帳官

遼太祖有帝王之度者三：代遙輦氏，尊九帳於御營之上，一也；滅渤海國，存其族帳，亞於遙輦，二也；併奚王之衆，撫其帳部，擬於國族〔一三〕，三也。有英雄之智者三：任國舅以耦皇族，崇乙室以抗奚王，列二院以制遥輦是已。觀北面諸帳官，可以見之矣。

遥輦九帳大常袞司。掌遥輦洼可汗、阻午可汗、胡剌可汗、蘇可汗、鮮質可汗、昭古可汗、耶瀾可汗、巴剌可汗、痕德菫可汗九世宫分之事。太祖受位于遥輦，以九帳居皇族一帳之上，設常袞司以奉之，有司不與焉。凡遼十二宫、五京，皆太祖以來征討所得，非受之於遥輦也。其待先世之厚，蔑以加矣。遼俗東嚮而尚左，御帳東嚮，遥輦九帳南嚮，皇族三父帳北嚮。東西爲經，南北爲緯，故謂御營爲横帳云。

大常袞。亦曰敞穩。

遥輦太師。

遥輦太保。

遥輦太尉。

遥輦司徒。

遥輦司空。

遥輦侍中。一作世燭。太宗會同元年置。

敞史。

知事。

遥輦帳節度使司。

節度使。

節度副使。

遥輦糺詳穩司。

遥輦糺詳穩。

遥輦糺都監。

遥輦糺將軍。

遥輦糺小將軍。

遥輦剋。官名未詳。

大國舅司。掌國舅乙室已、拔里二帳之事。太宗天顯十年，合皇太后二帳爲國舅司；聖宗開泰三年，又併乙室已、拔里二司爲一帳。

乙室已國舅大翁帳常衮。一作敞穩。

乙室已國舅小翁帳常衮。

拔里國舅大父帳常衮。

拔里國舅少父帳常衮。

國舅太師。

國舅太保。

國舅太尉。

國舅司徒。

國舅司空。

敞史。太宗會同元年，改郎君爲敞史。

知事。

國舅乙室已大翁帳詳穩司。

國舅詳穩。

國舅都監。

國舅本族將軍。

國舅本族小將軍。興宗重熙五年，樞密院奏，國舅乙室已小翁帳敞史，准大橫帳泊國舅二父帳，改爲將軍。

國舅乙室己小翁帳詳穩司。

國舅拔里大父帳詳穩司。

國舅拔里少父帳詳穩司。

國舅夷离畢司。

國舅夷离畢。

國舅左夷离畢。

國舅右夷离畢。

敞史。

國舅帳剋。

國舅別部。世宗置。

官制未詳。

國舅別部敞史。聖宗太平八年,見國舅別部敞史蕭塔葛〔一四〕。

渤海帳司。官制未詳。

渤海宰相。

渤海太保。

渤海撻馬。

渤海近侍詳穩司。

奚王府。

乙室王府。並見部族官。

北面宮官

遼建諸宮斡魯朵，部族、蕃户，統以北面宮官。具如左。

諸行宮都部署院。總契丹漢人諸行宮之事。

諸行宮都部署。

知行宮諸部署司事。

諸行宮副部署。

諸行宮判官。

契丹行宮都部署司。總行在行軍諸斡魯朵之政令。

契丹行宮都部署。

知契丹行宮都部署事。

契丹行宮副部署。

契丹行宮判官。

行宮諸部署司。掌行在諸宮之政令。

行宮都部署。

行宮副部署。

行宮部署判官。

十二宮職名總目：

某宮。

某宮使。

某宮副使。

某宮太師。

某宮太保。

某宮侍中。太宗會同元年置，亦曰世燭。

某宮都部署司。掌本宮契丹軍民之事。

某宮都部署。

某宮副部署。

某宮判官。

某宮提轄司。官制未詳。

某宮馬羣司。

侍中。

敞史。

某石烈。石烈，縣也。

夷离堇。本名彌里馬特本，改辛袞〔一五〕，會同元年升。

麻普。本名達剌干，會同元年改。

牙書。會同元年置。

某瓦里。內族、外戚、世官犯罪，沒入瓦里。

抹鶻。

某抹里。

閘撒狘。

某得里。官名未詳。

太祖弘義宮。

太宗永興宮。

世宗積慶宮。

應天皇太后長寧宮。

穆宗延昌宮。

景宗彰愍宮。

承天皇太后崇德宮。

聖宗興聖宮。

興宗延慶宮。

道宗太和宮。

天祚永昌宮。

孝文皇太弟敦睦宮。

文忠王府。

已上十二宮一府，部署、提轄、石烈、瓦里、抹里、得里等〔一六〕，並見營衛志。

押行宮輜重夷离畢司。掌諸宮巡幸扈從輜重之事。

夷离畢。

敞史。

校勘記

〔一〕「北面」及「北面朝官」此二目原闕。按諸本卷首目録均有「北面」，卷四七百官志三有「南面」、「南面朝官」之目，又卷四六百官志二云：「南王府。見北面朝官。」道光殿本於「契丹北樞密院」之上增此二目。按「初，太祖分迭剌夷离菫爲北、南二大王」至「語遼官制者不可不辨」專論北面官，當即北面門序；又「凡遼朝官」至「此遼所以興也」專論北面朝官，當即北面朝官序。今參南面、南面朝官門目例酌加改置。

〔二〕知北院樞密使事知樞密院事　本書卷二三道宗紀三大康二年六月丁未，「參知政事楊遵勗知南院樞密使事」，卷一〇五楊遵勗傳則稱「徙知樞密院事」。又卷二四道宗紀四大安二年六月丁亥有「知樞密院事耶律斡特剌」，卷二五道宗紀五大安十年四月庚戌作「知北院樞密使事」。又卷二三道宗紀三大康三年五月乙亥有「知北院樞密使事蕭速撒」，卷六二刑法志下則作「知樞密院事」。據此，「知樞密院事」即「知樞密使事」，此係重出。下文「知南院樞密使事」及「知南院樞密事」同。

〔三〕契丹南樞密院　疑即本書卷四七百官志三南面官之「漢人樞密院」，蓋係重出。

〔四〕給事南院知聖旨頭子事　「子」，原作一字空格，據明鈔本、南監本、北監本、殿本補。

〔五〕「北宰相府掌佐理軍國之大政皇族四帳世預其選」及「南宰相府掌佐理軍國之大政國舅五帳世預其選」　此處疑爲互舛。按本書紀傳及遼代石刻所見，北府宰相多出國舅五帳，南府宰相多出皇族四帳。

〔六〕南院大王　「院」，原作「而」，明鈔本、南監本、北監本、殿本作「面」，均誤。今據上下文改。

〔七〕大惕隱司　據本書卷六四皇子表，神册三年安端爲惕隱，卷一太祖紀上神册三年正月丙申作「大內惕隱」。又本書所見「惕隱」，石刻中多作「大內惕隱」。如下文惕隱耶律義先，耶律仁先墓誌亦作「大内惕隱」。「惕隱」疑即「大内惕隱」簡稱。下文北面皇族帳官有大内惕隱司，此「大惕隱司」疑係重出。

〔八〕興宗重熙二十一年耶律義先拜惕隱　「二十一」，原作「二十二」，據本書卷二〇興宗紀三重熙二十一年十二月、卷九〇耶律義先傳改。

〔九〕「皇太子惕隱司」及「皇太子惕隱」　本書僅此一見。按卷四太宗紀下會同二年二月戊寅，「宴諸王及節度使來賀受册禮者，仍命皇太子、惕隱迪輦餞之」。此「皇太子」即李胡，「惕隱迪輦」當爲耶律洼或耶律屋質。蓋史臣誤以「皇太子惕隱」連讀，以迪輦爲皇太子惕隱，因立「皇太子惕隱司」一目。

〔一〇〕其後内族外戚及世官之家犯罪者　「犯罪者」，原作「罪犯者」，據本書卷三一營衛志上著帳郎君條及文義改。

〔一一〕皇后　「后」，原作「太」，據明鈔本、南監本、北監本、殿本改。

〔一二〕乾亨四年聖宗省　「四年」，原作「元年」。按本書卷一〇聖宗紀一乾亨四年九月，聖宗即位，十二月，「省置中臺省官」。今據改。又聖宗紀統和二年及十六年仍見「中臺省」，則乾亨四年唯省置官員，非罷廢中臺省。

〔一三〕擬於國族　「擬」，原作「撫」，據明鈔本、南監本、北監本、殿本改。

〔一四〕聖宗太平八年見國舅别部敞史蕭塔葛　「舅别部」三字原闕，據上文補。按本書卷九〇蕭塔剌葛傳云：「世宗即位，以舅氏故，補國舅别部敞史。」此言「聖宗太平八年」，去世宗即位已八十餘年，或爲另一人。

〔一五〕夷离堇本名彌里馬特本改辛袞　本書卷四六百官志二大部族條謂「彌里，鄉也」，設官「辛袞」，「本曰馬特本」。則石烈夷离堇與彌里馬特本無涉。

〔一六〕得里等　「里」字原闕，據上文補。

遼史卷四十六

志第十六

百官志二

北面部族官

部族，詳見營衛志。設官之制具如左。

部族職名總目：

大部族。

某部大王。本名夷离菫。

某部左宰相。

某部右宰相。

某部太師。

某部太保。

某部太尉。

某部司徒。本名惕隱。

某部節度使司。

某部節度使。

某部節度副使。

某部節度判官。

某部族詳穩司。

某部族詳穩。

某部族都監。

某部族將軍。

某部族小將軍。

某石烈。

某石烈夷离堇。

某石烈麻普。亦曰馬步，本名石烈達剌干。

某石烈牙書。

某彌里。彌里，鄉也。

辛衮。本曰馬特本。

小部族。

某部族司徒府。

某部族司徒。

某部族司空。

某部族節度使司。

某部族詳穩司。

某石烈。

令穩。

麻普。

牙書。

某彌里。

辛衮。

五院部。有知五院事，在朝曰北大王院。

六院部。有知六院事，在朝曰南大王院。

乙室部。在朝曰乙室王府。有乙室府迪骨里節度使司。

奚六部。在朝曰奚王府。有二常衮，有二宰相，又有吐里太尉，有奚六部漢軍詳穩，有奚拽剌詳穩，有先離撻覽官。

已上四大王府，爲大部族。

品部。

楮特部。

烏隗部。

突吕不部。

突舉部。

涅剌部。

遥里部。

伯德部。

墮瑰部。

楚里部。

奥里部。

南剋部。

北剋部〔一〕。

突吕不室韋部。

涅剌拏古部。

迭剌迭達部。

乙室奥隗部。

楮特奥隗部。

品達魯虢部。

烏古涅剌部。

圖魯部。
撒里葛部。
窈爪部。
耨盌爪部。
訛僕括部。
特里特勉部。
稍瓦部。
曷朮部。
隗衍突厥部。
奥衍突厥部。
涅剌越兀部。
奥衍女直部。
乙典女直部。
斡突盌烏古部。
迭魯敵烈部。

大黄室韋部。

小黄室韋部〔二〕。二黄室韋闥林，改爲僕射。

朮哲達魯虢部。

梅古悉部。

頡的部。

匿訖唐古部。

北唐古部。

南唐古部。

鶴剌唐古部。

河西部。

北敵烈部。

薛特部。

伯斯鼻骨部。

達馬鼻骨部。

五國部。

已上四十九節度〔三〕，爲小部族。

北面坊場局冶牧厩等官

遼始祖涅里究心農工之事，太祖尤拳拳焉，畜牧畋漁固俗尚也。坊場牧厩，設官如左。

諸坊職名總目：

某坊使。

某坊副使。

某坊詳穩司。

某坊詳穩。

某坊都監。

鷹坊。

鐵坊。

五坊。未詳〔四〕。

八坊。内有軍器坊，餘未詳。

已上坊官。

圍場。

圍場都太師。

圍場都管。

圍場使。

圍場副使。

已上場官。

局官職名總目：

某局使。

某局副使。

客省局。

器物局。

太醫局。

醫獸局。有四局都林牙。

已上局官。

五冶。未詳。

太師[五]。

已上冶官。

羣牧職名總目：

某路羣牧使司。

某羣太保。

某羣侍中。

某羣敞史。

總典羣牧使司。

總典羣牧部籍使。

羣牧都林牙。

某羣牧司。

羣牧使。

羣牧副使。

西路羣牧使司。

倒塌嶺西路羣牧使司〔六〕。

渾河北馬羣司。

漠南馬羣司。

漠北滑水馬羣司。

牛羣司。

已上羣牧官。

尚厩。

尚厩使。

尚厩副使。

飛龍院。

飛龍使。

飛龍副使。

總領内外厩馬司。

總領内外厩馬。

已上諸厩官。

監鳥獸詳穩司職名總目：

監某鳥獸詳穩。

監某鳥獸都監。

監某鳥。

監某獸。

監鹿詳穩司。

監雉。

已上監養鳥獸官。

北面軍官

遼宮帳、部族、京州、屬國，各自爲軍，體統相承，分數秩然。雄長二百餘年，凡以此也。考其可知者如左。

天下兵馬大元帥府。太子、親王總軍政。

天下兵馬大元帥。

副元帥。

大元帥府。大臣總軍馬之政。

大元帥。

副元帥。

都元帥府。大將總軍馬之事。

兵馬都元帥。

副元帥。

同知元帥府事。

便宜從事府。亦曰便宜行事。

便宜從事〔七〕。

大詳穩司。

大詳穩。

都監。

將軍。

小將軍。

軍校。

隊帥。

東都省。分掌軍馬之政。

東都省太師。

西都省。分掌軍馬之政。

西都省太師。

大將軍府。各統所治軍之政令。

大將軍。

上將軍。

將軍。

小將軍。

護軍司。

護軍司徒。

衛軍司。

衛軍司徒。

諸路兵馬統署司。

諸路兵馬都統署。

諸路兵馬副統署。

左皮室詳穩司。

右皮室詳穩司。

北皮室詳穩司。

南皮室詳穩司〔八〕。太宗選天下精甲三十萬爲皮室軍。初，太祖以行營爲宮，選諸部豪健千餘人，置爲腹心部〔九〕，耶律老古以功爲右皮室詳穩。則皮室軍自太祖時已有，即腹心部是也。太宗增多至三十萬耳。

黄皮室軍詳穩司。黄皮室，屬國名。

屬珊軍詳穩司。應天皇太后置，軍二十萬〔一〇〕。選蕃漢精兵，珍美如珊瑚，故名。

舍利軍詳穩司。統皇族之從軍者，横帳、三父房屬焉。

北王府舍利軍詳穩司。五院皇族屬焉。

南王府舍利軍詳穩司。六院皇族屬焉。

禁軍都詳穩司。掌禁衞諸軍之事。

各部族舍利司。掌各部族子弟之軍政。

郎君軍詳穩司。掌著帳郎君之軍事。

拽剌軍詳穩司。走卒謂之拽剌。

旗鼓拽剌詳穩司。掌旗鼓之事。

千拽剌詳穩司。

猛拽剌詳穩司。

墨离軍詳穩司。

礮手軍詳穩司〔一〕。掌飛礮之事。

弩手軍詳穩司。掌强弩之事。

鐵林軍詳穩司。

大鷹軍詳穩司。

鷹軍詳穩司。

鶻軍詳穩司。大、小鶻軍，即二室韋軍號。

鳳軍詳穩司。

龍軍詳穩司。

飛龍軍詳穩司。

虎軍詳穩司。

熊軍詳穩司。

左鐵鷂子軍詳穩司。

右鐵鷂子軍詳穩司。

龍衛軍詳穩司。

威勝軍詳穩司〔二二〕。

天雲軍詳穩司。

特滿軍詳穩司。

敵烈軍詳穩司。

敵烈皮室詳穩司。

肴里奚軍詳穩司〔二三〕。

涅哥奚軍詳穩司。

渤海軍詳穩司。

女古烈詳穩司。

奚王南剋軍詳穩司。　諸帳並有剋官爲長，餘同詳穩司。

奚王北剋軍詳穩司。

國舅帳剋軍。

三剋軍。

頻必剋軍。

九剋軍。

十二行糺軍。　諸糺並有司徒，餘同詳穩司。

各宮分糺軍。

遥輦糺軍。

各部族糺軍。

羣牧二糺軍。

怨軍八營都詳穩司。天祚天慶六年，命秦晉王淳募遼東飢民，得二萬餘人，謂之怨軍。及淳僭位，改號常勝軍。

前宜營。八營皆以所募州名爲號。

後宜營。

前錦營。

後錦營。

乾營。

顯營。

乾顯大營。

巖州營。

北面邊防官

遼境東接高麗，南與梁、唐、晉、漢、周、宋六代爲勍敵，北鄰阻卜、朮不姑〔一四〕，大國以十數；西制西夏、党項、吐渾、回鶻等，强國以百數。居四戰之區，虎踞其間，莫敢與攖，制之有術故爾。觀於邊防之官，太祖、太宗之雄圖見矣。

諸軍都虞候司。

都虞候。

奚王府。見部族官。

大惕隱司。見帳官。

大國舅司。

大常袞司。

五院司。見部族官。

六院司。

沓温司。未詳。

已上上京路諸司，控制諸奚。

諸部署職名總目：

某兵馬都部署。

某兵馬副部署。

某兵馬都監。

某都部署判官。

諸指揮使職名總目：

某軍都指揮使。

某軍副指揮使。

某軍都監。

諸統軍使職名總目：

有都統軍使、副使、都監等官。

東京兵馬都部署司。

契丹、奚、漢、渤海四軍都指揮使司。

契丹奚軍都指揮使司〔一五〕。

奚軍都指揮使司。

漢軍都指揮使司。

渤海軍都指揮使司。

東京都統軍使司。

東京都詳穩司。

保州都統軍司。

湯河詳穩司。亦曰南女直湯河司。

杓窊司。未詳〔一六〕。

金吾營。屬南面。

銅州北兵馬指揮使司。

淶州南兵馬指揮使司〔一七〕。

已上遼陽路諸司，控扼高麗。

黄龍府兵馬都部署司。一作都監署司。

黄龍府鐵驪軍詳穩司。

咸州兵馬詳穩司。有知咸州路兵馬事、同知咸州路兵馬事、咸州糺將。

東北路都統軍使司。有掌法官，道宗大安六年置。

已上長春路諸司，控制東北諸國。

南京都元帥府。本南京兵馬都總管府，興宗重熙四年改。有都元帥、大元帥。

南京兵馬都總管府。屬南面。有兵馬都總管，有總領南面邊事，有總領南面軍務，有總南面戍兵等官。

南京馬步軍都指揮使司。屬南面。

侍衛控鶴都指揮使司。屬南面。

燕京禁軍詳穩司。

南京都統軍司。又名燕京統軍司。聖宗統和十二年復置南京統軍都監。

牛欄都統領司。

都統領。

副統領。

距馬河戍長司。聖宗開泰七年，沿距馬河宋界東西七百餘里，特置戍長一員巡察〔一八〕。

戍長。

監軍寨統領司。

石門統領司。

南皮室軍詳穩司。

北皮室軍詳穩司。

猛拽剌詳穩司。

管押平州甲馬司。

　管押平州甲馬。

已上南京諸司，並隸元帥府，備禦宋國。

西南面安撫使司。

　西南面安撫使。

西南面都招討司。太祖神册元年置。亦曰西南路招討司。

　西南面招討使。

西南邊大詳穩司。

西南路詳穩司。

西南面五押招討司。

五押招討大將軍。

西南路巡察司。又有西南巡邊官。

西南路巡察將軍。

西南面巡檢司。

西南面巡檢。

西南面同巡檢。

西南面拽剌詳穩司。

山北路都部署司。又有知山北道邊境事官。

金肅軍都部署司。

南王府。見北面朝官。

北王府。

乙室王府。

山金司。一作山陰司。置在金山之北。

已上西京諸司，控制西夏。

西北路招討使司。有知西路招討事〔一九〕，有監軍。

西北路管押詳穩司。

西北路總領司。有總領西北路軍事官。

領西北路十二班軍使司。

契丹軍詳穩司。

吐渾軍詳穩司。

述律軍詳穩司。

禁軍詳穩司。

奚王府舍利軍詳穩司。

大室韋軍詳穩司。

小室韋軍詳穩司。

北王府軍詳穩司。

特滿軍詳穩司。

羣牧軍詳穩司。

宮分軍詳穩司。

西北路金吾軍。屬南面。

西北路兵馬都部署司。

西北路阻卜都部署司。

西北路統軍司。

西北路戍長司。

西北路禁軍都統司。

西北部鎮撫司。兼掌西北諸部軍民。有鎮撫西北部事官。

西北路巡檢司。

黑水河提轄司。在中京黔州置。

已上西北路諸司，控制諸國。

東北路兵馬詳穩司。亦曰東北面詳穩司。

東北路監軍馬司。有東北路監軍馬使，有管押東北路軍馬事官。

東北路女直詳穩司。

北女直兵馬司。在東京遼州置。

已上東北路諸司。

東路兵馬都總管府。有東路兵馬都總管，有同知東路兵馬事官。

東路都統軍使司。

遥里等十軍都詳穩司。

遥里軍諸詳穩司。未詳。

九水諸夷安撫使。

已上東路諸司。

西南面節制司。有節制西南諸軍事。

西南面都統軍司。

已上西南邊諸司。

山西兵馬都統軍司。

西路招討使司。

西邊大詳穩司。

四蕃都軍所。聖宗統和四年置，授李繼沖。

夏州管内蕃落使。聖宗統和四年置，授李繼遷。

倒塌嶺節度使司。

倒塌嶺統軍司。

塌西節度使司。

塌母城節度使司。

已上西路諸司。

北面行軍官

遼行軍官，樞密、都統、部署之司，上下相維，先鋒、兩翼嚴重，中軍於遠探偵候爲尤謹，臨陣委重於監戰。司存有常，秩然整暇，所以爲制勝之道也。

行樞密院。有左、右林牙，有參謀。

行軍都統所。有監軍，有行軍諸部都監，有監戰。

行軍都統。

行軍副都統。

行軍都監。

行軍都押司。有都押官、副押官。

行軍都部署司。

先鋒使司。

先鋒都統所。

左翼軍都統所。

右翼軍都統所。

中軍都統所。

御營都統所。

遠探軍。有小校，有拽剌。

候騎。有偵候，有候人，有拽剌。

東征行樞密院。

東征都統所。亦曰東面行軍都統所，又曰東路行軍都統所。

東征統軍司。

東征先鋒使司。

西征統軍司。

南征都統所。亦曰南面行軍都統所。

南征統軍司。

南面行營總管府。

南面行營都部署司。

河南道行軍都統所。

北道行軍都統所。

東北面行軍都統所。

西北面行軍都統所。

西南面行軍都統所。

北面屬國官

遼制，屬國、屬部官，大者擬王封，小者准部使。命其酋長與契丹人區別而用，恩威兼制，得柔遠之道。考其可知者具如左。

屬國職名總目：

某國大王。

某國于越。

某國左相。

某國右相。

某國惕隱。亦曰司徒。

某國太師。

某國太保。

某國司空。本名闥林〔二〇〕。

某國某部節度使司。

某國某部節度使。

某國某部節度副使。

某國詳穩司。

某國詳穩。

某國都監。

某國將軍。

某國小將軍。

大部職名：

並同屬國。

諸部職名：

並同部族。

女直國順化王府。景宗保寧九年，女直國來請宰相、夷离堇之職，以次授者二十一人。聖宗統和八年，封女直阿海爲順化王，亦作阿改。天祚天慶二年有順國女直阿鶻産大王。

北女直國大王府。

南女直國大王府。

曷蘇館路女直國大王府。亦曰合蘇袞部女直王，又曰合素女直王，又曰蘇館都大王〔三二〕。

聖宗太平六年，曷蘇館諸部許建旗鼓。

長白山女直國大王府。聖宗統和三十年，長白山三十部女直乞授爵秩。

鴨渌江女直大王府。

瀕海女直國大王府。

阻卜國大王府。

阻卜扎剌部節度使司。

阻卜諸部節度使司。聖宗統和二十九年置。

阻卜別部節度使司。

西阻卜國大王府。

北阻卜國大王府。

西北阻卜國大王府。

乞粟河國大王府。

城屈里國大王府。

朮不姑國大王府。亦曰述不姑。又有直不姑。

阿薩蘭回鶻大王府。亦曰阿思懶王府。

回鶻國單于府。興宗重熙二十二年，詔回鶻部副使以契丹人充。

沙州回鶻燉煌郡王府〔三〕。

甘州回鶻大王府。

高昌國大王府。

党項國大王府。

西夏國西平王府。

高麗國王府。

新羅國王府。

日本國王府。

吐谷渾國王府。

吐渾國王府。

轄戛斯國王府。

室韋國王府。

黑車子室韋國王府。

鐵驪國王府。

靺鞨國王府。

沙陀國王府。

濊貊國王府。

突厥國王府。

西突厥國王府。

斡朗改國王府。

迪烈德國王府。亦曰敵烈，亦曰迭烈德。

于厥國王府。

越離覩國王府。亦曰斡離都。

阿里國王府。

襖里國王府。

朱灰國王府。

烏孫國王府。

于闐國王府。

獅子國王府。

大食國王府。

西蕃國王府。

大蕃國王府。

小蕃國王府。

吐蕃國王府。

阿撒里國王府。

波剌國王府。

惕德國王府〔二三〕。

仙門國王府〔二四〕。

鐵不得國王府〔二五〕。

鼻國德國王府〔二六〕。

轄剌國只國王府。

賃烈國王府。

獲里國王府。

怕里國王府。
噪温國王府。
阿鉢頗得國王府。
阿鉢押國王府。
紐没里國王府〔一七〕。
要里國王府。
徒覩古國王府。亦曰徒魯古。
素撒國王府。
夷都衮國王府。
婆都魯國王府。
霸斯黑國王府。
達離諫國王府。
達盧古國王府。
三河國王府。
鼊列哥國王府。

述律子國王府。

殊保國王府。

蒲昵國王府。

烏里國王府。

已上諸國。

蒲盧毛朵部大王府。

回跋部大王府。

嵓母部大王府。

黄龍府女直部大王府。道宗大康八年，賜官及印。

吾禿婉部大王府。

烏隈于厥部大王府。

婆離八部大王府。

于厥里部族大王府。太宗會同三年，賜旗鼓。

已上大部。

生女直部。
直不姑部。
狐山部。
拔思母部。
茶扎剌部〔二八〕。
粘八葛部。
耶覩刮部。
耶迷只部。
撻朮不姑部。
渤海部。
西北渤海部。
達里得部。亦曰達離底。
烏古部。
隈烏古部。

三河烏古部。

烏隈烏骨里部〔二九〕。

敵烈部〔三〇〕。

迪离畢部。

涅剌部。

烏濊部。已上三部，隸夫人婆底里東北路管押司〔三一〕。

鉏德部。

諦居部。亦曰諦舉部。

涅剌奥隗部。

八石烈敵烈部〔三二〕。

迭剌葛部。

兀惹部。亦曰烏惹部。

党項部。

隗衍党項部。

山南党項部。

北大濃兀部。

南大濃兀部。

九石烈部。

嗢娘改部。

鼻骨德部。

退欲德部〔三三〕。

涅古部。

遙思拈部〔三四〕。

劃離部。聖宗統和元年，劃離部請今後詳穩於當部人內選授〔三五〕，不許。

四部族部。

四蕃部。

三國部。

素昆那山東部。

胡母思山部。

盧不姑部。

照姑部。
白可久部[三六]。
俞魯古部。
七火室韋部。
黃皮室韋部。
瑶穩部。
嘲穩部。
二女古部。
蔑思乃部。
麻達里别古部[三七]。
梅里急部。
斡魯部。
榆里底乃部。
率類部。
五部蕃部。

蒲奴里部。

閘古胡里扒部。

已上諸部。

校勘記

〔一〕遥里部伯德部墮瑰部楚里部奥里部南剋部北剋部　本書卷三三營衛志下謂奚「初爲五部：曰遥里，曰伯德，曰奥里，曰梅只，曰楚里」；「天贊二年，置墮瑰部，遂號六部奚」；「聖宗合奥里、梅只、墮瑰三部爲一，特置二剋部以足六部之數」。按此處二剋部與墮瑰部並見，欠妥。

〔二〕大黄室韋部小黄室韋部　本書卷三三營衛志下云：「突吕不室韋部。本名大、小二黄室韋户。太祖爲達馬狘沙里，以計降之，乃置爲二部。（中略）涅剌拏古部。與突吕不室韋部同。」則大、小黄室韋或即上文突吕不室韋、涅剌拏古二部之重出。

〔三〕已上四十九節度　按自品部至五國部共五十部。突吕不室韋部、涅剌拏古部與大、小二黄室韋部或係重出，又奚六部列爲七部，則計爲四十七部。

〔四〕「鷹坊」及「五坊未詳」　本書卷一八興宗紀一太平十一年十一月壬辰，「縱五坊鷹鶻」；重熙七年二月壬午，「幸五坊閲鷹鶻」。又卷三二營衛志中，「五坊擎進海東青鶻，拜授皇帝放之」。知五坊掌鷹鶻等。按新唐書卷四七百官志二，「閑厩使押五坊，以供時狩：一曰雕坊，二曰鶻坊，三曰鷂坊，四曰鷹坊，五曰狗坊」。遼五坊當承自唐，鷹坊即其一。

〔五〕五冶未詳太師　據本書卷六〇食貨志下，遼有銅、鐵、金、銀諸冶，五冶疑掌五金衙司。又同卷云：「太宗置五冶太師，以總四方之鐵錢。」則五冶太師職掌鑄幣。

〔六〕倒塌嶺西路羣牧使司　本書卷二五道宗紀五大安十年七月，「阻卜等寇倒塌嶺，盡掠西路羣牧馬去」。卷七〇屬國表作「阻卜來寇倒塌嶺，西路羣牧及渾河北牧馬皆爲所掠」。疑史臣誤以「倒塌嶺西路羣牧」連讀，實係上文「西路羣牧使司」之重出。

〔七〕便宜從事府亦曰便宜行事便宜從事　此條疑爲史臣附會。按本書他處所見「便宜從事」、「便宜行事」均非官職，皆係特詔許專斷處置。

〔八〕左皮室詳穩司右皮室詳穩司北皮室詳穩司南皮室詳穩司　疑北、南皮室係左、右皮室之重出。按本書紀傳無並稱四皮室者，或云左右，或曰南北，或稱二皮室。卷一一聖宗紀二統和四年十一月癸巳，「北皮室詳穩排亞獻所獲宋諜二人」，排亞即蕭排押，卷八八本傳作「左皮室詳穩」。知北皮室即左皮室。又卷一一五高麗外記謂開泰七年蕭排押與高麗戰於茶、陀二河之間，「天雲、右皮室二軍没溺者衆，（中略）以南皮室軍校有功，賜衣物銀絹有差」。蓋南皮室即右皮室。

〔九〕選諸部豪健千餘人置爲腹心部　本書卷七三耶律曷魯傳曰：「太祖宫行營始置腹心部，選諸部豪健二千餘充之。」與此異。

〔一〇〕「太宗選天下精甲三十萬爲皮室軍」至「屬珊軍詳穩司應天皇太后置軍二十萬」 宋史卷二六四宋琪傳引平燕薊十策及契丹國志卷二三兵馬制度均謂皮室軍三萬，屬珊軍二萬。

〔一一〕礮手軍 「手」，原作「首」。按本書卷一一聖宗紀二統和四年六月甲辰有「礮手」，卷二六道宗紀六壽隆元年九月丙辰有「砲人」、「弩人」，又本卷下文有「弩手軍」。今據改。

〔一二〕龍衞軍詳穩司威勝軍詳穩司 本書卷一三聖宗紀四統和十三年七月壬戌，「詔蔚、朔等州龍衞、威勝軍更戍」，又謂翌年五月庚戌「朔州威勝軍一百七人叛入宋」。知龍衞、威勝軍爲蔚、朔州節度營兵，當改置南面。

〔一三〕肴里奚軍詳穩司 「肴里」，原作「滑里」，據本書卷一六聖宗紀七開泰八年七月辛酉及卷一一五高麗外記改。「肴里」蓋即奚六部之遥里。

〔一四〕朮不姑 朮不姑即阻卜異譯，此係重出。

〔一五〕契丹奚軍都指揮使司 「奚」字疑衍。

〔一六〕杓窊司未詳 本書卷五七儀衞志三云：「杓窊，鶻鳥之總名，以爲印紐，取疾速之義。行軍詔賜將帥用之。」按杓窊司當掌杓窊印。

〔一七〕涑州南兵馬指揮使司 「涑州」，原作「淶州」。按本書卷三八地理志二云：「涑州，刺史。渤海置。兵事隸南兵馬司。」即其所本。今據改。

〔一八〕「聖宗開泰七年」至「特置戍長一員巡察」 本書卷一七聖宗紀八，太平八年二月戊子拒馬河始置戍長巡察。

〔一九〕知西路招討事　疑當作「知西北路招討使事」。按本書屢見「知西北路招討使事」，無「知西路招討事」。

〔二〇〕某國司空本名闔林　本書卷四太宗紀下會同元年十一月，「諸部宰相、節度使帳爲司空，二室韋闔林爲僕射」。然卷一一六國語解曰：「撻林，官名。後二室韋部改爲僕射，又名司空。」按司空本名闔林別無旁證，疑係史官誤解。

〔二一〕蘇館都大王　「蘇」上疑闕「曷」字。按此名僅見於此，本書卷一九興宗紀二重熙十年十月庚寅作「曷蘇館都大王」。

〔二二〕沙州回鶻燉煌郡王府　「府」字原闕，據上下文例補。

〔二三〕惕德國王府　「惕德」，原作「惕隱」。按本書所見遼屬國無「惕隱」而有「惕德」，今據改。

〔二四〕仙門國王府　仙門當係鐵驪酋長名，史臣誤以爲國名。按本書卷二〇興宗紀三重熙十六年十月庚午，「鐵驪仙門來朝，以始入貢，加右監門衛大將軍」。

〔二五〕鐵不得國王府　「鐵不得」，箭内亘元代社會の三階級謂即吐蕃之異譯。

〔二六〕鼻國德國王府　「鼻國德」，本書屢見「鼻骨德部」，蓋即此名之異譯。本卷下文有「鼻骨德部」，疑係重出。

〔二七〕紕沒里國王府　紕沒里即上文之賃烈，此係重出。參見本書卷七〇屬國表校勘記〔七〕。

〔二八〕茶扎剌部　「茶」，諸本均作「荼」，據本書道宗紀大安十年四月丙午、壽隆六年五月壬午改。

〔二九〕烏隈烏骨里部　「烏骨里」，本書或作「烏古」，或作「于厥」。此烏隈烏骨里部即上文烏隈于厥部之重出。

〔三〇〕敵烈部　上文謂「迪烈德國王府，亦曰敵烈，亦曰迭烈德」，此係重出。

〔三一〕迪离畢部涅剌部烏濊部已上三部隸夫人婆底里東北路管押司　本書卷一二聖宗紀三統和七年七月甲午，「以迪离畢、涅剌、烏濊三部各四人益東北路夫人婆里德」，非以其部隸之。

〔三二〕八石烈敵烈部　本書卷一三聖宗紀四統和十五年有「敵烈八部」，卷一五聖宗紀六開泰三年九月丁酉作「八部敵烈」，卷二三道宗紀三咸雍九年七月戊申又作「八石烈敵烈」。此處「八石烈敵烈部」即八部敵烈，與上文敵烈部重出。

〔三三〕退欲德部　本書無此部。按本書卷三太宗紀上天顯十年四月，「吐谷渾酋長退欲德率衆內附」，此處蓋誤以其酋長名爲部名。

〔三四〕遥思拈部　本書卷一六聖宗紀七開泰八年三月己未作「遥恩拈部」，「思」、「恩」二字或有一誤。

〔三五〕聖宗統和元年劃離部請今後詳穩於當部人內選授　本書卷一〇聖宗紀一及卷六九部族表並繫此事於統和二年三月。

〔三六〕白可久部　本書無此部。按本書卷四太宗紀下會同九年四月辛酉，「吐谷渾白可久來附」；

新五代史卷八晉高祖紀天福六年九月丁丑，「吐渾使白可久來」。是白可久當爲人名，此誤作部名。

〔三七〕麻達里別古部　本書卷二六道宗紀六壽隆二年二月癸亥及卷六九部族表並作「達麻里別古部」，疑是。

遼史卷四十七

志第十七上

百官志三

南面

契丹國自唐太宗置都督、刺史，武后加以王封，玄宗置經略使，始有唐官爵矣。其後習聞河北藩鎮受唐官名，於是太師、太保、司徒、司空施于部族。太祖因之。大同元年，世宗始置北院樞密使。明年，世宗以高勳爲南院樞密〔一〕。則樞密之設，蓋自太宗入汴始矣。天禄四年，建政事省。於是南面官僚可得而書。

其始，漢人樞密院兼尚書省，吏、兵刑有承旨，户、工有主事，中書省兼禮部，别有户部使司。以營州之地加幽、冀之半，用是適足矣。

中葉彌文，耶律楊六爲太傅，知有三師矣。忽古質爲太尉，知有三公矣。於斡古得爲常侍〔二〕，劉涇爲禮部尚書，知有門下、尚書省矣。庫部、虞部、倉部員外出使，則知備郎官列宿之員。室昉監修，則知國史有院。程翥舍人，則知起居有注。邢抱朴承旨，王言敷學士，則知有翰林内制。張幹政事舍人，則知有中書外制。大理、司農有卿，國子、少府有監，九卿、列監見矣。金吾、千牛有大將，十六列衞見矣。太子上有師保，下有府率，東宮備官也。節度、觀察、防禦、團練、刺史，咸在方州，如唐制也。

凡唐官可考見者，列具于篇，無徵者不書。

南面朝官

遼有北面朝官矣，既得燕、代十有六州，乃用唐制，復設南面三省、六部、臺、院、寺、監、諸衞、東宮之官。誠有志帝王之盛制，亦以招徠中國之人也。

三師府。本名三公，漢以丞相、太尉、御史大夫爲三公，故稱三師。

太師。穆宗應曆三年見太師唐骨德。

太傅。太宗會同元年命馮道守太傅。

太保。會同元年劉昫守太保〔三〕。

少師。耶律資忠傳見少師蕭把哥。

少傅。

少保。

掌印。耶律乙辛，重熙中掌太保印〔四〕。

三公府。先漢丞相、太尉、御史大夫，後漢更名大司徒、大司馬、大司空，唐太尉、司徒、司空，又名三司。

太尉。太宗天顯十一年見太尉趙思温。

司徒。世宗天禄元年見司徒劃設。

司空。聖宗統和三十年見司空邢抱質。

漢人樞密院。本兵部之職，在周爲大司馬，漢爲太尉。唐季宦官用事，内置樞密院，後改用士人。晉天福中廢，開運元年復置。太祖初有漢兒司，韓知古總知漢兒司事。太宗入汴，因晉置樞密院，掌漢人兵馬之政，初兼尚書省。

樞密使。太宗大同元年見樞密使李崧。

知樞密使事。

知樞密院事。

樞密副使。楊遵勗，咸雍中爲樞密副使。

同知樞密院事。聖宗太平六年見同知樞密院事耶律迷離已。

知樞密院副使事。楊晳，興宗重熙十二年知樞密院副使事。

樞密直學士。聖宗統和二年見樞密直學士郭嘏〔五〕。

樞密都承旨。聖宗開泰九年見樞密都承旨韓紹芳。

樞密副承旨。楊遵勗，重熙中爲樞密副承旨。

吏房承旨。

兵刑房承旨。

户房主事。

廳房主事，即工部。

中書省。初名政事省。太祖置官，世宗天禄四年建政事省，興宗重熙十三年改中書省〔六〕。

中書令。韓延徽，太祖時爲政事令；韓知古，天顯初爲中書令；會同五年又見政事令趙延壽。

大丞相。太宗大同元年見大丞相趙延壽。

左丞相。聖宗太平四年見左丞相張儉。

右丞相。聖宗開泰元年見右丞相馬保忠。

知中書省事。蕭孝友，興宗重熙十年知中書省事〔七〕。

中書侍郎。韓資讓，壽隆初爲中書侍郎。

同中書門下平章事。太祖加王郁同政事門下平章事〔八〕，太宗大同元年見平章事張礪。

參知政事。聖宗統和十二年見參知政事邢抱朴。

堂後官。太平二年見堂後官張克恭。

主事。

守當官。並見耶律儼建官制度。

令史。耶律儼，道宗咸雍三年爲中書省令史。

中書舍人院。
中書舍人。室昉，景宗保寧間爲政事舍人；道宗咸雍三年見中書舍人馬鉉。
右諫院。
右諫議大夫。聖宗統和七年見諫議大夫馬得臣。
右補闕。
右拾遺。劉景，穆宗應曆初爲右拾遺。

門下省。
侍中。趙思忠，太宗會同中爲侍中〔九〕。
常侍。興宗重熙十四年見常侍斡古得。
散騎常侍。馬人望，天祚乾統中爲左散騎常侍。
給事中。聖宗統和二年見給事中郭嘏。
門下侍郎。楊晳，清寧初爲門下侍郎。
起居舍人院。
起居舍人。聖宗開泰五年見起居舍人程翥。

知起居注。耶律敵烈，重熙末知起居注。
起居郎。杜防，開泰中爲起居郎。
左諫院。
左諫議大夫。
左補闕。
左拾遺。統和三年見左拾遺劉景。
通事舍人院。
通事舍人。統和七年見通事舍人李琬。
符寶司。
符寶郎。耶律玦，重熙初爲符寶郎。
東上閤門司。太宗會同元年置。
東上閤門使。韓延徽傳見東上閤門使鄭延豐。
東上閤門副使。
西上閤門司。
西上閤門使。統和二十一年見西上閤門使丁振。

西上閤門副使。

東頭承奉班。

東頭承奉官。韓德讓，景宗時爲東頭承奉官。

西頭承奉班。

西頭承奉官〔一〇〕。

通進司。

左通進。

右通進。耶律瑶質，景宗時爲右通進。

登聞鼓院。

登聞鼓使。

匭院。

知匭院使。太平三年見知匭院事杜防。

誥院。

誥院給事。耶律鐸斡，重熙末爲誥院給事〔一一〕。

尚書省。太祖嘗置左右尚書。

尚書令。蕭思温，景宗保寧初爲尚書令。

左僕射。太祖初康默記爲左尚書，三年見左僕射韓知古。

右僕射。太宗會同元年見右僕射烈束。

左丞。武白爲尚書左丞。

右丞。

左司郎中。

右司郎中。

左司員外郎。

右司員外郎。

六部職名總目：

某部。

某部尚書。聖宗開泰元年見吏部尚書劉績。

某部侍郎。王觀，興宗重熙中爲兵部侍郎；李澣，穆宗朝累遷工部侍郎。

某部郎中。劉輝，道宗大安末爲禮部郎中〔一二〕。

某部員外郎。開泰五年見禮部員外郎王景運。

某部郎中。聖宗統和九年見虞部郎中崔祐〔一三〕。諸曹郎官未詳。

御史臺。太宗會同元年置。

御史大夫。會同九年見御史大夫耶律解里。

御史中丞。

侍御。重熙七年見南面侍御壯骨里。

殿中司。

殿中。聖宗開泰元年見殿中高可恒〔一四〕。

殿中丞。

尚舍局。見遼朝雜禮。

奉御。

尚乘局奉御。

尚輦局奉御。
尚食局奉御。
尚衣局奉御。

翰林院。掌天子文翰之事。

翰林都林牙。興宗重熙十三年見翰林都林牙耶律庶成。

南面林牙。耶律磨魯古，聖宗統和初爲南面林牙。

翰林學士承旨。趙延壽傳見翰林學士承旨張礪。

翰林學士。太宗大同元年見和凝爲翰林學士。

翰林祭酒。韓德崇，景宗保寧初爲翰林祭酒。

知制誥。室昉，太宗入汴，詔知制誥。

翰林畫院。

翰林畫待詔。聖宗開泰七年見翰林畫待詔陳升。

翰林醫官。天祚保大二年見提舉翰林醫官李奭。

國史院。

監修國史。聖宗統和九年見監修國史室昉。

史館學士。景宗保寧八年見史館學士。

史館修撰。劉輝，大安末爲史館修撰〔一五〕。

修國史。耶律玦，重熙初修國史。

宣政殿。

宣政殿學士。穆宗應曆元年見宣政殿學士李澣。

觀書殿。

觀書殿學士。王鼎，壽隆初爲觀書殿學士。

昭文館。

昭文館直學士。楊遵勗子晦爲昭文館直學士。

崇文館。

崇文館大學士。韓延徽，太祖時爲崇文館大學士。

乾文閣。

乾文閣學士。王觀，道宗咸雍五年爲乾文閣學士。

宣徽院。太宗會同元年置。

宣徽使。

知宣徽院事。馬得臣，統和初知宣徽院事。

宣徽副使。

同知宣徽使事。

同知宣徽院事。

內省。

內省使。聖宗太平九年初見內省使。

內省副使。

內藏庫。

內藏庫提點。道宗清寧元年見內藏庫提點耶律烏骨〔一六〕。

內侍省。

黄門令。

內謁者。

內侍省押班。

內侍左廂押班。

內侍右廂押班。

契丹、漢兒、渤海內侍都知。

左承宣使。

右承宣使。

內庫。　都提點內庫。

尚衣庫。　尚衣庫使。

湯藥局。　都提點、勾當湯藥。

內侍省官，並見王繼恩、趙安仁傳。

客省。太宗會同元年置。

都客省。興宗重熙十年見都客省回鶻重哥。

客省使。會同五年見客省使耶律化哥。

左客省使。蕭護思，應曆初爲左客省使。

右客省使。

客省副使。

四方館。

四方館使。高勳，太宗入汴爲四方館使。

四方館副使。道宗咸雍五年，詔四方館副使止以契丹人充。

引進司。

引進使。聖宗統和二十八年見引進使韓杞。

點籤司。

同籤點籤司事。興宗重熙六年見同籤點籤司事耶律圓寧〔一七〕。

禮信司。

勾當禮信司。興宗重熙七年見勾當禮信司骨欲。

禮賓使司。

禮賓使。大公鼎曾祖忠爲禮賓使。

寺官職名總目：

某卿。興宗景福元年見崇禄卿李可封。

某少卿。耶律儼子處貞爲太常少卿。

某丞。

某主簿。

太常寺。有博士、贊引、太祝、奉禮郎、協律郎。

諸署職名總目：

某署令。

某署丞。

太樂署。

鼓吹署。

法物庫。遼朝雜禮有法物庫所掌圖籍。

法物庫使。

法物庫副使。

崇禄寺。本光禄寺，太宗諱改〔一八〕。

衛尉寺。

宗正寺。職在大惕隱司。

太僕寺。有乘黄署。

大理寺。有提點大理寺，有大理正，聖宗統和十二年置。

鴻臚寺。

司農寺。

諸監職名總目：

某太監。興宗景福元年見少府監馬幝。

某少監。興宗重熙十七年見將作少監王企〔一九〕。

某監丞。

某監主簿。

祕書監。有祕書郎、校書郎、正字〔二〇〕。

著作局。

著作郎。

著作佐郎。楊皙，聖宗太平十一年爲著作佐郎。

校書郎。楊佶，統和中爲校書郎。

正字。開泰元年見正字李萬。

司天監。有太史令，有司曆，靈臺郎，挈壺正，五官正，丞，主簿，五官靈臺郎、保章正、司曆、監候、挈壺正、司辰，刻漏博士，典鐘，典鼓。

國子監。上京國子監，太祖置。

祭酒。

司業。

監丞。

主簿。

國子學。

博士。武白爲上京國子博士。

助教。

太府監。

少府監。

將作監。

都水監。

已上文官。

諸衛職名總目：

各衛。

大將軍。聖宗開泰七年見皇子宗簡右衛大將軍。

上將軍。王繼忠，統和二十二年加左武衛上將軍。

將軍。聖宗太平四年見千牛衛將軍蕭順。

折衝都尉。

果毅都尉。

親衛。

勳衞。

翊衞。

左右衞。

左右驍衞。

左右武衞。

左右威衞。

左右領軍衞。

左右金吾衞。

左右監門衞。

左右千牛衞。

左右羽林軍。

左右龍虎軍。

左右神武軍。

左右神策軍。

左右神威軍。

已上武官。

東宮三師府。凡東宮官多見遼朝雜禮。

太子太師。太宗大同元年見太子太師李崧。

太子太傅。世宗天禄五年見太子太傅趙瑩。

太子太保。大同元年見太子太保趙瑩。

太子少師。聖宗太平十一年見太子少師蕭從順。

太子少傅。耶律合里，重熙中爲太子少傅。

太子少保。大同元年見太子少保馮玉。

太子賓客院。

太子賓客。

太子詹事院。

太子詹事。

少詹事。

詹事丞。

詹事主簿。

太子司直司。

太子司直。

左春坊。

太子左庶子。

太子中允。聖宗太平五年見太子中允馮若谷。

太子司議郎。

太子左諭德。

太子左贊善大夫。

文學館。

崇文館學士。

崇文館直學士。

太子校書郎。聖宗太平五年見太子校書郎韓欒〔三〕。

司經局。

太子洗馬。劉輝，大安末爲太子洗馬。

太子文學。

太子校書郎。聖宗太平五年見太子校書郎張昱。

太子正字。

典設局。

典設郎。

宮門局。

宮門郎。

右春坊。

太子右庶子。

太子中舍人。

太子舍人。

太子右諭德。

右贊善大夫。

太子通事舍人。

太子家令寺。

太子家令。

丞。

主簿。

太子率更寺。

太子率更令。

丞。

主簿。

太子僕寺。

太子僕。

丞。

主簿。

太子率府職名總目：

某率。興宗重熙十四年見率府率習羅。

太子左右衛率府。

太子左右司禦率府。

太子左右清道率府。

太子左右監門率府。

太子左右内率府。

已上東宫官。

王傅府。

王傅。蕭惟信，重熙十五年爲燕趙王傅。

親王内史府。

内史。道宗大康三年見内史吴家奴。

長史。

參軍。

諸王文學館。

諸王教授。姚景行，重熙中爲燕趙國王教授。

諸王伴讀。聖宗太平八年，長沙郡王宗允等奏選諸王伴讀。

已上諸王府官。

南面宫官

漢兒行宫都部署院。亦曰南面行宫都部署司。聖宗開泰九年改左僕射〔二二〕。

漢兒行宫都部署。開泰七年見漢兒行宫都部署石用中。

漢兒行宫副部署。興宗重熙十五年見漢兒行宫副部署耶律敵烈〔二三〕。

知南面諸行宫副部署。重熙十年見知南面諸行宫副部署耶律褭里。

同知漢兒行宫都部署事。道宗大康三年見同知漢兒行宫都部署事蕭撻不也。

同簽部署司事。耶律儼，大康中爲同簽部署司事。

都部署判官。耶律儼，咸雍中爲都部署判官〔二四〕。

十二宫南面行宫都部署司職名總目：

某宫漢人行宫都部署。

某宫南面副都部署。

某宫同知漢人都部署。

弘義宫。

永興宮。

積慶宮。

長寧宮。

延昌宮。

彰愍宮。

崇德宮。

興聖宮。

延慶宮。

太和宮。

永昌宮。

敦睦宮。

校勘記

〔一〕大同元年世宗始置北院樞密使明年世宗以高勳爲南院樞密　本書卷五世宗紀大同元年八月癸未，「始置北院樞密使」；九月丁卯，「改大同元年爲天禄元年。（中略）高勳爲南院樞密使」。知均係同年事。

〔二〕於斡古得爲常侍　「斡」，原作「韓」，據本書卷一九興宗紀二重熙十四年正月甲申及下文門下省條改。

〔三〕「太宗會同元年命馮道守太傅」及「會同元年劉昫守太保」　本書卷四太宗紀下會同元年十二月戊戌，「遣同括、阿鉢等使晉，制加晉馮道守太傅，劉昫守太保，餘官各有差」。知馮道、劉昫實非遼官。

〔四〕耶律乙辛重熙中掌太保印　本書卷一一〇耶律乙辛傳云：「重熙中，爲文班吏，掌太保印。」卷一四聖宗紀五統和二十年四月丙寅有「文班太保達里底」，卷二二道宗紀二清寧九年七月戊午有「文班太保奚叔」。耶律乙辛所掌當係文班太保印，與三師太保無涉。

〔五〕郭嘏　下文給事中條同。本書卷一〇聖宗紀一統和二年十一月壬子作「鄭嘏」。

〔六〕興宗重熙十三年改中書省　「十三年」疑誤。按本書卷一九興宗紀二重熙十二年十一月，「改政事省爲中書省」。

〔七〕蕭孝友興宗重熙十年知中書省事　按重熙十二年始改政事省爲中書省。本書卷八七蕭孝友傳謂重熙十年加政事令，後「拜中書令」。

〔八〕太祖加王郁同政事門下平章事　「王郁」，原作「王都」。按本書卷七五王郁傳云：「從太祖平渤海，戰有功，加同政事門下平章事。」今據改。

〔九〕趙思忠太宗會同中爲侍中　「趙思忠」，疑當作「趙思温」。按「趙思忠」本書僅此一見。本書卷七六趙思温傳云：「天顯十一年，唐兵攻太原，石敬瑭遣使求救，上命思温自嵐、憲間出兵援之。既罷兵，（中略）兼侍中。」

〔一〇〕「東頭承奉班」至「西頭承奉官」　「承奉」，遼代石刻俱作「供奉」。金史卷五三選舉志三謂筆硯供奉以避顯宗允恭嫌名改爲筆硯承奉。疑金修遼史，亦改遼之「供奉」爲「承奉」，元人因之。

〔一一〕重熙末爲誥院給事　「誥」，原作一字空格，據明鈔本、南監本、北監本、殿本補。

〔一二〕劉輝道宗大安末爲禮部郎中　本書卷一〇四劉輝傳謂大安末爲太子洗馬，壽隆二年遷禮部郎中。

〔一三〕聖宗統和九年見虞部郎中崔祐　「虞部郎中」，本書卷一三聖宗紀四統和九年三月戊申作「虞部員外郎」。

〔一四〕聖宗開泰元年見殿中高可恒　「高可恒」，本書卷一五聖宗紀六開泰元年十二月癸未作「高可垣」。

〔一五〕劉輝大安末爲史館修撰　據本書卷一〇四劉輝傳，爲史館修撰當在壽隆間。

〔一六〕道宗清寧元年見内藏庫提點耶律烏骨　「元年」，疑當作「九年」。按「内藏提點烏骨」僅見於本書卷二二道宗紀二清寧九年七月戊午。

〔七〕點簽司同簽點簽司事興宗重熙六年見同簽點簽司事耶律圓寧　按本書卷一八興宗紀一重熙六年五月己酉，「簽北面事耶律涅哥同簽點檢司」。此處「點簽司」，疑當作「點檢司」，圓寧或即涅哥之契丹語第二名。

〔八〕太宗諱改　諸本皆同，此句上當有一「避」字。

〔九〕興宗重熙十七年見將作少監王企　「王企」，本書卷二〇興宗紀三重熙十七年三月作「王全」。

〔一〇〕祕書監有祕書郎校書郎正字　「校書郎」，原作「祕書郎」。按唐制，祕書省有祕書郎、校書郎、正字。遼襲唐制，亦有校書郎。本書卷八九楊晳傳及卷九七竇景庸傳，保寧十年李內貞墓誌、統和十八年劉宇傑墓誌、天慶四年王師儒墓誌等均有「祕書省校書郎」。今據改。

〔一一〕太子校書郎聖宗太平五年見太子校書郎韓濼　本書卷一七聖宗紀八太平五年十一月庚子，「以張昱等一十四人爲太子校書郎，韓欒等五十八人爲崇文館校書郎」。按此「韓濼」即「韓欒」，疑史官誤以「太子校書郎」與下文「韓欒」連讀，此處「太子校書郎」應爲「崇文館校書郎」之誤。

〔一二〕聖宗開泰九年改左僕射　本書卷一六聖宗紀七開泰九年十一月己未，「以夷离畢蕭孝順爲南面諸行宮都部署，加左僕射」。按此係加官，非改都部署爲左僕射。

〔一三〕興宗重熙十五年見漢兒行宮副部署耶律敵烈　本書卷一九興宗紀二重熙十五年十一月丁

亥，耶律敵烈爲「漢人行宮都部署」，非副部署。

〔三〕耶律儼咸雍中爲都部署判官　本書卷九八耶律儼傳謂「大康初，歷都部署判官」，非咸雍中事。

遼史卷四十八

志第十七下

百官志四

南面京官

遼有五京。上京爲皇都，凡朝官、京官皆有之；餘四京隨宜設官，爲制不一。大抵西京多邊防官，南京、中京多財賦官。五京並置者，列陳之；特置者，分列于後。

三京宰相府職名總目：

左相。

右相。

左平章政事。

右平章政事。

東京宰相府。聖宗統和元年，詔三京左右相、左右平章事。

中京宰相府〔一〕。

南京宰相府。

諸京內省客省職名總目：

某京某省使。

某京某省副使。耶律蒲奴，開泰末爲上京內客省副使。

上京內省司。

東京內省司。地理志，東京大內不置宮嬪，唯以內省使、副、判官守之。

五京諸使職名總目：

某京某使。王棠，重熙中爲上京鹽鐵使。

知某京某使事。張孝傑，清寧間知户部使事。

某京某副使。劉伸，重熙中爲三司副使。

同知某京某使事。道宗大康三年見撻不也同知度支使事。

某京某判官。聖宗太平九年見户部使判官。

上京鹽鐵使司。

東京户部使司。

中京度支使司。

南京三司使司。

南京轉運使司。亦曰燕京轉運使司。

西京計司〔二〕。

五京留守司兼府尹職名總目：

某京留守行某府尹事。聖宗統和元年見上京留守、行臨潢尹事吴王稍。

某京副留守。天祚天慶六年見東京副留守高清臣。

知某京留守事。蕭惠，開泰二年知東京留守事〔三〕。

某府少尹。聖宗太平四年見臨潢少尹鄭弘節〔四〕。

同知某京留守事。太平八年見中京同知耶律野。

同簽某京留守事。蕭滴洌，太平六年同簽南京留守事。

某京留守判官。室昉，天禄中爲南京留守判官。

某京留守推官。聖宗開泰元年見中京留守推官李可舉。

上京留守司。

東京留守司。

中京留守司。太宗大同元年命趙延壽爲中京留守，治鎮州。聖宗統和十二年命室昉爲中京留守，治大定府[五]。

南京留守司。太宗天顯三年升東平郡爲南京，治遼陽。十三年以幽州爲南京，治析津。聖宗開泰元年改幽都府爲析津府。

西京留守司。

五京都總管府職名總目：

某京都總管、知某府事。

同知某府事。聖宗太平五年見同知中京事蕭堯衮。

上京都總管府。

東京都總管府。

中京都總管府。

南京都總管府。

西京都總管府。

五京都虞候司職名總目：

都虞候。

上京都虞候司。

東京都虞候司。

南京都虞候司。

西京都虞候司。

中京都虞候司。

五京警巡院職名總目：

某京警巡使。

某京警巡副使。

上京警巡院。

東京警巡院。

中京警巡院。

南京警巡院。

西京警巡院。

五京處置使司職名總目：

某京處置使。

上京處置司。

東京處置司。

中京處置司。

西京處置司。

南京處置司。

五京學職名總目：道宗清寧五年，詔設學養士〔六〕，頒經及傳疏，置博士、助教各一員。

博士。

助教。

上京學。上京別有國子監，見朝官。

東京學。

中京學。中京別有國子監，與朝官同。

南京學。亦曰南京太學，太宗置。聖宗統和十三年，賜水磑莊一區。

西京學。

已上五京官。

上京城隍使司。亦曰上京皇城使。

上京城隍使。韓德讓，景宗時爲上京皇城使〔七〕。

東京渤海承奉官。聖宗開泰八年耶律八哥奏，渤海承奉班宜設官以統之，因置。

渤海承奉都知押班。

遼陽大都督府。太宗會同二年置。

遼陽大都督。會同二年，都督曷魯泊等關防遼陽東都。

東京安撫使司。

東京安撫使。

東京軍巡院。地理志，東京有歸化營軍千餘人，籍河朔亡命於此，置軍巡院。

東京軍巡使。

中京文思院。

中京文思使。馬人望父佺爲中京文思使〔八〕。

中京路按問使司。

中京路按問使。耶律和尚，重熙二十四年爲中京路按問使。

中京巡邏使司。

中京巡邏使。耶律古昱，開泰間爲中京巡邏使。

中京大内都部署司。

中京大内都部署。聖宗開泰元年見中京大内都部署。

中京大内副部署。

南京宣徽院。

南京宣徽使。道宗壽隆元年見宣徽使耶律特末〔九〕。

知南京宣徽院使事。

知南京宣徽院事。

南京宣徽副使。

同知南京宣徽院事。

南京處置使司。聖宗開泰元年見秦王隆慶爲燕京管内處置使。

燕京管内處置使〔一〇〕。

南京侍衞親軍馬步軍都指揮使司。

南京侍衞親軍馬步軍都指揮使。蕭討古，乾亨初爲南京侍衞親軍都指揮使。

南京馬步副指揮使。

南京侍衞親軍馬軍都指揮使司。

南京馬軍都指揮使。

南京馬軍副指揮使。

南京侍衞親軍步軍都指揮使司。

南京步軍都指揮使。

南京步軍副指揮使。

南京栗園司。

典南京栗園。

雲州宣諭招撫使司。

雲州管内宣諭招撫使二員。統和四年見韓畋哥、邢抱朴爲雲州管内宣諭招撫使〔一〕。

南面大蕃府官

黄龍府。

知黄龍府事。興宗重熙十三年見知黄龍府事耶律甌里斯。

同知黄龍府事。

黄龍府判官。

黄龍府侍衛親軍馬步軍都指揮使。

黄龍府侍衛親軍都指揮使。

黄龍府侍衛親軍副指揮使。

黄龍府侍衛馬軍都指揮使。

黄龍府侍衛步軍都指揮使。

黄龍府侍衛馬軍副指揮使。

黄龍府侍衛步軍副指揮使。

黄龍府學。

博士。

助教。

興中府。

知興中府事。咸雍元年見知興中府事楊績。

同知興中府事。

興中府判官。

興中府學。

博士。

助教。

南面方州官

遼東、西，燕、秦、漢、唐已置郡縣，設官職矣。高麗、渤海因之。至遼，五京列峙，包括燕、代，悉爲畿甸。二百餘年，城郭相望，田野益闢。冠以節度，承以觀察、防禦、團練等使，分以刺史、縣令，大略採用唐制。其間宗室、外戚、大臣之家築城賜額，謂之「頭下州軍」。唯節度使朝廷命之，後往往皆歸王府。不能州者謂之軍，不能縣者謂之城，不能城者謂之堡。其設官則未詳云。

節度使職名總目：

某州某軍節度使。

某州某軍節度副使。

同知節度使事。耶律玦，重熙中同知遼興軍節度使事。

行軍司馬。

軍事判官。

掌書記。劉伸，重熙五年爲彰武軍節度使掌書記。

衙官。

某馬步軍都指揮使司。

都指揮使。

副指揮使。

某馬軍指揮使司。

指揮使。

副指揮使。

某步軍指揮使司。

指揮使。

副指揮使。

上京道〔一二〕：

懷州奉陵軍節度使司。

慶州玄寧軍節度使司。

泰州德昌軍節度使司。

長春州韶陽軍節度使司。

儀坤州啓聖軍節度使司。

龍化州興國軍節度使司。

饒州匡義軍節度使司。

徽州宣德軍節度使司。

成州長慶軍節度使司。

懿州廣順軍節度使司。

渭州高陽軍節度使司。

鎮州建安軍節度使司。

東京道：

開州鎮國軍節度使司。

保州宣義軍節度使司。

辰州奉國軍節度使司。

興州中興軍節度使司。

海州南海軍節度使司。

渌州鴨渌軍節度使司。

顯州奉先軍節度使司。

乾州廣德軍節度使司。

貴德州寧遠軍節度使司。

瀋州昭德軍節度使司。

遼州始平軍節度使司。

通州安遠軍節度使司。

雙州保安軍節度使司。

同州鎮安軍節度使司。

咸州安東軍節度使司。

信州彰聖軍節度使司。

賓州懷化軍節度使司。

懿州寧昌軍節度使司。

蘇州安復軍節度使司。

復州懷德軍節度使司。

祥州瑞聖軍節度使司。

中京道：

成州興府軍節度使司。

興中府彰武軍節度使司。

宜州崇義軍節度使司。

錦州臨海軍節度使司。

川州長寧軍節度使司。

建州保靜軍節度使司。

來州歸德軍節度使司。

南京道：

幽州盧龍軍節度使司。

平州遼興軍節度使司。

西京道〔一三〕：

雲中大同軍節度使司。

雲內州開遠軍節度使司。

奉聖州武定軍節度使司。

蔚州忠順軍節度使司。

應州彰國軍節度使司。

朔州順義軍節度使司。

觀察使職名總目：

某州軍觀察使。

某州軍觀察副使。

某州軍觀察判官。王鼎，清寧五年爲易州觀察判官。

州學。

博士。

助教。

中京道：

高州觀察使司。

武安州觀察使司。

利州觀察使司。

東京道：

益州觀察使司。

寧州觀察使司。

歸州觀察使司。

寧江州混同軍觀察使司。

上京道：

永州永昌軍觀察使司。

靜州觀察使司。

團練使司職名總目：

某州團練使。

某州團練副使。

某州團練判官。

州學。

博士。

助教。

東京道：

安州團練使。

防禦使司職名總目：

某州防禦使。

某州防禦副使。

某州防禦判官。

州學。

博士。

助教。

東京道：

廣州防禦使司。

鎮海府防禦使司。

冀州防禦使司。

衍州安廣軍防禦使司。

州刺史職名總目：

某州刺史。

某州同知州事。耶律獨攧，重熙中同知金肅軍事。

某州録事參軍。世宗天禄五年，詔州録事參軍委政事省差注。

州學。

博士。

助教。

上京道五州：烏、降聖、維、防、招。

東京道三十七州：穆、賀、盧、鐵、崇、耀、嬪、遼西、康、宗、海北、巖、集、祺、遂、韓、銀、安遠、威、清、雍、湖、渤、郢、銅、涑、率賓、定理、鐵利、吉、麓、荆、勝、順化、連、肅、烏。

中京道十三州：恩、惠、榆、澤、北安、潭、松山、安德、黔、嚴、隰〔一四〕、遷、潤。

南京道八州：順、檀、涿、易、薊、景、灤、營。

西京道八州：弘、德、寧邊、歸化、可汗、儒、武、東勝。

縣職名總目：

某縣令。

某縣丞。

某縣主簿。世宗天禄五年，詔縣主簿委政事省差注〔一五〕。

某縣尉。

縣學。大公鼎爲良鄉縣尹，建孔子廟。

博士。

助教。

五京諸州屬縣，見地理志。縣有驛遞、馬牛、旗鼓、鄉正、廳隸、倉司等役。有破産不能給者，良民患之。馬人望設法，使民出錢免役，官自募人，倉司給使以公使充，人以爲便。

南面分司官

平理庶獄，採摭民隱，漢、唐以來，賢主以爲恤民之令典。官不常設，有詔，則選材望官爲之。

分決諸道滯獄使。聖宗統和九年，命邢抱朴等五員，又命馬守瑛等三員，分決諸道滯獄〔一六〕。

按察諸道刑獄使。開泰五年遣劉涇等分路按察刑獄〔一七〕。

採訪使。太宗會同三年命于骨鄰爲採訪使。

南面財賦官

遼國以畜牧、田漁爲稼穡，財賦之官，初甚簡易。自涅里教耕織，而後鹽鐵諸利日以滋殖，既得燕、代，益富饒矣。

諸錢帛司職名總目：

某州錢帛都點檢。大公鼎爲長春州錢帛都提點。

長春路錢帛司。興宗重熙二十二年置。

遼西路錢帛司。

平州路錢帛司。

轉運司職名總目：

某轉運使。

某轉運副使。

同知某轉運使。

某轉運判官。

山西路都轉運使司。楊晳，興宗重熙二十年爲山西轉運使。

奉聖州轉運使司。聖宗開泰三年置。

蔚州轉運使司。

應州轉運使司。

朔州轉運使司。

保州轉運使司。已上並開泰三年置〔一八〕。

西山轉運使。聖宗太平三年見西山轉運使郎玄化〔一九〕。

南面軍官

傳曰：「雖楚有材，晉寔用之。」遼自太祖以來，攻掠五代、宋境，得其人，則就用之，東、北二鄙，以農以工，有事則從軍政。計之善者也。

點檢司職名總目：

某都點檢。穆宗應曆十六年見殿前都點檢耶律夷剌葛〔一〇〕。

某副點檢。聖宗太平六年見副點檢耶律野。

同知某都點檢。道宗清寧九年見同知點檢司事耶律撻不也。

點檢司。

殿前都點檢司。

點檢侍衛親軍馬步司。

諸指揮使司職名總目：

某軍都指揮使。聖宗統和二年見侍衛親軍都指揮使韓倬。

某軍副指揮使。

某軍都監。

某軍都指揮使司。

某軍副指揮使司。

並同前。

侍衛親軍馬步軍都指揮使司。

侍衛親軍馬軍都指揮使司。

侍衛親軍步軍都指揮使司。

侍衛控鶴兵馬都指揮使司。

侍衛漢軍兵馬都指揮使司。

四軍兵馬都指揮使司。

歸聖軍兵馬都指揮使司。聖宗統和五年，以宋降軍置七指揮〔二一〕，署左右廂，凡四十二員。七年，隸總管府。

歸聖軍左廂兵馬都指揮使司。

歸聖軍右廂兵馬都指揮使司。

第一左廂兵馬都指揮使司。

第一右廂兵馬都指揮使司。

第二左廂兵馬都指揮使司。
第二右廂兵馬都指揮使司。
第三左廂兵馬都指揮使司。
第三右廂兵馬都指揮使司。
第四左廂兵馬都指揮使司。
第四右廂兵馬都指揮使司。
第五左廂兵馬都指揮使司。
第五右廂兵馬都指揮使司。
第六左廂兵馬都指揮使司。
第六右廂兵馬都指揮使司。
第七左廂兵馬都指揮使司。
第七右廂兵馬都指揮使司。
宣力軍都指揮使司。
四捷軍都指揮使司。
天聖軍都指揮使司。

漢軍都指揮使司。

諸軍都團練使職名總目：

某軍都團練使。趙思温，太祖神册二年爲漢軍都團練使。

某軍團練副使。

某軍團練判官。

漢軍都團練使司。

諸軍兵馬都總管府職名總目：

某兵馬都總管。聖宗太平四年見兵馬都總管。

某兵馬副總管。

同知某兵馬事。

某兵馬判官。

兵馬都總管府。

歸聖軍兵馬都總管府。

南面邊防官

三皇、五帝寬柔之化，澤及漢、唐，好生惡殺，習與性成。雖五代極亂，習於戰鬭者財幾人耳。宋以文勝，然遼之邊防猶重於南面，直以其地大民衆故耳。卒之親仁善鄰，桴鼓不鳴幾二百年。此遼之所以爲美也歟。

易州飛狐招安使司。聖宗統和二十三年改安撫使司。

易州飛狐兵馬司。道宗咸雍四年改易州安撫司。

易州飛狐招撫司。

西南面招安使司。耶律合住，景宗保寧初爲西南面招安使。

巡檢使司。耶律合住，景宗保寧中爲巡檢使。

五州都總管府。耶律速撒，穆宗應曆初爲義、霸、祥、順、聖五州都總管〔二〕。

山後五州都管司。聖宗統和四年見蒲奴寧爲山後五州都管。

五州制置使司。聖宗開泰九年見霸、建、宜、泉、錦五州制置使〔三〕。

三州處置使司。韓德樞，太宗時爲平、灤、營三州處置使。

霸州處置使司。統和二十七年廢。

校勘記

〔一〕中京宰相府　「中京」，疑當作「上京」。按本書卷一〇聖宗紀一統和元年十一月庚辰，「上與皇太后祭乾陵，下詔諭三京左右相、左右平章事」云云。據卷三九地理志三，中京城於統和二十五年，統和元年之「三京」當指上京、東京、南京。

〔二〕西京計司　余靖武溪集卷一八契丹官儀謂「山後置轉運使」。又會編卷二一引亡遼録云：「建五京五計司：如燕三司、西轉運、中度支、上鹽鐵、東户部。」是「計司」係泛稱，西京所置當爲轉運使司。

〔三〕蕭惠開泰二年知東京留守事　本書卷九三蕭惠傳云：「開泰二年，改南京統軍使。未幾，爲右夷离畢，加同中書門下平章事。朝議以遼東重地，非勳戚不能鎮撫，乃命惠知東京留守事。」據卷一五聖宗紀六，蕭惠爲右夷离畢已在開泰六年五月，此處蓋據本傳摘鈔，繫年有誤。

〔四〕聖宗太平四年見臨潢少尹鄭弘節　本書卷一七聖宗紀八，鄭弘節爲臨潢少尹在太平五年三月。

〔五〕聖宗統和十二年命室昉爲中京留守治大定府　「中京」，疑當作「南京」，參見本書卷七九校勘記〔三〕，則此句不應繫於中京留守司下。又「治大定府」句，廿二史考異疑係附益之説。

〔六〕道宗清寧五年詔設學養士　據本書卷二一道宗紀一，此事在清寧元年十二月。

〔七〕韓德讓景宗時爲上京皇城使　「皇」，原作「隍」，據上文「上京皇城使」及本書卷八二本傳改。

〔八〕馬人望父佺爲中京文思使　「佺」，本書卷一〇五馬人望傳作「詮」。

〔九〕道宗壽隆元年見宣徽使耶律特末　本書卷二六道宗紀六壽隆元年五月乙未，「南京宣徽使耶律特末爲北院大王」。卷九五耶律特麽傳作「南院宣徽使」。特末即特麽，然「南京」、「南院」未知孰是。

〔一〇〕南京處置使司聖宗開泰元年見秦王隆慶爲燕京管内處置使燕京管内處置使　按上文有「南京處置司」，此目係重出。又「聖宗開泰元年見秦王隆慶爲燕京管内處置使」句當在「燕京管内處置使」下。

〔一一〕統和四年見韓毗哥邢抱朴爲雲州管内宣諭招撫使　「邢抱朴」，原作「邢抱質」，據本書卷一一聖宗紀二統和四年六月癸亥及卷八〇邢抱朴傳改。

〔一二〕上京道　據本書卷三七地理志一，此下當有祖州天成軍節度使司。

〔一三〕西京道　據本書卷四一地理志五，此下當有豐州天德軍節度使司。

〔一四〕隰　原作「濕」，據本書卷三九地理志三及金史卷二四地理志上改。

〔一五〕詔縣主簿委政事省差注　「委」字原闕，據殿本補。按本書卷五世宗紀天禄五年五月壬戌，「詔州縣録事參軍、主簿，委政事省銓注」。

〔一六〕又命馬守瑛等三員分決諸道滯獄　本書卷一三聖宗紀四統和九年三月戊申，「復遣庫部員外郎馬守琪、倉部員外郎祁正、虞部員外郎崔祐、薊北縣令崔簡等分決諸道滯獄」。按「馬守瑛」、「馬守琪」當有一誤，又「三員」亦不確。

〔一七〕開泰五年遣劉涇等分路按察刑獄　本書卷一五聖宗紀六繫此事於開泰六年七月辛亥，又「劉涇」亦作「劉京」，參見卷一五校勘記〔三七〕。

〔一八〕「奉聖州轉運使司」至「已上並開泰三年置」　本書卷一五聖宗紀六開泰三年三月戊申，「南京、奉聖、平、蔚、雲、應、朔等州置轉運使」。按此處闕南京、平州、雲州，多保州。

〔一九〕西山轉運使聖宗太平三年見西山轉運使郎玄化　「西山」，疑當作「山西」。按此處記載本於卷一六聖宗紀七太平三年十二月壬戌條，本書他處均作「山西轉運使」。

〔二〇〕穆宗應曆十六年見殿前都點檢耶律夷刺葛　「應曆」二字原闕，據本書卷七穆宗紀下應曆十六年十二月甲子條補。

〔二一〕聖宗統和五年以宋降軍置七指揮　本書卷一二聖宗紀三繫此事於統和六年十月。

〔二二〕耶律速撒穆宗應曆初爲義霸祥順聖五州都總管　本書卷九四耶律速撒傳作「霸、濟、祥、順、聖五州都總管」。

〔二三〕聖宗開泰九年見霸建宜泉錦五州制置使　「泉」，疑當作「白川」。按遼無「泉州」，本書卷三九地理志三云：「統和中，制置建、霸、宜、錦、白川等五州。」

遼史卷四十九

志第十八

禮志一

理自天設，情繇人生。以理制情，而禮樂之用行焉。林豺梁獺，是生郊禘；窪尊燔黍，是生燕饗；虆梩瓦棺，是生喪葬；儷皮緇布，是生婚冠。皇造帝秩，三王彌文。一文一質，蓋本于忠。變通革弊，與時宜之。唯聖人爲能通其意。執理者膠瑟聚訟，不適人情；徇情者稊稗綿蕝，不中天理。秦、漢而降，君子無取焉。

遼本朝鮮故壤，箕子八條之教，流風遺俗，蓋有存者。自其上世，緣情制宜，隱然有尚質之風。遥輦胡剌可汗制祭山儀，蘇可汗制瑟瑟儀，阻午可汗制柴册、再生儀。其情朴，其用儉。敬天恤災，施惠本孝，出於悃忱，殆有得於膠瑟聚訟之表者。太古之上，椎輪五禮，何以異茲。太宗克晉，稍用漢禮。今國史院有金陳大任遼禮儀志，皆其國俗之故，又有遼朝雜禮，漢儀爲多。別得宣文閣所藏耶律儼志，視大任爲加詳。存其略，著于篇。

吉儀

祭山儀：設天神、地祇位于木葉山，東鄉；中立君樹，前植羣樹，以像朝班；又偶植二樹，以爲神門。皇帝、皇后至，夷离畢具禮儀。牲用赭白馬、玄牛、赤白羊，皆牡。僕臣曰旗鼓拽剌，殺牲，體割，懸之君樹。太巫以酒酹牲。禮官曰敵烈麻都，奏「儀辦」。皇帝服金文金冠，白綾袍，絳帶，懸魚，三山絳垂飾犀玉刀錯，絡縫烏靴。皇后御絳帓，絡縫紅袍，懸玉佩，雙結帕，絡縫烏靴。皇帝、皇后御鞍馬。羣臣在南，命婦在北，服從各部旗幟之色以從。皇帝、皇后至君樹前下馬，升南壇御榻坐。羣臣、命婦分班，以次入就位；合班，拜訖，復位。皇帝、皇后詣天神、地祇位，致奠；閤門使讀祝訖，復位坐。北府宰相及惕隱以次致奠于君樹，徧及羣樹。樂作。羣臣、命婦退。皇帝率孟父、仲父、季父之族，三匝神門樹；餘族七匝。皇帝、皇后再拜，在位者皆再拜。上香，再拜如初。皇帝、皇后升壇，御龍文方茵坐。再聲警，詣祭東所，羣臣、命婦從，班列如初。巫衣白衣，惕隱以素巾拜而冠之。巫三致辭。每致辭，皇帝、皇后一拜，在位者皆一拜。皇帝、皇后各舉酒二爵，肉二器，再奠。大臣、命婦右持酒，左持肉各一器，少後立，一奠。命惕隱東向擲之。皇帝、皇后六拜，在位者皆六拜。皇帝、皇后復位，坐。命中丞奉茶果、餅餌各二器，奠于天神、地祇位。執事郎君二十人持福酒、胙肉，詣皇帝、皇后前。太巫奠酹訖，皇帝、皇后再拜，在位者皆再拜。皇帝、皇后一拜，飲福，受胙，復位，坐。在位者以次飲。皇帝、皇后率羣臣復班位，再拜。聲蹕，一拜。退。

太宗幸幽州大悲閣，遷白衣觀音像〔一〕，建廟木葉山，尊爲家神。於拜山儀過樹之後，增「詣菩薩堂儀」一節，然後拜神，非胡剌可汗之故也。興宗先有事于菩薩堂及木葉山遼河神，然後行拜山儀，冠服、節文多所變更，後因以爲常。神主樹木，懸牲告辦，班位奠祝，致嘏飲福，往往暗合于禮。天理人情，放諸四海而準，信矣夫。興宗更制，不能正以經術，無以大過於昔，故不載。

瑟瑟儀：若旱，擇吉日行瑟瑟儀以祈雨。前期，置百柱天棚。及期，皇帝致奠于先帝御容，乃射柳。皇帝再射，親王、宰執以次各一射。中柳者質誌柳者冠服，不中者以冠服質之。不勝者進飲於勝者，然後各歸其冠服。又翼日，植柳天棚之東南，巫以酒醴、黍稷薦植柳，祝之。皇帝、皇后祭東方畢，子弟射柳。皇族、國舅、羣臣與禮者，賜物有差。既三日雨，則賜敵烈麻都馬四疋、衣四襲；否則以水沃之。

道宗清寧元年，皇帝射柳訖，詣風師壇，再拜。

柴册儀：擇吉日。前期，置柴册殿及壇。壇之制，厚積薪，以木爲三級壇，置其上。席百尺氈，龍文方茵。又置再生、母后搜索之室。皇帝入再生室，行再生儀畢，八部之叟前導後扈，左右扶翼皇帝册殿之東北隅。拜日畢，乘馬，選外戚之老者御。皇帝疾馳，仆，御者、從者以氈覆之。皇帝詣高阜地，大臣、諸部帥列儀仗，遥望以拜。皇帝遣使勑曰：「先帝升遐，有伯叔父兄在，當選賢者。沖人不德，何以爲謀？」羣臣對曰：「臣等以先帝厚恩，陛下明德，咸願盡心，敢有他圖。」皇帝令曰：「必從汝等所願，我將信明賞罰。爾有功，陟而任之；爾有罪，黜而棄之。若聽朕命，則當謨之。」僉曰：「唯帝命是從。」皇帝于所識之地，封土石以誌之。遂行。拜先帝御容，宴饗羣臣。翼日，皇帝出册殿，護衛太保扶翼升壇。奉七廟神主置龍文方茵。北、南府宰相率羣臣圜立，各舉氈邊，贊祝訖，樞密使奉玉寶、玉册入。有司讀册訖，樞密使稱尊號以進，羣臣三稱「萬歲」，皆拜。宰相、北南院大王、諸部帥進赭、白羊各一羣。皇帝更衣，拜諸帝御容。遂宴羣臣，賜賚各有差。

拜日儀：皇帝升露臺，設褥，向日再拜，上香。門使通，閤使或副、應拜臣僚殿左右階陪位，再拜。皇帝昇坐。奏牓訖，北班起居畢，時相已下通名再拜，不出班，奏「聖躬萬福」，又再拜，各祇候。宣徽已下橫班同。諸司、閤門、北面先奏事，餘同。教坊與臣僚同。

告廟儀：至日，臣僚昧爽朝服，詣太祖廟。次引臣僚合班，先見御容，再拜畢，引班首左上，至褥位，再拜。贊上香，揖欄内上香畢，復褥位，再拜。各祇候立定。左右舉告廟祝版，於御容前跪捧。中書舍人俛跪，讀訖，俛興，退。引班首左下，復位，又再拜。分引上殿，次第進酒三。分班引出。

謁廟儀：至日昧爽，南北臣僚各具朝服，赴廟。車駕至，臣僚於門外依位序立，望駕鞠躬。班首不出班，奏「聖躬萬福」。舍人贊各祇候畢，皇帝降車，分引南北臣僚左右入，至丹墀褥位。合班定，皇帝升露臺褥位。宣徽贊皇帝再拜，殿上下臣僚陪位皆再拜。上香畢，退，復位，再拜。分引臣僚左右上殿位立，進御容酒依常禮。若即退，再拜。舍人贊「好去」，引退。禮畢。

告廟、謁廟，皆曰拜容。以先帝、先后生辰及忌辰行禮，自太宗始也。其後正旦、皇帝生辰、諸節辰皆行之。若忌辰及車駕行幸，亦嘗遣使行禮。凡瑟瑟、柴册、再生、納后則親行之。凡柴册、親征則告；幸諸京則謁。四時有薦新。

孟冬朔拜陵儀：有司設酒饌于山陵。皇帝、皇后駕至，敵烈麻都奏「儀辦」。閤門使贊皇帝、皇后詣位四拜訖，巫贊祝燔胙及時服，酹酒薦牲。大臣、命婦以次燔胙，四拜。皇帝、皇后率羣臣、命婦，循諸陵各三匝。還宫。翼日，羣臣入謝。

爇節儀：皇帝即位，凡征伐叛國俘掠人民，或臣下進獻人口，或犯罪没官户，皇帝親覽閒田，建州縣以居之，設官治其事。及帝崩，所置人户、府庫、錢粟，穹廬中置小氈殿，帝及后妃皆鑄金像納焉。節辰、忌日、朔望，皆致祭于穹廬之前。又築土爲臺，高丈餘，置大盤于上，祭酒食撤於其中，焚之，國俗謂之「爇節」。

歲除儀：初夕，敕使及夷离畢率執事郎君至殿前，以鹽及羊膏置爐中燎之。巫及大巫以次贊祝火神訖，閤門使贊皇帝面火再拜。

初，皇帝皆親拜，至道宗始命夷离畢拜之。

校勘記

〔一〕太宗幸幽州大悲閣遷白衣觀音像　「太宗」，原作「太祖」，據本書卷三七地理志一永州興王寺遷白衣觀音像事改。參見卷三七校勘記〔三二〕。

遼史卷五十

志第十九

禮志二

凶儀

喪葬儀：聖宗崩，興宗哭臨于菆塗殿。大行之夕，四鼓終，皇帝率羣臣入，柩前三致奠。奉柩出殿之西北門，就輼輬車，藉以素裀。巫者祓除之。詰旦，發引，至祭所，凡五致奠。太巫祈禳。皇族、外戚、大臣、諸京官以次致祭。乃以衣、弓矢、鞍勒、圖畫、馬駝、儀衛等物皆燔之。至山陵，葬畢，上哀册。皇帝御幄，命改火，面火致奠，三拜。又東向，再拜天地訖，乘馬，率送葬者過神門之木乃下，東向又再拜。翼日詰旦，率羣臣、命婦詣山陵，行初奠之禮。升御容殿，受遺賜〔一〕。又翼日，再奠如初。興宗崩，道宗親擇地以葬。

道宗崩，菆塗于遊仙殿〔二〕。有司奉喪服，天祚皇帝問禮于總知翰林院事耶律固，始服斬衰；皇族、外戚、使相、矮墩官及郎君服如之〔三〕；餘官及承應人皆白枲衣巾以入，哭臨。惕隱、三父房、南府宰相、遥輦常衮、九奚首郎君、夷离畢、國舅詳穩、十閘撒郎君、南院大王、郎君，各以次薦奠，進鞍馬、衣襲、犀玉帶等物，表列其數。讀訖，焚表。諸國所賻器服，親王、諸京留守奠祭、進賻物亦如之。先帝小斂前一日，皇帝喪服上香，奠酒，哭臨。其夜，北院樞密使、契丹行宫都部署入，小斂。翼日，遣北院樞密副使、林牙，以所賵器服，置之幽宫。靈柩升車，親王推之，至食羖之次。蓋遼國舊俗，於此刑羖羊以祭。皇族、外戚、諸京州官以次致祭。至葬所，靈柩降車，就轝，皇帝免喪服，步引至長福岡。是夕，皇帝入陵寢，授遺物于皇族、外戚及諸大臣，乃出。命以先帝寢幄，過於陵前神門之木。帝不親往，遣近侍冠服赴之。初奠，皇帝、皇后率皇族、外戚、使相、節度使、夫人以上命婦皆拜祭，循陵三匝而降。再奠，如初。辭陵而還。

上謚册儀：先一日，於菆塗殿西廊設御幄并臣僚幕次。太樂令展宫懸於殿庭，協律郎設舉麾位。至日，北、南面臣僚朝服，昧爽赴菆塗殿。先置册、寶案于西廊下。閤使引皇帝至御幄，服寬衣皂帶。臣僚班齊，分班引入，嚮殿合班立定。引册案上殿至褥位，寶案次之，設於西階。閤使引皇帝自西階升殿。初行，樂作；至位立，樂止。宣徽使揖皇帝鞠躬再拜，陪位者皆再拜。翰林使執臺琖以進，皇帝再拜。引至神座前，跪，奠三，樂作；進奠訖，復位，樂止。又再拜，陪位者皆再拜。引皇帝于神座前，北面立。捧册函者去蓋，進前跪。册案退，置殿西壁下。引讀册者進前，俛伏跪，自通全銜臣讀謚册。讀訖，俛伏興，復位。捧册函者置于案上。捧寶函者進前跪，讀寶官通銜跪讀訖，引皇帝至褥位再拜，陪位者皆再拜。禮畢，引皇帝歸御幄。初行，樂作；至御幄，樂止。引臣僚分班出。若皇太后奠酒，依常儀。

忌辰儀：先一日，奏忌辰榜子，預寫名紙。大紙一幅，用陰面後第三行書「文武百僚宰臣某以下謹詣西上閤門進名奉慰」。至日，應拜大小臣僚並皂衣、皂鞓帶，四鼓至時，於幕次前，在京於僧寺，班齊，依位望闕敍立。直日舍人跪右，執名紙在前，班首以下皆再拜。引退。名紙於宣徽使面付內侍奏聞。

宋使祭奠弔慰儀：太皇太后至菆塗殿，服喪服。太后於北間南面垂簾坐，皇帝於南間北面坐。宋使至幕次，宣賜素服、皂帶。更衣訖，引南北臣僚入班，立定。可矮墩以下，並上殿依位立。先引祭奠使副捧祭文南洞門入，殿上下臣僚並舉哀，至丹墀立定。西上閤門使自南階下，受祭文，上殿啓封，置於香案，哭止。祭奠禮物列殿前。引使副南階上殿，至褥位立，揖再拜。引大使近前上香，退，再拜。大使近前跪，捧臺琖，進奠酒三，教坊奏樂，退，再拜。揖中書二舍人跪捧祭文，引大使近前俛伏跪，讀訖，舉哀。引使副下殿立定，哭止。禮物擔牀出畢，引使副近南，面北立。勾弔慰使副南洞門入。四使同見大行皇帝靈，再拜。引出，歸幕次。皇太后別殿坐，服喪服。先引北南面臣僚並於殿上下依位立，弔慰使副捧書匣右入，當殿立。閤門使右下殿受書匣，上殿奏「封全」。開讀訖，引使副南階上殿，傳達弔慰訖，退，下殿立。引禮物擔牀過畢，引使副近南，北面立。勾祭奠使副入。四使同見，鞠躬，再拜。不出班，奏「聖躬萬福」，再拜。出班，謝面天顔，又再拜，立定。宣徽傳聖旨撫問，就位謝，再拜。引出，歸幕次。皇帝御南殿，服喪服。使副入見，如見皇太后儀，加謝遠接、撫問、湯藥，再拜。次宣賜使副并從人，祭奠使副別賜讀祭文例物。即日就館賜宴。高麗、夏國奉弔、進賻等使禮，略如之。道宗崩，天祚皇帝問禮于耶律固。宋國遣使弔及致祭、歸賵，皇帝喪服，御遊仙之北別殿。使入門，皇帝哭。使者詣柩前上香，讀祭文訖，又哭。有司讀遺詔，慟哭。使者出，少頃，復入，陳賻賵于柩前，皇帝入臨哭。退，更衣，御遊仙殿南之幄殿。使者入見且辭，敕有司賜宴於館。

宋使告哀儀：皇帝素冠服，臣僚皂袍、皂鞓帶。宋使奉書右入，丹墀內立。西上閤門使右階下殿，受書匣；上殿，欄內鞠躬，奏「封全」。開封，於殿西案授宰相讀訖，皇帝舉哀。舍人引使者右階上，欄內俛跪，附奏起居訖，俛興，立。皇帝宣問「南朝皇帝聖躬萬福」，使者跪奏「來時皇帝聖躬萬福」，起，退。舍人引使者右階下殿，於丹墀西，面東鞠躬。通事舍人通使者名某祗候見，再拜。不出班，奏「聖躬萬福」，再拜。出班，謝面天顏，再拜。又出班，謝遠接、撫問、湯藥，再拜。贊祗候，引出，就幕次，宣賜衣物。引從人入，通名拜，奏「聖躬萬福」，出就幕，賜衣，如使者之儀。又引使者入，面殿鞠躬，贊謝恩。再贊「有敕賜宴」，再拜。贊祗候，出就幕次宴。引從人謝恩，拜，敕賜宴，皆如初。宴畢，歸館。

宋使進遺留禮物儀：百官昧爽朝服，殿前班立。宋遺留使、告登位使副入內門，館伴副使引謝登位使就幕次坐〔四〕。館伴大使與遺留使副奉書入，至西上閤門外氈位立。閤使受書匣，置殿西階下案。引進使引遺留物於西上閤門入，即於廊下橫門出。皇帝昇殿坐。宣徽使押殿前班起居畢，引宰臣押文武班起居，引中書令西階上殿，奏宋使見牓子。契丹臣僚起居，控鶴官起居。遺留使副西上閤門入，面殿立。舍人引使副西階上殿，附奏起居訖，引西階下殿，於丹墀東，西面鞠躬，通名奏「聖躬萬福」，如告哀使之儀。謝面天顏，謝遠接、撫問、湯藥。引遺留使從人見亦如之。次引告登位使副奉書匣，於東上閤門入，面殿立。閤使東階下殿，受書匣。中書令讀訖，舍人引使副東階上殿，附奏起居。引下殿，南面立。告登位禮物入，即於廊下橫門出。退，西面鞠躬，附奏起居，謝面天顏、遠接等，皆如遺留使之儀。宣賜遺留、登位兩使副併從人衣物，如告哀使。應坐臣僚皆上殿就位立，分引兩使副等於兩廊立。皇帝問使副「衝涉不易」，丹墀內五拜。各引上殿祗候位立。大臣進酒，皇帝飲酒。契丹通，漢人贊，殿上臣僚皆拜，稱「萬歲」。贊各就坐，行酒殽、茶饍、饅頭畢，從人出。水飯畢，臣僚皆起。契丹通，漢人贊，皆再拜，稱「萬歲」。各祗候。獨引宋使副下殿謝，五拜。引出。控鶴官門外祗候，報閤門無事，供奉官捲班出。

高麗、夏國告終儀：先期，於行宮左右下御帳，設使客幕次於東南。至日，北面臣僚各常服，其餘臣僚並朝服，入朝。使者至幕次，有司以嗣子表狀先呈樞密院，准備奏呈。先引北面臣僚并矮墩已上近御帳，相對立，其餘臣僚依班位序立。引告終人使右入，至丹墀，面殿立。引右上，立；揖少前，拜，跪奏訖，宣問。若嗣子已立，恭身受聖旨。奏訖，復位。嗣子未立，不宣問。引右下丹墀，面北鞠躬。通班畢，引面殿再拜。不出班，奏「聖躬萬福」，再拜。出班，謝面天顏，復位，再拜。出班，謝遠接，復位，再拜。贊祗候，退就幕次。再入，依前面北鞠躬，通辭，再拜；敍戀闕，再拜。贊「好去」。禮畢。

校勘記

〔一〕「翼日」至「受遺賜」　據本書卷一八興宗紀一，景福元年十一月甲午葬聖宗，丙申始以遺物賜羣臣。

〔二〕道宗崩菆塗于遊仙殿　「遊仙殿」，道宗哀册作「僊遊殿」。

〔三〕皇族外戚使相矮墩官及郎君服如之　「墩」，原作「敦」，據本書卷一一六國語解高墩條改。以下逕改。

〔四〕宋遺留使告登位使副入内門舘伴副使引謝登位使就幕次坐　「遺留使」、「謝登位使」，按之上下文應作「遺留使副」、「謝登位使副」。

遼史卷五十一

志第二十

禮志三

軍儀

皇帝親征儀：常以秋冬，應敵制變或無時。將出師，必先告廟。乃立三神主祭之：曰先帝，曰道路，曰軍旅。刑青牛白馬以祭天地。其祭，常依獨樹；無獨樹，即所舍而行之。或皇帝服介冑，祭諸先帝宮廟，乃閱兵。將行，牝牡麃各一爲禡祭。將臨敵，結馬尾，祈拜天地而後入。下城克敵，祭天地，牲以白黑羊。班師，以所獲牡馬、牛各一祭天地。出師以死囚，還師以一諜者，植柱縛其上，于所向之方亂射之，矢集如蝟，謂之「射鬼箭」。

臘儀：臘，十二月辰日。前期一日，詔司獵官選獵地。其日，皇帝、皇后焚香拜日畢，設圍，命獵夫張左右翼。司獵官奏成列，皇帝、皇后升轝，敵烈麻都以酒二尊、盤飧奉進，北南院大王以下進馬及衣。皇帝降輿，祭東畢，乘馬入圍中。皇太子、親王率羣官進酒，分兩翼而行。皇帝始獲兔，羣臣進酒上壽，各賜以酒。至中食之次，親王、大臣各進所獲。及酒訖，賜羣臣飲，還宮。應曆元年冬，漢遣使來賀，自是遂以爲常儀。統和中，罷之。

出軍儀：制見兵志。

禮志四

賓儀

常朝起居儀：昧爽，臣僚朝服入朝，各依幕次。内侍奏「班齊」。先引京官班於三門外，當直舍人放起居，再拜，各祗候。次依兩府以下文武官，於丹墀内面殿立，竪班諸司并供奉官，於東西道外相向立定。當直閤使副贊放起居，再拜，各祗候。退還幕次，公服。帝昇殿坐，兩府并京官丹墀内聲喏，各祗候。教坊司同。北班起居畢，奏事。燕京嘉寧殿，西京同文殿。朝服，幞頭、袍笏；公服，紫衫、帽。

正座儀：皇帝升殿坐，警聲絶。契丹、漢人殿前班畢，各依位侍立。次教坊班畢，捲退。京官班入拜畢，揖於右横街西，依位班立。次武班入拜畢，依位立。文班入拜畢，依位立。北班入，起居畢，於左横街東，序班立。次兩府班入，鞠躬，通宰臣某官已下起居，拜畢，引上殿奏事。

已上六班起居，並七拜。内有不帶節度使，班首止通名，亦七拜。捲班，與常朝同。直院有旨入文班。留守司、三司、統軍司、制置司謂之京官；都部署司、宫使、副宫使，都承以下令史，北面主事以下隨駕諸司爲武官；館、閣、大理寺，堂後以下，御史臺、隨駕閑員、令史、司天臺、翰林醫官院爲文官。

天慶二年冬，教坊並服袍。

臣僚接見儀：皇帝御座，奏見牓子畢，臣僚左入，鞠躬。通文武百僚宰臣某官以下祗候見。引面殿鞠躬，起居，凡七拜。引班首出班，謝面天顔，復位。舞蹈，五拜，鞠躬。宣答問制，再拜。宣訖，謝宣諭，五拜。各祗候畢，可矮墩以上引近前，問「聖躬萬福」。傳宣問「跋涉不易」，鞠躬。引班舍人贊各祗候畢，引右上，准備宣問。其餘臣僚並於右侍立。

宣答云：「卿等久居鄉邑，來奉乘輿。時屬霜寒——或云炎蒸，諒多勞止。卿各平安好。想宜知悉。」

問聖體儀：皇帝行幸，車駕至捺鉢，坐御帳。臣僚公服，問「聖躬萬福」。贊再拜，各祇候。奏事。宣徽以下常服，教坊與臣僚同。

保大元年夏，特旨通名再拜，不稱宰臣。

車駕還京儀：前期一日，宣徽以下横班、諸司、閤門並公服，於宿帳祇候。至日詰旦，皇帝乘玉輅，閤門宣諭軍民訖，導駕。時相以下進至内門，閤副勘箭畢[一]，通事舍人鞠躬，奏「臣宣放仗」。禮畢。

勘箭儀：皇帝乘玉輅，至内門。北南臣僚於輅前對班立。勘箭官執雌箭[二]，門中立。東上閤門使詣車前，執雄箭在車左立[三]，勾勘箭官進。勘箭官揖進，至車約五步，面車立。閤使言「受箭行勘」。勘箭官拜跪，受箭，舉手勘訖，鞠躬，奏「内外勘同」。閤使言「准敕行勘」。勘箭官平立，退至門中舊位立，當胸執箭，贊「軍將門仗官近前」。門仗官應聲開門，舉聲兩邊齊出，並列左右，立。勘箭官舉右手贊「呈箭」，次贊「内出喚仗御箭一隻，准敕付左金吾仗行勘」。贊「合不合」，應「合、合、合」，贊「同不同」，應「同、同、同」訖。勘箭官再進，依位立，鞠躬，自通全銜臣某對御勘箭同，退門中立。贊「其箭謹付閤門使進入」。事畢，其箭授閤使，轉付宣徽。

宋使見皇太后儀：宋使賀生辰、正旦。至日，臣僚昧爽入朝，使者至幕次。臣僚班齊，皇太后御殿坐。宣徽使押殿前班起居畢，捲班。次契丹臣僚班起居畢，引應坐臣僚上殿，就位立；其餘臣僚不應坐者，退於東面侍立。漢人臣僚東洞門入，面西鞠躬。舍人鞠躬，通某以下起居，凡七拜畢，贊各祗候。引應坐臣僚上殿，就位立。中書令、大王西階上殿，奏宋使并從人牓子訖，就位立。其餘臣僚不應坐者，退於西面侍立。次引宋使副六人於東洞門入，丹墀內面殿齊立。閤使自東階下，受書匣，使人捧書匣者皆跪，閤使搢笏立，受書匣。自東階上殿，欄內鞠躬，奏「封全」訖，授樞密開封。宰臣對皇太后讀訖，引使副六人東階上殿，欄內立。使者揖生辰節大使少前〔四〕，使者俛伏跪，附起居訖，起，復位立。次引賀皇太后正旦大使，附起居，如前儀。皇太后宣問「南朝皇帝聖躬萬福」，舍人揖生辰大使并皇太后正旦大使少前，皆跪，唯生辰大使奏「來時聖躬萬福」，皆俛伏，興。引東階下殿，丹墀內面殿齊立。引進使引禮物於西洞門入，殿前置擔牀。控鶴官起居，四拜，擔牀於東便門出畢，揖使副退於東方，西面，皆鞠躬。舍人鞠躬，通南朝國信使某官某以下祗候見，舞蹈，五拜畢；不出班，奏「聖躬萬福」，再拜；揖班首出班，謝面天顏訖，復位，舞蹈，五拜畢，贊各上殿祗候，引各使副西階上殿就位。勾從人兩洞門入，面殿鞠躬，通名，贊拜，起居，四拜畢，贊各祗候，分班引兩洞門出。若宣問使副「跋涉不易」，引西階下殿，丹墀內舞蹈，五拜畢，贊各上殿祗候，引西階上殿，就位立。契丹舍人、漢人閤使齊贊拜，應坐臣僚并使副皆拜，稱「萬歲」。贊各就坐，行湯、行茶。供過人出殿門，揖臣僚并使副起，鞠躬。契丹舍人、漢人閤使齊贊，皆拜，稱「萬歲」。贊各祗候。先引宋使副西階下殿，西洞門出，次揖臣僚出畢，報閤門無事。皇太后起。

宋使見皇帝儀：宋使賀生辰、正旦。至日，臣僚昧爽入朝，使者至幕次。奏「班齊」，聲警，皇帝升殿坐。宣徽使押殿前班起居畢，捲班出。契丹臣僚班起居畢，引應坐臣僚上殿，就位立；其餘臣僚不應坐者，並退於北面侍立。次引漢人臣僚北洞門入，面殿鞠躬。舍人鞠躬，通某官某以下起居，皆七拜畢，引應坐臣僚上殿，就位立。引首相南階上殿，奏宋使并從人牓子，就位立。臣僚並退於南面侍立。教坊入，起居畢，引南使副北洞門入，丹墀內面殿立。閤使北階下殿，受書匣，使人捧書匣者跪，閤使搢笏立，受。於北階上殿，欄內鞠躬，奏「封全」訖，授樞密開封。宰相對皇帝讀訖，舍人引使副北階上殿，欄內立。揖生辰大使少前，俛伏跪，附起居。俛伏興，復位立。大使俛伏跪，奏訖，俛伏興，退；引北階下殿，揖使副北方，南面鞠躬。舍人鞠躬，通南朝國信使某官某以下祗候見，起居，七拜畢；揖班首出班，謝面天顏，舞蹈，五拜畢；出班，謝遠接、御筵、撫問、湯藥，舞蹈，五拜畢，贊各祗候。引出，歸幕次。閤使傳宣賜對衣、金帶。勾從人以下入見。舍人贊班首姓名以下，再拜；不出班，奏「聖躬萬福」，贊再拜，稱「萬歲」。贊各祗候。引出。舍人傳宣賜衣。使副并從人服賜衣畢，舍人引使副入，丹墀內面殿鞠躬。舍人贊謝恩，拜，舞蹈，五拜畢，贊上殿祗候。引使副南階上殿，就位立。勾從人入，贊謝恩，拜，稱「萬歲」。贊「有敕賜宴」，再拜，稱「萬歲」。贊各祗候。承受官引北廊下立。御牀入，大臣進酒，皇帝飲酒。契丹舍人、漢人閤使齊贊拜，應坐并侍立臣僚皆拜，稱「萬歲」。贊各祗候。卒飲，贊拜，應坐臣僚皆拜，稱「萬歲」。贊各就坐行酒，親王、使相、使副共樂曲。若宣令飲盡，並起立飲訖。放琖，就位謝。贊拜，並隨拜，稱「萬歲」。贊各就坐。次行方茵地坐臣僚等官酒。若宣令飲盡，贊謝如初。殿上酒一行畢，贊廊下從人拜，稱「萬歲」。贊各就坐。若傳宣令飲盡，並拜，稱「萬歲」。贊各就坐。殿上酒三行，行茶、行殽、行饍。酒五行，候曲終，揖廊下從人起，贊拜，稱「萬歲」。贊各祗候，引出。曲破，臣僚并使副並起，鞠躬。贊拜，應坐臣僚并使副皆拜，稱「萬歲」。贊各祗候。引使副南階下殿，丹墀内舞蹈，五拜畢，贊各祗候。引出。次引衆臣僚下殿出畢，報閤門無事。皇帝起，聲蹕。

曲宴宋使儀：昧爽，臣僚入朝，宋使至幕次。皇帝升殿，殿前、教坊、契丹文武班，皆如初見之儀。宋使副綴翰林學士班，東洞門入，面西鞠躬。舍人鞠躬，通文武百僚臣某以下起居，七拜。謝宣召赴宴，致詞訖，舞蹈，五拜畢，贊各上殿祗候。舍人引大臣、使相、臣僚、使副及方茵、朶殿應坐臣僚並於西階上殿，就位立；其餘不應坐臣僚並於西洞門出。勾從人入，起居，謝賜宴，兩廊立，如初見之儀。二人監琖，教坊再拜，贊各上殿祗候。入御牀，大臣進酒。舍人、閤使贊拜、行酒，皆如初見之儀。次行方茵、朶殿臣僚酒，傳宣飲盡，如常儀。殿上酒一行畢，兩廊從人行酒如初。殿上行餅茶畢，教坊致語，揖臣僚、使副并廊下從人皆起立，候口號絶，揖臣僚等皆鞠躬。贊拜，殿上應坐并侍立臣僚皆拜，稱「萬歲」。贊各就坐。次贊廊下從人拜，亦如之。歇宴，揖臣僚起立，御牀出，皇帝起，入閤。引臣僚東西階下殿，還幕次内賜花。承受官引從人出，賜花，亦如之。簪花畢，引從人復兩廊位立。次引臣僚、使副兩洞門入，復殿上位立。皇帝出閤，復坐。御牀入，揖應坐臣僚、使副及侍立臣僚鞠躬。贊拜，稱「萬歲」，贊各就坐。贊兩廊從人，亦如之。行單茶，行酒，行膳，行果。殿上酒九行，使相樂曲聲絶，揖兩廊從人起，贊拜，稱「萬歲」，贊「各好去」，承受引出。曲破，殿上臣僚、使副皆起立，贊拜，稱「萬歲」。贊各祗候。引臣僚、使副東西階下殿。契丹班謝宴出，漢人并使副班謝宴，舞蹈，五拜畢，贊「各好去」。引出畢，報閤門無事。皇帝起。

賀生辰正旦宋使朝辭太后儀：臣僚、使副班齊，如曲宴儀。皇太后升殿坐，殿前契丹文武起居、上殿畢。宰臣奏宋使副、從人朝辭牓子畢，就位立。舍人引使副北洞門入，面南鞠躬。舍人鞠躬，通南朝國信使某官某以下祗候辭，再拜；不出班，奏「聖躬萬福」，再拜；出班，戀闕致詞訖，又再拜。贊各上殿祗候。舍人引南階上殿，就位立。引從人，贊姓名，再拜；奏「聖躬萬福」，再拜，稱「萬歲」。贊「各好去」，引出。殿上揖應坐臣僚并使副就位鞠躬。贊拜，稱「萬歲」。贊各就坐。行湯、行茶畢，揖臣僚并南使起立，與應坐臣僚鞠躬。贊拜，稱「萬歲」。贊各祗候，立。引使副六人於欄內拜跪，受書匣畢，直起立，揖少前，鞠躬，受傳答語訖，退。於北階下殿，丹墀內面殿鞠躬。舍人贊「各好去」，引出。臣僚出。

賀生辰正旦宋使朝辭皇帝儀：臣僚入朝如常儀，宋使至幕次。於外賜從人衣物。皇帝升殿，宣徽、契丹文武班起居、上殿，如曲宴儀。中書令奏宋使副并從人朝辭牓子畢，臣僚並於南面侍立。教坊起居畢，舍人引使副六人北洞門入，丹墀北方，面南鞠躬。舍人鞠躬，通南朝國信使某官某以下祗候辭，再拜；起居，戀闕，如辭皇太后儀。贊各祗候，平身立。揖使副鞠躬。宣徽贊「有敕」，使副再拜，鞠躬，平身立。宣徽使贊「各賜卿對衣、金帶、疋段、弓箭、鞍馬等，想宜知悉」，使副平身立。揖大使三人少前，俛伏跪，搢笏，閤門使授別録。賜物過畢，俛起，復位立。揖副使三人受賜，亦如之。贊謝恩，舞蹈，五拜。贊上殿祗候，舍人引使副南階上殿，就位立。引從人，贊謝恩，再拜；起居，再拜；贊賜宴，再拜；皆稱「萬歲」。贊各祗候，承受引兩廊立。御牀入，皇帝飲酒，舍人、閤使贊臣僚、使副拜，稱「萬歲」，皆如曲宴。應坐臣僚拜，稱「萬歲」。就坐、行酒、樂曲，方茵、兩廊皆如之；行殽、行茶、行饍亦如之。行饅頭畢，從人起，如登位使之儀。曲破，臣僚、使副皆起立，拜，稱「萬歲」，如辭太后之儀。使副下殿，舞蹈，五拜。贊各上殿祗候，引北階上殿，欄內立。揖生辰、正旦大使二人少前，齊跪，受書畢，起立，揖磬折受起居畢，退。引北階下殿，丹墀內並鞠躬。舍人贊「各好去」，引南洞門出。次引殿上臣僚南北洞門出畢，報閤門無事。

高麗使入見儀：臣僚常服，起居，應上殿臣僚殿上序立。閤門奏牓子，引高麗使副面殿立。引上露臺拜跪，附奏起居訖，拜，起立。閤門傳宣「王詢安否」，使副皆跪，大使奏「臣等來時詢安」。引下殿，面殿立。進奉物入，列置殿前。控鶴官起居畢，引進使鞠躬，通高麗國王詢進奉。宣徽使殿上贊進奉赴庫，馬出，擔牀出畢，引使副退，面西鞠躬。舍人鞠躬，通高麗國謝恩進奉使某官某以下祗候見，舞蹈，五拜。不出班，奏「聖躬萬福」，再拜。出班，謝面天顏，五拜。出班，謝遠接、湯藥，五拜。贊各祗候。使副私獻入，列置殿前。控鶴官起居，引進使鞠躬，通高麗國謝恩進奉某官某以下進奉。宣徽使殿上贊如初。引使副西階上殿序立。皇帝不入御牀，臣僚伴酒。契丹舍人通，漢人閤使贊，再拜，稱「萬歲」，各就坐。酒三行，肴膳二味。若宣令飲盡，就位拜，稱「萬歲」，贊各就坐。肴膳不贊，起，再拜，稱「萬歲」。引下殿，舞蹈，五拜。贊各祗候。引出，於幕次內別差使臣伴宴。

起，宣賜衣物訖，遥謝，五拜畢，歸館。

曲宴高麗使儀：臣僚入朝，班齊，皇帝升殿。宣徽、教坊、控鶴、文武班起居，皆如常儀；謝宣宴，如宋使儀。贊各上殿祗候。契丹臣僚謝宣宴。勾高麗使入，面南鞠躬。舍人鞠躬，通高麗國謝恩進奉使某官某以下起居，謝宣宴，共十二拜。贊各上殿祗候，臣僚、使副就位立。大臣進酒，契丹舍人通，漢人閤使贊，上殿臣僚皆拜。贊各祗候，進酒。大臣復位立，贊應坐臣僚拜，贊各就坐行酒。若宣令飲盡，贊再拜，贊各就坐。教坊致語，臣僚皆起立。口號絶，贊再拜，贊各就坐。凡拜，皆稱「萬歲」。曲破，臣僚起，下殿。契丹臣僚謝宴，中書令以下謝宴畢，引使副謝，七拜。贊「各好去」。控鶴官門外祗候，報閤門無事。供奉官捲班出。來日問聖體。

高麗使朝辭儀：臣僚起居、上殿如常儀。閤門奏高麗使朝辭牓子，起居、戀闕，如宋使之儀。贊各上殿祗候，引西階上殿立。契丹舍人贊拜，稱「萬歲」。贊各就坐，中書令以下伴酒三行，肴饍二味，皆如初見之儀。既謝，贊「有敕宴」，五拜。贊「各好去」，引出，於幕次内别差使臣伴宴。畢，賜衣物，跪受，遥謝，五拜。歸館。

西夏國進奉使朝見儀：臣僚常朝畢，引使者左入，至丹墀，面殿立。引使者上露臺立。揖少前，拜跪，附奏起居訖，俛興，復位。閤使宣問「某安否」，鞠躬聽旨，跪奏「某安」。俛伏興，退，復位。引左下，至丹墀，面殿立。禮物右入左出，畢，閤使鞠躬，通某國進奉使姓名候見，共一十七拜。贊祗候，平立。有私獻，過畢，揖使者鞠躬，贊「進奉收訖」。贊祗候，引左上殿，就位立。臣僚、使者齊聲喏。酒三行，引使左下，至丹墀謝宴，五拜。畢，贊「有敕宴」，五拜。祗候，引右出。禮畢。於外賜宴，客省伴宴，仍賜衣物。

西夏使朝辭儀：常朝畢，引使者左入，通某國某使祗候辭，再拜。不出班，起居，再拜。出班，戀闕，致詞，復再拜。賜衣物，謝恩如常儀。若賜宴，五拜。畢，贊「好去」，引右出。

校勘記

〔一〕閤副勘箭畢　「箭」，原作「前」，據下文勘箭儀改。

〔二〕勘箭官執雌箭　「勘」，原作「場」，據上下文改。

〔三〕執雄箭在車左立　「執」，原作「諸」，據明鈔本、南監本、北監本、殿本改。

〔四〕使者揖生辰節大使少前　「使者」二字疑衍，或涉下文「使者俛伏跪」句致誤。

遼史卷五十二

志第二十一

禮志五

嘉儀上

皇帝受册儀：前期一日，尚舍奉御設幄於正殿北墉下，南面設御坐；奉禮郎設官僚、客使幕次於東西朝堂；太樂令設宮懸於殿庭，舉麾位在殿第二重西階上〔一〕，東向；乘黄令陳車輅；尚輦奉御陳輿輦；尚舍奉御設解劍席于東西階。設文官六品已上位横街南，東方西向；武官五品已上位横街南，西方東向。皆北上重行，每等異位。將士各勒所部六軍仗屯諸門。金吾仗、黄麾仗陳于殿庭。至日，押册官引册自西便門入，置册案西階上。通事舍人引侍從班入，就位。侍中東階下解劍履，上殿，欄外俛伏跪，奏「中嚴」；下殿，劍履，復位立。閤使西階上殿，欄外跪請木契，面殿鞠躬，奏「奉敕喚仗」。殿中監、少監、殿中丞等押金吾四色仗入，位臣僚後。協律郎入，就舉麾位。符寶郎詣閤奉迎。通事舍人引文官四品至六品、武官三品至五品，就門外位。皇帝御輦至宣德門。宣徽使押內諸司班起居，引皇帝至閤，服袞冕。侍中東階下解劍履，上殿，版奏「外辦」。太常博士引太常卿，太常卿引帝。內諸司出，協律郎舉麾，太樂令令撞黃鍾之鍾，左五鍾皆應〔一〕，工人鼓柷，樂作；皇帝即御坐，宣徽使贊扇合，樂止；贊簾捲，扇開。符寶郎奉寶進，左右金吾報平安。通事舍人引文官三品、武官二品已上入門，樂作；就相向位畢，樂止。通事舍人引侍從班、南班文官三品、武官二品已上合班，北向。東班西上，西班東上，起居，七拜。分班，各復位。通事舍人引押册官押册自西階下，至丹墀，當殿置香案册案。置册訖，樂作；就位，樂止。捧册官近後，東西相對立。舍人引侍從班并南班合班，北向如初。贊再拜，在位者皆再拜；舞蹈，五拜。分班，各復位如初。捧册官就西階下解劍席，解劍履，捧册西階上殿，樂作；置册御坐前，東西立，北向。捧册官西墉下立，北上，樂止。讀册官出班，當殿立，贊再拜，三呼「萬歲」。就西階下解劍席，解劍履，西階上殿，欄內立，當御坐前。侍中取册，捧册官捧册匣至讀册官前跪，相對捧册。讀册官俛伏跪，讀訖，俛伏興。捧册官跪左膝，以册授侍中。侍中受册，以册授執事者。降自西階，劍履訖，復當殿位。

贊再拜，三呼「萬歲」，復分班位。舍人引侍從班、南班合班，北向如初。贊拜，在位者皆拜；舞蹈、鞠躬如初。通事舍人引班首西階下解劍履，上殿，樂作；就欄內位，樂止。俛伏跪，通全銜臣某等致詞稱賀訖，俛伏興。降西階下，帶劍，納舃，樂作；復位，樂止。贊拜，在位者皆再拜，舞蹈，五拜，鞠躬。侍中臨軒西向，稱「有制」，皆再拜。侍中宣答訖，贊皆再拜，舞蹈，五拜，分班各復位。三品已上出，樂作；出門畢，樂止。侍中當御坐俛伏跪，通全銜奏「禮畢」，俛伏興。退，東階下殿，帶劍，納履，復位。宣徽使贊扇合，下簾。太常博士、太常卿引皇帝起，樂作；至閤，樂止。舍人引文官四品、武官三品以下出門外，分班立；次引侍從班出，次兵部、吏部出，次金吾出，次起居郎、舍人出，次殿中監、少監押金吾細仗出，仍位臣僚後。次東西上閤門使於丹墀內鞠躬，奏衙內無事，捲班出。閤門使丹墀內鞠躬，揖，奉敕放仗。出，門外文武班中間立，喚承受官。承受官聲喏，至閤使後，鞠躬，揖。閤使鞠躬，稱「奉敕放仗」。承受聲喏，鞠躬，揖，平身立，引聲「奉敕放仗」。聲絕，趨退。文武合班，再拜。舍人一員攝詞令官，殿前鞠躬，揖，稱「奉敕放黃麾仗」，出。放金吾仗亦如之。翼日，文武臣僚入問聖躬。

太平元年，行此儀，大略遵唐、晉舊儀。又有上契丹册儀，以阻午可汗柴册禮合唐禮雜就之。又有上漢册儀，與此儀大同小異，加以上寶儀。

冊皇太后儀：前期，陳設於元和殿如皇帝受冊之儀。至日，皇帝御弘政殿。冊入，侍從班入，門外金吾列仗，文武分班。侍中解劍，奏「中嚴」。宣徽使請木契、喚仗。皆如之。樂工入，閤使門外文武班中間立，喚承受官。聲喏，趨至閤使後立。閤使鞠躬，揖，稱「奉敕喚仗」。承受官鞠躬，聲喏，揖，引聲「奉敕喚仗」。文武合班，再拜。殿中監押仗入，文武班入，亦如之。宣徽使押内諸司供奉官天橋班候。皇太后御紫宸殿，乘平頭輦，童子、女童隊樂引。至金鑾門，閤使奏内諸司起居訖，贊引駕，自下先行至元和殿。皇太后入西北隅閤内更衣。侍中解劍，上殿奏「外辦」。宣徽受版入奏。侍中降，復位。協律郎舉麾，樂作。太樂令、太常卿導引皇太后升坐。宣徽使贊扇合，簾捲，扇開，樂止。符寶郎奉寶置皇太后坐右。左右金吾大將軍對揖，鞠躬，奏「軍國内外平安」。東上閤門副使引丞相東門入，西上閤門副使引親王西門入，通事舍人引文武班入，如儀，樂作；至位，樂止。文武班趨進，相向再拜，退復位。東西上閤門使、宣徽使自弘政殿引皇帝御肩輿至西便門下。引入門，樂作；至殿前位，樂止。宣徽使贊皇帝拜，問皇太后「聖躬萬福」，拜。皇帝御西閤坐，合班起居如儀。北府宰相押冊，中書、樞密令史八人舁冊，東西上閤門使引冊，宣徽使引皇帝送冊，樂作；至殿前置冊位，樂止。宣徽使贊皇帝再拜，稱「萬歲」，羣臣陪位，揖。翰林學士四人、大將軍四人舁冊。皇帝捧冊行，三舉武，授冊。舁之西階上殿，樂作；置太后坐前，樂止〔三〕。皇帝册西面東立。舍人引丞相當殿再拜，三呼「萬歲」，解劍，西階上殿，樂作；至讀册位，樂止。俛伏跪，讀册訖，俛伏，三呼「萬歲」〔四〕，復班位。宣徽使引皇帝下殿，樂作；至殿前位，樂止。皇帝拜，舞蹈，拜訖，引皇帝西堦上殿。至皇太后坐前位，俛跪；致詞訖，俛伏興。引西堦下，至殿前位，拜，舞蹈，拜，鞠躬。侍中臨軒，宣太后答稱「有制」，皇帝再拜。宣訖，引皇帝上殿，樂作；至西閤，樂止。丞相、親王、侍從、文武合班，贊拜，舞蹈，三呼「萬歲」如儀。丞相上賀，侍中宣答如儀。丞相以下出，舉樂；出門，樂止。侍中奏「禮畢」。宣徽索扇，扇合，下簾。皇太后起，舉樂；入閤，樂止。文武官出門外分班，侍從、兵部、吏部、起居、金吾仗出，如儀。閤使奏「放仗」，皆如皇帝受册之儀。

册皇后儀：至日，北南臣僚、內外命婦詣端拱殿幕次。皇后至閤，侍中奏「中嚴」，引命婦班入，就東西相向位立。皇帝臨軒，命使發册。使副押册至端拱殿門外幕次。侍中奏「外辦」。所司承旨索扇，扇上，舉麾，樂作；皇后出閤升坐，扇開，簾捲，偃麾，樂止。引命婦合班面殿起居，八拜。皇后降坐，樂作；至殿下褥位，樂止。引册入，置皇后褥位前。侍中傳宣，皇后四拜，命婦陪位皆拜。引讀册官至皇后褥位前，俛伏跪，讀訖，皇后四拜，陪位者皆拜。引皇后升殿。使臣引册，置皇后坐前册案，退，西向侍立。命婦當殿稱賀，四拜。引班首東階上殿，致詞訖，東階下殿，復位，四拜。侍中奏宣答，稱「有教旨」，四拜。宣答訖，四拜。班首上殿進酒，皇后賜押册使副等酒訖，侍中奏「禮畢」。承旨索扇，樂作；皇后起，入閤，樂止。分引命婦等東西門出。

册皇太子儀：前期一日，設幄坐于宣慶殿，設文武官幕次于朝堂，并殿庭板位，太樂令陳宮縣，皆如皇帝受册儀。守宮設皇太子次于朝堂北，西向；乘黄令陳金輅朝堂門外，西向；皇太子儀仗、笳簫、鼓吹等陳宣慶門外；典儀設皇太子板位于殿横街南，近東北向；設文武官五品以上位於樂縣東西；餘官如常儀。至日，門下侍郎奉册，中書侍郎奉寶綬，各置于案。令史二人絳服，對舉案立。寶案在横街北西向，册案在北。門下侍郎、中書侍郎並立案後。侍中板奏「中嚴」。皇太子遠遊冠，絳紗袍，秉珪出。太子舍人引入，就板位北面殿立。東宮官三師以下皆從，立皇太子東南，西向。太子入門，樂作；至位，樂止。典儀贊皇太子再拜，在位者皆再拜。中書令立太子東北，西向，門下侍郎引册案，中書侍郎取册，進授中書令，退復位。傳宣官稱「有制」，皇太子再拜。傳宣訖，再拜。中書令跪讀册訖，俛伏興。皇太子再拜，受册，退授左庶子。中書侍郎取寶，進授中書令。皇太子進受寶，退授左庶子。中書令以下退，復位。舁案者以案退。典儀贊再拜，皇太子拜，在位者皆再拜。太子舍人引皇太子退，樂作；出門，樂止。侍中奏「禮畢」。皇太子升金輅，左庶子以下夾侍，儀仗、鼓吹等並列宣慶門外，三師、三少諸宮臣於金輅前後導從，鳴鐃而行，還東宮。宮庭先設仗衞如式，至宮門，鐃止。皇太子降金輅，舍人引入就位坐，文武宮臣序班稱賀。禮畢。

冊王妃公主儀：至日，押冊使副并讀冊等官押冊東便門入，持節前導至殿。冊案置横街北少東。引使副等面殿立而鞠躬。侍中臨軒稱「有制」，皆再拜，鞠躬。宣制訖，舞蹈，五拜，引冊於宣慶門出。使副等押領儀仗、冊案，赴各私第廳前，向闕陳列。設傳宣受冊拜褥，冊案置褥左，去羃蓋。使副案右序立。受冊者就位立，傳宣稱「有制」，再拜。宣制畢，舁冊人舉冊匣於褥前跪捧，引讀冊者與受冊者皆俛伏跪，讀訖，皆俛伏興。受冊者謝恩，國王五拜，王妃、公主四拜。若冊禮同日，先上皇太后冊寶，次臨軒同制，遣使冊皇后、諸王妃主，次冊皇太子。

皇帝納后之儀：擇吉日。至日，后族畢集。詰旦，后出私舍，坐于堂。皇帝遣使及媒者，以牲酒饔餼至門。執事者以告，使及媒者入謁，再拜，平身立。少頃，拜，進酒于皇后，次及后之父母、宗族、兄弟。酒徧，再拜。納幣，致詞，再拜訖，后族皆坐。惕隱夫人四拜，請就車。后辭父母、伯叔父母、兄，各四拜；宗族長者，皆再拜。皇后升車，父母飲后酒，致戒詞，徧及使者、媒者、送者。發軔，伯叔父母、兄飲后酒如初。教坊遮道贊祝，后命賜以物。后族追拜，進酒，遂行。將至宫門，宰相傳敕，賜皇后酒，偏及送者。既至，惕隱率皇族奉迎，再拜。皇后車至便殿東南七十步止，惕隱夫人請降車。負銀罌，捧縢，履黄道行。後一人張羔裘若襲之，前一婦人捧鏡却行。置鞍于道，后過其上。乃詣神主室三拜，南北向各一拜，酹酒。向謁者一拜。起居訖，再拜。次詣舅姑御容拜，奠酒。選皇族諸婦宜子孫者，再拜之，授以罌、縢。又詣諸帝御容拜，奠酒。神賜襲衣、珠玉、珮飾，拜受服之。后姊若妹、陪拜者各賜物。皇族迎者、后族送者偏賜酒，皆相偶飲訖，后坐别殿，送后者退食于次。媒者傳旨命送后者列于殿北。竢皇帝即御坐，選皇族尊者一人當奥坐，主婚禮。命執事者往來致辭于后族，引后族之長率送后者升，當御坐，皆再拜；又一拜，少進，附奏送后之詞；退復位，再拜。后族之長跪問「聖躬萬福」，再拜；復奏送后之詞，又再拜。當奥者與媒者行謁者一拜。后族之長及送后者向當奥者三拜，南北向各一拜，向酒三周，命送后者再拜，皆坐，終宴。翼日，皇帝晨興，詣先帝御容拜，奠酒訖，復御殿，宴后族及羣臣，皇族、后族偶飲如初，百戲、角觝、戲馬較勝以爲樂。又翼日，皇帝御殿，賜后族及賸送后者，各有差。受賜者再拜，進酒，再拜。皇帝御别殿，有司進皇后服飾之籍。酒五行，送后者辭訖，皇族獻后族禮物；后族以禮物謝當奥者。禮畢。

公主下嫁儀：選公主諸父一人爲婚主，凡當奥者、媒者致詞之儀，自納幣至禮成，大略如納后儀。擇吉日，詰旦，媒者趣尚主之家詣宮。竢皇帝、皇后御便殿，率其族入見。進酒訖，命皇族與尚主之族相偶飲。翼日，尚主之家以公主及婿率其族入見，致宴于皇帝、皇后。獻賮送者禮物訖，朝辭。賜公主青幰車二，螭頭、蓋部皆飾以銀，駕駝；送終車一，車樓純錦，銀螭，懸鐸，後垂大氈，駕牛，載羊一，謂之祭羊，擬送終之具，至覆尸儀物咸在。賜其婿朝服、四時襲衣、鞍馬，凡所須無不備。選皇族一人，送至其家。

親王女封公主者婚儀：倣此，以親疏爲差降。

校勘記

〔一〕舉麾位在殿第二重西階上　「二」，本書卷五四樂志雅樂作「三」。

〔二〕太樂令令撞黃鍾之鍾左五鍾皆應　「左」，疑當作「右」。按大唐開元禮卷九一皇帝加元服：「皇帝將出，仗動，太樂令令撞黃鍾之鐘，右五鐘皆應。（中略）皇帝興，太樂令令撞蕤賓之鐘，左五鐘皆應。」遼沿唐制，當亦如是。

〔三〕舁之西階上殿樂作置太后坐前樂止　「樂作」二字原闕，據北監本、殿本補。按本書卷五四樂志統和元年册承天皇太后儀謂「翰林學士、大將軍舁册，樂作；置御坐前，樂止」。

〔四〕俛伏三呼萬歲　「俛伏」下疑闕「興」字。

遼史卷五十三

志第二十二

禮志六

嘉儀下

皇太后生辰朝賀儀：至日，臣僚入朝，國使至幕，班齊，如常儀。皇太后昇殿坐，皇帝東面側坐。契丹舍人殿上通名，契丹、漢人臣僚，宋使副綴翰林學士班，東西兩洞門入，合班稱賀，班首上殿祝壽，分班引出，皆如正旦之儀。教坊起居，七拜，契丹、漢人臣僚入，進酒，皆如正旦之儀[一]，唯宣答稱「聖旨」。皇帝降御座，進奉皇太后生辰禮物。過畢，皇帝殿上再拜，殿下臣僚皆再拜。皇帝昇御座。引臣僚分班出，引中書令、北大王西階上殿，奏契丹臣僚進奉，次漢人臣僚并諸道進奉。控鶴官置擔牀，起居，四拜畢；引進使鞠躬，通文武百僚某官以下、高麗、夏國、諸道進奉。宣徽使殿上贊進奉各付所司，控鶴官聲喏。擔牀過畢，契丹、漢人臣僚以次謝，五拜。贊各祗候，引出。教坊、諸道進奉使謝如之。契丹臣僚謝宣宴，引上殿就位立。漢人臣僚并宋使副東洞門入，面西謝宣宴，如正旦儀。贊各上殿祗候，臣僚、使副上殿就位立，亦如之。監琖、教坊上殿，從人入東廊立，皆如之。御牀入，皇帝初進酒，臣僚就位陪拜。皇太后飲酒，殿上應坐、侍立臣僚皆拜，稱「萬歲」。贊各祗候，立。皇太后卒飲，手賜皇帝酒。皇帝跪，卒飲，退就褥位，再拜，臣僚皆陪拜。若皇帝親賜使相、臣僚、宋使副酒，皆立飲。皇帝昇坐，贊應坐臣僚并使副皆拜，稱「萬歲」。贊各就坐。行方裀、朵殿臣僚酒，如正旦儀。一進酒，兩廊從人拜，稱「萬歲」，各就坐。親王進酒，如正旦儀。若皇太后手賜親王酒，跪飲訖，退露臺上，五拜。贊祗候。殿上三進酒，行餅茶訖，教坊跪，致語，揖臣僚、使副、廊下從人皆立。口號絕，贊拜亦如之。行茶、行殽膳，皆如之。大饌入，行粥盌。殿上七進酒，使相、臣僚樂曲終，揖廊下從人起，拜，稱「萬歲」。「各好去」[二]，承受官引兩門出。曲破，揖臣僚、使副起，鞠躬。贊拜，皆拜，稱「萬歲」。贊各祗候，引臣僚、使副下殿。契丹臣僚謝宴畢，出。漢人臣僚、使副舞蹈，五拜畢，贊「各好去」。出洞門畢，報閤門無事，皇太后、皇帝起。

應聖節，宋遣使來賀生辰、正旦，始制此儀，故詳見賓儀。

凡五拜：拜，興。再拜，興。跪，搢笏，三舞蹈，三扣頭，出笏，就拜，興。拜，興。再拜，興。其就拜，亦曰俛伏興。

賓儀，臣僚皆曰坐，於此儀曰高裀，與方裀別。

皇帝生辰朝賀儀：臣僚、國使班齊，皇帝昇殿坐。臣僚、使副入，合班稱賀，合班出，皆如皇太后生辰儀。中書令、北大王奏諸道進奉表目。教坊起居，七拜。臣僚東西門入，合班再拜。贊進酒，班首上殿進酒。宣徽使宣答，羣臣謝宣諭，分班。奏樂，皇帝卒飲，合班。班首下殿，分班出。皆如正旦之儀。進奉皆如皇太后生辰儀。皇帝詣皇太后殿，近上皇族、外戚、大臣並從，奉迎太后即皇帝殿坐。皇太后御小輦，皇帝輦側步從，臣僚分行序引，宣徽使、諸司、閤門攢隊前引。教坊動樂，控鶴起居，四拜。引駕臣僚並於山樓南方立候。皇太后入閤，揖使副并臣僚入幕次。皇太后昇殿坐，皇帝東方側坐。引契丹、漢人臣僚、使副兩洞門入，合班，起居，舞蹈，五拜。贊各祗候，面殿立。皇帝降御坐，殿上立，進皇太后生辰物。過畢，皇帝殿上再拜，殿上下臣僚皆拜。皇帝昇御座，引臣僚分班出。契丹臣僚入，謝宣宴。漢人臣僚、使副入，通名謝宣宴，上殿就位。不應坐臣僚出，從人入，皆如儀。御牀入，皇帝初進皇太后酒，皇太后賜皇帝酒，皆如皇太后生辰儀。贊各就坐，行酒。宣飲盡，就位謝如儀。殿上一進酒畢，從人入就位如儀。親王進酒，行餅茶，教坊致語如儀。行茶、行肴饍如儀。七進酒，使相樂曲終，從人起。曲破，臣僚、使副起。餘皆如正旦之儀。

皇后生辰儀：臣僚昧爽朝。皇帝、皇后大帳前拜日，契丹、漢人臣僚陪拜。皇帝昇殿坐，皇后再拜，臣僚殿下合班陪拜〔三〕。皇帝賜皇后生辰禮物，皇后殿上謝，再拜，臣僚皆拜。契丹舍人通名，契丹、漢人臣僚以次入賀。琖入，舍人贊，舞蹈，五拜，起居不表「聖躬萬福」。贊再拜。班首上殿拜跪，自通全銜祝壽訖，引下殿，復位，鞠躬。贊舞蹈，五拜。贊各祗候。引宰臣一員上殿，奏百僚諸道進表目。教坊起居，七拜，不賀。控鶴官起居，四拜。諸道押衙附奏起居，賜宴，共八拜。契丹、漢人合班，進壽酒，舞蹈，五拜。引大臣一員上殿，欄外褥位搢笏，執臺琖進酒，皇帝、皇后受琖。退，復褥位。授臺，出笏，欄內拜跪，自通全銜祝壽「臣等謹進千萬歲壽酒」訖，引下殿，復位，舞蹈，五拜，鞠躬。宣徽使奏宣答如儀，引上殿，搢笏，執臺。皇帝、皇后飲，殿下臣僚分班，教坊奏樂，皆拜，稱「萬歲」。卒飲，皇帝、皇后授琖。引下殿，舞蹈，五拜。贊各祗候，引出。臣僚進奉如儀，宣宴如儀。教坊、監琖、臣僚上殿祗候如儀。皇后進皇帝酒，殿上贊拜，侍臣僚皆拜。皇帝受琖，皆拜。皇后坐，契丹舍人、漢人閤使殿上贊拜，皆拜，稱「萬歲」。贊各就坐。大臣進皇帝、皇后酒，行酒如儀。酒三行，無殽，行饍〔四〕。又進皇帝、皇后酒。酒再行，大饌入，行粥。教坊致語，臣僚皆起立。口號絶，贊拜，稱「萬歲」，引下殿謝宴，引出，皆如常儀。

進士接見儀：其日，舉人從時相至御帳側，通名牓子與時相牓子同奏訖，時相朝見如常儀。畢，揖進士第一名以下丹墀内面殿鞠躬，通名，四拜。贊各祗候，皆退。若有進文字者，不退，奉卷平立。閤門奏受，跪左膝授訖，直起退。禮畢。

進士賜等甲敕儀：臣僚起居畢，讀卷官奏訖，於左方依等甲唱姓名序立，閤門交收敕牒。閤使奏引至丹墀，依等甲序立。閤使稱「有敕」，再拜，鞠躬。舍人宣敕「各依等甲賜卿敕牒一道，想宜知悉」，揖拜。各跪左膝，受敕訖，鞠躬，皆再拜。各祗候，分引左右相向侍立。候奏事畢，引兩階上殿，就位，齊聲喏，賜坐。酒三行，起，聲喏如初。退揖出。禮畢。牌印郎君行酒，閤使勸飲。

進士賜章服儀：皇帝御殿，臣僚公服，引進士入，東方面西，再拜，揖就丹墀位，面殿鞠躬。閤使稱「有敕」，再拜，鞠躬。舍人宣敕「各依等甲賜卿敕牒一道，兼賜章服，想宜知悉」，揖再拜。跪受敕訖，再拜。退，引至章服所，更衣訖，揖復丹墀位，鞠躬。贊謝恩，舞蹈，五拜。各祗候，殿東亭内序立。聲喏，坐。賜宴，簪花。宣閤使一員、閤門三人或二人勸飲終日。禮畢。

宰相中謝儀：皇帝常服昇殿坐，諸班起居如常儀。應坐臣僚上殿，其餘臣僚殿下東西侍立，皆如宋使初見之儀。引中謝官左入，至丹墀面西立。舍人當殿鞠躬，通新受具官姓名祗候中謝。宣徽殿上索通班舍人就贊禮位，贊某官至。宣徽贊通班舍人二人對立，揖中謝官鞠躬。贊就拜位，舍人二人引面殿鞠躬。贊拜，中謝官舞蹈，五拜，不出班，奏「聖躬萬福」。贊再拜。揖出班跪，敍官，致詞訖，俛伏興，復位。贊拜，舞蹈，五拜。又出班，中謝致詞如初儀，共十有七拜。贊祗候，引右階上殿，就位。揖應坐臣僚聲喏坐。供奉官行酒，傳宣飲盡。臣僚搢笏，執琖起，位後立飲；置琖，出笏。贊拜，臣僚皆再拜。贊各坐，搢笏，執琖，授供奉官琖。酒三行，揖應坐臣僚聲喏立。引中謝官右階下殿，至丹墀，面殿鞠躬。贊拜，舞蹈，五拜，引右出。臣僚皆出。丞相、樞密使同。餘官不升殿，賜酒，不帶節度使不通班，止通名，七拜。衆謝，班首一人出班中謝。

拜表儀：其日，先於東上閤門陳設氈位，分引南北臣僚、諸國使副於氈位合班。通事舍人二人舁表案，置班首前，揖鞠躬，再拜，平身。中書舍人立案側，班首跪，搢笏，興，捧表，跪左膝，以表授中書舍人。出笏，就拜，興，再拜。中書舍人復置表案上。通事舍人舁表案於東上閤門入，捲班，分引出。禮畢。

元日，皇帝不御坐行此儀，餘應上表，有故，皆倣此。

賀生皇子儀：其日，奉先帝御容設正殿，皇帝御八角殿昇坐。聲警畢，北南宣徽使殿階上左右立，北南臣僚金冠盛服，合班入。班首二人捧表立，讀表官先於左階上側立。二宣徽使東西階下殿受表，捧表者跪左膝授訖，就拜，興，再拜。各祗候。二宣徽使俱左階上授讀表官，讀訖，揖臣僚鞠躬。引北面班首左階上殿，欄内稱賀訖，引左階下殿，復位，舞蹈，五拜。禮畢。

賀祥瑞儀：聲警，北南臣僚金冠盛服，合班立。班首二人各奉表賀，北南宣徽使左階下殿受表，上殿授讀表大臣。讀訖，揖殿下臣僚鞠躬，五拜畢，鞠躬。引班首二人左階上殿，欄内拜跪稱賀，致詞訖，引左階下殿，復位，五拜畢，鞠躬。宣答、聽制訖，再拜，鞠躬。謝宣諭，五拜畢，各祗候，分班侍立。禮畢，兩府奏事如常。

乾統六年，木葉山瑞雲見，始行此儀。天慶元年，天雨穀，謝宣諭後，趙王進酒，教坊動樂，臣僚酒一行。禮畢，奏事。

賀平難儀：皇帝、皇后昇殿坐，北南臣僚并命婦合班，五拜。揖班首二人出班，俛跪，搢笏，執表。舁案近前，閤使受表，置案上，皆再拜。通事舍人二人舁案，左階上殿，置露臺上。讀表官受，入讀表。對御讀訖，臣僚殿下五拜，鞠躬。引班首二人左右階上殿，欄内並立。先引北面班首少前，跪致詞訖，退復褥位。次引南面班首亦如之。畢，分引左右階下殿，復位，五拜，鞠躬。宣徽稱「有敕」，再拜，宣答「内難已平，與公等内外同慶」。謝宣諭，五拜。捲班。臣僚從皇帝，命婦從皇后，詣皇太后殿，見先帝御容，陪位，皆再拜。皇太后正坐，稱賀，共十拜，並引上殿，賜宴如儀。

平難之儀，道宗清寧九年，太叔重元謀逆，仁懿太后親率衞士與逆黨戰。事平，因制此儀。

正旦朝賀儀：臣僚并諸國使昧爽入朝，奏「班齊」。皇帝昇殿坐，契丹舍人殿上通訖，引契丹臣僚東洞門入，引漢人臣僚并諸國使西洞門入。合班，舞蹈，五拜，鞠躬，平身。引親王東階上殿，欄内褥位俛伏跪，自通全銜臣某等祝壽訖，伏興，退，引東階下殿，復位，舞蹈，五拜畢，鞠躬。宣徽使殿上鞠躬，奏「臣宣答」，稱「有敕」，班首以下聽制訖，再拜，鞠躬。宣徽傳宣云：「履新之慶，與公等同之。」舍人贊謝宣諭，拜，舞蹈，五拜。贊各祗候，分班引出，引班首西階上殿，奏表目訖，教坊起居，賀，十二拜，畢，贊各祗候。引契丹、漢人臣僚并諸國使東西洞門入，合班，再拜。贊進酒，引親王東階上殿，就欄内褥位，搢笏，執臺琖，進酒訖，退，復褥位。置臺，出笏，少前俛跪，自通全銜臣某等謹進千萬歲壽酒。俛伏興，退，復褥位，與殿下臣僚皆再拜，鞠躬。俟宣徽使殿上鞠躬，奏「臣宣答」，稱「有制」，親王以下再拜如初儀。傳宣云：「飲公等壽酒，與公等内外同慶。」舍人贊謝宣諭如初。贊各祗候，親王搢笏，執臺，殿下臣僚分班。皇帝飲酒，教坊奏樂，殿上下臣僚皆拜，稱「萬歲」。贊各祗候。樂止，教坊再拜。皇帝卒飲，親王進受琖，復褥位，置臺琖，出笏。揖臣僚合班，引親王東階下殿，復位，鞠躬，再拜。贊各祗候，分班引出。皇帝起，詣皇太后殿，臣僚并諸國使皆從。皇太后昇殿，皇帝東方側坐。引契丹、漢人臣僚并諸國使兩洞門入，合班稱賀〔五〕，進酒，皆如皇帝之儀。畢，引出。教坊入，起居、進酒亦如之。皇太后宣答稱「聖旨」。契丹班謝宣宴，上殿就位立。漢人臣僚并諸國使東洞門入，丹墀東方，面西鞠躬。舍人鞠躬，通文武百僚宰臣某已下謝宣宴，再拜；出班致詞訖，退復位，舞蹈，五拜。贊各上殿祗候，引宰臣以下并諸國使副，方裀、朵殿臣僚，西階上殿就位立。不應坐臣僚並於西洞門出。二人監琖，教坊再拜，贊各上階。下殿謝宴，如皇太后生辰儀。

冬至朝賀儀：臣僚班齊，如正旦儀。皇帝、皇后拜日，臣僚陪位再拜。皇帝、皇后昇殿坐，契丹舍人通，臣僚入，合班，親王祝壽，宣答，皆如正旦之儀。謝訖，舞蹈，五拜，鞠躬。出班奏「聖躬萬福」；復位，再拜，鞠躬。班首出班，俛伏跪，祝壽訖，伏興，舞蹈，五拜，鞠躬。贊各祗候。分班，不出，合班。御牀入，再拜，鞠躬。贊進酒。臣僚平身。引親王左階上殿，就欄內褥位，搢笏，執臺琖，進酒。皇帝、皇后受琖訖，退就褥位，置臺，出笏，俛伏跪。少前，自通全銜臣某等謹進千萬歲壽酒。俛伏興，退，復褥位，再拜，鞠躬。殿下臣僚皆再拜，鞠躬。宣答如正旦儀。親王搢笏，執臺，分班。皇帝、皇后飲酒，奏樂；殿上下臣僚皆拜，稱「萬歲壽」，樂止。教坊再拜，臣僚合班。親王進受琖，至褥位，置臺琖，出笏，引左階下殿。御牀出〔六〕。親王復丹墀位，再拜，鞠躬。贊祗候。分班引出。班首右階上殿奏表目進奉。諸道進奉，教坊進奉，過訖，贊進奉收。班首舞蹈，五拜，鞠躬。贊各祗候。班首出，臣僚復入，合班謝，舞蹈，五拜，鞠躬。贊各祗候。分班引出。聲警，皇帝、皇后起，赴北殿。皇太后於御容殿，與皇帝、皇后率臣僚再拜。皇太后上香，皆再拜。贊各祗候。可矮墩以上上殿。皇太后三進御容酒，陪位皆拜。皇太后昇殿坐。皇帝就露臺上褥位，親王押北南臣僚班丹墀內立。皇帝再拜，臣僚皆拜，鞠躬。皇帝欄內跪，祝皇太后壽訖，復位，再拜。凡拜，皆稱「萬歲」。贊各祗候，臣僚不出。皇帝、皇后側座，親王進酒，臣僚陪拜，皇太后宣答，皆如正旦之儀。臣僚分班，不出，班首右階上殿奏表目，合班謝宣宴，上殿就位如儀。御牀入。皇帝進皇太后酒如初，各就座行酒，宣飲盡，如皇太后生辰之儀。皇后進酒，如皇帝之儀。三進酒，行茶，教坊致語，行殽饍，大饌，七進酒。曲破，臣僚起，御牀出，謝宴，皆如皇太后生辰儀。

立春儀：皇帝出就內殿，拜先帝御容，北南臣僚丹墀內合班，再拜。可矮墩以上入殿，賜坐。帝進御容酒，陪位并侍立皆再拜。一進酒，臣僚下殿，左右相向立。皇帝戴幡勝，等第賜幡勝。臣僚簪畢，皇帝於土牛前上香，三奠酒，不拜。教坊動樂，侍儀使跪進綵杖。皇帝鞭土牛，可矮墩以上北南臣僚丹墀内合班，跪左膝，受綵杖，直起，再拜。贊各祗候。司辰報春至，鞭土牛三匝。矮墩鞭止，引節度使以上上殿，撒穀豆，擊土牛。撒穀豆，許衆奪之。臣僚依位坐，酒兩行，春盤入。酒三行畢，行茶。皆起。禮畢。

重午儀：至日，臣僚昧爽赴御帳，皇帝繫長壽綵縷昇車坐，引北南臣僚合班，如丹墀之儀。所司各賜壽縷，揖臣僚跪受，再拜。引退，從駕至膳所，酒三行。若賜宴，臨時聽敕。

重九儀：北南臣僚旦赴御帳，從駕至圍場，賜茶。皇帝就坐，引臣僚御前班立，所司各賜菊花酒，跪受，再拜。酒三行，揖起。

藏鬮儀：至日，北南臣僚常服入朝，皇帝御天祥殿，臣僚依位賜坐。契丹南面，漢人北面，分朋行鬮。或五或七籌，賜膳。入食畢，皆起。頃之，復坐行鬮如初。晚賜茶，三籌或五籌，罷教坊承應。若帝得鬮，臣僚進酒訖，以次賜酒。

大康十年十二月二十二日，始行是儀。是日不御朝。

歲時雜儀：

正旦，國俗以糯飯和白羊髓爲餅，丸之若拳，每帳賜四十九枚。戊夜，各於帳内窗中擲丸於外。數偶，動樂，飲宴。數奇，令巫十有二人鳴鈴，執箭，繞帳歌呼，帳内爆鹽爐中，燒地拍鼠，謂之「驚鬼」，居七日乃出。國語謂正旦爲「廼捏咿唲」。「廼」，正也；「捏咿唲」，旦也。

立春，婦人進春書，刻青繒爲幟，像龍御之，或爲蟾蜍〔七〕，書幟曰「宜春」。

人日，凡正月之日，一雞、二狗、三豕、四羊、五馬、六牛，七日爲人。其占，晴爲祥，陰爲災。俗煎餅食於庭中，謂之「薰天」。

二月一日爲中和節，國舅族蕭氏設宴，以延國族耶律氏，歲以爲常。國語是日爲「㑧里叵」。「㑧里」，請也；「叵」，時也。㑧，讀若狎；叵，讀若頗。

二月八日爲悉達太子生辰〔八〕，京府及諸州雕木爲像，儀仗、百戲導從，循城爲樂。悉達太子者，西域淨梵王子，姓瞿曇氏，名釋迦牟尼。以其覺性，稱之曰「佛」。

三月三日爲上巳，國俗，刻木爲兔，分朋走馬射之。先中者勝，負朋下馬列跪進酒，勝朋馬上飲之。國語謂是日爲「陶里樺」。「陶里」，兔也；「樺」，射也。

五月重五日，午時，採艾葉和綿著衣，七事以奉天子，北南臣僚各賜三事，君臣宴樂，渤海膳夫進艾餻。以五綵絲爲索纏臂，謂之「合歡結」。又以綵絲宛轉爲人形簪之，謂之「長命縷」。國語謂是日爲「討賽咿唲」。「討」，五；「賽咿唲」，月也。

夏至之日，俗謂之「朝節」。婦人進綵扇，以粉脂囊相贈遺。

六月十有八日，國俗，耶律氏設宴，以延國舅族蕭氏，亦謂之「忡里咄」。

七月十三日，夜，天子於宮西三十里卓帳宿焉。前期，備酒饌。翼日，諸軍、部落從者皆動蕃樂，飲宴至暮，乃歸行宮，謂之「迎節」。十五日中元，動漢樂，大宴。十六日昧爽，復往西方，隨行諸軍、部落大譟三，謂之「送節」。國語謂之「賽咿唲奢」。「奢」，好也。

八月八日，國俗，屠白犬，於寢帳前七步瘞之，露其喙。後七日中秋，移寢帳於其上。國語謂之「捏褐耐」。「捏褐」，犬也；「耐」，首也。

九月重九日，天子率羣臣部族射虎，少者爲負，罰重九宴。射畢，擇高地卓帳，賜蕃、漢臣僚飲菊花酒。兔肝爲臡，鹿舌爲醬。又研茱萸酒，洒門户以禬禳。國語謂是日爲「必里遲離」，九月九日也。

歲十月，五京進紙造小衣甲、槍刀、器械萬副。十五日，天子與羣臣望祭木葉山，用國字書狀，并焚之。國語謂之「戴辣」。「戴」，燒也；「辣」，甲也。

冬至日，國俗，屠白羊、白馬、白雁，各取血和酒，天子望拜黑山。黑山在境北，俗謂國人魂魄，其神司之，猶中國之岱宗云。每歲是日，五京進紙造人馬萬餘事，祭山而焚之。俗甚嚴畏，非祭不敢近山。

臘辰日，天子率北南臣僚並戎服，戊夜坐朝，作樂飲酒，等第賜甲仗、羊馬。國語謂是日爲「炒伍侕尀」。「炒伍侕」，戰也。

再生儀：凡十有二歲，皇帝本命前一年季冬之月，擇吉日。前期，禁門北除地置再生室、母后室、先帝神主輿。在再生室東南，倒植三岐木。其日，以童子及產醫嫗置室中。一婦人執酒，一叟持矢箙，立於室外。有司請神主降輿，致奠。奠訖，皇帝出寢殿，詣再生室。羣臣奉迎，再拜。皇帝入室，釋服，跣。以童子從，三過岐木之下。每過，產醫嫗致詞，拂拭帝躬。童子過岐木七，皇帝卧木側，叟擊箙曰：「生男矣。」太巫幪皇帝首，興，羣臣稱賀，再拜。產醫嫗受酒于執酒婦以進，太巫奉襁褓、綵結等物贊祝之。預選七叟，各立御名繫于綵，皆跪進。皇帝選嘉名受之，賜物。再拜，退。羣臣皆進襁褓、綵結等物。皇帝拜先帝諸御容，遂宴羣臣。

善哉，阻午可汗之垂訓後嗣也。孺子無不慕其親者，嗜欲深而愛淺，妻子具而孝衰。人人皆然，而況天子乎。再生之儀，歲一周星，使天子一行是禮，以起其孝心。夫體之也真，則其思之也切，孺子之慕，將有油然發于中心者，感發之妙，非言語文字之所能及。善哉，阻午可汗之垂訓後嗣也。始之以三過岐木，母氏劬勞能無念乎。終之以拜先帝御容，敬承宗廟宜何如哉。詩曰：「無念爾祖，聿脩厥德。」

校勘記

〔一〕皆如正旦之儀　「旦」字原闕，據明鈔本、南監本、北監本、殿本補。

〔二〕各好去　據上下文例，此句前疑闕「贊」字。

〔三〕臣僚殿下合班陪拜　「班」，原作「以」，據北監本、殿本改。

〔四〕酒三行無殺行饍　「無」，北監本、殿本作「行」。

〔五〕合班稱賀　「合」字原闕，據上下文義補。

〔六〕御牀出　原作「出御牀」，據北監本、殿本及上下文例改。

〔七〕刻青繒爲幟像龍御之或爲蟾蜍　疑文有訛誤。按契丹國志卷二七歲時雜記立春條云：「以青繒爲幟，刻龍象銜之，或爲蝦蟆。」酉陽雜俎前集卷一禮異、歲時廣記卷八同。

〔八〕二月八日爲悉達太子生辰　「二月八日」，疑當作「四月八日」。按本卷歲時雜儀正旦條至臘辰日條皆取自契丹國志卷二七歲時雜記，契丹國志歲時雜記係抄撮武珪燕北雜記而成，兩書皆謂佛誕日爲四月八日。又應曆十五年重修范陽白帶山雲居寺碑謂「風俗以四月八日共慶佛生」，壽昌四年易州興國寺太子誕聖邑碑、咸雍八年特建佛頂尊勝陀羅尼幢亦稱四月初八慶佛生，知遼朝佛誕日當爲四月八日。據元史卷二七英宗紀一延祐七年十二月己巳、卷二〇二釋老傳及輯本析津志歲紀門等，大都城於每歲二月八日迎佛。疑此處係元朝史官據本朝風俗將契丹國志「四月八日」臆改作「二月八日」。

遼史卷五十四

志第二十三

樂志

遼有國樂，有雅樂，有大樂，有散樂，有鐃歌、横吹樂。舊史稱聖宗、興宗咸通音律，聲氣、歌辭、舞節，徵諸太常、儀鳳、教坊不可得。按紀、志、遼朝雜禮，參考史籍，定其可知者，以補一代之闕文。

嗚呼！咸、韶、夏、武之樂，聲亡書逸，河間作記，史遷因以爲書，寥乎希哉。遼之樂觀此足矣。

國樂

遼有國樂，猶先王之風；其諸國樂，猶諸侯之風。故志其略。

正月朔日朝賀，用宮懸雅樂。元會，用大樂；曲破後，用散樂；角觝終之。是夜，皇帝燕飲，用國樂。

七月十三日，皇帝出行宮三十里卓帳。十四日設宴，應從諸軍隨各部落動樂。十五日中元，大宴，用漢樂。

春飛放杏堝，皇帝射獲頭鵝，薦廟燕飲，樂工數十人執小樂器侑酒。

諸國樂

太宗會同三年，晉宣徽使楊端、王朓等及諸國使朝見〔一〕，皇帝御便殿賜宴。端、朓起進酒，作歌舞，上爲舉觴極歡。

會同三年端午日，百僚洎諸國使稱賀，如式燕飲，命回鶻、燉煌二使作本國舞。

天祚天慶二年，駕幸混同江，頭魚酒筵，半酣，上命諸酋長次第歌舞爲樂。女直阿骨打端立直視，辭以不能。上謂蕭奉先曰：「阿骨打意氣雄豪，顧視不常，可託以邊事誅之。不然，恐貽後患。」奉先奏：「阿骨打無大過，殺之傷向化之意。蕞爾小國，又何能爲。」

雅樂

自漢以後，相承雅樂，有古頌焉，有古大雅焉。遼闕郊廟禮，無頌樂。大同元年，太宗自汴將還，得晉太常樂譜、諸宮懸、樂架〔二〕，委所司先赴中京。

聖宗太平元年尊號册禮：設宮懸於殿庭，舉麾位在殿第三重西階之上〔三〕，協律郎各入就舉麾位，太常博士引太常卿，太常卿引皇帝。將仗動，協律郎舉麾，太樂令令撞黄鍾之鍾，左右鍾皆應〔四〕。工人舉柷，樂作；皇帝即御坐，扇合，樂止。王公入門，樂作；至位，樂止。通事舍人引押册大臣，初動，樂作；置册殿前香案訖，就位，樂止。舁册官奉册，初動，樂作；升殿，置册御坐前，就西墉北上位，樂止。大臣上殿，樂作；至殿欄内位，樂止。大臣降殿階，樂作；復位，樂止。王公三品以上出，樂作；太常博士引太常卿，太常卿引皇帝降御坐入閤，樂止〔五〕。

興宗重熙九年，上契丹册〔六〕，皇帝出，奏隆安之樂。

聖宗統和元年，册承天皇太后，設宮懸簨簴，太樂工、協律郎入。太后儀衛動，舉麾，太和樂作；太樂令、太常卿導引昇御坐，簾捲，樂止。文武三品以上入，舒和樂作；至位，樂止。皇帝入門，雍和樂作；至殿前位，樂止。宰相押册，皇帝隨册，樂作；至殿前置册於案，樂止。翰林學士、大將軍舁册，樂作；置御坐前，樂止。丞相上殿，樂作；至讀册位，樂止。皇帝下殿，樂作；至位，樂止。太后宣答訖，樂作；皇帝至西閤，樂止。親王、丞相上殿，樂作；退班出，樂止。下簾，樂作；皇太后入内，樂止。

册皇太子儀：太子初入門，貞安之樂作。

册禮樂工次第：四隅各置建鼓一虡，樂工各一人；宫懸每面九虡，每虡樂工一人；樂虡近北置柷、敔各一，樂工各一人；樂虡内坐部樂工，左右各一百二人；樂虡西南武舞六十四人，執小旗二人；樂虡東南文舞六十四人，執小旗二人；協律郎二人；太樂令一人。

唐十二和樂，遼初用之：豫和祀天神，順和祭地祇，永和享宗廟，肅和登歌奠玉帛，雍和入俎接神，壽和酌獻飲神，太和節升降，舒和節出入，昭和舉酒，休和以飯，正和皇后受册以行，承和太子以行。

遼十二安樂：初，梁改唐十二和樂爲九慶樂，後唐建唐宗廟，仍用十二和樂，晉改爲十二同樂。遼雜禮：「天子出入，奏隆安；太子行，奏貞安。」則是遼嘗改樂名矣。餘十安樂名缺。

八音：

遼雅樂歌辭，文闕不具；八音器數，大抵因唐之舊。

金　鎛、鍾。

石　球、磬。

絲　琴、瑟。

竹　籥、簫、篪。

匏　笙、竽。

土　壎。

革　鼓、鼗。

木　柷、敔。

十二律用周黍尺九寸管，空徑三分爲本。道宗大康中，詔行秬黍所定升斗，嘗定律矣。其法大抵用古律焉。

大樂

自漢以來，因秦、楚之聲置樂府。至隋高祖詔求知音者，鄭譯得西域蘇祇婆七旦之聲，求合七音八十四調之説，由是雅俗之樂，皆此聲矣。用之朝廷，别於雅樂者，謂之大樂。

晉高祖使馮道、劉昫册應天太后、太宗皇帝，其聲器、工官與法駕，同歸於遼。

聖宗統和元年，册承天皇太后〔七〕，童子、弟子隊樂引太后輦至金鑾門。

天祚皇帝天慶元年上壽儀：皇帝出東閤，鳴鞭，樂作；簾捲，扇開，樂止。太尉執臺，分班，太樂令舉麾，樂作；皇帝飲酒訖，樂止。應坐臣僚東西外殿，太樂令引堂上樂升。大臣執臺，太樂令奏舉觴，登歌樂作〔八〕；飲訖，樂止。行臣僚酒遍，太樂令奏巡周，舉麾，樂作；飲訖，樂止。太常卿進御食，太官令奏食遍，樂作；文舞入，三變，引出，樂止。次進酒，行臣僚酒，舉觴，巡周，樂作；飲訖，樂止。次進食，食遍，樂作；武舞入，三變，引出，樂止。扇合，簾下，鳴鞭，樂作；皇帝入西閤，樂止。

大樂器：本唐太宗七德、九功之樂。武后毀唐宗廟，七德、九功樂舞遂亡，自後宗廟用隋文、武二舞。朝廷用高宗景雲樂代之，元會，第一奏景雲樂舞。杜佑通典已稱諸樂並亡，唯景雲樂舞僅存。唐末、五代版蕩之餘，在者希矣。遼國大樂，晉代所傳。雜禮雖見坐部樂工左右各一百二人，蓋亦以景雲遺工充坐部；其坐、立部樂，自唐已亡，可考者唯景雲四部樂舞而已。

玉磬

方響

搊箏

筑

臥箜篌

大箜篌

小箜篌

大琵琶

小琵琶

大五絃

小五絃

吹葉

大笙

小笙

觱篥

簫

銅鈸

長笛

尺八笛

短笛

以上皆一人〔九〕。

毛員鼓

連鞉鼓

貝

以上皆二人，餘每器工一人。

歌二人

舞二十人，分四部：

景雲舞八人〔一〇〕

慶雲樂舞四人〔一一〕

破陣樂舞四人

承天樂舞四人

大樂調：雅樂有七音，大樂亦有七聲，謂之七旦：一曰娑陁力〔一二〕，平聲；二曰雞識，長聲；三曰沙識，質直聲；四曰沙侯加濫聲；五曰沙臘，皆應聲〔一三〕；六曰般贍，五聲；七曰俟利箑，斛牛聲〔一四〕。自隋以來，樂府取其聲，四旦二十八調爲大樂。

婆陁力旦：

正宮

高宮

中呂宮

道調宮

南呂宮

仙呂宮

黄鍾宮

雞識旦：

越調

大食調

高大食調

雙調

小食調

歇指調

林鍾商調

沙識旦：

大食角

高大食角

雙角

小食角

歇指角

林鍾角

越角

沙侯加濫旦〔一五〕：

中呂調

正平調

高平調

仙呂調

黃鍾調

般涉調

高般涉調

右四旦二十八調，不用黍律，以琵琶絃叶之。皆從濁至清，迭更其聲，下益濁，上益清。七七四十九調，餘二十一調失其傳。蓋出九部樂之龜茲部云。

大樂聲：各調之中，度曲協音，其聲凡十，曰：五、凡、工、尺、上、一、四、六、勾、合，近十二雅律，於律呂各闕其一，猶雅音之不及商也。

散樂

殷人作靡靡之樂，其聲往而不反，流爲鄭、衞之聲。秦、漢之間，秦、楚聲作，鄭、衞寖亡。漢武帝以李延年典樂府，稍用西涼之聲。今之散樂，俳優、歌舞雜進，往往漢樂府之遺聲。晉天福三年，遣劉昫以伶官來歸，遼有散樂，蓋由此矣。

遼册皇后儀：呈百戲、角抵、戲馬以爲樂〔一六〕。

皇帝生辰樂次：

酒一行　觱篥起，歌。

酒二行　歌，手伎入。

酒三行　琵琶獨彈。

　餠、茶、致語。

　食入，雜劇進。

酒四行　闕。

酒五行　笙獨吹，鼓笛進。

酒六行　箏獨彈，築毬。

酒七行　歌曲破，角觝。

曲宴宋國使樂次：

酒一行　觱篥起，歌。

酒二行　歌。

酒三行　歌，手伎入。

酒四行　琵琶獨彈。

　餠、茶、致語。

食入，雜劇進。

酒五行　闋。

酒六行　笙獨吹，合法曲。

酒七行　箏獨彈。

酒八行　歌，擊架樂。

酒九行　歌，角觝。

散樂，以三音該三才之義，四聲調四時之氣，應十二管之數。截竹爲四竅之笛，以叶音聲，而被之絃歌。三音：天音揚，地音抑，人音中，皆有聲無文。四時：春聲曰平，夏聲曰上，秋聲曰去，冬聲曰入。

散樂器：觱篥、簫、笛、笙、琵琶、五絃、箜篌、箏、方響、杖鼓、第二鼓、第三鼓、腰鼓、大鼓、鞚、拍板。

雜戲：自齊景公用倡優侏儒，至漢武帝設魚龍曼延之戲，後漢有繩舞、自刎之伎，杜佑以爲多幻術，皆出西域。哇俚不經，故不具述。

鼓吹樂

鼓吹樂，一曰短簫鐃歌樂，自漢有之，謂之軍樂。遼雜禮，朝會設熊羆十二案，法駕有前後部鼓吹，百官鹵簿皆有鼓吹樂。

前部：

鼓吹令二人

掆鼓十二

金鉦十二

大鼓百二十

長鳴百二十

鐃十二

鼓十二

歌二十四

管二十四

簫二十四

笳二十四

後部：

大角百二十

鼓吹丞二人

羽葆十二

鼓十二

管二十四

簫二十四

鐃十二

鼓十二

簫二十四

笳二十四

右前後鼓吹，行則導駕奏之，朝會則列仗，設而不奏。

横吹樂

横吹亦軍樂，與鼓吹分部而同用，皆屬鼓吹令。

前部：

大橫吹百二十

節鼓二

笛二十四

觱篥二十四

笳二十四

桃皮觱篥二十四

掆鼓十二

金鉦十二

小鼓百二十

中鳴百二十

羽葆十二

鼓十二

管二十四

簫二十四

笳二十四

後部：

小橫吹百二十四

笛二十四

簫二十四

觱篥二十四

桃皮觱篥二十四

百官鼓吹、橫吹樂，自四品以上，各有增損〔一七〕，見儀衞志。自周衰，先王之樂寖以亡缺，周南變爲秦風。始皇有天下，鄭、衞、秦、燕、趙、楚之聲迭進，而雅聲亡矣。漢、唐之盛，文事多西音，是爲大樂、散樂；武事皆北音，是爲鼓吹、橫吹樂。雅樂在者，其器雅，其音亦西云。

校勘記

〔一〕晉宣徽使楊端王朓等及諸國使朝見　「王朓」，本書卷四太宗紀下會同三年四月丙午作「王朓」。

〔二〕得晉太常樂譜諸宮懸樂架　「譜」字原闕。按本書卷四太宗紀下大同元年三月壬寅，以晉

「太常樂譜、諸宮縣、鹵簿、法物及鎧仗，悉送上京」。今據補。

〔三〕舉麾位在殿第三重西階之上　「三」，本書卷五二禮志五皇帝受册儀作「二」。

〔四〕太樂令令撞黄鍾之鍾左右鍾皆應　「左右鍾」，疑當作「右五鍾」。參見本書卷五二禮志五校勘記〔二〕。

〔五〕「王公三品以上出」至「樂止」　此句疑史官節取不當。按王公與皇帝用樂不應相同，本書卷五二禮志五皇帝受册儀云：「三品已上出，樂作；出門畢，樂止。（中略）太常博士、太常卿引皇帝起，樂作；至閤，樂止。」

〔六〕興宗重熙九年上契丹册　本書興宗紀無此事，然高麗史卷六靖宗世家靖宗六年（遼重熙九年）十月載遼詔，謂「今已定十二月上旬大行禮册」，或即此「上契丹册」事。

〔七〕聖宗統和元年册承天皇太后　「統和」，諸本皆作「太平」，據上文及本書卷一〇聖宗紀一統和元年六月、卷七一后妃傳改。

〔八〕登歌樂作　「樂」字原闕，據明鈔本、南監本、北監本、殿本補。

〔九〕以上皆一人　「人」字原闕，據明鈔本、南監本、北監本、殿本補。

〔一〇〕景雲舞　據上下文，當作「景雲樂舞」。

〔一一〕慶雲樂舞四人　「慶雲」，舊唐書卷二九音樂志二、新唐書卷二一禮樂志一一並作「慶善」，以唐太宗生於慶善宫而名。

〔一二〕婆陁力　隋書卷一四音樂志中作「娑陁力」。

〔一三〕四曰沙侯加濫聲五曰沙臘皆應聲　疑文有訛誤。按隋書卷一四音樂志中云：「四曰『沙侯加濫』，華言應聲，即變徵聲也。五曰『沙臘』，華言應和聲，即徵聲也。」

〔一四〕斛牛聲　「牛」，原作「先」，據隋書卷一四音樂志中改。

〔一五〕沙侯加濫旦　「沙侯加濫」，疑當作「般贍」。按隋書卷一四音樂志中謂沙侯加濫爲變徵聲，般贍爲羽聲。此下七調，新唐書卷二二禮樂志一二、樂府雜録、宋史卷七一律曆志四引景祐樂髓新經皆謂爲羽聲。又以下調名内有「般涉」、「高般涉」之目。

〔一六〕遼册皇后儀呈百戲角抵戲馬以爲樂　據本書卷五二禮志五，此事不見於册皇后儀，而見於皇帝納后之儀。

〔一七〕各有增損　「各」，原作「名」，據文義改。

遼史卷五十五

志第二十四

儀衞志一

遼太祖奮自朔方，太宗繼志述事，以成其業。於是舉渤海，立敬瑭，破重貴，盡致周、秦、兩漢、隋、唐文物之遺餘而居有之。路車法物以隆等威，金符玉璽以布號令。是以傳至九主二百餘年，豈獨以兵革之利，士馬之强哉。文謂之儀，武謂之衞，足以成一代之規摹矣。

考遼所有輿服、符璽、儀仗，作儀衞志。

輿服

自黄帝而降，輿服之制，其來遠矣。禹乘四載作小車，商人得桑根之瑞爲大輅，周人加金玉，象飾益備。秦取六國儀物，而分别其用，先王之制，置而弗御。至漢中葉，鋭意稽古，然禮文之事，名存實亡，蓋得十一於千百焉。唐之車輅因周、隋遺法，損益可知。而祭服皆青，朝服皆絳，常服用宇文制，以紫、緋、緑、碧分品秩。五代頗以常服代朝服。遼國自太宗入晉之後，皇帝與南班漢官用漢服，太后與北班契丹臣僚用國服，其漢服即五代晉之遺制也。

考之載籍之可徵者，著輿服篇，冠諸儀衛之首。

國輿

契丹故俗，便於鞍馬。隨水草遷徙，則有氈車，任載有大車，婦人乘馬，亦有小車，貴富者加之華飾。禁制疎闊，貴適用而已。帝后加隆，勢固然也。輯其可知著于篇。

大輿，柴册再生儀載神主見之〔一〕。

輿，臘儀見皇帝、皇后升輿、降輿。

總纛車，駕以御駝。祭山儀見皇太后升總纛車〔二〕。

車，納后儀見皇后就車。

青幰車，二螭頭、蓋部皆飾以銀〔三〕，駕用駝，公主下嫁以賜之。古者王姬下嫁，車服不繫其夫，下王后一等。此其遺意歟。

送終車，車樓純飾以錦，螭頭以銀，下縣鐸，後垂大氈，駕以牛。上載羊一，謂之祭羊，以擬送終之用。亦賜公主。

椅，册皇太后儀，皇帝乘椅，自便殿輦至西便門。

鞍馬，祭山儀，皇帝乘馬，侍皇太后行。臘儀，皇帝降輿，祭東畢，乘馬入獵圍。瑟瑟儀，俱乘馬東行，羣臣在南，命婦在北〔四〕。

漢輿

太宗皇帝會同元年，晉使馮道、劉昫等備車輅法物，上皇帝、皇太后尊號册禮。自此天子車服昉見於遼。太平中行漢册禮，乘黄令陳車輅，尚輦奉御陳輿輦。盛唐輦輅，盡在遼廷矣。

五輅：周官典輅有五輅。秦亡之後，漢創製。

玉輅，祀天、祭地、享宗廟、朝賀、納后用之。青質，玉飾，黄屋，左纛。十二鑾在衡，二鈴在軾。龍輈。左建旂，十二斿，皆畫升龍，長曳地。駕蒼龍，金鋄，鏤鍚，鞶纓十二就。

遼國勘箭儀，皇帝乘玉輅至內門。聖宗開泰十年，上升玉輅，自內三門入萬壽殿，進七廟御容酒。

金輅，饗射、祀還、飲至用之。赤質，金飾，餘如玉輅，色從其質。駕赤騮。

象輅，行道用之。黃質，象飾，餘如金輅。駕黃騮。

革輅，巡狩、武事用之。白質，革鞔。駕白翰。

木輅，田獵用之。黑質，漆飾。駕黑駱。

車：制小於輅，小事乘之。

耕根車，耕藉用之。青質，蓋三重，餘如玉輅。

安車，一名進賢車，臨幸用之。金飾，重輿，曲壁，八鑾在衡，紫油纁朱裏幰，朱絲絡網。駕赤騮，朱鞶纓。

四望車，一名明遠車，拜陵、臨弔則用之。金飾，青油纁朱裏通幰。駕牛，餘同安車。

涼車，赤質〔五〕，省方、罷獵用之。赤質，金塗銀裝。五綵龍鳳，織藤，油壁，緋幨，蓮座。駕以橐駝。

輦：用人挽，本宮中所乘。唐高宗始制七輦。周官巾車有輦，以人組挽之。太平冊禮，皇帝御輦。

大鳳輦，赤質，頂有金鳳，壁畫雲氣金翅。前有軾，下有構欄。絡帶皆繡雲鳳，銀梯。主輦八十人。

大芳輦。

仙游輦。

小輦，永壽節儀，皇太后乘小輦。

芳亭輦，黑質，幕屋，緋欄，皆繡雲鳳〔六〕。朱緑夾窗，花板紅網，兩簾，四竿，銀飾梯。主輦百廿人。

大玉輦。

小玉輦。

逍遥輦，常用之。椶屋，赤質，金塗銀裝，紅絛。輦官十二人，春夏緋衫，秋冬素錦服。

平頭輦，常行用之。制如逍遥，無屋。册承天皇太后儀〔七〕，皇太后乘平頭輦。

步輦，聖宗統和三年，駐蹕土河，乘步輦聽政。

羊車，古輦車。赤質，兩壁龜文、鳳翅，緋幰，絡帶、門簾皆繡瑞羊，畫輪。駕以牛，隋易果下馬。童子十八人，服繡。瑞羊輓之。

輿：以人肩之，天子用韝絡臂綰。

腰輿，前後長竿各二，金銀螭頭，緋繡鳳襴，上施錦褥，别設小床。奉輿十六人。

小輿，赤質，青頂，曲柄，緋繡絡帶。制如鳳輦而小，上有御座。奉輿二十四人。

皇太子車輅：

金輅，從祀享、正冬大朝、納妃用之。册皇太子儀，乘黄令陳金輅，皇太子升、降金輅。

軺車，五日常朝、享宫臣、出入行道用之。金飾，紫幰朱裏。駕一馬。

四望車，弔臨用之。金飾，紫油纁通幰。駕一馬。

校勘記

〔一〕大輿柴册再生儀載神主見之　本書卷五三禮志六再生儀有「先帝神主輿」，不見「大輿」。

〔二〕祭山儀見皇太后升總纛車　本書卷四九禮志一祭山儀無皇太后升總纛車之事。

〔三〕青幰車二螭頭蓋部皆飾以銀　此蓋襲用本書卷五二禮志五公主下嫁儀「賜公主青幰車二，螭頭、蓋部皆飾以銀」，然誤綴「二」字於「青幰車」下，當删。

〔四〕瑟瑟儀俱乘馬東行羣臣在南命婦在北　本書卷四九禮志一瑟瑟儀無此事。

〔五〕涼車赤質　「赤質」二字疑涉下文而衍。

〔六〕芳亭輦黑質幕屋緋欄皆繡雲鳳　「欄」，疑當作「襴」。按宋史卷一四九輿服志一謂「芳亭輦，黑質，頂如幕屋，緋羅衣，裙襴、絡帶皆繡雲鳳」。

〔七〕册承天皇太后儀　「皇」、「后」二字原闕，據北監本、殿本補。

遼史卷五十六

志第二十五

儀衞志二

國服

上古之人，網罟禽獸，食肉衣皮，以儷鹿韋掩前後，謂之韠。然後夏葛、冬裘之製興焉。周公陳王業，七月之詩，至於一日于貉，三月條桑，八月載績，公私之用由是出矣。契丹轉居薦草之間，去邃古之風猶未遠也。太祖仲父述瀾，以遥輦氏于越之官，占居潢河沃壤，始置城邑，爲樹藝、桑麻、組織之教，有遼王業之隆，其亦肇迹於此乎！太祖帝北方，太宗制中國，紫銀之鼠，羅綺之篚，麛載而至，纖麗耎毳，被土綢木。於是定衣冠之制，北班國制，南班漢制，各從其便焉。詳國服以著厥始云。

祭服：遼國以祭山爲大禮，服飾尤盛。

大祀，皇帝服金文金冠，白綾袍，紅帶，縣魚，三山紅垂飾犀玉刀錯，絡縫烏鞾。

小祀，皇帝硬帽，紅克絲龜文袍。皇后戴紅帕，服絡縫紅袍，縣玉佩，雙同心帕，絡縫烏鞾。

臣僚、命婦服飾，各從本部旗幟之色。

朝服：太祖丙寅歲即皇帝位〔一〕，朝服衷甲，以備非常。其後行瑟瑟禮、大射柳，即此服。聖宗統和元年册承天皇太后，給三品以上用漢法服，三品以下用大射柳之服。

皇帝服實里薛袞冠，絡縫紅袍，垂飾犀玉帶錯，絡縫靴，謂之國服袞冕。太宗更以錦袍、金帶。

臣僚戴氈冠，金花爲飾，或加珠玉翠毛，額後垂金花，織成夾帶，中貯髮一總。或紗冠，制如烏紗帽，無簷，不攝雙耳，額前綴金花，上結紫帶，末綴珠。服紫窄袍，繫鞊鞢帶，以黃紅色絛裹革爲之，用金玉、水晶、靛石綴飾，謂之「盤紫」。太宗更以錦袍、金帶。會同元年，羣臣高年有爵秩者，皆賜之。

公服：謂之「展裹」，著紫。興宗重熙二十二年，詔八房族巾幘〔二〕。道宗清寧元年，詔非勳戚之後及夷离堇、副使并承應有職事人，不帶巾。

皇帝紫皂幅巾，紫窄袍，玉束帶，或衣紅襖；臣僚亦幅巾，紫衣。

常服：

宰相中謝儀，帝常服。高麗使入見儀，臣僚便衣，謂之「盤裹」。綠花窄袍，綠中單多紅綠色〔三〕。貴者披貂裘，以紫黑色爲貴，青次之。又有銀鼠，尤潔白。賤者貂毛、羊、鼠、沙狐裘。

田獵服：

皇帝幅巾，擐甲戎裝，以貂鼠或鵝項、鴨頭爲扞腰。蕃漢諸司使以上並戎裝，衣皆左衽，黑綠色。

弔服：太祖叛弟剌哥等降，素服受之。

素服，乘赭白馬。

漢服

黃帝始制冕冠章服，後王以祀以祭以享。夏收、殷冔、周弁以朝〔四〕，冠端以居，所以別尊卑、辨儀物也。厥後唐以冕冠、青衣爲祭服，通天、絳袍爲朝服，平巾幘、袍襴爲常服。大同元年正月朔，太宗皇帝入晉，備法駕，受文武百官賀于汴京崇元殿，自是日以爲常。

是年北歸，唐、晉文物，遼則用之。左右采訂，摭其常用者存諸篇。

祭服：終遼之世，郊丘不建，大裘冕服不書。

衮冕，祭祀宗廟、遣上將出征、飲至、踐阼、加元服、納后若元日受朝則服之。金飾，垂白珠十二旒，以組爲纓，色如其綬，黈纊充耳，玉簪導。玄衣、纁裳十二章：八章在衣，日、月、星、龍、華蟲、火、山、宗彝〔五〕；四章在裳，藻、粉米、黼、黻。衣褾領爲升龍織成文。各爲六等。龍、山以下，每章一行，行十二。白紗中單，黼領，青褾、襈、裾，黻、革帶、大帶、劍、佩、綬，舄加金飾。元日朝會儀，皇帝服衮冕。

朝服：乾亨五年，聖宗册承天太后，給三品以上法服。雜禮，册承天太后儀，侍中就席，解劍脱履。重熙五年尊號册禮〔六〕，皇帝服龍衮，北南臣僚並朝服。蓋遼制，會同中，太后、北面臣僚國服，皇帝、南面臣僚漢服；乾亨以後，大禮雖北面三品以上亦用漢服；重熙以後，大禮並漢服矣。常朝仍遵會同之制。

皇帝通天冠，諸祭還及冬至、朔日受朝、臨軒拜王公、元會、冬會服之。冠加金博山，附蟬十二，首施珠翠。黑介幘，髮纓翠緌，玉若犀簪導。絳紗袍，白紗中單，褾領，朱襈裾，白裙襦，絳蔽膝，白假帶，方心曲領。其革帶、佩、劍、綬、韈、舄〔七〕。若未加元服，則雙童髻，空頂黑介幘，雙玉導，加寶飾。元日上壽儀，皇帝服通天冠，絳紗袍。

皇太子遠遊冠，謁廟還宮、元日、冬至、朔日入朝服之。三梁冠，加金附蟬九，首施珠翠。黑介幘，髮纓翠緌，犀簪導。絳紗袍，白紗中單，皂領、褾、襈、裾，白裙襦，白假帶，方心曲領，絳紗蔽膝。其革帶、劍、佩、綬、韈、舄與上同，後改用白韈、黑舄。未冠，則雙童髻，空頂黑介幘，雙玉導，加寶飾。冊皇太子儀，皇太子冠遠遊，服絳紗袍。

親王遠遊冠，陪祭、朝饗、拜表、大事服之。冠三梁，加金附蟬。黑介幘，青緌，導。絳紗單衣，白紗中單，皂領、襈、裾，白裙襦。革帶鉤䚢，假帶，曲領方心，絳紗蔽膝，韈、舄、劍、佩、綬。二品以上同。

諸王遠遊冠，三梁，黑介幘，青緌。

三品以上進賢冠，三梁，寶飾。

五品以上進賢冠，二梁，金飾。

九品以上進賢冠，一梁，無飾。

七品以上去劍、佩、綬。

八品以下同公服。

公服：勘箭儀，閤使公服，繫履。遼國嘗用公服矣。

皇帝翼善冠，朔視朝用之。柘黃袍，九環帶，白練裙襦，六合鞾。

皇太子遠遊冠，五日常朝、元日、冬至受朝服。絳紗單衣，白裙襦，革帶金鉤䚢，假帶，方心，紛，鞶囊，白韈，烏皮履。

一品以下、五品以上，冠幘纓，簪導，謁見東宮及餘公事服之。絳紗單衣，白裙襦，帶鉤䚢，假帶，方心，韈履，紛，鞶囊。

六品以下，冠幘纓，簪導，去紛、鞶囊，餘並同。

常服：遼國謂之「穿執」。起居禮，臣僚穿執。言穿鞾、執笏也。

皇帝柘黄袍衫，折上頭巾，九環帶，六合鞾，起自宇文氏。唐太宗貞觀已後，非元日、冬至受朝及大祭祀，皆常服而已。

皇太子進德冠，九琪，金飾，絳紗單衣，白裙襦，白韈，烏皮履。

五品以上，幞頭，亦曰折上巾，紫袍，牙笏，金玉帶。文官佩手巾、筭袋、刀子、礪石、金魚袋；武官鞊鞢七事：佩刀、刀子、磨石、契苾真、噦厥、針筒、火石袋〔八〕，烏皮六合鞾。

六品以下，幞頭，緋衣，木笏，銀帶，銀魚袋佩，鞾同。

八品、九品，幞頭，綠袍，鍮石帶，鞾同。

校勘記

〔一〕太祖丙寅歲即皇帝位　據本書卷一太祖紀一，丙寅歲十二月羣臣勸進，丁卯歲正月庚寅即皇帝位。

〔二〕興宗重熙二十二年詔八房族巾幘　據本書卷二〇興宗紀三，詔八房族巾幘乃重熙二十三年七月己卯事。

〔三〕緑花窄袍緑中單多紅緑色　元刊本契丹國志卷二三衣服制度云：「丈夫或緑中單，緑花窄袍，中單多紅緑色。」長編卷九七宋綬契丹風俗同。按此處表義不諧，蓋節取史文不當所致，「中單」前「緑」字疑衍。

〔四〕夏收殷冔周弁以朝　「夏」，原作「唐」。按儀禮卷三士冠禮云：「周弁，殷冔，夏收。」今據改。

〔五〕八章在衣日月星龍華蟲火山宗彝　舊唐書卷四五輿服志云：「八章在衣，日、月、星、龍、山、華蟲、火、宗彝。」「龍」、「山」連書，故下文稱「龍、山以下，每章一行」云云。按此處蓋襲用其文而八章順序略有不同，致上下文有失照應。

〔六〕重熙五年尊號册禮　「五年」，疑當作「元年」。按上太后、皇帝尊號册禮事，見本書卷一八興宗紀一重熙元年十一月己卯，五年無此事。

〔七〕其革帶佩劍綬韈舃　疑文有闕誤。按舊唐書卷四五輿服志云：「其革帶、珮、劍、綬、襪、舃與上同。」蓋指與天子大裘冕同。

〔八〕武官鞊鞢七事佩刀刀子磨石契苾真噦厥針筒火石袋　「針筒」原作「計筒」，「火石袋」原作

「大石袋」。按舊唐書卷四五輿服志云：「武官五品以上佩鞊韘七事，七謂佩刀、刀子、礪石、契苾真、噦厥、針筒、火石袋等也。」今據改。

遼史卷五十七

志第二十六

儀衛志三

符印

遥輦氏之世，受印于回鶻。至耶瀾可汗請印於唐，武宗始賜「奉國契丹印」。太祖神册元年，梁幽州刺史來歸，詔賜印綬。是時，太祖受位遥輦十年矣。會同九年，太宗伐晉，末帝表上傳國寶一、金印三，天子符瑞於是歸遼。

傳國寶，秦始皇作，用藍玉，螭紐，六面，其正面文「受命于天，既壽永昌」，魚鳥篆。子嬰以上漢高祖。王莽篡漢，平皇后投璽殿階，螭角微玷。獻帝失之，孫堅得于井中，傳至孫權，以歸于魏。魏文帝隸刻肩際曰「大魏受漢傳國之寶」。唐更名「受命寶」。晉亡歸遼。自三國以來，僭僞諸國往往模擬私製，歷代府庫所藏不一，莫辨真僞。聖宗開泰十年，馳驛取石晉所上玉璽于中京。興宗重熙七年，以有傳國寶者爲正統賦試進士。天祚保大二年，遺傳國璽于桑乾河。

玉印，太宗破晉北歸，得于汴宮，藏隨駕庫。穆宗應曆二年，詔用太宗舊寶〔一〕。

御前寶，金鑄，文曰「御前之寶」，以印臣僚宣命。

詔書寶，文曰「書詔之寶」，凡書詔批答用之。

契丹寶，受契丹册儀，符寶郎捧寶置御坐東。

金印三，晉帝所上，其文未詳。

皇太后寶，制未詳。天顯二年，應天皇后稱制，羣臣上璽綬。册承天皇太后儀，符寶郎奉寶置皇太后坐右。

皇后印，文曰「皇后教印」。

皇太子寶，未詳其制。重熙九年册皇太子儀，中書令授皇太子寶。

印

吏部印，文曰「吏部之印」，銀鑄，以印文官制誥。

兵部印，文曰「兵部之印」，銀鑄，以印軍職制誥〔二〕。契丹樞密院、契丹諸行軍部署、漢人樞密院、中書省、漢人諸行宮都部署印，並銀鑄，文不過六字。以上以銀朱爲色。

南北王以下内外百司印，並銅鑄，以黄丹爲色，諸税務以赤石爲色。杓窊印，杓窊，鷙鳥之總名，以爲印紐，取疾速之義。行軍詔賜將帥用之。道宗賜耶律仁先鷹紐印，即此。

符契

自大賀氏八部用兵，則合契而動，不過刻木爲牉合。太祖受命，易以金魚。金魚符七枚，黄金鑄，長六寸，各有字號，每魚左右判合之。有事，以左半先授守將，使者執右半，大小、長短、字號合同，然後發兵。事訖，歸于内府。

銀牌二百面，長尺，刻以國字，文曰「宜速」，又曰「敕走馬牌」。國有重事，皇帝以牌親授使者，手劄給驛馬若干。驛馬闕，取它馬代。法，晝夜馳七百里，其次五百里。所至如天子親臨，須索更易，無敢違者。使回，皇帝親受之，手封牌印郎君收掌。

木契，正面爲陽，背面爲陰，閤門唤仗則用之。朝賀之禮，宣徽使請陽面木契下殿，至于殿門，以契授西上閤門使云：「授契行勘。」勘契官聲喏，跪受契，舉手勘契同，俛興，鞠躬，奏「内外勘契同」。閤門使云：「准敕勘契，行勘。」勘契官執陰面木契聲喏，平身立，少退近後，引聲云「軍將門仗官」，齊聲喏。勘契官云：「内出喚仗木契一隻，准敕付左右金吾仗行勘。」勘契官云「合不合」，門仗官云「合」，凡再。勘契官云「同不同」，門仗官云「同」，亦再。勘契官近前鞠躬，奏：「勘官左金吾引駕仗、勾畫都知某官某，對御勘同。」平身，少退近後，右手舉契云：「其契謹付閤門使進入。」閤門使引聲喏，門仗官下聲喏。勘契官跪以契授，閤門使上殿納契，宣徽使受契。閤門使下殿，奉敕喚仗。

木箭，内箭爲雄，外箭爲雌，皇帝行幸則用之。還宮，勘箭官執雌箭，東上閤門使執雄箭，如勘契之儀，詳具禮儀志。

校勘記

〔一〕穆宗應曆二年詔用太宗舊寶　據本書卷六穆宗紀上，此事在應曆三年二月。

〔二〕以印軍職制誥　「以」字原闕，據明鈔本、南監本、北監本、殿本補。

遼史卷五十八

志第二十七

儀衞志四

儀仗[一]

帝王處則重門擊柝，出則以師兵爲營衞，勞人動衆，豈得已哉。天下大患生於大欲，不得不遠慮深防耳。智英勇傑、魁臣雄藩於是乎在，寓武備於文物之中，此儀仗所由設也。

金吾、黃麾六軍之仗，遼受之晉，晉受之後唐，後唐受之梁、唐，其來也有自。耶律儼、陳大任舊志有未備者，兼考之遼朝雜禮云。

國仗

王通氏言，舜歲徧四岳，民不告勞，營衞省、徵求寡耳。遼太祖匹馬一麾，斥地萬里，經營四方，未嘗寧居，所至樂從，用此道也。太宗兼制中國，秦皇、漢武之儀文日至，後嗣因之。旄頭豹尾，馳驅五京之間，終歲勤動，轍迹相尋。民勞財匱，此之故歟〔三〕。遼自大賀氏摩會受唐鼓纛之賜，是爲國仗。其制甚簡，太宗伐唐、晉以前，所用皆是物也。著于篇首，以見艱難創業之主，豈必厚衞其身云。

十二神纛，

十二旗，

十二鼓，

曲柄華蓋，

直柄華蓋。

遥輦末主遺制，迎十二神纛、天子旗鼓置太祖帳前。諸弟剌哥等叛，匀德實縱火焚行宫，皇后命曷古魯救之，止得天子旗鼓。太宗即位，置旗鼓、神纛于殿前。聖宗以輕車儀衞拜帝山。

渤海仗

天顯四年，太宗幸遼陽府，人皇王備乘輿羽衞以迎。乾亨五年，聖宗東巡，東京留守具儀衞迎車駕。此故渤海儀衞也。

漢仗

大賀失活入朝于唐，娑固兄弟繼之，尚主封王，飫觀上國。開元東封，邵固扈從，又覽太平之盛。自是朝貢歲至于唐。遼始祖涅里立遥輦氏，世爲國相，目見耳聞，歆企帝王之容輝有年矣。遥輦致鼓纛於太祖帳前，曾何足以副其雄心霸氣之所睥睨哉。厥後交梁聘唐，不憚勞勩。至於太宗，立晉以要册禮，入汴而收法物，然後累世之所願欲者，一舉而得之。太原擅命，力非不敵，席卷法物，先致中京，蹝棄山河，不少顧慮，志可知矣。於是秦、漢以來帝王文物盡入于遼；周、宋按圖更製，乃非故物。遼之所重，此其大端，故特著焉。

太宗會同元年，晉使馮道備車輅法物，上皇太后册禮；劉昫、盧重備禮，上皇帝尊號。

三年，上在薊州觀導駕儀衛圖，遂備法駕幸燕，御元和殿行入閤禮。

六年，備法駕幸燕，迎導御元和殿。

大同元年正月朔，備法駕至汴，上御崇元殿，受文武百僚朝賀。自是日以爲常。二月朔，上御崇元殿，備禮受朝賀。三月，將幸中京鎮陽，詔收鹵簿法物，委所司押領先往。未幾鎮陽入漢，鹵簿法物隨世宗歸于上京。四月，皇太弟李胡遣使問軍事，上報曰，朝會起居如禮。是月，太宗崩，世宗即位，鹵簿法物備而不御。

穆宗應曆元年，詔朝會依嗣聖皇帝故事，用漢禮。

景宗乾亨五年二月，神柩升轀輬車，具鹵簿儀衛。六月，聖宗至上京，留守具法駕迎導。

聖宗統和元年，車駕還上京，迎導儀衛如式。

三年，駕幸上京，留守具儀衛奉迎。

四年，燕京留守具儀衛導駕入京，上御元和殿，百僚朝賀。

是後，儀衛常事，史不復書。

鹵簿儀仗人數馬匹

步行擎執二千四百一十二人，坐馬擎執二百七十五人，坐馬樂人二百七十三人，步行教坊人七十一人，御馬牽攏官五十二人，御馬二十六匹，官僚馬牽攏官六十六人，坐馬挂甲人五百九十八人，步行挂甲人百六十人，金甲二人，神輿十二人，長壽仙一人，諸職官等三百五人，內侍一人，引稍押衙二人，赤縣令一人，府牧一人，府吏二人，少尹一人，司録一人，功曹一人，太常少卿一人，太常丞一人，太常博士一人，司徒一人，太僕卿一人，鴻臚卿一人，大理卿一人，御史大夫一人，侍御史二人，殿中侍御史二人，監察御史一人，兵部尚書一人，兵部侍郎一人，兵部郎中一人，兵部員外郎一人，符寶郎一人，左右諸衛將軍三十五人，左右諸折衝二十一人，左右諸果毅二十八人，尚乘奉御二人，排仗承直二人，左右夾騎二人，都頭六人，主帥一十四人，教坊司差。押纛二人，左右金吾四人，虞候佽飛一十六人，鼓吹令二人，漏刻生二人，押當官一人，司天監一人，令史一人，司辰一人，統軍六人，千牛備身二人，左右親勳二人，左右郎將四人，左右拾遺二人，左右補闕二人，起居舍人一人，左右諫議大夫二人，給事中書舍人二人〔三〕，左右散騎常侍二人，門下侍郎二人，中書侍郎二人，鳴鞭二人，內侍內差。侍中一人，中書令一人，監門校尉二人，排列官二人，武衛隊正一人，隨駕諸司供奉官三十人，三班供奉官六十人，通事舍人四人，御史中丞二人，乘黃丞二人，都尉一人，太僕卿一人〔四〕，步行太卜令一人。職官乘馬三百四匹，進馬四匹，駕車馬二十八匹。人之數凡四千二百三十有九，馬之數凡千五百二十。

得諸本朝太常卿徐世隆家藏遼朝雜禮者如是。至於儀注之詳，不敢傅會云。

校勘記

〔一〕儀仗　此目原闕。按本書卷五五儀衞志一總序云：「考遼所有輿服、符璽、儀仗，作儀衞志。」前有「輿服」、「符印」兩目，今據補。

〔二〕此之故歟　「之故」，原作「故之以」，據大典卷七七〇二引遼史儀衞志及明鈔本、南監本、北監本、殿本改。

〔三〕給事中書舍人二人　據本書卷四七百官志三，應作「給事中、中書舍人二人」。

〔四〕太僕卿一人　上文已見「太僕卿一人」。此處疑爲重出，或有訛誤。

遼史卷五十九

志第二十八

食貨志上

契丹舊俗，其富以馬，其强以兵。縱馬於野，弛兵於民。有事而戰，彍騎介夫，卯命辰集。馬逐水草，人仰湩酪，挽强射生，以給日用，糗糧芻茭，道在是矣。以是制勝，所向無前。及其有國，内建宗廟朝廷，外置郡縣牧守，制度日增，經費日廣，上下相師，服御浸盛，而食貨之用斯爲急矣。於是五京及長春、遼西、平州置鹽鐵、轉運、度支、錢帛諸司，以掌出納。其制數差等雖不可悉，而大要散見舊史。若農穀、租賦、鹽鐵、貿易、坑冶、泉幣、羣牧，逐類採摭，緝而爲篇，以存一代食貨之略。

初，皇祖匀德實爲大迭烈府夷离堇，喜稼穡，善畜牧，相地利以教民耕。仲父述瀾爲于越，飭國人樹桑麻，習組織。太祖平諸弟之亂，弭兵輕賦，專意於農。嘗以户口滋繁，糺轄疎遠，分北大濃兀爲二部，程以樹藝，諸部效之。

太宗會同初，將東獵，三剋奏減輜重，疾趨北山取物，以備國用，無害農務。尋詔有司勸農桑，教紡績。以烏古之地水草豐美，命甌昆石烈居之，益以海勒水之善地爲農田。三年，詔以諧里河、臚朐河近地，賜南院歐堇突呂、乙斯勃，北院温納河剌三石烈人〔一〕，以事耕種。八年，駐蹕赤山，宴從臣，問軍國要務。左右對曰：「軍國之務，愛民爲本。民富則兵足，兵足則國彊。」上深然之。是年，詔徵諸道兵，仍戒敢有傷禾稼者以軍法論〔二〕。

應曆間，雲州進嘉禾，時謂重農所召。保寧七年，漢有宋兵，使來乞糧，詔賜粟二十萬斛助之〔三〕。非經費有餘，其能若是？

聖宗乾亨五年詔曰：「五稼不登，開帑藏而代民税〔四〕；螟蝗爲災，罷徭役以恤饑貧。」帝常過藁城，見乙室奧隗部下婦人迪輦等黍過熟未獲，遣人助刈。太師韓德讓言，兵後逋民棄業，禾稼棲畝，募人獲之，以半給穫者。政事令室昉亦言，山西諸州給軍興，民力凋敝〔五〕，田穀多躪於邊兵，請復今年租。統和六年〔六〕，霜旱，災民饑，詔三司，舊以税錢折粟，估價不實，其增以利民。又徙吉避寨居民三百户于檀、順、薊三州〔七〕，擇沃壤，給牛、種穀。十三年，詔諸道置義倉。歲秋，社民隨所獲，户出粟庤倉，社司籍其目。歲儉，發以振民。十五年，詔免南京舊欠義倉粟，仍禁諸軍官非時畋牧妨農〔八〕。開泰元年，詔曰：「朕惟百姓徭役煩重，則多給工價；年穀不登，發倉以貸；田園蕪廢者，則給牛、種以助之。」太平初幸燕，燕民以年豐進土産珍異。上禮高年，惠鰥寡，賜酺連日。九年，燕地饑，户部副使王嘉請造船，募習海漕者，移遼東粟餉燕，議者稱道險不便而寢。

興宗即位，遣使閲諸道禾稼。是年，通括户口，詔曰：「朕於早歲，習知稼穡。力辦者廣務耕耘，罕聞輸納；家食者全虧種植，多至流亡。宜通檢括，普遂均平。」禁諸職官不得擅造酒糜穀；有婚祭者，有司給文字始聽。

道宗初年，西北雨穀三十里〔九〕，春州斗粟六錢〔一〇〕。時西蕃多叛，上欲爲守禦計，命耶律唐古督耕稼以給西軍。唐古率衆田臚朐河側，歲登上熟。移屯鎮州，凡十四稔，積粟數十萬斛，每斗不過數錢〔一一〕。以馬人望前爲南京度支判官，公私兼裕，檢括户口，用法平恕，乃遷中京度支使。視事半歲，積粟十五萬斛，擢左散騎常侍。遼之農穀至是爲盛。而東京如咸、信、蘇、復、辰、海、同、銀、烏、遂、春、泰等五十餘城内，沿邊諸州，各有和糴倉，依祖宗法，出陳易新，許民自願假貸，收息二分。所在無慮二三十萬碩，雖累兵興，未嘗用乏。迨天慶間，金兵大入，盡爲所有。會天祚播遷，耶律敵烈等逼立梁王雅里，令羣牧人户運鹽濼倉粟，人户侵耗，議籍其産以償。雅里自定其直：粟一車一羊，三車一牛，五車一馬，八車一駝。從者曰：「今一羊易粟二斗，尚不可得，此直太輕。」雅里曰：「民有則我有。若令盡償，衆何以堪？」事雖無及，然使天未絶遼，斯言亦足以收人心矣。

夫賦税之制，自太祖任韓延徽，始制國用。太宗籍五京户丁以定賦税，户丁之數無所於考。聖宗乾亨間，以上京「云爲户」訾具實饒〔二〕，善避繇役，遺害貧民，遂勒各户，凡子錢到本，悉送歸官，與民均差。統和中，耶律昭言，西北之衆，每歲農時，一夫偵候，一夫治公田，二夫給糺官之役。當時沿邊各置屯田戍兵，易田積穀以給軍餉。故太平七年詔，諸屯田在官斛粟不得擅貸，在屯者力耕公田，不輸税賦，此公田制也。餘民應募，或治閑田，或治私田，則計畝出粟以賦公上。十五年，募民耕灤河曠地，十年始租，此在官閑田制也。又詔山前後未納税户，並於密雲、燕樂兩縣，占田置業入税，此私田制也。各部大臣從上征伐，俘掠人户，自置郛郭，爲頭下軍州。凡市井之賦，各歸頭下，惟酒税赴納上京，此分頭下軍州賦爲二等也。

先是，遼東新附地不榷酤，而鹽麴之禁亦弛。馮延休、韓紹勳相繼商利，欲與燕地平山例加繩約，其民病之，遂起大延琳之亂。連年詔復其租，民始安靖。南京歲納三司鹽鐵錢折絹，大同歲納三司税錢折粟。開遠軍故事，民歲輸税，斗粟折五錢，耶律抹只守郡，表請折六錢，亦皆利民善政也。

校勘記

〔一〕「諧里河」至「北院温納河剌三石烈人」　「諧里河」，本書卷四太宗紀下會同三年八月作「于諧里河」。「温納河剌」，卷三三營衞志下六院部作「斡納阿剌」，「河」、「阿」二字當有一誤。

〔二〕是年詔徵諸道兵仍戒敢有傷禾稼者以軍法論　此處繫年疑誤。按本書卷四太宗紀下繫此事於會同九年七月辛亥。

〔三〕保寧七年漢有宋兵使來乞糧詔賜粟二十萬斛助之　此處繫年疑誤。按長編卷一七開寶九年八月丁未條，宋伐北漢乃遼保寧八年事。本書卷八景宗紀上，北漢乞糧事在保寧八年十二月；卷九景宗紀下，助粟二十萬斛事在保寧九年三月。

〔四〕開帑藏而代民税　「藏」字原闕，據明鈔本、南監本、北監本、殿本補。

〔五〕民力凋敝　「敝」，原作一字空格，據明鈔本、南監本、北監本、殿本補。

〔六〕統和六年　「統和」二字原闕。按本書卷一二聖宗紀三及卷六九部族表，自上文「帝常過藁城」下皆統和三、四年事。今據補。又下文「十五年」上原有「統和」二字，今删。

〔七〕又徙吉避寨居民三百户于檀順薊三州　本書卷一二聖宗紀三統和七年二月，「吉避寨」作「雞壁砦」，「三百户」作「二百户」。

〔八〕「十五年」至「仍禁諸軍官非時畋牧妨農」　本書卷一三聖宗紀四繫此事於統和十四年十一月甲戌。

〔九〕西北雨穀三十里　「西北」下疑脱「路」字。按本書卷二二道宗紀二咸雍四年六月壬子云：「西北路雨穀，方三十里。」

〔一〇〕道宗初年西北雨穀三十里春州斗粟六錢　此處云「道宗初年」，不確。按本書卷二二道宗紀二，「雨穀」事見於咸雍四年六月壬子，「春州斗粟六錢」事見於咸雍七年。

〔一一〕「時西蕃多叛」至「每斗不過數錢」　此處繫年於道宗朝，疑誤。按本書卷九一耶律唐古傳，此係聖宗統和間事，且唐古興宗重熙四年即已致仕。

〔一二〕以上京云爲户訾具實饒　「云爲户」僅見於此，按本書卷一一六國語解云：「云爲户，義即營運，字之訛。」蓋係元朝史官猜度之辭。

遼史卷六十

志第二十九

食貨志下

征商之法，則自太祖置羊城于炭山北，起榷務以通諸道市易。太宗得燕，置南京，城北有市，百物山偫，命有司治其征；餘四京及它州縣貨産懋遷之地，置亦如之。東平郡城中置看樓，分南、北市，禺中交易市北，午漏下交易市南。雄州、高昌、渤海亦立互市，以通南宋、西北諸部、高麗之貨，故女直以金、帛、布、蜜蠟、諸藥材及鐵離、靺鞨、于厥等部以蛤珠、青鼠、貂鼠、膠魚之皮、牛羊駝馬、毳罽等物，來易於遼者，道路繦屬。聖宗乾亨間，燕京留守司言，民艱食，請弛居庸關税，以通山西糴易〔一〕。又令有司諭諸行宫，布帛短狹不中尺度者，不粥於市。明年，詔以南、北府市場人少，宜率當部車百乘赴集。開奇峰路以通易州貿易。二十三年，振武軍及保州並置榷場。時北院大王耶律室魯以俸羊多闕，部人貧乏，請以羸老之羊及皮毛易南中之絹，上下爲便。至天祚之亂，賦斂既重，交易法壞，財日匱而民日困矣。

鹽筴之法，則自太祖以所得漢民數多，即八部中分古漢城别爲一部治之。城在炭山南，有鹽池之利，即後魏滑鹽縣也，八部皆取食之。及征幽、薊還，次于鶴剌濼，命取鹽給軍。自後濼中鹽益多，上下足用。會同初，太宗有大造於晉，晉獻十六州地，而瀛、莫在焉，始得河間煮海之利，置榷鹽院於香河縣，於是燕、雲迤北暫食滄鹽。一時產鹽之地如渤海、鎮城、海陽、豐州、陽洛城、廣濟湖等處，五京計司各以其地領之。其煎取之制，歲出之額，不可得而詳矣。

坑冶，則自太祖始併室韋，其地產銅、鐵、金、銀，其人善作銅、鐵器。又有曷朮部者多鐵；「曷朮」，國語鐵也。部置三冶：曰柳濕河，曰三黜古斯，曰手山。神册初，平渤海，得廣州，本渤海鐵利府，改曰鐵利州〔三〕，地亦多鐵。東平縣本漢襄平縣故地，產鐵卝，置採煉者三百户，隨賦供納。以諸坑冶多在國東，故東京置户部司，長春州置錢帛司。太祖征幽、薊，師還，次山麓，得銀、鐵卝，命置冶。聖宗太平間，於潢河北陰山及遼河之源，各得金、銀卝，興冶採煉。自此以訖天祚，國家皆賴其利。

鼓鑄之法，先代撒剌的爲夷离菫，以土産多銅，始造錢幣。太祖其子，襲而用之，遂致富彊，以開帝業。太宗置五冶太師，以總四方錢鐵。石敬瑭又獻沿邊所積錢，以備軍實。景宗以舊錢不足於用，始鑄乾亨新錢，錢用流布。聖宗鑿大安山，取劉守光所藏錢〔三〕，散諸五計司，兼鑄太平錢，新舊互用。由是國家之錢，演迤域中。所以統和出内藏錢，賜南京諸軍司。開泰中，詔諸道，貧乏百姓，有典質男女，計傭價日以十文，折盡，還父母。每歲春秋，以官錢宴饗將士，錢不勝多，故東京所鑄至清寧中始用。是時，詔禁諸路不得貨銅鐵，以防私鑄，又禁銅鐵賣入回鶻，法益嚴矣。道宗之世，錢有四等：曰咸雍，曰大康，曰大安，曰壽隆，皆因改元易名。其肉好、銖數亦無所考。第詔楊遵勗徵户部司逋户舊錢，得四十餘萬繦，拜樞密直學士；劉伸爲户部使，歲入羡餘錢三十萬繦，擢南院樞密使〔四〕；其以災沴，出錢以振貧乏及諸宫分邊戍人户。是時，雖未有貫朽不可較之積，亦可謂富矣。至其末年，經費浩穰，鼓鑄仍舊，國用不給。雖以海雲佛寺千萬之助，受而不拒，尋禁民錢不得出境。天祚之世，更鑄乾統、天慶二等新錢，而上下窮困，府庫無餘積。

始太祖爲迭烈府夷离菫也，懲遥輦氏單弱，於是撫諸部，明賞罰，不妄征討，因民之利而利之，羣牧蕃息，上下給足。及即位，伐河東，下代北郡縣〔五〕，獲牛、羊、駝、馬十餘萬。樞密使耶律斜軫討女直，復獲馬二十餘萬，分牧水草便地，數歲所增不勝算。當時，括富人馬，不加多，賜大、小鶻軍萬餘疋，不加少，蓋畜牧有法然也。咸雍五年，蕭陶隗爲馬羣太保，上書猶言羣牧名存實亡，上下相欺，宜括實數以爲定籍。厥後東丹國歲貢千疋〔六〕，女直萬疋，直不古等國萬疋，阻卜及吾獨婉、惕德各二萬疋〔七〕，西夏、室韋各三百疋，越里篤、剖阿里、奧里米、蒲奴里、鐵驪等諸部三百疋；仍禁朔州路羊馬入宋，吐渾、党項馬鬻于夏。以故羣牧滋繁，數至百有餘萬，諸司牧官以次進階。自太祖及興宗垂二百年，羣牧之盛如一日。天祚初年，馬猶有數萬羣，每羣不下千疋。祖宗舊制，常選南征馬數萬疋，牧于雄、霸、清、滄間，以備燕、雲緩急；復選數萬，給四時遊畋；餘則分地以牧。法至善也。至末年，累與金戰，番漢戰馬損十六七，雖增價數倍，竟無所買，乃冒法買官馬從軍。諸羣牧私賣日多，畋獵亦不足用，遂爲金所敗。棄衆播遷，以訖于亡。松漠以北舊馬，皆爲大石林牙所有。

遼之食貨其可見者如是耳。至於鄰國歲幣，諸屬國歲貢土宜，雖累朝軍國經費多所仰給，然非本國所出，況名數已見本紀，茲不復載。

夫冀北宜馬，海濱宜鹽，無以議爲。遼地半沙磧，三時多寒，春秋耕穫及其時，黍稌高下因其地，蓋不得與中土同矣。然而遼自初年，農穀充羨，振饑恤難，用不少靳，旁及鄰國，沛然有餘，果何道而致其利歟？此無他，勸課得人，規措有法故也。

世之論錢幣者，恒患其重滯之難致，鼓鑄之弗給也，於是楮幣權宜之法興焉。西北之通舟楫，比之東南，十纔一二。遼之方盛，貨泉流衍，國用以殷，給戍賞征，賜與億萬，未聞有所謂楮幣也，又何道而致其便歟？此無他，舊儲新鑄，並聽民用故也。

孟子曰：「周于利者，凶年不能殺。」人力苟至，一夫猶足以勝時災，況爲國乎。以是知善謀國者，有道以制天時、地利之宜，無往而不遂其志。食莫大於穀，貨莫大於錢，特志二者，以表遼初用事之臣，亦善裕其國者矣。

校勘記

〔一〕「聖宗乾亨間」至「以通山西糴易」　此處云「乾亨間」，不確。按乾亨五年六月改元統和，本書卷一〇聖宗紀一繫此事於統和元年九月。又下文「二十三年」即指統和二十三年。

〔二〕「神册初」至「改曰鐵利州」　此處繫年疑誤。按本書卷二太祖紀下，天顯元年二月平渤海，非神册初。又據卷三八地理志二，渤海原有鐵利郡，太祖遷渤海人建鐵利州，統和八年省，開泰七年置爲廣州。

〔三〕取劉守光所藏錢　「劉守光」，疑當作「劉仁恭」。參見卷一三聖宗紀四校勘記〔二〇〕。

〔四〕擢南院樞密使　「樞密使」，疑當作「樞密副使」。按本書卷九八劉伸傳云：「拜南院樞密副使。」又卷二二道宗紀二咸雍二年五月：「辛巳，以戶部使劉詵爲樞密副使。」此劉詵即劉伸。

〔五〕及即位伐河東下代北郡縣　此處所記不確。按本書卷一太祖紀上，伐河東代北事在唐天復二年，阿保機即位前五年。

〔六〕厥後東丹國歲貢千疋　此處敍事時序淆亂。按本書卷二太祖紀下，天顯元年二月改渤海爲東丹國。東丹歲貢馬千匹，見卷七二義宗倍傳。然道宗時東丹國早已不存。下文越里篤等諸部歲貢馬三百疋句誤同。

〔七〕惕德各二萬疋　「惕德」，原作「惕隱」。按本書卷二五道宗紀五大安十年正月癸未、六月癸巳及卷六九部族表皆作「惕德」。今據改。

遼史卷六十一

志第三十

刑法志上

刑也者，始於兵而終於禮者也。鴻荒之代，生民有兵，如蠭有螫，自衛而已。蚩尤惟始作亂，斯民鴟義，姦宄並作，刑之用豈能已乎？帝堯清問下民，乃命三后恤功於民，伯夷降典，折民惟刑。故曰刑也者，始於兵而終於禮者也。先王順天地四時以建六卿。秋，刑官也，象時之成物焉。秋傳氣於夏，變色於春，推可知也。

遼以用武立國，禁暴戢姦，莫先於刑。國初制法，有出於五服、三就之外者，兵之勢方張，禮之用未遑也。及阻午可汗知宗室雅里之賢，命爲夷离堇以掌刑辟，豈非士師之官，非賢者不可爲乎。太祖、太宗經理疆土，擐甲之士歲無寧居，威克厥愛，理勢然也。子孫相繼，其法互有輕重；中間能審權宜，終之以禮者，惟景、聖二宗爲優耳。

然其制刑之凡有四：曰死，曰流，曰徒，曰杖。死刑有絞、斬、凌遲之屬，又有籍没之法。流刑量罪輕重，寘之邊城部族之地，遠則投諸境外，又遠則罰使絶域。徒刑一曰終身，二曰五年，三曰一年半；終身者決五百，其次遞減百；又有黥刺之法。杖刑自五十至三百〔一〕，凡杖五十以上者，以沙袋決之；又有木劍、大棒、鐵骨朵之法。木劍、大棒之數三，自十五至三十；鐵骨朵之數，或五、或七。有重罪者，將決以沙袋，先于脽骨之上及四周擊之。拷訊之具，有麤、細杖及鞭、烙法。麤杖之數二十；細杖之數三，自三十至于六十。鞭、烙之數，凡烙三十者鞭三百，烙五十者鞭五百。被告諸事應伏而不服者，以此訊之。品官公事誤犯，民年七十以上、十五以下犯罪者，聽以贖論。贖銅之數，杖一百者，輸錢千。亦有八議、八縱之法。籍没之法，始自太祖爲撻馬狘沙里時，奉痕德堇可汗命，案于越釋魯遇害事，以其首惡家屬没入瓦里。及淳欽皇后時析出，以爲著帳郎君，至世宗詔免之。其後内外戚屬及世官之家，犯反逆等罪，復没入焉；餘人則没爲著帳户；其没入宫分、分賜臣下者亦有之。木劍、大棒者，太宗時制。木劍面平背隆，大臣犯重罪，欲寬宥則擊之。沙袋者，穆宗時制，其制用熟皮合縫之，長六寸，廣二寸，柄一尺許。徒刑之數詳于重熙制，杖刑以下之數詳于咸雍制；其餘非常用而無定式者，不可殫紀。

太祖初年，庶事草創，犯罪者量輕重決之。其後治諸弟逆黨，權宜立法。親王從逆，不磬諸甸人，或投高崖殺之；淫亂不軌者，五車轘殺之；逆父母者視此；訕詈犯上者，以熟鐵錐摏其口殺之。從坐者，量罪輕重杖決。杖有二：大者重錢五百，小者三百。又爲梟磔、生瘞、射鬼箭、砲擲、支解之刑。歸於重法，閑民使不爲變耳。歲癸酉，下詔曰：「朕自北征以來，四方獄訟，積滯頗多。今休戰息民，羣臣其副朕意，詳決之，無或冤枉。」乃命北府宰相蕭敵魯等分道疏決。有遼欽恤之意，昉見于此。神册六年，克定諸夷，上謂侍臣曰：「凡國家庶務，鉅細各殊，若憲度不明，則何以爲治，羣下亦何由知禁。」乃詔大臣定治契丹及諸夷之法，漢人則斷以律令，仍置鍾院以達民冤。

至太宗時，治渤海人一依漢法，餘無改焉。會同四年，皇族舍利郎君謀毒通事解里等，已中者二人，命重杖之，及其妻流于厥拔离弭河，族造藥者。

世宗天祿二年，天德、蕭翰、劉哥及其弟盆都等謀反，天德伏誅，杖翰，流劉哥，遣盆都使轄戛斯國。夫四人之罪均而刑異。遼之世，同罪異論者蓋多。

穆宗應曆十二年，國舅帳郎君蕭延之奴海里彊陵拽剌禿里年未及之女〔二〕，以法無文，加之宮刑，仍付禿里以爲奴。因著爲令。十六年，諭有司：「自先朝行幸頓次，必高立標識以禁行者。比聞楚古輩，故低置其標深草中，利人誤入，因之取財。自今有復然者，以死論。」然帝嗜酒及獵，不恤政事，五坊、掌獸、近侍、奉饍、掌酒人等，以獐鹿、野豕、鶻雉之屬亡失傷斃，及私歸逃亡，在告踰期，召不時至，或以奏對少不如意，或以飲食細故，或因犯者遷怒無辜，輒加炮烙鐵梳之刑。甚者至于無筭。或以手刃刺之，斬擊射燎，斷手足，爛肩股，折腰脛，劃口碎齒，棄尸于野。且命築封于其地，死者至百有餘人。京師置百尺牢以處繫囚。蓋其即位未久，惑女巫肖古之言，取人膽合延年藥，故殺人頗衆。後悟其詐，以鳴鏑叢射、騎踐殺之。及海里之死，爲長夜之飲，五坊、掌獸人等及左右給事誅戮者，相繼不絕。雖嘗悔其因怒濫刑，諭大臣切諫，在廷畏懦，鮮能匡救，雖諫又不能聽。當其將殺壽哥、念古，殿前都點檢耶律夷臘葛諫曰：「壽哥等斃所掌雉，畏罪而亡，法不應死。」帝怒，斬壽哥等，支解之。命有司盡取鹿人之在繫者凡六十五人，斬所犯重者四十四人，餘悉痛杖之。中有欲寘死者，賴王子必攝等諫得免。已而怒頗德飼鹿不時，致傷而斃，遂殺之。季年，暴虐益甚，嘗謂太尉化葛曰：「朕醉中有處決不當者，醒當覆奏。」徒能言之，竟無悛意，故及於難。雖云虐止褻御，上不及大臣，下不及百姓，然刑法之制，豈人主快情縱意之具邪。

景宗在潛，已監其失。及即位，以宿衞失職，斬殿前都點檢耶律夷臘葛〔三〕。趙王喜隱自囚所擅去械鏁，求見自辯，語之曰：「枉直未分，焉有出獄自辯之理？」命復縶之。既而躬録囚徒，盡召而釋之。保寧三年，以穆宗廢鐘院，窮民有冤者無所訴，故詔復之，仍命鑄鐘，紀詔其上，道所以廢置之意。吴王稍爲奴所告，有司請鞫，帝曰：「朕知其誣，若案問，恐餘人效之。」命斬以徇。五年，近侍實魯里誤觸神纛，法應死，杖而釋之。庶幾寬猛相濟。然緩于討賊，應曆逆黨至是始獲而誅焉，議者以此少之。

聖宗冲年嗣位，睿智皇后稱制，留心聽斷，嘗勸帝宜寬法律。帝壯，益習國事，鋭意於治。當時更定法令凡十數事，多合人心，其用刑又能詳慎。先是，契丹及漢人相毆致死，其法輕重不均，至是一等科之。統和十二年，詔契丹人犯十惡，亦斷以律。舊法，死囚尸市三日，至是一宿即聽收瘞。二十四年，詔主非犯謀反大逆及流死罪者，其奴婢無得告首；若奴婢犯罪至死，聽送有司，其主無得擅殺。二十九年，以舊法，宰相、節度使世選之家子孫犯罪，徒杖如齊民，惟免黥面，詔自今但犯罪當黥，即准法同科。開泰八年，以竊盜贓滿十貫，爲首者處死，其法太重，故增至二十五貫，其首處死，從者決流。嘗敕諸處刑獄有冤，不能申雪者，聽詣御史臺陳訴，委官覆問。往時大理寺獄訟，凡關覆奏者，以翰林學士、給事中、政事舍人詳決，至是始置少卿及正主之。猶慮其未盡，而親爲録囚。數遣使詣諸道審決冤滯，如邢抱朴之屬，所至，人自以爲無冤。

五院部民有自壞鎧甲者，其長佛奴杖殺之，上怒其用法太峻，詔奪官。吏以故不敢酷。撻剌干乃方十因醉言宮掖事，法當死，特貰其罪。五院部民偶遺火，延及木葉山兆域，亦當死，杖而釋之，因著爲法。至於敵八哥始竊薊州王令謙家財，及覺，以刃刺令謙，幸不死。有司擬以盜論，止加杖罪。又那母古犯竊盜者十有三次，皆以情不可恕，論棄市。因詔自今三犯竊盜者，黥額、徒三年；四則黥面、徒五年；至于五則處死。若是者，重輕適宜，足以示訓。近侍劉哥、烏古斯嘗從齊王妻而逃，以赦，後會千齡節出首，乃詔諸近侍、護衛集視而腰斬之。於是國無倖民，綱紀修舉，吏多奉職，人重犯法。故統和中，南京及易、平二州以獄空聞。至開泰五年，諸道皆獄空，有刑錯之風焉。

故事，樞密使非國家重務，未嘗親決，凡獄訟惟夷离畢主之〔四〕。及蕭合卓、蕭朴相繼爲樞密使，專尚吏才，始自聽訟。時人轉相效習，以狡智相高，風俗自此衰矣。故太平六年下詔曰：「朕以國家有契丹、漢人，故以南、北二院分治之，蓋欲去貪枉，除煩擾也；若貴賤異法，則怨必生。夫小民犯罪，必不能動有司以達於朝，惟內族、外戚多恃恩行賄，以圖苟免，如是則法廢矣。自今貴戚以事被告，不以事之大小，並令所在官司案問，具申北、南院覆問得實以聞；其不案輒申，及受請託爲奏言者，以本犯人罪罪之。」七年，詔中外大臣曰：「制條中有遺闕及輕重失中者，其條上之，議增改焉。」

校勘記

〔一〕杖刑自五十至三百　「三百」，原作「二百」，據明鈔本、南監本、北監本、殿本改。

〔二〕海里彊陵拽剌秃里年未及之女　「及」下疑闕「笄」字。

〔三〕斬殿前都點檢耶律夷臘葛　「斬」，原作「監」，據本書卷八景宗紀上保寧元年二月及卷七八耶律夷臘葛傳改。

〔四〕凡獄訟惟夷离畢主之　「夷离畢」，諸本皆作「夷离堇」。按本書卷一一六國語解云：「後置夷离畢院以掌刑政。」今據改。

遼史卷六十二

志第三十一

刑法志下

興宗即位，欽哀皇后始得志，昆弟專權。馮家奴等希欽哀意，誣蕭浞卜等謀反，連及嫡后仁德皇后。浞卜等十餘人與仁德姻援坐罪者四十餘輩，皆被大辟，仍籍其家。幽仁德于上京，既而遣人弒之。迫殞非命，中外切憤。欽哀後謀廢立，遷于慶州。及奉迎以歸，頗復預事，其酷虐不得逞矣。然興宗好名，喜變更，又溺浮屠法，務行小惠，數降赦宥，釋死囚甚衆。

重熙元年，詔職事官公罪聽贖，私罪各從本法；子弟及家人受賕，不知情者，止坐犯人。先是，南京三司銷錢作器皿三斤，持錢出南京十貫，及盜遺火家物五貫者處死；至是，銅逾三斤，持錢及所盜物二十貫以上處死。二年，有司奏：「元年詔曰，犯重罪徒終身者，加以捶楚，而又黥面。是犯一罪而具三刑，宜免黥。其職事官及宰相、節度使世選之家子孫，犯姦罪至徒者，未審黥否？」上諭曰：「犯罪而悔過自新者，亦有可用之人，一黥其面，終身爲辱，朕甚憫焉。」後犯終身徒者，止刺頸。奴婢犯逃，若盜其主物，主無得擅黥其面，刺臂及頸者聽。犯竊盜者，初刺右臂，再刺左，三刺頸之右，四刺左，至于五則處死。五年，新定條制成，詔有司凡朝日執之[一]，仍頒行諸道。蓋纂修太祖以來法令，參以古制。其刑有死、流、杖及三等之徒而五，凡五百四十七條。

時有羣牧人竊易官印以馬與人者，法當死，帝曰：「一馬殺二人，不亦甚乎？」減死論。又有兄弟犯彊盜當死，以弟從兄，且俱無子，特原其弟。至於枉法受賕，詐敕走遞，僞學御書，盜外國貢物者，例皆免死。郡王貼不家奴彌里吉告其主言涉怨望，鞫之無驗，當反坐，以欽哀皇后裹言，竟不加罪，亦不斷付其主，僅籍没焉。寧遠軍節度使蕭白彊掠烏古敵烈都詳穩敵魯之女爲妻，亦以后言免死，杖而奪其官。梅里狗丹使酒殺人而逃，會永壽節出首，特赦其罪。皇妹秦國公主生日，帝幸其第，伶人張隋，本宋所遺汮者，大臣覺之以聞。召詰，款伏，乃遽釋之。後詔諸職官私取官物者，以正盜論。諸帳郎君等於禁地射鹿，決杖三百，不徵償；小將軍決二百已下；至百姓犯者決三百。聖宗之風替矣。

道宗清寧元年，詔諸宮都部署曰：「凡有機密事，即可面奏；餘所訴事，以法施行。有投誹訕之書，其受及讀者皆棄市。」二年，命諸郡長吏如諸部例，與僚屬同決罪囚，無致枉死獄中。下詔曰：「先時諸路死刑皆待決于朝，故獄訟留滯；自今凡强盜得實者，聽即決之。」四年，復詔左夷离畢曰：「比詔外路死刑，聽所在官司即決。然恐未能悉其情，或有枉者。自今雖已款伏，仍令附近官司覆問。無冤然後決之，有冤者即具以聞。」咸雍元年，詔獄囚無家者，給以糧。六年，帝以契丹、漢人風俗不同，國法不可異施，於是命惕隱蘇、樞密使乙辛等更定條制。凡合于律令者，具載之；其不合者，别存之。時校定官即重熙舊制，更竊盜贓二十五貫處死一條，增至五十貫處死；又删其重復者二條，爲五百四十五條；取律一百七十三條，又創增七十一條，凡七百八十九條，增重編者至千餘條。皆分類列。以大康間所定，復以律及條例參校，續增三十六條。其後因事續校，至大安三年止，又增六十七條。條約既繁，典者不能偏習，愚民莫知所避，犯法者衆，吏得因緣爲姦。故五年詔曰：「法者所以示民信，而致國治。簡易如天地，不忒如四時，使民可避而不可犯。比命有司纂修刑法，然不能明體朕意，多作條目，以罔民于罪，朕甚不取。自今復用舊法，餘悉除之。」

然自大康元年，北院樞密使耶律乙辛等用事。宫婢單登等誣告宣懿皇后〔二〕，乙辛以聞，即詔乙辛劾狀，因實其事。上怒，族伶人趙惟一，斬高長命，皆籍其家，仍賜皇后自盡。三年，乙辛又與其黨謀搆昭懷太子，陰令右護衛太保耶律查剌，告知樞密院事蕭速撒等八人謀立皇太子。詔案無狀，出速撒、達不也外補，流護衛撒撥等六人。詔告首謀逆者，重加官賞；否則悉行誅戮。乙辛教牌印郎君蕭訛都斡自首「臣嘗預速撒等謀」，因籍姓名以告。帝信之，以乙辛等鞫案，至杖皇太子，囚之宮中別室，殺撻不也、撒剌等三十五人，又殺速撒等諸子；其幼稚及婦女、奴婢、家產，皆籍沒之，或分賜羣臣。燕哥等詐爲太子爰書以聞，上大怒，廢太子，徙上京，乙辛尋遣人弒于囚所。帝猶不寤，朝廷上下，無復紀律。

天祚乾統元年，凡大康三年預乙辛所害者悉復官爵，籍沒者出之，流放者還鄉里。至二年，始發乙辛等墓，剖棺戮尸，誅其子孫，餘黨子孫減死，徙邊，其家屬奴婢皆分賜被害之家。如耶律撻不也、蕭達魯古等，黨人之尤兇狡者，皆以賂免。至于覆軍失城者，第免官而已。行軍將軍耶律涅里三人有禁地射鹿之罪，皆棄市。其職官諸局人有過者，鐫降決斷之外，悉從軍。賞罰無章，怨讟日起；劇盜相挻，叛亡接踵。天祚大恐，益務繩以嚴酷，由是投崖、砲擲、釘割、臠殺之刑復興焉。或有分尸五京，甚者至取其心以獻祖廟。雖由天祚救患無策，流爲殘忍，亦由祖宗有以啓之也。

遼之先代，用法尚嚴。使其子孫皆有君人之量，知所自擇，猶非祖宗貽謀之道；不幸一有昏暴者，少引以藉口，何所不至。然遼之季世，與其先代用刑同，而興亡異者何歟？蓋創業之君，施之于法未定之前，民猶未敢測也；亡國之主，施之于法既定之後，民復何所賴焉。此其所爲異也。傳曰：「新國輕典。」豈獨權事宜而已乎？

天祚末年，遊畋無度，頗有倦勤意。諸子惟文妃所生敖盧斡最賢。蕭奉先乃元妃兄，深忌之。會文妃之女兄適耶律撻曷里，女弟適耶律余覩，奉先乃誣告余覩等謀立晉王，尊天祚爲太上皇。遂戮撻曷里及其妻，賜文妃自盡。敖盧斡以不與謀得免。及天祚西狩奉聖州，又以耶律撒八等欲劫立敖盧斡，遂誅撒八，盡其黨與。敖盧斡以有人望，即日賜死。當時從行百官、諸局承應人及軍士聞者，皆流涕。

蓋自興宗時，遽起大獄，仁德皇后戕于幽所，遼政始衰。道宗殺宣懿皇后，遷昭懷太子，太子尋被害。天祚知其父之冤，而已亦幾殆，至是又自殺其子敖盧斡。傳曰：「於所厚者薄，無所不薄矣。」遼二百餘年，骨肉屢相殘滅。天祚荒暴尤甚，遂至于亡。噫！

校勘記

〔一〕詔有司凡朝日執之　「凡」，原作「定」，據明鈔本、南監本、北監本、殿本改。

〔三〕宮婢單登等誣告宣懿皇后　「宮」，原作「官」，據北監本、殿本改。按本書卷七一道宗宣懿皇后蕭氏傳亦作「宮」。

〔元〕脱脱 等撰

點校本二十四史修訂本

遼史

第四册

卷六三至卷七〇

中華書局

之名，昉見于此。

隋、唐之際，契丹之君號大賀氏。武后遣將擊潰其衆，大賀氏微，別部長過折代之。過折尋滅，迭剌部長涅里立迪輦組里爲阻午可汗，更號遥輦氏。唐賜國姓，曰李懷秀。既而懷秀叛唐，更封楷落爲王。而涅里之後曰耨里思者，左右懷秀。楷落至于屈戍幾百年，國勢復振。

至耨里思之孫曰阿保機〔一〕，功業勃興，號世里氏，是爲遼太祖。於是世里氏與大賀、遥輦號「三耶律」。自時厥後，國日益大。起唐季，涉五代、宋，二百餘年。

名隨代遷，字傳音轉，此其言語文字之相通，可考而知者也。其所不可知者，有若奇首可汗、胡剌可汗、蘇可汗、昭古可汗，皆遼之先，而世次不可考矣。摭其可知者，作遼世表。

帝統	契丹先世
漢	冒頓可汗以兵襲東胡，滅之。餘衆保鮮卑山，因號鮮卑。

魏	青龍中，部長比能稍桀驁，爲幽州刺史王雄所害，散徙潢水之南，黃龍之北〔二〕。
晉	鮮卑葛烏菟之後曰普回。普回有子莫那，自陰山南徙，始居遼西。九世爲慕容晃所滅，鮮卑衆散爲宇文氏，或爲庫莫奚，或爲契丹。
元魏	契丹國在庫莫奚東，異族同類，東部鮮卑之別支也，至是始自號契丹。爲慕容氏所破，俱竄松漠之間。道武帝登國間，大破之，遂與庫莫奚分背。經數十年，稍滋蔓，有部落於和龍之北數百里。太武帝太平真君以來，歲致名馬。獻文時，使莫弗紇何辰來獻，始班諸國末，欣服。萬丹部、何大何部、伏弗郁部、羽陵部、日連部、匹絜部、黎部〔三〕、吐六于部以名馬文皮來貢，得交市于和龍、密雲之間。太和三年，高句麗與蠕蠕謀取地豆于以分之，契丹懼，莫弗賀勿于率其部落車三千乘、衆萬餘口內附，止於白狼水東。
北齊	天保四年九月，契丹犯塞，文宣帝親討之，至平州，乃趨長塹〔四〕。司徒潘相樂率精騎五千，自東道趨青山；安德王韓軌帥騎四千東斷走路。帝親踰山

	嶺奮擊，虜男女十餘萬，雜畜數十萬。相樂又於青山大破別部，所虜生口分置諸州。復爲突厥所逼，又以萬家寄處高麗境內。
隋	開皇四年，率諸莫弗賀來謁。五年，悉衆款塞，高祖納之，聽居故地。六年，諸部相攻不止，又與突厥相侵，高祖使使諭解之。別部出伏等違高麗，率衆內附，置於渴奚那頡之北。開皇末，別部四千餘户違突厥來降，高祖給糧遣還，固辭不去，部落漸衆。遂北徙，逐水草，當遼西正北二百里，依紇臣水而居〔五〕。東西亘五百里，南北三百里，分爲十部，兵多者三千，少者千餘。有征伐，酋帥相與議之，興兵則合符契。突厥沙鉢略可汗遣吐屯潘垤統之，契丹殺吐屯。大業七年，貢方物。
唐	契丹地直京師東北五千里而嬴，東距高麗，西奚，南營州，北靺鞨、室韋，阻冷陘山以自固。射獵居處無常。其君大賀氏有勝兵四萬，析八部，臣于突厥，以爲俟斤。凡調發攻戰，則諸部畢會，獵則部得自行。與奚不平，每鬬不利，輒遁保鮮卑山。武德中，大帥孫敖曹與靺鞨長突地稽俱來朝〔六〕。二年，入犯平州境。六年，君長咄羅獻名馬、豐貂。貞觀二年，摩會來降，突厥請以梁師都易

契丹，太宗曰：「契丹、突厥不同類，師都唐編户，我將擒之，不可易降者。」三年，摩會入朝，賜鼓纛，由是有常貢。帝伐高麗，悉發契丹、奚首領從軍。還過營州，以窟哥爲左武衛將軍。大帥辱紇主據曲率衆來歸〔七〕，即其部爲玄州，以據曲爲刺史，隸營州都督府。窟哥舉部内屬，乃置松漠都督府，以窟哥爲都督，封無極男，賜姓李氏。以達稽部爲峭落州，紇便部爲彈汗州，獨活部爲無逢州，芬問部爲羽陵州，突便部爲日連州，芮奚部爲徒河州，墜斤部爲萬丹州，伏部爲匹黎、赤山二州，俱隸松漠府，以辱紇主爲刺史。窟哥死，與奚叛，行軍總管阿史德樞賓執松漠都督阿不固，獻于東都。窟哥二孫：曰枯莫離，彈汗州刺史、歸順郡王；曰盡忠，松漠都督〔八〕。敖曹曾孫曰萬榮〔九〕，歸誠州刺史。時營州都督趙文翽數侵侮其下，盡忠等怨望，與萬榮共舉兵，殺文翽，據營州，自號「無上可汗」，推萬榮爲帥。不二旬，衆數萬，攻崇州，執擊討副使許欽寂〔一〇〕。武后怒，詔將軍曹仁師等二十八將擊之，更號萬榮曰「萬斬」，盡忠曰「盡滅」。戰西硤石黃獐谷，王師敗績。進攻平州，不克。武后益發兵擊契丹。萬榮夜襲檀州，清邊道副總管張九節拒戰，萬榮敗走。俄盡忠死，突厥默啜襲破其部。萬榮收散兵，復振。別將駱務整、何阿小入冀州，殺刺史陸寶積，掠數千人。武后聞盡忠死，詔夏官尚書王孝傑等率兵十七萬討萬榮，戰東硤石，敗績，孝傑死之，萬榮進屠幽州。又詔御史大夫婁師德等率兵二十萬擊之，萬榮乘鋭，鼓行而南，殘瀛州屬縣。神兵道總管楊玄基率奚兵掩擊〔一〕，大破萬榮，執何阿小，别將李楷固、駱務整降。萬榮委軍走，玄基與奚四面合擊，萬榮衆潰，東走。張九節設三伏待之。萬榮窮蹙，與家奴輕騎走潞河東，憊甚，臥林下。奴斬其首以獻，九節傳東都。契丹餘衆不能立，遂附突厥。開元二年，盡忠從父弟失活率部落歸唐〔二〕。

失活，玄宗賜丹書鐵券。開元四年，與奚長李大酺偕來，詔復置松漠府，以失活爲都督，封松漠郡王；仍置靜析軍，以失活爲經略大使，八部長皆爲刺史。五年，以楊氏爲永樂公主下嫁失活。六年，卒。

娑固，失活之弟，帝以娑固襲爵。開元七年十一月，娑固與公主來朝。衙官可突于勇悍，得衆心，娑固欲除之；事泄，可突于攻之，娑固奔營州。都督許欽澹及奚君李大酺攻可突于，不勝，娑固、大酺皆死。韓愈作可突干，劉昫〔三〕、宋祁及唐會要皆作可突于。

鬱于，娑固從父弟也，可突于推以爲主，遣使謝罪，玄宗册立鬱于襲娑固位。開元十年，鬱于入朝，以慕容氏爲燕郡公主下嫁鬱于，卒。

咄于，鬱于之弟，襲官爵。開元十三年，咄于復與可突于猜阻，與公主來奔，改封遼陽王〔一四〕。

邵固，咄于之弟〔一五〕，國人共立之。開元十三年冬，朝于行在，從封禪泰山，改封廣化郡王，以陳氏爲東光公主下嫁邵固〔一六〕。十八年，爲可突于所弑，以其衆降突厥，東光公主走平盧。

屈列，不知其世系，可突于立之。開元二十二年六月，幽州節度使張守珪大破可突于〔一七〕。十二月，又破之，斬屈列及可突于等，傳首東都，餘衆散走山谷。

過折，本契丹部長，爲松漠府衙官，斬可突于及屈列歸唐。幽州節度使張守珪立之，封北平郡王。是年，可突于餘黨泥禮弑過折，屠其家，一子剌乾走安東，拜左驍衛將軍。自此，契丹中衰，大賀氏附庸於奚王，以通于唐，朝貢歲至。至德、寶應間再至，大曆中十三至〔一八〕，貞元九年、十年、十一年三至，元和中七至，太和、開成間四至。泥禮，耶律儼遼史書爲涅里，陳大任書爲雅里，蓋遼太祖之始祖也。

李懷秀[九]，唐賜姓名，契丹名迪輦組里，本八部大帥。天寶四年降唐，拜松漠都督。安禄山表請討契丹，懷秀發兵十萬[一〇]，與禄山戰潢水南，禄山大敗，自是與禄山兵連不解。耶律儼紀云，太祖四代祖耨里思爲迭剌部夷离堇，遣將只里姑、括里，大敗范陽安禄山于潢水，適當懷秀之世。則懷秀固遥輦氏之首君，爲阻午可汗明矣。

楷落，以唐封恭仁王，代松漠都督，遂稱契丹王。其後寖大，貞元四年，犯北邊，幽州以聞。自禄山反，河北割據，道隔不通，世次不可悉考[一一]。

契丹王屈戍，武宗會昌二年授雲麾將軍，是爲耶瀾可汗[一二]。幽州節度使張仲武奏契丹舊用回鶻印，乞賜聖造，詔以「奉國契丹」爲文。高麗古今録作屈戍。

契丹王習爾[一三]，是爲巴剌可汗。咸通中，再遣使貢獻，部落寖强。

契丹王欽德，習爾之族也，是爲痕德堇可汗。光啓中，鈔掠奚、室韋諸部，皆役服之，數與劉仁恭相攻。晚年政衰。八部大人，法常三歲代，迭剌部耶律阿保機建鼓旗，自爲一部，不肯受代，自號爲王，盡有契丹國，遥輦氏遂亡。

蕭韓家奴有言，先世遥輦可汗洼之後，國祚中絶，自夷离堇雅里立阻午可汗，大位始定。今以唐史、遼史參考，大賀氏絶于邵固，雅里所立則懷秀也，其間唯屈列、過折二世。屈列乃可突于所立，過折以别部長爲雅里所殺。唐史稱泥里爲可突于餘黨，則洼可汗者，殆爲屈列耶？

校勘記

〔一〕至耨里思之孫曰阿保機　據本書卷二太祖紀下贊及下文「太祖四代祖耨里思」，阿保機當爲耨里思之玄孫。

〔二〕「青龍中」至「黄龍之北」　此源於新唐書卷二一九契丹傳：「魏青龍中，部酋比能稍桀驁，爲幽州刺史王雄所殺，衆遂微，逃潢水之南，黄龍之北。」據三國志卷三〇魏書鮮卑傳，比能作軻比能。

〔三〕萬丹部何大何部伏弗郁部羽陵部日連部匹絜部黎部　「萬丹部」，本書卷三二營衛志中及魏書卷一〇〇契丹傳、北史卷九四契丹傳均作「悉萬丹部」。「日連部」，原作「日速部」，據上引營衛志及魏書、北史改。伏弗郁、羽陵、匹絜、黎等部，參見卷三二營衛志中校勘記〔九〕、〔一〇〕。

〔四〕乃趨長塹　「塹」，原作「漸」，據北齊書卷四文宣紀天保四年十月丁酉及北史卷九四契丹傳改。

〔五〕依紇臣水而居　「紇臣水」，隋書卷八四契丹傳及北史卷九四契丹傳均作「託紇臣水」。

〔六〕武德中大帥孫敖曹與靺鞨長突地稽俱來朝　新唐書卷二一九契丹傳：「武德中，其大酋孫敖曹與靺鞨長突地稽俱遣人來朝。」舊唐書卷一九九下契丹傳及唐會要卷九六契丹、册府卷九七七外臣部降附均繫此事於武德四年。此處蓋本新唐書，然誤置於武德二年前，又略去「遣人」二字，亦與原意不符。

〔七〕大帥辱紇主據曲率衆來歸　「辱」字原闕，據新唐書卷二一九契丹傳及下文補。按通鑑卷一九九唐紀一五太宗貞觀二十二年四月己未胡注：「奚、契丹酋領皆稱爲『辱紇主』。」「據曲」，本書卷三二營衛志中同，新唐書卷四三下地理志七下、卷二一九契丹傳均作「曲據」。

〔八〕窟哥二孫曰枯莫離彈汗州刺史歸順郡王曰盡忠松漠都督　「枯莫離」，新唐書卷二一九契丹傳同，舊唐書卷一九九下契丹傳作「祐莫離」，且稱其爲窟哥曾孫。通典卷二〇〇邊防一六契丹亦謂李盡忠爲窟哥曾孫。

〔九〕敖曹曾孫曰萬榮　「曾孫」，舊唐書卷一九九下契丹傳同，新唐書卷二一九契丹傳作「有孫」。

〔一〇〕執擊討副使許欽寂　「擊討」，舊唐書卷五九許欽寂傳及新唐書卷九〇許欽寂傳、卷二一九契丹傳均作「討擊」，當是。

〔一一〕神兵道總管楊玄基率奚兵掩擊　「道」字原闕，「玄」原作「立」，據新唐書卷二一九契丹傳及通鑑卷二〇六唐紀二二則天后神功元年四月甲午補正。下文「玄基」同。

〔三〕開元二年盡忠從父弟失活率部落歸唐　新唐書卷二一九契丹傳同，舊唐書卷一九九下契丹傳繫此事於開元三年。

〔三〕劉昫　原作「劉煦」，據舊五代史卷七七晉高祖紀三天福三年八月戊寅及新五代史卷五五劉昫傳改。參見本書卷四太宗紀下校勘記〔三〕。

〔四〕改封遼陽王　「遼陽王」，舊唐書卷一九九下契丹傳、新唐書卷二一九契丹傳均作「遼陽郡王」。

〔五〕邵固咄于之弟　唐會要卷九六契丹同，舊唐書卷一九九下契丹傳、新唐書卷二一九契丹傳、册府卷九七九外臣部和親二、通鑑卷二一二唐紀二八玄宗開元十三年十二月乙巳皆謂邵固爲李盡忠之弟。

〔六〕以陳氏爲東光公主下嫁邵固　「東光公主」，唐會要卷九六契丹同。據舊唐書卷八玄宗紀上開元十八年五月、新唐書卷二一九契丹傳、册府卷九八六外臣部征討五、通鑑卷二一三唐紀二九玄宗開元十四年正月癸未，東光公主爲奚魯蘇妻，邵固妻乃東華公主。

〔七〕幽州節度使張守珪大破可突于　「幽州節度使」，據張九齡集卷九敕幽州節度張守珪書，是時張守珪官銜當爲「幽州節度副大使、幽州長史」。

〔八〕大曆中十三至　原作「大曆十二年」，據新唐書卷二一九契丹傳改。按册府卷九七二外臣部朝貢五，自大曆二年至十二年，契丹凡十三至。

〔一九〕李懷秀　新唐書卷二一九契丹傳同，舊唐書卷九玄宗紀下及新唐書卷五玄宗紀天寶四載三月壬申、册府卷九七九外臣部和親二、通鑑卷二一五唐紀三一玄宗天寶四載三月壬申均作「李懷節」。

〔二〇〕懷秀發兵十萬　新唐書卷二一九契丹傳謂安禄山「發幽州、雲中、平盧、河東兵十餘萬」討契丹，非懷秀發兵十萬。此處所記不確，或「懷秀」與「發兵十萬」互倒。

〔二一〕世次不可悉考　按本書卷四五百官志一，遥輦九帳大常衮司下列有遥輦九世可汗世次。

〔二二〕是爲耶瀾可汗　此六字原在下文「幽州節度使」下，諸本皆同，即誤以屈戍爲幽州節度使。今據舊唐書卷一九九下契丹傳、新唐書卷二一九契丹傳、唐會要卷九六契丹、册府卷九六五外臣部封册三乙正。

〔二三〕契丹王習爾　「習爾」，新唐書卷二一九契丹傳、舊五代史卷一三七契丹傳均作「習爾之」。

遼史卷六十四

表第二

皇子表

帝官天下，王者家焉。至于親九族，敬五宗，其揆一也。三代以上，封建久長，故吳、魯、燕、蔡、衞、晉、鄭，太史遷既著世家，又列年表，不厭其詳。自漢以降，封建實亡，猶有其名，長世者登世家，自絶者置列傳，然王子侯猶可以年表也。班固以爲文無實，併諸侯削年而表，世君子韙之。自魏以降，不帝不世，王侯身徙數封，朝不謀夕，於是列而傳之。功不足以垂法，罪不足以著戒，録録然，抑又甚焉。今摘其功罪傑然者列諸傳，敍親親之恩，敬長之義，而無他可書者，略表見之，爲皇子表。

帝系	名字	第行	封爵	官職	功	罪	薨壽	子孫
肅祖四子：昭烈皇后蕭氏生懿祖第二，見帝紀。	洽昚，字牙新。	第一。		迭剌部夷离堇。	有德行。分五石烈爲七，六爪爲十一。			房在五院司。
	葛剌，字古昆。	第三。		舍利。			早卒。	房在六院司。
	洽禮，字敵輦。	第四。		舍利。				房在六院司。
懿祖四子：莊敬皇后蕭氏生玄	叔剌。	第一。		舍利。			早卒。	
	帖剌，字痕得。	第二。		九任迭剌部夷离堇。			卒年七十。	六院司，呼爲夷离堇

祖第三，見帝紀。								房。
	裹古直，字巖母根。	第四。		舍利。	善射。		年幾冠，墮馬卒。	六院司，呼爲舍利房。
玄祖四子：簡獻皇后蕭氏生，德祖第四，見帝紀。	麻魯。	第一。		舍利。			早卒。	
	巖木，字敵輦。	第二。	重熙中，追封蜀國王。	三爲迭剌部夷离堇。	身長八尺，多力能裂麕皮〔一〕。語音如鍾，彌里本嶺去家數里，嘗登嶺呼其從，家人悉聞之。		年四十五薨。	二子：胡古只、末掇〔二〕。其後即三父房之孟父。

	釋魯，字述瀾。	第三。	重熙中，追封爲隋國王。	于越。	驍勇多力，賢而有智。先遥輦氏可汗歲貢于突厥，至釋魯爲于越，始免。教民種樹桑麻。		年五十七，爲子滑哥所弑。	子滑哥。其後即三父房之仲父。
德祖六子：宣簡皇后蕭氏生五子，太祖第	剌葛，字率懶。	第二。		太祖即位，爲惕隱，改迭剌部夷离菫。	爲惕隱，討涅烈部，破之，改爲迭剌部夷离	性愚險。破涅烈部而驕，與弟迭剌、安端等	自幽州南竄，爲人所殺。	子賽保，即三父房之季父。

一，見帝紀。

葷。從太祖親征，統本部兵攻下平州。

謀亂。事覺，按問，具伏，太祖令誓而捨之。太祖曰：「汝謀此事，不過欲富貴爾。」出爲迭剌部夷离堇。復謀爲亂，誘羣弟據西山以阻歸路，太祖聞而避之，次赤水城。剌葛詐降，復使神速焚明王樓，大掠而去。至轄只、曷只二河，與追兵戰，衆潰。及鴨里河，女骨部人邀擊之，剌葛

	迭剌，字雲獨昆。
	第三。
	天顯元年，爲中臺省左大相。
	性敏給。太祖曰：「迭剌之智，卒然圖功，吾
輕騎遁去。至榆河，先鋒敵魯生擒之。太祖念其同氣，不忍加刑，杖而釋之。神冊二年，南奔。	與兄剌葛謀反，剌葛遁，迭剌與安端降，太

所不及；緩以謀事，不如我。」回鶻使至，無能通其語者，太后謂太祖曰：「迭剌聰敏可使。」遣迓之。相從二旬，能習其言與書[三]，因

祖杖而釋之。神冊三年，欲南奔，事覺，親戚請免於上，又赦之。

	寅底石，字阿辛。	安端，字猥
	第四。	第五。
	重熙間，追封許國王。	天祿初，以
	太祖遺詔寅底石守太師、政事令，輔東丹王。	神册三年，
制契丹小字，數少而該貫。		神册元年，
	生而闇懦。與兄剌葛作亂，兵敗，太祖赦之。後復與剌葛遁至榆河，自剌不死，被擒，太祖釋之。	與兄剌葛
	太祖命輔東丹王，淳欽皇后遣司徒劃沙殺于路。	
	孫阿烈。	

隱。
功王東丹國，賜號明王。
爲惕隱。天贊四年，爲北院夷离菫〔四〕。
討平雲州〔五〕。天贊元年〔六〕，征渤海，破老相兵三萬餘人；安邊、鄚頡、定理三府叛，平之。太宗即位，有定策功。會同中，伐晉，率兵先出雁門，下忻、代。
謀亂，妻粘睦姑告變，太祖誓而免之。復叛，兵敗，見擒，杖而釋之。子察割弒逆被誅，穆宗赦通謀罪，放歸田里。

	蘇，字雲獨昆〔八〕。
	第六〔九〕。
	神册五年，爲惕隱。六年，爲南府宰相〔一〇〕。
世宗初立，以兵往應，以李胡戰于泰德泉〔七〕，敗之。	言無隱情，太祖尤愛之。滄州節度使劉守文求救，太祖命往救，解滄州圍。刺葛詐降，
	在南府，以賄聞，民頗怨。
	征渤海國還，薨。
	已上並係季父房。

蘇往來其間。既平，蘇力爲多。天贊三年，與迭里略地西南。天顯初，征渤海，攻破忽汗城，大諲譔降。性柔順，事上忠謹。太祖二十功臣〔一一〕，

	太祖四子：淳欽皇后蕭氏生三子，太宗第二，見帝紀。
	倍，小字圖欲，唐明宗賜姓東丹，名慕華，改賜姓李，名贊華。
	第一。
	神册元年，立爲皇太子。天顯元年，爲東丹國人皇王，建元甘露，稱制行事，置左右大相及百官，一用漢法。太宗立，詔居東平郡，
	唐遣人來招，倍浮海奔唐，唐人迎以天子儀衛，改瑞州爲懷化軍，拜懷化軍節度使，瑞、慎等州觀察使。移鎮滑州。召入，遥領虔
蘇居其一。	聰敏好學，通陰陽、醫藥、箴灸之術，知音律，善畫，工文章。太祖征烏古、党項，倍爲先鋒都統，經略燕地，至定州。聞太祖與李存勗
	外寬内忍，刻急喜殺人。
	唐主從珂將自焚，遣壯士李彥紳害之，薨年三十八，葬醫巫閭山。
	子婁國、隆先、道隱〔一三〕。已下並係橫帳。

升爲南京。太宗謚曰文武元皇王。世宗謚讓國皇帝。統和中，更謚文獻皇帝。重熙二十年，增謚文獻欽義皇帝〔三〕。

州節度使。

相拒于雲碧店，引兵馳赴，存勗退走。陳渤海可取之計。天顯元年，從征渤海，拔扶餘城，太祖欲括户口，諫止，且勸乘勢攻忽汗城，夜圍降

	李胡，一名洪古，字奚隱。
	第三。
	天顯五年，立爲皇太弟。統和追謚欽順皇帝〔一四〕。重熙二十一年，更謚章
	天顯五年，兼天下兵馬大元帥。
之。唐李從珂自立，密報太宗曰：「從珂弒君，不可不討。」	勇悍多力。天顯五年，徇代北，攻寰州，多俘而還。太宗凡親征，常留守京師。
	性酷忍，小怒輒黥人面，或投水火中。世宗即位于鎮陽，太后怒，遣李胡將
	死于囚所，年五十，葬玉峰山西谷。
	二子：宋王喜隱、衛王宛。

肅皇帝。

兵往擊，至泰德泉，爲安端、劉哥所敗。耶律屋質諫太后，李胡作色曰：「我在，兀欲安得立？」屋質曰：「民心畏公酷暴，無如之何！」太后曰：「我與太祖愛汝異於諸子。諺曰：『偏憐之子不保業，難得之婦不主家。』我非不欲立汝，汝自不能矣。」李胡往世宗軍議和，解劍

宮人蕭氏生一子。	
牙里果字敵輦。	
第四〔一五〕。	
自晉還，始爲惕隱。	
性沉默，善騎射。	
天顯三年，救耶律沙于定州，爲李嗣源所	而後見。和約定，趍上京。有告李胡與太后謀廢立，徙祖州。穆宗時，喜隱反，辭連李胡，囚之。
以病薨。	
二子：敵烈、奚底，皆知名。	

	太宗五子〔一六〕：靖安皇后蕭氏生二子，穆宗第一，見帝紀。	宮人蕭氏
	罨撒葛。	天德，字苾
	第二。	第三。
	會同元年，封太平王〔一七〕。世宗詔許與晉主往復以昆弟禮〔一八〕。景宗封齊王，贈皇太叔，謚欽靖。	
	穆宗委以國政。	
		猛悍趫捷，
獲，至石晉立，始得還。	謀亂，令司天魏璘卜日，覺，貶西北邊戍。景宗即位，撒葛懼，竄于大漠，召還，釋其罪。	與李胡戰
	保寧四年，病疽薨。	天祿二年，

生三子。

扇。

人望而畏。太宗討石重貴，至望都，晉將杜重威率兵十萬先據河梁。上欲以計破之，募能斷糧道者，天德請以五千騎行。許之。從間道擊

于泰德泉伏誅。〔二〇〕，太后聞之不悅，後不復用。與侍衛蕭翰謀反，繫獄。耶律留哥、盆都等辭連天德，併按之。天德斷鎖，不能出。

走衛送之軍，火其輜重。重威窮蹙，乃降。會同三年，與邸用和使晉〔一九〕。世宗即位，遣天德護送太宗靈柩于上京。太后遣李胡拒世宗，遇

	敵烈，字巴速董。
	第四。
	保寧初，封冀王。
耶律留哥等于泰德泉，戰甚力，敗之。	多力善射。保寧初，宋人侵漢，與南府宰相耶律沙將兵往援[二]，却敵而還。
	與宣徽使耶律海思等謀反事覺，穆宗釋之。乾亨初，宋主攻河東，至白馬嶺，敵烈以先鋒度澗，
	歿于陣。
	子哇哥，白馬嶺之敗俱歿。

	必攝，字箴堇。
	第五。
	穆宗封爲越王[二三]。
	應曆間，族人恒特及蕭啜里有罪，欲亡，必攝密以聞。上以爲忠，常以侍從。上好畜鹿，有傷斃及逸去，即殺主者。適欲
未半，宋軍逆擊，師潰。	
	以疾薨。

	世宗三子：景宗第二。
	吼阿不。
	第一。舊史皇族傳書在第三，且云未詳所出。按景宗本紀云，景宗皇帝，世宗第
	景宗立，追册爲皇太子，謚莊聖。
誅一監養鹿官，必攝諫而免。景宗時，討党項有功。	
	早薨。墓號太子院。

	妃甄氏生一子。
	只沒，字和魯堇。
二子。又按舊史本傳云，景宗立，親祭于墓，追册爲皇太子。當是世宗嫡長子也。	第三。舊史皇族傳書在第一〔三〕。
	景宗封爲寧王，保寧八年奪爵。統和元年，皇太后稱
	敏給好學，通契丹、漢字，能詩。統和元年，應皇太后命，
	應曆末，與宮人私通，上聞，怒，榜掠數百，刺一目而宮

	景宗四子：睿智皇后蕭氏生三
	隆慶，字燕隱，小字普賢奴。
	第二。
制，詔復舊爵。	八歲封恒王。統和十六年，徙王
	初兼侍中。統和中，拜南京留守。
賦移芍藥詩。	統和十七年南征，爲先鋒。至瀛
之〔二四〕，繫獄，將棄市。景宗即位，釋之，賜以所私宮人。保寧八年，妻造鴆毒，奪爵，貶烏古部。賦放鶴詩，徵還。	
	入覲，還至北安州，浴温泉，疾薨，
	子五人：查葛、遂哥、謝家奴、驢糞、

子，聖宗第一，見帝紀。	
	隆祐〔二八〕，小字高七，一字胡都
	第三。
梁國。開泰初，更王晉國，進王秦晉。追贈皇太弟。	乾亨初，封鄭王。統和中，徙王吴，
開泰初，加守太師，兼政事令，尋拜大元帥，賜金券〔二五〕。	統和中伐宋，留守京師，拜西南
州，遇宋將范庭召列陣以待〔二六〕。隆慶遣蕭柳擊敗之，逃入空壘，圍而盡殪〔二七〕。十九年，復敗宋人于行唐。	
葬醫巫閭山。	開泰元年薨。
蘇撒。	子三人：胡都古、合禄、貼不。

	一子不詳所出。	聖宗六子[二九]：欽哀皇后蕭氏生二子，興
堇。	藥師奴。	重元，小字孛吉只。
	第四。	第二。
更王楚。開泰中，改王齊。謚仁孝。重熙間，改謚孝靖。		太平三年，封秦國王。興宗立爲皇太弟，賜
面招討使。及征高麗，復留守京師，權知北院樞密使。出守東京。贈守太師。		歷南、北院樞密使，南京留守，知元帥府事。
		聖宗崩，欽哀皇后稱制，密謀立重元，重元
		清寧九年，車駕秋獮灤水，重元子涅魯古
	早卒，葬王子院。	謀反，軍潰，自殺。
		子涅魯古謀反，戰歿。

宗第一，見帝紀。

金券。道宗冊爲皇太叔，免拜，不名，復賜金券。

道宗拜天下兵馬大元帥。

以所謀白於上，上益重之。後雖處戎職，未嘗離輦下，尊寵古未之有。

與陳六、蕭胡覩等四百餘人謀反，誘脅弩手軍攻行宮。將戰，其黨多悔過效順，各奔潰。重元奔走大漠，歎曰：「涅魯古使我至此。」

一子未詳所出。	僕隗氏生二子。	
別古特，字撒懶。	吳哥，字洪隱。	狗兒，字屠
第三。	第四。	第五。
重熙中，封柳城郡王。	燕王。	太平元年，
太平七年，遙領彰信軍節度使，爲王子郎君班詳穩。重熙中，累遷契丹行宮都部署。	開泰二年，爲惕隱，出爲南京留守。	
明敏，善射。討夏國，督戰有功。		
討夏軍還，薨。	薨于南京。	暴疾薨。
	四世孫敵烈、朮烈。朮烈繼梁王雅里稱帝。	

	姜氏生一子。	興宗三子：仁懿皇后蕭氏生三子，道宗第一，見帝紀。
魯昆。	侯古〔三〇〕，字訛里本。	和魯斡，字阿輦。
	第六。	第二。
拜南府宰相。	重熙十七年，封饒樂郡王〔三一〕。咸雍中，徙混同郡王。	重熙十七年，封越王。清寧初，徙王魯，進王宋魏。乾統三年，册爲
	重熙初，王子郎君班詳穩，後爲上京留守。	清寧中，拜上京留守，改南京留守。乾統初，爲天下兵馬大元帥，
		重元亂，和魯斡夜赴戰。
		天祚即位，弛圍場之禁。和魯斡請曰：「天子以巡幸爲大事，雖
	薨于上京。	從獵于慶州，薨。
		子三人：石篤、遠、淳。淳封秦晉王，稱帝。

	阿璉，字訛里本。
	第三。
皇太叔。	重熙十七年，封許王。清寧初，徙陳王、秦王，進封秦越國。追封秦
加守太師，免拜，不名。三年，爲惕隱，加義和仁壽之號[三]，復守南京。	清寧中出爲遼興軍節度使。咸雍間，歷西京、上京留守。
居諒陰，不可廢也。」上以爲然，復命有司促備春水之行。	
	從車駕秋獮，以疾薨。

	道宗一子：宣懿皇后蕭氏生。
	濬，小字耶魯斡。
	第一。
魏國王，謚欽正。	六歲封梁王，八歲立爲皇太子。謚昭懷，以天子禮葬。乾統初，追尊大孝順聖皇帝，廟號順宗。
	大康元年，兼領北、南院樞密使。
	幼能言，好學，知書。文帝屢曰：「此子聰慧，殆天授。」七歲從獵，連中二鹿，上謂左右曰：「祖先騎射絕人，威
	年二十，爲乙辛誣害，囚上京，見殺。葬玉峰山。
	子天祚皇帝，諱延禧。

	天祚六子：文妃生一子。
	敖魯斡。
	第一[三]。出繼大丞相耶律隆運後。
	初封晉王。
振天下，是兒雖幼，當不墜祖風。」後復遇十鹿，射之，得九，帝喜，爲設宴。	喜揚人善，勸其不能，中外稱其長者。
	保大元年，南軍都統耶律余覩以敖盧斡有人望，與文妃密謀
	保大二年，以得人心縊死。

立之，不果，余覩降金，文妃伏誅，敖盧斡不與謀，得免。耶律撒八等復謀立敖盧斡，事覺，或勸之亡，曰：「安忍爲蕞爾之軀，失臣子之節！」

					聞者傷之。			
元妃生一子。	雅里，字撒鸞。	第二。	七歲，欲立爲太子〔三四〕，別置禁衛，封梁王。天祚奔夏，衆推稱帝，改元神曆。					
四子未詳所出〔三五〕。	撻魯。	第三。	燕國王。				早薨。	
	習泥烈。	第四。	趙王。				從天祚至白水濼，爲金師所獲。	

定。	第五。	秦王。				至青塚濼，爲金師所獲〔三六〕。	
寧。	第六。	許王。				至青塚濼，爲金師所獲。	

校勘記

〔一〕能裂麃皮 「麃」，原作「付」，據明鈔本、北監本、殿本及本書卷一一六國語解改。

〔二〕二子胡古只朩掇 「朩」，原作「求」，據本書卷六六皇族表及卷七七耶律頹昱傳改。

〔三〕能習其言與書 「與」，明鈔本、南監本、北監本、殿本皆作「語」。

〔四〕天贊四年爲北院夷离堇 「天贊」疑爲「天顯」之誤。按本書太祖紀，神册三年正月以安端爲惕隱，天贊元年十月以斜涅赤爲北院夷离堇，至天顯元年正月二人仍居舊職。又卷七三耶律斜涅赤傳稱其卒於天顯中，且會同元年已改北院夷离堇爲北院大王。

〔五〕神册元年討平雲州　此處繫年有誤。按本書卷一太祖紀上，安端討雲州事在神册三年正月。

〔六〕天贊元年　此處繫年有誤。按本書卷二太祖紀下，征渤海、平三府叛並在天顯元年。

〔七〕以李胡戰于泰德泉　「以」，明鈔本、南監本、北監本、殿本皆作「及」。

〔八〕蘇字雲獨昆　本書卷八五耶律奴瓜傳稱蘇爲太祖異母弟，此處「帝系」欄失載其母，於例不合。

〔九〕第六　原作「第四」，據明鈔本、南監本、北監本、殿本改。據下文，知陳大任遼史皇族傳係以諸子年齒排序，而本表改以嫡庶爲序。疑蘇序齒本爲第四，底本因襲陳氏舊文漏改。

〔一〇〕「神册五年」至「爲南府宰相」　此句原誤列於「封爵」欄，據北監本、殿本移置於此。

〔一一〕太祖二十功臣　本書卷七三耶律曷魯傳稱「太祖二十一功臣」，與此異。

〔一二〕重熙二十年增謚文獻欽義皇帝　本書卷七二義宗倍傳同。據卷二〇興宗紀三，增謚事在重熙二十一年。

〔一三〕子婁國隆先道隱　此處失載稍。本書卷七二義宗倍傳稱其五子，除世宗外，有婁國、稍、隆先、道隱四人。卷八景宗紀上保寧元年四月戊申亦載封「稍爲吴王」。又義宗倍傳襲舊史稱婁國、稍、隆先、道隱四子「各有傳」，然今本惟稍無傳。

〔一四〕統和追謚欽順皇帝　「欽順」當作「恭順」，係陳大任避金章宗父允恭諱改。參見本書卷一四聖宗紀五校勘記〔二〇〕。

〔一五〕第四　二字原闕，據明鈔本、南監本、北監本、殿本補。

〔一六〕太宗五子　太宗當有六子。按本書卷三七地理志一上京道慈仁縣條云：「太宗以皇子只撒古亡，置慈州墳西。」知太宗尚有子只撒古，亡於太宗朝，皇子表失載。參譚其驤遼史訂補三種。

〔一七〕會同元年封太平王　本書卷四太宗紀下繫此事於會同二年三月丁巳。

〔一八〕世宗詔許與晉主往復以昆弟禮　世宗立於晉亡之後，此處「世宗」當爲「太宗」之誤。

〔一九〕會同三年與邸用和使晉　此處時序淆亂。按上文討石重貴事在會同九年，此事不當繫於其後。

〔二〇〕與李胡戰于泰德泉　本書卷一一三耶律劉哥傳云：「太后命皇太弟李胡率兵而南，劉哥、安端遇於泰德泉。既接戰，安端墜馬。王子天德馳至，欲以鎗刺之。劉哥以身衞安端，射天德，貫甲不及膚。安端得馬復戰，太弟兵敗。」與此處所記相互抵牾。

〔二一〕「保寧初」至「與南府宰相耶律沙將兵往援」　本書卷八景宗紀上繫此事於保寧八年九月，此云「保寧初」，不確。「相」字原闕，據明鈔本、南監本、北監本、殿本補。

〔二二〕穆宗封爲越王　「穆宗」當爲「景宗」之誤。按本書卷八景宗紀上，保寧元年二月景宗即位，同年四月封必攝爲越王。

〔二三〕第三舊史皇族傳書在第一　本書卷一〇聖宗紀一統和元年正月乙丑稱「先帝庶兄質睦」，

「質睦」即「只没」之異譯。蓋舊史皇族傳以年齒爲序，而本表改以嫡庶爲序。

〔二四〕刺一目而宮之　「一」，原作一字空格，據明鈔本、南監本、北監本、殿本補。

〔二五〕賜金券　本書卷一五聖宗紀六開泰元年十二月庚辰、清寧八年耶律宗政墓誌皆稱賜鐵券。

〔二六〕遇宋將范庭召列陣以待　「范庭召」，長編卷四六咸平三年正月甲申、丁亥及宋會要兵七之一一、宋史卷二八九本傳皆作「范廷召」。

〔二七〕「至瀛州」至「圍而盡殪」　此處所記恐誤。按長編卷四六咸平三年正月甲申，與契丹戰於瀛州而殁者乃康保裔，同月丁亥范廷召大破契丹於莫州東。

〔二八〕隆祐　重熙十五年秦晉國大長公主墓誌及長編卷一一三太平興國七年閏十二月、宋會要蕃夷一之一六、東都事略卷一二三附録一遼、宋朝事實卷二〇經略幽燕、契丹國志卷一四齊國王隆裕傳俱作「隆裕」。

〔二九〕聖宗六子　據本書卷七一聖宗仁德皇后蕭氏傳，后「生皇子二，皆早卒」，此二子爲本表所不載，如此則聖宗不止六子。參譚其驤遼史訂補三種。

〔三〇〕姜氏生一子侯古　按侯古即耶律宗愿。然據咸雍八年耶律宗愿墓誌、清寧九年寂善大師墓誌，宗愿母姓耿氏。

〔三一〕重熙十七年封饒樂郡王　「十」字原闕，本書卷二〇興宗紀三繫此事於重熙十七年十一月，今據補。

〔三〕三年爲惕隱加義和仁壽之號　此處繫年有誤。按本書卷一七天祚皇帝紀一乾統六年十月庚申，「以皇太叔、南京留守和魯斡兼惕隱」，同年十一月戊戌加封號。

〔三〕第一　按本書卷七二本傳亦稱其爲「天祚皇帝長子」。然據今人考證，敖魯斡當爲天祚第四子，表、傳稱「長子」，或就嫡長子言。參蔡美彪遼代后族與遼季后妃三案。

〔四〕七歲欲立爲太子　雅里七歲當爲壽昌六年，時天祚尚未繼位，不當有立皇太子事。參見本書卷三〇天祚皇帝紀四校勘記〔五〕。

〔五〕四子未詳所出　據本書卷七一后妃傳，天祚德妃蕭氏生撻魯。又卷二九天祚皇帝紀三保大元年正月稱「趙王母趙昭容」，「秦王、許王，皆元妃生」，裔夷謀夏録卷一、文獻通考卷三四六四夷考二三契丹下同。此云「未詳所出」，蓋表與紀、傳史源不同所致。

〔六〕至青塚濼爲金師所獲　本書卷二九天祚皇帝紀三保大三年四月戊戌云：「金兵圍輜重于青塚（中略）秦王、許王、諸妃、公主、從臣皆陷没。」卷三〇天祚皇帝紀四附耶律雅里傳、卷七〇屬國表保大三年亦稱金師所圍者爲青塚。按「青塚濼」於史無徵，此處「濼」字疑衍。下文許王寧「蒐壽」欄同。

遼史卷六十五

表第三

公主表

春秋之法，王姬下嫁書于策，以魯公同姓之國爲之婚主故爾。古者，婦諱不出門，內言不出梱。公主悉列于傳，非禮也。然遼國專任外戚，公主多見紀、傳間，不得不表見之。禮，男女異長，不當與皇子同列，別爲公主附表。

屬	母	名	封	下嫁	事	罪〔一〕	薨	子
太祖一女：		質古。		下嫁淳欽皇后弟蕭	幼爲奧姑。契丹故俗，		未封而卒。	

				室魯。	凡婚燕之禮，推女子之可尊敬者坐於奧，謂之「奧姑」。			
太宗二女：								
		呂不古，第一。	應曆間，封汧國長公主。保寧中，進封燕國大長公主。	下嫁北府宰相蕭思溫。			以疾薨。	
		嘲瑰，第二。		下嫁北府宰相蕭海			應曆初，未封卒。	

				璆。				
世宗三女：	懷節皇后生：	和古典，第一。	保寧間，封秦國長公主。	下嫁侍中蕭啜里。			以疾薨。	
		觀音，第二。	保寧間，封晉國長公主。	下嫁蕭夏剌。				
		撒剌，第三。		下嫁蕭斡里。			未封卒。	
景宗四女：	睿智皇后生三女〔二〕：	觀音女，第一。	封魏國公主，進封齊國。景福中，封燕國大	下嫁北府宰相蕭繼先。	皇后尤加愛，賜奴婢萬口。		重熙中薨。	

		長公主〔三〕。					
	長壽女，第二。	封吳國公主。統和初，進封衞國，改封魏國長公主。	下嫁宰相蕭排押〔四〕。			開泰六年薨。	
	延壽女，第三。	封越國公主，追封趙國。	下嫁蕭恒德。	性沉厚，睿智，皇后於諸女尤愛。甚得婦道，不以貴寵自驕。		年二十一，以疾薨〔五〕。	
渤海妃生	淑哥，第四。	無封號。	乾亨二年，		與駙馬都		

	聖宗十四女：	
一女：	貴妃生一女：	欽哀皇后生二女：
	燕哥，第一。	巖母堇，第二。
	封隨國公主〔七〕，進封秦國。興宗封宋國長公主。	開泰七年，封魏國公主。進封秦國長公主，
下嫁盧俊。	下嫁蕭匹里。	下嫁蕭啜不。
尉盧俊不諧，表請離婚，改適蕭神奴〔六〕。		改適蕭海里，不諧，離之。又適蕭胡覩，不諧，

		改封秦晉國長公主。清寧初，加大長公主。			離之。乃適韓國王蕭惠。		
	槊古，第三。	封越國公主，進封晉國。景福初，封晉蜀國長公主。清寧初，加大長公主。	下嫁蕭孝忠。	姿質秀麗，禮法自將。		以疾薨。	
蕭氏生二女：	崔八，第四。	封南陽郡主，進封公	下嫁蕭孝先。			太平末，東京大延琳	

蕭氏，國舅夷离畢房之女。		主。				反，遇害。	
	陶哥，第五。	封長寧郡主，進封公主。	下嫁蕭楊六。				
蕭氏生二女〔八〕：	鈿匿，第六。	封平原郡主，進封荆國公主。	下嫁蕭雙古。				
馬氏生一女：	九哥，第七。	封潯陽郡主，進封公主。	下嫁蕭璉。				
大氏生一女：	長壽，第八。	封臨海郡主，進封公主。	下嫁大力秋。			駙馬都尉大力秋坐大延琳事	

	白氏生四女：			
	八哥，第九。	十哥，第十。	擘失，第十一。	泰哥，第十
	封同昌縣主，進封公主。	封三河郡主，進封公主。	封仁壽縣主，進封公主。	
	下嫁劉三嘏。	下嫁奚王蕭高九。	下嫁劉四端。	下嫁蕭忽
伏誅，改適蕭憒古〔九〕。				

			興宗二女：
	李氏生一女：	艾氏生一女：	仁懿皇后生二女：
二。	賽哥，第十三。	興哥，第十四。	跋芹，第一。
	封金鄉郡主，進封公主。		封魏國公主。重熙末，徙封晉國。加長公主。
烈。	統和中，下嫁蕭圖玉。	下嫁蕭王六〔一〇〕。	下嫁蕭撒八。
	以殺奴婢，得罪。		與駙馬都尉蕭撒八不諧，離之。清寧初，改適蕭阿速。以婦道不修，徙中京，
	薨於貶所。		

道宗三女：	宣懿皇后生三女：	斡里太，第二。	封鄭國公主。清寧間，加長公主。壽隆間，加大長公主。	下嫁蕭余里也。		又嫁蕭窩匿。	
		撒葛只，第一。	封鄭國公主。咸和中，徙封魏國〔二〕。	下嫁蕭末〔三〕。	端麗有智。		大康初薨。
		糺里，第二。	封齊國公主，進封趙	下嫁蕭撻不也。	駙馬都尉撻不也坐		大安五年，以疾薨。

國。

昭懷太子事被害，其弟訛都斡欲逼尚公主，公主以訛都斡黨乙辛，惡之。未幾，訛都斡以事伏誅〔一三〕。天祚幼，乙辛用事，公主每以匡救

		昭懷太子
	特里，第三。	延壽。
	封越國公主。乾統初，進封秦晉國大長公主。徙封梁宋國大長公主。	封楚國公
	下嫁蕭酬斡。	下嫁蕭韓
爲心，竟誅乙辛。	公主從天祚出奔。明年，攻應州，留公主守輜重。金人圍之，公主奔行在所，天祚潛遁，爲金人所獲。	幼遭乙辛
	大康八年，以駙馬都尉蕭酬斡得罪，離之〔一四〕。大安初，改適蕭特末。爲都統，與金人戰，敗于石輦鐸，被擒〔一五〕。	

	天祚六女：		
一女：			
	文妃生一女：	元妃生三女：	宮人生二女：
	余里衍。		
主，徙封許國。乾統元年，進封趙國，加秦晉國長公主。	封蜀國公主。		
家奴。			
之難，與兄天祚俱養于蕭懷忠家。後李氏進挾穀歌，文帝感悟，召還宮。	爲金人所獲。	俱爲金人所獲。	俱爲金人所獲。

校勘記

〔一〕罪　此欄所列者多爲公主改嫁事，似例有未當。

〔二〕睿智皇后生三女　「智」，原作「聖」，本書卷七一本傳作「知」。按「睿智皇后」，本卷下文及紀、志、傳屢見，今據改。

〔三〕「封魏國公主」至「封燕國大長公主」　據重熙十五年秦晉國大長公主墓誌，墓主爲景宗長女，適蕭繼遠（即蕭繼先），即此觀音女。墓誌稱其乾亨三年始封齊國公主，統和三十年改封楚國長公主，開泰初册爲晉國長公主，七年封吴越國長公主，太平元年改封趙魏國長公主，重熙七年封秦晉國大長公主。與此處所記封號多有抵牾。

〔四〕下嫁宰相蕭排押　「押」，原作「神」，據本書卷八八蕭排押傳改。

〔五〕以疾薨　本書卷八八蕭恒德傳云：「公主疾，太后遣宫人賢釋侍之，恒德私焉。公主恚而薨，太后怒，賜死。」知此處當有所隱諱。又長編卷五五咸平六年七月己酉稱景宗三女延壽奴「年二十七，適悖野母弟肯頭。延壽奴出獵，爲鹿所觸死。蕭氏即縊殺肯頭以殉葬」。此「延壽奴」即延壽女，「悖野」即蕭排押，「肯頭」即蕭恒德，然其所記延壽女卒年、死因皆與公主表不合。

〔六〕改適蕭神奴　本書卷一〇聖宗紀一統和元年十月戊子謂「以公主淑哥下嫁國舅詳穩照姑」，「照姑」即此蕭神奴。

〔七〕封隨國公主　「隨」，明鈔本作「隋」。

〔八〕蕭氏生二女　「二」，諸本皆同。按此下僅列鈿匿公主一人，疑此「二」字乃「一」字之誤。

〔九〕坐大延琳事伏誅改適蕭慥古　「誅」，原作「諫」，據明鈔本、南監本、北監本、殿本改。又此處所記係改嫁事，依本卷體例，當移置於上一格。

〔一〇〕下嫁蕭王六　契丹小字蕭大山和永清公主墓誌第六行及蕭居士墓誌第三、四行，皆稱興哥公主適「[契丹小字]（王五）」，與此異。參見袁海波、劉鳳翥契丹小字蕭大山和永清公主墓誌考釋及郭添剛、劉鳳翥等契丹小字金代蕭居士墓誌銘考釋。

〔一一〕咸和中徙封魏國　「咸和」，當作「咸雍」，蓋陳大任避金世宗雍諱改，元人回改遺漏。

〔一二〕下嫁蕭末　據大康元年蕭德温墓誌，知德温弟德讓爲駙馬都尉，尚道宗長女魏國公主。又墓誌稱德温爲惠妃父，本書卷二三道宗紀三大康二年六月丁未封惠妃叔「漢人行宮都部署駙馬都尉霞抹柳城郡王」，因知霞抹即德讓之契丹語名。此處作「蕭末」，或有脱誤。

〔一三〕「其弟訛都斡欲逼尚公主」至「訛都斡以事伏誅」　此處所記有所隱諱。按本書卷二三道宗紀三大康三年七月辛亥謂「牌印郎君訛都斡尚皇女趙國公主」，卷一一一蕭訛都斡傳亦稱其「尚皇女趙國公主，爲駙馬都尉」。

〔一四〕「大康八年」至「離之」　此處繫年恐誤。按本書卷二四道宗紀四大安二年七月丁巳，「惠妃母燕國夫人削古以厭魅梁王事覺，伏誅，子蘭陵郡王蕭酬斡除名，置邊郡，仍隸興聖宮」；卷一〇〇蕭酬斡傳稱酬斡母「與妹魯姐爲巫蠱，伏誅。詔酬斡與公主離婚，籍興聖宫，流烏古敵烈部」。則酬斡獲罪當在大安二年。

〔五〕「爲都統」至「被擒」　本書卷二九天祚皇帝紀三保大二年八月戊戌云：「親遇金軍，戰于石輦驛，敗績，都統蕭特末及其姪撒古被執。」則此處所記實爲蕭特末事，依例不當入公主表。

遼史卷六十六

表第四

皇族表

遼太祖建國，諸弟窺覦，含容誘掖，弗忍致辟，古聖人猶難之。雖其度量恢廓，然經國之慮遠矣。終遼之世，其出於橫帳、五院、六院之間者，大慜固有，元勳寔多。不表見之，莫知源委。作皇族表。

世	
一世	五院夷离
二世	
三世	
四世	五院夷离
五世	北院大王
六世	
七世	
八世	
九世	

堇房洽昚。

六院郎君房葛剌。

堇敵魯古。

圖魯窘。

不知世次：太子太傅棠古。

侍中陳家奴〔一〕。

右系出肅祖昭烈皇帝。

六院夷离堇房帖剌。

夷离堇罨古只。

于越轄底。

迭里特。

六院部舍利房褭古直。

不知世次：北院夷离堇斜涅赤。

政事令撻烈。

婭右皮室詳穩老古。

大王頗德。

簡獻皇帝兄匣馬葛〔二〕。

遙輦可汗時，本部夷离堇偶思。

阿魯敦于越曷魯。

惕剌。

撒剌。

北院大王曷魯。

南院大王吾也。

太師斜軫。

小將軍狗兒〔三〕。

右系出懿祖莊敬皇帝。

橫帳孟父房巖木楚國王〔四〕。

迭剌部夷离堇胡古只。

迭剌部夷离堇末掇。

撻馬狘沙里神速〔五〕。

迭剌部夷离堇楚不魯。

北院樞密使安摶。

左皮室詳穩撒給〔六〕。

孟父房，不知世次：

惕隱朔古。

于越屋質。

党項節度使唐古〔七〕。

節度劉家奴。

昭德節度孟簡。

孟父房楚國王之後，不知世次：

匡義節度大悲奴。

惕隱何魯掃古。

仲父房隋國王釋魯。

滑哥。

痕只。

于越洼。

惕隱學古。

滌洌。

撒剌竹〔八〕。

漆水郡王頹昱〔九〕。

北院宣徽使敵祿。

右皮室詳穩奚低。

南院大王善補。

侍中化哥。

于越弘古。

北院宣徽使馬六。

南京宣徽使奴古達。

燕王瑰引。

于越仁先。

惕隱許王義先。

南面林牙信先〔一〇〕。

于越休哥。

仲父房，不知世次：

于越高十。

東路統軍使烏古不〔一一〕。

國留。

昭德節度資忠。

昭。

匡義節度馬哥。

北院大王的祿。

北面林牙韓留。

武定節度仙童〔一二〕。

西北招討使塔不也。

太祖從姪，不知所出：
于越魯不古。
西平郡王賢適。
大同節度觀音。

右系出玄祖簡獻皇帝。

季父房夷离堇剌葛。		左大相迭剌。	許國王寅底石。		
賽保。	中京留守拔里。			劉哥。	盆都[一四]。
		鎮國節度合住。	中書令阿烈。		
			混同郡王斡特剌[一三]。		

化葛里。

奚蹇。

明王安端。

察割。

南府宰相蘇。

尚父奴瓜。

北院樞密使頗的。

北院樞密使霞抹〔一五〕。

惕隱蒲古。

鐵驪。

鐸穩。

太師谿里斯。

惕隱燕哥。

季父房，不知世次：

平章的烈。

中京路按問使和尚。

林牙高家〔一六〕。

漆水郡王撻不也。

南府宰相鐸魯斡〔一七〕。

烏古部節度使普古。

北面大王特麼[一八]。	先鋒都監張奴。	檢校太師吳九。		罨古只。
		林牙庶成。	都林牙庶箴。	
				朗[一九]。

右系出德祖宣簡皇帝。

讓國文獻皇帝倍。			章肅皇帝李胡。		惕隱牙里
平王隆先。	晉王道隱。	婁國。	宋王喜隱。	衛王宛。	南府宰相
陳哥。			留禮壽。		

果。		
敵烈。	室魯。	北院大王奚底。

右系出太祖天皇帝。

冀王敵烈。
蛙哥。

右系出太宗孝武惠文皇帝。

皇太弟隆慶。		
魏國王查葛。	豳王遂哥。	陳王謝家奴。

			齊國王隆祐〔二〇〕。	
遼西郡王驢糞。	漆水郡王蘇撒。		周王胡都古。	魏王合祿。
	祇候郎君王家奴。	祇候郎君羅漢奴。		

右系出景宗孝成康靖皇帝。

重元。	燕王吴哥。
涅魯古。	
	敵烈。朮烈，稱帝。

右系出聖宗文武大孝宣皇帝。

皇太叔和魯斡。		
漆水郡王石篤。	匡義節度遠。	秦晉國王淳，稱帝。

右系出興宗神聖孝章皇帝。

校勘記

〔一〕（九世）侍中陳家奴　本書卷九五本傳稱其爲葛剌八世孫。

〔二〕簡獻皇帝兄匣馬葛　據契丹小字耶律迪烈墓誌、故耶律氏銘石及漢文耶律羽之墓誌，匣馬葛當爲簡獻皇帝姪。參見本書卷七三校勘記〔一〕。

〔三〕「太師斜軫」及「小將軍狗兒」　據本書卷八三耶律斜軫傳，斜軫爲于越曷魯孫，子狗兒，則此二人當列於上欄曷魯後。

〔四〕橫帳孟父房巖木楚國王　「楚國王」，本書卷六四皇子表及卷二〇興宗紀三重熙二十一年七月壬子、卷四五百官志一北面皇族帳官皆作「蜀國王」。又依文例，「楚國王」三字應在「巖木」之前。

〔五〕撻馬狘沙里神速　此句上原有「捕」字，當係衍文，今刪。

〔六〕「（三世）北院樞密使安摶」及「左皮室詳穩撒給」　據本書卷七七耶律安摶傳，安摶祖楚不魯，父迭里，侄撒給。此處失載迭里，且所繫世次有誤。

〔七〕党項節度使唐古　「古」字原闕，據明鈔本、南監本、北監本、殿本補。

〔八〕「滌洌」及「撒剌竹」　「滌洌」條下原接「撒剌竹」條，所示世次不明。按本書卷一一四撒剌竹傳稱其爲「孟父房滌洌之孫」，今於二人之間補一格。

〔九〕漆水郡王頹昱　據本書卷七七本傳，其父爲末掇，當列於上文孟父房第三世，非不知世次。

〔一〇〕「燕王瑰引」至「南面林牙信先」　按耶律仁先墓誌、耶律慶嗣墓誌及耶律智先墓誌均謂仁先爲仲父房之後，此處繫於孟父房，蓋源出仁先傳，參見本書卷九六校勘記〔一〕。又據仁先傳，瑰引爲仁先、義先、信先之父，表誤爲祖。

〔一一〕東路統軍使烏古不　「烏古不」，本書卷八三本傳作「烏不呂」。

〔一二〕武定節度仙童　「武定」，原作「定武」，據本書卷九五本傳及卷四一地理志五西京道奉聖州條乙正。

〔三〕混同郡王斡特剌　此處世次有誤。本書卷九七本傳稱其爲許國王寅底石六世孫。

〔四〕盆都　原作「盆哥」，據本書卷一一三本傳及卷五世宗紀天禄二年正月、卷六二刑法志上改。

〔五〕北院樞密使霞抹　此處疑有闕文。本書卷八六耶律頗的傳云：「子霞抹，北院樞密副使。」

〔六〕林牙高家　「高家」，本書卷九九耶律撻不也傳同。興宗紀重熙十二年十月壬子、十九年二月丁亥及卷一一五西夏外記皆作「高家奴」。

〔七〕南府宰相鐸魯斡　「鐸」，原作「釋」，據本書卷一〇五本傳及卷二六道宗紀六壽隆二年十二月壬戌改。

〔八〕北面大王特麽　「北面大王」，本書卷九五本傳作「北院大王」。

〔九〕「罨古只」及「朗」　本書卷一一三耶律朗傳云：「朗祖罨古只爲其弟轄底詐取夷离堇。」又卷一一二耶律轄底傳稱其爲「肅祖孫夷离堇帖剌之子」，「異母兄罨古只」。知此罨古只乃本卷上文帖剌子罨古只之重出。此處繫二人於季父房下，蓋襲耶律朗傳之誤。參見卷一一三校勘記〔三〕。

〔一〇〕齊國王隆祐　「隆祐」，重熙十五年秦晉國大長公主墓誌及宋代文獻皆作「隆裕」。參見本書卷六四皇子表校勘記〔二八〕。

遼史卷六十七

表第五

外戚表

漢外戚有新室之患，晉宗室有八王之難。遼史耶律、蕭氏十居八九，宗室、外戚，勢分力敵，相爲唇齒，以翰邦家，是或一道。然以是而興，亦以是而亡，又其法之弊也。

契丹外戚，其先曰二審密氏：曰拔里，曰乙室已。至遼太祖，娶述律氏。述律，本回鶻糯思之後。大同元年，太宗自汴將還，留外戚小漢爲汴州節度使，賜姓名曰蕭翰，以從中國之俗，由是拔里、乙室已、述律三族皆爲蕭姓。拔里二房，曰大父、少父；乙室已亦二房，曰大翁、小翁；世宗以舅氏塔列葛爲國舅別部。三族世預北宰相之選，自太祖神册二年命阿骨只始也〔一〕。聖宗合拔里、乙室已二國舅帳爲一，與別部爲二。此遼外戚之始末也。作外戚表。

戚	一世	二世	三世	四世	五世	六世	七世	八世	九世	十世	十一世
蕭氏：	五世祖胡母里。	北府宰相敵魯[二]。	北府宰相幹。	平章事討古。							
景宗睿智皇后父思温：	忽里没[三]。	北府宰相思温。	北府宰相繼先。思温無嗣，睿智皇后命爲後。								
		馬羣侍	蘭陵郡	南京統							

			太祖淳欽皇后父月椀：	世宗懷節皇后父阿古只：	
			阿扎豁只月椀〔四〕。		
中朮魯烈。			北府宰相阿古只。		
王撻凜。	大父房，不知世次：				
軍慥古。					
	林牙蕭和尚。	北院宣徽使特末。			
			北府宰相排押〔五〕。	蘭陵郡王恒德。	
				蘭陵郡王匹敵〔六〕。	東路統軍柳。
	北院樞密使革。				

道宗宣懿皇后父惠[七]：		興宗仁懿皇后父孝穆：		
蘭陵郡王某。				
齊國王某[八]。		國舅詳穩陶瑰。		
北院樞密使惠。		大丞相孝穆。		北院樞密使孝
西北招討使慈氏奴。		北院樞密使阿剌。	北院宣徽使撒八。	使相撒磨。
		趙國王別里剌。		蘭陵郡王得里
	兀古匿[九]。	蘭陵郡王酬斡。		磨撒[一一]。
	蒲離不[一〇]。			

				宰相撻列。	
先。	北院樞密使孝忠。	北府宰相孝友。			
	南院樞密使阿速。		樞密副使胡覩〔三〕。		
底。				龍虎衛上將軍忽古。	臨海節

度使拔剌〔一三〕。

太宗靖安皇后父室魯：

駙馬都尉室魯。

勉思。

少父房，不知世次：

勞古，聖宗詩友。

南院樞密使朴。

中書令乙薛。

始平節度使訛都斡〔一四〕。

	聖宗仁德皇后父隗因：		
	不知房族世次：	國舅族，不知世次：	
國舅詳穩雙谷。	隗因〔一六〕。	國舅、郡王高九〔一七〕。	漢人行宮都部署韓家〔一八〕。
南京統軍迭里得。黃八〔一五〕。		北府宰相朮哲。	
		蘭陵郡王撻不也。	

國舅別部，不知世次：		戚屬，不知世次：
北府宰相只魯。		令穩塔列。
	七世孫臺哂〔一九〕。	總知軍國海璆。
八世孫，世選北府宰相塔列葛。		烏古節度圖玉。
		南京統軍雙古。
		敵烈統軍訛都斡。

校勘記

〔一〕三族世預北宰相之選自太祖神册二年命阿骨只始也　「二年」當誤。按「阿骨只」亦作「阿古只」，據本書卷一太祖紀上、卷七三阿古只傳，其拜北府宰相在神册三年十二月。

〔二〕（一世）五世祖胡母里（二世）北府宰相敵魯　據本書卷七三蕭敵魯傳，胡母里爲敵魯五世祖，此處因襲舊文，逕稱「五世祖胡母里」，有乖表例；又以二人分列「一世」、「二世」，世次不合。

〔三〕忽里没　按契丹國志卷一五蕭守興傳稱守興父名「解里鉢」，蕭守興即蕭思温，「解里鉢」或即「忽里没」之異譯。然本書卷七八蕭思温傳作「忽没里」，卷八景宗紀上保寧五年三月乙卯作「胡母里」，重熙七年蕭紹宗墓誌作「胡毛里」，皆係同名異譯，疑「忽里没」爲「忽没里」之倒誤。

〔四〕阿扎豁只月椀　「豁」字或爲「割」字之誤。按本書卷七一淳欽皇后傳，其父「名月椀，仕遥輦氏爲阿扎割只」，又聖宗紀開泰五年三月丙寅、八年十月癸卯亦有「阿扎割只」之稱。

〔五〕北府宰相排押　據本書卷八八本傳及太平九年蕭僅墓誌、咸雍五年秦晉國妃墓誌，知排押爲阿古只曾孫，此處世次誤降一代。此下至「樞密副使胡覩」同誤。

〔六〕「蘭陵郡王恒德」及「蘭陵郡王匹敵」　「恒德」原闕「德」字，「匹敵」原作「恒敵」，並據本書卷八八本傳補正。

〔七〕道宗宣懿皇后父惠　按宣懿皇后父爲蕭孝惠（本書作蕭孝忠），非蕭惠，參見本書卷七一后妃傳校勘記〔一二〕。此下所記乃雜糅二人世系而成，「齊國王某」、「蘭陵郡王某」爲蕭孝惠之先世，慈氏奴、兀古匿、蒲離不則係蕭惠之後人。

〔八〕「蘭陵郡王某」及「齊國王某」 本書卷七一欽哀皇后傳云：「后初攝政，追封曾祖爲蘭陵郡王，父爲齊國王。」按蕭孝惠爲欽哀皇后弟，本表所記即源於此。「齊國王某」即本卷下文之「國舅詳穩陶瑰」。

〔九〕兀古匿 原作「乙古匿」，據本書卷九三蕭惠傳及卷二二道宗紀二清寧十年十二月癸巳、咸雍三年閏三月乙巳改。又據蕭惠傳，惠二子曰慈氏奴、兀古匿，則兀古匿世次當與慈氏奴同。

〔一〇〕蒲離不 「不」字原闕，據本書卷一〇六本傳補。又本傳稱其爲兀古匿孫，此處所繫世次有誤。

〔一一〕「使相撒磨」至「磨撒」 據大安九年蕭公妻耶律氏墓誌，撒磨當爲蕭紹宗子，此三人當出於蕭胡母里族系，此處誤繫於孝先下。

〔一二〕樞密副使胡覩 據本書卷八七蕭孝友傳，胡覩乃孝友子，此處誤列爲孝友姪。

〔一三〕「龍虎衛上將軍忽古」及「臨海節度使拔剌」 按本書卷八八蕭敵烈傳謂敵烈爲宰相撻烈四世孫，且謂：「族子忽古，有傳。弟拔剌。」蓋史官誤解此文，故以忽古、拔剌爲兄弟行。又此處所繫二人世次有誤。

〔一四〕始平節度使訛都斡 據本書卷六五公主表，訛都斡爲蕭撻不也之弟。又據契丹小字耶律弘用墓誌、宋魏國妃墓誌，撻不也爲蕭知玄子，即上文國舅詳穩陶瑰曾孫，則訛都斡亦當繫於陶瑰之下。

〔一五〕南京統軍迭里得黃八　據本書卷一一四蕭迭里得傳，黃八爲迭里得族弟，依例不當與迭里得同列。

〔一六〕不知房族世次隗因　本書卷七一聖宗仁德皇后傳稱隗因爲睿智皇后弟，按睿智皇后父爲蕭思温，則隗因當爲思温之子。

〔一七〕國舅郡王高九　據本書卷九一蕭朮哲傳，高九爲蕭孝穆弟，則知其爲陶瑰之子。

〔一八〕漢人行宫都部署韓家　「韓家」下當脱「奴」字，參見本書卷九二校勘記〔六〕。

〔一九〕「北府宰相只魯」至「七世孫臺哂」　本書卷八五蕭塔列葛傳謂其字雄隱，五院部人，仕聖宗、興宗朝，八世祖只魯，世選北府宰相，本表之「塔列葛」即本於此。又卷九〇蕭塔剌葛傳稱其字陶哂，六院部人，以世宗舅氏而補國舅別部敞史，卒於察割之亂，其叔祖名臺哂。按史官誤以塔列葛、塔剌葛爲一人，雜糅二者世系，故將塔列葛及只魯誤列於「國舅別部」之下。且蕭塔剌葛傳稱臺哂爲叔祖，而此處臺哂與塔列葛僅隔一世，亦誤。

遼史卷六十八

表第六

遊幸表

朔漠以畜牧射獵爲業，猶漢人之劭農，生生之資於是乎出。自遼有國，建立五京，置南北院，控制諸夏，而遊田之習，尚因其舊。太祖經營四方，有所不暇；穆宗、天祚之世，史不勝書。今援司馬遷別書封禪例，列于表，觀者固足以鑒云。作遊幸表。

	正月	二月	三月	四月	五月	六月	七月	八月	九月	十月	十一月	十二月
太祖〔一〕							次烏林					

七年							河觀漁。					
九年						射野馬於漠北。						
神册四年	射虎于東山。											幸遼陽故城[二]。
五年					射龍於拽剌山陽水上，其龍一角，尾長足短，身長五尺，舌二尺。							

	天贊二年	三年
	如平州。	
有半，敕藏內庫。		
		次回鶻城。獵于野烏篤斡山。幸回鶻城〔三〕。獵于西河石堰，得白兔。觀

									漁烏魯古河。			
天顯元年			幸天福城。									
四年〔四〕	獵于潢河。	獵于近地。				如涼陘。				出獵，獲虎。		
五年			蒐于近淀。			射柳。如沿柳湖。						
六年		獵于近山，獲虎。		觀銀冶。射柳。				障鷹于近山。				
七年			是春，蒐于潢水之曲。									獵于小滿得山。

九年	十年	十一年	十二年	會同元年	三年〔七〕	六年
					獵于盤山。	
	蒐于滿德湖。			射虎于松山〔六〕。		
				觀伐木。		
射柳。						
		射柳。	射柳。			
					獵于炭山。	
						障鷹于合不剌山。
	如金瓶濼〔五〕。					

七年							障鷹於炭山。					
九年			鉤魚于土河。			射柳。						
世宗五年〔八〕							如太液谷，留飲三日。					
穆宗應曆三年						障鷹于輞山。獵于羱羊山。	障鷹于圍鹿峪。					
四年		獵于郭里山。					障鷹于白羊山。					

五年	六年	七年	八年	九年
				獵于鹿嵎南林。
		射柳。		獵于白鷹山。
		射柳。	獵赤山。	射鹿于鳳凰門
				射鹿於近山，迄
獵于西山。	擊鞠。			
	與羣臣水上擊髀石爲戲。			
		獵于赤山。獵于拽剌山。		獵于黑山。

	十年	十一年	十二年	十三年
				丁卯夜，
	獵于圖不得泉。如裹潭。獵于成吉得井。		獵于蘇隱山。	
		射鹿于遥斯嶺。		獵，多獲
	射鹹鹿于鳳凰門〔九〕。			射柳。
		射鹿于赤山。射柳。	是夏，射舐鹹鹿于玉山。	是夏，獵
下。				
于九月。	次三石嶺，呼鹿射之。			
				登高，以
	獵于天梯山。			獵于三

年	正月	二月	三月	四月	五月	六月	七月	八月	九月	十月	十一月	十二月
	觀燈。		鴈鴨。還宮，飲至終夜。自是，晝出夜飲，迄于月終。			于玉山。			南唐所貢菊花酒賜羣臣。是秋，射鹿於黑山、拽剌山。			嶺。
十四年		如潢河。			獵于玉山。射臥鹿于白嶺山。	射甜鹻鹿于葛德泉。	射甜鹻鹿于赤山，呼鹿射之。					幸樞密使蕭護思第。
十五年									是秋，獵于黑山。			獵于七鷹山。

十六年	擊鞠。			以野鹿入馴鹿羣，觀之，飲至竟日[一〇]。			獵于玉山。					
十七年		如潢河。		駐蹕于裹潭。								獵于碓觜嶺。
十八年	幸太師女古第，宴飲終夜。	如裹潭。				避暑于裹潭。		射鹿于近山，三旬而返。	以菊花酒飲從臣。獵熊。	射鹿于皇威嶺。復射鹿、射麂。	射鹿于皇威嶺。	
十九年		幸鹿囿，飲酒，至										

	景宗保寧元年	二年	三年
暮。幸五坊。			
			射柳。
		是夏，幸塌母城，進幸東京。	
			如沿柳湖。
	如秋山。		射鴨于惠民湖。獵于平地松林。
			獵于胡土白山。幸于越屋質第。
	漁于赤山濼。		駐蹕于蒲瑰坂。

年											
							獵于遼河之源。				
四年					觀從臣射柳。	射柳。					
五年	如神得湖。如應州。							駐蹕于歸化州西硬坡[二]。			
六年			幸冰井。								
七年	如查懶淀。										
八年	如金瓶濼。								如長濼。		
九年	如鹿嶋。								如老翁		

	十年	乾亨元年	二年	三年
		觀燈于市。		
				放鶻于
	獵于頡山。復如長濼。		閏月，如南京賞牡丹。西幸。	
				幸羊城
		幸惠民湖。		
	獵于赤山。	幸冰井。		獵于炭
川。鈎魚于赤山濼。	漁于裹潭。			
			如蒲瑰坂。獵于檀州之南。	

	四年	聖宗統和元年
温泉南。		
		從禽于近川，獲六鶻。幸甘露等寺。駐蹕長濼。又駐蹕于閣甸旁山。獵于羖䍽甸，
濼。		
		幸興王寺。獵于益馬里坂。
山。		
	獵于炭山。	獵于黑山。
		駐蹕于老翁川〔二〕。
		鈎魚于近川。

	一	二	三	四	五	六	七	八	九	十	十一	十二
			大獲鹿豕。									
二年	幸近地。	如潢河。	獵于山榆甸。					幸鵝山觀障鷹。獵于嶺右。				
三年							次庫骨水山障鷹。畋于赤山。	障鷹于斜軫山。擊鞠。獵于赤山。	渡怕里水，觀海。		獵于東古山〔三〕。	
四年	觀魚于新灣。獵于謁懶				如炭山清暑。獵于燕山。			障鷹于炭山。獵于炭山。	獵于晝達剌山。駐蹕白	幸齊國公主第宴。		

	甸。							獵于畫達剌山。	楊嶺。			
五年		幸灤縣西，放鶻，擒鵝。		北幸，趣沒打河避暑。			沿東山行獵。					
六年				幸延壽、延洪二寺，及秦國長公主第。			觀鹿于炭山。幸黎園、溫湯〔一四〕。	射鹿于近山。駐蹕赤城南。				獵于沙河。
七年			擊鞠。	擊鞠。獵于新西道東。	射熊于虎特嶺。	幸秦國公主第。	障鷹于花山。幸秦國					獵于薊州之南甸。鈎魚

	八年	九年	十年	十一年
				幸延芳
		如曲水濼。		
	幸盤山諸寺。獵西括折山。			
			射鹿于湯山。	
公主第。				
		獵于盤道嶺。獵于炭山。		
			射鹿于蔚州南山。	
			射熊于紫荊口。	
于曲水濼。				

	十二年	十三年	十四年	十五年	十六年
淀。			幸延芳淀。		
		幸延芳淀〔一六〕。			
	如炭山清暑〔一五〕。			幸延壽寺。	
			擊鞠。		獵于平地松林。
	獵于東山。			如秋山。	
	獵于宰相山。獵于黑河南山。	幸大王川。			
	漁于潞縣西濼。				
	獵于順州西甸。				

十七年								獵于諸山。				
十九年		獵于崖頭川。		如高林嵎。			觀市。	駐蹕于昌平幸南京〔一七〕。				漁于崖頭川。漁于閻崖。
二十年								獵于平地松林。	叉魚于遼河。			
二十一年					觀市。				獵于田里不魯斡。		鈎魚于周河。	
二十二年								獵于褭古狘。				
二十三					獵于抹	獵于晝				獵于孩	獵于桑	

年

特凛谷。

盧打山。獵于奴穆真峪。獵于吾魯真峪。獵于野葛嶺。獵于沙渚卷峪。獵于括只阿剌阿里山。獵于青林

里迭扎剌。獵于虎特嶺。

乾河。

	二十八年	二十九年	三十年開泰元年〔一八〕	二年
			獵于賈曷魯林〔一九〕。幸興王寺。	
				獵于阿里濼。如
			捕魚于排得述魯濼。	
			幸上京。	
川，射熊，獲之。		獵于沙嶺。		
				獵于永安山。障
	幸榆林湯泉。			獵于赤山。
			幸中京。	鉤魚于長濼。

		薩堤濼。						鷹于緬山。畋于陷嶺。				
三年		觀漁于瓌泥濼。	觀漁于三樹濼。弋鵝于薩堤濼。									
四年	獵于沙阜。獵于鍋林。			獵于牛山。獵于直舍山。								
五年				獵于渾河之西。								
六年					獵于狼							

	七年	八年
		如渾河。
	如三樹濼。	獵于雪林。獵于石底水。
林東。觀漁于蓮花濼。獵于羖羊堝。		獵于樺山。獵于淺嶺山。獵于涅烈山。獵于跋恩
		如秋山。障鷹于緬山。
		獵于近甸。
		幸中京。
		幸開泰寺宴飲。幸秦晉長公主第作藏鬮宴。幸

	九年
	獵于馬盂山。
	如大魚濼。
山。	
	獵于果里白山。獵于崖頭川。獵于蕎麥山。獵于榆林。射喚鹿于侯勒水灘。射喚鹿于鐵
	獵于松山，獵于黑山。
	觀漁于沙濼。
開泰寺[二〇]。	

	太平元年	三年	四年	五年
		觀漁于鴨淥江。		
		駐蹕于魚兒濼。	如魚兒濼。	
		飛放于撻魯河。	飛放于長春河。	
	獵于渾河山。			獵黑嶺。西至銅
	獵于鶝子山。障鷹于只舍山。		獵于平地松林。	
里必山。獵于遼河之源。	獵于馬盂山。			獵于檀州北山。
			射兔于平川。	

	六年	七年	八年	九年	十年
			鉤魚、弋鵝于長春河。		
		如長春河飛放。			
河。	避暑于永安山之涼陘[二]。			獵于陘山。	
			駕至遼河源獵。		獵于沙
射兔于平川。		獵于黑嶺。			獵于平
	獵于狼河。				

年	一	二	三	四	五	六	七	八	九	十	十一	十二
							嶺。	地松林。				
興宗景福元年							幸楚姑公主帳。幸皇姊涅木袞第。					幸樞密延寧第。
重熙元年				清暑于別輦斗。	駐蹕于別嶺甸。		障鷹于習禮吉山。	駐蹕于遼河上源。	獵于習禮吉山。獵于牛山。	幸中京。		
三年	東幸。	射柳。			駐蹕于永安山。		東幸。射鹿。					
四年	東幸。			獵于娥								

	五年	六年	七年
	獵于平地松林。	獵于鴛鴦濼。	
		獵于野狐嶺。	
兒山。			射柳。獵
	釣魚于赤項濼。次五鶻部，弋獵。飲酒。	擊鞠。幸于北護衛太保耶律合住帳，賜物，歡飲。	
	擊鞠。放海東青鶻于葦濼。擊鞠。	幸蕭孝穆第，醉飲。	
		射鹿于耶里山。	擊鞠。射
	如秋山。獵于炭山之側。		
	獵于沙山。		射鹿于
		擊鞠。	擊鞠
		幸晉國公主行帳。	
			幸佛寺

	八年	九年
	叉魚于治河。	
	獵于武清寨之葦甸。	
金山。		獵，至于月終。駐蹕于永
麃鹿于轄剌罷。射虎于東剌山。獵于頗羅扎不葛。		
麃子嶺。獵于娥兒山。		
〔三〕。	擊鞠。	觀漁于混同江。飛放于
受戒。	閏月，擊鞠。	駐蹕于永安山。

	十年	十一年
		幸牛山濼。
		如赤蝸濼。
安山清暑[二三]。		
	射虎于醫巫閭山。幸外祖母齊國太妃之帳。	
	獵于敝都。	閏月，幸南京，宴于皇太弟重元第，泛舟
韶陽軍。	獵于烽臺山，親射虎，立斃。	
		幸延壽寺飯僧。詔宋使觀擊鞠[二四]。

	十二年	十三年	十四年	十五年
				如魚兒
		射鹿于拜馬山。		射鹿于
			獵于黑嶺。	
	幸慶州諸寺焚香。獵于拽剌山。獵于永安山。			南府宰
于臨水殿宴飲。			獵于平川。	
		獵于陰山。		幸秦國

	十六年	十九年
灤。		
淺林山。	射鹿于訛魯古只山。	獵于分
		獵于烏
	觀市。擊鞠。射鹿于都里也刺。幸慶州諸寺焚香。障鷹于直舍山。	幸鷹坊
相杜防生男，幸其居。觀獲〔二五〕。	障鷹于霞列山。射鹿于擊輪山〔二六〕。	射熊于
		射鹿于
長公主帳。	觀擊鞠。	
	幸興王寺拜佛。	獵于不

	二十年	二十一年	二十二年	二十三
				獵于水
			獵于黑林。	如奪里
	如多樹濼。			
金山。		獵于涼陘諸山。	射熊于曷朗底。	
里嶺。			射鹿于門嶺。	幸聖濟
使頗得帳。		擊鞠。觀市。幸聖濟寺。		擊鞠。
醫巫閭山。		幸温湯。射虎于諸山。		獵于悦
索阿不山。		射鹿于黑山。獵于玉山。獵于白鷹山。	駐蹕于訛魯昆坡。	
		觀燈。		
野山。		觀擊鞠。獵于柳河。獵于平頂山。		擊鞠。

年	道宗清寧二年	十年
涸川。		
捺澤。		
寺。擊鞠。		
		獵于赤山，以皇太后射獲大鹿，設宴。庚寅，獵，梁王濬遇十鹿，射之得九。
只吉。		
	獵，射虎，獲之。	幸七金山三學寺。
		幸北牡山。

							帝大喜，復設宴。					
咸雍元年							幸黑嶺。					
二年						如藕絲淀〔二七〕。						
三年	幸沙奴特。		駐蹕于細葛泊。			幸魏王乙辛第。	獵于赤山。					
四年	北幸。			射柳。幸魏王乙辛第。								
六年									獵于木葉山。			

七年	九年	大康三年	四年	六年	大安元年	二年
如魚兒濼。						
	如黑水濼。					
				獵于白石山。		
		避暑于永安山。	獵于黑嶺。			
	幸金河寺。					
	獵于三門口。				射鹿于潑山。	射鹿于

								查沙。				
九年		獵于拖古烈。						獵于漫牙覩山。				
壽隆元年								射鹿查沙。				
二年											幸沙門恒策戒壇，問佛法。	
三年							射熊于排葛都〔三八〕。	射熊于沙只直山。				
五年							射熊于	射熊于				

								青崖。	覩里山。			
天祚皇帝乾統三年										獵于吾剌里山，虎傷獵夫。庚子，射熊于善山。		
四年					射鹿于沙只山。					射熊于瓦石剌山。		
六年									獵于撒不烈山。			
八年									獵于柏			

								山。					
天慶二年				如斧柯水。									
四年								如慶州。射鹿于秋山。	駐蹕于藕絲淀。				
七年									獵于輞子山，虎傷獵夫。				

校勘記

〔一〕太祖　此二字原置於上欄首格內，今據文例移置於此。又據本書卷六九部族表及卷七〇屬國表例，上欄內當有「紀年」二字。

〔二〕（神册四年十二月）幸遼陽故城　本書卷一太祖紀上繫此事於神册三年十二月。

〔三〕「次回鶻城」至「幸回鶻城」　此處疑係重出。按本書卷二太祖紀下天贊三年九月丙申云「次古回鶻城」，無再幸事。

〔四〕四年　據本書太宗紀，太宗於天顯二年十一月壬戌即皇帝位，至十三年始改元會同。按卷六九部族表及卷七〇屬國表例，此處當注云「太宗不改元」。

〔五〕（九月）如金瓶濼　本書卷三太宗紀上繫此事於十二月。

〔六〕（三月）射虎于松山　本書卷四太宗紀下繫此事於二月。按遊幸表、部族表及屬國表之史源皆出自耶律儼、陳大任本紀，表與紀記事屢有相差一月者，蓋皆史官錯置一欄所致。

〔七〕三年　南監本、北監本同，明鈔本、殿本作「二年」。按是年二月「獵于盤山」、七月「獵于炭山」兩事，本書太宗紀無考。

〔八〕世宗五年　據本書卷五世宗紀，「五年」上當有「天禄」二字。

〔九〕射鹹鹿于鳳凰門　本卷下文應曆十二年六月及十四年六、七月均有「射舐鹹鹿」事，則此處「射」字下當闕「舐」字。

〔一〇〕（四月）以野鹿入馴鹿羣觀之飲至竟日　本書卷七穆宗紀下繫此事於閏八月。

〔一一〕（九月）駐蹕于歸化州西硬坡　本書卷八景宗紀上繫此事於十二月。

〔一二〕（十月）駐蹕于老翁川　本書卷一〇聖宗紀一繫此事於九月。

〔三〕（十一月）獵于東古山　本書卷一〇聖宗紀一繫此事於閏九月。

〔四〕（七月）幸黎園溫湯　本書卷一二聖宗紀三繫此事於八月。

〔五〕（四月）如炭山清暑　本書卷一三聖宗紀四繫此事於五月。

〔六〕（二月）幸延芳淀　本書卷一三聖宗紀四繫此事於正月。

〔七〕（八月）駐蹕于昌平幸南京　本書卷一四聖宗紀五繫此事於九月。

〔八〕三十年開泰元年　此處原分爲兩欄，「獵于賈曷魯林」、「幸上京」、「幸中京」三條繫於統和三十年，「幸興王寺」、「捕魚于排得述魯濼」兩條繫於開泰元年。按本書卷一五聖宗紀六，統和三十年十一月甲午改元開泰，今據以合爲一欄。

〔九〕獵于賈曷魯林　「賈曷魯林」，本書卷一五聖宗紀六開泰元年正月戊子作「買曷魯林」。

〔一〇〕幸開泰寺　按此事已見於上文，或係再至，或係重出。

〔一一〕（四月）避暑于永安山之涼陘　此事原繫於五月，南監本、北監本、殿本同，今據明鈔本及本書卷一七聖宗紀八太平六年四月丙寅改。

〔一二〕（十月）擊鞠　二字原闕，據明鈔本、南監本及北監本補。

〔一三〕（四月）駐蹕于永安山清暑　本書卷一八興宗紀一繫此事於五月。

〔一四〕詔宋使觀擊鞠　「宋」，原作「衆」，據明鈔本、南監本、北監本、殿本改。按本書卷一九興宗紀二重熙十一年十二月庚寅有宋使來賀正旦及永壽節事。

〔三五〕（八月）觀獲　本書卷一九興宗紀二繫此事於七月。

〔三六〕射鹿于擊輪山　「擊輪」，本書卷二〇興宗紀三重熙十六年七月作「繫輪」。

〔三七〕（六月）如藕絲淀　本書卷二三道宗紀三繫此事於七月。

〔三八〕射熊于排葛都　「排」，明鈔本、南監本、北監本、殿本皆作「佛」。

遼史卷六十九

表第七

部族表

司馬遷作史記，敍四裔於篇末。秦、漢以降，各有其國，彼疆此界，道里云邈。不能混一寰宇，周知種落，鄰國聘貢往來，焉能歷覽。或口傳意記，模寫梗概耳。

遼接五代，漢地遠近，載諸簡册可考。西北沙漠之地，樹藝五穀，衣服車馬禮文，制度文爲，土產品物，得其粗而失其精。部落之名，姓氏之號，得其音而未得其字。歷代踵訛，艱於考索。

遼氏與諸部相通，往來朝貢，及西遼所至之地，見於紀、傳亦豈少也哉。其事則書於紀，部族則列於表云。

紀年	正月	二月	三月	四月	五月	六月	七月	八月	九月	十月	十一月	十二月
太祖元年	黑車子室韋八部降[一]。									討黑車子室韋。		
二年					皇弟惕隱撒剌討烏丸及黑車子室韋。							
三年										討黑車子室韋，破之。		

	四年	五年
		西奚部、東奚部
西北嗢娘改部族進牽車人。	烏馬山奚庫支泊查剌底、鋤勃德等部叛，討平之。	

	叛，討平之。											
神册元年							征突厥、党項、小蕃、沙陀諸部，破降之。					
三年	皇弟安端爲惕隱，攻西南諸部。											
四年									征烏古部。			

六年			皇太子暨諸將分擊部落，以烏古、奚爲圖盧、涅离、奥畏三部。									
天贊元年						擊西南諸部。				分迭剌部爲二院。		
二年			討奚胡損，獲之，									

年												
			置奚墮瑰部。									
三年							擊山東部族，破之〔二〕。		破胡母思山蕃部。			
天顯元年		奚部長勃魯恩、王郁從征有功，賞之。	安邊、鄭頡、定理三府叛，討之。									
三年 太宗不改元					突呂不討烏古部。				突呂不獻烏古俘。		鼻骨德來貢。	

年												
四年						突呂不獻烏古俘。						
五年						敵烈來貢。	烏古來貢。					
六年	敵烈來貢。					烏古來貢。		鼻骨德來貢。				
七年						烏古、敵烈來貢。						
九年						鼻骨德來貢。						
十一年						鼻骨德來貢。	于厥里來貢。					

十二年									鼻骨德來貢。			
會同元年		室韋進白麃。							黑車子室韋貢名馬。			
三年	烏古獻伏鹿國俘〔三〕。							黑車子室韋來貢。	朮不姑三部人來貢。			
四年	涅剌、烏隗二部上党項俘獲。乙室、品、	烏古來貢。于厥里來貢〔四〕。				阿里底來貢。					朮不姑來貢。女直來貢。	

	五年	六年
突舉三部上党項俘獲。		
	鼻骨德來貢。	
		奚鋤勃德部進白麝〔六〕。
	鼻骨德、烏古來貢。朮不姑、鼻骨德、于厥里來貢〔五〕。	

年												
七年					黑車子室韋來貢〔七〕。					鼻骨德來貢。		
八年						鼻骨德來貢。黑車子室韋來貢。		鼻骨德來貢。				
九年	鼻骨德奏軍籍〔八〕。							烏古來貢。				
穆宗應曆元年												鼻骨德來貢。

二年	三年	五年	六年	七年	十四年
		鼻骨德來貢。		鼻骨德來貢。	
	烏古、鼻骨德來貢。				
敵烈部來貢。					黃室韋叛。
			鼻骨德來貢〔九〕。		
	敵烈部來貢。				
					庫古只奏黃室

十五年	
烏古殺其酋長	
大黃室韋酋長	
小黃室韋叛去，	
庫古只奏室韋	
敵烈來降。	
烏古至河德濼，	
常思與烏古戰，	
	韋掠馬牛，叛去。庫古只與黃室韋戰，敗之，降其衆。賜詔撫諭。烏古叛，掠居民財蓄。

十七年	
夷离畢	窣离底，降而復叛。
	寅底吉叛。五坊人四十户叛入烏古。
	雅里斯、楚思等擊之，爲室韋所敗。遣使讓之。
	酋長寅底吉亡入敵烈。
	遣夷离菫畫里、夷离畢常恩以擊之。丁丑，烏古掠上京北榆林峪居民，遣林牙蕭幹討之〔一〇〕。
	大敗之〔一一〕。

年	1	2	3	4	5	6	7	8	9	10	11	12
	骨欲獻烏古之俘。											
景宗保寧三年										鼻骨德來貢。		
四年							鼻骨德來貢。					
五年									鼻骨德部長曷魯撻覽來朝。			
八年									鼻骨德			

	乾亨元年	聖宗統和元年	二年
			五國、隈烏古部節度使耶律隈洼以所
			劃離部人請今後詳穩只於當部選授，
	敵烈來貢。		耶律蒲寧、都監蕭勤德東征女直回，獻
來貢。			
		速撒奏降敵烈部。速撒奏叛蕃來降。	

	三年
轄諸部難制，請賜詔、給劍，仍便宜從事。從之。	
上以諸部官長惟在得人，詔不允。	上閱諸部籍，以涅剌、烏隈二部額少役重，故量免之。
捷〔三〕。	
	乙室奥隗部黍過熟未穫，遣人以助收刈。
	乙室姥隗族部副使進物。朮不姑諸部來至近地。

四年	五年
頻不部節度使和盧覩、黃皮室詳穩解里等各上所獲兵甲。	
姪里古部送輜重行宮[一三]。	
	涅剌部節度使撒葛里有惠政，部民請

	六年	九年	十二年
		振濟室韋、烏古部。	
	詔烏隈于厥部却貢貂鼠、青鼠皮，止以馬牛入貢〔一四〕。		
留，從之。	以西南面招討使韓德威討河湟路違命諸蕃。		
			詔皇太妃領西
		鼻骨德來貢。	

	十三年	十五年	十六年
			鼻骨德酋長來
		罷奚五部歲貢麢鹿。	
		敵烈八部殺詳穩以叛，蕭撻凜追擊，獲其部族之半。	
北路烏古部兵。			
	鼻骨德來貢。	罷奚王諸部貢物。	

			貢。									
十九年								達盧骨部來貢。			閏月，鼻骨德來貢。	
二十一年				奧里等部來貢。			烏古來貢。					
二十二年			罷蕃部賀千齡節及冬至、重五進貢。				蒲奴里、剖阿里等部來貢。					
二十三年							烏古來貢。			鼻骨德來貢。		

年												
開泰元年	曷蘇館大王曷里喜來朝。											
二年	烏古、敵烈叛，命右皮室詳穩延壽率兵討之。						烏古、敵烈皆復故地。					
三年	鐵驪來貢。			烏古叛。				八部敵烈殺其詳穩稍				

瓦，皆叛，詔南府宰相耶律吾剌葛招撫之。釋所囚敵烈數人，令招諭其衆。壬子，耶律世良遣使獻敵烈之

	四年	五年
	耶律世良討敵烈得部。	
		鼻骨德酋長撒保特、賽剌等來貢。
	耶律世良討叛命烏古，盡殺之。遣使賞軍前有功將校。	
俘〔一五〕。		
	以旗鼓拽剌詳穩題里姑爲六部奚王。	

七年

命東北越里篤、剖阿里、奧里米、蒲奴里、鐵驪等五部歲貢貂皮六萬五千，馬三百匹。烏古部節度使

蒲奴里部來貢[一六]。

	八年	太平元年
蕭普達討叛命敵烈，滅之。	回跋部太師踏刺葛來貢。	
	曷蘇館惕隱阿不葛、宰相賽刺來貢。	
	回跋部太保麻門來貢。	
	曷蘇館惕隱阿不葛來貢。	
		敵烈酋長頗白來貢馬、駝。

年												
六年				蒲盧毛朵部内多有兀惹民户，詔索之。					术不姑諸部皆叛〔一七〕。	曷蘇館諸部長來朝。		曷蘇館部乞建旗鼓，許之。
七年		蒲盧毛朵部遣使來貢〔一八〕。	女直部、蒲盧毛朵部送來州收管。								查只底部民四百户來附。	
興宗重熙元年											五國酋長來貢。	

三年	十年	十二年
	曷蘇館人户没入蒲盧毛朵部者，索還復業。	
振濟耶迷只部。		置回跋部詳穩、都監。
		以斡朵、蒲盧毛朵部二使來貢不時，釋
	朮不姑酋長來貢。	

其罪，遣之〔一九〕。

十三年

耶律歐里斯將兵攻蒲盧毛朵部。西南面招討都監羅漢奴、詳穩斡魯母等奏，山

羅漢奴奏所發部兵與党項戰不利。

元昊率党項三部酋長來降。

西部族節度使屈烈以五部叛入西夏，仍乞南北府兵援送實威塞州人户。詔選富者發之，餘令屯田于天德

	十五年	十七年	十八年
			耶律義
	蒲盧毛朵界曷懶河人户來附。	振濟瑶穩、嘲穩部。	耶律義
			烏古遣
軍。	蒲盧毛朵曷懶河一百八十户來附。	蒲盧毛朵部大王蒲輦進舡工。	
			五國酋
		長白山太師柴葛、回跋太師撒剌都來貢方物。	
	女直部長遮母率衆來附。	婆离八部夷离堇虎骷等内附。	
		伐蒲奴里酋陶得里。	

先奏蒲奴里之捷。

先等執陶得里以獻。

使送欵。

長各率其部來附。回跋部長兀迭、臺札等來朝。

五國節度使耶律仙童以降烏古叛人，授左監門衞

	十九年	二十一年
	蒲盧毛朵部惕隱信篤來貢。高麗來貢[二〇]。	
上將軍。	遠夷拔思母部遣使來貢。	
	回跋、曷蘇館、蒲盧毛朵部各遣使進馬。	
		遣使詣五國及鼻骨德、烏古、敵烈四部捕海東

	道宗清寧二年	三年	八年
	詔二女古部與世預宰相、節度使之選者，免皮室軍役。	五國部長貢方物。	
			吾獨婉惕隱屯
青鶻〔三〕。			

	咸雍五年	六年	九年
禿葛等乞歲貢馬駝，許之。			
			八石烈
		五國部長來朝。	
	五國剖阿里部叛命，左夷离畢蕭素颯討之[三]。		
	五國酋長來降，仍獻方物。		

	大康元年
敵烈人殺其節度使以叛，上詔隈烏古部軍分兩道擊之。	
	西北路叛命酋長遐搭、雛搭、雙古等來

										降。		
四年									五國部長來貢。			
七年	五國部長來貢。											
八年	五國諸酋長貢方物。											
九年									五國部長來貢。			
大安元年	五國酋長來貢良馬。											

二年	三年	四年	八年
五國諸部長來貢。		五國諸部長來貢。	
	出絹賜隗烏古部貧民。		
	四北部渤海進牛〔二三〕。		
五國部長來貢。		詔諸部官長親鞫獄訟。	阻卜酋長磨古斯殺金吾吐古斯以叛，

	九年
遣奚六部吐里耶律郭三發諸蕃部兵討之[二四]。	詔以戰馬三千給烏古部。烏古敵烈統軍使蕭朽

	十年
	惕德酋長來貢。
	烏古部節度使耶律陳家奴奏討茶札剌之捷。知北院樞密使事耶律斡特剌爲都統，
	西北路招討司奏敵烈部入寇，統軍司兵與戰不利，招討司兵擊破之。
	和烈葛部來貢。惕德酋長來貢。
哥奏討阻卜之捷。	
	是歲，惕德酋長萌得斯領所部來降，詔復舊地。頗里八部來寇，擊敗之〔二五〕。

壽隆元	
敵烈入	
斡特剌	夷离畢耶律禿朵爲副統，龍虎衛上將軍耶律胡呂爲都監，討磨古斯，遣積慶宮使蕭紇里監戰。
頗里八	

年	二年	三年
寇，掠羣牧馬，戍兵襲之，盡得所掠。	市牛以給烏古、敵烈、隗烏古部貧民。	烏古部節度使耶律陳
	振達麻里別古部。	
奏耶覩刮之捷。		
部酋長來附，且進方物。斡特剌奏磨古斯之捷。		
	頗里八部進馬。	蒲盧毛朵部長率其部
		五國部長來貢。
		蒲盧毛朵部來貢。

	五年	六年	天祚
家奴討有功〔三六〕。		斡特剌獲叛命磨古斯來獻。	
		烏古部討茶扎剌，破之。	斡特剌
	五國部長來貢。		
	惕德酋長禿的等來貢。	耶覩刮諸部寇西北路。	
民來歸。		斡特剌奏耶覩刮諸部之捷。	
	斡特剌奏討耶覩刮之捷。	五國諸部長來貢。	

乾統二年	四年	九年	十年	天慶元年
	鼻骨德遣使來貢。			
				五國部長來貢。
		五國部來貢〔三七〕。	五國部長來貢。	
獻耶覩刮等部之捷。				

二年	五國部長來貢。											
五年		饒州渤海古欲等反，自稱大王，以蕭謝佛留等討之。										
六年								烏古部叛，遣中丞耶律撻不也等招之。		烏古部降。	東面行軍副統馬哥[二八]、余覩等攻	

	保大二年	三年
	金師取西京，沙漠以南部族皆降之，帝遁訛莎烈。	
		軍將耶律敵烈等劫梁
	烏古部節度使耶律棠古破敵烈部叛，命皮室，加太子太保。	
	都統馬哥討叛命敵烈部，克之。	耶律大石自金朝亡歸。
曷蘇館，敗績。		
	聞金主撫定南京，遂由掃里關出，居四部族詳穩之家。	

	四年
	上北遁，謨葛失來迎，率部人防衛。時侍從乏糧數日，以衣易羊。至烏古
王雅里奔西北部。	
復渡河東還，居突呂不部[二九]。	
	上納突呂不部人訛哥之妻諳葛，以訛哥爲本部節度使[三〇]。

敵烈部，封謨葛失爲神于越。

天祚播越，耶律大石立燕晉國王淳〔三一〕；淳死，與蕭妃奔天德軍。上誅妃，責大石。大石率衆西去，自立爲帝。所歷諸部，附見于後：

大黃室韋部	白達旦部	敵烈部	王紀剌部	茶赤剌部	也喜部	鼻骨德部
尼剌部	達剌乖部	達密里部	密兒紀部	合主部	烏古里部	阻卜部
普速完部	唐古部	忽母思部	奚的部	紀而畢部〔三二〕	乃蠻部	畏吾兒城
回回大食部	尋思干地	起而漫地				

校勘記

〔一〕（正月）黑車子室韋八部降　本書卷一太祖紀上繫此事於二月。

〔二〕（七月）擊山東部族破之　本書卷二太祖紀下天贊三年七月辛亥云：「曷剌等擊素昆那山東部族，破之。」此處簡稱「山東」，語義不明。

〔三〕（正月）烏古獻伏鹿國俘　本書卷四太宗紀下繫此事於二月。

〔四〕烏古來貢于厥里來貢　後一「貢」字原闕，據明鈔本、南監本、北監本、殿本補。按于厥里即烏古，此處當係重出，或是不同分支。

〔五〕（七月）鼻骨德烏古來貢朮不姑鼻骨德于厥里來貢　本書卷四太宗紀下會同五年七月辛卯云「阻卜、鼻骨德、烏古來貢」。按朮不姑即阻卜，于厥里即烏古，表與紀合。然此處又謂「鼻骨德、烏古來貢」，疑係史源不一而致重出。

〔六〕（六月）奚鋤勃德部進白麝　「鋤勃德部」，本書卷四太宗紀下會同六年六月己未作「鋤骨里部」。

〔七〕（五月）黑車子室韋來貢　本書卷四太宗紀下繫此事於六月。

〔八〕（正月）鼻骨德奏軍籍　本書卷四太宗紀下繫此事於二月。

〔九〕（十月）鼻骨德來貢　本書卷六穆宗紀上繫此事於十一月。

〔一〇〕（正月）「烏古殺其酋長窣离底」至「遣林牙蕭幹討之」　按本書卷七穆宗紀下應曆十五年，以上諸事皆誤差一月，當依次下移一格。

〔一二〕「（六月）夷离畢常恩」及「（十月）常恩與烏古戰」　「常恩」，本書卷七穆宗紀下應曆十五年七月甲戌、十月丁未皆作「常思」，當有一誤。

〔一三〕（四月）耶律蒲寧都監蕭勤德東征女直回獻捷　「勤」，原作「勒」，據北監本、殿本及本書卷一〇聖宗紀一統和二年四月丁亥改。

〔一三〕（六月）姪里古部送輜重行宫　本書卷一一聖宗紀二統和四年六月乙巳，「以夷离畢姪里古部送輜重行宫」。按姪里古乃人名，非部族名，不當入本表。

〔一四〕（五月）詔烏隈于厥部却貢貂鼠青鼠皮止以馬牛入貢　本書卷一二聖宗紀三繫此事於統和六年閏五月甲寅，依下文例，此句上當有「閏月」二字。

〔一五〕（八月）「八部敵烈殺其詳穩稍瓦」至「獻敵烈之俘」　本書卷一五聖宗紀六繫此事於九月。

〔一六〕（九月）蒲奴里部來貢　本書卷一六聖宗紀七繫此事於七月。

〔一七〕（九月）朮不姑諸部皆叛　本書卷一七聖宗紀八繫此事於八月，「朮不姑」作「阻卜」。

〔一八〕（二月）蒲盧毛朵部遣使來貢　本書卷一七聖宗紀八繫此事於正月。

〔一九〕以斡朵蒲盧毛朵部二使來貢不時釋其罪遣之　「斡朵」，本書卷一九興宗紀二重熙十二年五月辛卯作「斡魯」。按本書卷四六百官志二北面屬國官條亦有「斡魯部」。

〔二〇〕高麗來貢　高麗事依例應入屬國表，此處重出，於例不合。

〔三〕（七月）遣使詣五國及鼻骨德烏古敵烈四部捕海東青鶻　此事明鈔本、南監本、北監本、殿本皆置於六月。

〔三〕（咸雍五年十一月）左夷离畢蕭素颯討之　「左夷离畢」疑誤。按本書卷二二道宗紀二咸雍四年六月丙寅有「右夷离畢蕭素颯」，又卷九五蕭素颯傳謂「清寧初，歷左皮室詳穩、右夷离畢。咸雍五年，剖阿里部叛，素颯討降之」。

〔三〕四北部渤海　諸本皆同。本書卷四六百官志二北面屬國官條下有「西北渤海部」，疑「四北部」爲「西北部」之誤。

〔四〕「阻卜酋長磨古斯」至「發諸蕃部兵討之」　阻卜事依例應入屬國表，此處重出，於例不合。

〔五〕擊敗之　「敗」，明鈔本、南監本、北監本、殿本及本書卷二五道宗紀五大安十年四月辛亥皆作「破」。

〔六〕烏古部節度使耶律陳家奴討有功　此句語義不明。按本書卷二六道宗紀六壽隆三年正月壬寅謂「烏古部節度使耶律陳家奴以功加尚書右僕射」。又卷九五耶律陳家奴傳云：「時西北諸部寇邊，以陳家奴爲烏古部節度使行軍都監，賜甲一屬、馬二疋，討諸部，擒其酋送于朝。」此處當有闕誤。

〔七〕五國部來貢　「五國部」，本書卷二七天祚皇帝紀一乾統九年四月壬午同，明鈔本、南監本、北監本、殿本皆作「五國部長」。

〔二八〕東面行軍副統馬哥　「軍」，原作「宮」，據本書卷二八天祚皇帝紀二改。

〔二九〕耶律大石自金朝亡歸復渡河東還居突呂不部　本書卷二九天祚皇帝紀三保大三年云：「秋九月，耶律大石自金來歸。冬十月，復渡河東還，居突呂不部。」按「復渡河東還」以下均指天祚帝，乃承五月辛酉渡河奔夏事而言。又「耶律大石自金朝亡歸」事與部族表無涉。蓋皆因史官抄書過於粗率，遂有此誤。

〔三〇〕以訛哥爲本部節度使　「哥」，原作「葛」，明鈔本、南監本同。今據北監本、殿本及上文、本書卷二九天祚皇帝紀三保大四年十月改。

〔三一〕耶律大石立燕晉國王淳　「燕晉國王」，本書卷二九天祚皇帝紀三保大二年三月、卷三〇天祚皇帝紀四附耶律淳傳皆作「秦晉國王」。

〔三二〕白達旦部敵烈部紀而畢部　「白達旦」、「敵烈」、「紀而畢」，本書卷三〇天祚皇帝紀四附耶律大石傳作「白達達」、「敵剌」、「糺而畢」。

遼史卷七十

表第八

屬國表

周有天下，不期而會者八百餘國。遼居松漠，最爲强盛。天命有歸，建國改元。號令法度，皆遵漢制。命將出師，臣服諸國。人民皆入版籍，貢賦悉輸内帑。東西朔南，何啻萬里。視古起百里國而致太平之業者，亦幾矣。故有遼之盛不可不著。作屬國表。

紀年	正月	二月	三月	四月	五月	六月	七月	八月	九月	十月	十一月	十二月
太祖元年												和州回鶻來貢。

神册元年	御正殿，受百僚暨諸國人使朝賀〔一〕。											
三年		渤海、高麗、回鶻、阻卜、党項各遣使來貢。	高麗洎西北諸蕃皆遣使來貢。回鶻獻珊瑚樹。									
四年										師次骨里國〔二〕，		

	五年	天贊二年	三年	四年
				大元帥
				攻小番，
		波斯國來貢。	西討吐渾、党項、阻卜。	
	征党項。			
			大食國來貢。回鶻怕里遣使來貢。攻阻卜。	
分路擊之，舉國歸附。			遣兵踰流沙，拔浮圖城，盡取西鄙諸部。	日本國
			獲甘州回鶻烏母主可汗[三]。	新羅國

年	一	二	三	四	五	六	七	八	九	十	十一	十二
	化轄戛斯國人來。											
七年					女直來貢。						阻卜貢海東青鶻。	
八年	皇太弟李胡率兵伐党項。	吐渾、阻卜來貢。			党項來貢。		阻卜來貢。阿薩蘭回鶻來貢。	鐵驪來貢。阻卜來貢。朮不姑來貢〔四〕。		阻卜來貢。朮不姑來貢〔五〕。		
九年	党項貢		女直來									

年	一	二	三	四	五	六	七	八	九	十	十一	十二
	駝、鹿。		貢。									
十年			党項來貢。	吐谷渾酋長率衆內附。		吐渾來貢。						
十一年〔六〕			女直國遣使來貢。			吐谷渾來貢。		吐渾來貢。				
十二年									女直國遣使來貢。回鶻來貢。		鐵驪來貢。	
會同元		鐵驪來	女直國	女直國	吐谷渾			吐谷渾、				

年	二年	三年
貢。		女直來朝貢。
遣使來貢。	女直國來貢。	
遣使進弓矢。西南邊大詳穩耶律魯不古奏党項之捷。		
來貢。		
	吐谷渾來貢。	
烏孫、鞢鞨各來貢。		阻卜來貢。
	阻卜來貢。	女直國來貢。
	鐵驪、燉煌並遣使來貢。	

	四年	五年
	鐵驪來貢。	
	魯不古伐党項回，獻俘。	鐵驪來
		素撒國
		阻卜來
阻卜及賃烈國來貢。阻卜來貢。		
		党項逆
	吐谷渾降。阻卜來貢。女直國遣使來貢。	

				貢。		人來貢。阻卜貢方物。	貢。			命，伐之。		
六年						鐵驪來貢。					鐵驪來貢。	
七年					賃烈、要里等國來貢〔七〕。			回鶻遣使請婚，不許。				
八年						回鶻來貢。吐谷渾來貢。紙没里、					鐵驪來貢。	

	九年	穆宗應曆元年	二年	三年
	回鶻、女直來貢。		女直來貢。	
	吐渾進生口。		鐵驪貢鷹鶻〔九〕。	鐵驪來
	吐渾白可久來附。			
	女直來貢。			
要里等國貢方物〔八〕。				
				吐蕃、吐
			回鶻及轄戛斯國來貢。	
		鐵驪來貢。		

	十二年	十三年	景宗保寧三年
			漢遣使來告。
貢[一〇]。			
		斡朗改國進花鹿生麛，視之。	
			回鶻遣使來貢。
			漢以宋人來攻，遣使來
谷渾來貢。	女直國貢鼻上有毛小兒。		
			吐谷渾來貢。

							告。					
五年	伐党項，破之，上俘獲之數。				女直國侵邊。阿薩蘭回鶻來貢。							
八年								女直國侵貴德州。				轄戛斯國遣使來貢。
九年	女直國遣使來貢。				女直國二十一人來請宰相、夷		回鶻遣使來貢。			耶律沙以党項降酋可醜、買友	吐谷渾叛入太原四百餘户，索	

年	1	2	3	4	5	6	7	8	9	10	11	12
					离堇之職，以次授之。						來，賜詔撫諭。女直國遣使來貢。	而還之。
十年		阿薩蘭回鶻遣使來貢。		女直國遣使來貢。								
乾亨元年			女直國宰相遣使來貢。									
四年												討阻卜。
聖宗	党項十						韓德威					

統和元年	二年
五部寇邊，西南面招討使韓德威破之。破阻卜。韓德威討党項諸部。	
破党項，上俘獲之數。	
	女直宰相海里等八族內附。
	速撒等討阻卜，殺其酋長撻剌

										干〔二〕。	
三年								女直國宰相朮里補來朝〔三〕。			
四年									阻卜遣使來貢。	党項來貢。	
六年				閏月，阿薩蘭回鶻來貢。	党項太保阿剌怳來朝。		女直宰相速魯里來朝。				
七年		回鶻、于闐、師子	阿思懶、于闐、轄							于闐遣張文寶	

（前年續）	八年	九年
		女直國遣使來
等國來貢。党項遣使來貢。	于闐、回鶻各遣使來貢。女直國遣使來貢。	
烈三國來貢。吐蕃來貢〔一三〕。		
	女直國遣使來貢。	回鶻來貢。
	女直國宰相阿海來朝。	
	阿薩蘭回鶻于越、達剌干遣使來貢。女直遣使來貢。	突厥來貢。
		女直國進唤鹿
	北女直國四部請內附。	
	阻卜遣使來貢。	阿薩蘭回鶻來
進內丹書。		
	女直遣使來貢。回鶻來貢。	

	貢。							人。		貢。		
十年		兀惹來貢。	鐵驪來貢。				鐵驪來貢。			鐵驪來貢。	回鶻來貢。	
十一年	回鶻來貢。											
十二年		回鶻來貢。高麗來貢。	高麗遣使請所俘生口，詔贖還之。			回鶻遣使來貢。	女直國遣使來貢。		党項、吐谷渾來貢。阻卜來貢。		鐵驪來貢。	女直國以宋人由海道賂本國及說兀惹叛，遣使來告。
十三年		女直國	夏國遣		高麗進		女直國			回鶻來	阿薩蘭	鐵驪遣

	十四年	十五年
		河西党項叛，詔
遣使來貢。	回鶻遣使來貢。女直國遣使來貢。	韓德威奏破党
使來貢。	韓德威奏討党項之捷。	党項來貢。
鷹。		
	鐵驪來貢。回鶻來貢。	鐵驪來貢。
遣使來貢。	回鶻來貢。	党項酋長來貢。
		蕭撻凜奏討阻
貢。兀惹歸欵。鼻骨來貢〔一四〕。		
回鶻遣使來貢。高麗遣童子十人來學本國語。	阿薩蘭回鶻遣使爲子求婚，不許。	
使來貢鷹、馬。		

	十九年	二十年
	回鶻進梵僧名醫。	女直國宰相夷离底來貢。
		女直國大王阿改遣其子出燭你、耶刺、改塞刺
	西南面招討司奏討党項之捷。	
		鐵驪遣使來貢。
繼降，詔誅之。		高麗遣使來進本國地里圖〔一六〕。
	達盧骨部來貢。	
	西南面招討司奏討吐谷渾之捷。	
	鼻骨德來貢〔一五〕。	

	二十一年	二十二年
來朝。		女直國遣使來貢。
	鐵驪來貢。	
	女直國來貢。兀惹、渤海、奧里米、越里篤、越里吉五部來貢。	
	党項來貢。阻卜酋長鐵剌里率諸部來降。	
	阻卜鐵剌里來朝〔一七〕。	
		党項來貢。阻卜酋鐵剌里
		南京女直國遣使獻所獲烏昭

二十五年	二十六年
	高麗進文化、武功兩殿龍鬚草地席。
西北路招討使蕭圖玉討叛命阻卜，破之。	
	蕭圖玉奏討甘州回鶻，降其王耶剌里，撫慰而還。

二十八年	二十九
西北路招討使蕭圖玉奏伐甘州回鶻，破其屬郡肅州，盡俘其生口。詔修土隗口故城以實之。	
	詔西北

年[二]	開泰元年
	女直國太保蒲撚等來朝。
路招討使、駙馬都尉蕭圖玉安撫西鄙，置阻卜等部[三]。	
	鐵驪那沙等送兀惹百餘户至賓州，賜

	二年	三年
		阻卜酋長烏八朝貢，封烏八爲王。女直國及鐵驪
		沙州回鶻曹順遣使來貢，回賜衣幣。
	化哥等破阻卜酋長烏八之衆。	
絲絹以賞之。		

	各遣使來貢。		
四年		于闐國來貢。	耶律世良等破阻卜，上俘獲之數。女直國遣使來貢。
五年	耶律世良與蕭善寧東	阻卜酋長來朝。	叛命党項酋長魁可來

	八年	九年
討高麗，破之。	鐵驪來貢。	
降。		
	詔阻卜依舊歲貢馬、駝、貂鼠、青鼠皮等物。	遣使賜沙州回鶻燉煌郡王曹
		沙州回鶻燉煌郡王曹順遣使
		大食國王遣使爲其子册哥請

	太平元年	二年
	大食國王復遣使請婚，以王子班郎君胡思里女可老封公主，降之。	
		鐵驪遣使進兀
順衣物。	阻卜扎剌部來貢。	
來貢。		
婚，進象及方物。	党項酋長曷魯來貢。	

	六年
	詔党項別部塌西設契丹節度使治之。
	阻卜入寇，西北路招討使蕭惠破之。
惹人一十六户。	遣西北路招討使蕭惠將兵伐甘州回鶻〔二四〕。
	蕭惠攻甘州不克，師還。自是，西阻卜諸部皆叛。我軍與戰，敗績，涅里姑、曷不呂皆歿於

	七年	八年	興宗重熙二年
		党項寇邊，破之。	女直國詳穩臺押率所
	詔蕭惠再討阻卜。		
陣，遣惕隱耶律洪古等將兵討之。			

	六年	七年	九年
部來貢。			
		高麗遣使來貢。	
		夏國遣使來貢。	
		阻卜酋長屯禿古斯來朝。	
	阻卜酋長來貢。		女直國人侵邊，發黃龍府路鐵驪軍拒之。

年												
十年									夏國遣使獻所俘宋將及生口。		回鶻遣使來貢。	
十一年												以吐渾及党項多鬻馬于夏國，詔沿邊築障塞以防之。
十二年			高麗國以加上	夏國遣使進馬、		阻卜大王屯秃		阻卜來貢。		夏人侵掠党項，		

（續前）	十三年
尊號，遣使來賀。	高麗遣使來貢。
駝。	南院大王耶律高十奏党項等部叛附夏國。
	羅漢奴奏所發部兵與党項戰不利〔二五〕。
古斯弟太尉撒葛里來朝。回鶻遣使來貢。	阻卜酋長烏八遣其子執元昊求援使者窊邑改來，且
	夏國遣使來朝。
	夏國復遣使來詢。
遣延昌宮使高家奴問之。	獲叛命党項偵人，射鬼箭。元昊親執党項三部酋

	十四年	十五年	十六年
		高麗遣使來貢。	
	高麗遣使來貢。		
乞以兵助戰，從之。	阻卜大王屯秃古斯率諸酋長來朝。夏國遣使來朝。		阻卜大
長來降。			鐵驪仙
	阿薩蘭回鶻遣使來貢。		
			女直國

〔二六〕	十七年
	鐵不得國遣使來，乞以本部軍助攻夏國，不許。
	高麗遣使來貢。
王屯秃古斯來朝，進方物。	阻卜進馬、駝二萬。
門來朝，以前此未嘗入貢，仍加右監門衛大將軍。	
遣使來貢。阿薩蘭回鶻王以公主生子，遣使來告。	

十八年			高昌國遣使來貢。			阻卜來貢馬、駝、珍玩。						
十九年				高麗遣使來貢。	遠夷拔思母部遣使來貢。	高麗遣使來賀伐夏之捷。	阻卜酋長豁得剌弟斡得來朝，加太尉遣之。	阻卜酋長喘只葛拔里斯來朝。			阻卜酋長豁得剌遣使來貢。	
二十年		吐蕃遣使來貢。										
二十一年											阿薩蘭回鶻遣	

年												
											使貢名馬、文豹。	
二十二年		阿薩蘭回鶻爲鄰國所侵，遣使求援。				高麗遣使來貢。	阻卜大王屯秃古斯率諸部長進馬、駝。					
二十三年	夏國遣使貢方物。			高麗遣使來貢。	夏國遣使來貢。	吐蕃遣使來貢。					阻卜酋長來貢。	
道宗清寧二年						阻卜酋長來朝及貢方						

七年		女直國進馬。				吐蕃來貢。					高麗遣使來貢。	回鶻來貢。
八年						振易州貧民〔二八〕。高麗遣使來貢。				回鶻來貢。		
九年										回鶻來貢。		高麗、夏國並遣使來貢。
十年		阻卜諸酋長來貢。									高麗遣使來貢。	

大康元年						吐蕃來貢。						
二年〔一九〕						回鶻來貢。						
四年				高麗遣使乞賜鴨渌江以東地，不許。		阻卜酋長來貢。阻卜諸酋長進良馬。					回鶻遣使來貢。	
五年						阻卜酋長來貢。						
六年						女直國遣使來						

						貢。						
七年	女直國貢良馬。					阻卜余古赧來貢[三〇]。					高麗遣使來貢。	
八年	鐵驪酋長貢方物。					阻卜酋長來貢。						
九年						阻卜酋長來貢[三一]。						
十年				女直國貢良馬及犬。	阻卜諸酋長來貢。							

年												
大安二年			女直國來貢良馬。			阻卜諸酋長來朝。					高麗遣使謝封册。	
三年			女直國來貢良馬。高麗遣使來貢。									
四年			免高麗歲貢。									
五年	高麗遣使來貢。				回鶻遣使貢良馬。							

六年			女直國遣使貢良馬。								高麗遣使來貢。	
七年						回鶻遣使貢方物。	回鶻遣使來貢異物，不納，厚賜遣之。		日本國遣鄭元等二十八人來貢。			
八年	阻卜諸酋長來降。			阻卜酋長來貢。					日本國遣使來貢。	阻卜酋長磨古斯殺金吾禿古斯以叛，		

	九年
	磨古斯入寇。
	西北路招討使耶律阿魯掃古追磨古斯還，都監蕭張九遇賊
遣奚六部禿里耶律郭三發諸蕃部兵討之。	有司奏磨古斯詣西北路招討使，耶律撻不也遇害〔三〕，附

衆，與戰不利，二室韋、拽剌、北王府、特滿羣牧、宮分等軍多陷于賊〔三〕。

近阻卜酋長烏古扎叛去。達里底及拔思母並寇倒塌嶺路。阻卜酋轄底侵掠西路羣牧。

十年
烏古扎等來降。達里底、拔思母二部入寇。
西南面招討司奏拔思母之捷。達里底入寇。
山北路副部署蕭阿魯帶奏達里底之捷。
閏月，達里底、拔思母二部來降。
阻卜來寇倒塌嶺，西路羣牧及渾河北牧馬皆爲所掠。東北路統軍使耶律石柳以兵追及，盡獲所掠。
西北路統軍司獲阻卜酋拍撒葛、蒲魯等來獻。
惕德酋銅刮、阻卜酋的烈等來降。達里底及拔思母等來寇〔三四〕，山北副部署阿魯帶擊敗之。
西北路統軍司奏討磨古斯之捷。

壽隆元年	西南面招討司奏拔思母入寇，擊敗之。蕭阿魯帶等討拔思母，破之〔三五〕。	高麗遣使來貢。		女直國遣使來貢。		阻卜酋長禿里底及圖木葛來朝貢。	阻卜酋長猛達斯來貢。				女直國遣使進馬。	
二年	西南面招討司討拔思						阻卜來貢。			高麗來貢。		

	三年	五年
母，破之。		詔夏國
	阻卜酋長猛撒葛及粘八葛酋長禿骨撒、梅里急酋長忽魯八等請復舊地，以貢方物。	
	斡特剌討阻卜，破之。	
		阻卜來
	斡特剌遣人奏梅里急之捷。	
	西北路統軍司奏梅里急之捷〔三六〕。	

	六年	七年	天祚乾統二
王李乾順伐拔思母部。			
貢。	阻卜酋長來貢。		
		阻卜、鐵驪酋長來貢。	阻卜入寇，斡特
	女直國遣使來貢。鐵驪來貢。		

年												
年							刺等戰敗之。					
三年	女直國梟蕭海里首，遣使來獻。									吐蕃遣使來貢。		
四年						吐蕃遣使來貢。						
六年							阻卜來貢。					
八年						西北路招討使蕭敵里					高麗遣使來謝〔三七〕。	

	九年	十年	天慶二年
	夏國以宋不歸地，遣使來告。		
率諸蕃酋長來朝。		阻卜來貢。	和州回鶻來貢。阻卜酋長來貢。
	高麗遣使來貢。		

三年	四年
	女直國遣使索叛人阿疎,不發〔三八〕。
斡朗改國遣使來獻良犬。	
	女直國復遣使來取阿疎,不發,即遣侍御阿息保往問境上建城堡之
	阿息保還,言女直國主之意,若還阿疎,朝貢如舊;不然,城未能已。
	女直國下寧江州。
回鶻遣使來貢。高麗遣使來謝。	鐵驪、兀惹叛歸女直。

	五年
	遣僧家奴持書約和，斥女直國主名。女直國主遣塞剌復書，若歸叛人阿疎，遷
	遣耶律張家奴、蒲蘇、阿息保、聶葛、紇石保、得里底等齎書使女直國，斥其名，冀
	張家奴等以女直國主書來，復遣張家奴以往。
	張家奴等還，女直國主復書，亦指其名，諭之使降。遣蕭辭剌使女直國，以
故。	都統斡里朵等及女直軍戰于白馬濼，敗績。
女直國遣師來攻。	
	女直軍下黃龍府。女直國主遣塞剌以書來報，若歸我叛人阿疎，即當班

	六年
黃龍府於別地，然後圖之。	
以速降。	
	女直軍攻下瀋州。族人痕孛、鐸剌、吴十、撻不也、道剌、酬斡、平甲、盧
書辭不屈，見留。	
師。	

	七年
	女直軍攻春州，女古、皮室四部及渤海
僕古、鬬离剌、韓七、吳十、那也温、曷魯十三人皆歸女直國。	
	都元帥秦晉國王淳遇女直軍，戰于蒺

八年	
遣耶律奴哥等	人皆降。復下泰州。
耶律奴哥還，金	
復遣奴哥使金	
奴哥以書來，約	
遣胡突衮齎三	
金朝復遣胡突	
奴哥、突迭復使	
突迭見留，奴哥	
奴哥、突迭持金	
以議定冊禮，遣	藜山，敗績。女直軍復攻拔顯州。是歲，女直國主即皇帝位，建元天輔，國號金。

使金國，復議和好。保安軍節度使張崇以雙州民二百户歸金國。

主復書，大略言：如以兄事朕，歲貢方物，歸上、中京、興中府三路州縣，以親王、公主、駙馬、大臣子孫爲質，

國。

不踰此月見報。復遣奴哥使金國，要以酌中之議。金主遣胡突衮與奴哥持書來，大略如前所約。

國書詔、表牒，復使金國〔三九〕。通、祺、雙、遼四州之民八百餘户歸附金朝。

衮以書來，免所取質，及上京、興中府所屬州郡，裁減歲幣之數；如能以兄事朕，册用漢儀，可以如約。

金朝，議册禮。

還。金主復書，謂如不能從，勿復遣使。遣奴哥復使金朝。蕭寶訛、里野、特末、霍石、韓慶和、王伯龍

主書來。龍化州張應古、劉仲良、渤海二哥等率衆歸附金朝。

奴哥使于金。寧昌軍節度使劉宏以懿州民户三千歸金〔四一〕。

九年	
金遣烏林答贊謨持書來迎冊	
	及還我行人與元給信牌，并宋、夏、高麗往復書詔、表牒，可以如約。
遣知右夷离畢事蕭習泥烈、大	
阻卜補疎只等反。	
金復遣烏林答贊謨持書來，責	
復遣蕭習泥烈、楊近忠先持冊	等各率衆歸于金[四〇]。
遣使送贊謨以還。	

禮。

理寺提點楊勉等册金主爲東懷國皇帝。

册文無兄事之語，不言「大金」，而云「東懷」，及乖體式。如依前書所定，然後可從。楊詢卿、羅子韋

藁使于金[四三]。

	十年	保大元
	金復遣贊謨以書并撰到册文副本以來，仍責乞兵于高麗。	
	以金朝所定册草內「大聖」二字與先世稱號相同，復遣習泥烈持書議之。	
	金主親師攻上京，已攻外郛，留守撻不也出降。	南京統
率衆歸金。		

年	二年
	金師克中京，進下澤州。
	金師敗奚王霞末于北安州，遂降其城。
	聞金師將出嶺西，遂趍白水濼。羣牧使謨魯斡歸金。聞金師將及，輕
	金師取西京。
軍耶律余覩率將吏戶歸于金。	
	夏國遣兵來援，爲金師所敗。
	親遇金師，戰于石輦驛，敗績。夏國遣曹介來問起居〔四三〕。
	奉聖州降金。
	蔚州降金。
	金師屯奉聖，上遁於落昆髓。
	金主撫定南京。

	三年
	遼興軍、宜、錦、乾、顯、成、川、豪、懿等州降金。
	興中府降金。歸德軍及隰、遷、潤三州欵附金〔四四〕。
騎以遁。殿前點檢耶律高八率衛士歸金。	
	金師至居庸關，耶律大石被擒。金師圍輜重於青塚硬
	回金帥書，乞爲弟若子，量賜土地。夏國王李乾順
	册李乾順爲夏國皇帝。

寨〔四五〕。金遣人以書來招，回書請和。金帥以兵送族屬東行，乃遣兵邀戰于白水濼，爲金師所敗。

請臨其國。

	四年	五年
	金師來攻，上棄營北遁。特母哥歸金。	党項小斛禄遣
		上至應州新城，
金師以書來招，以書答之，金師復書，不許請和。		
	蕭撻不也、察剌歸金。	
	建州降金。	
	興中府降金。	

	人請臨其地。上過沙漠，金師忽至，徒步出走。
	爲金帥完顏婁室等所獲。

校勘記

〔一〕（神册元年正月）御正殿受百僚暨諸國人使朝賀　此處繫年或誤。本書卷一太祖紀上太祖二年正月癸酉朔云：「御正殿受百官及諸國使朝。」與此疑爲一事。

〔二〕師次骨里國　「骨里國」疑有闕誤。按本書卷二太祖紀下神册四年十月丙午作「烏古部」，卷三四兵衞志上作「于骨里國」。

〔三〕獲甘州回鶻烏母主可汗　此處所記有誤。按本書卷二太祖紀下天贊三年十一月乙未云「獲甘州回鶻都督畢離遏，因遣使諭其主烏母主可汗」，四年四月癸酉及本表下文又謂「回鶻烏母主可汗遣使貢謝」。

〔四〕阻卜來貢朮不姑來貢　本書卷三太宗紀上天顯八年七月丁亥云「阻卜來貢」。按朮不姑即阻卜，此處重出。

〔五〕阻卜來貢朮不姑來貢　本書卷三太宗紀上天顯八年十月乙巳云「阻卜來貢」。按朮不姑即阻卜，此處重出。

〔六〕十一年　「一」字原闕，據明鈔本、南監本、北監本、殿本及本書卷三太宗紀上天顯十一年補。

〔七〕（五月）賃烈要里等國來貢　本書卷四太宗紀下繫此事於六月。「賃烈」，紀作「紝没里」。

〔八〕（八年六月）紝没里要里等國貢方物　此事不見於本書卷四太宗紀下會同八年六月，或即七年六月乙巳「紝没里、要里等國來貢」事，然已見於上欄七年五月，此處或係重出。

〔九〕（三月）鐵驪貢鷹鶻　本書卷六穆宗紀上繫此事於四月。

〔一〇〕（三月）鐵驪來貢　本書卷六穆宗紀上繫此事於四月。

〔一一〕（十一月）速撒等討阻卜殺其酋長撻剌干　「速撒等討」四字原置於十一月欄，「阻卜殺其酋長撻剌干」則置於下葉十二月欄内。明鈔本、南監本、北監本、殿本皆繫此事於十二月。按本書卷一〇聖宗紀一統和二年十一月云：「速撒等討阻卜，殺其酋長撻剌干。」今據以釐正。

〔一二〕（九月）女直國宰相朮里補來朝　本書卷一〇聖宗紀一繫此事於閏九月，此句上依例當闕「閏月」二字。「朮里補」，紀作「朮不里」。

〔一三〕（三月）阿思懶于闐轄烈三國來貢吐蕃來貢　本書卷一二聖宗紀三繫此事於二月。

〔一四〕鼻骨來貢　「鼻骨」，本書卷一三聖宗紀四統和十三年十月庚子作「鼻骨德」。此事已見卷六九部族表，此係重出。

〔一五〕（十一月）鼻骨德來貢　本書卷一四聖宗紀五繫此事於閏十一月，此句上依例當闕「閏月」二字。

〔一六〕（六月）高麗遣使來進本國地里圖　本書卷一四聖宗紀五繫此事於七月。

〔一七〕（七月）阻卜鐵剌里來朝　本書卷一四聖宗紀五繫此事於八月。

〔一八〕鐵剌里求婚許之　本書卷一四聖宗紀五統和二十二年八月戊辰云：「鐵剌里求婚，不許。」與此異。

〔一九〕南京女直國遣使獻所獲烏昭慶妻子　按遼無所謂「南京女直」。本書卷一四聖宗紀五統和二十二年九月丙午云：「幸南京。女直遣使獻所獲烏昭慶妻子。」此處作「南京女直」，蓋係史官誤以「南京」與下句「女直」連讀而致誤。

〔二〇〕烏古來貢　此事已見本書卷六九部族表，依例不當入屬國表。

〔二一〕（六月）沙州燉煌王曹壽遣使進大食馬及美玉以對衣銀器等物賜之　本書卷一四聖宗紀五繫此事於八月。

〔二二〕二十九年　四字原闕，據明鈔本、南監本、北監本、殿本補。

〔一三〕置阻卜等部　此處當有闕文。按本書卷一五聖宗紀六統和二十九年六月丁巳作「置阻卜諸部節度使」。

〔一四〕遣西北路招討使蕭惠將兵伐甘州回鶻　「使」字原闕，據北監本、殿本及本書卷一七聖宗紀八太平六年五月癸卯補。

〔一五〕羅漢奴奏所發部兵與党項戰不利　此事已見本書卷六九部族表，依例不當入屬國表。

〔一六〕十六年　原作「十八年」，據明鈔本、南監本、北監本、殿本改。

〔一七〕（七月）阻卜酋長來朝　「朝」，明鈔本、南監本、北監本、殿本皆作「貢」。又本書卷二二道宗紀二繫此事於六月。

〔一八〕振易州貧民　此事與屬國無涉，係闌入之文。

〔一九〕二年　諸本皆同。按本書卷二三道宗紀三是年無回鶻來貢事，然三年六月己丑云「回鶻來貢」，則「二年」或爲「三年」之誤。

〔二〇〕阻卜余古赧來貢　原作「阻卜與余古赧來貢」。按本書卷二四道宗紀四大康七年六月丙寅及大安二年六月乙巳，余古赧乃阻卜酋長名。「與」字衍，今據刪。

〔二一〕（六月）阻卜酋長來貢　本書卷二四道宗紀四繫此事於閏六月，此句上當闕「閏月」二字。

〔二二〕「（正月）磨古斯入寇」及「（二月）西北路招討使耶律阿魯掃古」至「多陷于賊」　本書卷二五道宗紀五分別繫於二月、三月。又「耶律阿魯掃古」，「阿」疑爲「何」之誤，參見卷二五道宗紀五校勘記〔六二〕。

〔三三〕有司奏磨古斯詒西北路招討使耶律撻不也遇害　此處當有闕誤。按本書卷二五道宗紀五大安九年十月庚戌云：「有司奏磨古斯詒西北路招討使耶律撻不也僞降，既而乘虛來襲，撻不也死之。」

〔三四〕達里底及拔思母等來寇　「等」，原作「弟」，據本書卷二五道宗紀五大安十年十一月乙巳及卷九四蕭阿魯帶傳改。

〔三五〕「西南面招討司奏」至「討拔思母破之」　本書卷二六道宗紀六壽隆元年正月庚戌云：「西南面招討司奏拔思母來侵，蕭阿魯帶等擊破之。」此處分記爲兩條，實爲一事。

〔三六〕（十二月）西北路統軍司奏梅里急之捷　本書卷二六道宗紀六繫此事於十一月。

〔三七〕（十一月）高麗遣使來謝　本書卷二七天祚皇帝紀一繫此事於十二月。

〔三八〕（三月）女直國遣使索叛人阿疎不發　本書卷二七天祚皇帝紀一繫此事於正月。

〔三九〕遣胡突衮齎三國書詔表牒復使金國　本書卷二八天祚皇帝紀二天慶八年六月丁卯云：「遣奴哥等齎宋、夏、高麗書詔、表牒至金。」又金史卷二太祖紀天輔二年（遼天慶八年）七月癸未云：「胡突衮還自遼，耶律奴哥復以國書來。」按胡突衮係金使，此處使金者當爲奴哥。

〔四〇〕「遣奴哥復使金朝」至「率衆歸于金」　以上二事本書卷二八天祚皇帝紀二皆繫於天慶八年閏九月，此處當闕「閏月」二字。

〔四一〕寧昌軍節度使劉宏以懿州民户三千歸金　「劉宏」，原作「劉完」，據本書卷二八天祚皇帝紀二天慶八年十二月甲申及金史卷二太祖紀天輔二年十二月甲辰、卷七五孔敬宗傳改。

〔四二〕復遣蕭習泥烈楊近忠先持册藁使于金　「楊近忠」，本書卷二八天祚皇帝紀二天慶九年九月作「楊立忠」，當爲「楊丘忠」之誤。參見卷二八天祚皇帝紀二校勘記〔一三〕。

〔四三〕夏國遣曹介來問起居　「曹介」，本書卷二九天祚皇帝紀三保大二年七月辛未作「曹价」。

〔四四〕歸德軍及隰遷潤三州欵附金　「潤」，原作「閏」，據本書卷三九地理志三中京道潤州條及金史卷二太祖紀天輔七年二月乙酉改。

〔四五〕金師圍輜重於青塚硬寨　本書卷二九天祚皇帝紀三保大三年四月戊戌云：「金兵圍輜重于青塚，硬寨太保特母哥竊梁王雅里以遁。」此處蓋史官抄取帝紀斷句有誤，誤以「硬寨」二字連上讀。

點校本
二十四史
修訂本

遼史

第五册
卷七一至卷一一六

〔元〕脱脱 等撰

中華書局

易也。書始嬪虞，詩興關雎。國史記載，往往自家而國，以立天下之本。然尊卑之分，不可紀年以敍事謂之紀，后曷爲而紀之？司馬遷列呂后于紀；班固因之，而傳元后於外戚之後；范曄登后妃于帝紀。天子而母之云。自晉史列諸后以首傳，隋、唐以來，莫之能易也。

遼因突厥，稱皇后曰「可敦」，國語謂之「脦俚蹇」，尊稱曰「耨斡麼」〔二〕，蓋以配后土而母之云。太祖稱帝，尊祖母曰太皇太后，母曰皇太后，嬪曰皇后。等以徽稱，加以美號，質於隋、唐，文於故俗。后族唯乙室、拔里氏，而世任其國事。太祖慕漢高皇帝，故耶律兼稱劉氏；以乙室、拔里比蕭相國，遂爲蕭氏。

耶律儼、陳大任遼史后妃傳，大同小異，酌取其當著于篇。

肅祖昭烈皇后蕭氏，小字卓真。歸肅祖，生四子，見皇子表。乾統三年，追尊昭烈皇后。

懿祖莊敬皇后蕭氏，小字牙里辛。肅祖嘗過其家曰：「同姓可結交，異姓可結婚。」知爲蕭氏，爲懿祖聘焉。生男女七人。乾統三年，追尊莊敬皇后。

玄祖簡獻皇后蕭氏，小字月里朵。玄祖爲狠德所害，后嫠居，恐不免，命四子往依鄰家耶律臺押，乃獲安。太祖生，后以骨相異常，懼有陰圖害者，鞠之別帳。重熙二十一年，追尊簡獻皇后。

德祖宣簡皇后蕭氏，小字巖母斤。遥輦氏宰相剔剌之女。男、女六人，太祖長子也。天顯八年崩〔三〕，祔德陵。重熙二十一年，追尊宣簡皇后。

太祖淳欽皇后述律氏，諱平，小字月理朵。其先回鶻人糯思，生魏寧舍利，魏寧生慎思梅里，慎思生婆姑梅里，婆姑娶勻德恝王女，生后于契丹右大部。婆姑名月椀〔四〕，仕遥輦氏爲阿扎割只。

后簡重果斷，有雄略。嘗至遼、土二河之會，有女子乘青牛車，倉卒避路，忽不見。未幾，童謠曰：「青牛嫗，曾避路。」蓋諺謂地祇爲青牛嫗云。太祖即位，羣臣上尊號曰地皇后。神册元年，大册，加號應天大明地皇后。行兵御衆，后嘗與謀。太祖嘗渡磧擊党項，黄頭、臭泊二室韋乘虚襲之；后知，勒兵以待，奮擊，大破之，名震諸夷。

時晉王李存勗欲結援，以叔母事后。幽州劉守光遣韓延徽求援，不拜，太祖怒，留之，使牧馬。后曰：「守節不屈，賢者也。宜禮用之。」太祖乃召延徽與語，大悦，以爲謀主。吴主李昪獻猛火油〔五〕，以水沃之愈熾。太祖選三萬騎以攻幽州。后曰：「豈有試油而攻人國者〔六〕？」指帳前樹曰：「無皮可以生乎？」太祖曰：「不可。」后曰：「幽州之有土有民，亦由是耳。吾以三千騎掠其四野，不過數年，困而歸我矣，何必爲此？萬一不勝，爲中國笑，吾部落不亦解體乎！」其平渤海，后與有謀。

太祖崩，后稱制，攝軍國事。及葬，欲以身殉，親戚百官力諫，因斷右腕納于柩。太宗即位，尊爲皇太后。會同初，上尊號曰廣德至仁昭烈崇簡應天皇太后〔七〕。

初，太祖嘗謂太宗必興我家，后欲令皇太子倍避之，太祖册倍爲東丹王。太祖崩，太宗立，東丹王避之唐。太后常屬意於少子李胡。太宗崩，世宗即位于鎮陽，太后怒，遣李胡以兵逆擊。李胡敗，太后親率師遇于潢河之横渡。賴耶律屋質諫，罷兵。遷太后于祖州。

應曆三年崩，年七十五，祔祖陵，謚曰貞烈。重熙二十一年，更今謚。

太宗靖安皇后蕭氏，小字温，淳欽皇后弟室魯之女。帝爲大元帥，納爲妃，生穆宗。及即位，立爲皇后。性聰慧潔素，尤被寵顧，雖軍旅、田獵必與。天顯十年崩，謚彰德，葬奉陵。重熙二十一年，更今謚。

世宗懷節皇后蕭氏，小字撒葛只，淳欽皇后弟阿古只之女。帝爲永康王，納之，生景宗。天禄末，立爲皇后。明年秋，生萌古公主。在蓐，察割作亂，弑太后及帝。后乘步輦，直詣察割，請畢收殮。明日遇害。謚曰孝烈皇后。重熙二十一年，更今謚。

世宗妃甄氏，後唐宮人，有姿色。帝從太宗南征得之，寵遇甚厚，生寧王只没。及即位，立爲皇后。嚴明端重，風神閑雅。内治有法，莫干以私。劉知遠、郭威稱帝，世宗承强盛之資，奄奄歲時。后與參帷幄，密贊大謀，不果用。察割作亂，遇害。景宗立，葬二后于醫巫閭山，建廟陵寢側。

穆宗皇后蕭氏，父知璠，内供奉翰林承旨。后生，有雲氣馥郁久之。幼有儀則。帝居藩，納爲妃。及正位中宫，性柔婉，不能規正。無子。

景宗睿智皇后蕭氏〔八〕，諱綽，小字燕燕，北府宰相思温女。早慧。思温嘗觀諸女掃地，惟后潔除，喜曰：「此女必能成家！」帝即位，選爲貴妃。尋册爲皇后，生聖宗。

景宗崩，尊爲皇太后，攝國政。后泣曰：「母寡子弱，族屬雄强，邊防未靖，奈何？」耶律斜軫、韓德讓進曰：「信任臣等，何慮之有！」於是后與斜軫、德讓參決大政，委于越休哥以南邊事。統和元年，上尊號曰承天皇太后。二十四年，加上尊號曰睿德神略應運啓化承天皇太后。二十七年崩，謚曰聖神宣獻皇后。重熙二十一年，更今謚。

后明達治道，聞善必從，故羣臣咸竭其忠。習知軍政，澶淵之役，親御戎車，指麾三軍，賞罰信明，將士用命。聖宗稱遼盛主，后教訓爲多。

聖宗仁德皇后蕭氏，小字菩薩哥，睿智皇后弟隗因之女。年十二，美而才，選入掖庭。統和十九年，册爲齊天皇后。

嘗以草莛爲殿式，密付有司，令造清風、天祥、八方三殿。既成，益寵異。所乘車置龍首鴟尾，飾以黄金。又造九龍輅、諸子車，以白金爲浮圖，各有巧思。夏秋從行山谷間，花木如繡，車服相錯，人望之以爲神仙。

生皇子二，皆早卒。開泰五年，宫人耨斤生興宗，后養爲子。帝大漸，耨斤詈后曰：「老物寵亦有既耶！」左右扶后出。帝崩，耨斤自立爲皇太后，是爲欽哀皇后。護衛馮家奴、喜孫等希旨，誣告北府宰相蕭浞卜、國舅蕭匹敵謀逆。詔令鞫治，連及后。興宗聞之曰：「皇后侍先帝四十年，撫育眇躬，當爲太后；今不果，反罪之，可乎？」欽哀曰：「此人若在，恐爲後患。」帝曰：「皇后無子而老，雖在，無能爲也。」欽哀不從，遷后于上京。

車駕春蒐，欽哀慮帝懷鞠育恩，馳遣人加害。使至，后曰：「我實無辜，天下共知。卿待我浴，而後就死，可乎？」使者退。比反，后已崩，年五十。是日，若有見后于木葉山陰者，乘青蓋車，衞從甚嚴。追尊仁德皇后。與欽哀並祔慶陵。

聖宗欽哀皇后蕭氏，小字耨斤，淳欽皇后弟阿古只五世孫。黝面，狠視。母嘗夢金柱擎天，諸子欲上不能；后後至，與僕從皆陞，異之。久之，入宮。嘗拂承天太后榻，獲金雞，吞之，膚色光澤勝常。太后驚異曰：「是必有奇子！」已而生興宗。仁德皇后無子，取而養之如己出。后以興宗侍仁德皇后謹，不悅。聖宗崩，令馮家奴等誣仁德皇后與蕭浞卜、蕭匹敵等謀亂，徙上京，害之。自立爲皇太后，攝政，以生辰爲應聖節。

重熙元年，尊爲仁慈聖善欽孝廣德安靖貞純寬厚崇覺儀天皇太后〔九〕。三年，后陰召諸弟議，欲立少子重元，重元以所謀白帝。帝收太后符璽，遷于慶州七括宮。六年秋，帝悔之，親馭奉迎〔一〇〕，侍養益孝謹。后常不懌。帝崩，殊無戚容。見崇聖皇后悲泣如禮，謂曰：「汝年尚幼，何哀痛如是！」

清寧初，尊爲太皇太后。崩，謚曰欽哀皇后〔二〕。

后初攝政，追封曾祖爲蘭陵郡王，父爲齊國王，諸弟皆王之，雖漢五侯無以過。

興宗仁懿皇后蕭氏，小字撻里，欽哀皇后弟孝穆之長女。性寬容，姿貌端麗。帝即位，入宮，生道宗。重熙四年，立爲皇后。二十三年，號貞懿慈和文惠孝敬廣愛崇聖皇后。

道宗即位，尊爲皇太后。清寧二年，上尊號曰慈懿仁和文惠孝敬廣愛宗天皇太后。九年秋，敦睦宮使耶律良以重元與其子涅魯古反狀密告太后，乃言于帝。帝疑之，太后曰：「此社稷大事，宜早爲計。」帝始戒嚴。及戰，太后親督衞士，破逆黨。大康二年崩，謚仁懿皇后。

仁慈淑謹，中外感德。凡正旦、生辰諸國貢幣，悉賜貧瘠。嘗夢重元曰：「臣骨在太子山北，不勝寒凓。」寤，即命屋之，慈憫類此。

興宗貴妃蕭氏，小字三嬸，駙馬都尉匹里之女。選入東宮。帝即位，立爲皇后。重熙初，以罪降貴妃。

道宗宣懿皇后蕭氏，小字觀音，欽哀皇后弟樞密使惠之女[一二]。姿容冠絕，工詩，善談論。自制歌詞，尤善琵琶。重熙中，帝王燕趙，納爲妃。清寧初，立爲懿德皇后。皇太叔重元妻以艷冶自矜，后見之，戒曰：「爲貴家婦，何必如此！」后生太子濬，有專房寵。好音樂，伶官趙惟一得侍左右。大康初，宮婢單登、教坊朱頂鶴誣后與惟一私，樞密使耶律乙辛以聞。詔乙辛與張孝傑劾狀，因而實之。族誅惟一，賜后自盡，歸其尸於家。乾統初，追謚宣懿皇后，合葬慶陵。

道宗惠妃蕭氏，小字坦思，駙馬都尉霞抹之妹[一三]。大康二年，乙辛譽之，選入掖庭，立爲皇后。

居數歲，未見皇嗣。后妹斡特懶先嫁乙辛子綏也，后以宜子言于帝，離婚，納宮中。八年，皇孫延禧封梁王，降爲惠妃，徙乾陵〔一四〕，斡特懶還其家。頃之，其母燕國夫人厭魅梁王，伏誅。貶妃爲庶人，幽于宜州，諸弟没入興聖宮。天慶六年，召還，封太皇太妃。後二年，奔黑頂山，卒，葬太子山。

天祚皇后蕭氏，小字奪里懶，宰相繼先五世孫。大安三年入宮。明年，封燕國王妃。乾統初，册爲皇后。性閑淑，有儀則。兄弟奉先、保先等緣后寵柄任。女直亂，從天祚西狩，以疾崩。

天祚德妃蕭氏，小字師姑，北府宰相常哥之女。壽隆二年入宮，封燕國妃，生子撻魯。乾統三年，改德妃，以柴册禮，封撻魯爲燕國王，加妃號贊翼。王薨，以哀戚卒。

天祚文妃蕭氏，小字瑟瑟，國舅大父房之女。乾統初，帝幸耶律撻葛第，見而悅之，匿宮中數月。皇太叔和魯斡勸帝以禮選納，三年冬，立爲文妃。生蜀國公主、晉王敖盧斡，尤被寵幸。以柴册，加號承翼。

善歌詩。女直亂作，日見侵迫。帝畋遊不恤，忠臣多被疏斥。妃作歌諷諫，其詞曰：「勿嗟塞上兮暗紅塵，勿傷多難兮畏夷人；不如塞姦邪之路兮，選取賢臣。直須卧薪嘗膽兮，激壯士之捐身；可以朝清漠北兮，夕枕燕雲。」又歌曰：「丞相來朝兮劍佩鳴，千官側目兮寂無聲。養成外患兮嗟何及！禍盡忠臣兮罰不明。親戚並居兮藩屏位，私門潛畜兮爪牙兵。可憐往代兮秦天子，猶向宮中兮望太平。」天祚見而銜之。

播遷以來，郡縣所失幾半，上頗有倦勤之意。諸皇子敖盧斡最賢，素有人望。元后兄蕭奉先深忌之[一五]，誣南軍都統余覩謀立晉王，以妃與聞，賜死。

天祚元妃蕭氏，小字貴哥，燕國妃之妹[一六]。年十七，册爲元妃。性沉靜。嘗晝寢，近侍盜貂裀，妃覺而不言，宮掖稱其寬厚。從天祚西狩，以疾薨。

論曰：遼以鞍馬爲家，后妃往往長於射御，軍旅田獵，未嘗不從。如應天之奮擊室韋，承天之御戎澶淵，仁懿之親破重元，古所未有，亦其俗也。靖安無毁無譽；齊天巧思，乃奢侈之漸；宣懿度曲知音，豈致誣衊之階乎？文妃能歌詩諷諫，而謂謀私其子，非矣。若簡憲之艱危保孤，懷節之從容就義，雖烈丈夫何以過之。欽哀很桀，賊殺嫡后，而興宗不能防閑其母，惜哉！

校勘記

〔一〕列傳第一　「列傳」，原作「史傳」，據北監本、殿本及文例改。

〔二〕國語謂之脦俚蹇尊稱曰耨斡麼　本書卷一一六國語解「脦俚蹇」作「忒里蹇」，「耨斡麼」作「耨斡麽」。

〔三〕天顯八年崩　「八年」，原作「十一年」。按本書卷三太宗紀上天顯八年十一月辛丑「太皇太后崩」，此蓋誤以「十一月」爲「十一年」，今據改。

〔四〕婆姑名月椀　本書卷三七地理志一儀坤州條作「容我梅里」，「容我」或即「月椀」之異譯。

〔五〕吴主李昪獻猛火油　通鑑卷二六九後梁紀四均王貞明三年二月甲午謂「吴王遣使遺契丹主以猛火油」。契丹國志卷一三后妃傳襲用此文，本書因之，又臆增「李昪」二字，然是時吴主實爲楊隆演。

〔六〕豈有試油而攻人國者　「油」，原作「[illegible]」，諸本皆同。今據道光殿本及通鑑卷二六九後梁紀四均王貞明三年二月甲午改。

〔七〕廣德至仁昭烈崇簡應天皇太后　「皇」字原闕，據本書卷四太宗紀下會同元年十一月壬子補。

〔八〕景宗睿智皇后蕭氏　「睿智」，原作「睿知」，據下文及本書卷二〇興宗紀三重熙二十一年十一月丁未改。

〔九〕重熙元年尊爲仁慈聖善欽孝廣德安靖貞純寬厚崇覺儀天皇太后　按本書興宗紀重熙元年十一月己卯「上皇太后尊號曰法天應運仁德章聖皇太后」，二十三年十一月壬申「上皇太后尊號曰仁慈聖善欽孝廣德安靜貞純懿和寬厚崇覺儀天皇太后」。本傳蓋將重熙二十三年所上尊號誤爲重熙元年。

〔一〇〕六年秋帝悔之親馭奉迎　本書卷一八興宗紀一繫此事於八年七月。

〔一一〕謚曰欽哀皇后　清寧四年聖宗欽哀皇后哀册册蓋作「欽愛皇后」。

〔一二〕欽哀皇后弟樞密使惠之女　據乾統八年妙行大師行狀碑、重熙七年耶律元妻晉國夫人蕭氏墓誌、重熙十四年晉國王妃秦國太妃耶律氏墓誌，宣懿皇后爲欽哀皇后弟蕭孝惠（本書皆作蕭孝忠）之女。

〔一三〕駙馬都尉霞抹之妹　據蕭德溫墓誌，德溫爲惠妃父，季弟德讓，爲諸行宮副都部署、駙馬都尉，尚道宗長女魏國公主」，另據卷六五公主表，道宗長女撒葛只，咸雍中徙封魏國，下嫁蕭末，即此處之蕭霞抹。又卷二三道宗紀三大康二年六月丁未封「叔西北路招討使余里也遼西郡王、漢人行宮都部署駙馬都尉霞抹柳城郡王」。因知德讓名霞抹，於惠妃爲叔父行。

〔四〕八年皇孫延禧封梁王降爲惠妃徙乾陵　據本書卷二四道宗紀四，延禧封梁王在大康六年三月庚寅，降皇后爲惠妃、徙乾陵乃八年十二月事。

〔五〕元后兄蕭奉先深忌之　據下文元妃傳及卷一〇二蕭奉先傳，「元后」應作「元妃」。

〔六〕燕國妃之妹　「燕國」下疑闕「王」字。按燕國妃係德妃，與元妃非姊妹。元妃之姊爲天祚皇后，曾封燕國王妃。

遼史卷七十二

列傳第二

宗室〔一〕

義宗倍 子平王隆先 晉王道隱 章肅皇帝李胡 子宋王喜隱

順宗濬 晉王敖盧斡

義宗，名倍，小字圖欲，太祖長子，母淳欽皇后蕭氏。幼聰敏好學，外寬內摯。神册元年春，立爲皇太子。

時太祖問侍臣曰：「受命之君，當事天敬神。有大功德者，朕欲祀之，何先？」皆以佛對。太祖曰：「佛非中國教。」倍曰：「孔子大聖，萬世所尊，宜先。」太祖大悅，即建孔子廟，詔皇太子春秋釋奠。

嘗從征烏古、党項，爲先鋒都統，及經略燕地。太祖西征〔二〕，留倍守京師，因陳取渤海計。天顯元年，從征渤海。拔扶餘城，上欲括户口，倍諫曰：「今始得地而料民，民必不安。若乘破竹之勢，徑造忽汗城，克之必矣。」太祖從之。倍與大元帥德光爲前鋒，夜圍忽汗城，大諲譔窮蹙，請降。尋復叛，太祖破之。改其國曰東丹，名其城曰天福，以倍爲人皇王主之。仍賜天子冠服，建元甘露，稱制，置左右大次四相及百官，一用漢法。歲貢布十五萬端、馬千匹。上諭曰：「此地瀕海，非可久居，留汝撫治，以見朕愛民之心。」駕將還，倍作歌以獻。陛辭，太祖曰：「得汝治東土，吾復何憂。」倍號泣而出。遂如儀坤州。

未幾，諸部多叛，大元帥討平之。太祖訃至，倍即日奔赴山陵。倍知皇太后意欲立德光，乃謂公卿曰：「大元帥功德及人神，中外攸屬，宜主社稷。」乃與羣臣請於太后而讓位焉。於是大元帥即皇帝位，是爲太宗。

太宗既立，見疑，以東平爲南京，徙倍居之，盡遷其民。又置衞士陰伺動靜。倍既歸國，命王繼遠撰建南京碑，起書樓于西宮，作樂田園詩。唐明宗聞之，遣人跨海持書密召倍。倍因畋海上。使再至，倍謂左右曰：「我以天下讓主上，今反見疑；不如適他國，以成吳太伯之名。」立木海上，刻詩曰：「小山壓大山，大山全無力。羞見故鄉人，從此投外國。」携高美人，載書浮海而去。

唐以天子儀衛迎倍，倍坐船殿，衆官陪列上壽。至汴，見明宗。明宗以莊宗后夏氏妻之〔三〕，賜姓東丹，名之曰慕華。改瑞州爲懷化軍，拜懷化軍節度使、瑞愼等州觀察使。復賜姓李，名贊華。移鎮滑州，遥領虔州節度使。倍雖在異國，常思其親，問安之使不絶。

後明宗養子從珂弑其君自立，倍密報太宗曰：「從珂弑君，盍討之。」及太宗立石敬瑭爲晉主，加兵于洛。從珂欲自焚，召倍與俱，倍不從，遣壯士李彦紳害之，時年三十八。有一僧爲收瘞之。敬瑭入洛，喪服臨哭，以王禮權厝。後太宗改葬于醫巫閭山，謚曰文武元皇王。世宗即位，謚讓國皇帝，陵曰顯陵。統和中，更謚文獻。重熙二十年，增謚文獻欽義皇帝〔四〕，廟號義宗，及謚二后曰端順，曰柔貞。

倍初市書至萬卷，藏于醫巫閭絶頂之望海堂。通陰陽，知音律，精醫藥、砭焫之術。工遼、漢文章，嘗譯陰符經。善畫本國人物，如射騎、獵雪騎、千鹿圖〔五〕，皆入宋秘府。然性刻急好殺，婢妾微過，常加刲灼。夏氏懼而求削髮爲尼。五子：長世宗，次婁國、稍、隆先、道隱，各有傳〔六〕。

平王隆先，字團隱，母大氏。

景宗即位，始封平王。未幾，兼政事令，留守東京。薄賦税，省刑獄，恤鰥寡，數薦賢能之士。後與統軍耶律室魯同討高麗有功，還薨，葬醫巫閭山之道隱谷。

平王爲人聰明，博學能詩，有閬苑集行于世。

保寧之季，其子陳哥與渤海官屬謀殺其父，舉兵作亂，上命轘裂于市。

晉王道隱，字留隱，母高氏。

道隱生于唐，人皇王遭李從珂之害，時年尚幼，洛陽僧匿而養之，因名道隱。太宗滅唐，還京，詔賜外羅山地居焉。性沉静，有文武才，時人稱之。

景宗即位，封蜀王，爲上京留守。乾亨元年，遷守南京，號令嚴肅，民獲安業。居數年，徙封荆王〔七〕。統和初，病薨，追封晉王。

論曰：自古新造之國，一傳而太子讓，豈易得哉？遼之義宗，可謂盛矣！然讓而見疑，豈不兆於建元稱制之際乎？斯則一時君臣昧於禮制之過也。

東書浮海，寄跡他國，思親不忘，問安不絶，其心甚有足諒者焉。觀其始慕泰伯之賢而爲遠適之謀，終疾陳恒之惡而有請討之舉，志趣之卓，蓋已見於早歲先祀孔子之言歟。

善不令終，天道難詰，得非性卞嗜殺之所致也！

雖然，終遼之代，賢聖繼統，皆其子孫。至德之報，昭然在兹矣。

章肅皇帝，小字李胡，一名洪古，字奚隱，太祖第三子，母淳欽皇后蕭氏。

少勇悍多力，而性殘酷，小怒輒黥人面，或投水火中。太祖嘗觀諸子寢，李胡縮項卧内，曰：「是必在諸子下。」又嘗大寒，命三子採薪。太宗不擇而取，最先至；人皇王取其乾者束而歸，後至；李胡取少而棄多，既至，袖手而立。太祖曰：「長巧而次成，少不及矣。」而母篤愛李胡。

天顯五年，遣徇地代北，攻寰州，多俘而還，遂立爲皇太弟，兼天下兵馬大元帥。太宗親征，常留守京師。世宗即位鎮陽，太后怒，遣李胡將兵擊之，至泰德泉，爲安端、留哥所敗。太后與世宗隔潢河而陣，各言舉兵意。耶律屋質入諫太后曰：「主上已立，宜許之。」時李胡在側，作色曰：「我在，兀欲安得立？」屋質曰：「奈公酷暴失人心何！」太后顧李胡曰：「昔我與太祖愛汝異於諸子，諺云：『偏憐之子不保業，難得之婦不主家。』我非不欲立汝，汝自不能矣。」及會議，世宗使解劍而言。和約既定，趨上京。會有告李胡與太后謀廢立者，徙李胡祖州，禁其出入。

穆宗時，其子喜隱謀反，辭逮李胡，囚之，死獄中，年五十，葬玉峰山西谷。統和中，追謚欽順皇帝〔八〕。重熙二十一年，更謚章肅，后曰和敬。二子：宋王喜隱、衞王宛〔九〕。

喜隱，字完德，雄偉善騎射，封趙王。應曆中，謀反，事覺，上臨問有狀，以親釋之。未幾，復反，下獄。景宗即位，聞有赦，自去其械而朝。上怒曰：「汝罪人，何得擅離禁所。」詔誅守者，復寘于獄。及改元保寧，乃宥之，妻以皇后之姊，復爵，王宋。

喜隱輕僄無恒，小得志即驕。上嘗召，不時至，怒而鞭之，由是憤怨謀亂。貶而復召，適見上與劉繼元書，辭意卑遜，諫曰：「本朝於漢爲祖，書旨如此，恐虧國體。」帝尋改之。授西南面招討使，命之河東索吐蕃户〔一〇〕，稍見進用。復誘羣小謀叛，上命械其手足，築圜土囚祖州。宋降卒二百餘人欲劫立喜隱，以城堅不得入，立其子留禮壽，上京留守除室擒之。留禮壽伏誅，賜喜隱死。

論曰：李胡殘酷驕盈，太祖知其不才而不能教，太后不知其惡而溺愛之。初以屋質之言定立世宗，而復謀廢立。子孫繼以逆誅，并及其身，可哀也已。

夫自太祖之世，剌葛、安端首倡禍亂，太祖既不之誅，又復用之，固爲有君人之量。然惟太祖之才足以駕馭，庶乎其可也。李胡而下，宗王反側，無代無之，遼之内難，與國始終。厥後嗣君，雖嚴法以繩之，卒不可止。烏虖，創業垂統之主，所以貽厥孫謀者，可不審歟！

順宗，名濬，小字耶魯斡，道宗長子，母宣懿皇后蕭氏。幼而能言，好學知書。道宗嘗曰：「此子聰慧，殆天授歟！」

六歲，封梁王。明年，從上獵，矢連發三中。上顧左右曰：「朕祖宗以來，騎射絶人，威震天下。是兒雖幼，不墜其風。」後遇十鹿，射獲其九。帝喜，設宴。八歲，立爲皇太子。大康元年，兼領北南樞密院事。

及母后被害，太子有憂色。耶律乙辛爲北院樞密使，常不自安。會護衛蕭忽古謀害乙辛，事覺，下獄。副點檢蕭十三謂乙辛曰：「臣民心屬太子，公非閥閱，一日若立，吾輩措身何地！」迺與同知北院宣徽事蕭特裏特謀搆陷太子，陰令右護衛太保耶律查剌誣告都宮使耶律撒剌〔一一〕、知院蕭速撒〔一二〕、護衛蕭忽古謀廢立。詔案無迹，不治。

乙辛復令牌印郎君蕭訛都斡等言：「查剌前告非妄，臣實與謀，欲殺耶律乙辛等，然後立太子。臣若不言，恐事發連坐。」帝信之，幽太子于別室，以耶律燕哥鞫按。太子具陳枉狀曰：「吾爲儲副，尚何所求。公當爲我辨之。」燕哥乃乙辛之黨，易其言爲欵伏。上大怒，廢太子爲庶人。將出，曰：「我何罪至是！」十三吡登車，遣衞士闔其扉。徙于上京，囚圜堵中。乙辛尋遣達魯古、撒八往害之，太子年方二十，上京留守蕭撻得紿以疾薨聞。上哀之，命有司葬龍門山。欲召其妃，乙辛陰遣人殺之。

帝後知其冤〔三〕，悔恨無及，謚曰昭懷太子，以天子禮改葬玉峰山。乾統初，追尊大孝順聖皇帝，廟號順宗，妃蕭氏貞順皇后。一子，延禧，即天祚皇帝。

論曰：道宗知太子之賢，而不能辨乙辛之詐，竟絶父子之親，爲萬世惜。乙辛知爲一身之計，不知有君臣之義，豈復知有太子乎！姦邪之臣亂人家國如此，可不戒哉！可不戒哉！

晉王，小字敖盧斡，天祚皇帝長子，母曰文妃蕭氏。

甫髫齔，馳馬善射。出爲大丞相耶律隆運後，封晉王。性樂道人善，而矜人不能。時宮中見讀書者輒斥。敖盧斡嘗入寢殿，見小底茶剌閱書，因取觀。會諸王至，陰袖而歸之，曰：「勿令他人見也。」一時號稱長者。

及長，積有人望，内外歸心。保大元年，南軍都統耶律余覩與其母文妃密謀立之〔一四〕，事覺，余覩降金，文妃伏誅，敖盧斡實不與謀，免。二年，耶律撒八等復謀立，不克。上知敖盧斡得人心，不忍加誅。令縊殺之。或勸之亡，敖盧斡曰：「安忍爲蕞爾之軀，而失臣子之大節。」遂就死。聞者傷之。

論曰：天祚不君，臣下謀立其子，適以殺之。敖盧斡重君父之命，不亡而死，申生其恭矣乎！

校勘記

〔一〕列傳第二宗室　原作「宗室傳第二」，明鈔本、南監本同，今據北監本、殿本及文例改。

〔二〕太祖西征　「太祖」，原作「太子」，據大典卷五二五二引遼史宗室傳及北監本、殿本改。下文章肅皇帝李胡傳「太祖第三子」、「太祖曰」兩處，「太祖」原亦誤作「太子」，今徑改。

〔三〕明宗以莊宗后夏氏妻之　夏氏非莊宗皇后。按五代會要卷一內職謂莊宗昭容夏氏，封號國夫人。新五代史卷一四唐太祖家人傳皇后劉氏傳謂明宗立，悉放莊宗時宫人還其家，號國夫人夏氏無所歸，後嫁李贊華。契丹國志卷一四東丹王傳亦謂以莊宗後宫夏氏賜之。

〔四〕重熙二十年增謚文獻欽義皇帝　本書卷六四皇子表同。卷二〇興宗紀三繫增謚事於重熙二十一年。

〔五〕如射騎獵雪騎千鹿圖　宣和畫譜卷八李贊華條作「射騎圖」、「獵騎圖」、「雪騎圖」、「千角鹿圖」。

〔六〕次妻國稍隆先道隱各有傳　按隆先、道隱下文有附傳，婁國傳見本書卷一一二，惟稍無傳。此處當是沿襲耶律儼或陳大任舊史之文，而稍傳已被删去。

〔七〕「乾亨元年遷守南京」至「居數年徙封荆王」　按本書卷九景宗紀下乾亨元年十二月壬戌云：「蜀王道隱南京留守，徙封荆王。」此謂遷南京留守後數年始封荆王，恐不確。

〔八〕追謚欽順皇帝　「欽順」，當作「恭順」，此係陳大任避金章宗父允恭諱改。參見本書卷一四聖宗紀五校勘記〔二〇〕。

〔九〕衛王宛　「宛」，原作「完」，據大典卷五二五二引遼史宗室傳及本書卷六穆宗紀上應曆三年十月、卷八景宗紀上保寧元年四月戊申、卷六四皇子表、卷六六皇族表改。

〔一〇〕授西南面招討使命之河東索吐蕃户　「吐蕃」當爲「吐渾」（即吐谷渾）之誤。按本書卷九景宗紀下保寧九年六月丙辰，以喜隱爲西南面招討使；乾亨二年六月己亥，「喜隱復謀反，囚于祖州」。此三年内無吐蕃户入河東者。惟保寧九年十一月戊戌稱：「吐谷渾叛入太原者四百餘户，索而還之。」

〔二〕右護衛太保耶律查剌　「右護衛太保」，原作「護尉太保」，據本書卷二三道宗紀三大康三年五月乙亥及卷六二刑法志下改。

〔三〕知院蕭速撒　「蕭速撒」，原作「耶律速撒」，據本書卷九九本傳及卷二三道宗紀三大康三年五月乙亥、卷六二刑法志下改。

〔三〕帝後知其冤　「帝」，原作「州」，據大典卷五二五二引遼史宗室傳改。

〔四〕「南軍都統」至「謀立之」　本書卷六四皇子表同。然卷二九天祚皇帝紀三保大元年正月、卷六二刑法志下、卷七一天祚文妃蕭氏傳、卷一〇二蕭奉先傳皆謂蕭奉先誣余覩等謀立晉王。

遼史卷七十三

列傳第三

耶律曷魯 蕭敵魯阿古只 耶律斜涅赤老古 頗德

耶律欲穩 耶律海里

耶律曷魯，字控温，一字洪隱，迭剌部人。祖匣馬葛，簡憲皇帝兄〔一〕。父偶思，遥輦時爲本部夷离菫，曷魯其長子也。

性質厚。在髫鬌，與太祖遊，從父釋魯奇之曰〔二〕：「興我家者，必二兒也。」太祖既長，相與易裘馬爲好，然曷魯事太祖彌謹。會滑哥弑其父釋魯，太祖顧曷魯曰：「滑哥弑父，料我必不能容，將反噬我。今彼歸罪臺哂爲解，我姑與之。是賊吾不忘也！」自是，曷魯常佩刀從太祖，以備不虞。

居久之，曷魯父偶思病，召曷魯曰：「阿保機神略天授，汝率諸弟赤心事之。」已而太祖來問疾，偶思執其手曰：「爾命世奇才。吾兒曷魯者，他日可委以事，吾已諭之矣。」既而以諸子屬之。

太祖爲撻馬狘沙里，參預部族事，曷魯領數騎召小黄室韋來附。太祖素有大志，而知曷魯賢，軍國事非曷魯議不行。會討越兀與烏古部，曷魯爲前鋒，戰有功。

及太祖爲迭刺部夷离菫，討奚部，其長朮里倔險而壘，攻莫能下，命曷魯持一笴往諭之。既入，爲所執。迺説奚曰：「契丹與奚言語相通，實一國也。我夷离菫於奚豈有輘轢之心哉？漢人殺我祖奚首，夷离菫怨次骨，日夜思報漢人。顧力單弱，使我求援於奚，傳矢以示信耳。夷离菫受命於天，撫下以德，故能有此衆也。今奚殺我，違天背德，不祥莫大焉。且兵連禍結，當自此始，豈爾國之利乎！」朮里感其言，乃降。

太祖爲于越，秉國政，欲命曷魯爲迭刺部夷离菫。辭曰：「賊在君側，未敢遠去。」太祖討黑車子室韋，幽州劉仁恭遣養子趙霸率衆來救。曷魯伏兵桃山，俟霸衆過半而要之，與太祖合擊，斬獲甚衆，遂降室韋。太祖會李克用于雲州，時曷魯侍，克用顧而壯之曰：「偉男子爲誰？」太祖曰：「吾族曷魯也。」

會遥輦痕德菫可汗殁，羣臣奉遺命請立太祖。太祖辭曰：「昔吾祖夷离菫雅里嘗以不當立而辭，今若等復爲是言，何歟？」曷魯進曰：「曩吾祖之辭，遺命弗及，符瑞未見，第爲國人所推戴耳。今先君言猶在耳，天人所與，若合符契。天不可逆，人不可拂，而君命不可違也。」太祖曰：「遺命固然，汝焉知天道？」曷魯曰：「聞于越之生也，神光屬天，異香盈幄，夢受神誨，龍錫金佩。天道無私，必應有德。我國削弱，齮齕於鄰部日久，以故生聖人以興起之。可汗知天意，故有是命。且遥輦九營棊布，非無可立者；小大臣民屬心于越，天也。昔者于越伯父釋魯嘗曰：『吾猶蛇，兒猶龍也。』天時人事，幾不可失。」太祖猶未許。是夜，獨召曷魯責曰：「衆以遺命迫我。汝不明吾心，而亦僞隨耶？」曷魯曰：「在昔夷离堇雅里雖推戴者衆，辭之，而立阻午爲可汗。相傳十餘世，君臣之分亂，紀綱之統隳。委質他國，若綴斿然。羽檄蠭午，民疲奔命。興王之運，實在今日。應天順人，以答顧命，不可失也。」太祖乃許。明日，即皇帝位，命曷魯總軍國事。

時制度未講，國用未充，扈從未備，而諸弟剌葛等往往覬非望。太祖宫行營始置腹心部，選諸部豪健二千餘充之，以曷魯及蕭敵魯總焉。已而諸弟之亂作，太祖命曷魯總領軍事，討平之，以功爲迭剌部夷离堇。時民更兵焚剽，日以抏敝，曷魯撫輯有方，畜牧益滋，民用富庶。乃討烏古部，破之。自是震懾，不敢復叛。廼請制朝儀、建元，率百官上尊號。太祖既備禮受册，拜曷魯爲阿魯敦于越。「阿魯敦」者，遼言盛名也。

後太祖伐西南諸夷，數爲前鋒。神册二年，從逼幽州，與唐節度使周德威拒戰可汗州西，敗其軍，遂圍幽州，未下。太祖以時暑班師，留曷魯與盧國用守之。俄而救兵繼至，曷魯等以軍少無援，退。

三年七月，皇都既成，燕羣臣以落之。曷魯是日得疾薨，年四十七。既葬，賜名其阡宴答，山曰于越峪，詔立石紀功。清寧間，命立祠上京。

初，曷魯病革，太祖臨視，問所欲言。曷魯曰：「陛下聖德寬仁，羣生咸遂，帝業隆興。臣既蒙寵遇，雖瞑目無憾。惟析迭剌部議未決，願亟行之。」及薨，太祖流涕曰：「斯人若登三五載，吾謀蔑不濟矣！」

後太祖二十一功臣〔三〕，各有所擬，以曷魯爲心云。子惕剌、撒剌，俱不仕。

論曰：曷魯以肺腑之親，任帷幄之寄，言如蓍龜，謀成戰勝，可謂筭無遺策矣。其君臣相得之誠，庶吳漢之於光武歟？夫信其所可信，智也，太祖有焉。故曰，惟聖知聖，惟賢知賢，斯近之矣。

蕭敵魯，字敵輦，其母爲德祖女弟，而淳欽皇后又其女兄也〔四〕。五世祖曰胡母里，遥輦氏時嘗使唐，唐留之幽州。一夕，折關遁歸國，由是世爲決獄官。

敵魯性寬厚，膂力絶人，習軍旅事。太祖潛藩，日侍左右，凡征討必與行陣。既即位，敵魯與弟阿古只、耶律釋魯、耶律曷魯偕總宿衞〔五〕。拜敵魯北府宰相，世其官。

太祖征奚及討劉守光，敵魯略地海濱，殺獲甚衆。頃之，剌葛等作亂，潰而北走。敵魯率輕騎追之〔六〕，兼晝夜行。至榆河，敗其黨，獲剌葛以獻。太祖嘉之，錫賚甚渥。後討西南夷，功居諸將先。神册三年十二月卒。

敵魯有膽略，聞敵所在即馳赴，親冒矢石，前後戰未嘗少衂，必勝乃止。以故在太祖功臣列，喻以手云。弟阿古只。

阿古只，字撒本。少卓越，自放不羈。長驍勇善射，臨敵敢前，每射甲楯輒洞貫。太祖爲于越時，以材勇充任使。既即位，與敵魯總腹心部。剌葛之亂也，淳欽皇后軍黑山，阻險自固。太祖方經略奚地，命阿古只統百騎往衞之。逆黨迭里特、耶律滑哥素憚其勇略，相戒曰：「是不可犯也！」剌葛既北走，與敵魯追擒于榆河。

神册初元，討西南夷有功，徇山西諸郡縣，又下之，敗周德威軍。三年，以功拜北府宰相，世其職。天贊初，與王郁略地燕、趙，破磁窯鎮。太祖西征，悉諉以南面邊事。攻渤海，破扶餘城，獨將騎兵五百，敗老相軍三萬。渤海既平，改東丹國。頃之，已降郡縣復叛，盜賊蜂起。阿古只與康默記討之，所向披靡。會賊游騎七千自鴨渌府來援，勢張甚。阿古只帥麾下精鋭，直犯其鋒，一戰克之，斬馘三千餘，遂進軍破回跋城。以病卒。

功臣中喻阿古只爲耳云。子安團，官至右皮室詳穩。

耶律斜涅赤，字撒剌，六院部舍利褭古直之族。始字鐸盌，早隸太祖幕下，嘗有疾，賜鐏酒飲而愈，遼言酒尊曰「撒剌」，故詔易字焉。

太祖即位，掌腹心部。天贊初，分迭剌部爲北、南院，斜涅赤爲北院夷离堇。帝西征至流沙，威聲大振，諸夷潰散，迺命斜涅赤撫集之。

及討渤海，破扶餘城，斜涅赤從太子、大元帥率衆夜圍忽汗城，大諲譔降。已而復叛，命諸將分地攻之。詰旦，斜涅赤感勵士伍，鼓譟登陴，敵震懾，莫敢禦，遂破之。

天顯中卒，年七十，居佐命功臣之一。姪老古、頗德。

老古，字撒懶，其母淳欽皇后姊也。老古幼養宮掖，既長，沉毅有勇略，隸太祖帳下。既即位，屢有戰功。剌葛之亂也，欲乘我不備爲掩襲計，紿降。太祖將納之，命老古、耶律欲穩嚴號令，勒士卒，控轡以防其變。逆黨知有備，懼而遁。以功授右皮室詳穩，典宿衛。

太祖侵燕、趙，遇唐兵雲碧店，老古恃勇輕敵，直犯其鋒。戰久之，被數創，歸營而卒。太祖深悼惜之，佐命功臣其一也。

頗德，字兀古鄰。弱冠事太祖。天顯初，爲左皮室詳穩，典宿衛，遷南院夷离堇，治有聲。

石敬瑭破張敬達軍於太原北，時頗德勒兵爲援，敬達遁。敬瑭追至晉安寨圍之，頗德領輕騎襲潞州，塞其餉道。唐諸將懼，殺敬達以降。會同初，改迭剌部夷离堇爲大王，即拜頗德，既而加採訪使。

舊制，肅祖以下宗室稱院，德祖宗室號三父房，稱橫帳，百官子弟及籍没人稱著帳〔七〕。耶律斜的言，橫帳班列，不可與北、南院並。太宗詔在廷議，皆曰然，乃詔橫帳班列居上。頗德奏曰：「臣伏見官制，北、南院大王品在惕隱上。今橫帳始圖爵位之高，願與北、南院參任，茲又恥與同列。夫橫帳與諸族皆臣也，班列奚以異？」帝乃諭百官曰：「朕所不知，卿等不宜面從。」詔仍舊制。其强直不撓如此。

頗德狀貌秀偉，初太祖見之曰：「是子風骨異常兒，必爲國器。」後果然。卒年四十九。

耶律欲穩，字轄剌干〔八〕，突呂不部人。祖臺押，遥輦時爲北邊拽剌。簡獻皇后與諸子之罹難也，嘗倚之以免。太祖思其功不忘，又多欲穩嚴重，有濟世志，乃命典司近部，以遏諸族窺覬之想。欲穩既見器重，益感奮思報。太祖始置宮分以自衞，欲穩率門客首附宮籍。帝益嘉其忠，詔以臺押配享廟廷。及平剌葛等亂，以功遷奚迭剌部夷离堇。從征渤海有功。天顯初卒。

後諸帝以太祖之與欲穩也爲故，往往取其子孫爲友。宮分中稱「八房」，皆其後也。弟霞里，終奚六部秃里。

耶律海里，字涅剌昆，遥輦昭古可汗之裔。

太祖傳位，海里與有力焉。初受命，屬籍比局萌覬覦，而遥輦故族尤觖望。海里多先帝知人之明，而素服太祖威德，獨歸心焉。以故太祖託爲耳目，數從征討。既清内亂，始置遥輦敞穩，命海里領之。

天顯初，征渤海，海里將遥輦糺，破忽汗城。師般，卒。

校勘記

〔一〕簡憲皇帝兄　「簡憲皇帝」，本書卷二〇興宗紀三重熙二十一年七月壬子、卷三七地理志一、卷六六皇族表均作「簡獻皇帝」。據契丹小字耶律迪烈墓誌、故耶律氏銘石及漢文耶律羽之墓誌，曷魯曾祖帖剌爲玄祖簡獻皇帝兄，匣馬葛實爲帖剌次子，故應爲德祖宣簡皇帝從兄。

〔二〕從父釋魯奇之曰　據契丹小字耶律迪烈墓誌、故耶律氏銘石及漢文耶律羽之墓誌，帖剌與玄祖爲兄弟，其子匣馬葛與玄祖子釋魯爲從兄弟，則釋魯當爲曷魯之祖輩。

〔三〕太祖二十一功臣　本書卷六四皇子表稱「太祖二十功臣」，與此異。

〔四〕而淳欽皇后又其女兄也　本書卷一太祖紀上謂蕭敵魯爲「后兄」。蕭義墓誌云：「其先迪烈寧，太祖姑表弟，應天皇后之長兄也。」按迪烈寧即敵輦之異譯，知蕭敵魯應爲淳欽皇后之兄。

〔五〕敵魯與弟阿古只耶律釋魯耶律曷魯偕總宿衞　「耶律釋魯」，明鈔本無。曷魯、阿古只總宿衞事皆見二人本傳，惟「耶律釋魯」未詳其人。按遼初所見耶律釋魯均指仲父房隋國王釋魯，且早已爲其子滑哥所弑，此「耶律釋魯」或係衍文。

〔六〕敵魯率輕騎追之　「敵魯」，本書卷一太祖紀上太祖七年四月作「迪里古」，係同名異譯；五月作「迪輦」，則爲其契丹語第二名。

〔七〕百官子弟及籍没人稱著帳　此處恐有闕誤。本書卷一一六國語解謂「凡世官之家泊諸色人，因事籍没者爲著帳户」。

〔八〕字轄剌干　本書卷一太祖紀上太祖七年正月作「轄剌僅」，按「干」、「僅」中古音近。

遼史卷七十四

列傳第四

耶律敵刺　蕭痕篤　康默記延壽

韓延徽德樞　紹勳　紹芳　資讓　韓知古匡嗣　德源　德凝

耶律敵刺，字合魯隱，遥輦鮮質可汗之子。太祖踐阼，與敞穩海里同心輔政。太祖知其忠實，命掌禮儀，且諉以軍事。後以平内亂功，代轄里爲奚六部吐里，卒。

敵刺善騎射，頗好禮文。

蕭痕篤，字兀里軫〔一〕，迭刺部人。其先相遥輦氏。

痕篤少慷慨，以才能自任。早隸太祖帳下，數從征討。既踐阼，除北府宰相。痕篤事親孝，爲政尚寬簡。

康默記，本名照。少爲薊州衙校，太祖侵薊州得之，愛其材，隸麾下。一切蕃、漢相涉事，屬默記折衷之，悉合上意。

時諸部新附，文法未備，默記推析律意，論決重輕，不差毫釐。罹禁網者，人人自以爲不冤。頃之，拜左尚書。神册三年，始建都，默記董役，人咸勸趨，百日而訖事。五年，爲皇都夷离畢。會太祖出師居庸關，命默記將漢軍進逼長蘆水寨，俘馘甚衆。

天贊四年，親征渤海，默記與韓知古從。後大諲譔叛，命諸將攻之。默記分薄東門，率驍勇先登。既拔，與韓延徽下長嶺府。軍還，已下城邑多叛，默記與阿古只平之。既破回跋城歸，營太祖山陵畢，卒。佐命功臣其一也。

孫延壽，字胤昌。少倜儻，謂其所親：「大丈夫爲將，當效節邊垂，馬革裹屍。」景宗特授千牛衛大將軍。宋人攻南京，諸將既成列，延壽獨奮擊陣前，敵遂大潰。以功遥授保大軍節度使。乾亨三年卒〔二〕。

韓延徽〔三〕，字藏明，幽州安次人。父夢殷，累官薊、儒、順三州刺史。延徽少英，燕帥劉仁恭奇之，召爲幽都府文學、平州録事參軍，同馮道祗候院，授幽州觀察度支使。

後守光爲帥，延徽來聘，太祖怒其不屈，留之。述律后諫曰：「彼秉節弗撓，賢者也，奈何困辱之？」太祖召與語，合上意，立命參軍事。攻党項、室韋，服諸部落，延徽之籌居多。乃請樹城郭，分市里，以居漢人之降者。又爲定配偶，教墾藝，以生養之。以故逃亡者少。

居久之，慨然懷其鄉里，賦詩見意，遂亡歸唐。已而與他將王緘有隙，懼及難，乃省親幽州，匿故人王德明舍。德明問所適，延徽曰：「吾將復走契丹。」德明不以爲然。延徽笑曰：「彼失我，如失左右手，其見我必喜。」既至，太祖問故。延徽曰：「忘親非孝，棄君非忠。臣雖挺身逃，臣心在陛下。臣是以復來。」上大悦，賜名曰匣列。「匣列」，遼言復來也。即命爲守政事令、崇文舘大學士，中外事悉令參決。

天贊四年，從征渤海，大諲譔乞降。既而復叛，與諸將破其城，以功拜左僕射。又與康默記攻長嶺府，拔之。師還，太祖崩，哀動左右。

太宗朝，封魯國公，仍爲政事令。使晉還，改南京三司使。

世宗朝，遷南府宰相，建政事省，設張理具，稱盡力吏。天禄五年六月，河東使請行册禮〔四〕，帝詔延徽定其制，延徽奏一遵太宗册晉帝禮，從之。

應曆中，致事。子德樞鎮東平，詔許每歲東歸省。九年卒，年七十八。上聞震悼，贈尚書令，葬幽州之魯郭，世爲崇文令公。

初，延徽南奔，太祖夢白鶴自帳中出；比還，復入帳中。詰旦，謂侍臣曰：「延徽至矣。」已而果然。太祖初元，庶事草創，凡營都邑，建宫殿，正君臣，定名分，法度井井，延徽力也。爲佐命功臣之一。子德樞。

德樞年甫十五，太宗見之，謂延徽曰：「是兒卿家之福，朕國之寶，真英物也！」未冠，守左羽林大將軍，遷特進太尉。

時漢人降與轉徙者，多寓東平。丁歲菑，饑饉疾厲。德樞請往撫字之，授遼興軍節度使。下車整紛剔蠹，恩煦信孚，勸農桑，興教化，期月民獲蘇息。入爲南院宣徽使，遥授天平軍節度使，平、灤、營三州管内觀察處置等使，門下平章事。已而加開府儀同三司、行侍中，封趙國公。保寧元年卒。孫紹勳、紹芳。

紹勳，仕至東京户部使。會大延琳叛，被執，辭不屈，賊以鋸解之，憤駡至死。

紹芳，重熙間參知政事，加兼侍中。時廷議征李元昊，力諫不聽，出爲廣德軍節度使。聞敗，嘔血卒。

孫資讓，壽隆初拜中書侍郎、平章事。會宋徽宗嗣位，遣使來報，有司按籍，有「登寶位」文，坐是出爲崇義軍節度使。改鎮遼興，卒。

韓知古，薊州玉田人，善謀有識量。太祖平薊時，知古六歲，爲淳欽皇后兄欲穩所得。后來媵，知古從焉，未得省見。久之，負其有，怏怏不得志，挺身逃庸保，以供資用。其子匡嗣得親近太祖〔五〕，因間言。太祖召見與語，賢之，命參謀議。神册初，遥授彰武軍節度使。久之，信任益篤，總知漢兒司事，兼主諸國禮儀。時儀法疏闊，知古援據故典，參酌國俗，與漢儀雜就之，使國人易知而行。

頃之，拜左僕射〔六〕，與康默記將漢軍征渤海有功，遷中書令。天顯中卒，爲佐命功臣之一。子匡嗣。

匡嗣以善醫，直長樂宫，皇后視之猶子。應曆十年，爲太祖廟詳穩。後宋王喜隱謀叛，辭引匡嗣，上置不問。

初，景宗在藩邸，善匡嗣。即位，拜上京留守。頃之，王燕，改南京留守。保寧末，以留守攝樞密使。

時耶律虎古使宋還，言宋人必取河東，合先事以爲備。匡嗣詆之曰：「寧有是！」已而宋人果取太原，乘勝逼燕。匡嗣與南府宰相沙、惕隱休哥侵宋，軍于滿城，方陣，宋人請降。匡嗣欲納之，休哥曰：「彼軍氣甚鋭，疑誘我也。可整頓士卒以禦。」匡嗣不聽。俄而宋軍鼓譟薄我，衆蹙踐，塵起漲天。匡嗣倉卒諭諸將，無當其鋒。衆既奔，遇伏兵扼要路，匡嗣棄旗鼓遁，其衆走易州山，獨休哥收所棄兵械，全軍還。

帝怒匡嗣，數之曰：「違爾衆謀，深入敵境，爾罪一也；號令不肅，行伍不整，爾罪二也；棄我師旅，挺身鼠竄，爾罪三也；偵候失機，守禦弗備，爾罪四也；捐棄旗鼓，損威辱國，爾罪五也。」促令誅之。皇后引諸内戚徐爲開解，上重違其請。良久，威稍霽，乃杖而免之。

既而遥授晉昌軍節度使。乾亨二年，改西南面招討使〔七〕，卒。睿智皇后聞之，遣使臨弔，賻贈甚厚，後追贈尚書令。五子：德源，德讓——後賜名隆運，德威，德崇，德凝〔八〕。德源、德凝附傳，餘各有傳〔九〕。

德源，性愚而貪，早侍景宗邸。及即位，列近侍。統和間，官崇義、興國二軍節度使，加檢校太師。以賄名，德讓貽書諫之，終不悛。以故論者少之。後加同政事門下平章事，遥攝保寧軍節度使。乾亨初卒〔一〇〕。

德凝〔一一〕，謙遜廉謹。保寧中，遷護軍司徒。開泰中〔一二〕，累遷護衛太保、都宫使、崇義軍節度使。移鎮廣德，秩滿，部民請留，從之。改西南面招討使，党項隆益答叛，平之。遷大同軍節度使，卒于官。

子郭三，終天德軍節度使。孫高家奴，終南院宣徽使；高十〔一三〕，終遼興軍節度使。

校勘記

〔一〕字兀里軫　「兀里軫」，原作「元里軫」。按契丹人字「兀里軫」者屢見，如耶律覿烈字兀里軫，今據改。

〔二〕乾亨三年卒　「乾亨」，原誤作「乾寧」，今改。

〔三〕韓延徽　按韓佚墓誌、韓訥墓誌皆作「韓熲」。新五代史卷七二四夷附録一亦有作「韓熲」者，又卷八晉高祖本紀天福三年十月戊寅誤作「韓頻」。通鑑卷二六六後梁紀一太祖開平元年五月條考異引虜庭雜紀作「韓熲」。韓資道墓誌作「韓熲」。

〔四〕天禄五年六月河東使請行册禮　「五」，原作「三」。按本書卷五世宗紀天禄五年正月，劉崇自立於太原；六月，求封册。通鑑卷二九〇後周紀一太祖廣順元年（遼天禄五年）六月同。今據改。

〔五〕其子匡嗣得親近太祖　據韓匡嗣墓誌，匡嗣生於神册二年，此處繫於神册之前，恐有訛誤。

〔六〕頃之拜左僕射　本書卷一太祖紀上太祖三年四月乙卯云：「詔左僕射韓知古建碑龍化州大廣寺以紀功德。」似「拜左僕射」事早在太祖稱帝之前。

〔七〕乾亨二年改西南面招討使　「二年」疑爲「三年」之誤。按本書卷九景宗紀下繫此事於乾亨三年三月辛酉。

〔八〕五子德源德讓後賜名隆運德威德崇德凝　據韓匡嗣墓誌、韓匡嗣妻秦國太夫人墓誌，匡嗣共九子。德崇，墓誌及本書卷一三聖宗紀四統和十二年五月庚辰均作「德沖」。德凝即墓誌所見之德顒。

〔九〕德源德凝附傳餘各有傳　按德讓、德威傳見本書卷八二，德崇僅於其子制心傳中追敍，無專傳。此處蓋沿襲耶律儼或陳大任舊史之文。

〔一〇〕乾亨初卒　此處所記恐誤。據統和三年韓匡嗣墓誌及統和十一年韓匡嗣妻秦國太夫人墓誌，似德源統和間尚存。

〔一一〕德凝　遼代石刻中此人名多歧出，韓匡嗣墓誌及韓匡嗣妻秦國太夫人墓誌之韓德顒，耶律隆祐墓誌之耶律隆祐，皆即韓德凝其人。

〔一二〕開泰中　「開泰」當爲「統和」之誤。按本書聖宗紀，德凝爲崇義軍節度使在統和三年四月，廣德軍節度使秩滿在統和十五年四月。據耶律隆祐墓誌，統和二十八年德凝遷大同軍節度使，同年卒於官。

〔一三〕「子郭三」至「高十」　據韓德昌墓誌、耶律隆祐墓誌及契丹小字韓高十墓誌，郭三爲韓德昌子，高家奴、高十爲韓德昌孫。此處均誤記爲德凝子嗣。

遼史卷七十五

列傳第五

耶律覿烈 羽之　耶律鐸臻 古　突呂不　王郁　耶律圖魯窘

耶律覿烈，字兀里軫，六院部蒲古只夷离堇之後〔一〕。父偶思，亦爲夷离堇。

初，太祖爲于越時，覿烈以謹愿寬恕見器使。既即位，兄曷魯典宿衞，以故覿烈入侍帷幄，與聞政事。神册三年，曷魯薨，命覿烈爲迭剌部夷离堇，屬以南方事。會討党項，皇太子爲先鋒，覿烈副之。軍至天德、雲内，分道並進。覿烈率偏師渡河力戰，斬獲甚衆。天贊初，析迭剌部爲北、南院，羅夷离堇〔二〕。時大元帥率師由古北口略燕地，覿烈徇山西，所至城堡皆下，太祖嘉其功，錫賚甚厚。從伐渤海，拔扶餘城，留覿烈與寅底石守之。

天顯二年，留守南京。十年卒，年五十六。弟羽之。

羽之，小字兀里，字寅底哂。幼豪爽不羣，長嗜學，通諸部語。太祖經營之初，多預軍謀。

天顯元年，渤海平，立皇太子爲東丹王，以羽之爲中臺省右次相。時人心未安，左大相迭剌不踰月薨，羽之莅事勤恪，威信並行。

太宗即位，上表曰：「我大聖天皇始有東土，擇賢輔以撫斯民，不以臣愚而任之。國家利害，敢不以聞。渤海昔畏南朝，阻險自衞，居忽汗城。今去上京遼邈，既不爲用，又不罷戍，果何爲哉？先帝因彼離心，乘釁而動，故不戰而克。天授人與，彼一時也。遺種浸以蕃息，今居遠境，恐爲後患。梁水之地乃其故鄉，地衍土沃，有木鐵鹽魚之利。乘其微弱，徙還其民，萬世長策也。彼得故鄉，又獲木鐵鹽魚之饒，必安居樂業。然後選徒以翼吾左，突厥、党項、室韋夾輔吾右，可以坐制南邦，混一天下，成聖祖未集之功，貽後世無疆之福。」表奏，帝嘉納之。是歲，詔徙東丹國民於梁水，時稱其善。

人皇王奔唐，羽之鎮撫國人，一切如故。以功加守太傅，遷中臺省左相。會同初，以册禮赴闕，加特進。表奏左次相渤海蘇貪墨不法事〔三〕，卒。子和里，終東京留守。

耶律鐸臻，字敵輦，六院部人。祖蒲古只，遥輦氏時再爲本部夷离堇。耶律狼德等既害玄祖〔四〕，暴横益肆。蒲古只以計誘其黨，悉誅夷之。

鐸臻幼有志節，太祖爲于越，常居左右。後即位，梁人遣使求轅軸材，太祖難之。鐸臻曰：「梁名求材，實覘吾輕重。宜答曰：『材之所生，必深山窮谷，有神司之，須白鼻赤驢禱祠，然後可伐。』如此，則其語自塞矣。」已而果然。

天贊三年，將伐渤海，鐸臻諫曰：「陛下先事渤海，則西夏必躡吾後〔五〕。請先西討，庶無後顧憂。」太祖從之。及淳欽皇后稱制，惡鐸臻，囚之，誓曰：「鐵鎖朽，當釋汝！」既而召之，使者欲去鎖，鐸臻辭曰：「鐵未朽，可釋乎？」后聞，嘉歎，趣召釋之。天顯二年卒。弟古、突呂不。

古，字涅剌昆，初名霞馬葛。太祖爲于越，嘗從略地山右。會李克用於雲州，古侍，克用異之曰：「是兒骨相非常，不宜使在左右。」以故太祖頗忌之。時方西討，諸弟亂作，聞變，太祖問古與否，曰無。喜曰：「吾無患矣！」趣召古議。古陳殄滅之策，後皆如言，以故錫賚甚厚。

神册末，南伐，以古佐右皮室詳穩老古，與唐兵戰于雲碧店。老古中流矢，傷甚，太祖疑古陰害之。古知上意，跪曰：「陛下疑臣恥居老古麾下耶？及今老古在，請遣使問之。」太祖使問老古，對曰：「臣於古無可疑者。」上意乃釋。老古卒，遂以古爲右皮室詳穩。

既卒，太祖謂左右曰：「古死，猶長松自倒，非吾伐之也。」

突吕不，字鐸衮，幼聰敏嗜學。事太祖見器重。及製契丹大字，突吕不贊成爲多。未幾，爲文班林牙，領國子博士、知制誥。明年，受詔撰決獄法。

太祖略燕，詔與皇太子及王郁攻定州。師還至順州，幽州馬步軍指揮使王千率衆來襲，突吕不射其馬躓，擒之。天贊二年，皇子堯骨爲大元帥，突吕不爲副，既克平州，進軍燕、趙，攻下曲陽、北平。至易州，易人來拒，踰濠而陣。李景章出降，言城中人無鬬志。大元帥將修攻具，突吕不諫曰：「我師遠來，人馬疲憊，勢不可久留。」乃止。軍還，大元帥以其謀聞，太祖大悦，賜賚優渥。

車駕西征，突吕不與大元帥爲先鋒，伐党項有功，太祖犒師水精山。大元帥東歸，突吕不留屯西南部，復討党項，多獲而還。太祖東伐，大諲譔降而復叛，攻之，突吕不先登。渤海平，承詔銘太祖功德于永興殿壁。班師，已下州郡往往復叛，突吕不從大元帥攻破之。

淳欽皇后稱制，有飛語中傷者，后怒，突吕不懼而亡。太宗知其無罪，召還。天顯三年，討烏古部，俘獲甚衆。伐唐，以突吕不爲左翼，攻唐軍霞沙寨，降之。十一年，送晉主石敬瑭入洛。及大册，突吕不總禮儀事，加特進、檢校太尉。會同五年卒。

王郁，京兆萬年人，唐義武軍節度使處直之孼子。伯父處存鎮義武，卒，三軍推其子郜襲，處直爲都知兵馬使。光化三年，梁王朱全忠攻定州，郜遣處直拒于沙河。兵敗，入城逐郜，郜奔太原。亂兵推處直爲留後，遣人請事梁王。梁與晉王克用絶好，表處直爲義武軍節度使。

初郜之亡也，郁從之。晉王克用妻以女，用爲新州防禦使。處直料晉必討張文禮，鎮亡，則定不獨存，益自疑。陰使郁北導契丹入塞以牽晉兵，且許爲嗣。郁自奔晉，常恐失父心，得使，大喜。神册六年，奉表送欵，舉室來降，太祖以爲養子。未幾，郁兄都囚父，自爲留後，帝遣郁從皇太子討之。至定州，都堅壁不出，掠居民而還。

明年，從皇太子攻鎮州，遇唐兵于定州，破之。天贊二年秋，郁及阿古只略地燕、趙，攻下磁窯務〔六〕。從太祖平渤海，戰有功，加同政事門下平章事，改崇義軍節度使。太祖崩，郁與妻會葬，其妻泣訴於淳欽皇后，求歸鄉國，許之。郁奏曰：「臣本唐主之壻，主已被弑，此行夫妻豈能相保。願常侍太后。」后喜曰：「漢人中，惟王郎最忠孝。」以太祖嘗與李克用約爲兄弟故也。尋加政事令。還宜州，卒。

耶律圖魯窘，字阿魯隱，肅祖子洽昚之孫〔七〕，勇而有謀略。

太宗立晉之役，其父敵魯古爲五院夷离堇，歿于兵，帝即以其職授圖魯窘。會同元年，改北院大王。嘗屏左右與議大事，占對合上意。

從討石重貴，杜重威擁十萬餘衆拒滹沱橋，力戰數日，不得進。帝曰：「兩軍爭渡，人馬疲矣，計安出？」諸將請緩師，爲後圖，帝然之。圖魯窘厲色進曰：「臣愚竊以爲陛下樂於安逸，則謹守四境可也；既欲擴大疆宇，出師遠攻，詎能無廑聖慮。若中路而止，適爲賊利，則必陷南京，夷屬邑。若此，則爭戰未已，吾民無奠枕之期矣。且彼步我騎，何慮不克。況漢人足力弱而行緩，如選輕鋭騎先絶其餉道，則事蔑不濟矣。」帝喜曰：「國强則其人賢，海巨則其魚大。」於是塞其餉道，數出師以牽撓其勢，重威果降如言。以功獲賜甚厚。明年春，卒軍中。

論曰：神册初元，將相大臣拔起風塵之中，翼扶王運，以任職取名者，固一時之材；亦由太祖推誠御下，不任獨斷，用能總攬羣策而爲之用歟！其投天隙而列功庸，至有心腹、耳目、手足之諭，豈偶然哉！討党項，走敵魯，平剌葛，定渤海，功亦偉矣。若默記治獄不冤，頗得持論不撓，延徽立經陳紀，紹勳秉節而死，圖魯窘料敵制勝，豈器博者無近用，道長者其功遠歟？稱爲佐命固宜。

校勘記

〔一〕六院部蒲古只夷离菫之後　據契丹小字耶律迪烈墓誌、故耶律氏銘石及漢文耶律羽之墓誌，知覿烈爲蒲古只弟匣馬葛之後。

〔二〕羅夷离菫　「羅」當爲「罷」之誤。按本書卷二太祖紀下天贊元年十月甲子分迭剌部爲二部，以斜涅赤爲北院夷离菫，綰思爲南院夷离菫，則同時當罷覿烈之迭剌部夷离菫。

〔三〕表奏左次相渤海蘇貪墨不法事　「蘇」，本書卷四太宗紀下會同三年六月乙未作「大素賢」。

〔四〕耶律狼德等既害玄祖　「狼德」，本書卷七一后妃傳作「狠德」。按契丹語名有「痕德」、「痕德堇」，此「狼德」當爲「狠德」之誤。

〔五〕則西夏必躡吾後　「必」字原置於「西夏」上，據明鈔本及南監本、北監本、殿本乙正。

〔六〕攻下磁窯務　「磁窯務」，本書卷七三阿古只傳作「磁窯鎮」。

〔七〕肅祖子洽昚之孫　按下文稱圖魯窘父敵魯古卒於太宗立晉之役，而洽昚爲太祖之曾祖輩，相去甚遠，知圖魯窘非洽昚之孫。據本書卷六六皇族表，圖魯窘當爲洽昚五世孫。

遼史卷七十六

列傳第六

耶律解里　耶律拔里得　耶律朔古　耶律魯不古
趙延壽　高模翰　趙思温　耶律漚里思　張礪

耶律解里，字潑單，突呂不部人。世爲小吏。解里早隸太宗麾下，擢爲軍校。天顯間，唐攻定州，既陷，解里爲唐兵所獲。晉高祖立，始歸國。太宗貰其罪，拜御史大夫。

會同九年伐晉，師次滹沱河，奪中渡橋，降其將杜重威。上命解里與降將張彦澤率騎兵三千疾趨河南，所至無敢當其鋒。既入汴，解里等遷晉主重貴于開封府。彦澤恣殺掠，亂宫掖，解里不能禁，百姓騷然，莫不怨憤。車駕至京，數彦澤罪，斬于市，汴人大悦；解里亦被詰責，尋釋之。

天禄間，加守太子太傅。應曆初，置本部令穩，解里世其職，卒。

耶律拔里得〔一〕，字孩鄰，太祖弟剌葛之子。太宗即位，以親愛見任。會同七年，討石重貴，拔里得進圍德州，下之，擒刺史師居璠等二十七人〔二〕。九年，再舉兵，次滹沱河，降杜重威，戰功居多。太宗入汴，以功授安國軍節度使，總領河北道事。師還，州郡往往叛，以應劉知遠，拔里得不能守而歸。世宗即位，遷中京留守，卒。

耶律朔古，字彌骨頂，橫帳孟父之後。幼爲太祖所養。既冠，爲右皮室詳穩。從伐渤海，戰有功。天顯七年，授三河烏古部都詳穩。平易近民，民安之，以故久其任。會同間，爲惕隱。時晉主石重貴渝盟，帝親征，晉將杜重威擁衆拒滹沱。月餘，帝由他渡濟。朔古與趙延壽據中渡橋，重威兵却，遂降。是歲，入汴。

世宗即位，朔古奉太宗喪歸上京，佐皇太后出師，坐是免官，卒。

耶律魯不古，字信寧，太祖從姪也。初，太祖制契丹國字，魯不古以贊成功，授林牙、監修國史。

後率偏師，爲西南邊大詳穩，從伐党項有功。會河東節度使石敬瑭爲其主所討，遣人求援，魯不古導送于朝，如其請。帝親率師往援，魯不古從擊唐將張敬達于太原北，敗之。會同初，從討党項，俘獲最諸將，師還。

天册中，拜于越。六年，爲北院大王〔三〕。終年五十五。

趙延壽，本姓劉，恒山人。父邟〔四〕，令蓨。梁開平初，滄州節度使劉守文陷蓨，其裨將趙德鈞獲延壽，養以爲子。

少美容貌，好書史。唐明宗先以女妻之，及即位，封其女爲興平公主，拜延壽駙馬都尉、樞密使。明宗子從榮恃權跋扈，内外莫不震懾，延壽求補外避之，出爲宣武軍節度使。

清泰初，加魯國公，復爲樞密使，鎮許州。石敬瑭發兵太原，唐遣張敬達往討。會敬達敗保晉安寨，延壽與德鈞往救，聞晉安已破，走團柏峪。太宗追及，延壽與其父俱降。

明年，德鈞卒，以延壽爲幽州節度使，封燕王。及改幽州爲南京，遷留守，總山南事。天顯末，以延壽妻在晉，詔取之以歸。自是益自激昂圖報。

會同初，帝幸其第，加政事令。六年冬〔五〕，晉人背盟。帝親征，延壽爲先鋒，下貝州，授魏、博等州節度使，封魏王。敗晉軍于南樂，獲其將「賽項羽」。軍元城，晉將李守貞、高行周率兵來逆，破之。至頓丘，會大霖雨，帝欲班師。延壽諫曰：「晉軍屯河濱，不敢出戰，若徑入澶州，奪其橋，則晉不足平。」上然之。適晉軍先歸澶州，高行周至析城〔六〕，延壽將輕兵逆戰；上親督騎士突其陣，敵遂潰。師還，留延壽徇貝、冀、深三州。

八年，再伐晉，晉主遣延壽族人趙行實以書來招。時晉人堅壁不出，延壽紿曰：「我陷虜久，寧忘父母之邦。若以軍逆，我即歸。」晉人以爲然，遣杜重威率兵迎之。延壽至滹沱河，據中渡橋，與晉軍力戰，手殺其將王清〔七〕，兩軍相拒。太宗潛由他渡濟，留延壽與耶律朔古據橋，敵不能奪，屢敗之，杜重威埽厥衆降。上喜，賜延壽龍鳳赭袍，且曰：「漢兵皆爾所有，爾宜親往撫慰。」延壽至營，杜重威、李守貞迎謁馬首。

後太宗克汴，延壽因李崧求爲皇太子，上曰：「吾於魏王雖割肌肉亦不惜，但皇太子須天子之子得爲，魏王豈得爲也？」蓋上嘗許滅晉後，以中原帝延壽，以故摧堅破敵，延壽常以身先。至是以崧達意，上命遷延壽秩。翰林學士承旨張礪進擬「中京留守、大丞相、録尚書事、都督中外諸軍事」，上塗「録尚書事、都督中外諸軍事」。

世宗即位，以翊戴功，授樞密使。天禄二年薨。

高模翰，一名松〔八〕，渤海人。有膂力，善騎射，好談兵。初，太祖平渤海，模翰避地高麗，王妻以女。因罪亡歸。坐使酒殺人下獄，太祖知其才，貰之。

天顯十一年七月，唐遣張敬達、楊光遠帥師五十萬攻太原，勢鋭甚。石敬瑭遣人求救，太宗許之。九月，徵兵出雁門，模翰與敬達軍接戰，敗之，太原圍解。敬瑭夜出謁帝，約爲父子。帝召模翰等賜以酒饌，親饗士卒，士氣益振。翌日，復戰，又敗之。敬達鼠竄晉安寨，模翰獻俘于帝。會敬瑭自立爲晉帝，光遠斬敬達以降，諸州悉下。上諭模翰曰：「朕自起兵百餘戰，卿功第一，雖古名將無以加。」乃授上將軍。會同元年，册禮告成，宴百官及諸國使于二儀殿。帝指模翰曰：「此國之勇將，朕統一天下，斯人之力也。」羣臣皆稱萬歲。

及晉叛盟，出師南伐。模翰爲統軍副使，與僧遏前驅，拔赤城，破德、貝諸寨。是冬，兼總左右鐵鷂子軍，下關南城邑數十。三月，敕虎官楊覃赴乾寧軍，爲滄州節度使田武名所圍，模翰與趙延壽聚議往救。俄有光自模翰目中出，縈繞旗矛，𤈦𤈦如流星久之。模翰喜曰：「此天贊之祥！」遂進兵，殺獲甚衆。以功加侍中。略地鹽山，破饒安，晉人震怖，不敢接戰。加太傅。

晉以魏府節度使杜重威領兵三十萬來拒，模翰謂左右曰：「軍法在正不在多。以多陵少，不義必敗。其晉之謂乎！」詰旦，以麾下三百人逆戰，殺其先鋒梁漢璋，餘兵敗走。手詔褒美，比漢之李陵。頃之，杜重威等復至滹沱河，帝召模翰問計。上善其言曰：「諸將莫及此。」乃令模翰守中渡橋。及戰，復敗之。上曰：「朕憑高觀兩軍之勢，顧卿英鋭無敵，如鷹逐雉兔。當圖形麟閣，爵貤後裔。」已而杜重威等降。車駕入汴，加特進、檢校太師，封悊郡開國公，賜璽書、劍器。爲汴州巡檢使，平汜水諸山土賊，還鎮中京。

天禄二年，加開府儀同三司，賜對衣、鞍勒、名馬。應曆初，召爲中臺省右相。至東京，父老歡迎曰：「公起戎行，致身富貴，爲鄉里榮，相如、買臣輩不足過也。」九年正月，還左相，卒。

趙思温，字文美，盧龍人。少果鋭，膂力兼人，隸燕帥劉仁恭幕。李存勗問罪于燕，思温統偏師拒之。流矢中目，裂裳漬血，戰猶不已。爲存勗將周德威所擒，存勗壯而釋其縛。久之，日見信用。與梁戰於莘縣，以驍勇聞，授平州刺史，兼平、營、薊三州都指揮使。

神册二年，太祖遣大將經略燕地，思温來降〔九〕。及伐渤海，以思温爲漢軍都團練使，力戰，拔扶餘城。身被數創，太祖親爲調藥。

太宗即位，以功擢檢校太保、保静軍節度使。天顯十一年，唐兵攻太原，石敬瑭遣使求救，上命思温自嵐、憲間出兵援之。既罷兵，改南京留守、盧龍軍節度使、管内觀察處置等使、開府儀同三司，兼侍中，賜協謀静亂翊聖功臣，尋改臨海軍節度使。

會同初，從耶律牒蠟使晉行册禮，還，加檢校太師。二年，有星隕于庭，卒。上遣使賻祭，贈太師、衞國公。子延昭、延靖〔一〇〕，官至使相。

耶律漚里思，六院夷离堇蒲古只之後。負勇略，每戰被重鎧，揮鐵槊，所向披靡。

會同間，伐晉，上至河而獵，適海東青鶻搏雉，晉人隔水以鴿引去。上顧左右曰：「誰爲我得此人？」漚里思請内厩馬，濟河擒之，并殺救者數人還。上大悦，優加賞賚。既而晉將杜重威逆于望都，據水勒戰。漚里思介馬突陣，餘軍繼之。被圍，衆言陣薄處可出，漚里思曰：「恐彼有他備。」竟引兵衝堅而出。迴視衆所指，皆大塹也。其料敵多此類。

是年，總領敵烈皮室軍，坐私免部曲，奪官，卒。

張礪，磁州人。初仕唐爲掌書記，遷翰林學士。會石敬瑭起兵，唐主以礪爲招討判官，從趙德鈞援張敬達于河東。及敬達敗，礪入契丹。

後太宗見礪剛直，有文彩，擢翰林學士。礪臨事必盡言，無所避，上益重之。未幾，謀亡歸，爲追騎所獲。上責曰：「汝何故亡？」礪對曰：「臣不習北方土俗、飲食、居處，意常鬱鬱，以是亡耳。」上顧通事高彦英曰[一]：「朕嘗戒汝善遇此人，何乃使失所而亡？礪去，可再得耶？」遂杖彦英而謝礪。

會同初，陞翰林承旨，兼吏部尚書。從太宗伐晉，入汴，諸將蕭翰、耶律郎五、麻答輩肆殺掠，礪奏曰：「今大遼始得中國，宜以中國人治之，不可專用國人及左右近習。苟政令乖失，則人心不服，雖得之，亦將失之。」上不聽。改右僕射，兼門下侍郎、平章事。

頃之，車駕北還，至欒城崩。時礪在恒州，蕭翰與麻答以兵圍其第。礪方卧病，出見之。翰數之曰：「汝何故於先帝言國人不可爲節度使？我以國舅之親，有征伐功，先帝留我守汴，以爲宣武軍節度使，汝獨以爲不可。又譖我與解里好掠人財物子女。今必殺汝！」趣令鎖之。礪抗聲曰：「此國家大體，安危所繫，吾實言之。欲殺即殺，奚以鎖爲？」麻答以礪大臣，不可專殺，乃救止之。是夕，礪恚憤卒。

論曰：初，晉因遼之兵而得天下，故兼臣禮而父事之，割地以爲壽，輸帛以爲貢。未久也，而會同之師次滹沱矣。豈羣帥貪功黷武而致然歟？抑所謂信不由衷也哉？模翰以功名自終，可謂良將。若延壽之勳雖著，至於覬覦儲位，謬矣。利令智昏，固無足議。若乃成末釁以虧儁功，如解里者，何譏焉！

校勘記

〔一〕耶律拔里得　本卷張礪傳、舊五代史卷一〇〇漢高祖紀下天福十二年八月作「麻答」，本書卷四太宗紀下會同七年二月、册府卷一六六帝王部招懷四、通鑑卷二八四後晉紀五齊王開運元年三月乙亥均作「麻荅」，或即「拔里得」之異譯。

〔三〕擒刺史師居璠等二十七人　「師居璠」，本書卷四太宗紀下會同七年五月及舊五代史卷八二晉少帝紀二齊王開運元年四月、通鑑卷二八四後晉紀五齊王開運元年三月乙亥並作「尹居璠」，蓋陳大任避金章宗父允恭嫌名改。

〔三〕天册中拜于越六年爲北院大王　「天册」，諸本皆同，馮校謂遼無「天册」紀元，疑作「天禄」。按天禄無六年，且本書卷四太宗紀下會同五年二月云：「詔以明王隈恩代于越信恩爲西南路招討使以討之。」「信恩」當即「信寧」之異譯。據此，「天册」或爲「會同」之誤。

〔四〕父郝　「郝」，通鑑卷二七五後唐紀四明宗天成元年九月癸酉同。舊五代史卷九八趙延壽傳及新五代史卷七二四夷附録一均作「郝」，孫光憲續通曆卷五作「邠」。

〔五〕六年冬　「六年」二字原闕，據本書卷四太宗紀下會同六年十二月補。

〔六〕高行周至析城　「析城」，當作「戚城」。按本書卷四太宗紀下會同七年三月癸酉謂「高行周在戚城」。又舊五代史卷八二晉少帝紀二、新五代史卷九晉本紀九、通鑑卷二八四後晉紀五並稱開運元年三月戰高行周於戚城。據太平寰宇記卷五七河北道六，戚城在澶州頓丘縣北。

〔七〕手殺其將王清　「王清」，原作「王靖」，據本書卷四太宗紀下會同九年十一月、舊五代史卷九五王清傳、新五代史卷三三王清傳、册府卷三六〇將帥部立功一三及通鑑卷二八五後晉紀六齊王開運三年十二月壬戌改。

〔八〕高模翰一名松　「高模翰」，舊五代史卷一三七契丹傳、新五代史卷七二四夷附録一均作「高牟翰」，通鑑卷二八〇後晉紀一高祖天福元年閏十一月甲戌考異引廢帝實録作「高謨翰」，高爲裘墓誌、高澤墓誌皆作「高摸翰」。蓋「模翰」爲譯名，「松」爲漢語名。

〔九〕「神册二年」至「思温來降」　本書卷二太祖紀下謂天贊二年正月大元帥堯骨克平州，獲趙思温，與此異。

〔一〇〕子延昭延靖　「延昭」，本書卷四太宗紀下凡四見，然通鑑卷二八一後晉紀二高祖天福三年七月辛酉、卷二八三後晉紀四高祖天福九年正月乙亥及朱彝尊曝書亭集卷五一遼釋志願葬舍利石匣記跋、王惲秋澗先生大全文集卷四八盧龍趙氏家傳均作「延照」，則「延昭」似爲「延照」之誤。又羅校據盧龍趙氏家傳謂趙思温有子十二，獨無「延靖」，疑即「延卿」。

〔一一〕上顧通事高彦英曰　「高彦英」，通鑑卷二八一後晉紀二高祖天福二年二月己亥同，舊五代史卷九八張礪傳、新五代史卷七二四夷附録一皆作「高唐英」。

遼史卷七十七

列傳第七

耶律屋質　耶律吼何魯不　耶律安摶　耶律洼

耶律頽昱　耶律撻烈

耶律屋質，字敵輦，系出孟父房。姿簡靜，有器識，重然諾。遇事造次，處之從容，人莫能測。博學，知天文。

會同間，爲惕隱。太宗崩，諸大臣立世宗，太后聞之，怒甚，遣皇子李胡以兵逆擊，遇安端、劉哥等于泰德泉，敗歸。李胡盡執世宗臣僚家屬，謂守者曰：「我戰不克，先殪此曹！」人皆恟恟相謂曰：「若果戰，則是父子兄弟相夷矣！」軍次潢河橫渡，隔岸相拒。時屋質從太后，世宗以屋質善籌，欲行間，乃設事奉書，以試太后。太后得書，以示屋質。屋質讀竟，言曰：「太后佐太祖定天下，故臣願竭死力。若太后見疑，臣雖欲盡忠，得乎？爲今之計，莫若以言和解，事必有成；否即宜速戰，以決勝負。然人心一搖，國禍不淺，惟太后裁察。」太后曰：「我若疑卿，安肯以書示汝？」屋質對曰：「李胡、永康王皆太祖子孫，神器非移他族，何不可之有？太后宜思長策，與永康王和議。」太后曰：「誰可遣者？」對曰：「太后不疑臣，臣請往。萬一永康王見聽，廟社之福。」太后乃遣屋質授書於帝。

帝遣宣徽使耶律海思復書，辭多不遜。屋質諫曰：「書意如此，國家之憂未艾也。能釋怨以安社稷，則臣以爲莫若和好。」帝曰：「彼衆烏合，安能敵我？」屋質曰：「即不敵，奈骨肉何！況未知孰勝。借曰幸勝，諸臣之族執於李胡者無噍類矣。以此計之，惟和爲善。」左右聞者失色。帝良久問曰：「若何而和？」屋質對曰：「與太后相見，各紓忿恚，和之不難；不然，決戰非晚。」帝然之，遂遣海思詣太后約和。往返數日，議乃定。

始相見，怨言交讓，殊無和意。太后謂屋質曰：「汝當爲我畫之。」屋質進曰：「太后與大王若能釋怨，臣乃敢進說。」太后曰：「汝第言之。」屋質借謁者籌執之，謂太后曰：「昔人皇王在，何故立嗣聖？」太后曰：「立嗣聖者，太祖遺旨。」又曰：「大王何故擅立，不稟尊親？」帝曰：「人皇王當立而不立，所以去之。」屋質正色曰：「人皇王捨父母之國而奔唐，子道當如是耶？大王見太后，不少遜謝，惟怨是尋。太后牽于偏愛，託先帝遺命，妄授神器。如此何敢望和，當速交戰！」擲籌而退。太后泣曰：「向太祖遭諸弟亂，天下荼毒，瘡痍未復，庸可再乎！」乃索籌一。帝曰：「父不爲而子爲，又誰咎也。」亦取籌而執。左右感激，大慟。

太后復謂屋質曰：「議既定，神器竟誰歸？」屋質曰：「太后若授永康王，順天合人，復何疑？」李胡厲聲曰：「我在，兀欲安得立！」屋質曰：「禮有世嫡，不傳諸弟。昔嗣聖之立，尚以爲非，況公暴戾殘忍，人多怨讟。萬口一辭，願立永康王，不可奪也。」太后顧李胡曰：「汝亦聞此言乎？汝實自爲之！」乃許立永康。

帝謂屋質曰：「汝與朕屬尤近，何反助太后？」屋質對曰：「臣以社稷至重，不可輕付，故如是耳。」上喜其忠。

天祿二年，耶律天德、蕭翰謀反下獄，惕隱劉哥及其弟盆都結天德等爲亂。耶律石剌潛告屋質，屋質遽引入見，白其事。劉哥等不服，事遂寢。未幾，劉哥邀駕觀樗蒲，捧觴上壽，袖刃而進。帝覺，命執之，親詰其事。劉哥自誓，帝復不問。屋質奏曰：「當使劉哥與石剌對狀，不可輒恕。」帝曰：「卿爲朕鞫之。」屋質率劍士往訊之，天德等伏罪，誅天德，杖翰，遷劉哥，以盆都使轄戞斯國。

三年，表列泰寧王察割陰謀事，上不聽。五年，爲右皮室詳穩。秋，上祭讓國皇帝于行宫，與羣臣皆醉，察割弑帝。屋質聞有言「衣紫者不可失」，乃易衣而出，亟遣人召諸王，及喻禁衛長皮室等同力討賊。時壽安王歸帳，屋質遣弟沖迎之。王至，尚猶豫。屋質曰：「大王嗣聖子，賊若得之，必不容。羣臣將誰事，社稷將誰賴？萬一落賊手，悔將何及？」王始悟。諸將聞屋質出，相繼而至。遲明整兵，出賊不意，圍之，遂誅察割。

亂既平，穆宗即位，謂屋質曰：「朕之性命，實出卿手。」命知國事，以逆黨財産盡賜之，屋質固辭。應曆五年，爲北院大王，總山西事。

保寧初，宋圍太原，以屋質率兵往援。至白馬嶺，遣勁卒夜出，間道疾馳，駐太原西，鳴鼓舉火。宋兵以爲大軍至，懼而宵遁。以功加于越。四年，漢劉繼元遣使來貢，致幣於屋質，屋質以聞，帝命受之。五年五月薨〔一〕，年五十七。帝痛悼，輟朝三日。後道宗詔上京立祠祭享，樹碑以紀其功云。

耶律吼，字曷魯，六院部夷离堇蒲古只之後〔二〕。端慤好施，不事生産。太宗特加倚任。

會同六年，爲南院大王，莅事清簡，人不敢以年少易之。時晉主石重貴表不稱臣，辭多踞慢，吼言晉罪不可不伐。及帝親征，以所部兵從。既入汴，諸將皆取内帑珍異，吼獨取馬鎧，帝嘉之。

及帝崩于欒城，無遺詔，軍中憂懼不知所爲。吼詣北院大王耶律洼議曰：「天位不可一日曠。若請于太后，則必屬李胡。李胡暴戾殘忍，詎能子民。必欲厭人望，則當立永康王。」洼然之。會耶律安摶來，意與吼合，遂定議立永康王，是爲世宗。

頃之，以功加採訪使，賜以寶貨。吼辭曰：「臣位已高，敢復求富！臣從弟的琭諸子坐事籍没，陛下哀而出之，則臣受賜多矣！」上曰：「吼舍重賞，以族人爲請，其賢遠甚。」許之，仍賜宫户五十。時有取當世名流作七賢傳者，吼與其一。天禄三年卒，年三十九。子何魯不。

何魯不，字斜寧，嘗與耶律屋質平察割亂。穆宗以其父吼首議立世宗，故不顯用。晚年爲本族敞史。

及景宗即位，以平察割功，授昭德軍節度使，爲北院大王。時黄龍府軍將燕頗殺守臣以叛，何魯不討之，破於鴨緑江。坐不親追擊，以至失賊，杖之。乾亨間卒。

耶律安摶，曾祖巖木，玄祖之長子〔三〕；祖楚不魯，爲本部夷离堇。父迭里，幼多疾，時太祖爲撻馬狘沙里，常加撫育。神册六年，爲惕隱，從太祖將龍軍討阻卜、党項有功。天贊三年，爲南院夷离堇。征渤海，攻忽汗城，俘斬甚衆。太祖崩，淳欽皇后稱制，欲以大元帥嗣位。迭里建言，帝位宜先嫡長；今東丹王赴朝，當立。由是忤旨。以黨附東丹王，詔下獄，訊鞫，加以炮烙。不伏，殺之，籍其家。

安摶自幼若成人，居父喪，哀毁過禮，見者傷之。太宗屢加慰諭，嘗曰：「此兒必爲令器。」既長，寡言笑〔四〕，重然諾，動遵繩矩，事母至孝。以父死非罪，未葬，不預宴樂。世宗在藩邸，尤加憐恤，安摶密自結納。

太宗伐晉還，至欒城崩，諸將欲立世宗，以李胡及壽安王在朝，猶豫未決。時安摶直宿衛，世宗密召問計。安摶曰：「大王聰安寬恕，人皇王之嫡長；先帝雖有壽安，天下屬意多在大王。今若不斷，後悔無及。」會有自京師來者，安摶詐以李胡死傳報軍中，皆以爲信。於是安摶詣北、南二大王計之。北院大王洼聞而遽起曰：「吾二人方議此事。先帝嘗欲以永康王爲儲貳，今日之事有我輩在，孰敢不從！但恐不白太后而立，爲國家啓釁。」安摶對曰：「大王既知先帝欲以永康王爲儲副，況永康王賢明，人心樂附。今天下甫定，稍緩則大事去矣〔五〕。若白太后，必立李胡。且李胡殘暴，行路共知，果嗣位，如社稷何？」南院大王吼曰：「此言是也。吾計決矣！」乃整軍，召諸將奉世宗即位于太宗柩前。

帝立，以安摶爲腹心，總知宿衞。是歲，約和于潢河橫渡。太后問安摶曰：「吾與汝有何隙？」安摶以父死爲對，太后默然。及置北院樞密使，上命安摶爲之，賜奴婢百口，寵任無比，事皆取決焉。然性太寬，事循苟簡，豪猾縱恣不能制。天祿末，察割兵犯御幄，又不能討，由是中外短之。

穆宗即位，以立世宗之故，不復委用。應曆三年，或誣安摶與齊王罨撒葛謀亂〔六〕，繫獄死。姪撒給，左皮室詳穩。

耶律洼，字敵輦，隋國王釋魯孫，南院夷离堇綰思子。少有器識，人以公輔期之。太祖時，雖未官，常任以事。太宗即位，爲惕隱。天顯末，帝援河東，洼爲先鋒，敗張敬達軍於太原北。會同中，遷北院大王。及伐晉，復爲先鋒，與梁漢璋戰於瀛州，敗之。

太宗崩于欒城，南方州郡多叛，士馬困乏，軍中不知所爲。洼與耶律吼定策立世宗，乃令諸將曰：「大行上賓，神器無主，永康王人皇王之嫡長，天人所屬，當立；有不從者，以軍法從事。」諸將皆曰：「諾。」世宗即位，賜宫户五十，拜于越。卒，年五十四。

耶律頽昱，字團寧，孟父楚國王之後。父末掇，嘗爲夷离堇。

頽昱性端直。會同中，領九石烈部，政濟寬猛。世宗即位，爲惕隱。天禄三年，兼政事令，封漆水郡王。

及穆宗立，以匡贊功，嘗許以本部大王。後將葬世宗，頽昱懇言於帝曰：「臣蒙先帝厚恩，未能報；幸及大葬，臣請陪位。」帝由是不悦，寢其議。薨。

耶律撻烈，字涅魯衮，六院部郎君褭古直之後。沉厚多智，有任重才。年四十未仕。會同間，爲邊部令穩。應曆初，陞南院大王，均賦役，勸耕稼，部人化之，户口豐殖。時周人侵漢，以撻烈都統西南道軍援之。周已下太原數城，漢人不敢戰。及聞撻烈兵至，周主遣郭從義、尚鈞等率精騎拒於忻口。撻烈擊敗之，獲其將史彥超〔七〕，周軍遁歸，復所陷城邑，漢主詣撻烈謝。及漢主殂，宋師來伐，上命撻烈爲行軍都統，發諸道兵救之。既出雁門，宋諜知而退。

保寧元年，加兼政事令，致政。乾亨初，召之。上見鬚髮皓然，精力猶健，問以政事，厚禮之。以疾薨，年七十九。

撻烈凡用兵，賞罰信明，得士卒心。河東單弱，不爲周、宋所併者，撻烈有力焉。在治所不修邊幅，百姓無稱，年穀屢稔。時耶律屋質居北院，撻烈居南院，俱有政迹，朝議以爲「富民大王」云。

贊曰：立嗣以嫡，禮也。太宗崩，非安摶、吼、洼謀而克斷，策立世宗，非屋質直而能諫，杜太后之私，折李胡之暴，以成橫渡之約，則亂將誰定？四臣者，庶幾春秋首止之功哉。

校勘記

〔一〕「四年漢劉繼元遣使來貢」至「五年五月薨」　「五年」，原作「是年」，即四年。按本書卷八景宗紀上：保寧三年十月，「漢遣使來貢」；四年二月，「漢以皇子生遣使來賀」；五年五月癸亥，「于越屋質薨」。今據改。

〔二〕六院部夷离堇蒲古只之後　據契丹小字耶律迪烈墓誌，耶律吼實爲蒲古只弟匣馬葛之後。

〔三〕曾祖巖木玄祖之長子　據本書卷六四皇子表、卷四五百官志一北面皇族帳官，玄祖長子麻魯早卒，巖木爲其次子。

〔四〕寡言笑　「言」，原作「見」，據明鈔本、南監本、北監本、殿本改。

〔五〕稍緩則大事去矣　「則」，原作一字空格，據明鈔本、南監本、北監本、殿本補。

〔六〕或誣安摶與齊王罨撒葛謀亂　按本書卷八景宗紀上保寧元年四月戊申及卷六四皇子表，罨撒葛景宗時始封齊王。又卷六穆宗紀上應曆三年十月己酉亦記此事，稱罨撒葛爲太平王。

〔七〕「周主遣郭從義尚鈞等率精騎拒於忻口」至「獲其將史彦超」　「尚鈞」疑爲「向訓」之誤。按舊五代史卷一一四周世宗紀一顯德元年五月庚辰、宋史卷二五一符彦卿傳均謂周世宗遣符彦卿、郭從義、向訓、白重贊、史彦超等拒契丹於忻口。又新五代史卷三三史彦超本傳、通鑑卷二九一後周紀三太祖顯德元年五月丙申及上引宋史則謂史彦超戰歿。

遼史卷七十八

列傳第八

耶律夷臘葛　蕭海璆　蕭護思　蕭思温　蕭繼先

耶律夷臘葛，字蘇散，本宫分人檢校太師合魯之子。應曆初，以父任入侍。數歲，始爲殿前都點檢。時上新即位，疑諸王有異志，引夷臘葛爲布衣交，一切機密事必與之謀，遷寄班都知，賜宫户。

時上酗酒，數以細故殺人。有監雉者因傷雉而亡，獲之欲誅，夷臘葛諫曰：「是罪不應死。」帝竟殺之，以屍付夷臘葛曰：「收汝故人！」夷臘葛終不爲止。復有監鹿詳穩亡一鹿，下獄當死，夷臘葛又諫曰：「人命至重，豈可爲一獸殺之？」良久，得免。

遼法，麚歧角者，惟天子得射。會秋獵，善爲鹿鳴者呼一麚至，命夷臘葛射，應弦而踣。上大悅，賜金、銀各百兩，名馬百疋，及黑山東抹真之地。

後穆宗被弒，坐守衞不嚴，被誅。

蕭海瓈，字寅的哂，其先遥輦氏時爲本部夷离菫。父塔列，天顯間爲本部令穩。海瓈貌魁偉，膂力過人。天禄間，娶明王安端女藹因翁主。應曆初，察割亂，藹因連坐，繼娶嘲瑰翁主。上以近戚，嘉其勤篤，命預北府宰相選。頃之，總知軍國事。時諸王多坐反逆，海瓈爲人廉謹，達政體，每被命案獄，多得其情，人無冤者，繇是知名。漢主劉承鈞每遣使入貢，必别致幣物，詔許受之。年五十卒，帝愍悼，輟朝二日。

蕭護思，字延寧，世爲北院吏，累遷御史中丞，總典羣牧部籍。應曆初，遷左客省使。未幾，拜御史大夫。時諸王多坐事繫獄，上以護思有才幹，詔窮治，稱旨，改北院樞密使，仍命世預宰相選。護思辭曰：「臣子孫賢否未知，得一客省使足矣。」從之。

上晚歲酗酒，用刑多濫，護思居要地，齰齰自保，未嘗一言匡救，議者以是少之。年五十七卒。

蕭思温〔一〕，小字寅古，宰相敵魯之族弟忽没里之子。通書史。太宗時爲奚秃里太尉，尚燕國公主，爲羣牧都林牙。思温在軍中，握齱修邊幅，僚佐皆言非將帥才。尋爲南京留守。

初，周人攻揚州，上遣思温躡其後，憚暑不敢進，拔緣邊數城而還。後周師來侵，圍馮母鎮，勢甚張。思温請益兵，帝報曰：「敵來，則與統軍司併兵拒之；敵去，則務農作，勿勞士馬。」會敵入束城，我軍退渡滹沱而屯。思温勒兵徐行，周軍數日不動。思温與諸將議曰：「敵衆而鋭，戰不利則有後患。不如頓兵以老其師，躡而擊之，可以必勝。」諸將從之。遂與統軍司兵會，飾他説請濟師。周人引退，思温亦還。

已而周主復北侵，與其將傅元卿、李崇進等分道並進〔二〕，圍瀛州，陷益津、瓦橋、淤口三關，垂迫固安。思温不知計所出，但云車駕旦夕至；麾下士奮躍請戰，不從。已而陷易、瀛、莫等州，京畿人皆震駭〔三〕，往往遁入西山。思温以邊防失利，恐朝廷罪己，表請親征。會周主榮以病歸，思温退至益津，僞言不知所在。遇步卒二千餘人來拒，敗之。是年，聞周喪，燕民始安，乃班師。

時穆宗湎酒嗜殺，思温以密戚預政，無所匡輔，士論不與。十九年，春蒐，上射熊而中，思温與夷离畢牙里斯等進酒上壽，帝醉還宮。是夜，爲庖人斯奴古等所弑。思温與南院樞密使高勳、飛龍使女里等立景宗。

保寧初，爲北院樞密使，兼北府宰相，仍命世預其選。上册思温女爲后，加尚書令，封魏王。從帝獵閭山，爲賊所害。

蕭繼先〔四〕，字楊隱，小字留只哥。幼穎悟，叔思温命爲子，睿智皇后尤愛之。乾亨初，尚齊國公主，拜駙馬都尉。

統和四年，宋人來侵，繼先率邏騎逆境上，多所俘獲，上嘉之，拜北府宰相。自是出師，繼先必將本府兵先從。拔狼山石壘，從破宋軍應州，上南征取通利軍，戰稱捷力。及親征高麗，以繼先年老，留守上京。卒，年五十八。

繼先雖處富貴，尚儉素，所至以善治稱，故將兵攻戰，未嘗失利，名重戚里。

論曰：嗚呼！人君之過，莫大於殺無辜。湯之伐桀也，數其罪曰「並告無辜於上下神祇」；武王之伐紂也，數其罪曰「無辜籲天」；堯之伐苗民也，呂侯追數其罪曰「殺戮無辜」。迹是言之，夷臘葛之諫，凜凜庶幾古君子之風矣。雖然，善諫者不諫於已然。蓋必先得於心術之微，如察脉者，先其病而治之，則易爲功。穆宗沈湎失德，蓋其資富彊之勢以自肆久矣。使羣臣於造次動作之際，此諫彼諍，提而警之，以防其甚，則亦詎至是哉。于以知護思、思温處位優重，耽禄取容，真鄙夫矣！若海璆之折獄，繼先之善治，可謂任職臣歟。

校勘記

〔一〕蕭思温「思温」，本書卷七一后妃傳同。重熙七年蕭紹宗墓誌、長編卷一〇太祖開寶二年、宋史卷二六四宋琪傳及契丹國志卷六景宗孝成皇帝、卷一五外戚傳皆作「守興」。長編卷五五真宗咸平六年秋七月己酉作「挾力」。

〔二〕與其將傳元卿李崇進等分道並進「李崇進」，舊五代史卷一一九周世宗紀六及通鑑卷二九四後周紀五世宗顯德六年五月乙巳均作「李重進」。

〔三〕京畿人皆震駭　「畿」，原作「齊」。馮校謂「齊」當作「畿」，今據改。

〔四〕蕭繼先　「繼先」，本書卷六五公主表、卷六七外戚表、卷八二磨魯古傳同。蕭紹宗墓誌、耶律燕歌墓誌、秦晉國大長公主墓誌、蕭闛墓誌、蕭勃特本墓誌及本書聖宗紀統和四年三月庚寅、十一月丙戌，六年十二月丁巳，十七年十月，二十年三月甲寅皆作「繼遠」。

遼史卷七十九

列傳第九

室昉　耶律賢適　女里　郭襲　耶律阿没里

室昉，字夢奇，南京人。幼謹厚篤學，不出外户者二十年，雖里人莫識。其精如此。會同初，登進士第，爲盧龍巡捕官。太宗入汴受册禮，詔昉知制誥，總禮儀事。天禄中，爲南京留守判官。應曆間，累遷翰林學士，出入禁闥十餘年。保寧間，兼政事舍人，數延問古今治亂得失，奏對稱旨。上多昉有理劇才，改南京副留守，決訟平允，人皆便之。遷工部尚書，尋改樞密副使，參知政事。頃之，拜樞密使，兼北府宰相，加同政事門下平章事。乾亨初，監修國史。

統和元年，告老，不許。進尚書無逸篇以諫，太后聞而嘉奬。二年秋，詔修諸嶺路，昉發民夫二十萬，一日畢功[一]。是時，昉與韓德讓、耶律斜軫相友善，同心輔政，整析蠹弊，知無不言，務在息民薄賦，以故法度修明，朝無異議。

八年，復請致政。詔入朝免拜，賜几杖，太后遣閤門使李從訓持詔勞問，令常居南京，封鄭國公。初，晉國公主建佛寺于南京，上許賜額。昉奏曰：「詔書悉罷無名寺院。今以主請賜額，不惟違前詔，恐此風愈熾。」上從之。表進所撰實録二十卷[二]，手詔褒之，加政事令，賜帛六百匹。

九年，薦韓德讓自代，不從。上以昉年老苦寒，賜貂皮衾褥，許乘輦入朝。病劇，遣翰林學士張幹就第授中京留守[三]，加尚父。卒，年七十五。上嗟悼，輟朝二日，贈尚書令。遺言戒厚葬。恐人譽過情，自志其墓。

耶律賢適，字阿古真，于越魯不古之子。嗜學有大志，滑稽玩世，人莫之知。惟于越屋質器之，嘗謂人曰：「是人當國，天下幸甚。」

應曆中，朝臣多以言獲譴，賢適樂於靖退，游獵自娛，與親朋言不及時事。會討烏古還，擢右皮室詳穩。景宗在藩邸，常與韓匡嗣、女里等游，言或刺譏，賢適勸以宜早疎絶，由是穆宗終不見疑，賢適之力也。

景宗立，以功加檢校太保，尋遥授寧江軍節度使，賜推忠協力功臣。時帝初踐阼，多疑諸王或萌非望，陰以賢適爲腹心，加特進、同中書門下平章事。保寧二年秋，拜北院樞密使，兼侍中，賜保節功臣。三年，爲西北路兵馬都部署〔四〕。賢適忠介膚敏，推誠待人，雖燕息不忘政務。以故百司首職罔敢媮墮，累年滯獄悉決之。

大丞相高勳、契丹行宫都部署女里席寵放恣，及帝姨母、保母勢薰灼。一時納賂請謁，門若賈區。賢適患之，言于帝，不報；以病解職，又不允，令鑄手印行事。乾亨初，疾篤，得請。明年，封西平郡王，薨，年五十三。子觀音，大同軍節度使。

女里，字涅烈衮，逸其氏族，補積慶宫人。應曆初，爲習馬小底〔五〕，以母憂去。一日至雅伯山，見一巨人，惶懼走。巨人止之曰：「勿懼，我地祇也。葬爾母於斯，當速詣闕，必貴。」女里從之。累遷馬羣侍中。

時景宗在藩邸，以女里出自本宫，待遇殊厚，女里亦傾心結納。及穆宗遇弑，女里奔赴景宗。是夜，集禁兵五百以衛。既即位，以翼戴功，加政事令、契丹行宫都部署，賞賚甚渥，尋加守太尉。北漢主劉繼元聞女里爲上信任，遇其生日必致禮。

女里素貪，同列蕭阿不底亦好賄，二人相善。人有氈裘爲梟耳子所著者，或戲曰：「若遇女里、阿不底，必盡取之！」傳以爲笑。其貪猥如此。

保寧末，坐私藏甲五百屬，有司方案詰，女里袖中又得殺樞密使蕭思温賊書，賜死。

女里善識馬，嘗行郊野，見數馬跡，指其一曰：「此奇駿也！」以己馬易之，果然。

郭襲〔六〕，不知何郡人。性端介，識治體。久淹外調。景宗即位，召見，對稱旨，知可任以事，拜南院樞密使，尋加兼政事令。

以帝數游獵，襲上書諫曰：「昔唐高祖好獵，蘇世長言不滿十旬未足爲樂，高祖即日罷，史稱其美。伏念聖祖創業艱難，修德布政，宵旰不懈。穆宗逞無厭之欲，不恤國事，天下愁怨。陛下繼統，海内翕然望中興之治。十餘年間，征伐未已，而寇賊未弭；年穀雖登，而瘡痍未復。正宜戒懼修省，以懷永圖。側聞恣意遊獵，甚於往日。萬一有銜橛之變，搏噬之虞，悔將何及？況南有彊敵伺隙而動，聞之得無生心乎？伏望陛下節從禽酣飲之樂，爲生靈社稷計，則有無疆之休。」上覽而稱善，賜協贊功臣，拜武定軍節度使，卒。

耶律阿没里，字蒲鄰，遥輦嘲古可汗之四世孫。幼聰敏。保寧中，爲南院宣徽使。統和初，皇太后稱制，與耶律斜軫參預國論，爲都統。以征高麗功，遷北院宣徽使，加政事令。四年春，宋將曹彬、米信等侵燕，上親征，阿没里爲都監，屢破敵軍。十二年，行在多盜，阿没里立禁捕法，盜始息。

先是，叛逆之家，兄弟不知情者亦連坐。阿没里諫曰：「夫兄弟雖曰同胞，賦性各異，一行逆謀，雖不與知，輒坐以法，是刑及無罪也。自今，雖同居兄弟，不知情者免連坐。」太后嘉納，著爲令。致仕，卒。

阿没里性好聚斂，每從征所掠人口，聚而建城，請爲豐州，就以家奴閻貴爲刺史，時議鄙之。子賢哥，左夷离畢。

論曰：景宗之世，人望中興，豈其勤心庶績而然，蓋承穆宗殘虐之餘，爲善易見，亦由羣臣多賢，左右弼諧之力也。室昉進無逸之篇，郭襲陳諫獵之疏，阿没里請免同氣之坐，所謂仁人之言，其利博哉。賢適忠介，亦近世之名臣。女里貪猥，後人所當取鑑者也。

校勘記

〔一〕一日畢功　按「一日」疑誤。或是一旬或一月。

〔二〕表進所撰實録二十卷　本書卷一三聖宗紀四繫此事於統和九年正月乙酉，此處誤置於九年之前。

〔三〕授中京留守　本書卷一三聖宗紀四統和十二年七月辛酉亦稱「南院樞密使室昉爲中京留守」。按廿二史考異卷八三遼史謂中京大定府始置於統和二十五年，本傳稱保寧間改南京副留守，統和八年請致政，令常居南京，疑此處「中京」爲「南京」之訛。

〔四〕三年爲西北路兵馬都部署　本書卷八景宗紀上謂保寧三年七月辛丑，以北院樞密使賢適爲西北路招討使。

〔五〕爲習馬小底　「小底」，原作「不底」，據北監本及本書卷四五百官志一北面著帳官改。

〔六〕郭襲　原作「郭龍」，據明鈔本、南監本、北監本、殿本及本卷下文改。

遼史卷八十

列傳第十

張儉　邢抱朴　馬得臣　蕭朴　耶律八哥

張儉，宛平人。性端慤，不事外飾。統和十四年，舉進士第一，調雲州幕官。故事，車駕經行，長吏當有所獻。聖宗獵雲中，節度使進曰：「臣境無他産，惟幕僚張儉，一代之寶，願以爲獻。」先是，上夢四人侍側，賜食人二口，至聞儉名，始悟。召見，容止朴野；訪及世務，占奏三十餘事。由此顧遇特異，踐歷清華，號稱明幹。

開泰中，累遷同知樞密院事。太平五年，出爲武定軍節度使，移鎮大同。六年，入爲南院樞密使。帝方眷倚，參知政事吴叔達與儉不相能，帝怒，出叔達爲康州刺史〔一〕，拜儉左丞相，封韓王〔二〕。帝不豫，受遺詔輔立太子，是爲興宗。賜貞亮弘靖保義守節耆德功臣，拜太師、中書令，加尚父，徙王陳〔三〕。

重熙五年，帝幸禮部貢院及親試進士，皆儉發之。進見不名，賜詩褒美。儉衣唯紬帛，食不重味，月俸有餘，賙給親舊。方冬，奏事便殿，帝見衣袍弊惡，密令近侍以火夾穿孔記之，屢見不易。帝問其故，儉對曰：「臣服此袍已三十年。」時尚奢靡，故以此微諷喻之。上憐其清貧，令恣取内府物，儉奉詔持布三端而出，益見獎重。儉弟五人，上欲俱賜進士第，固辭。有司獲盜八人，既戮之，乃獲正賊。家人訴冤，儉三乞申理。上勃然曰：「卿欲朕償命耶！」儉曰：「八家老稚無告，少加存恤，使得收葬，足慰存没矣。」乃從之。儉在相位二十餘年，裨益爲多。

致政歸第，會宋書辭不如禮，上將親征。幸儉第，尚食先往具饌，却之；進葵羹乾飯，帝食之美。徐問以策，儉極陳利害，且曰：「第遣一使問之，何必遠勞車駕？」上悦而止。復即其第賜宴，器玩悉與之。二十二年薨〔四〕，年九十一，敕葬宛平縣。

邢抱朴，應州人，刑部郎中簡之子也。抱朴性穎悟，好學博古。

保寧初，爲政事舍人、知制誥，累遷翰林學士，加禮部侍郎。統和四年，山西州縣被兵，命抱朴鎮撫之，民始安，加户部尚書。遷翰林學士承旨，與室昉同修實録。決南京滯獄還，優詔褒美。十年，拜參知政事〔五〕。以樞密使韓德讓薦，按察諸道守令能否而黜陟之，大協人望。尋以母憂去官，詔起視事。表乞終制，不從；宰相密諭上意，乃視事。人以孝稱。及耶律休哥留守南京，又多滯獄，復詔抱朴平決之，人無冤者。改南院樞密使，卒，贈侍中。

初，抱朴與弟抱質受經于母陳氏，皆以儒術顯，抱質亦官至侍中，時人榮之。

馬得臣，南京人。好學博古，善屬文，尤長於詩。保寧間，累遷政事舍人、翰林學士，常預朝議，以正直稱。乾亨初，宋師屢犯邊，命爲南京副留守，復拜翰林學士承旨。

聖宗即位，皇太后稱制，兼侍讀學士。上閲唐高祖、太宗、玄宗三紀，得臣乃録其行事可法者進之。及扈從伐宋，進言降不可殺，亡不可追，二三其德者别議。詔從之。俄兼諫議大夫，知宣徽院事。

時上擊鞠無度，上書諫曰：

臣竊觀房玄齡、杜如晦，隋季書生，向不遇太宗，安能爲一代名相？臣雖不才，陛下在東宮，幸列侍從，今又得侍聖讀，未有裨補聖明。陛下嘗問臣以貞觀、開元之事，臣請略陳之。

臣聞唐太宗侍太上皇宴罷，則挽輦至內殿；玄宗與兄弟懽飲，盡家人禮。陛下嗣祖考之祚，躬侍太后，可謂至孝。臣更望定省之餘，睦六親，加愛敬，則陛下親親之道，比隆二帝矣。

臣又聞二帝耽玩經史，數引公卿講學，至于日昃。故當時天下翕然嚮風，以隆文治。今陛下游心典籍，分解章句，臣願研究經理，深造而篤行之，二帝之治不難致矣。

臣又聞太宗射豕，唐儉諫之；玄宗臂鷹，韓休言之；二帝莫不樂從。今陛下以毬馬爲樂，愚臣思之，有不宜者三，故不避斧鉞言之。竊以君臣同戲，不免分爭，君得臣愧，彼負此喜，一不宜。躍馬揮杖，縱橫馳騖，不顧上下之分，爭先取勝，失人臣禮，二不宜。輕萬乘之尊，圖一時之樂，萬一有銜勒之失，其如社稷、太后何？三不宜。儻陛下不以臣言爲迂，少賜省覽，天下之福，羣臣之願也。

書奏，帝嘉歎良久。未幾卒，贈太子太保〔六〕，詔有司給葬。

蕭朴，字延寧，國舅少父房之族。父勞古，以善屬文，爲聖宗詩友。朴幼如老成人。及長，博學多智。

開泰初，補牌印郎君，爲南院承旨，權知轉運事，尋改南面林牙。帝問以政，朴具陳百姓疾苦，國用豐耗，帝悦曰：「吾得人矣！」擢左夷离畢。時蕭合卓爲樞密使，朴知部署院事，以酒廢事，出爲興國軍節度使，俄召爲南面林牙。太平三年，守太子太傅。明年，拜北府宰相，遷北院樞密使〔七〕。時太平日久，帝留心翰墨，始畫譜牒以別嫡庶，由是爭訟紛起。朴有吏才，能知人主意，敷奏稱旨，朝議多取決之。封蘭陵郡王，進王恒，加中書令。及大延琳叛，詔安撫東京，以便宜從事。

興宗即位，皇太后稱制，國事一委弟孝先。方仁德皇后以馮家奴所誣被害，朴屢言其冤，不報。每念至此，爲之嘔血。重熙初，改王韓，拜東京留守。及遷太后于慶州，朴徙王楚，升南院樞密使。四年，王魏。薨，年五十，贈齊王。子鐸剌，國舅詳穩。

耶律八哥，字烏古鄰，五院部人。幼聰慧，書一覽輒成誦。

統和中，以世業爲本部吏。未幾，陞閘撒狘，尋轉樞密院侍御。會宋將曹彬、米信侵燕，八哥以扈從有功，擢上京留守。

開泰四年，召爲北院樞密副使。頃之，留守東京。七年，上命東平王蕭排押帥師伐高麗，八哥爲都監，至開京，大掠而還。濟茶、陀二河，高麗追兵至。諸將皆欲使敵渡兩河擊之，獨八哥以爲不可，曰：「敵若渡兩河，必殊死戰，乃危道也，不若擊於兩河之間。」排押從之，戰，敗績。

明年，還東京，奏渤海承奉官宜有以統領之，上從其言，置都知押班。後以茶、陀之敗，削使相，降西北路都監，卒。

論曰：張儉名符帝夢，遂結主知。服弊袍不易，志敦薄俗。功著兩朝，世稱賢相，非過也。邢抱朴甄別守令，大愜人望。兩決滯獄，民無寃濫。馬得臣引盛唐之治以諫其君。蕭朴痛皇后之誣，至於嘔血。四人者，皆以明經致位，忠藎若此，宜矣。聖宗得人，於斯爲盛。

校勘記

〔一〕出叔達爲康州刺史　「康州」，本書卷一七聖宗紀八太平六年三月戊寅作「東州」。

〔二〕封韓王　張儉墓誌繫此事於重熙六年。

〔三〕徙王陳　張儉墓誌繫此事於重熙十一年。

〔四〕二十二年薨　「二十二年」，原作「十二年」，據張儉墓誌改。

〔五〕十年拜參知政事　按本書卷一三聖宗紀四，統和十二年七月己卯邢抱朴參知政事；又統和十一年邢抱朴撰韓匡嗣妻秦國太夫人墓誌，其署銜尚無參知政事。蓋此處繫年有誤。

〔六〕贈太子太保　本書卷一二聖宗紀三謂統和七年六月甲戌，「宣政殿學士馬得臣卒，詔贈太子少保」，與此異。

〔七〕明年拜北府宰相遷北院樞密使　按本書卷一七聖宗紀八，太平五年十二月戊辰，以北府宰相蕭普古爲北院樞密使。疑「蕭普古」即「蕭朴」。

遼史卷八十一

列傳第十一

耶律室魯 歐里斯 王繼忠 蕭孝忠 陳昭衮 蕭合卓

耶律室魯，字乙辛隱，六院部人。魁岸，美容儀。聖宗同年生，帝愛之。甫冠，補祗候郎君。未幾，爲宿直官。

及出師伐宋，爲隊帥，從南府宰相耶律奴瓜、統軍使蕭撻覽略地趙、魏，有功，加檢校太師，爲北院大王。攻拔通利軍。宋和議成，特進門下平章事，賜推誠竭節保義功臣。

以本部俸羊多闕，部人空乏，請以羸老之羊及皮毛，歲易南中絹，彼此利之。拜北院樞密使，封韓王。自韓德讓知北院，職多廢曠，室魯拜命之日，朝野相慶。

從上獵松林，至沙嶺卒，年四十四，贈守司徒、政事令。二子：十神奴、歐里斯。十神奴，南院大王。

歐里斯〔一〕，字留隱。少有大志。未冠，補祗候郎君。開泰初，爲本部司徒。秩滿閑居，徵爲郎君班詳穩。遷右皮室詳穩，將本部兵，從東平王蕭排押伐高麗，至茶、陀二河，戰不利。歐里斯獨全軍還，帝嘉賞。終西南面招討使。

王繼忠，不知何郡人〔二〕。仕宋爲鄆州刺史、殿前都虞候。統和二十一年，宋遣繼忠屯定之望都，以輕騎覘我軍，遇南府宰相耶律奴瓜等，獲之。太后知其賢，授户部使，以康默記族女女之。繼忠亦自激昂，事必盡力。宋以繼忠先朝舊臣，每遣使，必有附賜，聖宗許受之。

二十二年，宋使來聘，遺繼忠弧矢、鞭策及求和劄子，有曰：「自臨大位，愛養黎元。豈欲窮兵，惟思息戰。每敕邊事，嚴諭守臣。至于北界人民，不令小有侵擾，衆所具悉，爾亦備知。向以知雄州何承矩已布此懇，自後杳無所聞。汝可密言，如許通和，即當別使往請。」詔繼忠與宋使相見，仍許講和。以繼忠家無奴隸，賜宫户三十，加左武衛上將軍，攝中京留守。

開泰五年〔三〕，爲漢人行宫都部署，封琅邪郡王。六年，進楚王，賜國姓。上嘗燕飲，議以蕭合卓爲北院樞密使，繼忠曰：「合卓雖有刀筆才，暗於大體。蕭敵烈才行兼備，可任。」上不納，竟用合卓。及遣合卓伐高麗，繼忠爲行軍副部署，攻興化鎮，月餘不下。師還，上謂明於知人，拜樞密使。

太平三年致仕，卒。子懷玉，仕至防禦使。

蕭孝忠，字撒板，小字圖古斯。志慷慨。開泰中，補祗候郎君，尚越國公主，拜駙馬都尉，累遷殿前都點檢。太平中，擢北府宰相。

重熙七年，爲東京留守。時禁渤海人擊毬，孝忠言：「東京最爲重鎮，無從禽之地，若非毬馬，何以習武？且天子以四海爲家，何分彼此？宜弛其禁。」從之。

十二年，入朝，封楚王，拜北院樞密使。國制，以契丹、漢人分北、南院樞密治之，孝忠奏曰：「一國二樞密，風俗所以不同。若併爲一，天下幸甚。」事未及行，薨。追封楚國王。

帝素服哭臨，赦死囚數人，爲孝忠薦福。葬日，親臨，賜宮户守塚。子阿速，終南院樞密使。

陳昭衮，小字王九，雲州人。工譯鞮，勇而善射。統和中，補祗候郎君，爲奚拽剌詳穩，累遷敦睦宫太保，兼掌圍場事。

開泰五年秋，大獵，帝射虎，以馬馳太速，矢不及發。虎怒，奮勢將犯蹕。左右辟易，昭衮捨馬，捉虎兩耳騎之。虎駭，且逸。上命衛士追射，昭衮大呼止之。虎雖軼山，昭衮終不墮地。伺便，拔佩刀殺之。輦至上前，慰勞良久。即日設燕，悉以席上金銀器賜之，特加節鉞，遷圍場都太師，賜國姓，命張儉、呂德懋賦以美之。

遷歸義軍節度使，同知上京留守，歷西南面招討都監，卒。

蕭合卓，字合魯隱，突呂不部人。始爲本部吏。統和初，以謹愨，補南院侍郎〔四〕。十八年，北院樞密使韓德讓舉合卓爲中丞。以太后遺物使宋，還，遷北院樞密副使。開泰三年，爲左夷离畢。

合卓久居近職，明習典故，善占對。以是尤被寵渥，陞北院樞密使。時議以爲無完行，不可大用，南院樞密使王繼忠侍宴，又譏其短。帝頗不悅。六年，遣合卓伐高麗，還，時求進者多附之，然其服食、僕馬不加于舊。帝知其廉，以族屬女妻其子，詔許親友饋獻，豪貴奔趨于門。

太平五年，有疾，帝欲臨視，合卓辭曰：「臣無狀，猥蒙重任。今形容毀瘁，恐陛下見而動心。」帝從之。會北府宰相蕭朴問疾，合卓執其手曰：「吾死，君必爲樞密使，慎勿舉勝己者。」朴出而鄙之。是日卒。子烏古，終本部節度使。

論曰：統和諸臣，名昭王室者多矣。室魯拜樞密使，朝野相慶，必有得民心者。繼忠既不能死國，雖通南北之和，有知人之鑑，奚足尚哉！孝忠、昭衮，皆有可稱者。合卓臨終，教蕭朴毋舉勝己者任樞密，其誤國之罪大矣！

校勘記

〔一〕歐里斯　原作「歐里思」，據明鈔本、本書書前總目及上下文改。

〔二〕不知何郡人　長編卷四五咸平二年十二月辛酉、隆平集卷一八、東都事略卷四二王繼忠傳及宋史卷二七九王繼忠傳均謂王繼忠爲開封人。

〔三〕開泰五年　「開泰」二字原闕。按本書聖宗紀，開泰六年五月戊戌，樞密使蕭合卓爲都統，漢人行宮都部署王繼忠副之，以伐高麗；八年二月丁未，以漢人行宮都部署王繼忠爲南院樞密使。今據補。

〔四〕補南院侍郎　羅校謂本書卷四五百官志一北面朝官有南院侍御，而無南院侍郎，疑此處「侍郎」乃「侍御」之誤。

遼史卷八十二

列傳第十二

耶律隆運德威　滌魯　制心　耶律勃古哲　蕭陽阿

武白　蕭常哥　耶律虎古磨魯古

耶律隆運，本姓韓，名德讓，西南面招討使匡嗣之子也。統和十九年，賜名德昌；二十二年，賜姓耶律；二十八年，復賜名隆運。重厚有智略，明治體，喜建功立事。侍景宗，以謹飭聞，加東頭承奉官，補樞密院通事，轉上京皇城使，遥授彰德軍節度使。代其父匡嗣爲上京留守，權知京事，甚有聲。尋復代父守南京，時人榮之。宋兵取河東，侵燕，五院糺詳穩奚底、統軍蕭討古等敗歸，宋兵圍城，招脅甚急，人懷二心。隆運登城，日夜守禦。援軍至，圍解。及戰高梁河，宋兵敗走，隆運邀擊，又破之。以功拜遼興軍節度使，徵爲南院樞密使。

景宗疾大漸，與耶律斜軫俱受顧命，立梁王爲帝，皇后爲皇太后，稱制，隆運總宿衞事，太后益寵任之。統和元年，加開府儀同三司、兼政事令〔一〕。四年，宋遣曹彬、米信將十萬衆來侵，隆運從太后出師敗之，加守司空〔二〕，封楚國公。師還，與北府宰相室昉共執國政。上言山西諸州數被兵〔三〕，加以歲饑，宜輕稅賦以來流民，從之。六年，太后觀擊鞠，胡里室突隆運墜馬，命立斬之。詔率師伐宋，圍沙堆，敵乘夜來襲，隆運嚴軍以待，敗走之，封楚王。九年，復言燕人挾姦，苟免賦役，貴族因爲囊橐，可遣北院宣徽使趙智戒諭，從之。

十一年，丁母憂，詔彊起之。明年，室昉致政，以隆運代爲北府宰相，仍領樞密使，監修國史，賜興化功臣。十二年六月〔四〕，奏三京諸鞫獄官吏，多因請託，曲加寬貸，或妄行搒掠，乞行禁止。上可其奏。又表請任賢去邪，太后喜曰：「進賢輔政，真大臣之職。」優加賜賚。服闋，加守太保、兼政事令。會北院樞密使耶律斜軫薨，詔隆運兼之。久之，拜大丞相，進王齊，總二樞府事。以南京、平州歲不登，奏免百姓農器錢，及請平諸郡商賈價，並從之。

二十二年，從太后南征，及河，許宋成而還。徙王晉，賜姓，出宮籍，隸橫帳季父房，後乃改賜今名，位親王上，賜田宅及陪葬地。從伐高麗還，得末疾，帝與后臨視醫藥。薨，年七十一。贈尚書令，謚文忠，官給葬具，建廟乾陵側。無子。清寧三年，以魏王貼不子耶魯爲嗣。天祚立，以皇子敖盧斡繼之。弟德威，姪制心。

德威，性剛介，善馳射。保寧初，歷上京皇城使，儒州防禦使，改北院宣徽使〔五〕。乾亨初，丁父喪〔六〕，彊起復職，權西南招討使。統和初，党項寇邊，一戰却之。賜劍許便宜行事，領突吕不、迭剌二糺軍。以討平稍古葛功，真授招討使。

夏州李繼遷叛宋内附，德威請納之。既得繼遷，諸夷皆從，璽書褒獎。與惕隱耶律善補敗宋將楊繼業，加開府儀同三司、政事門下平章事。未幾，以山西城邑多陷，奪兵柄。李繼遷受賂，潛懷二心，奉詔率兵往諭，繼遷託以西征不出，德威至靈州俘掠而還。

年五十五卒，贈兼侍中。子雱金，終彰國軍節度使〔七〕。二孫：謝十、滌魯。謝十終惕隱。

滌魯，字遵寧。幼養宫中，授小將軍。

重熙初，歷北院宣徽使、右林牙、副點檢，拜惕隱。改西北路招討使，封漆水郡王，請減軍籍三千二百八十人。後以私取回鶻使者獺毛裘，及私取阻卜貢物，事覺，決大杖，削爵免官。俄起爲北院宣徽使。十九年，改烏古敵烈部都詳穩，尋爲東北路詳穩，封混同郡王。

清寧初，徙王鄧，擢拜南府宰相。以年老乞骸骨，更王漢〔八〕。大康中薨，年八十〔九〕。

滌魯神情秀徹，聖宗子視之，興宗待以兄禮，雖貴愈謙。初爲都點檢，扈從獵黑嶺，獲熊。上因樂飲，謂滌魯曰：「汝有求乎？」對曰：「臣富貴踰分，不敢他望。惟臣叔先朝優遇，身歿之後，不肖子坐罪籍没，四時之薦享，諸孫中得赦一人以主祭，臣願畢矣。」詔免籍，復其産。子燕五，官至南京步軍都指揮使。

制心〔一〇〕，小字可汗奴。父德崇，善醫，視人形色，輒決其病，累官至武定軍節度使。制心善調鷹隼。統和中，爲歸化州刺史。開泰中，拜上京留守，進漢人行宫都部署，封漆水郡王。以皇后外弟，恩遇日隆。樞密副使蕭合卓用事，制心奏合卓寡識度，無行檢，上默然。每内宴歡洽，輒避之。皇后不悦曰：「汝不樂耶？」制心對曰：「寵貴鮮能長保，以是爲憂耳！」

太平中，歷中京留守、惕隱、南京留守〔一二〕，徙王燕，遷南院大王。或勸制心奉佛，對曰：「吾不知佛法，惟心無私，則近之矣。」一日，沐浴更衣而卧，家人聞絲竹之聲，怪而入視，則已逝矣。年五十三。贈政事令，追封陳王。

守上京時，酒禁方嚴，有捕獲私醞者，一飲而盡，笑而不詰。卒之日，部民若哀父母。

耶律勃古哲，字蒲奴隱，六院夷离菫蒲古只之後。勇悍，善治生。保寧中，爲天德軍節度使，歷南京侍衛馬步軍都指揮使。以討平党項羌阿理撒米、僕里鼈米，遷南院大王。聖宗即位，太后稱制，會羣臣議軍國事，勃古哲上疏陳便宜數事，稱旨，即日兼領山西路諸州事。統和四年，宋將曹彬等侵燕，勃古哲擊之甚力，賜輸忠保節致主功臣，總知山西五州。

會有告勃古哲曲法虐民者，按之有狀，以大杖決之。八年，爲南京統軍使，卒。子爻里，官至詳穩。

蕭陽阿，字稍隱。端毅簡嚴，識遼、漢字，通天文、相法。父卒，自五蕃部親挽喪車至奚王嶺，人稱其孝。

年十九，爲本班郎君。歷鐵林、鐵鷂、大鷹三軍詳穩。乾統元年，由烏古敵烈部屯田太保爲易州刺史。幸臣劉彦良嘗以事至州，怙寵恣横，爲陽阿所沮。彦良歸，妄加毁訾，尋遣人代陽阿。州民千餘詣闕請留，即日授武安州觀察使。歷烏古涅里、順義、彰信等軍節度使，權知東北路統軍使事。

聞耶律狼不、鐸魯斡等叛，獨引麾下三十餘人追捕之，身被二創，生擒十餘人，送之行在。坐不獲首惡，免官。未幾，權南京留守，卒。

武白，不知何郡人。爲宋國子博士，差知相州，至通利軍，爲我軍所俘。詔授上京國子博士。改臨潢縣令，遷廣德軍節度副使。

先是，有訟宰相劉慎行與子婦姚氏私者，有司出其罪。聖宗詔白鞫之，白正其事。使新羅還，權中京留守。時慎行諸子皆處權要，以白斷百姓分籍事不直，坐左遷。

未幾，遷尚書左丞，知樞密事，拜遼興軍節度使。致仕，卒。

蕭常哥，字胡獨堇，國舅之族。祖約直，同政事門下平章事；父實老，累官節度使。常哥魁偉寡言。年三十餘，始爲祇候郎君。歷本族將軍、松山州刺史。壽隆二年，以女爲燕王妃，拜永興宮使。及妃生子，爲南院宣徽使，尋改漢人行宮都部署。乾統初〔三〕，加太子太師，爲國舅詳穩。二年，改遼興軍節度使，召爲北府宰相，以柴册禮，加兼侍中。天慶元年，致仕，卒，謚曰欽肅〔三〕。

耶律虎古，字海鄰，六院夷离堇覲烈之孫。少穎悟，重然諾。保寧初，補御琖郎君。十年，使宋還，以宋取河東之意聞于上。燕王韓匡嗣曰：「何以知之？」虎古曰：「諸僭號之國，宋皆併收，惟河東未下。今宋講武習戰，意必在漢。」匡嗣力沮，乃止。明年，宋果伐漢。帝以虎古能料事，器之，乃曰：「吾與匡嗣慮不及此。」授涿州刺史。

統和初，皇太后稱制，召赴京師。與韓德讓以事相忤，德讓怒，取護衞所執戎仗擊其腦，卒。子磨魯古。

磨魯古，字遥隱。有智識，善射。統和初，拜南面林牙。四年，宋侵燕，太后親征。磨魯古爲前鋒，手中流矢，拔而復進。太后既至，磨魯古以創不能戰，與北府宰相蕭繼先巡邏境上。累遷北院大王。七年，伐宋爲先鋒，與耶律奴瓜破其將李忠吉于定州。以疾卒于軍。

論曰：德讓在統和間，位兼將相，其克敵制勝，進賢輔國，功業茂矣。至賜姓名，王齊、晉，抑有寵於太后而致然歟？宗族如德威平党項，滌魯完宗祀，制心不苟合，家聲益振，豈無所自哉！若勃古之忠，陽阿之孝，武白之直，亦彬彬乎一代之良臣矣。

校勘記

〔一〕統和元年加開府儀同三司兼政事令　按本書卷一〇聖宗紀一，韓德讓兼政事令在統和三年十一月辛卯。

〔二〕加守司空　本書卷一一聖宗紀二統和四年十一月庚午作「守司徒」。

〔三〕上言山西諸州數被兵　「山」、「諸」二字原闕。按本書卷一一聖宗紀二統和四年八月己未云：「用室昉、韓德讓言，復山西今年租賦。」卷五九食貨志上及弘簡録卷二一〇載記韓德讓傳均作「山西諸州」，今據補。

〔四〕十二年六月　上文「十一年」後已稱「明年」，即十二年。此「十二年」三字或有訛誤。

〔五〕保寧初歷上京皇城使儒州防禦使改北院宣徽使　據韓德威墓誌，德威任皇城使、汝州防禦使、北院宣徽使在保寧九年至十一年間，與此「保寧初」相抵牾。又「儒州」，墓誌作「汝州」。

〔六〕乾亨初丁父喪　按本書卷一〇聖宗紀一，德威父匡嗣卒於乾亨四年十二月。乾亨止五年，此云「乾亨初」，不確。

〔七〕子雱金終彰國軍節度使　韓雱金即耶律遂正。據耶律遂正墓誌，知其終於遼興軍節度，與此不合。

〔八〕更王漢　「漢」，當作「韓」。按韓滌魯即耶律宗福。據耶律宗福墓誌，滌魯以韓王終，未曾封漢王。「漢」字蓋音近致誤。

〔九〕大康中薨年八十　按耶律宗福墓誌，滌魯卒於咸雍七年，年七十有四。

〔一〇〕制心　按韓樀墓誌云：「南大王、贈政事令、陳王諱遂貞，賜名直心，（中略）諱係於國姓。」遂貞即制心之漢名。又本書卷一五聖宗紀六開泰元年七月丙子作「耶律遂貞」、開泰六年四月辛卯作「耶律制心」。

〔二〕太平中歷中京留守惕隱南京留守　按本書卷一六聖宗紀七，制心於開泰八年二月丁未任中京留守，同年十二月乙巳爲惕隱，次年十一月丁巳爲南京留守。此處云「太平中」，不確。

〔三〕乾統初　「乾統」，諸本皆作「統和」。按上文有壽隆，下文又有天慶。據蕭義墓誌，知蕭常哥即蕭義，誌稱其「乾統二年，授遼興軍節度使」，又本書卷二七天祚皇帝紀一乾統五年正月庚寅謂「以遼興軍節度使蕭常哥爲北府宰相」，皆與下文合。知「統和」誤，今據改。

〔三〕謚曰欽肅　按蕭義墓誌，蕭常哥謚恭穆。

遼史卷八十三

列傳第十三

耶律休哥 馬哥　耶律斜軫　耶律奚低　耶律學古 烏不呂

耶律休哥，字遜寧。祖釋魯，隋國王。父綰思，南院夷离堇。休哥少有公輔器。初烏古、室韋二部叛，休哥從北府宰相蕭幹討之。應曆末，爲惕隱。

乾亨元年，宋侵燕，北院大王奚底、統軍使蕭討古等敗績，南京被圍。帝命休哥代奚底，將五院軍往救。遇大敵于高梁河，與耶律斜軫分左右翼，擊敗之。追殺三十餘里，斬首萬餘級，休哥被三創。明旦，宋主遁去，休哥以創不能騎，輕車追至涿州，不及而還。

是年冬，上命韓匡嗣、耶律沙伐宋，以報圍城之役。休哥率本部兵從匡嗣等戰于滿城。翌日將復戰，宋人請降，匡嗣信之。休哥曰：「彼衆整而鋭，必不肯屈，乃誘我耳。宜嚴兵以待。」匡嗣不聽。休哥引兵憑高而視，須臾南兵大至，鼓譟疾馳。匡嗣倉卒不知所爲，士卒棄旗鼓而走，遂敗績。休哥整兵進擊，敵乃却。詔總南面戍兵，爲北院大王。

車駕親征，圍瓦橋關。宋兵來救，守將張師突圍出。帝親督戰，休哥斬師，餘衆退走入城。宋陣于水南。將戰，帝以休哥馬介獨黄，慮爲敵所識，乃賜玄甲、白馬易之。休哥率精騎渡水，擊敗之，追至莫州。横屍滿道，靫矢俱罄，生獲數將以獻。帝悦，賜御馬、金盂，勞之曰：「爾勇過于名，若人人如卿，何憂不克？」師還，拜于越。

聖宗即位，太后稱制，令休哥總南面軍務，以便宜從事。休哥均戍兵，立更休法，勸農桑，修武備，邊境大治。統和四年，宋復來侵，其將范密、楊繼業出雲州〔一〕；曹彬、米信出雄、易，取岐溝、涿州，陷固安，置屯。時北南院、奚部兵未至，休哥力寡，不敢出戰。夜以輕騎出兩軍間，殺其單弱以脅餘衆；晝則以精鋭張其勢，使彼勞於防禦以疲其力。又設伏林莽，絶其糧道。曹彬等以糧運不繼，退保白溝。月餘，復至。休哥以輕兵薄之，伺彼蓐食，擊其離伍單出者，且戰且却。由是南軍自救不暇，結方陣，塹地兩邊而行。軍渴乏井，漉淖而飲，凡四日始達于涿。聞太后軍至，彬等冒雨而遁。太后益以鋭卒，追及之。彼力窮，環糧車自衞，休哥圍之。至夜，彬、信以數騎亡去，餘衆悉潰。追至易州東，聞宋師尚有數萬，瀕沙河而爨，促兵往擊之。宋師望塵奔竄，墮岸相蹂死者過半，沙河爲之不流。太后旋旆，休哥收宋屍爲京觀。封宋國王。

又上言，可乘宋弱，略地至河爲界。書奏，不納。及太后南征，休哥爲先鋒，敗宋兵於望都。時宋將劉廷讓以數萬騎並海而出，約與李敬源合兵，聲言取燕。休哥聞之，先以兵扼其要地。會太后軍至，接戰，殺敬源，廷讓走瀛州。七年，宋遣劉廷讓等乘暑潦來攻易州，諸將憚之；獨休哥率鋭卒逆擊于沙河之北，殺傷數萬，獲輜重不可計，獻于朝。太后嘉其功，詔免拜、不名。自是宋不敢北向。時宋人欲止兒啼，乃曰：「于越至矣！」

休哥以燕民疲弊，省賦役，恤孤寡，戒戍兵無犯宋境，雖馬牛逸于北者悉還之。遠近向化，邊鄙以安。十六年，薨。是夕，雨木冰。聖宗詔立祠南京。

休哥智略宏遠，料敵如神。每戰勝，讓功諸將，故士卒樂爲之用。身更百戰，未嘗殺一無辜。二子：高八，官至節度使；高十，終于越〔二〕。孫馬哥。

馬哥，字訛特懶。興宗時，以散職入見，上問：「卿奉佛乎？」對曰：「臣每旦誦太祖、太宗及先臣遺訓，未暇奉佛。」帝悦。

清寧中，遷唐古部節度使。咸雍中，累遷匡義軍節度使。大康初，致仕，卒。

耶律斜軫，字韓隱，于越曷魯之孫。性明敏，不事生產。

保寧元年，樞密使蕭思温薦斜軫有經國才，上曰：「朕知之，第佚蕩，豈可羈屈？」對曰：「外雖佚蕩，中未可量。」乃召問以時政，占對剴切，帝器重之。妻以皇后之姪，命節制西南面諸軍，仍援河東。改南院大王。

乾亨初，宋再攻河東，從耶律沙至白馬嶺遇敵，沙等戰不利；斜軫赴之，令麾下萬矢齊發，敵氣褫而退。是年秋，宋下河東，乘勝襲燕，北院大王耶律奚底與蕭討古逆戰，敗績，退屯清河北。斜軫取奚底等青幟軍于得勝口以誘敵，敵果爭赴。斜軫出其後，奮擊敗之。及高粱之戰，與耶律休哥分左右翼夾擊，大敗宋軍。

統和初，皇太后稱制，益見委任，爲北院樞密使。會宋將曹彬、米信出雄、易，楊繼業出代州，太后親帥師救燕，以斜軫爲山西路兵馬都統。繼業陷山西諸郡，各以兵守，自屯代州。斜軫至定安，遇賀令圖軍，擊破之，追至五臺，斬首數萬級。明日，至蔚州，敵不敢出，斜軫書帛射城上，諭以招慰意。陰聞宋軍來救，令都監耶律題子夜伏兵險阨，俟敵至而發。城守者見救至，突出。斜軫擊其背，二軍俱潰，追至飛狐，斬首二萬餘級，遂取蔚州。賀令圖、潘美復以兵來，斜軫逆于飛狐，擊敗之。宋軍在渾源、應州者，皆棄城走。斜軫聞繼業出兵，令蕭撻凛伏兵于路。明旦，繼業兵至，斜軫擁衆爲戰勢。繼業麾幟而前，斜軫佯退。伏兵發，斜軫進攻，繼業敗走，至狼牙村，衆軍皆潰。繼業爲流矢所中，被擒。斜軫責曰：「汝與我國角勝三十餘年，今日何面目相見！」繼業但稱死罪而已。初，繼業在宋以驍勇聞，人號「楊無敵」，首建梗邊之策。至狼牙村，心惡之，欲避不可得。既擒，三日死。

斜軫歸闕，以功加守太保。從太后南伐，卒于軍。太后親爲哀臨，仍給葬具。庶子狗兒，官至小將軍。

耶律奚低，孟父楚國王之後。便弓馬，勇於攻戰。景宗時，多任以軍事。統和四年，爲右皮室詳穩。時宋將楊繼業陷山西郡縣，奚低從樞密使斜軫討之。凡戰必以身先，矢無虚發。繼業敗于朔州之南，匿深林中。奚低望袍影而射，繼業墮馬。先是，軍令須生擒繼業，奚低以故不能爲功。

後太后南伐，屢有戰績。以病卒。

耶律學古，字乙辛隱，于越洼之庶孫。穎悟好學，工譯鞮及詩。保寧中，補御盞郎君。

乾亨元年，宋既下河東，乘勝侵燕，學古受詔往援。始至京，宋敗耶律奚底、蕭討古等，勢益張，圍城三周，穴地而進，城中民懷二心。學古以計安反側，隨宜備禦，晝夜不少懈。適有敵三百餘人夜登城，學古戰却之。會援軍至，圍遂解。學古開門列陣，四面鳴鼓，居民大呼，聲震天地。旋有高梁之捷。以功遥授保靜軍節度使，爲南京馬步軍都指揮使。

二年，伐宋，乞將漢軍，從之。改彰國軍節度使。時南境未靜，民思休息，學古禁寇掠以安之。會宋將潘美率兵分道來侵，學古以軍少，虛張旗幟，雜丁黄爲疑兵。是夜，適獨虎峪舉烽火，遣人偵視，見敵俘掠村野，擊之，悉獲所掠物，擒其將領。自是學古與潘美各守邊約，無相侵軼，民獲安業。以功爲惕隱，卒。弟烏不呂。

烏不呂〔三〕，字留隱。嚴重，有膂力，善屬文。統和中伐宋，屢任以軍事。嘗與爻直不相能，因曰：「爾奴才，何所知？」爻直訟于北院樞密使韓德讓。德讓怒，問曰：「爾安得此奴耶？」烏不呂對曰：「三父異籍時亦易得。」德讓笑而釋之。後從蕭恒德伐蒲盧毛朵部，以功爲東路統軍都監。及德讓爲大丞相，薦其材可任統軍使，太后曰：「烏不呂嘗不遜于卿，何善而薦？」德讓奏曰：「臣忝相位，於臣猶不屈，況於其餘。以此知可用。若任使之，必能鎮撫諸蕃。」太后從之，加金紫崇祿大夫、檢校太尉。

而弟國留以罪亡，烏不呂及其母俱下吏。恐禍及母，陰使人召國留，紿曰：「太后知事之誣，汝第來勿畏。」國留至，送有司，坐誅。其後，退歸田里，以疾卒。

論曰：宋乘下太原之鋭，以師圍燕，繼遣曹彬、楊繼業等分道來伐。是兩役也，遼亦岌岌乎殆哉！休哥奮擊于高梁，敵兵奔潰；斜軫擒繼業于朔州，旋復故地。宋自是不復深入，社稷固而邊境寧，雖配古名將，無愧矣。然非學古之在南京安其反側，則二將之功，蓋亦難致。故曰，國以人重，信哉。

校勘記

〔一〕其將范密楊繼業出雲州　按本書卷一一聖宗紀二統和四年三月甲戌，于越休哥奏：「潘美、楊繼業雁門道來侵。」羅校謂當時宋將無所謂「范密」者，疑爲「潘美」之誤。索隱卷八謂「范密」爲「潘美」譯音。蓋「潘美」一名經遼人口耳相傳，轉訛爲「范密」。又本書卷八三耶律斜軫傳謂「楊繼業出代州」，即自雁門攻遼，此處謂出雲州恐誤。

〔二〕二子高八官至節度使高十終于越　按本書卷一四聖宗紀五統和二十一年十一月壬辰：「故于越耶律休哥之子道士奴、高九等謀叛，伏誅。」疑休哥不止二子。

〔三〕烏不呂　「烏不呂」，本書卷六六皇族表作「烏古不」。

遼史卷八十四

列傳第十四

耶律沙　耶律抹只　蕭幹 討古　耶律善補　耶律海里

耶律沙，字安隱。其先嘗相遥輦氏。應曆間，累官南府宰相。景宗即位，總領南面邊事。保寧間，宋攻河東，沙將兵救之，有功，加守太保。

乾亨初，宋復北侵，沙將兵由間道至白馬嶺，阻大澗遇敵。沙與諸將欲待後軍至而戰，冀王敵烈、監軍耶律抹只等以爲急擊之便，沙不能奪。敵烈等以先鋒渡澗，未半，爲宋人所擊，兵潰。敵烈及其子蛙哥、沙之子德里、令穩都敏、詳穩唐筈等五將俱没。會北院大王耶律斜軫兵至〔一〕，萬矢俱發，敵軍始退。

沙將趨太原，會漢駙馬都尉盧俊來奔，言太原已陷，遂勒兵還。宋乘鋭侵燕，沙與戰于高梁河，稍却，遇耶律休哥及斜軫等邀擊，敗宋軍。宋主宵遁，至涿州，微服乘驢車，間道而走。上以功釋前過。

是年，復從韓匡嗣伐宋，敗績，帝欲誅之，以皇后營救得免。睿智皇后稱制，召賜几杖，以優其老。復從伐宋，敗劉廷讓、李敬源之軍，賜賚優渥。統和六年卒。

耶律抹只，字留隱，仲父隋國王之後。初以皇族入侍。景宗即位，爲林牙，以幹給稱。

保寧間，遷樞密副使。宋攻河東，南府宰相耶律沙爲都統，將兵往援，抹只監其軍。及白馬嶺之敗，僅以身免。宋乘鋭攻燕，將奚兵翊休哥擊敗之。上以功釋前過。十一年，從都統韓匡嗣伐宋，戰于滿城，爲宋將所紿，諸軍奔潰，獨抹只部伍不亂，徐整旗鼓而歸。璽書褒諭，改南海軍節度使。乾亨二年，拜樞密副使。

統和初，爲東京留守。宋將曹彬、米信等侵邊，抹只引兵至南京，先繕守禦備。及車駕臨幸，抹只與耶律休哥逆戰于涿之東，克之，遷開遠軍節度使[二]。

故事，州民歲輸税，斗粟折錢五，抹只表請折錢六，部民便之。統和末卒。

蕭幹，小字項烈，字婆典，北府宰相敵魯之子。性質直。初，察割之亂，其黨胡古只與幹善，使人召之。幹曰：「吾豈能從逆臣！」縛其人送壽安王。賊平，上嘉其忠，拜羣牧都林牙。復以伐烏古功，遷北府宰相，改突吕不部節度使。

乾亨初，宋伐河東，乘勝侵燕，詔幹拒之，戰于高梁河。耶律沙退走，幹與耶律休哥等併力戰敗之，上手勑慰勞。自是每征伐必參決軍事。加政事令。二年，宋兵圍瓦橋，夜襲我營，幹及耶律匀骨戰却之。

時皇后以父呼幹。及后爲皇太后稱制，幹數條奏便宜，多見聽用。統和四年卒。姪討古。

討古，字括寧，性忠簡。

應曆初，始入侍。會冀王敵烈、宣徽使海思謀反，討古與耶律阿列密告於上，上嘉其忠，詔尚朴謹公主。保寧末，爲南京統軍使。

乾亨初，宋侵燕，討古與北院大王奚底拒之，不克，軍潰。討古等不敢復戰，退屯清河。帝聞其敗，遣使責之曰：「卿等不嚴偵候，用兵無法，遇敵即敗，奚以將爲！」討古懼。頃之，援兵至，討古奮力以敗宋軍。上釋其罪，降爲南京侍衛親軍都指揮使。四年卒。

耶律善補，字瑤昇，孟父楚國王之後。純謹有才智。

景宗即位，授千牛衛大將軍，遷大同軍節度使。及伐宋，韓匡嗣與耶律沙將兵由東路進，善補以南京統軍使由西路進。善補聞匡嗣失利，斂兵還。乾亨末，與宋軍戰于滿城，爲伏兵所圍，斜軫救之獲免。以失備，大杖決之。

統和初，爲惕隱。會宋來侵，善補爲都元帥逆之，不敢戰，故嶺西州郡多陷，罷惕隱。以其叔安端有匡輔世宗功〔三〕，上愍之，徵善補爲南府宰相，遷南院大王。

會再舉伐宋，欲攻魏府，召衆集議。將士以魏城無備，皆言可攻。善補曰：「攻固易，然城大叵量，若克其城，士卒貪俘掠，勢必不可遏。且傍多巨鎮，各出援兵，內有重敵，何以當之？」上乃止。

善補性懦，守靜。凡征討，憚攻戰，急還，以故戰多不利。年七十四卒。

耶律海里，字留隱，令穩拔里得之長子〔四〕。察割之亂，其母的魯與焉。遣人召海里，海里拒之。亂平，的魯以子故獲免。

海里儉素，不喜聲利，以射獵自娛。雖居閑，人敬之若貴官然。保寧初，拜彰國軍節度使，遷惕隱。秩滿，稱疾不仕。久之，復爲南院大王。及曹彬、米信等來侵，海里有却敵功，賜資忠保義匡國功臣。

帝屢親征，海里在南院十餘年，鎮以寬靜，户口增給，時議重之。封漆水郡王，遷上京留守，薨。詔以家貧給葬具。

論曰：當高梁、朔州之捷，偏裨之將如沙與抹只，既因休哥、斜軫類見其功，所謂失之東隅，收之桑榆。若蕭幹、海里拒察割之招，討古告海思之變，則不止有戰功而已。其視善補畏懦，豈不優哉。

校勘記

〔一〕會北院大王耶律斜軫兵至　此處作「北院大王」，疑誤。按本書卷九景宗紀下乾亨元年二月丁卯作「南院大王斜軫」，又卷八三耶律斜軫傳亦稱其保寧中「改南院大王」，乾亨初從耶律沙與宋戰。

〔二〕開遠軍節度使　「開遠軍」，本書卷一二聖宗紀三統和六年七月壬子、八月丁丑並作「大同軍」。按大同軍爲雲州，開遠軍係雲内州，二者當有一誤。

〔三〕以其叔安端有匡輔世宗功　按太祖弟安端隸季父房，與上文「孟父房之後」相抵牾。本書卷七七耶律安摶傳稱其曾祖巖木，即屬孟父房，此處安端疑即安摶。

〔四〕令穩拔里得之長子　「拔里得」，原作「援里得」，據本書卷七六本傳、大典卷四八〇引遼史耶律海里傳及馮校改。

遼史卷八十五

列傳第十五

蕭撻凜　蕭觀音奴　耶律題子　耶律諧理　耶律奴瓜

蕭柳　高勳　奚和朔奴　蕭塔列葛　耶律撒合

蕭撻凜，字駝寧，思温之再從姪。父朮魯列，善相馬，應曆間爲馬羣侍中。撻凜幼敦厚，有才略，通天文。保寧初，爲宿直官，累任藕劇。統和四年，宋楊繼業率兵由代州來侵，攻陷城邑。撻凜以諸軍副部署從樞密使耶律斜軫敗之，擒繼業于朔州。六年秋，改南院都監，從駕南征，攻沙堆，力戰被創，太后嘗親臨視。明年，加右監門衞上將軍、檢校太師，遥授彰德軍節度使。

十一年，與東京留守蕭恒德伐高麗，破之。高麗稱臣奉貢。十二年，夏人梗邊，皇太妃受命總烏古及永興宮分軍討之，撻凜爲阻卜都詳穩。凡軍中號令，太妃並委撻凜。師還，以功加兼侍中，封蘭陵郡王。十五年，敵烈部人殺詳穩而叛，遁于西北荒，撻凜將輕騎逐之，因討阻卜之未服者，諸蕃歲貢方物充于國，自後往來若一家焉。上賜詩嘉獎，仍命林牙耶律昭作賦，以述其功。撻凜以諸部叛服不常，上表乞建三城以絶邊患，從之。俄召爲南京統軍使。

二十年，復伐宋，擒其將王先知〔一〕，破其軍于遂城，下祁州，上手詔獎諭。進至澶淵，宋主軍于城隍間，未接戰，撻凜按視地形，取宋之羊觀、鹽堆、鳧雁，中伏弩卒。明日，轊車至，太后哭之慟，輟朝五日。子慥古，南京統軍使。

蕭觀音奴，字耶寧，奚王搭紇之孫。統和十二年，爲右祗候郎君班詳穩。遷奚六部大王。先是，俸秩外，給獐鹿百數，皆取於民，觀音奴奏罷之。

及伐宋，與蕭撻凜爲先鋒，降祁州，下德清軍，上加優賞。同知南院事，卒。

耶律題子，字勝隱，北府宰相兀里之孫。善射，工畫。保寧間，爲御盞郎君。九年，奉使于漢，具言兩國通好長久之計，其主繼元深加禮重。

統和二年，將兵與西邊詳穩耶律速撒討陀羅斤，大破之。四年，宋將楊繼業陷山西城邑，題子從北院樞密使耶律斜軫擊之，敗賀令圖於定安，授西南面招討都監。宋兵守蔚州急，召外援，題子聞之，夜伏兵道傍。黎明，宋兵果來，過未半而擊之；城中軍出，斜軫復邀之。兩軍俱潰，奔飛狐，地隘不得進，殺傷甚衆。賀令圖復集敗卒來襲蔚州，題子逆戰，破之，應州守將自遁。進圍寰州，冒矢石登城，宋軍大潰。當斜軫擒繼業于朔州，題子功居多。

是年冬，復與蕭撻凛由東路擊宋，俘獲甚衆。後聞宋兵屯易州，率兵逆之，至易境而卒。

初，題子破令圖，宋將有因傷而仆，題子繪其狀以示宋人，咸嗟神妙。

耶律諧理，字烏古鄰，突舉部人。統和五年，宋將楊繼業來攻山西〔二〕，諧理從耶律斜軫擊之，常居先鋒，偵候有功。是歲，伐宋，宋人拒於滹沱河，諧理率精騎便道先濟，獲其將康保威，以功詔世預節度使選。

太平元年，稍遷本部節度使。六年，從蕭惠攻甘州，不克。會阻卜攻圍三剋軍，諧理與都監耶律涅魯古往救，至可敦城西南，遇敵，不能陣，中流矢卒。

耶律奴瓜，字延寧，太祖異母弟南府宰相蘇之孫。有膂力，善調鷹隼。統和四年，宋楊繼業來侵，奴瓜爲黄皮室糺都監〔三〕，擊敗之，盡復所陷城邑。軍還，加諸衞小將軍。及伐宋，有功，遷黄皮室詳穩。六年，再舉，將先鋒軍，敗宋游兵于定州，爲東京統軍使，加金紫崇禄大夫。從奚王和朔奴伐兀惹，以戰失利，削金紫崇禄階。十九年，拜南府宰相。二十一年，復伐宋，擒其將王繼忠于望都，俘殺甚衆，以功加同政事門下平章事。二十六年，爲遼興軍節度使，尋復爲南府宰相。開泰初，加尚父，卒。

蕭柳，字徒門，淳欽皇后弟阿古只五世孫。幼養于伯父排押之家，多知，能文，膂力絶人。

統和中，叔父恒德臨終，薦其才，詔入侍衞。十七年，南伐，宋將范庭召列方陣而待〔四〕。時皇弟隆慶爲先鋒，問諸將佐誰敢當者，柳曰：「若得駿馬，則願爲之先。」隆慶授以甲騎。柳攬轡，謂諸將曰：「陣若動，諸君急攻。」遂馳而前，敵少却。隆慶席勢攻之，南軍遂亂。柳中流矢，裹創而戰〔五〕，衆皆披靡。時排押留守東京，奏柳爲四軍兵馬都指揮使。

明年，爲北女直詳穩，政濟寬猛，部民畏愛。遷東路統軍使。秩滿，百姓願留復任，許之。從伐高麗，遇大蛇當路，前驅者請避，柳曰：「壯士安懼此！」拔劍斷蛇。師還，致仕。

柳好滑稽，雖君臣燕飲，詼諧無所忌，時人比之俳優。臨終，謂人曰：「吾少有致君志，不能直遂，故以諧進。冀萬有一補，俳優名何避！」頃之，被寢衣而坐，呼曰：「吾去矣！」言訖而逝。耶律觀音奴集柳所著詩千篇，目曰歲寒集。

高勳，字鼎臣，晉北平王信韜之子。性通敏。仕晉爲閤門使。會同九年，與杜重威來降。太宗入汴，授四方館使。好結權貴，能服勤大臣，多推譽之。

天祿間，爲樞密使，總漢軍事。五年，劉崇遣使來求封册，詔勳册崇爲大漢神武皇帝。應曆初，封趙王，出爲上京留守，尋移南京。會宋欲城益津，勳上書請假巡徼以擾之，帝然其奏，宋遂不果城。十七年，宋略地益津關，勳擊敗之，知南院樞密事。景宗即位，以定策功，進王秦。

保寧中，以南京郊內多隙地，請疏畦種稻，帝欲從之。林牙耶律昆宣言於朝曰：「高勳此奏，必有異志。果令種稻，引水爲畦，設以京叛，官軍何自而入？」帝疑之，不納。尋遷南院樞密使。以毒藥餽駙馬都尉蕭啜里，事覺，流銅州。尋又謀害尚書令蕭思温，詔獄誅之，没其產，皆賜思温家。

奚和朔奴，字籌寧，奚可汗之裔。保寧中，爲奚六部長。

統和初，皇太后稱制，以耶律休哥領南邊事，和朔奴爲南面行軍副部署。四年，宋曹彬、米信等來侵，和朔奴與休哥破宋兵于燕南，手詔褒美。軍還，怙權撾無罪人李浩至死，上以其功釋之。冬，南征〔六〕，將本部軍由別道進擊敵軍於狼山，俘獲甚衆。

八年，上表曰：「臣竊見太宗之時，奚六部二宰相、二常衮，詰命大常衮班在酋長左右，副常衮總知酋長五房族屬，二宰相匡輔酋長，建明善事。今宰相職如故，二常衮别無所掌，乞依舊制。」從之。

十三年秋，遷都部署，伐兀惹。駐于鐵驪，秣馬數月，進至兀惹城。利其俘掠，請降不許，令急攻之。城中大恐，皆殊死戰。和朔奴知不能克，從副部署蕭恒德議，掠地東南，循高麗北界而還。以地遠粮絶，士馬死傷，詔降封爵，卒。子烏也，郎君班詳穩。

蕭塔列葛，字雄隱，五院部人。八世祖只魯，遥輦氏時嘗爲虞人。唐安禄山來攻，只魯戰于黑山之陽，敗之。以功爲北府宰相，世預其選。塔列葛仕開泰間，累遷西南面招討使〔七〕。重熙十一年，使西夏，諭伐宋事，約元昊出别道以會。十二年，改右夷离畢、同知南京留守，轉左夷离畢。俄授東京留守，以世選爲北府宰相，卒。

耶律撒合，字率懶，乙室部人，南府宰相歐禮斯子。天禄間始仕。應曆中，拜乙室大王，兼知兵馬事。

乾亨初，宋來侵，詔以本部兵守南京，與北院大王奚底、統軍蕭討古等逆戰，奚底等敗走，獨撒合全軍還。上諭之曰：「拒敵當如此。卿勉之，無憂不富貴。」加守太保。統和間卒。

論曰：遼在統和間，數舉兵伐宋，諸將如耶律諧理、奴瓜、蕭柳等俱有降城擒將之功。最後，以蕭撻凜爲統軍，直抵澶淵。將與宋戰，撻凜中弩，我兵失倚，和議始定。或者天厭其亂，使南北之民休息者耶！

校勘記

〔二〕擒其將王先知　本書卷一四聖宗紀五統和二十一年四月、卷八一王繼忠傳、卷八五耶律奴瓜傳及長編卷五四真宗咸平六年四月、宋會要兵八之一二均謂宋將王繼忠與遼戰於望都，戰敗被擒。「先知」當即「繼忠」。

〔三〕統和五年宋將楊繼業來攻山西　據本書卷一一聖宗紀二統和四年三月甲戌、七月丙子，宋會要兵八之六、蕃夷一之一〇，知楊繼業統和四年三月率兵攻遼，七月被擒，此處作「五年」誤。

〔三〕奴瓜爲黄皮室糺都監　「奴瓜」，本書卷一一聖宗紀二統和四年四月戊申作「奴哥」。

〔四〕范庭召　長編卷四六真宗咸平三年正月甲申、丁亥及宋會要兵七之一一、宋史卷二八九本傳皆作「范廷召」。

〔五〕裹創而戰　「裹」，原作一字空格，據明鈔本、南監本、北監本、殿本補。

〔六〕「怙權撾無罪人李浩至死」至「冬南征」　按本書卷一二聖宗紀三統和六年二月丁未、九月癸卯、十月丙子，奚王籌寧殺李浩及此次南征均爲統和六年事。

〔七〕累遷西南面招討使　按本書卷一九興宗紀二，重熙十二年八月戊午「以前西北路招討使蕭塔烈葛爲右夷离畢」。官職歧互，或有闕誤。

遼史卷八十六

列傳第十六

耶律合住　劉景　劉六符　耶律褭履　牛温舒　杜防

蕭和尚特末　耶律合里只　耶律頗的

耶律合住，字粘袞，太祖弟迭刺之孫。幼不好弄，臨事明敏，善談論。初以近族入侍，每從征伐有功。保寧初，加右龍虎衞上將軍。以宋師屢梗南邊，拜涿州刺史，西南兵馬都監、招安、巡檢等使，賜推忠奉國功臣。

合住久任邊防，雖有克獲功，然務鎮靜，不妄生事以邀近功。鄰壤敬畏，屬部乂安。宋數遣人結歡，冀達和意，合住表聞其事，帝許議和。安邊懷敵，多有力焉。拜左金吾衞上將軍。秩滿，遥攝鎮國軍節度使，卒。

合住智而有文，曉暢戎政。鎮范陽時，嘗領數騎徑詣雄州北門，與郡將立馬陳兩國利害及周師侵邊本末，辭氣慷慨，左右壯之。自是，邊境數年無事。識者以謂合住一言，賢於數十萬兵。

劉景，字可大，河間人。四世祖怦，即朱滔之甥〔一〕，唐右僕射、盧龍軍節度使。父守敬，南京副留守。

景資端厚，好學能文。燕王趙延壽辟爲幽都府文學。應曆初，遷右拾遺、知制誥，爲翰林學士。九年，周人侵燕，留守蕭思温上急變，帝欲俟秋出師，景諫曰：「河北三關已陷于敵，今復侵燕，安可坐視！」上不聽。會父憂去。未幾，起復舊職。一日，召草赦，既成，留數月不出。景奏曰：「唐制，赦書日行五百里，今稽期弗發，非也。」上亦不報。

景宗即位，以景忠實，擢禮部侍郎，遷尚書、宣政殿學士。上方欲倚用，乃書其笏曰：「劉景可爲宰相。」頃之，爲南京副留守。時留守韓匡嗣因扈從北上，景與其子德讓共理京事。俄召爲户部使，歷武定、開遠二軍節度使。

統和六年致仕〔二〕，加兼侍中。卒，年六十七。贈太子太師。子慎行，孫一德、二玄、三嘏、四端、五常、六符，皆具六符傳。

劉六符，父慎行〔三〕，由膳部員外郎累遷至北府宰相、監修國史。時上多即宴飲行誅賞，慎行諫曰：「以喜怒加威福，恐未當。」帝悟，諭政府「自今宴飲有刑賞事，翌日稟行」。爲都統，伐高麗，以失軍期下吏，議貴乃免，出爲彰武軍節度使。賜保節功臣。子六人：一德、二玄、三嘏、四端、五常、六符。德早世。玄終上京留守。常歷三司使、武定軍節度使。嘏、端、符皆第進士。嘏、端俱尚主，爲駙馬都尉。三嘏獻聖宗一矢斃雙鹿賦，上嘉其贍麗。與公主不諧，奔宋。歸，殺之。四端以衞尉少卿使宋賀生辰，方宴，大張女樂，竟席不顧，人憚其嚴。還，拜樞密直學士。

六符有志操，能文。重熙初，遷政事舍人，擢翰林學士。十一年，與宣徽使蕭特末使宋索十縣地。還，爲漢人行宮副部署。會宋遣使增歲幣以易十縣，復與耶律仁先使宋，定「進貢」名，宋難之。六符曰：「本朝兵彊將勇，海内共知，人人願從事于宋。若恣其俘獲以飽所欲，與『進貢』字孰多？況大兵駐燕，萬一南進，何以禦之！顧小節，忘大患，悔將何及！」宋乃從之，歲幣稱「貢」。六符還，加同中書門下平章事。及宋幣至，命六符爲三司使以受之。

六符與參知政事杜防有隙，防以六符嘗受宋賂，白其事，出爲長寧軍節度使，俄召爲三司使。

道宗即位，將行大册禮，北院樞密使蕭革曰：「行大禮備儀物，必擇廣地，莫若黄川。」六符曰：「不然。禮儀國之大體，帝王之樂不奏于野。今中京四方之極，朝覲各得其所，宜中京行之。」上從其議。尋以疾卒。

耶律褭履，字海隣，六院夷离堇蒲古只之後。風神爽秀，工于畫。

重熙間，累遷同知點檢司事。駙馬都尉蕭胡覩爲夏人所執，奉詔索之，三返以歸，轉永興宮使、右祗候郎君班詳穩。褭履將娶秦晉長公主孫，其母與公主婢有隙，謂褭履曰：「能去婢，乃許爾婚。」褭履以計殺之，婚成。事覺，有司以大辟論。褭履善畫，寫聖宗真以獻，得減，坐長流邊戍。復以寫真，召拜同知南院宣徽事。使宋賀正，寫宋主容以歸。

清寧間，復使宋。宋主賜宴，瓶花隔面，未得其真。陛辭，僅一視，及境，以像示餞者，駭其神妙。聞重元亂，不即勤王。賊平入賀，帝責讓之。宴酣，顧褭履曰：「重元事成，卿必得爲上客！」襄履大慙。咸雍中，加太子太師，卒。

牛温舒，范陽人。剛正，尚節義，有遠器。咸雍中，擢進士第，滯小官。大安初，累遷户部使，轉給事中、知三司使事。國、民兼足，上以爲能，加户部侍郎，改三司使。壽隆中，拜參知政事，兼同知樞密院事，攝中京留守。部民詣闕請真拜，從之。召爲三司使。乾統初，復參知政事，知南院樞密使事。五年，夏爲宋所攻，來請和解。温舒與蕭得里底使宋。方大燕，優人爲道士裝，索土泥藥爐。優曰：「土少不能和。」温舒遽起，以手藉土懷之。宋主問其故，温舒對曰：「臣奉天子威命來和，若不從，則當卷土收去。」宋人大驚，遂許夏和。還，加中書令，卒。

杜防，涿州歸義縣人。開泰五年，擢進士甲科，累遷起居郎、知制誥，人以爲有宰相器。太平中，遷政事舍人，拜樞密副使。

重熙九年，夏人侵宋。宋遣郭禎來告〔四〕，請與夏和，上命防使夏解之〔五〕。如約罷兵，各歸侵地，拜參知政事。韓紹芳、劉六符忌之，防待以誠。十二年，紹芳等罷，愈見信任。十三年，拜南府宰相〔六〕。防生子，帝幸其第，賜名王門奴。以進奏有誤，出爲武定軍節度使。十七年，復召爲南府宰相〔七〕。二十一年秋，祭仁德皇后，詔儒臣賦詩，防爲冠，賜金帶。

道宗諒陰，爲大行皇帝山陵使。清寧二年，上諭防曰：「朕以卿年老嗜酒，不欲煩以劇務。朝廷之事，總綱而已。」頃之，拜右丞相，加尚父，卒。上歎悼不已，賵贈加等，官給葬具，贈中書令，謚曰元肅。子公謂，終南府宰相。

蕭和尚，字洪寧，國舅大父房之後。忠直，多智略。

開泰初，補御盞郎君，尋爲内史、太醫等局都林牙。使宋賀正，將宴，典儀者告，班節度使下。和尚曰：「班次如此，是不以大國之使相禮。且以錦服爲貺，如待蕃部。若果如是，吾不預宴。」宋臣不能對，易以紫服，位視執政，使禮始定。

八年秋，爲唐古部節度使，卒。弟特末。

特末，字何寧。爲人機辨任氣。太平中，累遷安東軍節度使，有能稱。十一年，召爲左祗候郎君班詳穩。未幾，遷左夷离畢。重熙十年，累遷北院宣徽使。劉六符使宋〔八〕，索十縣故地，宋請增銀、絹十萬兩，疋以易之。歸，稱旨，加同政事門下平章事。詔城西南渾底甸。還，復爲北院宣徽使，卒。

耶律合里只，字特滿，六院夷离菫蒲古只之後。重熙中，累遷西南面招討都監。充宋國生辰使，館于白溝驛。宋宴勞，優者嘲蕭惠河西之敗。合里只曰：「勝負兵家常事。我嗣聖皇帝俘石重貴，至今興中有石家寨。惠之一敗，何足較哉？」宋人慚服。帝聞之曰：「優伶失辭，何可傷兩國交好！」鞭二百，免官。

清寧初，起爲懷化軍節度使。七年，入爲北院大王，封豳國公。歷遼興軍節度使、東北路詳穩，加兼侍中。致仕，卒。

合里只明達勤恪，懷柔有道。置諸賓館及西邊營田，皆自合里只發之。

耶律頗的，字撒版，季父房奴瓜之孫。孤介寡合。重熙初，補牌印郎君。清寧初，稍遷知易州。去官，部民請留，許之。

咸雍八年，改彰國軍節度使。上獵大牢古山，頗的謁于行宫。帝問邊事，對曰：「自應州南境至天池，皆我耕牧之地。清寧間，邊將不謹，爲宋所侵，烽堠内移，似非所宜。」道宗然之。拜北面林牙。後遣人使宋，得其侵地，命頗的往定疆界。還，拜南院宣徽使。

大康四年，遷忠順軍節度使。尋爲南院大王，改同知南京留守事，召拜南府宰相，賜貞良功臣，封吴國公，爲北院樞密使。廉謹奉公，知無不爲。大安中致仕，卒。子霞抹，北院樞密副使〔九〕。

論曰：耶律合住安邊講好，養兵息民，其慮深遠矣。六符啓釁邀功，豈國家之利哉？牛、杜、頗的、合里只輩銜命出使，幸不辱命。裹履殺人婢以求婚〔一〇〕，身負罪釁，晝其主容，以冀免死，亦可醜也。

校勘記

〔一〕即朱滔之甥　「朱滔」，原作「木滔」，據舊唐書卷一四三劉怦傳、新唐書卷二一二朱滔傳及通鑑卷二二七唐紀四三德宗建中三年四月壬戌改。

〔二〕統和六年致仕　按本書卷一二聖宗紀三，統和六年二月甲寅「大同軍節度使、同平章政事劉京致仕」。劉京疑即劉景。

〔三〕父慎行　按劉慎行即劉晟，參見本書卷一五聖宗紀六校勘記〔三二〕。

〔四〕宋遣郭禎來告　「郭禎」，長編卷一二八仁宗康定元年秋七月乙丑、宋史卷三〇一本傳皆作「郭稹」，按宋仁宗諱禎，其名當作「稹」。

〔五〕上命防使夏解之　按本書卷一八興宗紀一重熙九年七月癸酉，「宋遣郭禎以伐夏來報，遣樞密使杜防報聘」，又長編卷一二九仁宗康定元年（遼重熙九年）十二月己丑亦謂「契丹遣工部尚書、修國史杜防來聘」，均稱防使宋報聘，疑是。

〔六〕十三年拜南府宰相　「十三年」，原作「十二年」。按本書卷一九興宗紀二，防初爲南府宰相在重熙十三年二月丙辰，且上文已有「十二年」，此當作「十三年」，今據改。

〔七〕十七年復召爲南府宰相　「十七年」，原作「十四年」。按本書卷二〇興宗紀三，防復爲南府宰相在重熙十七年四月辛未，又上文「出爲武定軍節度使」係重熙十六年十二月事，今據改。

〔八〕重熙十年累遷北院宣徽使劉六符使宋　「劉六符使宋」句上當闕一「與」字。按本書卷一九興宗紀二，重熙十一年正月庚戌，遣南院宣徽使蕭特末、翰林學士劉六符使宋，取晉陽及瓦橋以南十縣地。「北院宣徽使」，興宗紀及長編卷一三五慶曆二年三月己巳並作「南院宣徽使」。

〔九〕北院樞密副使　本書卷六六皇族表作「北院樞密使」。

〔一〇〕裹履殺人婢以求婚　「履」，原作「里」，據明鈔本、南監本、北監本、殿本及上文本傳改。

遼史卷八十七

列傳第十七

蕭孝穆 撒八 孝先 孝友 蕭蒲奴 耶律蒲古 夏行美

蕭孝穆，小字胡獨堇，淳欽皇后弟阿古只五世孫。父陶瑰，爲國舅詳穩。孝穆廉謹有禮法。統和二十八年，累遷西北路招討都監。開泰元年，遥授建雄軍節度使，加檢校太保。是年朮烈等變，孝穆擊走之。冬，進軍可敦城。阻卜結五羣牧長查剌、阿覩等，謀中外相應，孝穆悉誅之，硒嚴備禦以待，餘黨遂潰。以功遷九水諸部安撫使。尋拜北府宰相，賜忠穆熙霸功臣，檢校太師，同政事門下平章事。八年，還京師。

太平二年，知樞密院事，充漢人行宫都部署。三年，封燕王、南京留守、兵馬都總管。九年，大延琳以東京叛，孝穆爲都統討之。戰于蒲水，中軍稍却，副部署蕭匹敵、都監蕭蒲奴以兩翼夾擊，賊潰，追敗之于手山北。延琳走入城，深溝自衛。孝穆圍之，築重城，起樓櫓，使內外不相通，城中撤屋以爨。其將楊詳世等擒延琳以降，遼東悉平。改東京留守，賜佐國功臣。爲政務寬簡，撫納流徙，其民安之。

興宗即位，徙王秦，尋復爲南京留守。重熙六年，進封吳國王，拜北院樞密使。八年，表請籍天下户口以均徭役，又陳諸部及舍利軍利害。從之。繇是政賦稍平，衆悦。九年，徙王楚。時天下無事，户口蕃息，上富于春秋，每言及周取十縣，慨然有南伐之志。羣臣多順旨。孝穆諫曰：「昔太祖南伐，終以無功。嗣聖皇帝仆唐立晉，後以重貴叛，長驅入汴；鑾馭始旋，反來侵軼。自後連兵二十餘年，僅得和好，蒸民樂業，南北相通。今國家比之曩日，雖曰富彊，然勳臣、宿將往往物故。且宋人無罪，陛下不宜棄先帝盟約。」時上意已決，書奏不報。以年老乞骸骨，不許。十二年，復爲北院樞密使[一]，更王齊，薨。追贈大丞相、晉國王，謚曰貞。

孝穆雖椒房親，位高益畏。太后有賜，輒辭不受。妻子無驕色。與人交，始終如一。所薦拔皆忠直士。嘗語人曰：「樞密選賢而用，何事不濟？若自親煩碎，則大事凝滯矣。」自蕭合卓以吏才進，其後轉效，不知大體。歎曰：「不能移風易俗，偷安爵位，臣子之道若是乎。」時稱爲「國寶臣」，目所著文曰寶老集。二子阿剌、撒八，弟孝先、孝忠、孝友〔二〕，各有傳。

撒八，字周隱。七歲，以戚屬加左右千牛衞大將軍。重熙初，補祗候郎君。性廉介，風姿爽朗，善毬馬、馳射。帝每燕飲，喜諧謔。撒八雖承寵顧，常以禮自持，時人稱之。以柴册禮恩，加檢校太傅、永興宫使，總領左右護衞，同知點檢司事。尚魏國公主，拜駙馬都尉，爲北院宣徽使，仍總知朝廷禮儀。重熙末，出爲西北路招討使、武寧郡王。居官以治稱。

清寧初薨，年三十九，追封齊王。

孝先，字延寧，小字海里。統和十八年，補祗候郎君。尚南陽公主，拜駙馬都尉。開泰五年，爲國舅詳穩。將兵城東鄙。還，爲南京統軍使。太平三年，爲漢人行宫都部署，尋加太子太傅。五年，遷上京留守。以母老求侍，復爲國舅詳穩。改東京留守。會大延琳反，被圍數月，穴地而出。延琳平，留守上京。十一年，帝不豫，欽哀召孝先總禁衞事。

興宗諒陰，欽哀弑仁德皇后，孝先與蕭浞卜、蕭匹敵等謀居多〔三〕。及欽哀攝政，遥授天平軍節度使，加守司徒，兼政事令。重熙初，封楚王，爲北院樞密使。孝先以椒房親，爲太后所重。在樞府，好惡自恣，權傾人主，朝多側目。三年，太后與孝先謀廢立事，帝知之，勒衛兵出宫，召孝先至，諭以廢太后意。孝先震懾不能對。遷太后于慶州〔四〕。孝先恒鬱鬱不樂。四年，徙王晉。後爲南京留守，卒，謚忠肅。

孝友，字撻不衍，小字陳留。開泰初，以戚屬爲小將軍。太平元年，以大册，加左武衛大將軍、檢校太保，賜名孝友。

重熙元年，累遷西北路招討使，封蘭陵郡王。八年，進王陳。先是，蕭惠爲招討使，專以威制西羌，諸夷多叛。孝友下車，厚加綏撫，每入貢，輒增其賜物，羌人以妥。久之，寖成姑息，諸夷桀驁之風遂熾，議者譏其過中。

十年，加政事令，賜効節宣庸定遠功臣，更王吴。後以葬兄孝穆、孝忠，還京師，拜南院樞密使，加賜翊聖協穆保義功臣，進王趙，拜中書令。丁母憂，起復北府宰相，出知東京留守。會伐夏，孝友與樞密使蕭惠失利河南，帝欲誅之，太后救免。復爲東京留守，徙王燕，改上京留守，更王秦。

清寧初，加尚父。頃之，復留守東京。明年，復爲北府宰相。帝親製誥詞以褒寵之。

以柴册恩，遥授洛京留守，益賜純德功臣，致仕，進封豐國王。坐子胡覩首與重元亂，伏誅，年七十三。胡覩在逆臣傳。

蕭蒲奴，字留隱，奚王楚不寧之後。幼孤貧，傭于醫家，牧牛傷人稼，數遭笞辱。醫者嘗見蒲奴熟寐，有蛇遶身，異之。教以讀書，聰敏嗜學。不數年，涉獵經史，習騎射。既冠，意氣豪邁。

開泰間，選充護衞，稍進用。俄坐罪黥流烏古部。久之，召還，累任劇，遷奚六部大王，治有聲。

太平九年，大延琳據東京叛，蒲奴爲都監，將右翼軍。遇賊戰蒲水，中軍少却，蒲奴與左翼軍夾攻之。先據高麗、女直要衝，使不得求援，又敗賊于手山。延琳走入城。蒲奴不介馬而馳，追殺餘賊。已而大軍圍東京，蒲奴討諸叛邑，平吼山賊，延琳堅守不敢出。既被擒，蒲奴以功加兼侍中。

重熙六年，改北阻卜副部署，再授奚六部大王。十五年，爲西南面招討使。西征夏國，蒲奴以兵二千據河橋，聚巨艦數十艘，仍作大鉤，人莫測。戰之日，布舟于河，綿亘三十餘里。遣人伺上流，有浮物輒取之。大軍既失利，蒲奴未知，適有大木順流而下，勢將壞浮梁，斷歸路，操舟者爭鉤致之，橋得不壞。

明年，復西征，懸兵深入，大掠而還，復爲奚六部大王。致仕，卒。

耶律蒲古，字提隱，太祖弟蘇之四世孫。以武勇稱。統和初，爲涿州刺史，從伐高麗有功。開泰末，爲上京内客省副使。

太平二年，城鴨緑江，蒲古守之，在鎮有治績。五年，改廣德軍節度使，尋遷東京統軍使。莅政嚴肅，諸部慴服。九年，大延琳叛，以書結保州。夏行美執其人送蒲古，蒲古入據保州，延琳氣沮。以功拜惕隱。

十一年，爲子鐵驪所弑。

夏行美，渤海人。太平九年，大延琳叛，時行美總渤海軍于保州。延琳使人説欲與俱叛，行美執送統軍耶律蒲古，又誘賊黨百人殺之。延琳謀沮，廼嬰城自守，數月而破。以功加同政事門下平章事，錫賚甚厚。明年，擢忠順軍節度使。

重熙十七年，遷副部署，從點檢耶律義先討蒲奴里，獲其酋陶得里以歸。致仕，卒。上思其功，遣使祭于家。

論曰：不有君子，其能國乎？方其擒延琳，定遼東，一時諸將之功偉矣。宜其撫劍抵掌，賈餘勇以威天下也。蕭孝穆之諫南侵，其意防何其弘遠歟，是豈瞋目語難者所能知哉！至論移風俗爲治之本，親煩碎爲失大臣體，又何其深切著明也。爲「國寶臣」，宜矣。孝先預弒仁德之謀，猶依城社以逃熏灌，爲國巨蠹，雖功何議焉。

校勘記

〔一〕十二年復爲北院樞密使　「十二年」，原作「十一年」。按本書卷一九興宗紀二，孝穆復爲此官在十二年六月，今據改。

〔二〕弟孝先孝忠孝友　本書卷六七外戚表同。按耶律元妻晉國夫人蕭氏墓誌、蕭和妻秦國太妃耶律氏墓誌及蕭知行墓誌均謂孝穆有弟四人，即孝先、孝誠、孝友、孝惠。閻萬章遼道宗宣懿皇后父爲蕭孝惠考疑「孝忠」即「孝惠」之誤。按卷八一蕭孝忠傳，孝忠仕履與孝惠大體吻合。

〔三〕欽哀弑仁德皇后孝先與蕭浞卜蕭匹敵等謀居多　此處敍事淆亂，似有錯簡。按，蕭浞卜即蕭鉏不里。據本書卷一八興宗紀一景福元年六月辛丑，蕭鉏不里與蕭匹敵以黨仁德爲欽哀所殺；次年春，欽哀乃弑仁德皇后。

〔四〕「三年太后與孝先謀廢立事」至「遷太后于慶州」　「三年」，原作「二年」。按本書卷一八興宗紀一，「皇太后還政於上，躬守慶陵」，事在重熙三年五月。又卷七一聖宗欽哀皇后蕭氏傳云：「（重熙）三年，后陰召諸弟議，欲立少子重元，重元以所謀白帝。帝收太后符璽，遷于慶州七括宫。」今據改。

遼史卷八十八

列傳第十八

蕭敵烈 拔剌　耶律盆奴　蕭排押 恒德 匹敵　耶律資忠
耶律瑤質　耶律弘古　高正　耶律的琭　大康乂

蕭敵烈，字涅魯衮，宰相撻烈四世孫。識度弘遠，爲鄉里推重。始爲牛羣敞史，帝聞其賢，召入侍，遷國舅詳穩。

統和二十八年，帝謂羣臣曰：「高麗康肇弑其君誦，立誦族兄詢而相之，大逆也。宜發兵問其罪。」羣臣皆曰可。敵烈諫曰：「國家連年征討，士卒抏敝。況陛下在諒陰，年穀不登，創痍未復。島夷小國，城壘完固。勝不爲武；萬一失利，恐貽後悔。不如遣一介之使，往問其故。彼若伏罪則已；不然，俟服除歲豐，舉兵未晚。」時令已下，言雖不行，識者躂之。

明年，同知左夷离畢事。改右夷离畢。開泰初，率兵巡西邊。時夷离堇部下閘撒狘撲里、失室、勃葛率部民遁，敵烈追擒之，令復業，遷國舅詳穩。從樞密使耶律世良伐高麗。還，加同政事門下平章事，拜上京留守。

敵烈爲人寬厚，達政體，廷臣皆謂有王佐才。漢人行宫都部署王繼忠薦其材可爲樞密使，帝疑其黨而止。爲中京留守，卒。族子忽古，有傳。弟拔剌。

拔剌，字別勒隱。多智，善騎射。

開泰間，以兄爲右夷离畢，始補郎君，累遷奚六部禿里太尉。太平末，大延琳叛，拔剌將北、南院兵往討，遇于蒲水，南院兵少却。至手山，復與賊遇。拔剌乃易兩院旗幟，鼓勇力戰，破之。上聞，以手詔褒獎，賜内厩馬。

重熙中，遷四捷軍詳穩，謝事歸鄉里。數歲，起爲昭德軍節度使，尋改國舅詳穩，卒。

耶律盆奴，字胡獨堇，惕隱涅魯古之孫。景宗時，爲烏古部詳穩，政尚嚴急，民苦之。

有司以聞，詔曰：「盆奴任方面寄，以細故究問，恐損威望。」尋遷馬羣太保。

統和十六年，隱實燕軍之不任事者，汰之。二十八年，駕征高麗，盆奴爲先鋒。至銅州，高麗將康肇分兵爲三以抗我軍：一營于州西，據三水之會，肇居其中；一營近州之山；一附城而營。盆奴率耶律弘古擊破三水營，擒肇，李玄藴等軍望風潰。會大軍至，斬三萬餘級，追至開京，破敵於西嶺。高麗王詢聞邊城不守，遁去。

盆奴入開京，焚其王宫，廼撫慰其民人。上嘉其功，遷北院大王，薨。

蕭排押，字韓隱，國舅少父房之後。多智略，能騎射。

統和初，爲左皮室詳穩，討阻卜有功。四年，破宋將曹彬、米信兵于望都。凡軍事有疑，每預參決。尋總永興宫分糺及舍利、拽剌、二皮室等軍〔一〕，與樞密使耶律斜軫收復山西所陷城邑。是冬，攻宋，隸先鋒，圍滿城〔二〕，率所部先登，拔之，改南京統軍使。尚衞國公主，拜駙馬都尉，加同政事門下平章事。

十三年，歷北、南院宣徽使。條上時政得失，及賦役法，上嘉納焉。十五年，加政事令，遷東京留守。二十二年，復攻宋，將渤海軍，下德清軍。後蕭撻凜卒，專任南面事。宋和議成，爲北府宰相。聖宗征高麗，將兵由北道進，至開京西嶺，破敵兵，斬數千級。高麗王詢懼，奔平州。排押入開京，大掠而還。帝嘉之，封蘭陵郡王。開泰二年，以宰相知西南面招討使。五年，進王東平。

排押爲政寬裕而善斷，諸部畏愛，民以殷富，時議多之。七年，再伐高麗，至開京，敵奔潰，縱兵俘掠而還。渡茶、陀二河，敵夾射，排押委甲仗走，坐是免官。

太平三年，復王豳，薨。弟恒德。

恒德，字遜寧。有膽略而善謀。

統和元年，尚越國公主，拜駙馬都尉，遷南面林牙。從宣徽使耶律阿没里征高麗還，改北面林牙。會宋將曹彬、米信侵燕，耶律休哥與恒德議軍事，多見信用，爲東京留守。

六年，上攻宋，圍沙堆，恒德獨當一面。城上矢石如雨，恒德意氣自若，督將士奪其陴。城陷，中流矢，太后親臨視，賜藥。攻長城口，復先登，太后益多其功。時高麗未附，恒德受詔，率兵拔其邊城。王治懼，上表請降。

十二年八月，賜啓聖竭力功臣。從都部署和朔奴討兀惹，未戰，兀惹請降。恒德利其俘獲，不許。兀惹死戰，城不能拔。和朔奴議欲引退，恒德曰：「以彼倔彊，吾奉詔來討，無功而還，諸部謂我何！若深入多獲，猶勝徒返。」和朔奴不得已，進擊東南諸部，至高麗北鄙。比還，道遠粮絕，士馬死傷者衆〔三〕，坐是削功臣號。

十四年，爲行軍都部署，伐蒲盧毛朵部。還，公主疾，太后遣宮人賢釋侍之，恒德私焉。公主恚而薨，太后怒，賜死。後追封蘭陵郡王。子匹敵。

匹敵，字蘇隱，一名昌裔。生未月，父母俱死，育于禁掖。既長，尚秦晉王公主，拜駙馬都尉，爲殿前副點檢。統和八年，改北面林牙〔四〕。太平四年，遷殿前都點檢，出爲國舅詳穩。九年，渤海大延琳叛，劫掠鄰部，與南京留守蕭孝穆往討。孝穆欲全城降，乃築重城圍之。數月，城中人陰來納款，遂擒延琳，東京平。以功封蘭陵郡王。

十一年，聖宗不豫。先是，欽哀與仁德皇后有隙，以匹敵嘗爲后所愛，忌之。時護衛馮家奴上變，誣弟浞卜與匹敵謀逆〔五〕。以皇后攝政，徐議當立者。公主竊聞其謀，謂匹敵曰：「爾將無罪被戮。與其死，何若奔女直國以全其生！」匹敵曰：「朝廷詎肯以飛語害忠良。寧死弗適他國。」及欽哀攝政，殺之。

耶律資忠，字沃衍，小字札剌，系出仲父房。

兄國留善屬文，聖宗重之。時妻弟之妻阿古與奴通，將奔女直國，國留追及奴，殺之，阿古自經。阿古母有寵于太后，事聞，太后怒，將殺之。帝度不能救，遣人訣別，問以後事。國留謝曰：「陛下憫臣無辜，恩漏九泉，死且不朽！」既死，人多冤之。在獄著兔賦、寤寐歌，爲世所稱。

資忠博學，工辭章，年四十未仕。聖宗知其賢，召補宿衛。數問以古今治亂，資忠對無隱。開泰中，授中丞，眷遇日隆。

初，高麗內屬，取女直六部地以賜。至是，貢獻不時至，詔資忠往問故。高麗無歸地意。由是權貴數短於上，出爲上京副留守。四年，再使高麗〔六〕，留弗遣。資忠每懷君親，輒有著述，號西亭集。帝與羣臣宴，時一記憶曰：「資忠亦有此樂乎？」九年，高麗上表謝罪，始送資忠還。帝郊迎，同載以歸，命大臣宴勞，留禁中數日。謂曰：「朕將屈卿爲樞密，何如？」資忠對曰：「臣不才，不敢奉詔。」乃以爲林牙，知惕隱事。初，資忠在高麗也，弟昭爲著帳郎君，坐罪没家產。至是，乃復横帳，且還舊產，詔以外戚女妻之。

是時，樞密使蕭合卓、少師蕭把哥有寵，資忠不肯俛附，詆之。帝怒，奪官。數歲，出知來遠城事，歷保安、昭德二軍節度使。

聖宗崩，表請會葬。既至，伏梓宮大慟曰：「臣幸遇聖明，横被構譖，不獲盡犬馬報。」氣絶而蘇，興宗命醫治疾。久之，言國舅侍中無憂國心，陛下不當復用唐景福舊號，於是用事者惡之，遣歸鎮，卒。弟昭，有傳。

耶律瑶質，字拔里堇，積慶宫人。父侯古，室韋部節度使。

瑶質篤學廉介，有經世志。統和十年，累遷至積慶宫使。聖宗嘗諭瑶質曰：「聞卿正直，是以進用。國有利害，爾言宜無所隱。」由是所陳多見嘉納。

上征高麗，破康肇軍于銅州，瑶質之力爲多。王詢乞降，羣臣議皆謂宜納。瑶質曰：「王詢始一戰而敗，遽求納款，此詐耳；納之，恐墮其姦計。待其勢窮力屈，納之未晚。」已而詢果遁，清野無所獲。其衆阻險而壘，攻之不下，瑶質以計降之。擢拜四蕃部詳穩。

時招討使耶律頗的爲總管，瑶質恥居其下，上表曰：「臣先朝舊臣，今既垂老，乞還新命，覬得常侍左右。」帝曰：「朕不使汝久處是任。」且命無隸招討，得專奏事到部。戢暴懷善，政績顯著。卒于官。

耶律弘古，字盆訥隱，遙輦鮮質可汗之後。統和初，嘗以軍事任爲拽剌詳穩，尋徙南京統軍使。十三年，徇地南鄙，克敵於四岳橋，斬首百餘級。攻宋，以戰功遷東京留守，封楚國公。後伐高麗，副先鋒耶律盆奴，擒康肇于銅州。三十年，西北部叛，從南府宰相耶律奴瓜討之。及典禁軍，號令整肅，諸部多降。尋遷侍中，卒。

高正，不知何郡人。統和初，舉進士第，累遷樞密直學士。上將伐高麗，遣正先往諭意。及還，遷右僕射。時高麗王詢表請入覲，上許之，遣正率騎兵千人迓之。館于路，爲高麗將卓思正所圍。正以勢不可敵，與麾下壯士突圍出，士卒死傷者衆。上悔輕發，釋其罪。

明年，遷工部侍郎，爲北院樞密副使。開泰五年卒。

耶律的琭，字耶寧，仲父房之後。習兵事，爲左皮室詳穩〔七〕。統和二十八年，伐高麗，的琭率本部軍與盆奴等擒康肇、李玄蘊于銅州。帝壯之曰：「以卿英才，爲國戮力，真吾家千里駒也！」乃賜御馬及細鎧。明年，爲北院大王，出爲烏古敵烈部都詳穩。年七十二卒。

大康乂，渤海人。開泰間，累官南府宰相，出知黄龍府，善綏撫，東部懷服。榆里底乃部長伯陰與榆烈比來附，送于朝。且言蒲盧毛朵界多渤海人，乞取之。詔從其請。康乂領兵至大石河駝準城，掠數百户以歸。未幾卒。

論曰：高句驪弑其君誦而立詢，遼興問罪之師，宜其簞食壺漿以迎，除舍以待；而迺乘險旅拒，俾智者竭其謀，勇者窮其力。雖得其要領，而顒顒獨居一海之中自若也。豈服人者以德而不以力歟？況乎殘毀其宮室，係累其民人，所謂以燕伐燕也歟？嗚呼！朱崖之棄，捐之之力也，敵烈之諫有焉。

校勘記

〔一〕尋總永興宮分糺及舍利拽剌二皮室等軍　按本書卷一一聖宗紀二統和四年五月庚辰，「詔遣詳穩排亞率弘義宮兵及南北皮室、郎君、拽剌四軍赴應、朔二州界，與惕隱瑤昇、招討韓德威等同禦宋兵在山西之未退者。」此處作「永興宮」，與紀不合。

〔二〕圍滿城　「滿城」，原作「蒲城」。按本書卷一一聖宗紀二統和四年十一月，此役在泰州一帶。舊五代史卷一五〇郡縣志云：「後唐天成三年三月，升奉化軍爲泰州，以清苑縣爲理所。至晉開運二年九月，移就滿城縣。至周廣順二年二月，廢州。」泰州係沿五代舊稱，「蒲城」當爲「滿城」之誤。今據改。

〔三〕士馬死傷者衆　「者」，明鈔本、南監本同，北監本、殿本作「甚」。

〔四〕「生未月父母俱死」至「統和八年改北面林牙」　「統和」似應作「開泰」。按本卷上文蕭恒德傳，恒德於統和十四年賜死。此謂「生未月，父母俱死」，知匹敵生於統和十四年，不得於統和八年以前尚公主、任官，八年又改北面林牙。據本書卷九景宗紀下乾亨二年正月丙子及卷六四皇子表，知隆慶統和八年年僅十八，匹敵此時尚其女韓國長公主，亦無是理。

〔五〕誣弟涅卜與匹敵謀逆　「弟」上疑闕一「后」字。按，涅卜或作鉏不、鉏不里、啜不，漢名紹業，尚聖宗女晉國長公主巖母堇。據本書卷一六聖宗紀七、卷三七地理志一成州條、卷三九地理志三成州條及遼東行部志，太平元年以晉國長公主從嫁户置州。太平六年宋匡世墓誌稱「俄屬今主上堯階受册，舜曆改元。（中略）禮畢，會中宫之愛弟，開外館以親迎。（中略）改授晉國公主中京提轄使」，即謂太平改元及紹業、晉國公主婚嫁之事，「中宫」乃指仁德皇后，則紹業當爲仁德之弟。

〔六〕四年再使高麗　高麗史卷四顯宗世家一顯宗六年（遼開泰四年）夏四月庚申亦云：「契丹使將軍耶律行平來，又索六城，拘留不遣。」按行平即資忠，然本書卷一五聖宗紀六繫此事於開泰三年二月，與此不合。

〔七〕爲左皮室詳穩　本書卷一五聖宗紀六統和二十八年十一月丙戌及卷一一五高麗外記並作「右皮室詳穩耶律敵魯」。

遼史卷八十九

列傳第十九

耶律庶成 庶箴 蒲魯　楊皙　耶律韓留　楊佶　耶律和尚

耶律庶成，字喜隱，小字陳六，季父房之後。父吴九，檢校太師。

庶成幼好學，書過目不忘。善遼、漢文字，於詩尤工。重熙初，補牌印郎君，累遷樞密直學士。與蕭韓家奴各進四時逸樂賦，帝嗟賞。初，契丹醫人鮮知切脉審藥，上命庶成譯方脉書行之，自是人皆通習，雖諸部族亦知醫事。時入禁中，參決疑議。偕林牙蕭韓家奴等撰實録及禮書。與樞密副使蕭德修定法令〔一〕，上詔庶成曰：「方今法令輕重不倫。法令者，爲政所先，人命所繫，不可不慎。卿其審度輕重，從宜修定。」庶成參酌古今，刊正訛謬，成書以進。帝覽而善之。

庶成方進用，爲妻胡篤所誣，以罪奪官，絀爲「庶耶律」。使吐蕃凡十二年，清寧間始歸。帝知其誣，詔復本族，仍遷所奪官，卒。

庶成嘗謂林牙〔二〕，夢善卜者胡呂古卜曰：「官止林牙，因妻得罪。」及置於理，法當離婚。胡篤適有娠，至期不産而死。剖視之，其子以手抱心，識者謂誣夫之報。有詩文行于世。弟庶箴。

庶箴，字陳甫。善屬文。重熙中，爲本族將軍。咸雍元年，同知東京留守事，俄徙烏衍突厥部節度使。九年，知薊州事。

明年，遷都林牙。上表乞廣本國姓氏曰：「我朝創業以來，法制修明；惟姓氏止分爲二，耶律與蕭而已。始太祖制契丹大字，取諸部鄉里之名，續作一篇，著于卷末。臣請推廣之，使諸部各立姓氏，庶男女婚媾有合典禮。」帝以舊制不可遽釐，不聽。

大康二年，出耶律乙辛爲中京留守，庶箴與耶律孟簡表賀。頃之，乙辛復爲樞密使，專權恣虐。庶箴私見乙辛泣曰：「前抗表，非庶箴之願也。」乙辛信其言，乃得自安。聞者鄙之。八年，致仕，卒。子蒲魯。

蒲魯，字乃展。幼聰悟好學，甫七歲，能誦契丹大字。習漢文，未十年，博通經籍。重熙中，舉進士第。主文以國制無契丹試進士之條，聞于上，以庶箴擅令子就科目，鞭之二百。尋命蒲魯爲牌印郎君。應詔賦詩，立成以進。帝嘉賞，顧左右曰：「文才如此，必不能武事。」蒲魯奏曰：「臣自蒙義方，兼習騎射，在流輩中亦可周旋。」帝未之信。會從獵，三矢中三兔，帝奇之，轉通進。

是時，父庶箴嘗寄戒諭詩，蒲魯答以賦，衆稱其典雅。寵遇漸隆。清寧初卒。

楊晳〔三〕，字昌時，安次人。幼通五經大義。聖宗聞其穎悟，詔試詩，授祕書省校書郎。太平十一年，擢進士乙科，爲著作佐郎。

重熙十二年，累遷樞密都承旨，權度支使。登對稱旨，進樞密副使。歷長寧軍節度使、山西路轉運使，知興中府。清寧初，入知南院樞密使，與姚景行同總朝政。請行柴册禮。封趙國公。以足疾，復知興中府。咸雍初，徙封齊，召賜同德功臣、尚書左僕射，兼中書令，拜樞密使，改封晉，給宰相、樞密使兩廳傔從，封趙王。

屢請歸政，益賜保節功臣，致仕。大康五年，例改遼西郡王，薨。

耶律韓留，字速寧，仲父隋國王之後。有明識，篤行義，舉止嚴重，工爲詩。統和間，召攝御院通進。開泰三年，稍遷烏古敵烈部都監，俄知詳穩事。敵烈部叛，將宫分軍，從樞密使耶律世良討平之，加千牛衛大將軍。

重熙元年，累遷至同知上京留守，改奚六部禿里太尉。性不苟合，爲樞密使蕭解里所忌。上欲召用韓留，解里言目病不能視，議遂寢。四年，召爲北面林牙。帝曰：「朕早欲用卿，聞有疾，故待之至今。」韓留對曰：「臣昔有目疾，才數月耳，然亦不至于昏。第臣駑拙，不能事權貴，是以不獲早覩天顔。非陛下聖察，則愚臣豈有今日耶！」詔進述懷詩，上嘉歎。方將大用，卒。

楊佶，字正叔，南京人。幼穎悟異常，讀書自能成句，識者奇之。弱冠，聲名籍甚。統和二十四年，舉進士第一，歷校書郎、大理正。開泰六年，轉儀曹郎，典掌書命，加諫議大夫。出知易州，治尚清簡，徵發期會必信。入爲大理少卿。累遷翰林學士，文章號得體。八年，燕地饑疫，民多流殍，以佶同知南京留守事，發倉廩，振乏絶，貧民鬻子者計傭而出之。宋遣梅詢賀千齡節，詔佶迎送，多唱酬，詢每見稱賞。復爲翰林學士。

重熙元年，陞翰林學士承旨。丁母憂，起復工部尚書。歷忠順軍節度使，朔、武等州觀察、處置使，天德軍節度使，加特進、檢校太師、同中書門下平章事，復拜參知政事，兼知南院樞密使。

十五年，出爲武定軍節度使。境内亢旱，苗稼將槁。視事之夕，雨澤霑足。百姓歌曰：「何以蘇我？上天降雨。誰其撫我？楊公爲主。」灤陽水失故道，歲爲民害，乃以己俸創長橋，人不病涉。及被召，郡民攀轅泣送。上御清涼殿宴勞之，即日除吏部尚書，兼門下侍郎、同中書門下平章事。上曰：「卿今日何減吕望之遇文王！」佶對曰：「吕望比臣遭際有十年之晚。」上悦。其居相位，以進賢爲己任，事總大綱，責成百司，人人樂爲之用。

三請致政，許之，月給錢粟傔隸，四時遣使存問。卒。有登瀛集行于世。

耶律和尚，字特抹，系出季父房。善滑稽。

重熙初，補祗候郎君。時帝篤于親親，凡三父之後，皆序父兄行第，於和尚尤狎愛。然每侍宴飲，雖詼諧，未嘗有一言之過，由是上益重之。歷積慶、永興宮使，累遷至同知南院宣徽使事、南面林牙。十六年，出爲懷化軍節度使，俄召爲御史大夫。二十三年，因大册，加天平軍節度使、檢校太師，徙中京路案問使，卒。

和尚雅有美行，數以財恤親友，人皆愛重。然嗜酒不事事，以故不獲柄用。或以爲言，答曰：「吾非不知，顧人生如風燈石火，不飲將何爲？」晚年沈湎尤甚，人稱爲「酒仙」云。

論曰：庶成定法令，治民者不容高下其手。庶箴雖嘗表請廣姓氏，以秩典禮；其隨勢俯仰，則有愧於其子蒲魯矣。楊晳爲上寵遇，迭封王爵，而功業不少概見。然得愛民治國之要，其楊佶哉。

校勘記

〔一〕與樞密副使蕭德修定法令　「蕭德」，原作「耶律德」。按本書卷九六蕭德傳：「累遷北院樞密副使，（中略）詔與林牙耶律庶成修律令。」今據改。

〔二〕庶成嘗謂林牙　馮校云：「謂」當作「爲」。按此二字義通。

〔三〕楊皙　按本書卷九七有楊績傳，乃一人二傳，參見卷九七校勘記〔五〕。

遼史卷九十

列傳第二十

蕭阿剌 耶律義先 信先 蕭陶隗 蕭塔剌葛 耶律敵祿

蕭阿剌，字阿里懶，北院樞密使孝穆之子也。幼養宮中，興宗尤愛之。重熙六年，爲弘義宮使。累遷同知北院樞密使，加同中書門下平章事，出爲東京留守〔一〕。二十一年，拜西北路招討使，封西平郡王〔二〕。尋尚秦晉國王公主，拜駙馬都尉。

清寧元年，遺詔拜北府宰相，兼南院樞密使〔三〕，進王韓。明年，改北院樞密使，徙王陳，與蕭革同掌國政。革諂諛不法，阿剌爭之不得，告歸。上由此惡之，除東京留守。會行瑟瑟禮，入朝陳時政得失。革以事中傷，帝怒，縊殺之。皇太后營救不及，大慟曰：「阿剌何罪而遽見殺？」帝乃優加賻贈，葬乾陵之赤山。

阿剌性忠果，曉世務，有經濟才。議者以謂阿剌若在，無重元、乙辛之亂。

耶律義先，于越仁先之弟也。美風姿，舉止嚴重。

重熙初，補祗候郎君班詳穩。十三年，車駕西征，爲十二行糺都監，戰功最，改南院宣徽使。

時蕭革同知樞密院事，席寵擅權，義先疾之。因侍讌，言于帝曰：「革狡佞喜亂，一朝大用，必誤國家！」言甚激切，不納。它日侍宴，上命羣臣博，負者罰一巨觥。義先當與革對，憮然曰：「臣縱不能進賢退不肖，安能與國賊博哉！」帝止之曰：「卿醉矣！」義先厲聲詬不已。上大怒，賴皇后救，得解。翌日，上謂革曰：「義先無禮，當黜之。」革對曰：「義先天性忠直，今以酒失而出，誰敢言人之過？」上謂革忠直，益加信任。義先鬱鬱不自得，然議事未嘗少沮。又於上前博，義先祝曰：「向言人過，冒犯天威。今日一擲，可表愚款。」俄得堂印。上愕然。

十六年，爲殿前都點檢。討蒲奴里，多所招降，獲其酋長陶得里以歸，手詔褒奬，以功改南京統軍使，封武昌郡王。奏請統軍司錢營息，以贍貧民。未朞，軍器完整，民得休息。

二十一年，拜惕隱，進王富春。薨，年四十二。

義先常戒其族人曰：「國中三父房，皆帝之昆弟，不孝不義尤不可爲。」其接下無貴賤賢否，皆與均禮。其妻晉國長公主之女，每遇中表親，非禮服不見，故内外多化之。清寧間，追贈許王。弟信先。

信先，興宗以其父瑰引爲剌血友，幼養于宫。善騎射。

重熙十四年，爲左護衛太保，同知殿前點檢司事。十八年，兼右祗候郎君班詳穩。上問所欲，信先曰：「先臣瑰引與陛下分如同氣，然不及王封。儻使蒙恩地下，臣願畢矣。」上曰：「此朕遺忘之過。」追封燕王。是年，從蕭惠伐夏，敗於河南，例被責。

清寧初，爲南面林牙，卒。

蕭陶隗，字烏古鄰，宰相轄特六世孫。剛直，有威重。

咸雍初，任馬羣太保。素知羣牧名存實亡，悉閲舊籍，除其羸病，録其實數，牧人畏服。陶隗上書曰：「羣牧以少爲多，以無爲有。上下相蒙，積弊成風。不若括見真數，著爲定籍，公私兩濟。」從之。畜産歲以蕃息。

大康中，累遷契丹行宫都部署〔四〕。上嘗謂羣臣曰：「北樞密院軍國重任，久闕其人，耶律阿思、蕭斡特剌二人孰愈？」羣臣各譽所長，陶隗獨默然。上問：「卿何不言？」陶隗曰：「斡特剌懦而敗事〔五〕；阿思有才而貪，將爲禍基。不得已而用，敗事猶勝基禍。」上曰：「陶隗雖魏徵不能過，但恨吾不及太宗爾！」然竟以阿思爲樞密使。由是阿思銜之。九年，西圉不寧，阿思奏曰：「邊隅事大，可擇重臣鎮撫。」上曰：「陶隗何如？」阿思曰：「誠如聖旨。」遂拜西南面招討使。阿思陰與蕭阿忽帶誣奏賊掠漠南牧馬及居民畜産，陶隗不急追捕，罪當死，詔免官。久之，起爲塌母城節度使。未行，疽發背卒。

陶隗負氣，怒則須髯輒張。每有大議，必毅然決之。雖上有難色，未嘗遽已。見權貴無少屈，竟爲阿思所陷，時人惜之。二子，曰圖木、轄式。阿思死，始獲進用。

蕭塔剌葛，字陶哂，六院部人。素剛直。太祖時，坐叔祖臺哂謀殺于越釋魯，没入弘義宫。世宗即位，以舅氏故，出其籍，補國舅别部敞史。

或言泰寧王察割有無君心。塔剌葛曰：「彼縱忍行不義，人孰肯從！」佗日侍宴，酒察割所害。

酣，塔剌葛捉察割耳，强飲之曰：「上固知汝傲很，然以國屬，曲加矜憫，使汝在左右，且度汝才何能爲。若長惡不悛，徒自取赤族之禍！」察割不能答，强笑曰：「何戲之虐也！」

天禄末，塔剌葛爲北府宰相，及察割作亂，塔剌葛醉詈曰：「吾悔不殺此逆賊！」尋爲察割所害。

耶律敵禄〔六〕，字陽隱，孟父楚國王之後。性質直，多膂力。

察割作亂，敵禄聞之，入見壽安王，慷慨言曰：「願得精兵數百，破賊黨。」王嘉其忠。穆宗即位，爲北院宣徽使。上以飛狐道狹，詔敵禄廣之。

明年，將兵援河東，至太原，與漢王會于高平，擊周軍，敗之，仍降其衆。忻、代二州叛，將兵討之。會耶律撻烈至，敗周師於忻口〔七〕。師還，卒。

論曰：忠臣惟知有國，而不知有身，故惡惡不避其患。阿剌以諂諛不法折蕭革，陶隗以用必基禍言阿思，塔剌葛以忍行不義徒自取赤族之罪責察割，其心可謂忠矣。言一出而禍輒隨之。吁，邪正既不辨，國焉得無亂哉！

校勘記

〔一〕出爲東京留守　「東京」，原作「東宮」。馮校謂「宮」當作「京」，今據改。

〔二〕封西平郡王　「西平」，原作「西北」。按本書卷二〇興宗紀三重熙二十一年四月癸未，「以國舅詳穩蕭阿剌爲西北路招討使，封西平郡王」。今據改。

〔三〕兼南院樞密使　本書卷二二道宗紀二清寧元年八月戊戌作「權知南院樞密使事」。

〔四〕大康中累遷契丹行宮都部署　本書卷二五道宗紀五繫此事於大安七年六月癸卯。下文耶律阿思爲樞密使事，見於卷二六道宗紀六壽隆元年十二月癸亥：「以知北院樞密使事耶律阿思爲北院樞密使。」又下文「九年，西圉不寧」，當指大安九年西南路達里底、拔思母之叛。則此處「大康」似爲「大安」之誤。

〔五〕斡特剌懦而敗事　「斡特剌」，原作「訛特剌」，據上文改。

〔六〕耶律敵禄　「敵禄」，大典卷四八〇〇引遼史耶律敵魯傳作「敵魯」。

〔七〕「明年」至「敗周師於忻口」　按本書卷六穆宗紀上應曆四年二月丙午，「周攻漢，命政事令耶律敵禄援之」；五月乙亥，「忻、代二州叛漢，遣南院大王撻烈助敵禄討之」。知此處「明年」當指應曆四年。

遼史卷九十一

列傳第二十一

耶律韓八　耶律唐古　蕭朮哲 藥師奴　耶律玦

耶律僕里篤

耶律韓八，字嘲隱，倜儻有大志，北院詳穩古之五世孫。

太平中，游京師，寓行宮側，惟囊衣匹馬而已。帝微服出獵，見而問之曰：「汝爲何人？」韓八初不識，漫應曰：「我北院部人韓八，來覓官耳。」帝與語，知有長才，陰識之。會北院奏南京疑獄久不決，帝召韓八馳驛審録，舉朝皆驚。韓八量情處理，人無冤者。上嘉之。籍羣牧馬，闕其二，同事者考尋不已；韓八略不加詰，即先馳奏，帝益信任。

景福元年，爲左夷离畢，徙北面林牙，眷遇優異。重熙六年，改北院大王，政務寬仁，復爲左夷离畢。十二年，再爲北院大王[一]。入朝，帝從容謂曰：「卿守邊任重，當實府庫、振貧乏以報朕。」既受詔，愈竭忠謹，知無不言，便益爲多。卒，年五十五。上聞，悼惜。死之日，篋無舊蓄，椸無新衣，遣使弔祭，給葬具。

韓八平居不屑細務，喜慍不形。嘗失所乘馬，家僮以同色者代之，數月不覺。

耶律唐古，字敵隱，于越屋質之庶子。廉謹，善屬文。

統和二十四年，述屋質安民治盜之法以進，補小將軍。遷西南面巡檢，歷豪州刺史、唐古部詳穩。嚴立科條，禁姦民鬻馬於宋、夏界。因陳弭私販、安邊境之要，太后嘉之，詔邊郡遵行，著爲令。

朝議欲廣西南封域，黑山之西，綿亘數千里，唐古言：「戍壘太遠，卒有警急，赴援不及，非良策也。」從之。西蕃來侵，詔議守禦計，命唐古勸督耕稼以給西軍，田于臚朐河側，是歲大熟。明年，移屯鎮州，凡十四稔，積粟數十萬斛，斗米數錢。

重熙間，改隗衍党項部節度使。先是，築可敦城以鎮西域，諸部縱民畜牧，反招寇掠。重熙四年，上疏曰：「自建可敦城已來，西蕃數爲邊患，每煩遠戍。歲月既久，國力耗竭。

不若復守故疆，省罷戍役。」不報。是年，致仕。乞勒其父屋質功于石，帝命耶律庶成製文，勒石上京崇孝寺。卒，年七十八。

蕭朮哲，字石魯隱，孝穆弟高九之子。以戚屬加監門衛上將軍。重熙十三年，將衛兵討李元昊有功，遷興聖宮使。蒲奴里部長陶得里叛，朮哲爲統軍都監，從都統耶律義先擊之，擒陶得里。朮哲與義先不協，誣義先罪，免官。稍遷西南面招討都監，坐事下獄，以太后言，杖而釋之。

清寧初，爲國舅詳穩、西北路招討使，私取官粟三百斛，及代，留畜産，令主者鬻之以償。後族弟胡覩到部發其事，帝怒，決以大杖，免官。尋起爲昭德軍節度使，徵爲北院宣徽使。九年，上以朮哲先爲招討，威行諸部，復爲西北路招討使。訓士卒，增器械，省追呼，嚴號令。人不敢犯，邊境晏然。十年，入朝，封柳城郡王。

咸雍二年，拜北府宰相，爲北院樞密使耶律乙辛所忌，誣朮哲與護衛蕭忽古等謀害乙辛。詔獄無狀，罷相，出鎮順義軍。卒，追王晉、宋、梁三國。姪藥師奴。

藥師奴，幼穎悟，謹禮法，補祗候郎君。大康中，爲興聖宫使，累遷同知殿前點檢司事。上嘉其宿衛嚴肅，遷右夷离畢。夏王李乾順爲宋所攻，求解，帝命藥師奴持節使宋，請罷兵通好，宋從之。拜南面林牙，改漢人行宫副部署〔二〕。乾統初，出爲安東軍節度使，卒。

耶律玦，字吾展，遥輦鮮質可汗之後。重熙初，召修國史，補符寶郎，累遷知北院副部署事。入見太后，后顧左右曰：「先皇謂玦必爲偉人，果然。」除樞密副使，出爲西南面招討都監，歷同簽南京留守事、南面林牙。皇弟秦國王爲遼興軍節度使，以玦同知使事，多所匡正。十年，復爲樞密副使。咸雍初，兼北院副部署。及秦國王爲西京留守，請玦爲佐，從之。歲中獄空者三，召爲孟父房敞穩。

玦不喜貨殖，帝知其貧，賜宫户十。嘗謂宰相曰：「契丹忠正無如玦者，漢人則劉伸而已。然熟察之，玦優於伸。」先是，西北諸部久不能平，上遣玦問狀，執弛慢者痛繩之。

以酒疾卒。

耶律僕里篤，字燕隱，六院林牙突呂不也四世孫〔三〕。開泰間，爲本班郎君。有捕盜功，樞密使蕭朴薦之，遷率府率。太平中，同知南院宣徽事，累遷彰聖軍節度使。

重熙十六年，知興中府〔四〕，以獄空聞。十八年，伐夏，攝西南面招討使。十九年，夏人侵金肅軍，敗之，斬首萬餘級，加右武衛上將軍。時近邊羣牧數被寇掠，遷倒塌嶺都監以治之，桴鼓不鳴。二十年，知金肅軍事。宰相趙惟節總領邊城橋道芻粟，請貳，帝命僕里篤副之，以稱職聞。

清寧初，歷長寧、匡義二軍節度使，致仕。咸雍間卒。子阿固質，終倒塌嶺都監。

論曰：韓八因帝微行，才始見售。及任以事，落落知大體，不負上之知矣。唐古、朮哲經略西北邊，勸農積粟，訓練士卒，敵人不敢犯。玦以忠直見稱於上，僕里篤以幹敏爲宰相佐，在鎮俱以獄空聞。之數人者，豈特甲胄之士，抑亦李牧、程不識之亞歟。

校勘記

〔一〕十二年再爲北院大王　「北院大王」，本書興宗紀重熙十二年正月壬申作「南院大王」，又重熙十七年十月甲申謂「南院大王耶律韓八薨」，與此不合。

〔二〕拜南面林牙改漢人行宮副部署　按本書卷二六道宗紀六壽隆五年六月甲申，「知右夷离畢事蕭藥師奴南面林牙，兼知契丹行宮都部署事」。與此互歧。

〔三〕六院林牙突呂不也四世孫　「突呂不也」，本書卷七五本傳、卷九二耶律古昱傳及卷三太宗紀上天顯三年、四年均作「突呂不」，「也」字疑有訛誤。

〔四〕重熙十六年知興中府　「重熙」二字原闕。考異卷八三曰：「按太平紀元終於十一年，此後惟重熙紀元乃有二十四年；且興中府初爲霸州，至重熙十年始升爲府，安得於太平中有知興中府者！此爲重熙之十六年無疑矣。史脫『重熙』二字。」又據本書卷二〇興宗紀三重熙十八年正月己亥、十九年二月丁亥及卷一一五西夏外記，知下文所記皆重熙十八、十九年事。今據補。

遼史卷九十二

列傳第二十二

蕭奪剌　蕭普達　耶律侯哂　耶律古昱　耶律獨攧
蕭韓家　蕭烏野

蕭奪剌，字挼懶，遥輦洼可汗宫人。祖涅魯古，北院樞密副使。父撒抹，字胡獨堇，重熙初補祗候郎君，累遷北面林牙。十九年，從耶律宜新、蕭蒲奴伐夏，至蕭惠敗績之地，獲偵候者，知人煙聚落，多國人陷没而不能還者，盡俘以歸。拜大父敞穩，知山北道邊境事。清寧初，歷西南面、西北路招討使，加同中書門下平章事，卒。

奪剌體貌豐偉，騎射絶人。由祗候郎君陞漢人行宫副部署。後爲烏古敵烈統軍使，克敵有功，加龍虎衛上將軍，授西北路招討使。因陳北邊利害，請以本路諸部與倒塌嶺統軍司連兵屯戍。再表，不納。改東北路統軍使。

乾統元年，以久練邊事，復爲西北路招討使。北阻卜耶覩刮率鄰部來侵，奪剌逆擊，追奔數十里。二年，乘耶覩刮無備，以輕騎襲之，獲馬萬五千疋，牛羊稱是。

先是，有詔方面無事，招討、副統軍、都監内一員入覲。是時同僚皆闕，奪剌以軍事付幕吏而朝，坐是免官。改西京留守，復爲東北路統軍使。卒于官。

蕭普達，字彈隱。統和初，爲南院承旨。開泰六年，出爲烏古部節度使。七年，敵烈部叛，討平之，徙烏古敵烈部都監。遣敵烈騎卒取北阻卜名馬以獻，賜詔褒奬。重熙初，改烏古敵烈部都詳穩，討諸蕃有功。

普達深練邊事，能以悦使人。有所俘獲，悉散麾下，由是大得衆心。歷西南面招討使。党項叛入西夏，普達討之，中流矢，殁于陣。帝聞，惜之，賻贈加厚。

耶律侯哂，字禿寧，北院夷离堇蒲古只之後〔一〕。祖查只，北院大王。父忽古，黄皮室詳穩。

侯哂初爲西南巡邊官，以廉潔稱，累遷南京統軍使，尋爲北院大王〔二〕。重熙十一年，党項部人多叛入西夏，侯哂受詔，巡西邊沿河要地，多建城堡以鎮之，徙東京留守。十三年，與知府蕭歐里斯討蒲盧毛朵部有功〔三〕，加兼侍中。致仕，卒。

耶律古昱，字磨魯堇，北院林牙突呂不四世孫。有膂力，工馳射。開泰間，爲烏古敵烈部都監。會部人叛，從樞密使耶律世良討平之，以功詔鎮撫西北部。教以種樹、畜牧，不數年，民多富實。中京盜起，命古昱爲巡邏使，悉擒之。上親征渤海，將黄皮室軍，有破敵功，累遷御史中丞，尋授開遠軍節度使，徙鎮歸德。重熙二十一年〔四〕，改天成軍節度使。卒于官，年七十，贈同中書門下平章事。二子：宜新，兀没〔五〕。

宜新，重熙間從蕭惠討西夏。惠敗績，宜新一軍獨全，拜北院大王。兀没，大康三年爲漢人行宫副部署。乙辛誣害太子，詞連兀没，帝釋之。是秋，乙辛復奏與蕭楊九私議宫壺事，被害。乾統間，贈同中書門下平章事。

耶律獨攧，字胡獨堇，太師古昱之子。

重熙初，爲左護衞，將禁兵從伐夏有功，授十二行糺司徒。再舉伐夏，獨攧括山西諸郡馬。還，遷拽剌詳穩。西南未平，命獨攧同知金肅軍事，夏人來侵，擊敗之，進涅剌奥隗部節度使。

清寧元年，召爲皇太后左護衞太保。四年，改寧遠軍節度使。東路饑，奏振之。歷五國、烏古部、遼興軍三鎮節度使，四捷軍詳穩。大康元年卒，追贈同中書門下平章事。子阿思，有傳。

蕭韓家〔六〕，國舅之族。性端簡，謹愿，動循禮法。

清寧中，爲護衞太保。大康二年，遷知北院樞密副使。三年，經畫西南邊天池舊塹，立堡砦，正疆界，刻石而還，爲漢人行宫都部署。是年秋獮，墮馬卒。

所稱。

蕭烏野，字草隱，其先出興聖宮分，觀察使塔里直之孫也。性孝悌，尚禮法，雅爲鄉黨所稱。

重熙中，補護衞，興宗見其勤恪，遷護衞太保。佐耶律仁先平重元亂，以功加團練使。時敵烈部數爲鄰部侵擾，民多困弊，命烏野爲敵烈部節度使，恤困窮，省徭役，不數月，部人以安。尋以母老，歸養于家。母亡，尤極哀毁。服闋，歷官興聖、延慶二宫使，卒。

論曰：烏古敵烈，大部也，奪剌爲統軍，克敵有功；普達居詳穩，悦以使人。西北，重鎮也，侯哂巡邊以廉稱；古昱鎮撫而民富；獨攧駐金肅而夏人不敢東獵。噫！部人内附，方面以寧，雖朝廷處置得宜，而諸將之力抑亦何可少哉。

校勘記

〔一〕北院夷离堇蒲古只之後　本書卷七五耶律覿烈傳、卷七六耶律漚里思傳、卷七七耶律吼傳等皆稱蒲古只爲六院夷离堇。六院即南院，此云「北院」，恐誤。

〔二〕累遷南京統軍使尋爲北院大王　按本書卷一八興宗紀一重熙六年六月丙申，「以北院大王侯哂爲南京統軍使」。歷官先後與此互歧。

〔三〕與知府蕭歐里斯討蒲盧毛朵部有功　「蕭歐里斯」，本書卷一九興宗紀二重熙十三年四月己酉及卷六九部族表作「耶律歐里斯」。

〔四〕重熙二十一年　「重熙」二字原闕。按上文紀年爲開泰，開泰、太平均無二十一年，太平之後爲重熙，今據補。

〔五〕二子宜新兀没　按契丹小字耶律副署墓誌、契丹大字耶律祺墓誌及下文耶律獨攧傳，耶律古昱有二子，一爲宜新，一爲獨攧，兀没實爲宜新之子。

〔六〕蕭韓家　按本書卷二三道宗紀三大康三年七月壬子、八月庚寅並作「蕭韓家奴」。此下疑脱「奴」字。

遼史卷九十三

列傳第二十三

蕭惠 慈氏奴 蕭迂魯 鐸盧斡 蕭圖玉 耶律鐸軫

蕭惠，字伯仁，小字脫古思，淳欽皇后弟阿古只五世孫。

初以中宮親，爲國舅詳穩。從伯父排押征高麗，至奴古達北嶺，高麗阻險以拒，惠力戰，破之。及攻開京，以軍律整肅聞，授契丹行宮都部署。開泰二年，改南京統軍使。未幾，爲右夷离畢，加同中書門下平章事。朝議以遼東重地，非勳戚不能鎮撫，乃命惠知東京留守事。改西北路招討使，封魏國公。

太平六年，討回鶻阿薩蘭部，徵兵諸路，獨阻卜酋長直剌後期，立斬以徇。進至甘州，攻圍三日，不克而還。時直剌之子聚兵來襲，阻卜酋長烏八密以告，惠未之信。會西阻卜叛，襲三剋軍，都監涅魯古、突舉部節度使諧理、阿不吕等將兵三千來救，遇敵于可敦城西南。諧理、阿不吕戰殁，士卒潰散。惠倉卒列陣，敵出不意攻我營。衆請乘時奮擊，惠以我軍疲敝，未可用，弗聽。烏八請以夜斫營，惠又不許。阻卜歸，惠乃設伏兵擊之。前鋒始交，敵敗走。惠爲招討累年，屢遭侵掠，士馬疲困。七年，左遷南京侍衛親軍馬步軍都指揮使，尋遷南京統軍使。

興宗即位，知興中府，歷順義軍節度使、東京留守、西南面招討使，加開府儀同三司、檢校太師，兼侍中，封鄭王，賜推誠協謀竭節功臣。重熙六年，復爲契丹行宫都部署，加守太師，徙王趙。拜南院樞密使，更王齊。

是時帝欲一天下，謀取三關，集羣臣議。惠曰：「兩國彊弱，聖慮所悉。宋人西征有年，師老民疲，陛下親率六軍臨之，其勝必矣。」蕭孝穆曰：「我先朝與宋和好，無罪伐之，其曲在我；况勝敗未可逆料。願陛下熟察。」帝從惠言，廼遣使索宋十城，會諸軍于燕。惠與太弟帥師壓宋境，宋人重失十城，增歲幣請和。惠以首事功，進王韓。十二年，兼北府宰相，同知元帥府事，又爲北樞密使。

十三年，夏國李元昊誘山南党項諸部，帝親征。元昊懼，請降。惠曰：「元昊忘奕世恩，萌姦計，車駕親臨，不盡歸所掠。天誘其衷，使彼來迎。天與不圖，後悔何及？」帝從之。詰旦，進軍。夏人列拒馬于河西，蔽盾以立，惠擊敗之。元昊走，惠麾先鋒及右翼邀之。夏人千餘潰圍出，我師逆擊。大風忽起，飛沙眯目，軍亂，夏人乘之，蹂踐而死者不可勝計。詔班師。

十七年，尚帝姊秦晉國長公主，拜駙馬都尉。明年，帝復征夏國。惠自河南進，戰艦粮船綿亘數百里。既入敵境，偵候不遠，鎧甲載于車，軍士不得乘馬。諸將咸請備不虞，惠曰：「諒祚必自迎車駕，何暇及我？無故設備，徒自弊耳。」數日，我軍未營。候者報夏師至，惠方詰妄言罪，諒祚軍從阪而下。惠與麾下不及甲而走。追者射惠，幾不免，軍士死傷尤衆。師還，以惠子慈氏奴歿于陣，詔釋其罪。

十九年，請老，詔賜肩輿入朝，策杖上殿。辭章再上，乃許之，封魏國王。詔冬夏赴行在，參決疑議。既歸，遣賜湯藥及佗錫賚不絕。每生日，輒賜詩以示尊寵。清寧二年薨，年七十四，遺命家人薄葬。訃聞，輟朝三日。

惠性寬厚，自奉儉薄。興宗使惠恣取珍物，惠曰：「臣以戚屬據要地，禄足養廉，奴婢千餘，不爲闕乏。陛下猶有所賜，貧於臣者何以待之。」帝以爲然。故爲將，雖數敗衄，不之罪也。

弟虚列，武定軍節度使。二子：慈氏奴，兀古匿。兀古匿終北府宰相。

上將軍。

慈氏奴，字寧隱。太平初，以戚屬補祗候郎君。上愛其勤慎，陞閘撒狘，加右監門衛上將軍。

西邊有警，授西北路招討都監，領保大軍節度使。政濟恩威，諸部悦附。入爲殿前副點檢，歷烏古敵烈部詳穩。征李諒祚，爲統軍都監，與西北路招討使敵魯古率蕃部諸軍由北路趨涼州，獲諒祚親屬。夏人扼險以拒，慈氏奴中流矢卒，年五十一，贈中書門下平章事。

蕭迂魯，字胡突堇，五院部人。父約質，歷官節度使。

迂魯重熙間爲牌印郎君。清寧九年，國家既平重元之亂，其黨郭九等亡，詔迂魯追捕，獲之，遷護衛太保。咸雍元年，使宋議邊事，稱旨，知殿前副點檢事。

五年，阻卜叛，爲行軍都監，擊敗之，俘獲甚衆。初軍出，止給五月粮，過期粮乏，士卒往往叛歸。迂魯坐失計，免官，降戍西北部。未行，會北部兵起，迂魯將烏古敵烈兵擊敗之，每戰以身先，繇是釋前罪，命總知烏古敵烈部。

九年，敵烈叛，都監耶律獨迭以兵少不戰，屯臚朐河。敵烈合邊人掠居民，迂魯率精騎四百力戰，敗之，盡獲其輜重。繼聞酋長合朮三千餘騎掠附近部落，縱兵躡其後，連戰二日，斬數千級，盡得被掠人畜而還。值敵烈黨五百餘騎劫捕鷹户，逆擊走之，俘斬甚衆，自是敵烈勢沮。

時敵烈方爲邊患，而阻卜相繼寇掠，邊人以故疲弊。朝廷以地遠，不能時益援軍，而使疆圉帖然者，皆迂魯力也。帝嘉其功，拜左皮室詳穩。

會宋求天池之地，詔迂魯兼統兩皮室軍屯太牢古山以備之〔一〕。大康初，阻卜叛，遷西北招討都監，從都統耶律趙三征討有功，改南京統軍都監、黄皮室詳穩。未幾，遷東北路統軍都監，卒。弟鐸盧斡。

鐸盧斡，字撒板。幼警悟異常兒。三歲失母，哭盡哀，見者傷之。及長，魁偉沉毅，好學，善屬文，有才幹。年三十始仕，爲朝野推重，給事北院知聖旨事。

大康二年，乙辛再入樞府，鐸盧斡素與蕭巖壽善，誣以罪，謫戍西北部。坐皇太子事，特恩減死，仍錮終身。在戍十餘年，太子事稍直，始得歸鄉里，屏居謝人事。一日臨流，聞雉鳴，三復孔子「時哉」語，作古詩三章見志。當時名士稱其高情雅韻，不減古人。

壽隆六年卒，年六十一。乾統初，贈彰義軍節度使。

蕭圖玉，字兀衍，北府宰相海瓈之子。統和初，皇太后稱制，以戚屬入侍。尋爲烏古部都監。討速母縷等部有功，遷烏古部節度使。十九年，總領西北路軍事。後以本路兵伐甘州，降其酋長牙懶。既而牙懶復叛，命討之，克肅州，盡遷其民于土隗口故城。師還，詔尚金鄉公主，拜駙馬都尉，加同政事令門下平章事。

上言曰：「阻卜今已服化，宜各分部，治以節度使。」上從之。自後，節度使往往非材，部民怨而思叛。開泰元年七月，石烈太師阿里底殺其節度使〔二〕，西奔窩魯朵城，蓋古所謂「龍庭單于城」也。已而，阻卜復叛，圍圖玉于可敦城，勢甚張。圖玉使諸軍齊射却之，屯于窩魯朵城。明年，北院樞密使耶律化哥引兵來救，圖玉遣人誘諸部皆降。帝以圖玉始雖失計，後得人心，釋之，仍領諸部。請益軍，詔讓之曰：「叛者既服，兵安用益？且前日之役，死傷甚衆，若從汝謀，邊事何時而息。」遂止。

會公主坐殺家婢，降封郡主〔三〕，圖玉罷使相。尋起爲烏古敵烈部詳穩。以老代，還卒。子雙古，南京統軍使。孫訛篤斡，尚三韓郡王合魯之女骨浴公主，終烏古敵烈部統軍使，以善戰名于世。

耶律鐸軫，字敵輦，積慶宮人。仕統和間。性疏簡，不顧小節，人初以是短之。後侵宋，分總羸師以從。及戰，取緋帛被介冑以自標顯，馳突出入敵陣，格殺甚衆。太后望見喜，召謂之曰：「卿勠力如此，何患不濟！」厚賞之。由是多以軍事屬任。俄授東北詳穩。開泰二年，進討阻卜，克之。

重熙間，歷東路統軍使、天德軍節度使。十七年，城西邊，命鐸軫相地及造戰艦，因成樓船百三十艘。上置兵，下立馬，規制堅壯，稱旨。及西征，詔鐸軫率兵由別道進，會于河濱。敵兵阻河而陣，帝御戰艦絕河擊之，大捷而歸，親賜巵酒。仍問所欲，鐸軫對曰：「臣幸被聖恩，得効駑力，萬死不能報國，又將何求？」帝愈重之，手書鐸軫衣裾曰：「勤國忠君，舉世無雙。」卒于官，年七十。子低烈，歷觀察、節度使。

論曰：初，遼之謀復三關也，蕭惠贊伐宋之舉，而宋人增幣請和。狃於一勝，移師西夏，而勇智俱廢，敗潰隨之。豈非貪小利，迷遠圖而然。況所得不償所亡，利果安在哉？同時諸將撫綏邊圉，若迂魯忠勤不伐，鐸魯斡高情雅韻，鐸軫雖廉不逮蕭惠〔四〕，而無邀功啓釁之罪，亦庶乎君子之風矣。

校勘記

〔一〕詔迂魯兼統兩皮室軍屯太牢古山以備之　「太牢古山」，本書卷二六道宗紀六壽隆五年七月辛亥、卷二七天祚皇帝紀一天慶三年三月、卷八六耶律頗的傳皆作「大牢古山」。

〔二〕開泰元年七月石烈太師阿里底殺其節度使　本書卷一五聖宗紀六繫此事於開泰元年十一月甲辰，疑此處「七月」乃「十一月」之誤。

〔三〕降封郡主　本書卷一五聖宗紀六開泰六年二月甲戌作「降公主爲縣主」。

〔四〕鐸魯斡高情雅韻鐸軫雖廉不逮蕭惠　原作「鐸軫高情雅韻鐸魯斡雖廉不逮蕭惠」，「鐸軫」與「鐸魯斡」倒舛，今據本傳傳文乙正。又「鐸魯斡」，本傳作「鐸盧斡」。

遼史卷九十四

列傳第二十四

耶律化哥 耶律斡臘 耶律速撒 蕭阿魯帶 耶律那也 耶律何魯掃古 耶律世良

耶律化哥，字弘隱，孟父楚國王之後。善騎射。

乾亨初，爲北院林牙。統和四年，南侵宋，化哥擒諜者，知敵由海路來襲，即先據平州要地。事平，拜上京留守，遷北院大王〔一〕。十六年，復侵宋，爲先鋒，破敵于遂城，以功遷南院大王，尋改北院樞密使〔二〕。

開泰元年，伐阻卜，阻卜棄輜重遁走，俘獲甚多。帝嘉之，封豳王。後邊吏奏，自化哥還闕，糧乏馬弱，勢不可守，上復遣化哥經略西境。化哥與邊將深入。聞蕃部逆命居翼只水，化哥徐以兵進。敵望風奔潰，獲羊馬及輜重。路由白拔烈，遇阿薩蘭回鶻，掠之。都監裹里繼至，謂化哥曰：「君誤矣！此部實効順者。」化哥悉還所俘。諸蕃由此不附。上使案之，削王爵，以侍中遥領大同軍節度使。卒。

耶律斡臘，字斯寧，奚迭剌部人。趫捷有力，善騎射。保寧初，補護衛。車駕獵頡山，適豪猪伏叢莽，帝射中，猪突出。御者托滿捨轡而避，厩人鶴骨翼之，斡臘復射而斃。帝嘉賞。及獵赤山，適奔鹿奮角突前，路隘不容避，垂犯蹕。斡臘以身當之，鹿觸而顛。帝謂曰：「朕因獵，兩瀕于危，賴卿以免，始見爾心。」遷護衛太保。

從樞密使耶律斜軫破宋將楊繼業軍于山西。統和十三年秋，爲行軍都監，從都部署奚王和朔奴伐兀惹烏昭度，數月至其城。昭度請降。和朔奴利其俘掠，令四面急攻。昭度率衆死守，隨方捍禦。依埤堄虚構戰棚，誘我軍登陴，俄撤枝柱，登者盡覆。和朔奴知不能下，欲退。蕭恒德謂師久無功，何以藉口，若深入大掠〔三〕，猶勝空返。斡臘曰：「深入，恐所得不償所損。」恒德不從，略地東南，循高麗北鄙還。道遠糧絶，人馬多死。詔奪諸將官，惟斡臘以前議得免。

尋加同政事門下平章事，爲東京留守。開泰中卒。

耶律速撒，字阿敏。性忠直簡毅，練武事。應曆初，爲侍從，累遷突呂不部節度使。歷霸、濟、祥、順、聖五州都總管〔四〕，俄爲敦睦宫太師〔五〕。保寧三年，改九部都詳穩。四年，伐党項，屢立戰功，手詔勞之。統和初，皇太后稱制，西邊甫定，速撒務安集，諸蕃利害輒具以聞，太后益信任之。凡臨戎，與士卒同甘苦，所獲均賜將校。賞順討逆，威信大振。在邊二十年卒。

蕭阿魯帶，字乙辛隱，烏隗部人。父女古，仕至糺詳穩。阿魯帶少習騎射，曉兵法。清寧間始仕，累遷本部司徒，改烏古敵烈統軍都監。大安七年，遷山北副部署。九年，達理得、拔思母二部來侵，率兵擊却之。達理得復劫牛羊去，阿魯帶引兵追及，盡獲所掠，斬渠帥數人。是冬，達理得等以三百餘人梗邊，復戰却之，斬首二百餘級，加金吾衛上將軍，封蘭陵縣公。壽隆元年，第功，加同中書門下平章事，進爵郡公，改西北路招討使。乾統三年，坐留宋俘當遣還者爲奴，免官。後被徵，以老疾致仕，卒。

耶律那也，字移斯輦，夷离堇蒲古只之後。父斡，常爲北剋〔六〕，從伐夏戰歿。季父趙三，始爲宿直官，累遷至北面林牙。咸雍四年，拜北院大王，改西南面招討使。大康中，西北諸部擾邊，議欲往討，帝以爲非趙三不可，遂拜西北路招討使，兼行軍都統，平之，以功復爲北院大王。

那也敦厚才敏。上以其父斡死王事，九歲加諸衛小將軍，爲題里司徒，尋召爲宿直官。大康三年，爲遥輦剋。大安九年，爲倒撻嶺節度使。明年冬，以北阻卜長磨古斯叛，與招討都監耶律胡吕率精騎二千往討，破之。那也薦胡吕爲漢人行宫副部署。壽隆元年，復討達理、拔思等有功〔七〕，賜詔褒美，改烏古敵烈部統軍使，邊境以寧。部民乞留，詔許再任。乾統六年，拜中京留守，改北院大王，薨。

那也爲人廉介，長于理民，每有鬬訟，親覈曲直，不尚威嚴，常曰：「凡治人，本欲分别是非，何事迫脅以立名。」故所至以惠化稱。

耶律何魯掃古，字烏古鄰，孟父房之後。重熙末，補祗候郎君。清寧初，加安州團練使。大康中，歷懷德軍節度使、奚六部禿里太尉。詔與樞密官措畫東北邊事，改左護衞太保。侍上，言多率易，察無他腸，以故上優貸之。

大安八年，知西北路招討使事〔八〕。時邊部耶都刮等來侵，何魯掃古誘北阻卜酋豪磨古斯攻之，俘獲甚衆，以功加左僕射。復討耶覩刮等，誤擊磨古斯，北阻卜由是叛命。遣都監張九討之，不克，二室韋與六院部、特滿羣牧、宫分等軍俱陷于敵。何魯掃古不以實聞，坐是削官，決以大杖。

壽隆間，累遷惕隱，兼侍中，賜保節功臣。道宗崩，與宰相耶律儼總山陵事。乾統中，致仕，卒。

耶律世良，小字斡，六院部人。才敏給，練達國朝典故及世譜。上書與族弟敵烈爭嫡庶，帝始識之。

時北院樞密使韓德讓病，帝問：「孰可代卿？」德讓曰：「世良可。」北院大王耶律室魯復問北院之選，德讓曰：「無出世良。」統和末，爲北院大王。

開泰初，因大册禮，加檢校太尉、同政事門下平章事。時邊部拒命，詔北院樞密使耶律化哥將兵，以世良爲都監，往禦之。明年，化哥還，將罷兵。世良上書曰：「化哥以爲無事而還，不思師老粮乏，敵人已去，焉能久守？若益兵，可克也。」帝即命化哥益兵，與世良追之。至安真河，大破而還。自是，邊境以寧。以功王岐，拜北院樞密使。

三年，命選馬駝于烏古部。會敵烈部人夷刺殺其酋長稍瓦而叛，鄰部皆應，攻陷巨母古城。世良率兵壓境，遣人招之，降數部，各復故地。

四年，伐高麗，爲副部署。都統劉愼行逗遛失期，執還京師，世良獨進兵。明年，至北都護府，破追兵于郭州。以暴疾卒。

論曰：大之懷小也以德，制之也以威。德不足懷，威不足制，而欲服人也難矣。化哥利俘獲，而諸蕃不附，何魯掃古誤擊磨古斯，而阻卜叛命，是皆喜於一旦之功，而不圖後日之患，庸何議焉。若斡臘之戒深入，速撒之務安集，亦鐵中之錚錚者邪？

校勘記

〔一〕遷北院大王　按本書卷一〇聖宗紀一，統和元年二月戊申以惕隱化哥爲北院大王，此處則謂統和四年後遷北院大王，時間不合。

〔二〕「十六年」至「尋改北院樞密使」　按本書聖宗紀，統和二十三年二月辛酉以惕隱化哥爲南院大王，二十九年六月丙辰以南院大王化哥爲北院樞密使。

〔三〕若深入大掠　「掠」，原作「凉」，據馮校改。

〔四〕歷霸濟祥順聖五州都總管　本書卷四八百官志四南面邊防官作「義、霸、祥、順、聖五州都總管」。

〔五〕俄爲敦睦宮太師　按敦睦宮爲孝文皇太弟隆慶宮衛，不應見於景宗朝，疑此處記載有誤。

〔六〕父斡常爲北剋　本書卷二〇興宗紀三重熙十八年十月及卷一一五西夏外記並作「南剋耶律斡里」。

〔七〕復討達理拔思等有功　「達理」及「拔思」下疑有脱誤。按此二部名屢見於本書，作「達理底」、「拔思母」。又「達理底」，本卷蕭阿魯帶傳作「達理得」。

〔八〕「大康中」至「大安八年知西北路招討使事」　「大安」二字原闕。據本書道宗紀，何魯掃古大康中未任西北路官職，大安九年三月謂「西北路招討使耶律阿魯掃古追磨古斯還」，「阿魯掃古」即「何魯掃古」之誤。惟傳作「知西北路招討使事」，紀作「西北路招討使」，官名互歧，或有遷升。又下文阻卜諸部之叛亦皆係大安間事。今據補。

遼史卷九十五

列傳第二十五

耶律弘古　耶律馬六　蕭滴洌　耶律適禄　耶律陳家奴
耶律特麽　耶律仙童　蕭素颯　耶律大悲奴

耶律弘古〔一〕，字胡篤堇，樞密使化哥之弟。統和間，累遷順義軍節度使，入爲北面林牙。太平元年，加同政事門下平章事，出爲彰國軍節度使，兼山北道兵馬都部署，徙武定軍節度使，拜惕隱。六年，討阻卜有功。聖宗嘗刺臂血與弘古盟爲友，禮遇尤異，拜南府宰相，改上京留守。重熙六年，遷南院大王，御製誥辭以寵之。十二年，加于越〔二〕。帝閔其勞，復授武定軍節度使，卒。訃聞，上哭曰：「惜哉善人！」喪至，親臨奠焉。

耶律馬六，字揚隱，孟父楚國王之後。性寬和，善諧謔，親朋會遇，一坐盡傾。恬于榮利。

與耶律弘古爲刺血友，弘古爲惕隱，薦補宿直官。重熙初，遷旗鼓拽剌詳穩。爲人畏慎容物，或有面相陵折者，恬然若弗聞，不臧否世務。以故上益親狎。三年，遷崇德宫使，爲惕隱，御製誥辭以褒之。拜北院宣徽使，寵遇過宰輔，帝常以兄呼之。改遼興軍節度使，卒，年七十。子奴古達，終南京宣徽使。

蕭滴冽，字圖寧，遥輦鮮質可汗宫人。重熙初，遥攝鎮國軍節度使。六年，奉詔使宋，傷足而跛，不告遂行，帝怒。及還，決以大杖，降同簽南京留守事〔三〕。遥授靜江軍節度使，歷羣牧都林牙，累遷右夷离畢。以才幹見任使。

會車駕西征，元昊乞降，帝以前後反覆，遣滴冽往覘誠否。因爲元昊陳述禍福，聽命乃還。拜北院樞密副使，出爲中京留守。十九年，改西京留守，卒。

耶律適禄，字撒懶。清寧初，爲本班郎君，稍遷宿直官。乾統中，從伐阻卜有功，加奉宸。歷護衞太保，改弘義宫副使。時上京梟賊趙鍾哥跋扈自肆，適禄擒之，加泰州觀察使，爲達魯虢部節度使。天慶中，知興中府，加金吾衞上將軍。爲盜所殺。

耶律陳家奴，字綿辛，懿祖弟葛剌之八世孫。重熙中，補牌印郎君。坐直日不至，降本班。會帝獵，陳家奴逐鹿圍内，鞭之二百。時耶律仁先薦陳家奴健捷比海東青鶻，授御盞郎君。歷鷹坊、尚廄、四方館副使，改徒魯古皮室詳穩。會太后生辰，進詩獻馴鹿，太后嘉獎，賜珠二琲，雜綵二百段。兄撒鉢卒，陳家奴聞訃，不告而去。帝怒，鞭之。清寧初，累遷右夷离畢。適帝與燕國王射鹿俱中，王時年九歲〔四〕，帝悦，陳家奴應制進詩。帝喜，解衣以賜。後皇太子廢，帝疑陳家奴黨附，罷之。

時西北諸部寇邊，以陳家奴爲烏古部節度使、行軍都監，賜甲一屬、馬二疋，討諸部，擒其酋送于朝。偵候者見馬蹤，意寇至，陳家奴遣報元帥，耶律愛奴視之曰：「此野馬也！」將出獵，賊至，愛奴戰殁。有司詰案，陳家奴不伏，詔釋之。由是感激，每事竭力。後諸部復來侵，陳家奴率兵三往，皆克，邊境遂寧。以老告歸，不從。道宗崩，爲山陵使，致仕。年八十卒。

耶律特麽，季父房之後。重熙間，爲北剋，累遷六部禿里太尉〔五〕。大安四年，爲倒撻嶺節度使。頃之，爲禁軍都監。是冬，討磨古斯〔六〕，斬首二千餘級。十年，復討之。既捷，授南院宣徽使。壽隆元年，爲北院大王〔七〕。四年，知黄龍府事，薨。

耶律仙童，仲父房之後。重熙初，爲宿直官，累遷惕隱都監。以寬厚稱。

蒲奴里叛，仙童爲五國節度使，率師討之，擒其帥陶得里。又擊烏隗叛，降其衆〔八〕，改彰國軍節度使，拜北院大王。清寧二年，知黄龍府事，遷侍衞親軍馬步軍都指揮，歷忠順、武定二軍節度使。致仕，封蔣國公。咸雍初，徙封許國，卒。

蕭素颯，字特免，五院部人。重熙間始仕，累遷北院承旨，彰愍宫使。清寧初，歷左皮室詳穩、右夷离畢。咸雍五年，剖阿里部叛，素颯討降之，率其酋長來朝。帝嘉其功，徙北院林牙，改南院副部署，卒。

子謀魯斡，字回璉。初補夷离畢郎君，遷文班太保。大康中，改南京統軍使，爲右夷离畢。與樞密使耶律阿思論事不合，見忌，出爲馬羣太保。北部來侵，謀魯斡破之，以功遷同知烏古敵烈統軍，仍許便宜行事。後以讒毁，降領西北路戍軍，復爲馬羣太保，卒。

耶律大悲奴，字休堅，王子班聶里古之後。

大康中，歷永興延昌宫使、右皮室詳穩。會阻卜叛，奉詔招降之。壽隆二年，拜殿前都點檢。乾統初，歷上京留守、惕隱，復爲都點檢，改西南面招討使。請老，不許。天慶中，留守上京，領北南樞密院點檢中丞諸司等事。以彰國軍節度使致仕，卒。

大悲奴舉止馴雅，好禮儀，爲時人所稱。

論曰：遼自神册而降，席富彊之勢，内修法度，外事征伐，一時將帥震揚威靈，風行電掃，討西夏，征党項，破阻卜，平敵烈。諸部震慴，聞鼙鼓而膽落股弁，斯可謂雄武之國矣。其戰勝攻取，必有奇謀秘計神變莫測者，將前史所載，未足以發之邪？抑天之所授，衆莫與爭而能然邪？

雖然，兵者凶器，可戢而不可玩；爭者末節，可遏而不可召。此黄石公所謂「柔能制剛，弱能制彊」也。又況乎仁者之無敵哉。遼之君臣智足守此，金人果能乘其敝而躡其後乎？是以於耶律弘古輩諸將，不能無慨然也。

校勘記

〔一〕耶律弘古「弘古」，本書卷六六皇族表同。卷一七聖宗紀八太平六年八月、卷一八興宗紀一重熙六年五月、卷一九興宗紀二重熙十二年八月及卷七〇屬國表均作「洪古」。

〔二〕十二年加于越　「十二年」，原作「十三年」。按本書卷一九興宗紀二重熙十二年八月，「于越耶律洪古薨」，今據改。

〔三〕「重熙初」至「降同簽南京留守事」　本書卷四八百官志四謂「蕭滴洌，太平六年同簽南京留守事」，與此異。據卷一七聖宗紀八太平五年九月己亥，「以蕭迪烈、李紹琪充賀宋太后生辰使副」；又長編卷一〇四仁宗天聖四年（遼太平六年）正月癸未，「契丹遣樞密副使彰武節度使蕭迪烈、歸義節度使康筠來賀長寧節」。此「蕭迪烈」蓋即「蕭滴洌」，則此事當在太平六年；又重熙在太平之後，此處疑有舛誤。

〔四〕適帝與燕國王射鹿俱中王時年九歲　「九歲」，當作「七歲」。按此燕國王即耶律濬，其從獵射鹿一事，卷六四皇子表及卷七二順宗濬傳俱謂時年七歲，卷六八遊幸表繫於清寧十年，亦同。

〔五〕累遷六部禿里太尉　按本書卷四六百官志二：「奚六部。在朝曰奚王府，有二常衮，有二宰相，又有吐里太尉。」禿里太尉即吐里太尉，六部疑應作奚六部。

〔六〕「大安四年」至「是冬討磨古斯」　按卷二五道宗紀五大安八年冬十月，「阻卜磨古斯殺金吾吐古斯以叛」，知討磨古斯非大安四年事。

〔七〕授南院宣徽使壽隆元年爲北院大王　按本書卷二六道宗紀六壽隆元年五月，「南京宣徽使耶律特末爲北院大王」，「特末」即「特麽」之異譯，然「南京」、「南院」未知孰是。

〔八〕又擊烏隗叛降其衆　「烏隗」，疑當作「烏古」。本書卷二〇興宗紀三重熙十八年五月戊午，「五國節度使耶律仙童以降烏古叛人，授左監門衞上將軍」，卷六九部族表同。

遼史卷九十六

列傳第二十六

耶律仁先 撻不也 耶律良 蕭韓家奴 蕭德 蕭惟信
蕭樂音奴 耶律敵烈 姚景行 耶律阿思

耶律仁先，字糺鄰，小字查剌，孟父房之後〔一〕。父瑰引，南府宰相，封燕王。仁先魁偉爽秀，有智略。重熙三年，補護衞。帝與論政，才之。仁先以不世遇，言無所隱。授宿直將軍，累遷殿前副點檢，改鶻剌唐古部節度使，俄召爲北面林牙。十一年，陞北院樞密副使。時宋請增歲幣銀絹以償十縣地產，仁先與劉六符使宋，仍議書「貢」。宋難之。仁先曰：「曩者石晉報德本朝，割地以獻，周人攘而取之。是非利害，灼然可見。」宋無辭以對。乃定議增銀、絹十萬兩、匹，仍稱「貢」。既還，同知南京留守事。十三年，伐夏，留仁先鎮邊。未幾，召爲契丹行宫都部署，奏復王子班郎君及諸宫雜役。十六年，遷北院大王〔二〕，奏今兩院户口殷庶，乞免他部助役，從之。十八年，再舉伐夏，仁先與皇太弟重元爲前鋒。蕭惠失利于河南，帝猶欲進兵，仁先力諫，乃止。後知北院樞密使，遷東京留守。女直恃險，侵掠不止，仁先乞開山通道以控制之，邊民安業。封吴王。

清寧初，爲南院樞密使。以耶律化哥譖，出爲南京兵馬副元帥，守太尉，更王隋。六年，復爲北院大王，民歡迎數百里，如見父兄。時北、南院樞密官涅魯古、蕭胡覩等忌之，請以仁先爲西北路招討使。耶律乙辛奏曰：「仁先舊臣，德冠一時，不宜補外。」復拜南院樞密使，更王許。

九年七月〔三〕，上獵太子山，耶律良奏重元謀逆，帝召仁先語之。仁先曰：「此曹兇狠，臣固疑之久矣。」帝趣仁先捕之。仁先出，且曰：「陛下宜謹爲之備！」未及介馬，重元犯帷宫。帝欲幸北、南院，仁先曰：「陛下若舍扈從而行，賊必躡其後；且南、北大王心未可知。」仁先子撻不也曰：「聖意豈可違乎？」仁先怒，擊其首。帝悟，悉委仁先以討賊事。乃環車爲營，拆行馬，作兵仗，率官屬近侍三十餘騎陣柢枑外〔四〕。及交戰，賊衆多降。涅魯古中矢墮馬，擒之，重元被傷而退。仁先以五院部蕭塔剌所居最近，亟召之，分遣人集諸軍。黎明，重元率奚人二千犯行宮，蕭塔剌兵適至。仁先料賊勢不能久，竢其氣沮攻之。乃背營而陣，乘便奮擊，賊衆奔潰，追殺二十餘里，重元與數騎遁去。帝執仁先手曰：「平亂皆卿之功也。」加尚父，進封宋王，爲北院樞密使，親製文以褒之，詔畫灤河戰圖以旌其功。

咸雍元年，加于越，改封遼王，與耶律乙辛共知北院樞密事。乙辛恃寵不法，仁先抑之，由是見忌，出爲南京留守，改王晉。恤孤惸，禁姦慝，宋聞風震服。議者以爲自于越休哥之後，惟仁先一人而已。

阻卜塔里干叛命，仁先爲西北路招討使，賜鷹紐印及劍。上諭曰：「卿去朝廷遠，每俟奏行，恐失機會，可便宜從事。」仁先嚴斥候，扼敵衝，懷柔服從，庶事整飭。塔里干復來寇，仁先逆擊，追殺八十餘里。大軍繼至，又敗之。別部把里斯、秃没等來救，見其屢挫，不敢戰而降。北邊遂安。

八年卒，年六十，遺命家人薄葬。弟義先、信先，俱有傳。子撻不也。

撻不也，字胡獨堇。清寧二年，補祗候郎君，累遷永興宫使。以平重元之亂，遥授忠正軍節度使，賜定亂功臣，同知殿前點檢司事。歷高陽、臨海二軍節度使、左皮室詳穩。

大康六年，授西北路招討使，率諸部酋長入朝，加兼侍中。自蕭敵祿爲招討之後，朝廷務姑息，多擇柔愿者用之，諸部漸至跋扈。撻不也含容尤甚，邊防益廢，尋改西南面招討使。

阻卜酋長磨古斯來侵，西北路招討使何魯掃古戰不利，詔撻不也代之。磨古斯之爲酋長，由撻不也所薦，至是遣人誘致之。磨古斯紿降，撻不也逆于鎮州西南沙磧間，禁士卒無得妄動。敵至，裨將耶律綰斯、徐烈見其勢鋭，不及戰而走，遂被害，年五十八〔五〕。贈兼侍中，謚曰貞愍〔六〕。

撻不也少謹愿，後爲族嫠婦所惑，出其妻，終以無子。人以此譏之。

耶律良〔七〕，字習撚，小字蘇，著帳郎君之後。生於乾州，讀書醫巫閭山。學既博，將入南山肄業，友人止之曰：「爾無僕御，驅馳千里，縱聞見過人，年亦垂暮。今若即仕，已有餘地。」良曰：「窮通，命也，非爾所知。」不聽，留數年而歸。

重熙中，補寢殿小底，尋爲燕趙國王近侍。以家貧，詔乘厩馬。遷修起居注。會獵秋山，良進秋游賦，上嘉之。

清寧中，上幸鴨子河，作捕魚賦。由是寵遇稍隆，遷知制誥，兼知部署司事。奏請編御製詩文，目曰清寧集；上命良詩爲慶會集，親製其序。頃之，爲敦睦宮使，兼權知皇太后宮諸局事。

良聞重元與子涅魯古謀亂，以帝篤於親愛，不敢遽奏，密言於皇太后。太后託疾，召帝白其事。帝謂良曰：「汝欲間我骨肉耶？」良奏曰：「臣若妄言，甘伏斧鑕。陛下不早備，恐墮賊計。如召涅魯古不來，可卜其事。」帝從其言。使者及門，涅魯古意欲害之，羈於帳下。使者以佩刀斷帟而出，馳至行宮以狀聞。帝始信。亂平，以功遷漢人行宮都部署。

咸雍初，同知南院樞密使事，爲惕隱，出知中京留守事。未幾卒，帝嗟悼，遣重臣賻祭，給葬具，追封遼西郡王，謚曰忠成。

蕭韓家奴，字括寧，奚長渤魯恩之後。性孝友。太平中，補祗候郎君，累遷敦睦宮使。伐夏，爲左翼都監，遷北面林牙。俄爲南院副部署，賜玉帶，改奚六部大王，治有聲。

清寧初，封韓國公，歷南京統軍使、北院宣徽使，封蘭陵郡王。九年，上獵太子山，聞重元亂，馳詣行在。帝倉卒欲避于北、南大王院，與耶律仁先執轡固諫，乃止。明旦，重元復誘奚獵夫來。韓家奴獨出諭之曰：「汝曹去順効逆，徒取族滅。何若悔過，轉禍爲福！」獵夫投仗首服。以功遷殿前都點檢，封荆王，賜資忠保義奉國竭貞平亂功臣。咸雍二年，遷西南面招討使。大康初，徙王吳，賜白海東青鶻。皇太子爲乙辛誣構，幽于上京。韓家奴上書力言其冤，不報。四年，復爲西南面招討使。例削一字王爵，改王蘭陵，薨。子楊九，終右祇候郎君班詳穩，贈同中書門下平章事。

蕭德，字特末隱，楮特部人。性和易，篤學好禮法。太平中，領牌印、直宿。累遷北院樞密副使，敷奏詳明，多稱上旨。詔與林牙耶律庶成修律令，改契丹行宮都部署，賜宮户十有五。

清寧元年，遷同知北院樞密使，封魯國公。上以德爲先朝眷遇，拜南府宰相。五年，轉南京統軍使。九年，復爲南府宰相。重元之亂，推鋒力戰，斬涅魯古首以獻，論功封漢王。

咸雍初，以告老歸，優詔不許。久之，加尚父，致仕。卒，年七十二。

知平州。

蕭惟信，字耶寧，楮特部人。五世祖霞賴，南府宰相。曾祖烏古，中書令。祖阿古只，父高八，多智數，博覽古今。開泰初，爲北院承旨，稍遷右夷离畢，以幹敏稱，拜南府宰相。累遷倒塌嶺節度使，知興中府，復爲右夷离畢。陵青誘衆作亂，事覺，高八按之，止誅首惡，餘並釋之。歸奏，稱旨。

惟信資沉毅，篤志于學，能辨論。重熙初始仕，累遷左中丞。十五年，徙燕趙國王傅，帝諭之曰：「燕趙左右多面諛，不聞忠言，浸以成性。汝當以道規誨，使知君父之義。有不可處王邸者，以名聞。」惟信輔導以禮。十七年，遷北院樞密副使，坐事免官。尋復職，兼北面林牙。

清寧九年，重元作亂，犯灤河行宮，惟信從耶律仁先破之，賜竭忠定亂功臣。歷南京留守、左右夷离畢，復爲北院樞密副使。大康中，以老乞骸骨，不聽。樞密使耶律乙辛譖廢太子，中外知其冤，無敢言者，惟信數廷爭，不得。復告老，加守司徒，卒。

蕭樂音奴，字婆丹，奚六部敞穩突吕不六世孫。父拔剌，三歲居父母喪，毁瘠過甚，養于家奴奚列阿不。重熙初，興宗獵奚山，過拔剌所居，奚列阿不言于近臣，拔剌得見上。年甫十歲，氣象如成人。帝悦之，錫賚甚厚。既長，有遠志，不樂仕進，隱于奚王嶺之插合谷。上以其名家，又有時譽，就拜舍利軍詳穩。樂音奴貌偉言辨，通遼、漢文字，善騎射擊鞠，所交皆一時名士。年四十，始爲護衞。平重元之亂，以功遷護衞太保，改本部南剋，俄爲旗鼓拽剌詳穩。監障海東青鶻，獲白花者十三，賜榾柮犀并玉吐鶻。拜五蕃部節度使，卒。子陽阿，有傳。

耶律敵烈，字撒懶，採訪使吼五世孫。寬厚，好學，工文詞。重熙末，補牌印郎君，兼知起居注。

清寧元年，稍遷同知永州事，禁盜有功，改北面林牙承旨。九年，重元作亂。敵烈赴援，力戰平之，遥授臨海軍節度使。十年，徙武安州觀察使。咸雍五年，累遷長寧宫使〔八〕。撿括户部司乾州錢帛逋負，立出納經畫法，公私便之。大康四年，爲南院大王。秩滿，部民請留，同知南京留守事。有疾，上命乘傳赴闕，遣太醫視之。遷上京留守。大安中，改塌母城節度使。以疾致仕，加兼侍中，賜一品俸。八年卒。

姚景行，始名景禧。祖漢英〔九〕，本周將，應曆初來聘，用敵國禮，帝怒，留之，隸漢人宮分。及景行既貴，始出籍，貫興中縣。

景行博學。重熙五年，擢進士乙科，爲將作監，改燕趙國王教授。不數年，至翰林學士，樞密副使，參知政事。性敦厚廉直，人望歸之。

道宗即位，多被顧問，爲北府宰相。九年秋，告歸，道聞重元亂，收集行旅得三百餘騎勤王。比至，賊已平。帝嘉其忠，賜以逆人財產。咸雍元年，出爲武定軍節度使。明年，驛召拜南院樞密使。上從容問治道，引入内殿，出御書及太子書示之，賜什器車仗。帝有意伐宋，召景行問曰：「宋人好生邊事，如何？」對曰：「自聖宗皇帝以威德懷遠，宋修職貢，迨今幾六十年。若以細故用兵，恐違先帝成約。」上然其言而止。

致仕，不踰月復舊職。丁家艱，起復，兼中書令。上問古今儒士優劣，占對稱旨。知興中府，改朔方軍節度使。大康初，徙鎮遼興。以上京多滯獄，命爲留守，不數月，以獄空聞。累乞致政，不從。復請，許之，加守太師。卒，遣使弔祭，追封柳城郡王，謚文憲。壽隆五年，詔爲立祠。

耶律阿思，字撒班。清寧初，補祗候郎君。以善射，掌獵事，進渤海近侍詳穩。重元之亂，與護衞蘇射殺涅魯古，賜號靖亂功臣，徙契丹行宮都部署。大安初，爲北院大王，封漆水郡王。十一年，爲北院樞密使〔一〇〕，監修國史。道宗崩，受顧命，加于越。録乙辛黨人，罪重者當籍其家，阿思受賂，多所寬貫。蕭合魯嘗言當修邊備，阿思力沮其事，或譏其以金賣國。後以風疾失音，致仕，加尚父，封趙王。薨，年八十〔一一〕，追封齊國王。

論曰：灤河之變，重元擁兵行幄，微仁先等，道宗其危乎！當其止幸北、南院，召塔剌兵以靖大難，功宜居首。良以反謀白太后，韓家奴以逆順降奚人，德與阿思殺涅魯古，皆有討賊之力焉。仁先齊名休哥，勳德兼備，此其一節歟。

校勘記

〔一〕孟父房之後　耶律仁先墓誌、耶律慶嗣墓誌及耶律智先墓誌銘均謂仁先爲仲父房之後。

〔二〕十六年遷北院大王　本書卷一九興宗紀二重熙十五年十一月丁亥云：「契丹行宮都部署耶律仁先南院大王。」耶律仁先墓誌亦云：「遷契丹行宮都部署，又拜南王。」與此異。

〔三〕九年七月　「九年」二字原闕，據本書卷二二道宗紀二清寧九年七月補。

〔四〕率官屬近侍三十餘騎陣柢枑外　「柢枑」，本書卷一一六國語解云：「柢枑，宮衞門外行馬也。」按周禮天官掌舍作「梐枑」，鄭注云：「梐枑，謂行馬。」

〔五〕年五十八　按撻不也漢名慶嗣，耶律慶嗣墓誌謂其卒年五十五。

〔六〕贈兼侍中謚曰貞愍　據上文，撻不也大康間已「加兼侍中」。耶律慶嗣墓誌謂其卒後「贈中書令」。又「貞愍」，墓誌作「貞慤」。

〔七〕耶律良　本書道宗紀清寧六年五月，咸雍二年七月、六年六月及八月皆作「耶律白」。參見卷二一道宗紀一校勘記〔一二〕。

〔八〕累遷長寧宮使　「長寧宮使」，契丹小字耶律迪烈墓誌作「長寧宮副使」。

〔九〕祖漢英　據蘇天爵國朝文類卷六〇姚燧中書左丞姚文獻公神道碑，漢英有曾孫景祥。景禧與景祥當爲兄弟行，疑漢英爲景禧曾祖。

〔一〇〕十一年爲北院樞密使　按大安十年十二月詔改次年爲壽隆元年，本書卷二六道宗紀六壽隆元年十二月，「以知北院樞密使事耶律阿思爲北院樞密使」。此作「十一年」誤。

〔一一〕薨年八十　按阿思即耶律祺，據契丹大字耶律祺墓誌銘，阿思卒於乾統八年，年七十五。

遼史卷九十七

列傳第二十七

耶律斡特剌　孩里　竇景庸　耶律引吉　楊績　趙徽

王觀　耶律喜孫

耶律斡特剌，字乙辛隱，許國王寅底石六世孫。少不喜官禄，年四十一，始補本班郎君。時樞密使耶律乙辛擅權，讒害忠良，斡特剌恐禍及，深自抑畏。

大康中，爲宿直官，歷左、右護衞太保。大安元年，升燕王傅〔一〕，徙左夷离畢。四年，改北院樞密副使。帝賜詩褒之，遷知北院樞密使事，賜翼聖佐義功臣。北阻卜酋長磨古斯叛，斡特剌率兵進討。會天大雪，敗磨古斯四別部，斬首千餘級，拜西北路招討使，封漆水郡王，加賜宣力守正功臣。尋拜南府宰相。復討鬬古胡里扒部，破之，召爲契丹行宮都部署。

先是，北、南府有訟，各州府得就按之；比歲，非奉樞密檄，不得鞫問，以故訟者稽留。斡特剌奏請如舊，從之。壽隆五年，復爲西北路招討使〔二〕，討耶覩刮部，俘斬甚衆，獲馬、駝、牛、羊各數萬。明年，擒磨古斯，加守太保，賜奉國匡化功臣。

乾統初，乞致仕，不許，止罷招討。南院樞密使〔三〕，封混同郡王。遷北院樞密使，加守太師，賜推誠贊治功臣。致仕，薨，謚曰敬肅。

孩里，字胡輦，回鶻人。其先在太祖時來貢，願留，因任用之。

孩里，重熙間歷近侍長。清寧九年，討重元之亂有功，加金吾衞上將軍，賜平亂功臣。累遷殿前都點檢，以宿衞嚴肅稱。大康初，加守太子太保。二年，加同中書門下平章事。三年，改同知南院宣徽使事。會耶律乙辛出守中京，孩里入賀；及議復召，陳其不可。後乙辛再入樞府，出孩里爲廣利軍節度使。及皇太子被誣，孩里當連坐，有詔勿問。大安初，歷品達魯虢部節度使。壽隆五年，有疾，自言吾數已盡，却醫藥，卒，年七十七。

孩里素信浮圖。清寧初，從上獵，墮馬，憒而復蘇。言始見二人引至一城，宮室宏敞，有衣絳袍人坐殿上，左右列侍，導孩里升階。持牘者示之曰：「本取大腹骨欲，誤執汝。」牘上書「官至使相，壽七十七」。須臾還，擠之大壑而寤。道宗聞之，命書其事。後皆驗。

竇景庸，中京人，中書令振之子。聰敏好學。清寧中，第進士，授秘書省校書郎，累遷少府少監。

咸雍六年，授樞密直學士，尋知漢人行宮副部署事。大安初，遷南院樞密副使，監修國史，知樞密院事，賜同德功臣，封陳國公。有疾，表請致仕，不從，加太子太保，授武定軍節度使。審決冤滯，輕重得宜，以獄空聞。七年，拜中京留守。九年薨，謚曰肅憲。子瑜，三司副使。

耶律引吉，字阿括，品部人。父雙古，鎮西邊二十餘年，治尚嚴肅，不殖貨利，時多稱之。

引吉寅畏好義。以廕補官，累遷東京副留守、北樞密院侍御。時蕭革、蕭圖古辭等以佞見任，鬻爵納賄，引吉以直道處其間，無所阿唯。改客省使。時朝廷遣使括三京隱户不得，以引吉代之，得數千餘户。

時昭懷太子知北南院事，選引吉爲輔導。樞密使乙辛將傾太子，惡引吉在側，奏出之，爲羣牧林牙。大康元年，乙辛請賜牧地，引吉奏曰：「今牧地褊陋，畜不蕃息，豈可分賜臣下。」帝乃止。乙辛由是益嫉之，除懷德軍節度使，徙漠北猾水馬羣太保〔四〕，卒。

楊績〔五〕，良鄉人。太平十一年進士及第，累遷南院樞密副使。與杜防、韓知白等擅給進士堂帖，降長寧軍節度使，徙知涿州。

清寧初，拜參知政事，兼同知樞密院事，爲南府宰相。九年，聞重元亂，與姚景行勤王，上嘉之。十年，知興中府。咸雍初，入知樞密院事。二年，乞致仕，不許，拜南院樞密使。

帝以績舊臣，特詔燕見，論古今治亂，人臣邪正。帝曰：「方今羣臣忠直，耶律玦、劉伸而已，然伸不及玦之剛介。」績拜賀曰：「何代無賢，世亂則獨善其身，主聖則兼濟天下。陛下銖分邪正，升黜分明，天下幸甚。」累表告歸，不許，封趙王。

大康中，以例改王遼西。致仕，加守太保，薨。子貴忠〔六〕，知興中府。

趙徽，南京人。重熙五年，擢甲科，累遷大理正。清寧二年，銅州人妄毁三教，徽按鞫之，以狀聞，稱旨。歷煩劇，有能名。累遷翰林學士承旨。咸雍初，爲度支使。三年，拜參知政事。出爲武定軍節度使，及代，軍民請留。後同知樞密院事，兼南府宰相、門下侍郎、平章事。致仕，卒。追贈中書令，謚文憲。

王觀，南京人。博學有才辯。重熙七年，中進士乙科。興宗崩，充夏國報哀使；還，除給事中。咸雍初，遷翰林學士。五年，兼乾文閣學士。七年，改南院樞密副使，賜國姓，參知政事，兼知南院樞密事。坐矯制修私第，削爵爲民，卒。

耶律喜孫，字盈隱，永興宮分人。興宗在青宮，嘗居左右輔導。聖宗大漸，喜孫與馮家奴告仁德皇后同宰相蕭浞卜等謀逆事。及欽哀爲皇太后稱制，喜孫尤見寵任。重熙中，其子涅哥爲近侍，坐事伏誅。帝以喜孫有翼戴功，且悼其子罪死，欲世其官，喜孫無所出之部，因見馬印文有品部號，使隸其部，拜南府宰相。尋出爲東北路詳穩，卒。

論曰：孩里、引吉之爲臣也，當乙辛擅權、蕭革貪黷之日，雖與同官，而能以正自處，不少阿唯，其過人遠矣！傳曰：「歲寒知松栢之後凋。」二子有焉。若斡特剌之戰功，竇景庸之讞獄，楊績之忠告，亦賢矣夫。

校勘記

〔一〕大安元年升燕王傅　按本書卷二六道宗紀六壽隆四年十月己卯，「以南府宰相斡特剌兼契丹行宮都部署，以傅導燕國王延禧。」紀年與此抵牾。

〔二〕壽隆五年復爲西北路招討使　「壽隆」二字原闕。按本書卷二六道宗紀六壽隆五年五月戊辰，「以南府宰相斡特剌兼西北路招討使」。又下文「明年，擒磨古斯」爲壽隆六年事。今據補。

〔三〕南院樞密使　此處當有闕文。按本書卷二七天祚皇帝紀一乾統元年六月戊戌，「以南府宰相斡特剌兼南院樞密使」。

〔四〕徙漠北猾水馬羣太保　「猾水」，本書卷四六百官志二、卷一〇一蕭陶蘇斡傳均作「滑水」。

〔五〕楊績　即「楊皙」，本書卷八九另有傳。諸帝紀及志楊皙、楊績二名並見。羅校謂一人兩傳。按大安五年梁穎墓誌見「故守太保中書令楊公皙」，即此人，房山石經大寶積經重熙二十四年題記及康熙東安縣志卷三塚墓、卷七選舉亦作「楊皙」。又陳襄使遼語録作「楊哲」，蓋即「楊皙」之誤。其本名當作「楊皙」。

〔六〕子貴忠　陳襄使遼語録謂宰相楊哲有二子，長規正、次規中。楊哲即此楊績，規中蓋即貴忠。

遼史卷九十八

列傳第二十八

蕭兀納　耶律儼　劉伸　耶律胡呂

蕭兀納，一名撻不也，字特免，六院部人。其先嘗爲西南面拽剌。兀納魁偉簡重，善騎射。清寧初，兄圖獨以事入見，帝問族人可用者，圖獨以兀納對，補祗候郎君。遷近侍敞史，護衛太保。

大康初，爲北院宣徽使。時乙辛已害太子，因言宋魏國王和魯斡之子淳可爲儲嗣。羣臣莫敢言，唯兀納及夷离畢蕭陶隗諫曰：「舍嫡不立，是以國與人也。」帝猶豫不決。五年，帝出獵，乙辛請留皇孫，帝欲從之。兀納奏曰：「竊聞車駕出遊，將留皇孫，苟保護非人，恐有他變。果留，臣請侍左右。」帝乃悟，命皇孫從行。由此始疑乙辛。

頃之，同知南院樞密使事，出乙辛、淳等。帝嘉其忠，封蘭陵郡王，人謂近於古社稷臣，授殿前都點檢。上謂王師儒、耶律固等曰：「兀納忠純，雖狄仁傑輔唐，屋質立穆宗，無以過也。卿等宜達燕王知之。」自是，令兀納輔導燕王，益見優寵。大安初，詔尚越國公主，兀納固辭。改南院樞密使，奏請掾史宜以歲月遷敍，從之。壽隆元年，拜北府宰相〔一〕。

初，天祚在潛邸，兀納數以直言忤旨。及嗣位，出爲遼興軍節度使，守太傅。以佛殿小底王華誣兀納借內府犀角，詔鞫之。兀納奏曰：「臣在先朝，詔許日取帑錢十萬爲私費，臣未嘗妄取一錢，肯借犀角乎！」天祚愈怒，奪太傅官，降寧邊州刺史，尋改臨海軍節度使。

兀納上書曰：「自蕭海里亡入女直，彼有輕朝廷心，宜益兵以備不虞。」不報。天慶元年，知黃龍府事，改東北路統軍使，復上書曰：「臣治與女直接境，觀其所爲，其志非小。宜先其未發，舉兵圖之。」章數上，皆不聽。及金兵來侵，戰于寧江州，其孫移敵蹇死之，兀納退走入城。留官屬守禦，自以三百騎渡混同江而西，城遂陷。後與蕭敵里拒金兵于長濼〔二〕，以軍敗免官。五年，天祚親征，兀納殿，復敗績。後數日乃與百官入見，授上京留守。六年，耶律章奴叛，來攻京城，兀納發府庫以賚士卒，諭以逆順，完城池，以死拒戰。

章奴無所得而去。以功授副元帥，尋爲契丹都宮使。天祚以兀納先朝重臣，有定策勳，每延問以政，兀納對甚切。上雖優容，終不能用。以疾卒，年七十。

耶律儼，字若思，析津人。本姓李氏。父仲禧，重熙中始仕。清寧初，同知南院宣徽使事。四年，城鴨子、混同二水間，拜北院宣徽使。咸雍初，坐誤奏事，出爲榆州刺史。俄詔復舊職，遷漢人行宮都部署。六年，賜國姓〔三〕。封韓國公，改南院樞密使。時樞臣乙辛等誣陷皇太子，詔仲禧偕乙辛鞫之，蔓引無辜，未嘗雪正。乙辛薦仲禧可任，拜廣德軍節度使，復爲南院樞密使。卒，謚欽惠。

儼儀觀秀整，好學，有詩名，登咸雍進士第。守著作佐郎，補中書省令史，以勤敏稱。大康初，歷都部署判官、將作少監。後兩府奏事，論羣臣優劣，唯稱儼才俊。改少府少監，知大理正，賜紫。六年，遷大理少卿，奏讞詳平。明年，陞大理卿。丁父憂，奪服，同僉部署司事。

大安初，爲景州刺史。繩胥徒，禁豪猾，撫老恤貧，未數月，善政流播，郡人刻石頌德。二年，改御史中丞，詔案上京滯獄，多所平反。同知宣徽院事，提點大理寺。六年冬，改山西路都轉運使。刮剔垢弊，奏定課額、益州縣俸給，事皆施行。壽隆初，授樞密直學士〔四〕。以母憂去官，尋召復舊職。宋攻夏，李乾順遣使求和解，帝命儼如宋平之，拜參知政事。六年，駕幸鴛鴦濼，召至内殿，訪以政事。

帝晚年倦勤，用人不能自擇，令各擲骰子，以采勝者官之。儼嘗得勝采，上曰：「上相之徵也！」遷知樞密院事，賜經邦佐運功臣，封越國公。修皇朝實録七十卷。

帝大漸，儼與北院樞密使阿思同受顧命。乾統三年，徙封秦國。六年，封漆水郡王。天慶中，以疾，命乘小車入朝。疾甚，遣太醫視之。薨，贈尚父，謚曰忠懿。

儼素廉潔，一芥不取於人。經籍一覽成誦。又善伺人主意，妻邢氏有美色，嘗出入禁中，儼教之曰：「慎勿失上意！」由是權寵益固。三子：處貞，太常少卿；處廉，同知中京留守事；處能，少府少監。

劉伸〔五〕，字濟時，宛平人。少穎悟，長以辭翰聞。重熙五年，登進士第，歷彰武軍節度使掌書記、大理正。因奏獄，上適與近臣語，不顧，伸進曰：「臣聞自古帝王必重民命，願陛下省臣之奏。」上大驚異，擢樞密都承旨，權中京副留守。詔徙富民以實春、泰二州，伸以爲不可，奏罷之。遷大理少卿，人以不冤。陞大理卿，改西京副留守。以父憂，終制，爲三司副使，加諫議大夫，提點大理寺。以伸明法而恕，案冤獄全活者衆，徙南京副留守。俄改崇義軍節度使，政務簡靜，民用不擾，致烏鵲同巢之異，優詔褒之。改户部使，歲入羨餘錢三十萬緡，拜南院樞密副使。

道宗嘗謂大臣曰：「今之忠直，耶律玦、劉伸而已！」宰相楊績賀其得人，拜參知政事。上諭之曰：「卿勿憚宰相！」時北院樞密使乙辛勢焰方熾，伸奏曰：「臣於乙辛尚不畏，何宰相之畏！」乙辛銜之，相與排詆，出爲保靜軍節度使。上終欲大用，加守太子太保，遷上京留守。乙辛以事徙鎮雄武，復以崇義軍節度使致仕。

適燕、薊民飢，伸與致政趙徽、韓造日濟以糜粥，所活不勝算。大安二年卒，上震悼，賻贈加等。

耶律胡吕，字蘇撒，弘義宮分人。其先欲穩，佐太祖有功，爲迭烈部夷离堇〔六〕。父楊五，左監門衛大將軍。

胡呂性謙謹，於人無適莫。重熙末，補寢殿小底。以善職，屢更華要，遷千牛衛大將軍。大安中，北阻卜酋磨魯斯叛〔七〕，爲招討都監，與耶律那也率精騎二千討平之，以功爲漢人行宮副部署，兼知太和宮事。致仕，加同中書門下平章事，卒。

論曰：兀納當道宗昏惑之會，擁佑皇孫，使乙辛姦計不獲復逞，而遼祚以續。比之屋質立穆宗，非溢美也。儼以俊才莅政，所至有能譽；纂述遼史，具一代治亂，亦云勤矣。但其固寵，不能以禮正家，惜哉。劉伸三爲大理，民無冤抑；一登户部，上下兼裕，至與耶律玦並稱忠直，不亦宜乎。

校勘記

〔一〕壽隆元年拜北府宰相　按本書卷二六道宗紀六，蕭兀納拜北府宰相在壽隆二年十二月癸亥。

〔二〕後與蕭敵里拒金兵于長濼　「長濼」，本書卷二七天祚皇帝紀一天慶四年十一月作「斡鄰濼」，金史卷二太祖紀太祖二年（遼天慶四年）十一月作「斡論濼」。

〔三〕六年賜國姓　按本書卷二二道宗紀二，李仲禧賜國姓在咸雍七年十二月。

〔四〕壽隆初授樞密直學士　按本書卷二五道宗紀五大安四年四月已見「樞密直學士耶律儼」，與此不合。

〔五〕劉伸　本書紀、志、傳屢見其名，長編卷一八七仁宗嘉祐三年（遼清寧四年）五月甲午條亦同。然道宗紀多作「劉詵」，高麗圓宗文類卷一諸宗止觀引文題名同。二名未知孰是。

〔六〕爲迭烈部夷离菫　「迭烈部」上蓋闕「奚」字。按本書卷七三耶律欲穩傳、耶律曷魯傳及卷一太祖紀上太祖八年正月甲辰，刺葛之亂平，欲穩以功遷奚迭剌部夷离菫，曷魯遷迭剌部夷离菫。

〔七〕北阻卜酋磨魯斯叛　「磨魯斯」，本書屢見，均作「磨古斯」。

遼史卷九十九

列傳第二十九

蕭巖壽　耶律撒剌　蕭速撒　耶律撻不也　蕭撻不也

蕭忽古　耶律石柳

蕭巖壽，乙室部人。性剛直，尚氣。仕重熙末。道宗即位，皇太后屢稱其賢，由是進用。

上出獵較，巖壽典其事，未嘗高下于心，帝益重之。歷文班太保、同知樞密院事。咸雍四年，從耶律仁先伐阻卜〔一〕，破之，有詔留屯，亡歸者衆，由是鐫兩官。十年，討敵烈部有功，爲其部節度使。

大康元年，同知南院宣徽使事，遷北面林牙。密奏乙辛以皇太子知國政，心不自安，與張孝傑數相過從，恐有陰謀，動搖太子。上悟，出乙辛爲中京留守〔二〕。會乙辛生日，上遣近臣耶律白斯本賜物爲壽，乙辛因私屬白上：「臣見姦人在朝，陛下孤危。身雖在外，竊用寒心。」白斯本還，以聞。上遣人賜乙辛車，諭曰：「無慮弗用，行將召矣。」由是反疑巖壽，出爲順義軍節度使。

乙辛復入爲樞密使，流巖壽於烏隗路〔三〕，終身拘作。巖壽雖竄逐，恒以社稷爲憂，時人爲之語曰：「以狼牧羊，何能久長！」三年，乙辛誣巖壽與謀廢立事，執還殺之，年四十九。乾統間，贈同中書門下平章事，繪像宜福殿。巖壽廉直，面折廷諍，多與乙辛忤，故及於難。

耶律撒剌，字董隱，南院大王磨魯古之孫〔四〕。性忠直沉厚。清寧初，累遷西南面招討使，以治稱。咸雍九年，改北院大王〔五〕。未幾，爲契丹行宮都部署。

大康二年，耶律乙辛爲中京留守，詔百官廷議，欲復召之，羣臣無敢正言。撒剌獨奏曰：「蕭巖壽言乙辛有罪，不可爲樞臣，故陛下出之；今復召，恐天下生疑。」進諫者三，不納，左右爲之震悚。乙辛復爲樞密使，見撒剌讓曰：「與君無憾，何獨異議？」撒剌曰：

「此社稷計，何憾之有！」乙辛誣撒剌與速撒同謀廢立，詔按無迹，出爲始平軍節度使。及蕭訛都斡誣首，竟遣使殺之。

乾統間，追封漆水郡王，繪像宜福殿，仍追贈三子官爵。

蕭速撒，字禿魯堇，突呂不部人。性沉毅。重熙間，累遷右護衛太保。蒲奴里叛，從耶律義先往討，執首亂陶得里以歸。清寧中，歷北面林牙、彰國軍節度使，入爲北院樞密副使。咸雍十年，經略西南邊，撤宋堡障，戍以皮室軍，上嘉之。

大康二年，知北院樞密使。耶律乙辛權寵方盛，附麗者多至通顯，速撒未嘗造門。乙辛銜之，誣構速撒首謀廢立，按之無驗，出爲上京留守。乙辛復令蕭訛都斡以前事誣告，上怒，不復加訊，遣使殺之。時方盛暑，尸諸原野，容色不變，烏鵲不敢近。

乾統間，追封蘭陵郡王，繪像宜福殿。

耶律撻不也，字撒班，系出季父房。父高家〔六〕，仕至林牙，重熙間破夏人于金肅軍有功，優加賞賚。

撻不也，清寧中補牌印郎君，累遷永興宫使。九年，平重元之亂，以功知點檢司事，賜平亂功臣〔七〕，爲懷德軍節度使。咸雍五年，遷遥輦剋。大康三年，授北院宣徽使。耶律乙辛謀害太子，撻不也知其姦，欲殺乙辛及蕭特里得、蕭十三等。乙辛知之，令其黨誣構撻不也與廢立事，殺之。乾統間，追封漆水郡王，繪像宜福殿。

蕭撻不也，字斡里端，國舅郡王高九之孫。性剛直。咸雍中，補祗候郎君。大康元年，爲彰愍宫使，尚趙國公主，拜駙馬都尉。三年，改同知漢人行宫都部署。與北院宣徽使耶律撻不也善，乙辛嫉之，令人誣告謀廢立事。不勝搒掠，誣伏。上引問，昏聵不能自陳，遂見殺。乾統間，追封蘭陵郡王，繪像宜福殿。

蕭忽古，字阿斯憐。性忠直，趫捷有力。甫冠，補禁軍。咸雍初，從招討使耶律趙三討番部之違命者。及請降，來介有能躍駝峰而上者，以儇捷相詫。趙三問左右誰能此，忽古被重鎧而出，手不及峰，一躍而上，使者大駭。趙三以女妻之。帝聞，召爲護衞。

時北院樞密使耶律乙辛以狡佞得幸，肆行兇暴。忽古伏于橋下，伺其過，欲殺之。俄以暴雨壞橋，不果。後又欲殺于獵所，爲親友所沮。大康三年，復欲殺乙辛及蕭得里特等，乙辛知而械繫之，考劾不服，流于邊。及太子廢徙于上京，召忽古至，殺之。乾統初，追贈龍虎衞上將軍。

耶律石柳，字酬宛，六院部人。祖獨攧，南院大王。父安十，統軍副使。石柳性剛直，有經世志。始爲牌印郎君，大康初，爲夷离畢郎君。時樞密使耶律乙辛誣殺皇后，謀廢太子，斥忠賢，進姦黨，石柳惡其所爲，乙辛覺之。太子既廢，以石柳附太子，流鎮州。

天祚即位，召爲御史中丞。時方治乙辛黨，有司不以爲意。石柳上書曰：

臣前爲姦臣所陷，斥竄邊郡。幸蒙召用，不敢隱默。

恩賞明則賢者勸，刑罰當則姦人消。二者既舉，天下不勞而治。臣見耶律乙辛身出寒微，位居樞要，竊權肆惡，不勝名狀。蔽先帝之明，誣陷順聖，構害忠讜，敗國罔上，自古所無。賴廟社之休，陛下獲纂成業，積年之冤，一旦洗雪。政陛下英斷，克成孝道之秋。如蕭得裏特實乙辛之黨，耶律合魯亦不爲早辨，賴陛下之明，遂正其事。

臣見陛下多疑，故有司顧望，不切推問。乙辛在先帝朝，權寵無比。先帝若以順考爲實，則乙辛爲功臣，陛下豈得立耶？先帝黜逐嬖后，詔陛下在左右，是亦悔前非也。陛下詎可忘父讎不報，寬逆黨不誅。今靈骨未獲，而求之不切。傳曰，聖人之德，無加于孝。昔唐德宗因亂失母，思慕悲傷，孝道益著。周公誅飛廉、惡來，天下大悅。今逆黨未除，大冤不報，上無以慰順考之靈，下無以釋天下之憤。怨氣上結，水旱爲沴。

臣願陛下下明詔，求順考之瘞所，盡收逆黨以正邦憲，快四方忠義之心，昭國家賞罰之用，然後致治之道可得而舉矣。謹别録順聖升遐及乙辛等事，昧死以聞。

書奏不報，聞者莫不歎惋。

乾統中，遥授靜江軍節度使，卒。子馬哥，同中書門下平章事。

論曰：易言「履霜，堅冰至」，謹始也。使道宗能從巖壽、撒剌之諫，后何得而誣，太子何得而廢哉？速撒、撻不也以忠言見殺，國欲無亂，得乎？石柳之書，亦幸出於乙辛既敗之後，獲行其說。有國家者，可不知人哉！

校勘記

〔一〕咸雍四年從耶律仁先伐阻卜　按本書卷二二道宗紀二及卷七〇屬國表，耶律仁先伐阻卜在咸雍五年三月。

〔二〕出乙辛爲中京留守　「中京」，原作「上京」，據下文耶律撒剌傳及本書卷二三道宗紀三大康二年六月、卷九七孩里傳、卷一一〇耶律乙辛傳改。

〔三〕流巖壽於烏隗路　「烏隗路」，本書僅此一見，卷二三道宗紀三大康二年十一月作「烏隗部」，是。

〔四〕南院大王磨魯古之孫　「南院大王」，本書卷八二磨魯古傳作「北院大王」，卷一三聖宗紀四統和八年六月、卷一四統和二十二年九月亦作北院大王磨魯古。

〔五〕咸雍九年改北院大王　按本書卷二三道宗紀三咸雍九年十二月謂「南院宣徽使耶律撒剌爲

南院大王」，與此異。

〔六〕父高家　「高家」，本書興宗紀重熙十二年十月壬子、十九年二月丁亥及卷一一五西夏外記皆作「高家奴」。

〔七〕累遷永興宮使九年平重元之亂以功知點檢司事賜平亂功臣　按卷九六耶律撻不也傳云：「累遷永興宮使。以平重元之亂，遥授忠正軍節度使，賜定亂功臣，同知殿前點檢司事。」此耶律撻不也即耶律仁先子，漢名慶嗣，耶律慶嗣墓誌所記與卷九六本傳略同。本卷耶律撻不也傳平重元之亂諸事，恐係因二人同名而攙入。

遼史卷一百

列傳第三十

耶律棠古　蕭得里底　蕭酬斡　耶律章奴　耶律朮者

耶律棠古，字蒲速宛，六院郎君葛剌之後。

大康中，補本班郎君，累遷至大將軍。性坦率，好別白黑，人有不善，必盡言無隱，時號「强棠古」。在朝數論宰相得失，由是久不得調，後出爲西北戍長。

乾統三年，蕭得里底爲西北路招討使，以后族慢侮僚吏。棠古不屈，乃罷之。棠古訟之朝，不省。天慶初，烏古敵烈叛，召拜烏古部節度使。至部，諭降之。遂出私財及發富民積，以振其困乏，部民大悦，加鎮國上將軍。會蕭得里底以都統率兵與金人戰敗績，棠古請以軍法論。且曰：「臣雖老，願爲國破敵。」不納。

保大元年，乞致仕。明年，天祚出奔，棠古謁於倒塌嶺，爲上流涕，上慰止之，復拜烏古部節度使。及至部，敵烈以五千人來攻，棠古率家奴擊破之，加太子太傅〔一〕。年七十二卒。

蕭得里底〔二〕，字紇鄰，晉王孝先之孫。父撒鉢，歷官使相。

得里底短而僂，外謹内倨。大康中，補祗候郎君，稍遷興聖宮副使，兼同知中丞司事。大安中，燕王妃生子，得里底以妃叔故，歷寧遠軍節度使、長寧宮使。壽隆二年，監討達里得、拔思母二部，多俘而還，改同知南京留守事。

乾統元年，爲北面林牙、同知北院樞密事，受詔與北院樞密使耶律阿思治乙辛餘黨。阿思納賄，多出其罪；得里底不能制，亦附會之。四年，知北院樞密事。夏王李乾順爲宋所攻，遣使請和解，詔得里底與南院樞密使牛温舒使宋平之〔三〕。宋既許，得里底受書之日，乃曰：「始奉命取要約歸，不見書辭，豈敢徒還。」遂對宋主發函而讀。既還，朝議爲是。

天慶三年，加守司徒，封蘭陵郡王。女直初起，廷臣多欲乘其未備，舉兵往討，得里底獨沮之，以至敗衄。天祚以得里底不合人望，出爲西南面招討使。八年，召爲北院樞密使，寵任彌篤。是時，諸路大亂，飛章告急者絡繹而至，得里底不即上聞，有功者亦無甄別。由是將校怨怒，人無鬬志。

保大二年，金兵至嶺東。會耶律撒八、習騎撒跋等謀立晉王敖盧斡事泄〔四〕，上召得里底議曰：「反者必以此兒爲名，若不除去，何以獲安。」得里底唯唯，竟無一言申理。王既死，人心益離。金兵踰嶺，天祚率衞兵西遁。元妃蕭氏，得里底之姪，謂得里底曰：「爾任國政，致君至此，何以生爲！」得里底但謝罪，不能對。明日，天祚怒，逐得里底與其子麽撒〔五〕。

得里底既去，爲耶律高山奴執送金兵。得里底伺守者怠，脱身亡歸，復爲耶律九斤所得，送之耶律淳。時淳已僭號，得里底自知不免，詭曰：「吾不能事僭竊之君！」不食數日，卒。子麽撒，爲金兵所殺。

蕭酬斡，字訛里本，國舅少父房之後。祖阿剌，終採訪使。父別里剌，以后父封趙王。

酬斡貌雄偉，性和易。年十四，尚越國公主，拜駙馬都尉，爲祗候郎君班詳穩。年十八，封蘭陵郡王。時帝欲立皇孫爲嗣，恐無以解天下疑，出酬斡爲國舅詳穩，降皇后爲惠妃，遷于乾州。初，酬斡母入朝，擅取驛馬，至是覺，奪其封號；復與妹魯姐爲巫蠱，伏誅。詔酬斡與公主離婚，籍興聖宫，流烏古敵烈部。

天慶中，以妹復尊爲太皇太妃，召酬斡爲南女直詳穩，遷征東副統軍。時廣州渤海作亂，乃與駙馬都尉蕭韓家奴襲其不備，平之，復敗敵將侯槩于川州。是歲，東京叛，遇敵來擊，師潰；獨酬斡率麾下數人力戰，殁于陣，追贈龍虎衞上將軍。

耶律章奴〔六〕，字特末衍，季父房之後。父查剌，養高不仕。

章奴明敏善談論。大安中，補牌印郎君。乾統元年，累遷右中丞，兼領牌印宿直事。六年，以直宿不謹，降知内客省事。天慶四年，授東北路統軍副使。五年，改同知咸州路兵馬事。

及天祚親征女直，蕭胡篤爲先鋒都統，章奴爲都監。大軍渡鴨子河，章奴與魏國王淳妻兄蕭敵里及其甥蕭延留等謀立淳〔七〕，誘將卒三百餘人亡歸。既而天祚爲女直所敗，章奴乃遣敵里、延留以廢立事馳報淳。淳猶豫未決。會行宫使者乙信持天祚御札至，備言章奴叛命，淳對使者號哭，即斬敵里、延留首以獻天祚。

章奴見淳不從，誘草寇數百攻掠上京，取府庫財物。至祖州，率僚屬告太祖廟云：「我大遼基業，由太祖百戰而成。今天下土崩，竊見興宗皇帝孫魏國王淳道德隆厚，能理世安民，臣等欲立以主社稷。會淳適好草甸，大事未遂。邇來天祚惟耽樂是從，不恤萬機；强敵肆侮，師徒敗績；加以盜賊蜂起，邦國危于累卵。臣等忝預族屬，世蒙恩渥，上欲安九廟之靈，下欲救萬民之命，乃有此舉。實出至誠，冀累聖垂祐。」西至慶州，復祀諸廟，仍述所以舉兵之意，移檄州縣、諸陵官僚，士卒稍稍屬心。

時饒州渤海及侯槩等相繼來應，衆至數萬，趨廣平淀。其黨耶律女古等暴横不法，劫掠婦女財畜，章奴度不能制，内懷悔恨。又攻上京不克，北走降虜上〔八〕。順國女直阿鶻産率兵追敗之，殺其將耶律彌里直，擒貴族二百餘人，其妻子配役繡院，或散諸近侍爲婢，餘得脱者皆遁去。章奴詐爲使者，欲奔女直，爲邏者所獲，縛送行在，伏誅。

耶律朮者，字能典，于越蒲古只之後，魁偉雄辨。乾統初，補祇候郎君。六年，因柴册，加觀察使。天慶五年，受詔監都統耶律斡里朵戰。及敗，左遷銀州刺史，徙咸州糺將。

嘗與耶律章奴謀立魏國王淳。及聞章奴自鴨子河亡去，即引麾下數人往會之。道爲游兵所執，送行在所。上問曰：「予何負卿而反？」朮者對曰：「臣誠無憾。但以天下大亂，已非遼有，小人滿朝，賢臣竄斥，誠不忍見天皇帝艱難之業一旦土崩。臣所以痛入骨髓而有此舉，非爲身計。」後數日，復問，朮者厲聲數上過惡，陳社稷危亡之本，遂殺之。

論曰：遼末同事之臣，其善惡何相遠也！棠古骨鯁不屈權要，兩鎮烏古，恩威並著。酬斡平亂渤海，又以討叛力戰而死，忠可尚矣。得里底縱女直而不討，寢變告而不聞。其蔽主聰明，爲國階亂，莫斯之甚也。章奴、朮者乘時多艱，潛謀廢立，將求寵幸，以犯大逆，其得免於天下之戮哉！

校勘記

〔一〕加太子太傅　本書卷六六皇族表同。然卷二九天祚皇帝紀三保大二年七月丁巳、卷六九部族表均作「加太子太保」，與此異。

〔二〕蕭得里底　按本傳與本書卷一〇二蕭奉先傳事迹多有重複，疑爲一人兩傳。參見唐長孺遼史天祚紀證釋、傅樂焕遼史複文舉例。

〔三〕詔得里底與南院樞密使牛温舒使宋平之　本書卷二七天祚皇帝紀一乾統六年正月辛丑、卷八六牛温舒傳所記略同。按得里底疑即蕭奉先，然王安中初寮集卷八故贈昭化軍節度使楊應詢神道碑、皇朝編年綱目備要卷二七崇寧五年三月均記使宋者爲蕭保先、牛温舒。

〔四〕會耶律撒八習騎撒跋等謀立晉王敖盧斡事泄　本書卷二九天祚皇帝紀三保大二年正月乙亥、卷六二刑法志下、卷七二晉王敖盧斡傳均稱耶律撒八等謀立晉王，此處「撒跋」或係史源不同而致重出。

〔五〕逐得里底與其子麽撒　「麽撒」，本書卷六七外戚表作「磨撒」。金史卷七七撻懶傳稱「獲遼樞密使得里底及其子磨哥、那野以還」。又蕭公妻耶律氏墓誌稱其有子「麽撒里、郍野里」。「麽撒」、「麽撒里」、「磨哥」蓋即一人。

〔六〕耶律章奴　本書卷六六皇族表及金史卷二太祖紀作「張奴」；卷二八天祚皇帝紀二、卷七〇屬國表又有「張家奴」。疑皆一人。參見卷二八天祚皇帝紀二校勘記〔二〕。

〔七〕章奴與魏國王淳妻兄蕭敵里及其甥蕭延留等謀立淳　本書卷二八天祚皇帝紀二天慶五年九月云：「時章奴先遣王妃親弟蕭諦里以所謀説魏國王。」按「蕭敵里」即「蕭諦里」，然一稱妻兄，一作妻弟。

〔八〕北走降虜上 此處恐有訛誤。陳桱通鑑續編卷一二政和五年九月、薛應旂宋元通鑑卷五三政和五年九月作「北趨降虜山」，疑是。

遼史卷一百一

列傳第三十一

蕭陶蘇斡　耶律阿息保　蕭乙薛　蕭胡篤

蕭陶蘇斡，字乙辛隱，突吕不部人。四世祖因吉，髮長五尺，時呼爲「長髮因吉」。祖里拔，奥隗部節度使。

陶蘇斡謹愿，不妄交。伯父留哥坐事免官，聞重元亂，挈家赴行在。時陶蘇斡雖幼，已如成人，補筆硯小底。累遷祗候郎君，轉樞密院侍御。咸雍五年，遷崇德宫使。會有訴北南院聽訟不直者，事下，陶蘇斡悉改正之，爲耶律阿思所忌。帝欲召用，輒爲所沮。八年，歷漠北滑水馬羣太保，數年不調，嘗曰：「用才未盡，不若閑。」乾統中，遷漠南馬羣太保，以大風傷草，馬多死，鞭之三百，免官。九年，徙天齊殿宿衛。明年，穀價翔踊，宿衛士多不給，陶蘇斡出私廩賙之，召同知南院樞密使事。

天慶四年，爲漢人行宮副部署。時金兵初起，攻陷寧江州。天祚召羣臣議，陶蘇斡曰：「女直國雖小，其人勇而善射。自執我叛人蕭海里，勢益張。我兵久不練，若遇强敵，稍有不利，諸部離心，不可制矣。爲今之計，莫若大發諸道兵，以威壓之，庶可服也。」北院樞密使蕭得里底曰：「如陶蘇斡之謀，徒示弱耳。但發滑水以北兵〔一〕，足以拒之。」遂不用其計。

數月間，邊兵屢北，人益不安。饒州渤海結構頭下城以叛，有步騎三萬餘，招之不下。陶蘇斡帥兵往討，擒其渠魁，斬首數千級，得所掠物，悉還其主。及耶律章奴叛，陶蘇斡與留守耶律大悲奴爲守禦。章奴既平，陶蘇斡請曰：「今邊兵懈弛，若清暑嶺西，則漢人嘯聚，民心益摇。臣愚以爲宜罷此行。」不納。乃命陶蘇斡控扼東路，招集散卒。

後以太子太傅致仕，卒。

耶律阿息保，字特里典，五院部人。祖胡劣，太祖時徙居西北部〔二〕，世爲招討司吏。阿息保慷慨有大志，年十六，以才幹補内史。天慶初，轉樞密院侍御。金人起兵城境上，遣阿息保問之，金人曰：「若歸阿疎，敢不聽命。」阿息保具以聞。金兵陷寧江州，邊兵屢敗，遣阿息保與耶律章奴等齎書而東，冀以脅降。阿息保曰：「臣前使，依詔開諭，略無所屈。將還，謂臣曰：『若所請不遂，無相見。』今臣請獨往。」不聽。將行，別蕭得里底曰：「不肖適異國，必無生還，願公善輔國家。」既至，阿息保見執。久乃遁歸。

及天祚敗績，遷都巡捕使。六年，從阿疎討耶律章奴，加領軍衞大將軍。阿疎將兵而東，阿息保送至軍，乃還。天祚怒其專，鞭之三百。尋爲奚六部禿里太尉。後阿疎反，阿息保以偏師進擊，臨陣墜馬，被擒。因阿疎有舊得免。時阿疎頗好殺，阿息保謂曰：「欲舉大事，何以殺爲！」由是全活者衆。會阿疎敗，乃還。以戰失利，囚中京數歲。

保大二年，金兵至中京，始出獄。尋爲敵烈皮室詳穩。是時，魏王淳僭號，屢遣人以書來招。阿息保封書以獻，因諫曰：「東兵甚鋭，未可輕敵。」及石輦鐸之敗，天祚奔竄，召阿息保，不時至，疑有貳心，并怒爲淳所招，殺之。

初，阿息保知國將亡，前後諫甚切。及死以非罪，人尤惜之。

蕭乙薛，字特免，國舅少父房之後。性謹愿。壽隆間，累任劇官。

天慶初，知國舅詳穩事，遷殿前副點檢。金兵起，爲行軍副都統。以戰失利，罷職。六年，出爲武定軍節度使，遷西京留守。明年，討劇賊董厖兒，戰易水西，大破之。以功爲北府宰相，加左僕射，兼東北路都統。十年，金兵陷上京，詔兼上京留守、東北路統軍使。爲政寬猛得宜，民之窮困者，輒加振恤，衆咸愛之。

保大二年，金兵大至，乙薛軍潰，左遷西南面招討使。以部民流散，不赴。及天祚播遷，給侍從不闕，拜殿前都點檢。凡金兵所過，諸營敗卒復聚上京，遣乙薛爲上京留守以安撫之。

明年，盧彦倫以城叛，乙薛被執數月，以居官無過，得釋。後爲耶律大石所殺。

蕭胡篤，字合朮隱。其先撒葛只，太祖時願隸宫分，遂爲太和宫分人。曾祖敵魯，明醫。人有疾，觀其形色即知病所在。統和中，宰相韓德讓貴寵，敵魯希旨，言德讓宜賜國姓，籍横帳，由是世預太醫選。子孫因之入官者衆。

胡篤爲人便佞，與物無忤。清寧初，補近侍。大安元年，爲彰愍宫太師。壽隆二年，轉永興宫太師。天慶初，累遷至殿前副點檢。五年，從天祚東征，爲先鋒都統，臨事猶豫，凡隊伍皆以圍場名號之。進至剌离水，與金兵戰，敗，大軍亦却。及討耶律章奴，以籍私奴爲軍，遷知北院樞密使事，卒。

胡篤長于騎射，見天祚好游畋，每言從禽之樂，以逢其意。天祚悦而從之。國政隳廢，自此始云。

論曰：甚矣，承平日久，上下狃於故常之可畏也！天慶之間，女直方熾，惟陶蘇斡明於料敵，善於忠諫，惜乎天祚痼蔽，不見信用。阿息保不死阿疎之難，乙薛甘忍盧彦倫之執，大節已失矣，他有所長，亦奚足取。胡篤以游畋逢迎天祚而隳國政，可勝罪哉！

校勘記

〔一〕發滑水以北兵　本書卷二七天祚皇帝紀一天慶四年七月作「發渾河北諸軍」。

〔三〕太祖時徙居西北部　「太祖」，原作「太子」，據道光殿本考證引大典改。

遼史卷一百二

列傳第三十二

蕭奉先　李處温　張琳　耶律余覩

蕭奉先〔一〕，天祚元妃之兄也。外寬内忌。因元妃爲上眷倚，累官樞密使，封蘭陵郡王。

天慶二年，上幸混同江鈎魚。故事，生女直酋長在千里内者皆朝行在。適頭魚宴，上使諸酋次第歌舞爲樂，至阿骨打，但端立直視，辭以不能。再三旨諭，不從。上密謂奉先曰：「阿骨打跋扈若此！可託以邊事誅之。」奉先曰：「彼麤人，不知禮義，且無大過，殺之傷向化心。設有異志，蕞爾小國，亦何能爲！」上乃止。

四年，阿骨打起兵犯寧江州，東北路統軍使蕭撻不也戰失利。上命奉先弟嗣先爲都統〔二〕，將番、漢兵往討，屯出河店。女直乃潛渡混同江，乘我師未備擊之。嗣先敗績，軍將往往遁去。奉先懼弟被誅，乃奏「東征潰軍逃罪，所至劫掠，若不肆赦，將嘯聚爲患」，從之。嗣先詣闕待罪，止免官而已。由是士無鬭志，遇敵輒潰，郡縣所失日多。

初，奉先誣耶律余覩結駙馬蕭昱謀立其甥晉王〔三〕，事覺，殺昱。余覩在軍中聞之懼，奔女直。保大二年，余覩爲女直監軍，引兵奄至，上憂甚。奉先曰：「余覩乃王子班之苗裔，此來實無亡遼心，欲立晉王耳。若以社稷計，不惜一子，誅之，可不戰而退。」遂賜晉王死。中外莫不流涕，人心益解體。

當女直之兵未至也，奉先逢迎天祚，言：「女直雖能攻我上京，終不能遠離巢穴。」而一旦越三千里直擣雲中，計無所出，惟請播遷夾山。天祚方悟，顧謂奉先曰：「汝父子誤我至此，殺之何益！汝去，毋從我行。恐軍心忿怒，禍必及我。」奉先父子慟哭而去，爲左右執送女直兵。女直兵斬其長子昂，送奉先及次子昱於其國主。道遇我兵，奪歸，天祚並賜死。

李處温，析津人。伯父儼，大康初爲將作少監，累官參知政事，封漆水郡王，雅與北樞密使蕭奉先友舊。執政十餘年，善逢迎取媚，天祚又寵任之。儼卒，奉先薦處温爲相，處温因奉先有援己力，傾心阿附，以固權位，而貪污尤甚，凡所接引，類多小人。

保大初，金人陷中京，諸將莫能支。天祚懼，奔夾山，兵勢日迫。處温與族弟處能〔四〕、子奭，外假怨軍聲援，結都統蕭幹謀立魏國王淳，召番、漢官屬詣魏王府勸進。魏國王將出，奭乃持赭袍衣之，令百官拜舞稱賀。魏王固辭不得，遂稱天錫皇帝。以處温守太尉，處能直樞密院，奭爲少府少監，左企弓以下及親舊與其事者，賜官有差。

會魏國王病，自知不起，密授處温番漢馬步軍都元帥，意將屬以後事。及病亟，蕭幹等矯詔南面宰執入議，獨處温稱疾不至，陰聚勇士爲備，紿云奉密旨防他變。魏國王卒，蕭幹擁契丹兵，宣言當立王妃蕭氏爲太后，權主軍國事，衆無敢異者。幹以后命，召處温至，時方多難，未欲即誅，但追毀元帥劄子。處能懼及禍，落髮爲僧。

尋有永清人傅遵説隨郭藥師入燕，被擒，具言處温嘗遺易州富民趙履仁書達宋將童貫，欲挾蕭后納土歸宋。后執處温問之，處温曰：「臣父子於宣宗有定策功，宜世蒙宥容，可使因讒獲罪？」后曰：「向使魏國王如周公，則終享親賢之名於後世。誤王者皆汝父子，何功之有！」并數其前罪惡。處温無以對，乃賜死，奭亦伏誅。

張琳，瀋州人。幼有大志。壽隆末，爲秘書中允。天祚即位，累遷户部使。頃之，擢南府宰相。

初，天祚之敗於女直也，意謂蕭奉先不知兵，乃召琳付以東征事。琳以舊制，凡軍國大計，漢人不與，辭之。上不允，琳奏曰：「前日之敗，失於輕舉。若用漢兵二十萬分道進討，無不克者。」上許其半，仍詔中京、上京、長春、遼西四路計户産出軍。時有起至二百軍者，生業蕩散，民甚苦之。四路軍甫集，尋復遁去。

及中京陷，天祚幸雲中，留琳與李處温佐魏國王淳守南京。處温父子召琳，欲立淳爲帝，琳曰：「王雖帝胄，初無上命，攝政則可，即真則不可。」處温曰：「今日之事，天人所與，豈可易也！」琳雖有難色，亦勉從之。

淳既稱帝，諸將咸居權要，琳獨守太師，十日一朝，平章軍國大事。陽以元老尊之，實則不使與政。琳由是鬱悒而卒。

耶律余覩，一名余都姑，國族之近者也。慷慨尚氣義。保大初，歷官副都統。

其妻天祚文妃之妹。文妃生晉王，最賢，國人皆屬望。時蕭奉先之妹亦爲天祚元妃，生秦王。奉先恐秦王不得立，深忌余覩，將潛圖之。適耶律撻葛里之妻會余覩之妻於軍中〔五〕，奉先諷人誣余覩結駙馬蕭昱、撻葛里，謀立晉王，尊天祚爲太上皇。事覺，殺昱及撻葛里妻，賜文妃死。余覩在軍中聞之，懼不能自明被誅，即引兵千餘并骨肉軍帳叛歸女直〔六〕。

會大霖雨，道途留阻。天祚遣知奚王府蕭遐買、北宰相蕭德恭、大常衮耶律諦里姑、歸州觀察使蕭和尚奴、四軍太師蕭幹追捕甚急。至閭山，及之。諸將議曰：「蕭奉先恃寵，蔑害官兵。余覩乃宗室雄才，素不肯爲其下。若擒之，則他日吾輩皆余覩矣。不如縱之。」還，紿云追襲不及。

余覩既入女直，爲其國前鋒，引婁室孛堇兵攻陷州郡，不測而至。天祚聞之大驚，知不能敵，率衛兵入夾山。

余覩在女直爲監軍，久不調，意不自安，乃假遊獵，遁西夏。夏人問：「汝來有兵幾何？」余覩以二三百對，夏人不納。卒。

論曰：遼之亡也，雖孽降自天，亦柄國之臣有以誤之也。當天慶而後，政歸后族。奉先沮天祚防微之計，陷晉王非罪之誅，夾山之禍已見於此矣。處溫逼魏王以僭號，結宋將以賣國，迹其姦佞，如出一軌。嗚呼！天祚之所倚毗者若此，國欲不亡，得乎？張琳婣婣守位，余覩反覆自困，則又何足議哉！

校勘記

〔一〕蕭奉先　參見本書卷一〇〇校勘記〔二〕。

〔二〕上命奉先弟嗣先爲都統　「嗣先」，本書他處作「蕭敵里」，金史卷二太祖紀太祖二年十一月作「蕭糺里」。

〔三〕奉先誣耶律余覩結駙馬蕭昱謀立其甥晉王　本書卷二九天祚皇帝紀三保大元年正月、卷六二刑法志下、卷七一天祚文妃蕭氏傳及本卷耶律余覩傳所記皆同。然卷六四皇子表、卷七二晉王敖盧斡傳及會編卷五八靖康元年十月引靖康要盟録則言耶律余覩等確曾謀立晉王，非出於蕭奉先之誣。未知孰是。

〔四〕處溫與族弟處能　上文稱耶律儼爲處溫伯父，又據本書卷九八耶律儼傳，知儼有子處能。則處能當爲處溫從弟，此處言「族弟」，恐不確。

〔五〕適耶律撻葛里之妻會余覩之妻於軍中　「撻葛里」，本書卷二九天祚皇帝紀三保大元年正月、卷六二刑法志下及裔夷謀夏録卷一、契丹國志卷一一天祚皇帝中並作「撻曷里」，疑是。

〔六〕即引兵千餘并骨肉軍帳叛歸女直　「軍帳」，裔夷謀夏録卷一、皇宋十朝綱要卷一八宣和三年六月、契丹國志卷一一天祚皇帝中作「車帳」，疑是。

遼史卷一百三

列傳第三十三

文學上

蕭韓家奴　李澣

遼起松漠，太祖以兵經略方內，禮文之事固所未遑。及太宗入汴，取晉圖書、禮器而北，然後制度漸以修舉。至景、聖間，則科目聿興，士有由下僚擢陞侍從，駸駸崇儒之美。但其風氣剛勁，三面鄰敵，歲時以蒐獮爲務，而典章文物視古猶闕。然二百年之業，非數君子爲之綜理，則後世惡所考述哉。作文學傳。

蕭韓家奴，字休堅，涅剌部人，中書令安摶之孫。少好學，弱冠入南山讀書，博覽經史，通遼、漢文字。統和十四年始仕。家有一牛，不任驅策，其奴得善價鬻之。韓家奴曰：「利己誤人，非吾所欲。」乃歸直取牛。二十八年，爲右通進，典南京栗園。重熙初，同知三司使事。四年，遷天成軍節度使，徙彰愍宫使。帝與語，才之，命爲詩友。嘗從容問曰：「卿居外有異聞乎？」韓家奴對曰：「臣惟知炒栗：小者熟，則大者必生；大者熟，則小者必焦。使大小均熟，始爲盡美。不知其他。」蓋嘗掌栗園，故託栗以諷諫。帝大笑。詔作四時逸樂賦，帝稱善。

時詔天下言治道之要，制問：「徭役不加于舊，征伐亦不常有，年穀既登，帑廩既實，而民重困，豈爲吏者慢、爲民者惰歟？今之徭役何者最重？何者尤苦？何所蠲省則爲便益？補役之法何可以復？盜賊之害何可以止？」韓家奴對曰：

臣伏見比年以來，高麗未賓，阻卜猶强，戰守之備，誠不容已。乃者選富民防邊，自備糧糗，道路脩阻，動淹歲月，比至屯所，費已過半，隻牛單轂，鮮有還者。其無丁之家，倍直傭僦，人憚其勞，半途亡竄，故戍卒之食多不能給。求假于人，則十倍其息，至有鬻子割田，不能償者。或逋役不歸，在軍物故，則復補以少壯。其鴨淥江之東，戍役大率如此。況渤海、女直、高麗合從連衡，不時征討。富者從軍，貧者偵候。加之水旱，菽粟不登。民以日困，蓋勢使之然也。

方今最重之役，無過西戍。如無西戍，雖遇凶年，困弊不至於此。若能徙西戍稍近，則往來不勞，民無深患。議者謂徙之非便：一則損威名，二則召侵侮，三則棄耕牧之地。臣謂不然。阻卜諸部，自來有之。曩時北至臚朐河，南至邊境，人多散居，無所統壹，惟往來抄掠。及太祖西征，至於流沙，阻卜望風悉降，西域諸國皆願入貢。因遷種落，內置三部，以益吾國，不營城邑，不置戍兵，阻卜累世不敢爲寇。統和間，皇太妃出師西域，拓土既遠，降附亦衆。自後一部或叛，鄰部討之，使同力相制，正得馭遠人之道。及城可敦，開境數千里，西北之民，徭役日增，生業日殫。警急既不能救，叛服亦復不恒。空有廣地之名，而無得地之實。若貪土不已，漸至虛耗，其患有不勝言者。況邊情不可深信，亦不可頓絕。得不爲益，捨不爲損。國家大敵，惟在南方。今雖連和，難保他日。若南方有變，屯戍遼邈，卒難赴援。我進則敵退，我還則敵來，不可不慮也。方今太平已久，正可恩結諸部，釋罪而歸地，內徙戍兵以增堡障，外明約束以正疆界。每部各置酋長，歲修職貢。叛則討之，服則撫之。諸部既安，必不生釁。如是，則臣雖不能保其久而無變，知其必不深入侵掠也。或云，棄地則損威。殊不知殫費竭財，以貪無用之地，使彼小部抗衡大國，萬一有敗，損威豈淺？或又云，沃壤不可遽棄。臣以爲土雖沃，民不能久居，一旦敵來，則不免內徙，豈可指爲吾土而惜之？

夫帑廩雖隨部而有，此特周急部民一偏之惠，不能均濟天下。如欲均濟天下，則當知民困之由，而窒其隙。節盤遊，簡驛傳，薄賦斂，戒奢侈。期以數年，則困者可蘇，貧者可富矣。蓋民者國之本，兵者國之衞。兵不調則曠軍役，調之則損國本。且諸部皆有補役之法。昔補役始行，居者、行者類皆富實，故累世從戍，易爲更代。近歲邊虞數起，民多匱乏，既不任役事，隨補隨缺。苟無上户，則中户當之。曠日彌年，其窮益甚，所以取代爲艱也。非惟補役如此，在邊戍兵亦然。譬如一抔之土，豈能填尋丈之壑！欲爲長久之便，莫若使遠戍疲兵還於故鄉，薄其徭役，使人人給足，則補役之道可以復故也。

臣又聞，自昔有國家者，不能無盜。比年以來，羣黎凋弊，利於剽竊，良民往往化爲凶暴，甚者殺人無忌，至有亡命山澤，基亂首禍。所謂民以困窮，皆爲盜賊者，誠如聖慮。今欲芟夷本根，願陛下輕徭省役，使民務農。衣食既足，安習教化，而重犯法，則民趨禮義，刑罰罕用矣。臣聞唐太宗問羣臣治盜之方，皆曰：「嚴刑峻法。」太宗笑曰：「寇盜所以滋者，由賦斂無度，民不聊生。今朕内省嗜欲，外罷游幸，使海内安靜，則寇盜自止。」由此觀之，寇盜多寡，皆由衣食豐儉，徭役重輕耳。

今宜徙可敦城於近地，與西南副都部署、烏古、敵烈、隗烏古等部聲援相接。罷黑嶺二軍，并開、保州，皆隸東京；益東北戍軍及南京總管兵。增修壁壘，候尉相望，繕完樓櫓，浚治城隍，以爲邊防。此方今之急務也，願陛下裁之。

擢翰林都林牙，兼修國史。仍詔諭之曰：「文章之職，國之光華，非才不用。以卿文學，爲時大儒，是用授卿以翰林之職。朕之起居，悉以實録。」自是日見親信，每入侍，賜坐。遇勝日，帝與飲酒賦詩，以相疇酢，君臣相得無比。韓家奴知無不言，雖諧謔不忘規諷。

十三年春，上疏曰：「臣聞先世遥輦可汗洼之後〔一〕，國祚中絶；自夷离堇雅里立阻午，大位始定。然上世俗朴，未有尊稱。臣以爲三皇禮文未備，正與遥輦氏同。後世之君以禮樂治天下，而崇本追遠之義興焉。近者唐高祖創立先廟，尊四世爲帝。昔我太祖代遥輦即位，乃製文字，修禮法，建天皇帝名號，制宫室以示威服，興利除害，混一海内。厥後累聖相承，自夷离堇湖烈以下，大號未加，天皇帝之考夷离堇的魯猶以名呼。臣以爲宜依唐典，追崇四祖爲皇帝，則陛下弘業有光，墜典復舉矣。」疏奏，帝納之。始行追册玄、德二祖之禮。

韓家奴每見帝獵，未嘗不諫。會有司奏獵秋山，熊虎傷死數十人，韓家奴書于册。帝見，命去之。韓家奴既出，復書。他日，帝見之曰：「史筆當如是。」帝問韓家奴：「我國家創業以來，孰爲賢主？」韓家奴以穆宗對。帝怪之曰：「穆宗嗜酒，喜怒不常，視人猶草芥，卿何謂賢？」韓家奴對曰：「穆宗雖暴虐，省徭輕賦，人樂其生。終穆之世，無罪被戮，未有過今日秋山傷死者。臣故以穆宗爲賢。」帝默然。

詔與耶律庶成録遥輦可汗至重熙以來事迹，集爲二十卷，進之。十五年，復詔曰：「古之治天下者，明禮義，正法度。我朝之興，世有明德，雖中外嚮化，然禮書未作，無以示後世。卿可與庶成酌古準今，制爲禮典。事或有疑，與北、南院同議。」韓家奴既被詔，博考經籍，自天子達于庶人，情文制度可行於世，不繆于古者，譔成三卷，進之。又詔譯諸書，韓家奴欲帝知古今成敗，譯通曆、貞觀政要、五代史。

時帝以其老，不任朝謁，拜歸德軍節度使。以善治聞。帝遣使問勞，韓家奴表謝。召修國史，卒，年七十二。有六義集十二卷行于世。

李澣，初仕晉，爲中書舍人。晉亡歸遼，當太宗崩、世宗立，恟恟不定，澣與高勳等十餘人羈留南京。久之，從歸上京，授翰林學士。

穆宗即位，累遷工部侍郎。時澣兄濤在汴爲翰林學士，密遣人召澣。澣得書，託求醫南京，易服夜出，欲遁歸汴。至涿，爲徼巡者所得，送之南京，下吏。澣伺獄吏熟寢，以衣帶自經；不死，防之愈嚴。械赴上京，自投潢河中流，爲鐵索牽掣，又不死。及抵上京，帝欲殺之。時高勳已爲樞密使，救止之。屢言於上曰：「澣本非負恩，以母年八十，急於省覲致罪。且澣富於文學，方今少有倫比，若留掌詞命，可以增光國體。」帝怒稍解，仍令禁錮于奉國寺，凡六年，艱苦萬狀。

會上欲建太宗功德碑，高勳奏曰：「非李澣無可秉筆者。」詔從之。文成以進，上悅，釋囚。尋加禮部尚書，宣政殿學士，卒。

論曰：統和、重熙之間，務修文治，而韓家奴對策，落落累數百言，概可施諸行事，亦遼之晁、賈哉。李澣雖以詞章見稱，而其進退不足論矣。

校勘記

〔一〕臣聞先世遥輦可汗洼之後　「可汗洼」，明鈔本、南監本、北監本、殿本均作「洼可汗」。

遼史卷一百四

列傳第三十四

文學下

王鼎　耶律昭　劉輝　耶律孟簡　耶律谷欲

王鼎，字虛中，涿州人。幼好學，居太寧山數年，博通經史。時馬唐俊有文名燕、薊間〔一〕，適上巳，與同志祓禊水濱，酌酒賦詩。鼎偶造席，唐俊見鼎樸野，置下坐。欲以詩困之，先出所作索賦，鼎援筆立成。唐俊驚其敏妙，因與定交。

清寧五年，擢進士第〔二〕。調易州觀察判官，改淶水縣令〔三〕，累遷翰林學士。當代典章多出其手。上書言治道十事，帝以鼎達政體，事多咨訪。鼎正直不阿，人有過，必面詆之。

壽隆初，陸觀書殿學士。一日宴主第，醉與客忤，怨上不知己，坐是下吏。狀聞，上大怒，杖黥奪官，流鎮州。居數歲，有赦，鼎獨不免。會守臣召鼎爲賀表，因以詩貽使者，有「誰知天雨露，獨不到孤寒」之句。上聞而憐之，即召還，復其職。乾統六年卒〔四〕。

鼎宰縣時，憩于庭，俄有暴風舉卧榻空中。鼎無懼色，但覺枕榻俱高，乃曰：「吾中朝端士，邪無干正，可徐置之。」須臾，榻復故處，風遂止。

耶律昭，字述寧。博學，善屬文。統和中，坐兄國留事，流西北部。會蕭撻凛爲西北路招討使，愛之，奏免其役，禮致門下。欲召用，以疾辭。撻凛問曰：「今軍旅甫罷，三邊晏然，惟阻卜伺隙而動。討之，則路遠難至；縱之，則邊民被掠；增戍兵，則餽餉不給；欲苟一時之安，不能終保無變。計將安出？」昭以書答曰：

竊聞治得其要，則仇敵爲一家；失其術，則部曲爲行路。夫西北諸部，每當農時，一夫爲偵候，一夫治公田，二夫給糺官之役，大率四丁無一室處。芻牧之事，仰給妻孥。一遭寇掠，貧窮立至。春夏賑恤，吏多雜以糠粃，重以掊克，不過數月，又復告困。且畜牧者，富國之本。有司防其隱没，聚之一所，不得各就水草便地。兼以逋亡戍卒，隨時補調，不習風土，故日瘠月損，馴至耗竭。

爲今之計，莫若振窮薄賦，給以牛種，使遂耕獲。置游兵以防盜掠，頒俘獲以助伏臘，散畜牧以就便地。期以數年，富彊可望。然後練簡精兵，以備行伍，何守之不固，何動而不克哉？然必去其難制者，則餘種自畏。若捨大而謀小，避强而攻弱，非徒虛費財力，亦不足以威服其心。此二者，利害之機，不可不察。

昭聞古之名將，安邊立功，在德不在衆。故謝玄以八千破苻堅百萬，休哥以五隊敗曹彬十萬。良由恩結士心，得其死力也。閤下膺非常之遇，專方面之寄，宜遠師古人，以就勳業。上觀乾象，下盡人謀。察地形之險易，料敵勢之虛實。慮無遺策，利施後世矣。

撻凜然之。

開泰中，獵于拔里堵山，爲羯羊所觸，卒。

劉輝，好學善屬文，疏簡有遠略。大康五年，第進士。

大安末，爲太子洗馬，上書言：「西邊諸番爲患，士卒遠戍，中國之民疲于飛輓，非長久之策。爲今之務，莫若城于鹽濼，實以漢户，使耕田聚糧，以爲西北之費。」言雖不行，識者韙之。

壽隆二年，復上書曰：「宋歐陽脩編五代史，附我朝於四夷，妄加貶訾。且宋人賴我朝寬大，許通和好，得盡兄弟之禮。今反令臣下妄意作史，恬不經意。臣請以趙氏初起事蹟，詳附國史。」上嘉其言，遷禮部郎中。

詔以賢良對策，輝言多中時病。擢史館修撰，卒。

耶律孟簡，字復易，于越屋質之五世孫。父劉家奴，官至節度使。

孟簡性穎悟。六歲，父晨出獵，俾賦曉天星月詩，孟簡應聲而成，父大奇之。既長，善屬文。大康初，樞密使耶律乙辛以姦憸竊柄，出爲中京留守，孟簡與耶律庶箴表賀。未幾，乙辛復舊職，銜之，謫巡磁窯關。時雖以讒見逐，不形辭色。遇林泉勝地，終日忘歸。明年，流保州。及聞皇太子被害，不勝哀痛，以詩傷之，作放懷詩二十首。自序云：「禽獸有哀樂之聲，螻蟻有動靜之形。在物猶然，況於人乎？然賢達哀樂，不在窮通、禍福之間。易曰：『樂天知命，故不憂。』是以顔淵簞瓢自得，此知命而樂者也。予雖流放，以道自安，又何疑耶？」

大康中，始得歸鄉里。詣闕上表曰：「本朝之興，幾二百年，宜有國史以垂後世。」乃編耶律曷魯、屋質、休哥三人行事以進。上命置局編修。孟簡謂餘官曰：「史筆天下之大信，一言當否，百世從之。苟無明識，好惡徇情，則禍不測。故左氏、司馬遷、班固、范曄俱罹殃禍，可不慎歟！」

乾統中，遷六院部太保。處事不拘文法，時多笑其迂。孟簡聞之曰：「上古之時，無簿書法令，而天下治。蓋簿書法令，適足以滋姦倖，非聖人致治之本。」改高州觀察使，修學校，招生徒。遷昭德軍節度使。以中京饑，詔與學士劉嗣昌減價糶粟。事未畢，卒。

耶律谷欲，字休堅，六院部人。父阿古只，官至節度使。

谷欲沖澹有禮法，工文章。統和中，爲本部太保。開泰中，稍遷塌母城節度使。鞫霸州疑獄，稱旨，授啓聖軍節度使。太平中，復爲本部太保。謝病歸，俄擢南院大王。歎風俗日頹，請老，不許。

興宗命爲詩友，數問治要，多所匡建。奉詔與林牙耶律庶成、蕭韓家奴編遼國上世事跡及諸帝實録，未成而卒，年九十。

論曰：孔子言：「誦詩三百，授之以政，不達。雖多，亦奚以爲？」王鼎忠直達政，劉輝侍青宮，建言國計，昭陳邊防利害，皆洞達閫敏。孟簡疾乙辛姦邪，黜而不怨。孰謂文學之士無益於治哉。

校勘記

〔一〕時馬唐俊有文名燕薊間　龐元英文昌雜録卷四曰：「元豐三年，高麗國王王徽，以疾表乞太醫，朝廷遣閤門通事舍人王舜封押至彼國。舜封上言：『十二月一日，徽生辰，北遼遣起居郎、知制誥馬堯俊充使留仙賓館。』」陳述遼史補注云：「按唐俊即堯俊，金人避『堯』字改唐俊。高麗史卷九作馬高俊。」

〔二〕清寧五年擢進士第　按本書卷二二道宗紀二清寧八年六月云：「御清涼殿放進士王鼎等九十三人。」未知是否即此人。

〔三〕改淶水縣令　「淶水」，原作「漆水」。按本書地理志無漆水縣，易州有淶水縣，今據改。

〔四〕乾統六年卒　「卒」字原闕，據道光殿本考證引大典補。

遼史卷一百五

列傳第三十五

能吏〔一〕

大公鼎　蕭文　馬人望　耶律鐸魯斡　楊遵勗　王棠

漢以璽書賜二千石，唐疏刺史、縣令于屏，以示獎率，故二史有循吏、良吏之傳。遼自太祖創業，太宗撫有燕、薊，任賢使能之道亦略備矣。然惟朝廷參置國官，吏州縣者多遵唐制。歷世既久，選舉益嚴。時又分遣重臣巡行境内，察賢否而進退之。是以治民、理財、決獄、弭盜，各有其人。考其德政，雖未足以與諸循、良之列，抑亦可謂能吏矣。作能吏傳。

大公鼎，渤海人，先世籍遼陽率賓縣。統和間，徙遼東豪右以實中京，因家于大定。曾祖忠，禮賓使。父信，興中主簿。

公鼎幼莊愿，長而好學。咸雍十年，登進士第，調瀋州觀察判官。時遼東雨水傷稼，北樞密院大發瀕河丁壯以完隄防。有司承令峻急，公鼎獨曰：「邊障甫寧，大興役事，非利國便農之道。」乃疏奏其事。朝廷從之，罷役，水亦不爲災。瀕河千里，人莫不悦。改良鄉令，省徭役，務農桑，建孔子廟學，部民服化。累遷興國軍節度副使。

時有隸鷹坊者，以羅畢爲名，擾害田里。歲久，民不堪。公鼎言于上，即命禁戢。會公鼎造朝，大臣諭上嘉納之意，公鼎曰：「一郡獲安，誠爲大幸；他郡如此者衆，願均其賜于天下。」從之。徙長春州錢帛都提點。車駕如春水，貴主例爲假貸，公鼎曰：「豈可輟官用，徇人情？」拒之。頗聞怨詈語，曰：「此吾職，不敢廢也。」俄拜大理卿，多所平反。

天祚即位，歷長寧軍節度使、南京副留守，改東京户部使。時盜殺留守蕭保先，始利其財，因而倡亂。民亦互生猜忌，家自爲鬭。公鼎單騎行郡，陳以禍福，衆皆投兵而拜曰：「是不欺我，敢弗聽命。」安輯如故。拜中京留守，賜貞亮功臣，乘傳赴官。時盜賊充斥，有遇公鼎于路者，即叩馬乞自新。公鼎給以符約，俾還業，聞者接踵而至。不旬日，境内清肅。天祚聞之，加賜保節功臣。時人心反側，公鼎慮生變，請布恩惠以安之，爲之肆赦。

公鼎累表乞歸，不許。會奴賊張撒八率無賴嘯聚，公鼎欲擊而勢有不能。歎曰：「吾欲謝事久矣。爲世故所牽，不幸至此，豈命也夫！」因憂憤成疾。保大元年卒，年七十九。

子昌齡，左承制；昌嗣，洺州刺史；昌朝，鎮寧軍節度。

蕭文，字國華，外戚之賢者也。父直善，安州防禦使。

文篤志力學，喜愠不形。大康初，掌秦越國王中丞司事，以才幹稱。尋知北面帖黃。王邦彥子爭廕，數歲不能定，有司以聞。上命文詰之，立決。車駕將還宮，承詔閱習儀衛，雖執事林林，指顧如一。遷同知奉國軍節度使，歷國舅都監。

壽隆末，知易州，兼西南面安撫使。高陽土沃民富，吏其邑者，每黷于貨，民甚苦之。文始至，悉去舊弊，務農桑，崇禮教，民皆化之。時大旱，百姓憂甚，文禱之輒雨。屬縣又蝗，議捕除之，文曰：「蝗，天災，捕之何益！」但反躬自責，蝗盡飛去；遺者亦不食苗，散在草莽，爲烏鵲所食。會霪雨不止，文復隨禱而霽。是歲大熟。朝廷以文可大用，遷唐古部節度使，高陽勒石頌之。後不知所終。

馬人望，字儼叔。高祖胤卿，爲石晉青州刺史〔二〕，太宗兵至，堅守不降。城破被執，太宗義而釋之〔三〕，徙其族于醫巫閭山，因家焉。曾祖廷煦，南京留守。祖淵，中京副留守。父詮〔四〕，中京文思使。

人望穎悟。幼孤，長以才學稱。咸雍中，第進士，爲松山縣令。歲運澤州官炭，獨役松山，人望請于中京留守蕭吐渾均役他邑。吐渾怒，下吏，繫幾百日；復引詰之，人望不屈。蕭喜曰：「君爲民如此，後必大用。」以事聞于朝，悉從所請。

徙知涿州新城縣。縣與宋接境，驛道所從出。人望治不擾，吏民畏愛。近臣有聘宋還者，帝問以外事，多薦之，擢中京度支司鹽鐵判官。轉南京三司度支判官，公私兼裕。遷警巡使。京城獄訟填委，人望處決，無一冤者。會檢括户口，未兩旬而畢。同知留守蕭保先怪而問之，人望曰：「民產若括之無遺，他日必長厚斂之弊，大率十得六七足矣。」保先謝曰：「公慮遠，吾不及也。」

先是，樞密使乙辛竊弄威柄，卒害太子。及天祚嗣位，將報父仇，選人望與蕭報恩究其事。人望平心以處，所活甚衆。改上京副留守。會劇賊趙鐘哥犯闕，劫宮女、御物，人望率衆捕之。右臂中矢，炷以艾，力疾馳逐，賊棄所掠而遁。人望令關津譏察行旅，悉獲其盜。尋擢樞密都承旨。

宰相耶律儼惡人望與己異，遷南京諸宮提轄制置。歲中，爲保靜軍節度使。有二吏兇暴，民畏如虎。人望假以辭色，陰令發其事，黥配之。是歲諸處飢乏，惟人望所治粒食不闕，路不鳴桴。遥授彰義軍節度使。遷中京度支使，始至，府廩皆空；視事半歲，積粟十五萬斛，錢二十萬繦。徙左散騎常侍，累遷樞密直學士。

未幾，拜參知政事，判南京三司使事。時錢粟出納之弊，惟燕爲甚。人望以縑帛爲通曆，凡庫物出入，皆使別籍，名曰「臨庫」。姦人黠吏莫得軒輊，乃以年老揚言道路。朝論不察，改南院宣徽使，以示優老。踰年，天祚手書「宣馬宣徽」四字詔之。既至，諭曰：「以卿爲老，誤聽也。」遂拜南院樞密使。人不敢干以私，用人必公議所當與者。如曹勇義、虞仲文嘗爲姦人所擠，人望推薦，皆爲名臣。當時民所甚患者，驛遞、馬牛、旗鼓、鄉正、廳隸、倉司之役，至破産不能給。人望使民出錢，官自募役，時以爲便。久之請老，以守司徒兼侍中致仕。卒，謚曰文獻。

人望有操守，喜怒不形，未嘗附麗求進。初除執政，家人賀之。人望愀然曰：「得勿喜，失勿憂。抗之甚高，擠之必酷。」其畏慎如此。

耶律鐸魯斡，字乙辛隱，季父房之後。廉約重義。重熙末，給事誥院。咸雍中，累遷同知南京留守事。被召，以部民懇留，乃賜詔褒獎。大康初，改西南面招討使，爲北面林牙，遷左夷离畢。大安五年，拜南府宰相。壽隆初，致仕，卒。

鐸魯斡所至有聲，吏民畏愛。及退居鄉里，子普古爲烏古部節度使，遣人來迎。既至，見積委甚富。謂普古曰：「辭親入仕，當以裕國安民爲事。枉道欺君，以苟貨利，非吾志也。」命駕而歸。普古後爲盜所殺。

楊遵勗，字益誠〔五〕，涿州范陽人。重熙十九年登進士第，調儒州軍事判官，累遷樞密院副承旨。

咸雍三年，爲宋國賀正使。還，遷都承旨。天下之事，叢于樞府，簿書填委。遵勗一目五行俱下，剖決如流，敷奏詳敏。上嘉之。奉詔徵户部逋錢，得四十餘萬緡，拜樞密直學士，改樞密副使。大康初，參知政事，徙知樞密院事，兼門下侍郎、平章事，拜南府宰相。耶律乙辛誣皇太子，詔遵勗與燕哥案其事，遵勗不敢正言，時議短之。尋拜北府宰相。大安中暴卒，年五十六。贈守司空，謚康懿。子晦〔六〕，終昭文館直學士。

王棠，涿州新城人。博古，善屬文。重熙十五年擢進士，鄉貢、禮部、廷試對皆第一。累遷上京鹽鐵使。或誣以賄，無狀，釋之。遷東京户部使。大康二年，遼東饑，民多死，請賑恤，從之。三年，入爲樞密副使，拜南府宰相。大安末，卒。棠練達朝政，臨事不怠，在政府修明法度，有聲。

論曰：孟子謂「民爲貴，社稷次之」，司牧者當如何以盡心。公鼎奏罷完隄役以息民，拒公主假貸以守法，單騎行郡，化盜爲良，庶幾召、杜之美。文知易州，雨暘應禱，蝗不爲災。人望爲民不避囚繫，判度支，公私兼裕，亦卓乎未易及已。鐸魯斡吏畏民愛，楊遵勗決事如流，真能吏哉。

校勘記

〔一〕列傳第三十五能吏　原作「列傳能吏第三十五」，明鈔本、南監本同，今據北監本、殿本及文例改。

〔二〕爲石晉青州刺史　按太宗用兵石晉，兵鋒未嘗至於青州，「青」字疑訛。或當作「泰」。五代會要卷二〇云：「後唐天成二年三月，升奉化軍爲泰州，以清苑縣爲理所。至晉開運二年九月，移就滿城縣。至周廣順二年二月，廢州，其滿城縣割隸易州。」泰州爲契丹與石晉爭戰之地。

〔三〕「太宗兵至」至「太宗義而釋之」　此處「太宗」均作「太祖」，諸本皆同。按用兵石晉爲太宗時事，今據改。

〔四〕父詮　「詮」，本書卷四八百官志四作「佺」。

〔五〕字益誡　「益誡」，陳襄使遼語録同，長編卷二六五熙寧八年六月壬子條及李燾注引沈括入國別録、宋史卷三三一沈括傳均作「益戒」。

〔六〕子晦　「晦」，本書卷四七百官志三同，大安五年梁穎墓誌作「誨」。

遼史卷一百六

列傳第三十六

卓行〔一〕

蕭札剌　耶律官奴　蕭蒲离不

遼之共國任事，耶律、蕭二族而已。二族之中，有退然自足，不淫於富貴，不詘於聲利，可以振頹風，激薄俗，亦足嘉尚者，得三人焉。作卓行傳。

蕭札剌，字虛聱，北府宰相排押之弟。性介特，不事生業。保寧間，以戚屬進，累遷寧遠軍節度使。秩滿里居，澹泊自適。統和末，召爲南京馬步軍都指揮使。以疾求退，不聽，遷夷离畢。又以疾辭，許之。遂入頡山，杜門不出。上嘉其志，不復徵，札刺自是家于頡山。親友或過之，終日言不及世務。凡宴游相邀，亦不拒。一歲山居過半，與世俗不偶。耶律資忠重之，目曰頡山老人。卒。

耶律官奴，字奚隱，林牙斡魯之孫。沉厚多學，詳於本朝世系。嗜酒好佚。初，徵爲宿直將軍。重熙九年，以疾去官。上以官奴屬尊，欲成其志，乃許自擇一路節度使。官奴辭曰：「臣愚鈍，不任官使。」加歸義軍節度使，輒請致政。官奴與歐里部人蕭哇友善，哇謂官奴曰：「仕不能致主澤民，成大功烈，何屑屑爲也！吾與若居林下，以枕簟自隨，觴詠自樂，雖不官，無慊焉。」官奴然之。時稱「二逸」。乾統間，官奴卒。

蕭蒲离不，字桜懶，魏國王惠之四世孫。父母蚤喪，鞠于祖父兀古匿。性孝悌。年十三，兀古匿卒，自以早失怙恃，復遭祖喪，哀毁踰禮，族里嘉歎。嘗謂人曰：「我於親不得終養，今誰爲訓者？苟不自勉，何以報鞠育恩！」自是力學，於文藝無不精。

乾統間，以兀古匿之故召之，不應。常與親識游獵山水，奉養無長物僕隸，欣欣如也。或曰：「公胡不念以嗣先世功名？」答曰：「自度不足以繼先業，年踰强仕，安能益主庇民！」累徵，皆以疾辭。

晚年謝絶人事，卜居抹古山，屏遠葷茹，潛心佛書，延有道者談論彌日。人問所得何如，但曰：「有深樂！惟覺六鑿不相攘，餘無知者。」一日，易服，無疾而逝。

論曰：隱，固未易爲也，而亦未可輕以與人。若札刺謝職不談時務，官奴兩辭節鎮，蒲离不召而不赴，雖未足謂之隱，然在當時能知内外之分，甘於肥遯，不猶愈於求富貴利達而爲妻妾羞者哉？故稱卓行可也。

校勘記

〔一〕列傳第三十六卓行　原作「卓行傳第三十六」，明鈔本、南監本同，今據北監本、殿本及文例改。

遼史卷一百七

列傳第三十七

烈女〔一〕

邢簡妻陳氏　耶律氏常哥　耶律奴妻蕭氏

耶律朮者妻蕭氏　耶律中妻蕭氏

男女居室，人之大倫。與其得烈女，不若得賢女。天下而有烈女之名，非幸也。詩讚衞共姜，春秋褒宋伯姬，蓋不得已，所以重人倫之變也。遼據北方，風化視中土爲疎。終遼之世，得賢女二，烈女三，以見人心之天理有不與世道存亡者。

邢簡妻陳氏，營州人。父陘，五代時累官司徒。陳氏甫笄，涉通經義，凡覽詩賦，輒能誦，尤好吟詠，時以女秀才名之。年二十，歸於簡。孝舅姑，閨門和睦，親黨推重。有六子，陳氏親教以經。後二子抱朴、抱質皆以賢位宰相。統和十二年卒。睿智皇后聞之，嗟悼，贈魯國夫人，刻石以表其行。及遷祔，遣使以祭。論者謂貞靜柔順，婦道母儀始終無慊云。

耶律氏，太師適魯之妹，小字常哥。幼爽秀，有成人風。及長，操行修潔，自誓不嫁。能詩文，不苟作。讀通曆，見前人得失，歷能品藻。咸雍間，作文以述時政。其略曰：「君以民爲體，民以君爲心。人主當任忠賢，人臣當去比周，則政化平，陰陽順。欲懷遠，則崇恩尚德；欲强國，則輕徭薄賦。四端五典爲治教之本，六府三事寔生民之命。淫侈可以爲戒，勤儉可以爲師。錯枉則人不敢詐，顯忠則人不敢欺。勿泥空門，崇飾土木；勿事邊鄙，妄費金帛。滿當思溢，安必慮危。刑罰當罪，則民勸善。不寳遠物，則賢者至。建萬世磐石之業，制諸部强横之心。欲率下，則先正身；欲治遠，則始朝廷。」上稱善。

時樞密使耶律乙辛愛其才，屢求詩，常哥遺以回文。乙辛知其諷己，銜之。大康三年，皇太子坐事，乙辛誣以罪，按無跡，獲免。會兄適魯謫鎮州，常哥與俱，常布衣疏食。人問曰：「何自苦如此？」對曰：「皇儲無罪遭廢，我輩豈可美食安寢。」及太子被害，不勝哀痛。年七十，卒于家。

耶律奴妻蕭氏，小字意辛，國舅駙馬都尉陶蘇斡之女。母胡獨公主。

意辛美姿容，年二十，始適奴。事親睦族，以孝謹聞。嘗與娣姒會，爭言厭魅以取夫寵。意辛曰：「厭魅不若禮法。」衆問其故，意辛曰：「修己以潔，奉長以敬，事夫以柔，撫下以寬，毋使君子見其輕易，此之爲禮法，自然取重於夫。以厭魅獲寵，獨不愧於心乎！」聞者大慚。

初，奴與樞密使乙辛有隙。及皇太子廢，被誣奪爵，没入興聖宮，流烏古部。上以意辛公主之女，欲使絶昏。意辛辭曰：「陛下以妾葭莩之親，使免流竄，實天地之恩。然夫婦之義，生死以之。妾自笄年從奴，一旦臨難，頓爾乖離，背綱常之道，於禽獸何異？幸陛下哀憐，與奴俱行，妾即死無恨！」帝感其言，從之。

意辛久在貶所，親執役事，雖勞無難色。事夫禮敬，有加于舊。壽隆中，上書乞子孫爲著帳郎君。帝嘉其節，召舉家還。

子國隱，乾統間始仕。保大中，意辛在臨漢〔三〕，謂諸子曰：「吾度盧彥倫必叛，汝輩速避，我當死之。」賊至，遇害。

耶律朮者妻蕭氏，小字訛里本，國舅孛堇之女。性端殼，有容色，自幼與他女異。年十八，歸朮者。謹裕貞婉，娣姒推尊之。

及居朮者喪，極哀毀。既葬，謂所親曰：「夫婦之道，如陰陽表裏。無陽則陰不能立，無表則裏無所附。妾今不幸失所天，且生必有死，理之自然。朮者早歲登朝，有才不壽。天禍妾身，罹此酷罰，復何依恃。儻死者可見，則從；不可見，則當與俱。」侍婢慰勉，竟無回意，自刃而卒。

耶律中妻蕭氏，小字挼蘭，韓國王惠之四世孫。聰慧謹愿。年二十歸於中，事夫敬順，親戚咸譽其德。中嘗謂曰：「汝可粗知書，以前貞淑爲鑑。」遂發心誦習，多涉古今。

天慶中，爲賊所執，潛置刃於履，誓曰：「人欲汙我者，即死之。」至夜，賊遁而免。久之，帝召中爲五院都監，中謂妻曰：「吾本無宦情，今不能免。我當以死報國，汝能從我乎？」挼蘭對曰：「謹奉教。」及金兵徇地嶺西，盡徙其民，中守節死。挼蘭悲戚不形於外，人怪之。俄躍馬突出，至中死所自殺。

論曰：陳氏以經教二子，並爲賢相，耶律氏自潔不嫁，居閨閫之内而不忘忠其君，非賢而能之乎。三蕭氏之節，雖烈丈夫有不能者矣。

校勘記

〔一〕列傳第三十七烈女　原作「烈女傳第三十七」，明鈔本、南監本同，今據北監本、殿本及文例改。又，「烈」，明鈔本、南監本、北監本同，殿本作「列」。

〔二〕意辛在臨潢　「潢」，諸本皆同，疑爲「潢」字之誤。

遼史卷一百八

列傳第三十八

方技〔一〕

直魯古　王白　魏璘　耶律敵魯　耶律乙不哥

孔子稱「小道必有可觀」，醫卜是已。醫以濟夭札，卜以決猶豫，皆有補於國，有惠於民。前史録而不遺，故傳。

直魯古，吐谷渾人。初，太祖破吐谷渾，一騎士棄橐，反射不中而去。及追兵開橐視之，中得一嬰兒，即直魯古也。因所俘者問其故，乃知射橐者，嬰之父也。世善醫，雖馬上視疾，亦知標本。意不欲子爲人所得，欲殺之耳。

由是進於太祖，淳欽皇后收養之。長亦能醫，專事鍼灸。太宗時，以太醫給侍。嘗撰脈訣〔二〕、鍼灸書，行于世。年九十卒。

王白，冀州人。明天文，善卜筮，晉司天少監，太宗入汴得之。應曆十九年，王子只沒以事下獄，其母求卜，白曰：「此人當王，未能殺也，毋過憂！」景宗即位，釋其罪，封寧王，竟如其言。凡決禍福多此類。保寧中，歷彰武、興國二軍節度使。撰百中歌行于世。

魏璘，不知何郡人。以卜名世，太宗得于汴。天祿元年，上命馳馬較遲疾，以爲勝負，問王白及璘孰勝。白奏曰：「赤者勝。」璘曰：「臣所見，驄馬當勝。」既馳，竟如璘言。上異而問之，白曰：「今日火王，故知赤者勝。」璘曰：「不然，火雖王，而上有煙。以煙察之，青者必勝。」上嘉之。五年，察割謀逆，私卜于璘。璘始卜，謂曰：「大王之數，得一日矣，宜慎之！」及亂，果敗。應曆中，周兵犯燕，上以勝敗問璘。璘曰：「周姓柴也，燕分火也。柴入火，必焚。」其言果驗。

璘嘗爲太平王罨撒葛卜僭立事，上聞之，免死，流烏古部。一日，節度使召璘，適有獻雙鯉者，戲曰：「君卜此魚何時得食？」璘良久答曰：「公與僕不出今日，有不測禍，奚暇食魚？」亟命烹之。未及食，寇至，俱遇害。

耶律敵魯，字撒不椀。其先本五院之族，始置宮分，隸焉。敵魯精于醫，察形色即知病原。雖不診候，有十全功。統和初，爲大丞相韓德讓所薦，官至節度使。

初，樞密使耶律斜軫妻有沉痾，易數醫不能治。敵魯視之曰：「心有畜熱，非藥石所及，當以意療。因其聵，聒之使狂，用泄其毒則可。」於是令大擊鉦鼓於前。翌日果狂，叫呼怒罵，力極而止，遂愈。治法多此類，人莫能測。年八十卒。

耶律乙不哥，字習撚，六院郎君褭古直之後。幼好學，尤長於卜筮，不樂仕進。

嘗爲人擇葬地曰：「後三日，有牛乘人逐牛過者，即啓土。」至期，果一人負乳犢，引牸牛而過。其人曰：「所謂『牛乘人』者，此也。」遂啓土。既葬，吉凶盡如其言。又爲失鷹者占曰：「鷹在汝家東北三十里濼西榆上。」往求之，果得。當時占候無不驗。

論曰：方技，術者也。苟精其業而不畔于道，君子必取焉。直魯古、王白、耶律敵魯無大得失，録之宜矣。魏璘爲察割卜謀逆，爲罨撒葛卜僭立，罪在不貰，雖有寸長，亦奚足取哉。存而弗削，爲來者戒。

校勘記

〔一〕列傳第三十八方技　原作「方技傳第三十八」，明鈔本、南監本同，今據北監本、殿本及文例改。

〔三〕嘗撰脈訣　「訣」，原作「諸」，據大典卷一〇八八九引遼史方伎傳改。

遼史卷一百九

列傳第三十九

伶宦〔一〕

羅衣輕

伶，官之微者也。五代史列鏡新磨於傳〔二〕，是必有所取矣。遼之伶官當時固多，然能因恢諧示諫，以消未形之亂，惟羅衣輕耳。孔子曰：「君子不以人廢言。」是宜傳。

羅衣輕，不知其鄉里。滑稽通變，一時諧謔，多所規諷。

興宗敗於李元昊也，單騎突出，幾不得脱。先是，元昊獲遼人，輒劓其鼻，有奔北者，惟恐追及。故羅衣輕止之曰：「且觀鼻在否？」上怒，以毳索繫帳後，將殺之。太子笑曰：「打諢底不是黃幡綽！」羅衣輕應聲曰：「行兵底亦不是唐太宗！」上聞而釋之。

上嘗與太弟重元狎昵，宴酣，許以千秋萬歲後傳位。重元喜甚，驕縱不法。又因雙陸賭以居民城邑，帝屢不競，前後已償數城。重元既恃梁孝王之寵，又多鄭叔段之過，朝臣無敢言者，道路以目。一日復博，羅衣輕指其局曰：「雙陸休癡，和你都輸去也！」帝始悟，不復戲。清寧間，以疾卒。

宦官

王繼恩　趙安仁

周禮，寺人掌中門之禁。至巷伯詩列于雅，勃貂功著于晉，雖忠於所事，而非其職矣。漢、唐中世，竊權蠹政，有不忍言者，是皆寵遇之過。遼宦者二人，其賢不肖皆可爲後世鑑，故傳焉。

王繼恩，棣州人。睿智皇后南征〔三〕，繼恩被俘。

初，皇后以公私所獲十歲已下兒容貌可觀者近百人載赴涼陘，並使閹爲豎，繼恩在焉。聰慧，通書及遼語。擢內謁者、內侍左廂押班。聖宗親政，累遷尚衣庫使、左承宣、監門衞大將軍、靈州觀察使、內庫都提點。

繼恩好清談，不喜權利，每得賜賚，市書至萬卷，載以自隨，誦讀不倦。每宋使來聘，繼恩多充宣賜使。後不知所終。

趙安仁，字小喜，深州樂壽人，自幼被俘。

統和中，爲黄門令、秦晉國王府祇候。王薨，授內侍省押班、御院通進。開泰八年，與李勝哥謀奔南土，爲游兵所擒。初，仁德皇后與欽哀有隙，欽哀密令安仁伺皇后動静，無不知者。仁德皇后威權既重，安仁懼禍，復謀亡歸。仁德欲誅之，欽哀以言營救。聖宗曰：「小喜言父母兄弟俱在南朝，每一念，神魂隕越。今爲思親，冒死而亡，亦孝子用心，寔可憐憫。」赦之。

重熙初，欽哀攝政，欲廢帝，立少子重元。帝與安仁謀遷太后慶州守陵，授安仁左承宣、監門衞大將軍，充契丹漢人渤海內侍都知，兼都提點。會上思太后，親馭奉迎，太后責曰：「汝負萬死，我嘗營救。不望汝報，何爲離間我母子耶！」安仁無答。後不知所終。

論曰：名器所以礪天下，非賢而有功則不可授，況宦者乎。繼恩爲内謁者，安仁爲黃門令，似矣，何至溺於私愛，而授以觀察使、大將軍耶？易曰：「負且乘，致寇至。」此安仁所以不克有終，繼恩幸而免歟？

校勘記

〔一〕列傳第三十九伶宦　原作「伶宦傳第三十九」，明鈔本、南監本同，今據北監本、殿本及文例改。按本卷並記伶官與宦官，故卷題合稱「伶宦」。本書目録此卷有「伶官」、「宦官」兩小題，下文既見「宦官」，疑此下亦當有「伶官」小題。

〔二〕五代史列鏡新磨於傳　「鏡新磨」，陶岳五代史補卷二後唐莊宗爲縣令所諫條同，新五代史卷三七本傳及舊五代史卷四三唐明宗紀九均作「敬新磨」。

〔三〕睿智皇后南征　「智」，原作「知」，據本書卷一〇聖宗紀一及卷二〇興宗紀三重熙二十一年十一月丁未改。

遼史卷一百十

列傳第四十

姦臣上〔一〕

耶律乙辛　張孝傑　耶律燕哥　蕭十三

春秋褒貶，善惡並書，示勸懲也。故遷、固傳佞幸、酷吏，歐陽修則并姦臣録之，將俾為君者知所鑒，為臣者知所戒。此天地聖賢之心，國家安危之機，治亂之原也。遼自耶律乙辛而下，姦臣十人〔二〕，其敗國皆足以為戒，故列于傳。

耶律乙辛，字胡覩衮，五院部人。父迭剌，家貧，服用不給，部人號「窮迭剌」。

初，乙辛母方娠，夜夢手搏羖羊，拔其角尾。既寤占之，術者曰：「此吉兆也。羊去角尾爲王字，汝後有子當王。」及乙辛生，適在路，無水以浴，迴車破轍，忽見湧泉。迭剌自以得子，欲酒以慶，聞酒香，于草棘間得二榼，因祭東焉。

乙辛幼慧黠。嘗牧羊至日昃，迭剌視之，乙辛熟寢。迭剌觸之覺，乙辛怒曰：「何遽驚我！適夢人手執日月以食我，我已食月，啗日方半而覺，惜不盡食之。」迭剌自是不令牧羊。

及長，美風儀，外和內狡。重熙中，爲文班吏，掌太保印，陪從入宮。皇后見乙辛詳雅如素宦，令補筆硯吏。帝亦愛之，累遷護衛太保。道宗即位，以乙辛先朝任使，賜漢人户四十，同知點檢司事，常召決疑議，陞北院同知，歷樞密副使。清寧五年，爲南院樞密使，改知北院，封趙王。

九年，耶律仁先爲南院樞密使，時駙馬都尉蕭胡覩與重元黨，惡仁先在朝，奏曰：「仁先可任西北路招討使。」帝將從之。乙辛奏曰：「臣新參國政，未知治體。仁先乃先帝舊臣，不可遽離朝廷。」帝然之〔三〕。重元亂平，拜北院樞密使〔四〕，進王魏，賜匡時翊聖竭忠平亂功臣。咸雍五年，加守太師。詔四方有軍旅，許以便宜從事，勢震中外，門下饋賂不絕。凡阿順者蒙薦擢，忠直者被斥竄。

大康元年，皇太子始預朝政，法度修明。乙辛不得逞，謀以事誣皇后。后既死，乙辛不自安，又欲害太子。乘間入奏曰：「帝與后如天地並位，中宮豈可曠？」盛稱其黨駙馬都尉蕭霞抹之妹美而賢〔五〕，上信之，納于宮，尋册爲皇后。時護衛蕭忽古知乙辛姦狀，伏橋下，欲殺之。俄暴雨壞橋，謀不遂。林牙蕭巖壽密奏曰：「乙辛自皇太子預政，内懷疑懼，又與宰相張孝傑相附會，恐有異圖，不可使居要地。」出爲中京留守。乙辛泣謂人曰：「乙辛無過，因讒見出。」其黨蕭霞抹輩以其言聞於上，上悔之。無何，出蕭巖壽爲順義軍節度使。詔近臣議召乙辛事，北面官屬無敢言者，耶律撒剌曰：「初以蕭巖壽奏，出乙辛。若所言不當，宜坐以罪；若當，則不可復召。」累諫不從。乃復召爲北院樞密使。

時皇太子以母后之故，憂見顏色。乙辛黨欣躍相慶，讒謗沸騰，忠良之士斥逐殆盡。乙辛因蕭十三之言，夜召蕭得裏特謀搆太子，令護衛太保耶律查剌誣告耶律撒剌等同謀立皇太子。詔按無迹而罷。又令牌印郎君蕭訛都斡詣上誣首：「耶律查剌前告耶律撒剌等事皆實，臣亦與其謀。本欲殺乙辛等而立太子。臣等若不言，恐事白連坐。」詔使鞫劾，乙辛迫令具伏。上怒，命誅撒剌及速撒等。乙辛恐帝疑，引數人庭詰，各令荷重校，繩繫其頸，不能出氣，人人不堪其酷，惟求速死。反奏曰：「別無異辭。」時方暑，尸不得瘞，以至地臭。乃囚皇太子於上京，監衛者皆其黨。尋遣蕭達魯古、撒把害太子。乙辛黨大喜，聚飲數日。上京留守蕭撻得以卒聞。上哀悼，欲召其妻，乙辛陰遣人殺之，以滅其口。

五年正月，上將出獵，乙辛奏留皇孫，上欲從之。同知點檢蕭兀納諫曰：「陛下若從乙辛留皇孫，皇孫尚幼，左右無人，願留臣保護，以防不測。」遂與皇孫俱行。由是上始疑乙辛，頗知其姦。會北幸，將次黑山之平淀，上適見扈從官屬多隨乙辛後，惡之，出乙辛知南院大王事。及例削一字王爵，改王混同，意稍自安。及赴闕入謝，帝即日遣還，改知興中府事。

七年冬，坐以禁物鬻入外國，下有司議，法當死。乙辛黨耶律燕哥獨奏當入八議，得減死論，擊以鐵骨朵，幽於來州。後謀奔宋及私藏兵甲事覺，縊殺之。乾統二年，發塚，戮其屍。

張孝傑，建州永霸縣人。家貧，好學。重熙二十四年，擢進士第一。清寧間，累遷樞密直學士。咸雍初，坐誤奏事，出爲惠州刺史。俄召復舊職，兼知户部司事。三年，參知政事，同知樞密院事，加工部侍郎。八年，封陳國公。上以孝傑勤幹，數問以事，爲北府宰相。漢人貴幸無比。

大康元年，賜國姓。明年秋獵，帝一日射鹿三十，燕從官。酒酣，命賦雲上于天詩，詔孝傑坐御榻旁。上誦黍離詩：「知我者謂我心憂，不知我者謂我何求。」孝傑奏曰：「今天下太平，陛下何憂？富有四海，陛下何求？」帝大悅。三年，羣臣侍燕，上曰：「先帝用仁先、化葛，以賢智也。朕有孝傑、乙辛，不在仁先、化葛下，誠爲得人。」歡飲至夜，乃罷。

是年夏，乙辛譖皇太子，孝傑同力相濟。及乙辛受詔按皇太子黨人，誣害忠良，孝傑之謀居多。乙辛薦孝傑忠於社稷，帝謂孝傑可比狄仁傑，賜名仁傑，乃許放海東青鶻。六年，既出乙辛，上亦悟孝傑姦佞，尋出爲武定軍節度使。坐私販廣濟湖鹽及擅改詔旨，削爵，貶安肅州，數年乃歸。大安中，死於鄉。乾統初，剖棺戮屍，以族產分賜臣下。

孝傑久在相位，貪貨無厭〔六〕，時與親戚會飲，嘗曰：「無百萬兩黃金，不足爲宰相家。」初，孝傑及第，詣佛寺，忽迅風吹孝傑幞頭，與浮圖齊，墜地而碎。有老僧曰：「此人必驟貴，然亦不得其死。」竟如其言。

耶律燕哥，字善寧，季父房之後。四世祖鐸穩，太祖異母弟〔七〕。父曰豁里斯，官至太師。

燕哥狡佞而敏。清寧間，爲左護衛太保。大康初，轉北面林牙。初，耶律乙辛自中京留守復爲樞密使，以燕哥爲耳目，凡聞見必以告。乙辛愛而薦之，帝亦以爲賢，拜左夷离畢。及皇太子被誣，帝遣燕哥往訊之，太子謂燕哥曰：「帝惟我一子，今爲儲嗣，復何求，敢爲此事！公與我爲昆弟行，當念無辜，達意於帝。」禱之甚懇。蕭十三聞之，謂燕哥曰：「宜以太子言，易爲伏狀。」燕哥頷之，盡如所教以奏。及太子被逐，乙辛殺害忠良，多燕哥之謀，爲契丹行宮都部署。五年夏，拜南府宰相，遷惕隱。大安三年，爲西京留守，致仕。壽隆初，以疾卒。

蕭十三，蔑古乃部人。父鐸魯斡，歷官節度使。

十三辨黠，善揣摩人意。清寧間，以年勞遷護衛太保。大康初，耶律乙辛復入樞府，益横恣。時十三出入乙辛家，以朝臣不附者輒使出之，十三由宿衛遷殿前副點檢。三年夏，護衛蕭忽古等謀殺乙辛，事覺下獄。十三謂乙辛曰：「今太子猶在，臣民屬心。大王素無根柢之助，復有誣皇后之怨。若太子立，王置身何地？宜熟計之。」乙辛曰：「吾憂此久矣！」是夜，召蕭得裏特謀所以構太子事。十三計既行，尋遷殿前都點檢，兼同知樞密院事。復令蕭訛都斡等誣首耶律查剌前告耶律撒剌等事皆實，詔究其事，太子不服。別遣夷离畢耶律燕哥問太子，太子具陳所以見誣之狀。十三聞之，謂燕哥曰：「如此奏，則大事去矣！當易其辭爲伏欵。」燕哥入，如十三言奏之。上大怒，廢太子。太子將出，曰：「我何罪至是！」十三叱令登車，遣衞卒闔車門。是年，遷北院樞密副使，復陳陰害太子計，乙辛從之。

及乙辛出知南院大王事，亦出十三爲保州統軍使，卒。乾統間，剖棺戮屍。二子：的里得、念經，皆伏誅。

校勘記

〔一〕列傳第四十姦臣上　原作「姦臣傳第四十」，明鈔本、南監本同，今據北監本、殿本改。卷一一一姦臣傳下同，徑改。

〔二〕姦臣十人　按本書姦臣傳所載姦臣凡十有一人，與此不合。又卷一一二逆臣傳序稱「遼叛逆之臣二十有二」，然傳中所載僅二十有一。按姦臣傳末之蕭圖古辭實爲重元逆黨，原當屬逆臣傳，元人修史時移入本傳，以致序文、傳目相抵牾。

〔三〕「九年」至「帝然之」　按本書卷九六耶律仁先傳，時仁先爲北院大王，與此異。

〔四〕重元亂平拜北院樞密使　按本書卷二二道宗紀二清寧九年七月，重元亂平，以耶律仁先爲北院樞密使，乙辛爲南院樞密使。卷九六耶律仁先傳及耶律仁先墓誌同。

〔五〕盛稱其黨駙馬都尉蕭霞抹之妹美而賢　此處「蕭霞抹之妹」即道宗惠妃，按蕭霞抹於惠妃爲叔父行。參本書卷七一后妃傳校勘記〔一三〕。

〔六〕貪貨無厭　「貪」，原作一字空格，據明鈔本、南監本、北監本、殿本補。

〔七〕四世祖鐸穩太祖異母弟　「四世祖鐸穩」，本書卷六六皇族表同。然下文稱燕哥與太子濬爲兄弟行，則鐸穩當係其七世祖。

遼史卷百十一

列傳第四十一

姦臣下

蕭余里也，字訛都椀，國舅阿剌次子。便佞滑稽，善女工。重熙間，以外戚進。清寧初，補祗候郎君，尚鄭國公主，拜駙馬都尉，累遷南面林牙。以父阿剌爲蕭革所譖，出余里也爲奉先軍節度使。十年冬，召爲北面林牙。

咸雍中，會有告余里也與族人朮哲謀害耶律乙辛，按無狀，出爲寧遠軍節度使。自後余里也揣乙辛意，傾心事之，薦爲國舅詳穩。大康初，封遼西郡王。時乙辛擅恣，凡不附己者出之，乃引余里也爲北府宰相，兼知契丹行宫都部署事。及乙辛謀構皇太子，余里也多助成之，遂知北院樞密事，賜推誠協贊功臣。以女姪妻乙辛子綏也，恃勢横肆，至有無君之語，朝野側目。

帝出乙辛知南院大王事，坐與乙辛黨，以天平軍節度使歸第。尋拜西北路招討使。以母憂去官，卒。

耶律合魯，字胡都堇，六院舍利裹古直之後。柔佞，喜苟合。仕清寧初。時乙辛引用羣小，合魯附之，遂見委任，俄擢南面林牙。乙辛譖皇太子，殺忠直，合魯多預其謀。弟吾也亦黨乙辛，時號「二賊」。乙辛薦爲北院大王，卒。吾也亦至南院大王。

蕭得裹特，遥輦洼可汗宫分人。善阿意順色。清寧初，乙辛用事，甚見引用，累遷北面林牙、同知北院宣徽使事。

及皇太子廢，遣得裏特監送上京。得裏特促其行，不令下車，起居飲食數加陵侮，至則築圜堵囚之。大康中，遷西南招討使，歷順義軍節度使，轉國舅詳穩。

壽隆五年，坐怨望，以老免死，闔門籍興聖宮，貶西北統軍司，卒。二子：得末、訛里，乾統間以父與乙辛謀，伏誅。

蕭訛都斡，國舅少父房之後。咸雍中，補牌印郎君。

大康三年，樞密使乙辛陰懷逆謀，乃令護衛太保耶律查剌誣告耶律撒剌等廢立事。詔按無狀，皆補外。頃之，訛都斡希乙辛意，欲實其事，與耶律塔不也等入闕誣首：「耶律撒剌等謀害乙辛，欲立皇太子事，臣亦預謀。今不自言，恐事泄連坐。」帝果怒，徙皇太子于上京。

訛都斡尚皇女趙國公主〔一〕，爲駙馬都尉。後與乙辛議不合，銜之，復以車服僭擬人主，被誅。訛都斡臨刑，語人曰：「前告耶律撒剌事，皆乙辛教我。恐事彰，殺我以滅口耳！」

蕭達魯古，遥輦嘲古可汗宫分人。性姦險。

清寧間，乙辛爲樞密使，竊權用事，陰懷逆謀。達魯古比附之，遂見獎拔，稍遷至旗鼓拽剌詳穩。乙辛欲害太子，以達魯古兇果可使，遣與近侍直長撒把詣上京，同留守蕭撻得夜引力士至囚室，紿以有赦，召太子出，殺之，函其首以歸，詐云疾薨。以達魯古爲國舅詳穩。達魯古恐殺太子事白，出入常佩刀，有急召，即欲自殺。

乾統間，詔樞密使耶律阿思大索乙辛黨人，達魯古以賂獲免。後以疾卒。

耶律塔不也，仲父房之後。以善擊鞠，幸於上，凡馳騁，鞠不離杖。

咸雍初，補祇候郎君。與耶律乙辛善，故内外畏之。及太子被譖，按無迹，塔不也附乙辛，欲實其誣，與訛都斡等密奏：「太子謀亂事本實，臣不首，恐事覺連坐。」帝信之，廢太子。改延慶宫副使。壽隆元年，爲行宫都部署。

天祚嗣位，以塔不也黨乙辛，出爲特免部節度使。及樞密使耶律阿思大索乙辛舊黨，塔不也以賂獲免。徙敵烈部節度使，復爲敦睦宮使。天慶元年，出爲西北路招討使。以疾卒。

蕭圖古辭，字何寧，褚特部人。仕重熙中，以能稱，累遷左中丞。清寧初，歷北面林牙，改北院樞密副使。辨敏，善伺顏色，應對合上意。皇太后嘗曰：「有大事，非耶律化哥、蕭圖古辭不能決。」眷遇日隆。知北院樞密使事。六年，出知黃龍府。八年，拜南府宰相。頃之，爲北院樞密使〔二〕，詔許便宜從事。

爲人姦佞有餘，好聚斂，專愎，變更法度。爲樞密數月，所薦引多爲重元黨與，由是免爲庶人。後没入興聖宮，卒。

論曰：舜流共工，孔子誅少正卯，治姦之法嚴矣。後世不是之察，反以爲忠而信任之，不至於流毒宗社而未已。道宗之於乙辛是也。當其留仁先，討重元，若真爲國計者，不知包藏禍心，待時而發耳。一旦專權，又得孝傑、燕哥、十三爲之腹心，故肆惡而無忌憚。始誣皇后，又殺太子及其妃，其禍之酷，良可悲哉。

嗚呼！君之所親，莫皇后、太子若也。姦臣殺之而不知，羣臣言之而不悟。一時忠讜，廢戮幾盡。雖黑山親見官屬之盛，僅削一字王號。至私藏甲兵，然後誅之。吁！乙辛之罪，固非一死可謝天下，抑亦道宗不明無斷，有以養成之也。如蕭余里也輩，忘君黨惡，以饕富貴，雖幸而死諸牖下，其得免於遺臭之辱哉！

校勘記

〔一〕訛都斡尚皇女趙國公主　本書卷二三道宗紀三大康三年七月云「牌印郎君訛都斡尚皇女趙國公主」，與此同。卷六五公主表則謂道宗第二女趙國公主嫁蕭撻不也，「撻不也坐昭懷太子事被害，其弟訛都斡欲逼尚公主，公主以訛都斡黨乙辛，惡之。未幾，訛都斡以事伏誅」，與此不合。

〔三〕「知北院樞密使事」至「爲北院樞密使」　按本書卷二二道宗紀二清寧八年十二月庚辰，「以知北院樞密使事蕭圖古辭爲北院樞密使」，與此異。

遼史卷百十二

列傳第四十二

逆臣上

耶律轄底 迭里特　耶律察割　耶律婁國　耶律重元 涅魯古

耶律滑哥

易曰："天尊地卑，乾坤定矣。卑高以陳，貴賤位矣。"貴賤位而後君臣之分定，君臣之分定而後天地和，天地和而後萬化成。五帝三王之治，用此道也。三代而降，臣弑其君者有之，子弑其父者有之。孔子作春秋以寓王法，誅死者於前，懼生者於後，其慮深遠矣。歐陽修作唐書，創逆臣傳，蓋亦春秋之意也。

遼叛逆之臣二十有二〔一〕，迹其事則又有甚焉者，然豈一朝一夕之故哉。列于傳，所以公天下之貶，以示夫戒云。

轄底，字涅烈衮，肅祖孫夷离堇帖剌之子。幼黠而辯，時險佞者多附之。

遥輦痕德堇可汗時，異母兄罨古只爲迭剌部夷离堇。故事，爲夷离堇者，得行再生禮。罨古只方就帳易服，轄底遂取紅袍、貂蟬冠，乘白馬而出。乃令黨人大呼曰：「夷离堇出矣！」衆皆羅拜，因行柴册禮，自立爲夷离堇。與于越耶律釋魯同知國政。及釋魯遇害，轄底懼人圖己，挈其二子迭里特、朔刮奔渤海，僞爲失明。後因毬馬之會，與二子奪良馬奔歸國。益爲姦惡，常以巧辭獲免。

太祖將即位，讓轄底，轄底曰：「皇帝聖人，由天所命，臣豈敢當！」太祖命爲于越。及自將伐西南諸部，轄底誘剌葛等亂，不從者殺之。車駕還至赤水城，轄底懼，與剌葛俱北走，至榆河爲追兵所獲。太祖問曰：「朕初即位，嘗以國讓，叔父辭之；今反欲立吾弟，何也？」轄底對曰：「始臣不知天子之貴，及陛下即位，衛從甚嚴，與凡庶不同。臣嘗奏事，心動，始有窺覦之意。度陛下英武，必不可取；諸弟懦弱，得則易圖也。事若成，豈容諸弟乎。」太祖謂諸弟曰：「汝輩乃從斯人之言耶！」迭剌曰：「謀大事者，須用如此人；

事成，亦必去之。」轄底不復對。囚數月，縊殺之〔二〕。

將刑，太祖謂曰：「叔父罪當死，朕不敢赦。事有便國者，宜悉言之。」轄底曰：「迭剌部人衆勢强，故多爲亂，宜分爲二，以弱其勢。」子迭里特。

迭里特，字海鄰。有膂力，善馳射，馬蹟不仆。尤神于醫，視人疾，若隔紗覩物，莫不悉見。

太祖在潛，已加眷遇，及即位，拜迭剌部夷离堇。太祖嘗思鹿醢解酲，以山林所有，問能取者。迭里特曰：「臣能得之。」乘内厩馬逐鹿，射其一。欲復射，馬跌而斃。迭里特躍而前，弓猶不弛，復獲其一。帝歡甚曰：「吾弟萬人敵！」會帝患心痛，召迭里特視之。迭里特曰：「膏肓有瘀血如彈丸，然藥不能及，必鍼而後愈。」帝從之。嘔出瘀血，痛止。

帝以其親，每加賜賚；然知其爲人，未嘗任以職。後從剌葛亂，與其父轄底俱縊殺之。

察割，字歐辛〔三〕，明王安端之子。善騎射。貌恭而心狡，人以爲懦。太祖曰：「此兇頑，非懦也。」其父安端嘗使奏事，太祖謂近侍曰：「此子目若風駝，面有反相。朕若獨居，無令入門。」

世宗即位于鎮陽，安端聞之，欲持兩端。察割曰：「太弟忌刻，若果立，豈容我輩！永康王寬厚，且與劉哥相善，宜往與計。」安端即與劉哥謀歸世宗。及和議成，以功封泰寧王。

會安端爲西南面大詳穩，察割佯爲父惡，陰遣人白於帝，即召之。既至上前，泣訴不勝哀，帝憫之，使領女石烈軍〔四〕。出入禁中，數被恩遇。帝每出獵，察割託手疾，不操弓矢，但執鍊鎚馳走。屢以家之細事聞於上，上以爲誠。

察割以諸族屬雜處，不克以逞，漸徙廬帳迫於行宮。右皮室詳穩耶律屋質察其姦邪，表列其狀。帝不信，以表示察割。察割稱屋質疾己，哽咽流涕。帝曰：「朕固知無此，何至泣耶！」察割時出怨言，屋質曰：「汝雖無是心，因我過疑汝，勿爲非義可也。」他日屋質又請於帝，帝曰：「察割捨父事我，可保無他。」屋質曰：「察割於父既不孝，於君安能忠！」帝不納。

天祿五年七月，帝幸太液谷，留飲三日，察割謀亂不果。帝伐周，至詳古山〔五〕，太后與帝祭文獻皇帝于行宮，羣臣皆醉。察割歸見壽安王，邀與語，王弗從。察割以謀告耶律盆都，盆都從之。是夕，同率兵入弒太后及帝，因僭位號。百官不從者，執其家屬。至夜，閱內府物，見碼碯盌，曰：「此希世寶，今爲我有！」詫于其妻。妻曰：「壽安王、屋質在，吾屬無噍類，此物何益！」察割曰：「壽安年幼，屋質不過引數奴，詰旦來朝，固不足憂。」其黨矧斯報壽安、屋質以兵圍于外，察割尋遣人弒皇后於柩前，倉惶出陣。壽安遣人諭曰：「汝等既行弒逆，復將若何？」有夷离堇劃者委兵歸壽安王，餘衆望之，徐徐而往。察割知其不濟，乃繫羣官家屬，執弓矢脅曰：「無過殺此曹爾！」叱令速出。時林牙耶律敵獵亦在繫中，進曰：「不有所廢，壽安王何以興。藉此爲辭，猶可以免。」察割曰：「誠如公言，誰當使者？」敵獵請與罨撒葛同往說之，察割從其計。

壽安王復令敵獵誘察割，臠殺之。諸子皆伏誅。

婁國，字勉辛，文獻皇帝之子。天祿五年，遥授武定軍節度使。及察割作亂，穆宗與屋質從林牙敵獵計，誘而出之，婁國手刃察割。改南京留守。

穆宗沉湎，不恤政事，婁國有覬覦之心，誘敵獵及羣不逞謀逆。事覺，按問不服。帝曰：「朕爲壽安王時，卿數以此事説我，今日豈有虚乎？」婁國不能對。及餘黨盡服，遂縊於可汗州西谷，詔有司擇絶後之地以葬。

重元〔六〕，小字孛吉只，聖宗次子。材勇絶人，眉目秀朗，寡言笑，人望而畏。太平三年，封秦國王。聖宗崩，欽哀皇后稱制，密謀立重元。重元以所謀白於上，上益重之，封爲皇太弟。歷北院樞密使〔七〕、南京留守、知元帥府事。重元處戎職，未嘗離輦下。先是契丹人犯法，例須漢人禁勘，受枉者多。重元奏請五京各置契丹警巡使，詔從之。賜以金券誓書。道宗即位，册爲皇太叔，免拜不名，爲天下兵馬大元帥，復賜金券、四頂帽、二色袍，尊寵所未有。

清寧九年，車駕獵灤水，以其子涅魯古素謀，與同黨陳國王陳六、知北院樞密事蕭胡覩等凡四百餘人，誘脅弩手軍陣于帷宫外。將戰，其黨多悔過效順，各自奔潰。重元既知失計，北走大漠，歎曰：「涅魯古使我至此！」遂自殺。

先是重元將舉兵，帳前雨赤如血，識者謂敗亡之兆。子涅魯古。

涅魯古，小字耶魯綰。性陰狠。興宗一見，謂曰：「此子目有反相。」

重熙十一年，封安定郡王。十七年，進王楚，爲惕隱。清寧三年，出爲武定軍節度使〔八〕。七年，知南院樞密使事，説其父重元詐病，竢車駕臨問，因行弒逆。

九年秋獵，帝用耶律良之計，遣人急召涅魯古。涅魯古以事泄，遽擁兵犯行宮。南院樞密使許王仁先等率宿衞士討之。涅魯古躍馬突出，爲近侍詳穩渤海阿廝〔九〕、護衞蘇射殺之。

滑哥，字斯懶，隋國王釋魯之子。性陰險。初烝其父妾，懼事彰，與剋蕭臺哂等共害其父，歸咎臺哂，滑哥獲免。

太祖即位，務廣恩施，雖知滑哥兇逆，姑示含忍，授以惕隱。六年，滑哥預諸弟之亂。事平，羣臣議其罪，皆謂滑哥不可釋，於是與其子痕只俱陵遲而死，勑軍士恣取其產。帝曰：「滑哥不畏上天，反君弑父，其惡不可言。諸弟作亂，皆此人教之也。」

校勘記

〔一〕遼叛逆之臣二十有二　按本書逆臣傳所載逆臣凡二十有一，與此不合。參見卷一一〇姦臣傳上校勘記〔一〕。

〔二〕縊殺之　按本書卷一太祖紀上太祖七年六月庚子云：「以夷离堇涅里衮附諸弟爲叛，不忍顯戮，命自投崖而死。」與此處所記不同。

〔三〕察割字歐辛　「歐辛」，本書卷三八地理志二稱「漚里僧王」。又新五代史卷七三四夷附録二、通考卷三四五四裔考二二皆稱「太寧王嘔里僧」，通鑑卷二九〇後周紀一太祖廣順元年九月及契丹國志卷四世宗天授皇帝天禄四年九月作「太寧王漚僧」。「漚里僧」、「嘔里僧」、「漚僧」皆「歐辛」之異譯。

〔四〕使領女石烈軍　按本書卷四六百官志二有女古烈詳穩司，似源於此，然軍名稍異。

〔五〕帝伐周至詳古山　「詳古山」，本書卷五世宗紀天禄五年九月壬戌、卷九景宗紀下乾亨四年九月甲辰皆作「祥古山」。

〔六〕重元　按「重元」本書屢見，然咸雍八年耶律仁先墓誌及長編卷一七七至和元年九月辛巳、契丹國志卷八興宗文成皇帝重熙十三年皆作「宗元」，當係其本名。

〔七〕歷北院樞密使　本書卷一八興宗紀一重熙七年十二月作「判北南院樞密使事」，卷六四皇子表作「歷南北院樞密使」。

〔八〕清寧三年出爲武定軍節度使　「三」，原作「二」。按本書卷二一道宗紀一繫此事於清寧三年三月辛巳，今據改。

〔九〕近侍詳穩渤海阿厮　按此處「渤海」當與「近侍詳穩」互倒，參見本書卷二二道宗紀二校勘記〔二〕。

遼史卷百十三

列傳第四十三

逆臣中

蕭翰　耶律牒蠟　耶律朗　耶律劉哥 盆都　耶律海思

耶律敵獵　蕭革

蕭翰，一名敵烈，字寒真，宰相敵魯之子。

天贊初，唐兵圍鎮州，節度使張文禮遣使告急。翰受詔與康末怛往救，克之，殺其將李嗣昭，拔石城。會同初，領漢軍侍衞。八年，伐晉，敗晉將杜重威，追至望都。翰奏曰：「可令軍下馬而射。」帝從其言，軍士步進。敵人持短兵猝至，我軍失利。帝悔之曰：「此吾用言之過至此！」及從駕入汴，爲宣武軍節度使。

會帝崩欒城，世宗即位。翰聞之，委事於李從敏〔一〕，徑趨行在。是年秋，世宗與皇太后相拒於潢河横渡，和議未定。太后問翰曰：「汝何怨而叛？」對曰：「臣母無罪，太后殺之，以此不能無憾。」初耶律屋質以附太后被囚，翰聞而快之，即因所謂曰：「汝嘗言我輩不及，今在狴犴，何也？」對曰：「第願公不至如此！」翰默然。

天禄二年，尚帝妹阿不里。後與天德謀反，下獄。復結惕隱劉哥及其弟盆都亂，耶律石剌告屋質，屋質遽入奏之，翰等不伏。帝不欲發其事，屋質固諍以爲不可，乃詔屋質鞫案。翰伏辜，帝竟釋之。復與公主以書結明王安端反，屋質得其書以奏，翰伏誅。

牒蠟，字述蘭，六院夷离菫蒲古只之後。

天顯中，爲中臺省右相。會同元年，與趙思温持節册晉帝〔二〕。及我師伐晉，至滹沱河，降晉將杜重威，牒蠟功居多。大同元年，平相州之叛，斬首數萬級。

世宗即位，遣使馳報，仍命牒蠟執偏將朮者以來。其使誤入朮者營，朮者得詔，反誘牒蠟，執送太后。牒蠟亡歸世宗。和約既成，封燕王，爲南京留守。

天禄五年，察割弑逆，牒蠟方醉，其妻扶入察割之幕，因從之。明旦，壽安王討亂，凡脅從者皆棄兵降；牒蠟不降，陵遲而死。妻子皆誅。

朗，字歐新，季父房罨古只之孫〔三〕。性輕佻，多力，人呼爲「虎斯」。天顯間以材勇進，每戰輒克，由是得名。

會同九年，太宗入汴，命知澶淵，控扼河渡。天禄元年，燕、趙已南皆應劉知遠，朗與汴守蕭翰棄城歸闕。先是，朗祖罨谷只爲其弟轄底詐取夷离堇，自是族中無任六院職事者；世宗不悉其事，以朗爲六院大王。

及察割作亂，遣人報朗曰：「事成矣！」朗遣詳穩蕭胡里以所部軍往，命曰：「當持兩端，助其勝者。」穆宗即位，伏誅，籍其家屬。

劉哥，字明隱，太祖弟寅底石之子〔四〕。幼驕狠，好陵侮人，長益兇狡。太宗惡之，使守邊徼，累遷西南邊大詳穩。

會同十年，叔父安端從帝伐晉，以病先歸，與劉哥鄰居，世宗立於軍中，安端議所往，劉哥首建附世宗之策，以本部兵助之。時太后命皇太弟李胡率兵而南，劉哥、安端遇於泰德泉。既接戰，安端墜馬。王子天德馳至，欲以鎗刺之。劉哥以身衛安端，射天德，貫甲不及膚。安端得馬復戰，太弟兵敗。劉哥與安端朝于行在。及和議成，太后問劉哥曰：「汝何怨而叛？」對曰：「臣父無罪，太后殺之，以此怨耳。」事平，以功爲惕隱。

天祿中，與其弟盆都、王子天德、侍衛蕭翰謀反，耶律石剌發其事，劉哥以飾辭免。後請帝博，欲因進酒弑逆，帝覺之，不果，被囚。一日，召劉哥，鎖項以博。帝問：「汝實反耶？」劉哥誓曰：「臣若有反心，必生千頂疽死！」遂貰之。耶律屋質固諍，以爲罪在不赦。上命屋質按之，具服。詔免死，流烏古部，果以千頂疽死。弟盆都。

盆都，殘忍多力，膚若蛇皮。天祿初，以族屬爲皮室詳穩。二年，與兄劉哥謀反，免死，使於轄戛斯國。既還，復預察割之亂，陵遲而死。

異母弟二人：化葛里、奚蹇。應曆初，無職任，以族子，甚見優禮。三年，或告化葛里、奚蹇與衛王宛謀逆，下獄，飾辭獲免。四年春，復謀反，伏誅。

海思，字鐸衮，隋國王釋魯之庶子〔五〕。機警口辨。會同五年，詔求直言。時海思年十八，衣羊裘，乘牛詣闕。有司問曰：「汝何故來？」對曰：「應詔言事。苟不以貧稚見遺，亦可備直言之選。」有司以聞。會帝將出獵，使謂曰：「俟吾還則見之。」海思曰：「臣以陛下急於求賢，是以來耳；今反緩於獵，請從此歸。」帝聞，即召見賜坐，問以治道。命明王安端與耶律頗德試之，數日，安端等奏曰：「海思之材，臣等所不及。」帝召海思問曰：「與汝言者何如人也？」對曰：「安端言無收檢，若空車走峻坂；頗德如着靴行曠野射鴇。」帝大笑。擢宣徽使，屢任以事。帝知其貧，以金器賜之，海思即散于親友。後從帝伐晉有功。

世宗即位於軍中，皇太后以兵逆於潢河横渡。太后遣耶律屋質責世宗自立。屋質至帝前，諭旨不屈；世宗遣海思對，亦不遜，且命之曰：「汝見屋質勿懼！」海思見太后還，不稱旨。既和，領太后諸局事。

穆宗即位，與冀王敵烈謀反，死獄中。

敵獵，字烏輦，六院夷离菫朮不魯之子。少多詐。

世宗即位，爲羣牧都林牙。察割謀亂，官僚多被囚縶。及壽安王與耶律屋質率兵來討，諸黨以次引去。察割度事不成，即詣囚所，持弓矢脅曰：「悉殺此曹！」敵獵進曰：「殺何益於事？竊料屋質將立壽安王，故爲此舉，且壽安未必知。若遣人藉此爲辭，庶可免。」察割曰：「如公言。誰可使者？」敵獵曰：「大王若不疑，敵獵請與罨撒葛同往說之。」察割遣之。壽安王用敵獵計，誘殺察割，凡被脅之人無一被害者，皆敵獵之力。亂既平，帝嘉賞，然未顯用。敵獵失望，居常怏怏，結羣不逞，陰懷不軌。應曆二年，與其黨謀立婁國，事覺，陵遲死。

蕭革，小字滑哥，字胡突菫，國舅房林牙和尚之子。警悟多智數〔六〕。太平初，累遷官職。游近習間，以諛悅相比昵，爲流輩所稱，由是名達於上。

重熙初，拜北面林牙。十二年，爲北院樞密副使。帝嘗與近臣宴，謂革曰：「朕知卿才，故自拔擢，卿宜勉力！」革曰：「臣不才，誤蒙聖知，無以報萬一，惟竭愚忠，安敢怠？」明年，拜北府宰相。十五年，改同知北院樞密事。革怙寵專權，同僚具位而已。時夷离畢耶律義先知革姦佞，因侍燕，言革所短，用之將敗事。帝不聽。一日，上令義先對革巡擲，義先酒酣，曰：「臣備位大臣，縱不能進忠去佞，安能與賊博乎！」革銜之，佯言曰：「公相謔，不既甚乎！」義先詬詈不已。帝怒，皇后解之曰：「義先酒狂，醒可治也。」翌日，上詔革謂曰：「義先無禮，可痛繩之。」革曰：「義先之才，豈逃聖鑒！然天下皆知忠直。今以酒過爲罪，恐咈人望。」帝以革犯而不校，眷遇益厚。其矯情媚上多此類。拜南院樞密使，詔班諸王上，封吴王。改知北院，進王鄭，兼中書令。帝大漸，詔革曰：「大位不可一日曠，朕若弗瘳，宜即令燕趙國王嗣位。」

清寧元年，復爲南院樞密使，更王楚〔七〕。復徙北院，與國舅蕭阿剌同掌朝政。革多私撓，阿剌每裁正之，由是有隙，出阿剌爲東京留守。會南郊，阿剌以例赴闕，帝訪羣臣以時務，阿剌陳利病，言甚激切。革伺帝意不悦，因譖曰：「阿剌恃寵，有慢上心，非臣子禮。」帝大怒，縊阿剌于殿下。

後上知革姦計，寵遇漸衰。八年，致仕，封鄭國王。九年秋，革以其子爲重元壻，革預其謀，陵遲殺之。

校勘記

〔一〕委事於李從敏　「李從敏」當爲「李從益」之誤。按舊五代史卷一〇〇漢高祖紀下天福十二年五月丁酉：「是日，契丹所署汴州節度使蕭翰迎郇國公李從益至東京，請從益知南朝軍國事。己亥，蕭翰發離東京北去。」新五代史卷一〇漢高祖紀天福十二年五月丙申同。又契丹國志卷一七蕭翰傳云：「時唐明宗子許王從益與王淑妃在洛陽，翰遣高謨翰迎之，矯稱太宗命以從益知南朝軍國事。」

〔二〕會同元年與趙思温持節册晉帝　「元年」，原作「二年」。按本書卷四太宗紀下繫遣使事於會同元年七月戊辰，舊五代史卷七七晉高祖紀三、新五代史卷八晉高祖紀、通鑑卷二八一後晉紀二均繫册封事於天福三年（遼會同元年）十月戊寅。今據改。

〔三〕季父房罨古只之孫　按季父房乃德祖諸子後人，罨古只爲懿祖次子帖剌之子，於德祖爲昆弟行，不當隸季父房。本書卷六六皇族表繫於六院夷离菫房，是。

〔四〕劉哥字明隱太祖弟寅底石之子　「弟」，原作「兄」，據本書卷一太祖紀上五年五月及卷六四皇子表改。

〔五〕隋國王釋魯之庶子　按下文謂會同五年海思年十八，則當生於天贊四年。然據本書卷一一二耶律滑哥傳及卷六一刑法志上，知釋魯之卒在太祖即可汗位前，此處所記恐有誤。

〔六〕警悟多智數　「智」，原作「定」，明鈔本、南監本同，今據北監本、殿本改。

〔七〕清寧元年復爲南院樞密使更王楚　按本書卷二一道宗紀一繫此事於清寧四年六月乙丑，與此異。

遼史卷百十四

列傳第四十四

逆臣下

蕭胡覩　蕭迭里得　古迭　耶律撒剌竹　奚回离保　蕭特烈

蕭胡覩，字乙辛。口吃，視斜，髮鬈，伯父孝穆見之曰：「是兒狀貌，族中未嘗有。」及壯，魁梧桀傲，好揚人惡。

重熙中，爲祗候郎君。俄遷興聖宮使，尚秦國長公主，授駙馬都尉。以不諧離婚，復尚齊國公主，爲北面林牙。

清寧中，歷北、南院樞密副使，代族兄朮哲爲西北路招討使。時蕭革與蕭阿剌俱爲樞密使，不協，革以朮哲爲阿剌所愛，嫉之。朮哲受代赴闕，先嘗借官粟，留直而去。胡覩希革意，發其事，朮哲因得罪。

胡覩又欲要權，歲時獻遺珍玩、畜産于革，二人相愛過于兄弟。胡覩族弟敵烈爲北剋，薦國舅詳穩蕭胡篤于胡覩，胡覩見其辨給壯勇，傾心交結。每遇休沐，言論終日，人皆怪之。會胡覩同知北院樞密事，奏胡篤及敵烈可用，帝以敵烈爲旗鼓拽剌詳穩，胡篤爲宿直官。及革搆陷其兄阿剌，胡篤陰爲之助，時人醜之。

耶律乙辛知北院樞密事，胡覩位在乙辛下，意怏怏不平。初，胡覩嘗與重元子涅魯古謀逆，欲其速發。會車駕獵太子山，遂與涅魯古脅弩手軍犯行宮。既戰，涅魯古中流矢而斃，衆皆逃散。時同黨耶律撒剌竹適在圍場，聞亂，率獵夫來援。其黨謂胡覩等曰：「我軍甚衆，乘其無備，中夜決戰，事冀有成；若至明日，其誰從我？」胡覩曰：「倉卒中，黑白不辨。若内外軍相應，則吾事去矣。黎明而發，何遲之有！」重元聽胡覩之計，令四面巡警待旦。是夜，同黨立重元僭位號，胡覩自爲樞密使。

明日戰敗，胡覩被創，單騎遁走，至十七濼，投水死。五子，同日誅之。

蕭迭里得，字胡覩堇，國舅少父房之後。父雙古，尚鈿匿公主，仕至國舅詳穩。

迭里得幼警敏不羈，好射獵。太平中，以外戚補祗候郎君，歷延昌宮使、殿前副點檢。重熙十三年伐夏，迭里得將偏師首入敵境，多所俘掠，遷都點檢，改烏古敵烈部都詳穩。十八年，再舉西伐，迭里得奏：「軍馬器械之事，務在選將。夏人豈爲難制，但嚴設斥候，不用掩襲計，何慮不勝？」帝曰：「卿其速行，無後軍期。」既而迭里得失利還，復爲都點檢。十九年，夏人來侵金肅軍，上遣迭里得率輕兵督戰，至河南三角川，斬候者八人，擒觀察使，以功命知漢人行宮都部署事，出爲西南面招討使。

族弟黄八家奴告其主私議宮掖事，迭里得寢之。事覺，決大杖，削爵爲民。清寧中，上以所坐事非迭里得所犯，起爲南京統軍使。至是，從重元子涅魯古等亂，敗走被擒，伏誅。

古迭，本宮分人，不知姓氏。好戲狎，不喜繩檢。膂力過人，善擊鞠。重熙初，爲護衞，歷宿直官。十三年，西征，以古迭爲先鋒。夏人伏兵掩之，古迭力戰，麾下士多歿，乃單騎突出。遇夏王李元昊來圍，勢甚急。古迭馳射，應弦輒仆，躍馬直擊中堅，夏兵不能當，晡乃還營。改興聖宮太保。

清寧九年，從重元、涅魯古亂，與皂從兵戰，敗而遁，追擒之，陵遲而死。

撒剌竹，孟父房滌洌之孫。性兇暴。

清寧中，累遷宣徽使，改殿前都點檢，首與重元謀亂。會帝獵灤河，重元恐事泄，與皂從軍倉卒而戰。其子涅魯古既死，同黨潰散。撒剌竹適在畋所，聞亂，劫獵夫以援。既至，知涅魯古已死，大悔恨之，謂曰：「我輩惟有死戰，胡爲若兒戲，自取殞滅？今行宮無備，乘夜劫之，大事可濟。若俟明旦，彼將有備，安知我衆不携貳。一失機會，悔將無及。」重元、蕭胡覩等曰：「今夕但可四面圍之，勿令外軍得入，彼何能備！」不從。遲明，投仗而走，撒剌竹戰死。

奚回离保，一名翰〔一〕，字接懶，奚王忒鄰之後。善騎射，趫捷而勇，與其兄巃里剌齊名。

大安中，車駕幸中京，補護衛，稍遷鐵鷂軍詳穩。天慶間，徙北女直詳穩，兼知咸州路兵馬事，改東京統軍。既而諸蕃入寇，悉破之，遷奚六部大王，兼總知東路兵馬事。

保大二年，金兵至，天祚播遷，回离保率吏民立秦晉國王淳爲帝。淳僞署回离保知北院樞密事，兼諸軍都統，屢敗宋兵。淳死，其妻普賢女攝事。是年，金兵由居庸關入，回离保知北院，即箭笴山自立，號奚國皇帝，改元天復〔二〕，設奚、漢、渤海三樞密院，改東、西節度使爲二王，分司建官。

時奚人巴輒、韓家奴等引兵擊附近契丹部落，劫掠人畜，羣情大駭。會回离保爲郭藥師所敗，一軍離心，其黨耶律阿古哲與其甥乙室八斤等殺之，僞立凡八月〔三〕。

蕭特烈，字訛都椀，遥輦洼可汗宫分人。乾統中，入宿衛，出爲順義軍節度使。天慶四年，同知咸州路兵馬事。五年，以兵敗奪節度使。

保大元年，遷隗古部節度使。及天祚在山西集羣牧兵，特烈爲副統軍。聞金兵將至，特烈諭士卒以君臣之義，死戰于石輦鐸。金兵不戰，特烈伺間欲攻之。天祚喜甚，召嬪御諸子登高同觀，將詫之。金兵望日月旗，知天祚在其下，以勁兵直趨奮擊，無敢當者，天祚遁走。特烈所至，招集散亡，尋爲中軍都統，復敗于梯己山。

天祚決意渡河奔夏，從臣切諫不聽，人情惶懼不知所爲。特烈陰謂耶律兀直曰：「事勢如此，億兆離心，正我輩效節之秋。不早爲計，奈社稷何！」遂共劫梁王雅里，奔西北諸部，僞立爲帝，特烈自爲樞密使〔四〕。

雅里卒，欲擇可立者。會耶律兀直言朮烈才德純備，兼興宗之孫〔五〕，衆皆曰可，遂僭立焉，特烈僞職如故。未三旬，與朮烈俱爲亂兵所殺。

論曰：遼之秉國鈞，握兵柄，節制諸部帳，非宗室外戚不使，豈不以爲帝王久長萬世之計哉。及夫肆叛逆，致亂亡，皆是人也。有國家者，可不深戒矣乎！

校勘記

〔一〕奚回离保一名翰　按本書卷二九天祚皇帝紀三、卷一〇二李處温傳、耶律余覩傳及宋會要蕃夷二之三五、會編卷五宣和四年三月十七日、宋史卷二二徽宗紀四宣和四年五月丙戌均作「蕭幹」。此處作「翰」，誤。

〔三〕改元天復　「天復」，或記作「天阜」、「天嗣」、「天興」。參見本書卷二九天祚皇帝紀三校勘記〔二三〕。

〔三〕僞立凡八月　本書卷二九天祚皇帝紀三、金史卷二太祖紀及卷六七奚王回离保傳皆云回离保保大三年正月僭號，是年五月被殺，蓋稱帝不足八月。

〔四〕特烈自爲樞密使　按本書卷三〇天祚皇帝紀四附耶律雅里傳，謂「以耶律敵列爲樞密使，特母哥副之」。「耶律敵列」，卷二九天祚皇帝紀三保大三年五月庚申、卷五九食貨志上、卷六九部族表皆作「耶律敵烈」。此處蕭特烈與耶律敵列（烈）蓋係一人，其姓氏當有一誤。

〔五〕會耶律兀直言朮烈才德純備兼興宗之孫　按本書卷六四皇子表、卷六六皇族表皆云朮烈爲聖宗子吳哥四世孫，與此不合。

遼史卷百十五

二國外記第四十五

高麗

高麗自有國以來，傳次久近，人民土田，歷代各有其志，然高麗與遼相爲終始二百餘年。

自太祖皇帝神册間，高麗遣使進寶劍〔一〕。天贊三年，來貢。太宗天顯二年，來貢。會同二年，受晉上尊號册，遣使往報。

聖宗統和三年秋七月，詔諸道各完戎器，以備東征高麗。八月，以遼澤沮洳，罷師。十年，以東京留守蕭恒德伐高麗。十一年，王治遣朴良柔奉表請罪，詔取女直國鴨渌江東數百里地賜之。十二年，入貢。三月，王治遣使請所俘生口，詔贖還之〔二〕，仍遣使撫諭。

十二月，王治進妓樂，詔却之。十三年，治遣李周楨來貢〔三〕，又進鷹。十月，遣李知白奉貢。十一月，遣使册治爲王。遣童子十人來學本國語。十四年，王治表乞爲昏姻，以東京留守駙馬蕭恒德女下嫁之。六月，遣使來問起居。自是，至者無時。

十五年，韓彦敬來納聘幣〔四〕，弔駙馬蕭恒德妻越國公主薨。十一月，治薨，其姪誦遣王同穎來告。十二月，遣使致祭，詔其姪誦權知國事〔五〕。十六年，遣使册誦爲王。二十年，誦遣使賀伐宋之捷。七月，來貢本國地里圖。二十二年，以南伐事詔諭之。二十三年，高麗聞與宋和，遣使來賀。二十六年，進龍鬚草席，及賀中京成〔六〕。二十七年，承天皇太后崩，遣使報以國哀。二十八年，誦遣魏守愚等來祭。三月，使來會葬。

五月，高麗西京留守康肇弑其主誦〔七〕，擅立誦從兄詢〔八〕。八月，聖宗自將伐高麗，報宋，遣引進使韓杞宣問詢。詢奉表乞罷師，不許。十一月，大軍渡鴨渌江，康肇拒戰于銅州〔九〕，敗之。肇復出，右皮室詳穩耶律敵魯擒肇等，追奔數十里，獲所棄糧餉、鎧仗，銅、霍、貴、寧等州皆降〔一〇〕。詢上表請朝，許之。禁軍士俘掠。以政事舍人馬保祐爲開京留守〔一一〕，安州團練使王八爲副留守。太子太師乙凜將騎兵一千，送保祐等赴京。守將卓思正殺我使者韓喜孫等十人〔一二〕，領兵出拒，保祐等復還。乙凜領兵擊之，思正遂奔西京。圍之五日，不克，駐蹕于城西佛寺。高麗禮部郎中渤海陀失來降。遣排押、盆奴攻開京，遇敵于京西，敗之。詢棄城遁走，遂焚開京，至清江而還。二十九年正月，班師，所降諸城復叛。至貴州南嶺谷〔一三〕，大雨連日，霽乃得渡，馬駝皆疲乏，甲仗多遺棄，次鴨渌江。以所俘人分置諸陵廟，餘賜内戚、大臣。

開泰元年，詢遣蔡忠順來乞稱臣如舊，詔詢親朝。八月，遣田拱之奉表，稱病不能朝。詔復取六州之地。二年，耶律資忠使高麗取地〔一四〕，未幾還。三年，資忠復使，如前索地。五月，詔國舅詳穩蕭敵烈、東京留守耶律團石等造浮梁于鴨渌江，城保、宣義、定遠等州〔一五〕。四年，命北府宰相劉慎行爲都統，樞密使耶律世良爲副，殿前都點檢蕭虚烈爲都監。慎行挈家邊上，致緩師期，追還之；以世良、虚烈總兵伐高麗。五年，世良等與高麗戰于郭州西，破之。六年，樞密使蕭合卓爲都統，漢人行宫都部署王繼忠爲副，殿前都點檢蕭虚烈爲都監進討。蕭合卓攻興化軍不克，師還。七年，詔東平郡王蕭排押爲都統，蕭虚烈爲副統，東京留守耶律八哥爲都監，復伐高麗。十二月，蕭排押與戰于茶、陀二河之間，我軍不利，天雲、右皮室二軍没溺者衆，天雲軍詳穩海里、遥輦帳詳穩阿果達、客省使酌古、渤海詳穩高清明等皆没于陣。八年，詔數排押討高麗罪，釋之。加有功將校，益封戰没將校之妻，録其子弟。以南皮室軍校有功〔一六〕，賜衣物銀絹有差，出金帛賜肴里、涅哥二奚軍。八月，遣郎君曷不吕等率諸部兵，會大軍同討高麗。詢遣使來乞貢方物。九年，資忠還，以詢降表進，釋詢罪。

太平元年，詢薨〔一七〕，遣使來報嗣位，即遣使册王欽爲王〔一八〕。九年，賜欽物。十一年，聖宗崩，遣使告哀。七月，使來慰奠。

興宗重熙七年，來貢。十二年三月，以加上尊號，來賀。十三年，遣使來貢。十四年三月〔一九〕，又來貢。十五年，入貢。八月，王欽薨〔二〇〕，遣使來告。十六年，來貢。明年，又來貢。十九年，復貢。六月，遣使來賀伐夏之捷。二十二年，入貢。二十三年四月，王徽請官其子，詔加檢校太尉。

興宗崩，道宗即位，清寧元年八月，遣使報國哀，以先帝遺留物賜之。十一月，使來會葬。二年、三年，皆來貢。四年春，遣使報太皇太后哀。五月，使來會葬。咸雍七年、八年，來貢〔二一〕。十二月，以佛經一藏賜徽。九年、十年，來貢。大康二年三月，皇太后崩，遣使報哀〔二二〕。六月，使來弔祭。四年，王徽乞賜鴨渌江以東地，不許。九年八月，王徽薨，以徽子三韓國公勳權知國事。十二月，勳薨。大安元年，册勳子運爲國王〔二三〕。二年，遣使來謝封册。三年，來貢。四年三月，免歲貢。五年、六年，連貢。九年，賜王運羊。十年，運薨，子昱遣使來告，即賻贈。壽隆元年，來貢。十一月，王昱病，命其子顒權知國事〔二四〕。二年，來貢。三年三月，王昱薨。五年，王顒乞封册。六年，封顒爲三韓國公〔二五〕。

七年，道宗崩，天祚即位，改爲乾統元年，報道宗哀，使來慰奠。十二月，遣使來賀。五年，三韓國公顒薨，子俁遣使來告。八月，封俁爲三韓國公，贈其父顒爲國王〔二六〕。十二月，遣使來謝。九年，來貢。天慶二年，王俁母薨，來告，遣使致祭，起復。三年，遣使來謝致祭，又來謝起復。十年，乞兵于高麗以禦金，而金人責之。至是遼國亡矣。

西夏

西夏，本魏拓跋氏後，其地則赫連國也。遠祖思恭，唐季受賜姓曰李，涉五代至宋，世有其地。至李繼遷始大，據夏、銀、綏、宥、靜五州，緣境七鎮，其東西二十五驛，南北十餘驛。子德明，曉佛書，通法律，嘗觀太一金鑑訣、野戰歌，製番書十二卷，又製字若符篆〔二七〕。

其俗，衣白窄衫，氈冠，冠後垂紅結綬。自號嵬名〔二八〕，設官分文武。其冠用金縷貼，間起雲，銀紙帖，緋衣，金塗銀帶，佩蹀躞、解錐、短刀、弓矢，穿靴，禿髮，耳重環，紫旋襴六襲。出入乘馬，張青蓋，以二旗前引，從者百餘騎〔二九〕。民庶衣青綠。革樂之五音爲一音，裁禮之九拜爲三拜。凡出兵先卜，有四：一炙勃焦，以艾灼羊髀骨；二擗筭，擗竹于地以求數，若揲蓍然；三呪羊，其夜牽羊，焚香禱之，又焚穀火于野，次晨屠羊，腸胃通則吉，羊心有血則敗；四矢擊絃，聽其聲，知勝負及敵至之期。病者不用醫藥，召巫者送鬼，西夏語以巫爲「厮」也；或遷他室，謂之「閃病」。喜報仇，有喪則不伐人，負甲葉於背識之。仇解，用雞猪犬血和酒，貯於髑髏中飲之，乃誓曰：「若復報仇，穀麥不收，男女禿癩，六畜死，蛇入帳。」有力小不能復仇者，集壯婦，享以牛羊酒食，趨讎家縱火，焚其廬舍。俗曰敵女兵不祥，輒避去。訴于官，官擇舌辯氣直之人爲和斷官，聽其屈直。殺人者，納命價錢百二十千。

土產大麥、蓽豆、青粿、床子、古子蔓、鹹地蓬實、蓯蓉、苗、小蕪荑、席雞草子、地黃葉、登廂草、沙葱、野韭、拒灰蓧、白蒿、鹹地松實〔三〇〕。

民年十五爲丁。有二丁者，取一爲正軍。負擔雜使一人爲抄〔三一〕，四丁爲兩抄。餘人得射它丁，皆習戰鬭。正軍馬駝各一，每家自置一帳。團練使上，帳、弓、矢各一，馬五百疋，橐駝一，旗鼓五，槍、劍、棍棓、粆袋、雨氊、渾脫、鍬钁、箭牌、鐵笊籬各一〔三二〕；刺史以下，人各一駝，箭三百，毛幕一；餘兵三人共一幕。有砲手二百人，號「潑喜」。勇健者號「撞令郎」。齎糧不過一旬。晝則舉煙、揚塵，夜則篝火爲候。若獲人馬，射之，號曰「殺鬼招魂」，或射草縛人。出軍用單日，避晦日。多立虛寨，設伏兵。衣重甲，乘善馬，以鐵騎爲前鋒，用鈎索絞聯，雖死馬上不落。

其民俗勇悍，衣冠、騎乘、土産品物、子姓傳國，亦略知其大概耳。

初，西夏臣宋有年，賜姓曰趙。迨遼聖宗統和四年，繼遷叛宋，始來附遼，授特進、檢校太師、都督夏州諸軍事，遂復姓李。十月，遣使來貢。六年，入貢。七年，來貢，以王子帳耶律襄之女封義成公主，下嫁繼遷〔三三〕。八年正月，來謝。三月，又來貢。九月，繼遷遣使獻宋俘。十月，以敗宋軍來告。十二月，下宋麟、鄜等州，來告，遣使封繼遷爲夏國王。九年二月，遣使告伐宋之捷。四月，遣李知白來謝封册〔三四〕。七月，復綏、銀二州，來告。十月，繼遷以宋所授敕命，遣使來上。是月，定難軍節度使李繼捧來附，授開府儀同三司、檢校太師，兼侍中，封西平王，仍賜推忠效順啓聖定難功臣。十二月，繼遷潛附于宋，遣韓德威持詔諭之。十年二月，韓德威還，奏繼遷託故不出，至靈州俘掠以還。西夏遣使來奏德威俘掠，賜詔撫諭。十月，來貢。十二年，入貢。十三年，敗宋師，遣使來告。十四年，又來貢。十五年三月，以破宋兵來告，封繼遷爲西平王。六月，遣使來謝封册。十六年，來貢。十八年，授繼遷子德明朔方軍節度使。十九年，遣李文冀來貢〔三五〕。六月，奏下宋恒、環、慶三州，賜詔褒美。二十年，遣使來進馬、駝。六月，遣劉仁勗來告下靈州。二十一年，繼遷薨，其子德昭遣使來告。六月，贈繼遷尚書令，遣西上閤門使丁振弔慰。八月，德昭遣使來謝弔贈〔三六〕。二十二年三月，德昭遣使上繼遷遺留物。七月，封德昭爲西平王。十月，遣使來謝封册。二十三年，下宋青城，來告。二十五年，德昭母薨，遣使弔祭，起復。二十七年，承天皇太后崩，遣使報哀于夏。二十八年，遣使册德昭爲夏國王。開泰元年，德昭遣使進良馬。二年，遣引進使李延弘賜夏國王李德昭及義成公主車馬。太平元年，來貢。十一年，聖宗崩，報哀于夏，德昭遣使來進賻幣。

興宗即位，以興平公主下嫁李元昊，以元昊爲駙馬都尉。重熙元年，夏國遣使來賀。李德昭薨，册其子夏國公元昊爲王。二年，來貢。十二月，禁夏國使沿路私市金、鐵。七年，來貢。李元昊與興平公主不諧，公主薨，遣北院承旨耶律庶成持詔問之。九年，宋遣郭禎以伐夏來報〔三七〕。十年，夏國獻所俘宋將及生口。十一年，遣使問宋興師伐夏之由。十二月，禁吐渾鬻馬于夏，沿邊築障塞以防之。十二年正月，遣樞密都承旨王惟吉諭夏國與宋和〔三八〕。二月，元昊以加上尊號，遣使來賀。耶律敵烈等使夏國還，奏元昊罷兵，遣使報宋。四月，夏國遣使進馬、駝。七月，元昊上表請伐宋，不從。十月，夏人侵党項，遣延昌宮使高家奴讓之。十三年四月，党項及山西部族節度使屈烈以五部叛入西夏〔三九〕，詔徵諸道兵討之。六月，阻卜酋長烏八遣其子執元昊所遣求援使窊邑改來〔四〇〕。八月，夏使對不以情，羈之。使復來，詢事宜不實對，笞之。十月，元昊上表謝罪，欲收集叛黨以獻，從之；進方物，命北院樞密副使蕭革迓之。元昊親率党項三部來降，詰其納叛背盟，元昊伏罪。初，夏人執蕭胡覩，至是，請以被執者來歸。詔所留夏使亦還其國。十二月，胡覩來歸，又遣使來貢。

十七年，元昊薨，其子諒祚遣使來告，上其父遺留物。鐵不得國乞以本部軍助攻夏國，不許。十八年，復議伐夏，留其賀正使不遣，遣北院樞密副使蕭惟信以伐夏告宋。六月，夏國遣使來貢，留之。七月，親征。八月，渡河，夏人遁。九月，蕭惠爲夏人所敗。十月，招討使耶律敵古率阻卜軍至賀蘭山，獲元昊妻及其官屬。遇其軍三千來拒，殪之；詳穩蕭慈氏奴、南剋耶律斡里歿于陣。十九年正月，遣使問罪于夏。夏將洼普等攻金肅城，耶律高家奴等破之，洼普被創遁去，殺猥貨、乙靈紀。三月，殿前都點檢蕭迭里得與夏軍戰于三角川，敗之。招討使蕭蒲奴、北院大王宜新等帥師伐夏，都部署別古得爲監戰。五月，蕭蒲奴等入夏境，不遇敵，縱軍俘掠而還。夏國洼普來降。十月，李諒祚母遣使乞依舊稱臣。十二月，諒祚上表如母訓。二十年二月，遣使索党項叛户。五月，蕭爻括使夏回，進諒祚母表；乞代党項權進馬駝牛羊等物；又求唐隆鎮，仍乞罷所建城邑。以詔答之。六月，獲元昊妻，及俘到夏人置于蘇州〔四一〕。二十一年十月，諒祚遣使乞弛邊備，遣爻括賫詔諭之。二十二年七月，諒祚進降表，遣林牙高家奴賫詔撫諭〔四二〕。二十三年正月，貢方物。五月，乞進馬、駝，詔歲貢之。七月，諒祚遣使求婚。十月，進誓表。二十四年，興宗崩，遣使報哀于夏〔四三〕。

道宗即位，清寧元年，遣使來賀。九月，以先帝遺物賜夏。四年四月，遣使會葬〔四四〕。九年正月，禁民鬻銅于夏。咸雍元年五月，來貢。三年十一月，遣使進回鶻僧、金佛、梵覺經。十二月，諒祚薨。四年二月，諒祚子秉常遣使報哀，即遣使弔祭。秉常上其父遺物。十月，册秉常爲夏國王。十二月，來貢。五年七月，遣使來謝封册。閏十一月〔四五〕，秉常乞賜印綬。九年，遣使來貢。大康二年正月，仁懿皇后崩，遣使報哀于夏，以皇太后遺物賜之〔四六〕。遣使來弔祭。五年，來貢。八年二月，遣使以所獲宋將張天益來獻〔四七〕。大安元年十月，秉常遣使報其母哀。二年十月，秉常薨，遣使詔其子乾順知國事。十二月，李乾順遣使上其父秉常遺物。四年七月，册乾順爲夏國王。五年六月，遣使來謝封册。八年六月，夏爲宋所侵，遣使乞援。壽隆三年六月，以宋人置壁壘于要地，遣使來告。四年六月，求援。十一月，遣樞密直學士耶律儼使宋，諷與夏和。夏復遣使來求援。五年正月，詔乾順伐拔思母等部〔四八〕。十一月，夏以宋人罷兵，遣使來謝。六年十一月，遣使請尚公主。七年，道宗崩，遣使告哀于夏。遣使來慰奠。

天祚即位，乾統元年，夏遣使來賀。二年，復請尚公主。又以爲宋所侵，遣李造福、田若水來求援。三年，復遣使請尚公主。十月，使復來求援。四年、五年，李造福等至，乞援。以族女南仙封成安公主下嫁乾順。六年正月，遣牛温舒使宋，令歸所侵夏地。六月，遣李造福來謝。八年，乾順以成安公主生子，遣使來告。九年，以宋不歸地來告。十年，遣李造福等來貢。天慶三年六月，來貢。保大二年，天祚播遷，乾順率兵來援，爲金師所敗，乾順請臨其國。六月，遣使册乾順爲夏國皇帝，而天祚被執歸金矣〔四九〕。

論曰：高麗、西夏之事遼，雖嘗請昏下嫁，烏足以得其固志哉？三韓接壤，反覆易知；涼州負遠，納叛侵疆，乘隙輒動，貢使方往，事釁隨生。興師問罪，屢煩親征。取勝固多，敗亦貽悔。昔吴趙咨對魏之言曰：「大國有征伐之兵，小國有備禦之固。」豈其然乎！先王柔遠，以德而不以力，尚矣。遼亡，求援二國，雖能出師，豈金敵哉。

校勘記

〔一〕自太祖皇帝神册間高麗遣使進寶劍　按本書卷一太祖紀上，高麗進寶劍在太祖九年十月。

〔三〕詔贖還之　「贖」，原作「續」。按本書卷一三聖宗紀四統和十二年三月丁巳云：「高麗遣使請所俘人畜，詔贖還。」今據改。

〔三〕治遣李周楨來貢　「李周楨」，本書卷一三聖宗紀四統和十三年二月甲辰、高麗史卷一二七康兆傳同，高麗史卷三成宗世家成宗十四年（遼統和十三年）二月、同卷穆宗世家穆宗十二年（遼統和二十七年）正月、卷九四趙之遴傳皆作「李周禎」。未知孰是。

〔四〕韓彥敬　本書卷一三聖宗紀四統和十五年七月丙子同，高麗史卷三成宗世家成宗十五年（遼統和十四年）三月作「韓彥卿」。

〔五〕詔其姪誦權知國事　「誦」，原作「記」，據上文及高麗史卷三穆宗世家改。

〔六〕賀中京成　「成」，原作「城」，據本書卷一四聖宗紀五統和二十六年五月己巳改。

〔七〕康肇　據高麗史卷一二七康兆傳及卷三穆宗世家，當作「康兆」。

〔八〕擅立誦從兄詢　據高麗史卷三穆宗世家、卷四顯宗世家一及宣和奉使高麗圖經卷二世次，詢當爲誦之從弟。

〔九〕銅州　當作「通州」。參見本書卷一五聖宗紀六校勘記〔四〕。

〔一〇〕銅霍貴寧等州皆降　「霍」、「貴」，疑爲「郭」、「龜」之音誤。參見本書卷一五聖宗紀六校勘記〔六〕。

〔一一〕馬保祐　本書卷一五聖宗紀六統和二十八年十一月辛卯及高麗史卷九四智蔡文傳皆作「馬保佑」。

〔一二〕卓思正　高麗史卷九四智蔡文傳、東國通鑑卷一五高麗紀顯宗元文王一元年十二月庚戌皆作「卓思政」。

〔一三〕至貴州南嶺谷　「貴州」，原作「貴德州」，據本書卷一五聖宗紀六統和二十八年十一月戊子及二十九年正月乙亥改。「南嶺谷」，聖宗紀作「南峻嶺谷」。

〔一四〕耶律資忠　高麗史及崔士威廟誌皆作「耶律行平」，參見本書卷一五聖宗紀六校勘記〔三一〕。

〔一五〕城保宣義定遠等州　此處所記州名淆亂，參見本書卷一五聖宗紀六校勘記〔二八〕。

〔一六〕以南皮室軍校有功　「軍校」二字原闕，據本書卷一六聖宗紀七開泰八年六月乙巳補。

〔一七〕太平元年詢薨　此處所記有誤。按高麗史卷五顯宗世家二，王詢卒於顯宗二十二年（遼太平十一年）五月辛未。

〔一八〕「太平元年」至「遣使冊王欽爲王」　本書卷一六聖宗紀七繫此事於太平二年十二月，又高麗史卷五顯宗世家二謂冊王欽爲「國公」，參見卷一六校勘記〔二七〕。

〔一九〕十四年三月　「十四年」前原衍「三」字，顯誤，今刪。

〔二〇〕王欽薨　「王欽」當爲「王亨」之誤，參見本書卷一九興宗紀二校勘記〔二〇〕。

〔二一〕咸雍七年八年來貢　「咸雍」二字原闕。按本書道宗紀，咸雍七年十一月、八年六月皆有高麗來貢事，清寧七年、八年則無，又此下「以佛經一藏賜徽」事見道宗紀咸雍八年十二月庚寅。今據補。

〔二二〕大康二年三月皇太后崩遣使報哀　「二年」，原作「元年」，據本書卷二三道宗紀三大康二年三月癸亥改。

〔二三〕冊勳子運爲國王　此處所記有誤。據高麗史卷九順宗世家、卷一〇宣宗世家，宣宗運乃文宗第二子，順宗勳母弟。

〔二四〕王昱病命其子顒權知國事　「子」當作「叔」。按高麗史文宗、順宗、宣宗、獻宗、肅宗諸世家，文宗三子：勳、運、顒；昱係運之子，顒之從子。

〔二五〕封顒爲三韓國公　此處所記有誤。按高麗史卷一一肅宗世家一，肅宗二年（遼壽昌三年）十二月癸巳冊封顒爲高麗王，五年十月壬子冊顒之長子俁爲三韓國公。

〔二六〕八月封俁爲三韓國公贈其父顒爲國王　「八月」，諸本皆同。然本書卷二七天祚皇帝紀一乾統八年四月丙申，「封高麗王俁爲三韓國公，贈其父顒爲高麗國王」，疑「八月」當爲「八年」之誤。又此處所記冊封事有誤，參見卷二七天祚皇帝紀一校勘記〔三〕。

〔二七〕「子德明」至「又製字若符篆」　長編卷一一一明道元年十一月及宋史卷四八五夏國傳上皆以此爲元昊事。

〔二八〕「其俗」至「自號嵬名」　此處所記西夏風俗，長編卷一一五景祐元年十月及宋史卷四八五夏國傳上皆記爲元昊事。又「自號嵬名」，長編、宋史皆作「自號嵬名吾祖」。

〔二九〕「出入乘馬」至「從者百餘騎」　長編卷一一一明道元年十一月及宋史卷四八五夏國傳上記此亦爲元昊事。

〔三〇〕「土産大麥」至「拒灰蓧白蒿鹹地松實」 此處「拒灰蓧」當有闕文。按隆平集卷二〇夷狄傳云：「西北少五穀。軍興糧饋止於大麥、蓽豆、青麻子之類。其民則春食鼓子蔓、鹹蓬子；夏食蓯蓉、苗、小蕪荑；秋食席雞子、地黄葉、登厢草；冬則畜沙葱、野韭、拒霜、灰蓧子、白蒿、鹹松子，以爲歲計。」

〔三一〕負擔雜使一人爲抄 「負擔」恐係「負贍」之誤。按宋史卷四八六夏國傳下云：「男年登十五爲丁，率二丁取正軍一人。每負贍一人爲一抄。負贍者，隨軍雜役也。」

〔三二〕「團練使上」至「鐵笊籬各一」 按宋史卷四八六夏國傳下云：「團練使以上，帳一、弓一、箭五百、馬一、橐駝五，旗、鼓、槍、劍、棍棓、粆袋、披氈、渾脱、背索、鍬钁、斤斧、箭牌、鐵爪籬各一。」此處「團練使」下當闕「以」字，又「矢各一，馬五百疋，橐駝一，旗鼓五」句當有舛誤。

〔三三〕七年來貢以王子帳耶律襄之女封義成公主下嫁繼遷 本書卷一一聖宗紀二及宋史卷四八五夏國傳上皆繫此事於統和四年。

〔三四〕遣李知白來謝封册 「李知白」，本書卷一三聖宗紀四統和九年四月乙亥作「杜白」。按聖宗紀及本卷高麗外記皆有統和十三年十月高麗使臣李知白來貢事，又高麗史卷三成宗世家成宗十四年（遼統和十三年）二月亦有遣李知白使遼事。疑此處將西夏使臣「杜白」誤爲高麗使臣「李知白」。

〔三五〕李文冀 本書卷一四聖宗紀五統和十九年三月乙亥作「李文貴」。

〔三六〕八月德昭遣使來謝弔贈　按本書卷一四聖宗紀五繫此事於是年九月己亥。

〔三七〕郭禎　當作「郭稹」。參見本書卷一八興宗紀一校勘記〔二九〕。

〔三八〕遣樞密都承旨王惟吉諭夏國與宋和　此處漏記耶律敵烈。按下文謂「耶律敵烈等使夏國還」，本書卷一九興宗紀二重熙十二年正月辛未亦謂「遣同知析津府事耶律敵烈、樞密院都承旨王惟吉諭夏國與宋和」。

〔三九〕党項及山西部族節度使屈烈以五部叛入西夏　「族」字原闕，據本書卷一九興宗紀二重熙十三年四月丙辰補。

〔四〇〕阻卜酋長烏八遣其子執元昊所遣求援使窊邑改來　此句原作「阻卜子烏八執元昊」，據本書卷一九興宗紀二重熙十三年六月甲午及卷七〇屬國表補正。

〔四一〕獲元昊妻及俘到夏人置于蘇州　上文「獲元昊妻」事在重熙十八年十月。按本書卷二〇興宗紀三，重熙二十年六月丙戌「詔以所獲李元昊妻及前後所俘夏人安置蘇州」。此處當有闕誤。

〔四二〕二十二年七月諒祚進降表遣林牙高家奴賫詔撫諭　本書卷二〇興宗紀三繫此事於重熙二十二年九月。此作「七月」，恐誤。

〔四三〕二十四年興宗崩遣使報哀于夏　「興宗崩遣使報哀于夏」九字原在「二十四年」前，諸本皆同。按本書卷二一道宗紀一，興宗崩於重熙二十四年八月己丑，同日道宗即位。今據以乙正。

〔四四〕四年四月遣使會葬　按本書卷二一道宗紀一，太皇太后卒於清寧三年十二月己巳，四年正月壬申遣使報哀於宋、夏。此處「遣使會葬」所指不明，當漏記事由。

〔四五〕閏十一月　「閏」字原闕，據本書卷二二道宗紀二咸雍五年及卷四三閏考補。

〔四六〕大康二年正月仁懿皇后崩遣使報哀于夏以皇太后遺物賜之　按本書卷二三道宗紀三，此皆大康二年三月事。

〔四七〕張天益　本書卷二四道宗紀四大康八年二月己巳作「張天一」，長編卷三二八神宗元豐五年（遼大康八年）七月壬辰作「張天翼」。

〔四八〕詔乾順伐拔思母等部　「詔」字原闕，據本書卷二六道宗紀六壽隆五年正月己酉補。「拔思母」，原作「拔母思」，本書興宗紀、道宗紀屢見「拔思母」，今據改。

〔四九〕「保大二年」至「而天祚被執歸金矣」　此處所記諸事繫年不明。按本書天祚皇帝紀，保大二年六月夏兵來援，三年五月乾順請臨其國，六月遣使册乾順爲帝，而天祚被執歸金則已在五年二月。

遼史卷百十六

國語解第四十六

史自遷、固，以迄晉、唐，其爲書雄深浩博，讀者未能盡曉。於是裴駰、顔師古、李賢、何超、董衝諸儒，訓詁音釋，然後制度名物、方言奇字，可以一覽而周知。其有助於後學多矣。

遼之初興，與奚、室韋密邇，土俗言語大概近俚。至太祖、太宗，奄有朔方，其治雖參用漢法，而先世奇首、遥輦之制尚多存者。子孫相繼，亦遵守而不易。故史之所載，官制、宫衛、部族、地理，率以國語爲之稱號。不有註釋以辨之，則世何從而知，後何從而考哉。今即本史參互研究，撰次遼國語解以附其後，庶幾讀者無齟齬之患云。

帝紀

太祖紀：

耶律氏、蕭氏　本紀首書太祖姓耶律氏，繼書皇后蕭氏，則有國之初，已分二姓矣。有謂始興之地曰世里，譯者以世里爲耶律，故國族皆以耶律爲姓。有謂述律皇后兄子名蕭翰者，爲宣武軍節度使，其妹復爲皇后，故后族皆以蕭爲姓。其説與紀不合，故陳大任不取。又有言以漢字書者曰耶律、蕭，以契丹字書者曰移剌、石抹，則亦無可考矣。

霞瀨益石烈　鄉名。諸宮下皆有石烈，設官治之。

彌里　鄉之小者。

撻馬狘沙里　撻馬，人從也。沙里，郎君也。管率衆人之官。後有止稱撻馬者。

大迭烈府　即迭剌部之府也。初，阻午可汗與其弟撒里本領之[一]，及太祖以部夷离菫即位，因强大難制，析爲二院。烈、剌音相近。

夷离菫　統軍馬大官。會同初，改爲大王。

集會堝下窩、陀二音。　地名。

阿主沙里　阿主，父祖稱。

惕隱　典族屬官。即宗政職也。

奚、霫下音習。　國名。中京地也。

黑車子　國也。以善製車帳得名。契丹之先，嘗遣人往學之。

于越　貴官，無所職。其位居北、南大王上〔二〕，非有大功德者不授。

鷹軍　鷹鷙，以之名軍，取捷速之義。後託龍軍、虎軍、鐵鷂軍者〔三〕，倣此。

嗢娘改上音兀〔四〕。　地名。

西樓　遼有四樓：在上京者曰西樓，木葉山曰南樓，龍化州曰東樓，唐州曰北樓。歲時遊獵，常在四樓間。

阿點夷离的　阿點，貴稱。夷离的，大臣夫人之稱。

糺轄　糺，軍名。轄者，管束之義。

夷离畢　即參知政事，後置夷离畢院以掌刑政。宋刁約使遼有詩云「押宴夷离畢」，知其爲執政官也。

射鬼箭　凡帝親征，服介冑，祭諸先帝，出則取死囚一人，置所向之方，亂矢射之，名「射鬼箭」，以祓不祥。及班師，則射所俘。後因爲刑法之用。

暴里　惡人名也。

大、小鶻軍〔五〕　二室韋軍號也。

神纛　從者所執。以旄牛尾爲之，纓槍屬也。

龍眉宫　太祖取天梯、蒙國、别魯三山之勢，于葦淀射金齪箭以識之，名龍眉宫。神册三年，築都城于其地，臨潢府是也。齪，測角切，箭名。

𡸣里　室韋部名。

君基太一神　福神名。其神所臨之國，君能建極，孚于上下，則治化升平，民享多福。

撻林　官名。後二室韋部改爲僕射，又名司空〔六〕。

舍利　契丹豪民要裹頭巾者，納牛駝十頭〔七〕，馬百疋，乃給官名曰舍利。後遂爲諸帳官，以郎君繫之。

阿廬朶里一名阿魯敦。　貴顯名。遼于越官兼此者，維曷魯耳。

選底　主獄官。

常衮　官名。掌遥輦部族户籍等事；奚六部常衮掌奚之族屬。

諲譔　渤海國主名。

尅釋魯　尅，官名。釋魯，人名。後尅朗、尅臺哂倣此。

烏魯古、阿里只　太祖及述律后受諲譔降時所乘二馬名也，因賜諲譔夫婦以爲名。

太宗紀：

箭笴山笴音幹〔八〕。　胡損奚所居。

柴册　禮名。積薪爲壇，受羣臣玉册。禮畢，燔柴祀天。阻午可汗制也。

遥輦氏九帳　遥輦九可汗宫分。

北尅、南尅　掌軍官名，猶漢南北軍之職。

祭麃鹿神　遼俗好射麃鹿，每出獵，必祭其神以祈多獲。

林牙　掌文翰官，時稱爲學士。其羣牧所設，止管簿書。

瑟瑟禮　祈雨射柳之儀，遥輦蘇可汗制。

再生禮　國俗，每十二年一次，行始生之禮，名曰再生。惟帝與太后、太子及夷离堇得行之。又名覆誕。

神速姑　宗室人名，能知蛇語。

蒲割額下乃頂切。　公主名也。

三尅　統軍官，猶云三帥也。

詳穩　諸官府監治長官。

梯里已　諸部下官也，後陞司徒。

達剌干　縣官也，後陞副使。

麻都不　縣官之佐也，後陞爲令。

馬步　未詳何官，以達剌干陞爲之。

牙署　官名。疑即牙書，石烈官也。

世燭　遥輦帳侍中之官。

敞史　官府之佐吏也。

思奴古　官與敞史相近。

徒覩古　邊徼外小國。

世宗、穆宗紀：

蹛林上音帶。　地名，即松林故地。

閘撒狘　抹里司官，亦掌宫衛之禁者。

撻馬　扈從之官。

濃兀　部分名。

葉格戲　宋錢僖公家有葉子揭格之戲。

景宗、聖宗紀：

飛龍使　掌馬官，亦爲導騎。

横帳　德祖族屬號三父房，稱横帳，宗室之尤貴者。

著帳　凡世官之家洎諸色人，因事籍没者爲著帳户，官有著帳郎君。

杓窊印　杓窊，鷙鳥總稱，以爲印紐，取疾速之義。凡調發軍馬則用之，與金魚符、銀牌略同。

國舅帳尅　官制有大國舅帳，此則本帳下掌兵之官。

拜奥禮　凡納后，即族中選尊者一人當奥而坐，以主其禮，爲之「奥姑〔九〕」。送后者拜而致敬，故云拜奥禮。

拜山禮　祀木葉山之儀。

敞穩　諸帳下官。亦作常衮，蓋字音相近也。

萬役陷河冶〔一〇〕　地名。本漢土垠縣，有銀礦。太祖募民立寨以專採煉，故名陷河冶。

合蘇衮　女直别部名，又作曷蘇館。

執手禮　將帥有克敵功，上親執手慰勞；若將在軍，則遣人代行執手禮。優遇之意。

阿札割只　官名。位在樞密使下，蓋墩官也。

四捷軍　遼以宋降者分立二部：一曰四捷軍，一曰歸聖軍。

山金司　以陰山產金，置冶採煉，故以名司；後改統軍政〔一〕。

興宗紀：

別輩斗　地名。

虎骷下北潘切。　婆離八部人名。

解洗禮　解裝前祓，飲至之義。

獨盧金　地名。六院官屬秋冬居之。

行十二神纛禮　神纛解見前。凡大祭祀、大朝會，以十二纛列諸御前。

南撒葛栢　地名。

合只忽里　地名。

拖古烈　地名。

曷里狘　地名。

道宗紀：

塔里捨　地名。

撒里乃　地名。

三班院祇候　左、右班并寄班爲三班。祇候，官名。

高墩　遼排班圖，有高墩、矮墩、方墩之列。自大丞相至阿札割只，皆墩官也。

天祚紀：

侯里吉〔一二〕　地名。

頭魚宴　上歲時鈎魚，得頭魚，輒置酒張宴，與頭鵝宴同。

訛莎烈　地名。

漚里謹　地名。

幢撻新查剌　地名。

射粮軍　射，請也。

女古底　地名。

落昆髓　地名。

阿里軫斗　地名。

忽兒珊　西域大軍將名〔一三〕。

起兒漫　地名。

虎思斡魯朵　「思」亦作「斯」，有力稱。斡魯朵，宮帳名。

葛兒罕　漠北君王稱。

志

禮、樂志[一四]：

祭東　國俗，凡祭皆東向，故曰祭東。

敵烈麻都　掌禮官。

旗鼓拽剌　拽剌，官名。軍制有拽剌司，此則掌旗鼓者也。

爇節　歲時雜禮名。

九奚首　奚首，營帳名。

食羖之次　大行殯出，羣臣以羖羊祭于路，名曰食羖之次。

禡祭上於琰切。　凡出征，以牝牡麃各一祭之曰禡，詛敵也。

勘箭　車駕遠歸，閤門使持雄箭，勘箭官持雌箭，比較相合，而後入宮。

檐狀　一人肩任曰檐，兩人以手共舁曰狀〔一五〕。

攢隊　士卒攢簇，各爲隊伍。

方裀、朵殿　凡御宴，官卑，地坐殿中方墩之上；其不應升殿，則賜坐左右朵殿。

地拍　田鼠名。正旦日，上於牕間擲米團，得隻數爲不利，則燒地拍鼠以禳之。

廼捏咿哾　正月朔旦也。

⿰忄甲里⿴囗寸　⿰忄甲讀作狎，⿴囗寸讀作頗。二月一日也。六月十八日宴國舅族，亦曰⿰忄甲里⿴囗寸。

陶里樺　上巳日，射兔之節名。

討賽咿哾　重午日也。

賽伊哾奢　日辰之好也。

捏褐耐　犬首也〔一六〕。

必里遲離　重九日也。

戴辣　燒甲也。

炒伍侕⿴囗寸　戰名也〔一七〕。

卓帳　卓，立也。帳，氈廬也。

百官志：

石烈辛衮　石烈官之長。

令穩　官名。

彌里馬特本　官名，後陞辛衮。

麻普　即麻都不，縣官之副也，初名達剌干。

知聖旨頭子事　掌誥命奏事官。

提轄司　諸宫典兵官。

皮室　軍制，有南、北、左、右皮室及黄皮室，皆掌精兵。

廳房　即工部。

梅里　貴戚官名。述律皇后族有慎思梅里、婆姑梅里，未詳何職。

抹鶻　瓦里司之官。

先離撻覽　奚、渤海等國官名，疑即撻林字訛。

營衛志：

象吻　黄帝治宫室，陶蚩尤象置棟上，名曰蚩吻。

瓦里　官府名，宫帳、部族皆設之。凡宗室、外戚、大臣犯罪者，家屬没入於此〔一八〕。

抹里　官府名。閘撒狘亦抹里官之一。

算斡魯朵　算，腹心拽剌也。斡魯朵，宫也。已下國阿輦至監母，皆斡魯朵名，其注語，則始置之義也。

國阿輦　收國也。

奪里本　討平也。

耶魯盌　興旺也。

蒲速盌　義與耶魯盌同。

女古　金也。

孤穩　玉也。

窩篤盌　孳息也〔一九〕。

阿斯　寬大也〔二〇〕。

阿魯盌〔二一〕　輔佑也。

得失得本　孝也〔二二〕。

監母　遺留也。

地理志：

屬珊　應天皇后從太祖征討，所俘人户有技藝者隸之帳下〔二三〕，名屬珊，蓋比珊瑚之寶。

永州　其地居潢河、土河二水之間，故名永州，蓋以字從二、從水也。

鄚頡上慕各切，下胡結切。　渤海郡府名。

且慮皆平聲。　興中府縣名〔二四〕。

貕養上音奚。　幽州澤藪名，見周職方。

菑、時　幽州浸名，出同上。

墮瑰　門名，遼有墮瑰部。

野旅寅　野謂星野，旅謂躔次。寅者，辰舍，東北之位；燕分，析津之所也。

儀衛志：

金𩨂下祖叢切。　馬首飾也。

果下馬　馬名。謂果樹下可乘行者，言其小也。

實里薛衮　祭服之冠，行拜山禮則服之。

鞊鞢帶上他協切，下徒協切。　武官束帶也。

扞腰　即拄腰，以鵝項、鴨頭爲之。

胡木鍪　胄名。

鞮馬上音誕。　馬不施鞍轡曰鞮。

白毦音餌。　以白鷺羽爲網，又罽也。

兵衛志：

捉馬　拘刷馬也。

欄子軍　居先鋒前二十餘里，偵候敵人動靜。

弓子鋪　遼軍馬頓舍，不設營塹，折木稍爲弓，以爲團集之所。又諸國使來，道旁簽置木稍弓，以充欄楯。

食貨志：

云爲户〔二五〕　義即營運，字之訛。

刑法志：

鍾院　有冤者擊鍾，以達于上，猶怨鼓云。

楚古　官名。掌北面訊囚者〔二六〕。

表〔二七〕

皇子表：

五石烈　即五院。非是分院爲五，以五石烈爲一院也。

六爪　爪，百數也。遼有六百家奚，後爲六院〔二八〕，義與五院同。二院，即迭刺部析之爲二者是也。

裂麃皮　麃，牡鹿。力能分牡鹿皮。

世表：

莫弗紇　諸部酋長稱，又云莫弗賀〔二九〕。

蠕蠕而宣切。　國名。

俟斤　突厥官名。

遊幸表：

舐鹹鹿　鹿性嗜鹹，灑鹻於地以誘鹿，射之。

女瓌〔三〇〕　虞人名。

列傳

可敦　突厥皇后之稱。

忒里蹇　遼皇后之稱。

耨斡麽　「麽」，亦作「改」。耨斡，后土稱。麽，母稱。

乙室、拔里　國舅帳二族名。

諸功臣傳：

龍錫金佩　太祖從兄鐸骨札以本帳下蛇鳴，命知蛇語者神速姑解之，知蛇謂穴傍樹中有金，往取之，果得金〔三一〕，以爲帶，名「龍錫金」。

撒剌　酒樽名。

遥輦糺　遥輦帳下軍也。其書永興宫分糺、十二行糺、黄皮室糺者，倣此。

吐里　官名。與奚六部秃里同。吐，秃字訛。

寢殿小底　官名。遼制多小底官，餘不注。

雜丁黄　禮，男幼爲黄，四歲爲小，十六爲中，二十一爲丁。軍中雜幼弱，以疑敵也。

遥輦尅　遥輦帳下掌兵官。

柢枑　宫衛門外行馬也〔三二〕。

榾柮犀　千歲蛇角，又爲篤訥犀。

珠二琲下蒲昧切。　珠五百枚爲琲。

題里司徒　題里，官府名。

庢中上陟栗切。　地名。

堂印　博之采名。

臨庫　以帛爲通曆，具一庫之物，盡數籍之，曰臨庫。

堂帖　遼制，宰相凡除拜，行頭子堂帖權差，俟再取旨，出給告敕〔三〕。故官有知頭子事。見陰山雜録。

夷离菫畫者　畫者人名，爲夷离菫官。

虎斯　有力稱。紀言「虎思」，義同。

校勘記

〔一〕阻午可汗與其弟撒里本領之　本書卷三三營衛志下五院部條曰：「其先曰益古，凡六營。阻午可汗時，與弟撒里本領之，曰迭剌部。」乙室部條曰：「其先曰撒里本，阻午可汗之世，與其兄益古分營而領之，曰乙室部。」知撒里本乃益古之弟，係阻午可汗時人。此處蓋史臣節録失當。

〔二〕其位居北南大王上　「王」字原闕，據文義補。

〔三〕後託龍軍虎軍鐵鷂軍者　「託」，羅校謂當作「記」。「託龍軍」，陳士元諸史夷語音義卷三作「飛龍軍」。按本書卷四六百官志二北面軍官條有「龍軍詳穩司」及「飛龍軍詳穩司」，此處「託」或即「飛」之誤。

〔四〕嗢娘改上音兀　「兀」，原作「九」。按「嗢」、「九」字音不合。箭内亘兀良哈及韃靼考謂「嗢娘改」即遼史之「斡朗改」，元朝秘史之「兀良孩」、「兀良合」。又本書之「兀惹」，松漠記聞卷上及契丹國志卷二六諸蕃記並作「嗢熱」。知「嗢」、「兀」音同，「九」當係「兀」之誤，今據改。

〔五〕大小鶻軍　「鶻軍」，本書卷一太祖紀上太祖七年五月丙寅、卷四六百官志二北面軍官條、卷六〇食貨志下並作「鶻軍」。

〔六〕撻林官名後二室韋部改爲僕射又名司空　按撻林又名司空別無旁證，疑係史官誤解。

〔七〕納牛駝十頭　「十」，契丹國志卷二七歲時雜記同，類説卷五引武珪燕北雜記舍利條作「七十」。

〔八〕笴音簳　「音」，原作「言」，據明鈔本、南監本、北監本、殿本改。

〔九〕爲之奧姑　「奧姑」，原作「奧始」，據殿本改。按本書卷六五公主表稱質古「幼爲奧姑。契丹故俗，凡婚燕之禮，推女子之可尊敬者坐於奧，謂之『奧姑』」。又，此處「爲」字與「謂」義通。

〔一〇〕萬役陷河冶　據本書卷一五聖宗紀六開泰元年七月丙子，「進士康文昭、張素臣、郎玄達坐論知貢舉裴玄感、邢祥私曲，祕書省正字李萬上書，辭涉怨訕，皆杖而徒之，萬役陷河冶」，知「萬」指李萬。下文專釋「陷河冶」，此處不當取「萬役」二字。

〔二〕後改統軍政　「統軍政」，明鈔本、南監本、北監本、殿本皆作「統軍司」。

〔三〕侯里吉　本書卷二〇興宗紀三重熙十七年閏正月癸丑、十九年七月壬子，卷二七天祚皇帝紀一乾統五年六月己丑、九年七月甲寅並作「侯里吉」。

〔三〕忽兒珊西域大軍將名　「軍將」，大典卷五二五一引遼史國語解同，明鈔本、南監本、北監本及殿本作「將軍」，蓋以「忽兒珊」爲人名。本書卷三〇天祚皇帝紀四附耶律大石傳謂大石至尋思干，「西域諸國舉兵十萬，號忽兒珊」，則以爲軍名。按忽兒珊即呼羅珊，本係西域地名。

〔四〕禮樂志　「樂志」二字原闕，據明鈔本、南監本、北監本及殿本補。

〔五〕檐牀一人肩任曰檐兩人以手共舁曰牀　按本書卷五一禮志四宋使見皇太后儀條謂「殿前置擔牀」，又高麗史卷二惠宗世家惠宗二年謂後晉賜其「檐牀一張」，知「檐牀」、「擔牀」係器具名，無肩任、共舁之義。參任文彪擔牀考。又「手」，原作「下」，據明鈔本、南監本、北監本、殿本改。

〔六〕捏褐耐犬首也　「犬」，原作「大」，據大典卷五二五二引遼史國語解及本書卷五三禮志六歲時雜儀改。

〔七〕炒伍侕尀戰名也　據本書卷五三禮志六歲時雜儀臘辰日條，「國語謂是日爲『炒伍侕尀』」。

『炒伍侕』，戰也」，又二月一日條謂「『尀』，時也」。曾慥類説卷五引燕北雜記戎裝飲條謂「臘月戎裝飲酒呼爲粆離尀」，注云「粆離是戰，尀是時」。契丹國志卷二七歲時雜記同。知「炒伍侕尀」當爲戰時之意，非戰名。

〔一八〕宮帳部族皆設之凡宗室外戚大臣犯罪者家屬没入於此　「族」字原闕，據大典卷五二五二引遼史國語解補。「宗室」，原作「宮室」，按本書卷四五百官志一北面宮官謂「内族、外戚、世官犯罪，没入瓦里」，卷三一營衛志上著帳郎君條謂「後族、戚、世官犯罪者」没入瓦里，今據改。

〔一九〕孳息也　「孳」，原作「慈」，據本書卷三一營衛志上宮衛窩篤盌斡魯朵條改。

〔二〇〕寬大也　「寬」，原作「實」，據本書卷三一營衛志上宮衛阿思斡魯朵條改。

〔二一〕阿魯盌　「阿」，原作「何」，據大典卷五二五二引遼史國語解及本書卷三一營衛志上宮衛阿魯盌斡魯朵條改。

〔二二〕得失得本孝也　「得失得本」，本書卷三一營衛志上孝文皇太弟敦睦宮條作「赤寔得本」，元王士點禁扁甲卷敦睦宮條作「赤石得本」。

〔二三〕所俘人户有技藝者隸之帳下　「技藝者隸」，原作四字空格，據大典卷五二五二引遼史國語解補。「隸」，陳士元諸史夷語音義卷三作「置」。

〔二四〕且慮興中府縣名　按本書卷三九地理志三，興中府下有閭山縣，「本漢且慮縣」。且慮乃漢縣名，非遼縣名。

〔二五〕云爲户　「户」，原作「所」，據大典卷五二五二引遼史國語解及本書卷五九食貨志上改。

〔二六〕掌北面訊囚者　「訊」，原作「詔」，據大典卷五二五二引遼史國語解改。

〔二七〕表　「表」字原闕，據文例補。

〔二八〕後爲六院　「六」字原闕，據大典卷五二五二引遼史國語解補。

〔二九〕莫弗紇諸部酋長稱又云莫弗賀　「莫弗紇」、「莫弗賀」，即中古北族慣用名號「莫賀弗」，此處倒誤。參本書卷三二營衛志中校勘記〔一三〕。

〔三〇〕女環　「環」，原作「瓌」，據大典卷五二五二引遼史國語解及本書卷七穆宗紀下應曆十四年八月乙巳、十八年九月甲辰改。

〔三一〕穴傍樹中有金往取之果得金　「樹中有金往取之果」，原作八字空格，據大典卷五二五二引遼史國語解補。

〔三二〕柢枑宫衛門外行馬也　「柢枑」，周禮天官掌舍作「梐枑」。

〔三三〕宰相凡除拜行頭子堂帖權差俟再取旨出給告敕　「旨」，原作「二日」。本書卷三二營衛志中行營條謂「除拜官僚，止行堂帖權差，俟會議行在所，取旨、出給誥敕」。按「旨」俗作「亖」，此處訛爲「二日」，今據改。

附録

修三史詔〔一〕

聖旨：至正三年三月十四日，篤憐帖木兒怯薛第三日，咸寧殿裏有時分，速古兒赤江家奴、云都赤蠻子、殿中俺都剌哈蠻、給事中孛羅帖木兒等有來，脱脱右丞相、也先帖木兒平章、鐵睦爾達世平章、太平右丞、長仙參議、孛里不花郎中、老老員外郎、孛里不花都事等奏：「遼、金、宋三國史書不曾纂修來，歷代行來的事跡合纂修成書有，俺商量來：如今選人將這三國行來的事跡交纂修成史，不交遲滯。但凡合舉行事理，俺定擬了呵。怎生？」奏呵，奉聖旨：「那般者。」

三月二十八日，別兒怯不花怯薛第二日，咸寧殿裏有時分，速古兒赤不顔帖木兒、云都赤蠻子、殿中俺都剌哈蠻、給事中孛羅帖木兒等有來，脱脱右丞相、也先帖木兒平章、鐵睦爾達世平章、太平右丞、吴參政、買朮丁參議、長仙參議、韓參議、別里不花郎中、王郎中、老老員外郎、孔員外郎、觀音奴都事、孛里不花都事、杜都事、直省舍人倉赤也先、蒙古必闍赤鎖住、都馬等奏：「昨前『遼、金、宋三國行來的事跡，選人交纂修成史書者』麽道，奏了來。這三國爲聖朝所取，制度、典章、治亂、興亡之由，恐因歲久散失，合遴選文臣，分史置局，纂修成書，以見祖宗盛德得天下遼、金、宋三國之由，垂鑑後世，做一代盛典[三]。交翰林國史院分局纂修，職專其事。集賢、秘書、崇文并内外諸衙門裏，著文學博雅、才德修潔，堪充的人每斟酌區用。纂修其間，予奪議論，不無公私偏正，必須交總裁官質正是非，裁決可否。遴選位望老成，長於史才，爲衆所推服的人交做總裁官。這三國實録、野史、傳記、碑文、行實，多散在四方，交行省及各處正官提調，多方購求，許諸人呈獻，量給價直，咨達省部，送付史館，以備采擇。合用紙札、筆墨，一切供需物色，於江西、湖廣、江浙、河南省所轄各學院并貢士莊錢糧，除祭祀、廩膳、科舉、修理存留外，都交起解將來，以備史館用度。如今省裏脱脱右丞相監修國史做都總裁，交鐵睦爾達世平章、太平右丞、張中丞、歐陽學士、吕侍御、揭學士做總裁官。提調官，省裏交也先帖木兒平章、吴參政，樞密院裏塔失帖木兒同知、姚副樞，臺裏狗兒侍御、張治書、買朮丁參議、長仙參議、韓參議、右司王郎中、左司王郎中、老老員外郎、孔員外郎、觀音奴都事、杜都事，六部各委正官并首領官提調。其餘修史的凡例、合行事理，交總裁官、修史官集議舉行呵。怎生？」奏呵，奉聖旨：「那般者。」

校勘記

〔一〕修三史詔　此題原無，今據文義擬定。

〔二〕做一代盛典　「典」，原作「興」，據陸心源皕宋樓藏書志卷一九引元刊本遼史所載詔旨改。

進遼史表

開府儀同三司、上柱國、録軍國重事、中書右丞相、監修國史、領經筵事臣脱脱言：竊惟天文莫驗於璣衡，人文莫證於簡策。人主監天象之休咎，則必察乎璣衡之精；監人事之得失，則必考乎簡策之信。是以二者所掌，俱有太史之稱。然天道幽而難知，人情顯而易見。動静者吉凶之兆，敬怠者興亡之機。史臣雖述前代之設施，大意有助人君之鑑戒。

遼自唐季，基于朔方。造邦本席於干戈，致治能資於黼黻。敬天尊祖，而出入必祭；親仁善鄰，而和戰以宜。南府治民，北府治兵。春狩省耕，秋狩省斂。吏課每嚴於芻牧，歲饑屢賜乎田租。至若觀市赦罪，則𦚧合六典之規；臨軒策士，則恪遵三歲之制〔一〕。享國二百一十九載，政刑日舉，品式備具，蓋有足尚者焉。迨夫子孫失御，上下離心。驕盈盛而釁隙生，讒賊興而根本蹙。變强爲弱，易於反掌。吁！可畏哉！

天祚自絶，大石苟延。國既丘墟，史亦蕪茀。耶律儼語多避忌，陳大任辭乏精詳。五代史繫之終篇，宋舊史埒諸載記。予奪各徇其主，傳聞況失其真。我世祖皇帝一視同仁，深加愍惻。嘗敕詞臣撰次三史，首及於遼。六十餘年，歲月因循，造物有待。

臣脱脱誠惶誠恐頓首，欽惟皇帝陛下，如堯稽古，而簡寬容衆；若舜好問，而濬哲冠倫。講經兼誦乎祖謨，訪治旁求乎往牒。茲修史事，斷自宸衷。睿旨下而徵聘行，朝士賀而遺逸起。於是命臣脱脱以中書右丞相領都總裁，中書平章政事臣鐵睦爾達世〔二〕、中書右丞今平章政事臣賀惟一、御史中丞今翰林學士承旨臣張起巖、翰林學士臣歐陽玄〔三〕、侍御史今集賢侍講學士兼國子祭酒臣呂思誠、翰林侍講學士臣揭傒斯奉命爲總裁官。中書遴選儒臣崇文太監今兵部尚書臣廉惠山海牙〔四〕、翰林直學士臣王沂、秘書著作佐郎臣徐昺、國史院編修官臣陳繹曾分撰遼史。起至正三年四月，迄四年三月。發故府之櫝藏，集遐方之匭獻，蒐羅剔抉，删潤研劘。紀志表傳，備成一代之書；臧否是非，不迷千載之實。臣脱脱叨承隆寄，幸覩成功。載宣日月之光華，願效涓埃之補報。我朝之論議歸正，氣之直則辭之昌；遼國之君臣有知，善者喜而惡者懼。所撰本紀三十卷、志三十一卷〔五〕、表八卷〔六〕、列傳四十六卷〔七〕，各著論贊，具存體裁，隨表以聞。上塵天覽，下情無任慚懼戰汗屏營之至。臣脱脱誠惶誠懼頓首頓首謹言。

至正四年三月　日，開府儀同三司、上柱國、録軍國重事、中書右丞相、監修國史、領經筵事臣脱脱上表。

校勘記

〔一〕則恪遵三歲之制　歐陽玄圭齋文集卷一三進遼史表此句下尚有「君慕漢高之爲帝，托耶律於劉宗；相僻鄭侯之爲臣，更述律以蕭姓」一語。

〔二〕鐵睦爾達世　「鐵睦」，原作「或陸」，據明鈔本、南監本、北監本、殿本改。

〔三〕翰林學士臣歐陽玄　圭齋文集卷一三進遼史表「翰林學士」下有「承旨」二字，宋史附進宋史表、修史官員同。

〔四〕崇文太監今兵部尚書臣廉惠山海牙　「崇」，原作「宗」，據圭齋文集卷一三進遼史表及元史卷一四五廉惠山海牙傳改。

〔五〕志三十一卷　圭齋文集卷一三進遼史表同。按本書志凡三十二卷，然目録及諸志所題皆僅三十有一，蓋因卷四七、卷四八百官志分題「志第十七上」、「志第十七下」，故此謂三十一卷。

〔六〕表八卷　「八卷」，圭齋文集卷一三進遼史表作「若干卷」。

〔七〕列傳四十六卷　本書目録及明鈔本、南監本、殿本目録均同，蓋併國語解計之。圭齋文集卷一三進遼史表列傳作「四十五」，則未計入國語解。

三史凡例

一、帝紀：

三國各史書法，準史記、西漢書、新唐書。各國稱號等事，準南、北史。

一、志：

各史所載，取其重者作志。

一、表：

表與志同。

一、列傳：

后妃，宗室，外戚，羣臣，雜傳。

人臣有大功者，雖父子各傳。餘以類相從，或數人共一傳。

三國所書事有與本朝相關涉者，當稟。金、宋死節之臣，皆合立傳，不須避忌。其餘該載不盡，從總裁官與修史官臨文詳議。

一、疑事傳疑，信事傳信，準春秋。

修史官員

都總裁：

開府儀同三司、上柱國、録軍國重事、中書右丞相、監修國史、領經筵事臣　脱脱。

總裁官：

光禄大夫、中書平章政事、知經筵事、提調都水監臣　鐵睦爾達世〔一〕。

榮禄大夫、中書平章政事、知經筵事臣　賀惟一。

翰林學士承旨、榮禄大夫、知制誥兼修國史臣　張起巖。

翰林學士、資善大夫、知制誥、同修國史臣　歐陽玄。

集賢侍講學士、通奉大夫兼國子祭酒臣　吕思誠。

翰林侍講學士、中奉大夫、知制誥、同修國史、同知經筵事臣　揭傒斯。

纂修官：

正議大夫、兵部尚書臣　廉惠山海牙。

翰林直學士、朝請大夫、知制誥、同修國史兼經筵官臣　王沂。

文林郎、秘書監著作佐郎臣徐昺。
將仕佐郎、翰林國史院編修官臣陳繹曾。
提調官：
資德大夫、中書右丞臣伯顔。
榮禄大夫、中書左丞臣姚庸。
奉議大夫、參議中書省事臣長仙。
通議大夫、參議中書省事臣吕彬。
朝散大夫、中書右司郎中臣悟良哈台。
嘉議大夫、中書左司郎中臣趙守禮。
亞中大夫、中書左司員外郎臣偰哲篤。
亞中大夫、中書省左司員外郎臣何執禮。
儒林郎、右司都事臣觀音奴。
奉議大夫、左司都事臣烏古孫良禎。
嘉議大夫、禮部尚書臣王守誠。
中憲大夫、工部尚書臣丁元。

奉議大夫、禮部侍郎臣老老。

嘉議大夫、禮部侍郎臣杜秉彝。

校勘記

〔一〕鐵睦爾達世「鐵」字原闕，據明鈔本、北監本補。

主要參考文獻

一

遼史一一六卷，百衲本二十四史影印明初翻刻本，商務印書館，一九三一年。

遼史一一六卷，遼史彙編影印原内閣大庫藏明初内廷朱絲欄鈔本，臺灣鼎文書局，一九七三年。

遼史一一六卷，明嘉靖八年南京國子監刊本，清順治十五年至十六年補刊，中華書局圖書館藏。

遼史一一六卷，明萬曆三十四年北京國子監刊本，清康熙二十五年重修，中華書局圖書館藏。

遼史一一六卷，上海古籍出版社、上海書店影印清乾隆四年武英殿校刊本，一九八六年。

周禮注疏，漢鄭玄注，唐賈公彦疏，十三經注疏本，中華書局，一九八〇年。
周禮正義，清孫詒讓撰，王文錦、陳玉霞點校，中華書局，二〇〇八年。
儀禮注疏，漢鄭玄注，唐賈公彦疏，十三經注疏本，中華書局，一九八〇年。
孟子注疏，漢趙岐注，宋孫奭疏，十三經注疏本，中華書局，一九八〇年。

二

漢書，漢班固撰，唐顔師古注，中華書局，一九六二年。
後漢書，南朝宋范曄撰，唐李賢等注，中華書局，一九六五年。
宋書，南朝梁沈約撰，中華書局，一九七四年。
魏書，北齊魏收撰，中華書局，一九七四年。
北齊書，唐李百藥撰，中華書局，一九七二年。
北史，唐李延壽撰，中華書局，一九七四年。
隋書，唐魏徵、令狐德棻撰，中華書局，一九七三年。

舊唐書，後晉劉昫等撰，中華書局，一九七五年。
新唐書，宋歐陽脩、宋祁撰，中華書局，一九七五年。
舊五代史，宋薛居正等撰，中華書局，一九七六年。
新五代史，宋歐陽脩撰，宋徐無黨注，中華書局，一九七四年。
宋史，元脱脱等撰，中華書局，一九七七年。
金史，元脱脱等撰，中華書局，一九七五年。
元史，明宋濂等撰，中華書局，一九七六年。
廿二史考異，清錢大昕撰，方詩銘、周殿傑校點，上海古籍出版社，二〇〇四年。
續通曆，宋孫光憲撰，見通紀，唐馬總撰、宋孫光憲續撰，續修四庫全書影印宛委别藏清鈔本，上海古籍出版社，二〇〇二年。
太宗皇帝實録，宋錢若水撰，四部叢刊（三編）本。
資治通鑑，宋司馬光編著，元胡三省音注，中華書局，一九五六年。
資治通鑑目録，宋司馬光編著，四部叢刊（初編）本。
續資治通鑑長編，宋李燾撰，中華書局，一九九五年。
建炎以來繫年要録，宋李心傳撰，景印文淵閣四庫全書本，臺灣商務印書館，一九八六年；中華書局排印本，一九五六年。
皇朝編年綱目備要，宋陳均編，許沛藻等點校，中華書局，二〇〇六年。
皇宋十朝綱要，宋李𡐓撰，宋史資料萃編第一輯影印民國十六年上海東方學會鉛印本，臺灣文海出版社，一九八〇年。
續宋中興編年資治通鑑，宋劉時舉撰，民國十六年上海東方學會鉛印本。
宋史全文續資治通鑑，元佚名撰，中華再造善本影印元刻本，北京圖書館出版社，二〇〇六年。
通鑑續編，元陳桱撰，國家圖書館藏元至正二十一年顧逖刻本。
宋元通鑑，明薛應旂撰，四庫全書存目叢書影印明嘉靖四十五年自刻本，齊魯書社，一九九六年。
西夏書事，清吴廣成纂，續修四庫全書影印清道光五年小峴山房刻本，上海古籍出版社，二〇〇二年。
續資治通鑑長編紀事本末，宋楊仲良撰，宋史資料萃編第二輯影印廣雅書局本，臺灣文海出版社，一九六七年。
三朝北盟會編，宋徐夢莘撰，上海古籍出版社影印清光緒三十四年許涵度刻本，一九八七年；中研院傅斯年圖書館藏明鈔本。
東都事略，宋王稱撰，「國立中央圖書館」善本叢刊影印宋紹熙間眉山程舍人宅刊本，臺北「國立中央圖書館」，一九九一年；宋史資料萃編第一輯影印清光緒九年淮南書局重刊本，臺灣文海出版社，一九六七年。
隆平集，宋曾鞏撰，宋史資料萃編第一輯影印清康熙四十年刻本，臺灣文海出版社，一九八一年。
契丹國志，舊題宋葉隆禮撰，賈敬顔、林榮貴點校，上海古籍出版社，一九八五年。
弘簡録，明邵經邦撰，續修四庫全書影印清康熙二十七年邵遠平刻本，上海古籍出版社，二〇〇二年。
五代史補，宋陶岳撰，五代史書彙編，杭州出版社，二〇〇四年。
南唐書，宋陸游撰，五代史書彙編，杭州出版社，二〇〇四年。
太平治蹟統類，宋彭百川撰，適園叢書本。
歷代紀年，宋晁公邁撰，續修四庫全書影印宋紹熙三年盱江郡齋刻本，上海古籍出版社，二〇〇二年。
松漠記聞，宋洪皓撰，遼海叢書本，遼瀋書社，一九八五年。

燕翼詒謀録，宋王林撰，誠剛點校，中華書局，一九八一年。
裔夷謀夏録，舊題宋劉忠恕撰，黄寶華點校，全宋筆記第五編，大象出版社，二〇一二年；臺北「國家圖書館」藏順德李氏讀五千卷書室鈔本。
大金弔伐録，金佚名撰，四部叢刊（三編）本。
宋大詔令集，宋佚名編，中華書局，一九六二年。
歷代名臣奏議，明黄淮、楊士奇編，上海古籍出版社影印明永樂刊本，一九八九年。
高麗史，朝鮮鄭麟趾撰，韓國延禧大學東方學研究所影印本，一九五五年；朝鮮科學院古典研究室排印本，一九五七年。
東國通鑑，朝鮮徐居正撰，日本明治四十四年朝鮮光文會鉛印本。
歲時廣記，宋陳元靚編，叢書集成初編本，中華書局，一九八五年。
禁扁，元王士點撰，清康熙四十五年揚州詩局刻楝亭十二種本。
元和郡縣圖志，唐李吉甫撰，賀次君點校，中華書局，一九八三年。
太平寰宇記，宋樂史撰，王文楚等點校，中華書局，二〇〇七年。
元一統志，元孛蘭肹等撰，趙萬里校輯，中華書局，一九六六年。
大元混一方輿勝覽，元劉應李原編，詹友諒改編，郭聲波整理，四川大學出版社，二〇〇三年。

大明清類天文分野之書，明劉基撰，續修四庫全書影印明刻本，上海古籍出版社，二〇〇二年。

寰宇通志，明陳循等撰，玄覽堂叢書本，廣陵書社，二〇一〇年。

明一統志，明李賢等撰，明天順五年刻本。

讀史方輿紀要，清顧祖禹撰，賀次君、施和金點校，中華書局，二〇〇五年。

康熙大清一統志，清王安國纂修，清乾隆九年刻本。

康熙東安縣志，清王士美等修、張墀等纂，安次縣舊志四種合刊本，一九三五年。

日下舊聞考，清于敏中等撰，北京古籍出版社，一九八三年。

滿洲源流考，清阿桂撰，景印文淵閣四庫全書本，臺灣商務印書館，一九八六年。

欽定熱河志，清和珅、梁國治等纂，清乾隆四十六年武英殿刻本。

水經注，北魏酈道元撰，陳橋驛點校，上海古籍出版社，一九九〇年。

使遼語録，宋陳襄撰，遼海叢書本，遼瀋書社，一九八五年。

宣和奉使高麗圖經，宋徐兢撰，天禄琳琅叢書影印宋乾道三年刻本，故宫博物院，一九三一年。

遼東行部志，金王寂撰，丁氏竹書堂鈔本；遼海叢書本，遼瀋書社，一九八五年。
通典，唐杜佑撰，王文錦等點校，中華書局，一九八八年。
續通典，清嵇璜撰，浙江古籍出版社影印萬有文庫十通本，二〇〇〇年。
唐會要，宋王溥撰，上海古籍出版社，一九九一年。
五代會要，宋王溥撰，上海古籍出版社，二〇〇六年。
宋朝事實，宋李攸撰，宋史資料萃編第一輯影印清武英殿聚珍版叢書本，臺灣文海出版社，一九八〇年。
宋會要輯稿，清徐松輯，中華書局影印本，一九五七年。
文獻通考，元馬端臨撰，中華書局影印萬有文庫十通本，一九八六年。
大唐開元禮，唐蕭嵩撰，民族出版社影印洪氏公善堂刊本，二〇〇〇年。
大金集禮，金佚名撰，清光緒二十一年廣雅書局本。
郡齋讀書志校證，宋晁公武撰，孫猛校證，上海古籍出版社，一九九〇年。
皕宋樓藏書志，清陸心源撰，清光緒十萬卷樓藏本。
中右記，日本藤原宗忠撰，增補史料大成刊行會編，京都臨川書店，二〇〇一年。
百鍊抄，日本佚名撰，日本新訂增補國史大系卷一一，東京吉川弘文館，二〇〇〇年。

Ibn al – Athir , *The Chronicle of Ibn al – Athir for The Crusading Period from al – Kamil fi'l – Ta'rikh* , tr. by D. S. Richards , Aldershot : Ashgate , 2008.

武經總要，宋曾公亮撰，中國兵書集成影印明萬曆金陵書林唐富春刻本，解放軍出版社、遼瀋書社，一九八八年。

管子校注，黎翔鳳撰，梁運華整理，中華書局，二〇〇四年。

歷代長術輯要，清汪曰楨撰，續修四庫全書影印清光緒刻本，上海古籍出版社，二〇〇二年。

古今推步諸術考，清汪曰楨撰，續修四庫全書影印清光緒刻本，上海古籍出版社，二〇〇二年。

宣和畫譜，宋官修，津逮秘書本。

樂府雜録，唐段安節撰，叢書集成初編本，中華書局，一九八五年。

泉志，宋洪遵撰，續修四庫全書影印明萬曆刻秘册彙函本，上海古籍出版社，二〇〇二年。

諸史夷語音義，明陳士元撰，明萬曆刻歸雲外集本。

十駕齋養新録，清錢大昕撰，陳文和、孫顯軍點校，江蘇古籍出版社，二〇〇〇年。

文昌雜録，宋龐元英撰，金圓點校，全宋筆記第二編，大象出版社，二〇〇六年。
雲麓漫鈔，宋趙彦衛撰，傅根清點校，中華書局，一九九六年。
密齋筆記，宋謝采伯撰，叢書集成初編本，中華書局，一九八五年。
家世舊聞，宋陸游撰，孔凡禮點校，中華書局，一九九三年。
類説，宋曾慥撰，明天啓六年刻本。
册府元龜，宋王欽若等編，中華書局影印明刊本，一九八二年；中華書局影印宋本，一九八九年。
玉海，宋王應麟撰，廣陵書社影印清光緒九年浙江書局刊本，二〇〇七年。
永樂大典殘本，明解縉等纂修，中華書局，一九八六年。
歸田録，宋歐陽脩撰，李偉國點校，中華書局，一九八一年。
玉壺清話，宋文瑩撰，楊立揚點校，中華書局，一九八四年。
後山談叢，宋陳師道撰，李偉國點校，上海古籍出版社，一九八九年。
酉陽雜俎，唐段成式撰，方南生點校，中華書局，一九八一年。
圓宗文類，高麗釋義天輯，日本駒澤大學佛教學部研究紀要第五十六號，平成十年三月。

張九齡集校注，唐張九齡撰，熊飛校注，中華書局，二〇〇八年。

咸平集，宋田錫撰，宋集珍本叢刊影印明澹生堂鈔本，綫裝書局，二〇〇四年。

武溪集，宋余靖撰，北京圖書館古籍珍本叢刊影印明成化九年刻本，書目文獻出版社，一九九八年。

歐陽脩全集，宋歐陽脩撰，中華書局，二〇〇一年。

司馬光集，宋司馬光撰，李文澤、霞紹暉校點，四川大學出版社，二〇一〇年。

初寮集，宋王安中撰，景印文淵閣四庫全書本，臺灣商務印書館，一九八六年。

秋澗先生大全文集，元王惲撰，四部叢刊（初編）本。

圭齋文集，元歐陽玄撰，四部叢刊（初編）本。

曝書亭集，清朱彝尊撰，四部叢刊（初編）本。

國朝文類，元蘇天爵編，四部叢刊（初編）本。

三

乾隆殿本遼史考證，上海古籍出版社、上海書店影印清乾隆四年殿本，一九八六年。

文淵閣四庫全書本遼史考證，景印文淵閣四庫全書本，臺灣商務印書館，一九八六年。

道光殿本遼史考證，遼史彙編本，臺灣鼎文書局，一九七三年。

宋遼金元四史朔閏考，清錢大昕撰，錢侗增補，四庫未收書輯刊第十輯影印清嘉慶二十五年阮福刻本，北京出版社，二〇〇〇年。

遼史地理志考，清李慎儒撰，遼史彙編本，臺灣鼎文書局，一九七三年。

西遼立國本末考，丁謙撰，續修四庫全書影印民國元年上海國粹學報社鉛印本，上海古籍出版社，二〇〇二年。

遼史索隱，陳漢章撰，遼史彙編本，臺灣鼎文書局，一九七三年。

百衲本遼史校勘記，張元濟撰，稿本（已佚），據陳述校勘記轉引。

遼史初校，馮家昇撰，遼史證誤三種，中華書局，一九五九年。

遼史校勘記，羅繼祖撰，上海人民出版社，一九五八年。

遼史校勘記，陳述撰，中華書局二〇〇三年遼史印本。

全遼文，陳述輯校，中華書局，一九八二年。

遼史叢考，傅樂焕撰，中華書局，一九八四年。

遼史長箋，楊家駱、趙振績編，臺北新文豐出版股份有限公司，二〇〇六年。

遼史補注，陳述撰，稿本。

二十史朔閏表，陳垣著，中華書局，一九六二年。

宋書校勘記長編，王仲犖著，中華書局，二〇〇九年。

祖冲之科學著作校釋，嚴敦杰撰，遼寧教育出版社，二〇〇〇年。

遼代混同江考，日本池内宏撰，東洋學報六卷一號，一九一六年。

元代社會の三階級，日本箭内亘撰，蒙古史研究，東京刀江書院，一九三〇年。

兀良哈及韃靼考，日本箭内亘撰，陳捷、陳清泉譯，商務印書館，一九三二年。

遼史地理志補正，譚其驤撰，禹貢半月刊第一卷第二期，一九三四年三月十六日。

遼史訂補三種，譚其驤撰，國立浙江大學文學院集刊一九四二年第二期。

遼史天祚紀證釋，唐長孺撰，湖南國立師範學院史地教育特刊，一九四二年。

慶陵，日本田村實造、小林行雄撰，京都大學文學部、座右寶刊行會，一九五三年。

遼史兵衛志「御帳親軍」「大首領部族軍」兩事目考源辨誤，鄺又銘（鄧廣銘）撰，北京大學學報一九五六年第二期。

關於「宋代户口」一文遼代部份的意見，費國慶撰，歷史研究一九五八年第八期。

遼の制度の二重體系，日本津田左右吉撰，津田左右吉全集，岩波書店，一九六四年。
契丹的部族組織與國家的産生，蔡美彪撰，歷史研究一九六四年第五、六期合刊。
遼道宗宣懿皇后父爲蕭孝惠考，閻萬章撰，社會科學輯刊一九七九年第二期。
遼史外戚表補證，馮永謙撰，社會科學輯刊一九七九年第三、四期。
釋契丹語「迤邏免」和「乙林免」，劉鳳翥撰，瀋陽師範學院學報一九八〇年第一期。
東北古地理古民族叢考，賈敬顔撰，文史第一二輯，中華書局，一九八一年。
跋北京出土遼張儉墓誌銘，陳述撰，文史第一二輯，中華書局，一九八一年。
遼史百官志辨誤三例，向南、楊若薇撰，社會科學輯刊一九八二年第三期。
遼史補正三則，馬洪路撰，社會科學輯刊一九八二年第五期。
遼史補正三則辨正，閻萬章撰，社會科學輯刊一九八三年第三期。
試論遼朝軍隊的徵集和編組系統，王曾瑜撰，中華文史論叢一九八六年第四輯。
遼史帝紀校讀記，嵇訓杰撰，中華文史論叢一九八六年第四輯。
遼史公主表補正，閻萬章撰，遼金史論集第一輯，上海古籍出版社，一九八七年。
遼上京附近水道辨誤——兼考金上京之曲江縣故址，馮永謙撰，遼金史論集第二輯，書目文獻出版社，一九八七年。

中國史曆日和中西曆日對照表，方詩銘、方小芬編，上海辭書出版社，一九八七年。
古代中日關係史，田久川撰，大連工學院出版社，一九八七年。
中國歷史地圖集釋文彙編東北卷，譚其驤主編，中央民族學院出版社，一九八八年。
耶律蒲奴寧辨，馬赫撰，遼金契丹女真史研究一九八八年第一期。
遼與日本的關係瑣談，馮繼欽撰，北方文物一九八八年第一期。
遼史補正五則，費國慶撰，社會科學輯刊一九八八年第三期。
遼史避諱表，陳述撰，遼金史論集第四輯，書目文獻出版社，一九八九年。
遼史校證三則，雷昀撰，東北地方史研究一九九〇年第一期。
遼史耶律速撒傳有誤，雷昀撰，東北地方史研究一九九〇年第二期。
遼史迭粟底即轄底之子迭里特，天放撰，東北地方史研究一九九〇年第四期。
遼史所記耶律資忠即耶律行平，天放撰，東北地方史研究一九九一年第一期。
遼史皇族表補正，向南撰，東北地方史研究一九九一年第二期。
遼代「西南面五押招討司」辨，天放撰，東北地方史研究一九九一年第四期。
契丹王朝政治軍事制度研究，楊若薇撰，中國社會科學出版社，一九九一年。
遼代后族與遼季后妃三案，蔡美彪撰，歷史研究一九九四年第二期。

點校本遼史正誤，閻萬章撰，遼海文物學刊一九九五年第一期。
東丹國與東京道，日本高井康典行撰，史滴第十八號，一九九六年。
遼史地理志考補——上京道、東京道失載之州軍，馮永謙撰，社會科學戰綫一九九八年第四期。
遼史補正六則，楊黛撰，浙江大學學報一九九九年第三期。
遼史地理志平議，張修桂、賴青壽撰，歷史地理第十五輯，上海人民出版社，一九九九年。
遼代韓匡嗣與其家人三墓誌銘考釋，劉鳳翥、金永田撰，香港中文大學中國文化研究所學報新第九期，二〇〇〇年。
遼蕭義墓誌考釋，劉東社撰，文博二〇〇〇年第六期。
兩唐書輿（車）服志校釋稿，孫機撰，中國古輿服論叢（增訂本），文物出版社，二〇〇一年。
遼代的渤海遺民——以東丹國和定安國爲中心，劉浦江撰，文史二〇〇三年第一輯。
耶律仁先墓誌銘與耶律智先墓誌銘之比較研究，愛新覺羅烏拉熙春撰，立命館文學第五八一號，二〇〇三年。
遼代蕭烏盧本等三人的墓誌銘考釋，劉鳳翥、唐彩蘭、高娃撰，文史二〇〇四年第二輯。
從遼史國語解到欽定遼史語解，劉浦江撰，歐亞學刊第四輯，中華書局，二〇〇四年。

遼金史與契丹、女真文，愛新覺羅烏拉熙春撰，日本東亞歷史文化研究會，二〇〇四年。
遼宋夏金元五朝日曆，洪金富編，臺北中研院歷史語言研究所，二〇〇四年。
契丹小字蕭大山和永清公主墓誌考釋，袁海波、劉鳳翥撰，文史二〇〇五年第一輯。
再論阻卜與韃靼，劉浦江撰，歷史研究二〇〇五年第二期。
遼史所載宋遣來使資料勘誤，薛政超撰，廣西社會科學二〇〇五年第二期。
遼聖宗皇帝十子考，魏奎閣撰，遼金史研究，吉林大學出版社，二〇〇五年。
遼金元三史樂志研究，王福利撰，上海音樂學院出版社，二〇〇五年。
遼代耶律隆祐墓誌銘和耶律貴墓誌銘考釋，劉鳳翥、唐彩蘭等撰，文史二〇〇六年第四輯。
契丹小字蕭特每闊哥駙馬第二夫人韓氏墓誌銘考釋，劉鳳翥、清格勒撰，十—十三世紀中國文化的碰撞與融合，上海人民出版社，二〇〇六年。
契丹文墓誌より見た遼史，愛新覺羅烏拉熙春撰，日本松香堂，二〇〇六年。
遼朝の皇族——金啓孮先生逝去二周年に寄せて，愛新覺羅烏拉熙春撰，立命館文學第五九四號，二〇〇六年。
梁國王墓誌銘文初釋，韓世明、吉本智慧子撰，民族研究二〇〇七年第二期。

再談東丹國國號問題，劉浦江撰，中國史研究二〇〇八年第一期。
遼金與高麗的保州交涉，趙永春、玄花撰，中國邊疆史地研究二〇〇八年第一期。
内蒙古巴林左旗遼代祖陵考古發掘的新收穫，中國社會科學院考古研究所内蒙古第二工作隊、内蒙古文物考古研究所撰，考古二〇〇八年第二期。
遼會要，陳述、朱子方主編，上海古籍出版社，二〇〇九年。
契丹小字金代蕭居士墓誌銘考釋，郭添剛、崔嵩、王義、劉鳳翥撰，文史二〇〇九年第一輯。
遼代懿州考，余蔚撰，中華文史論叢二〇〇九年第四輯。
檢讀各史樂志的零散札記，許在揚撰，點校本「二十四史」及清史稿修訂工程簡報第二十九期，二〇〇九年。
中古北族名號研究，羅新撰，北京大學出版社，二〇〇九年。
愛新覺羅烏拉熙春女真契丹學研究，愛新覺羅烏拉熙春撰，日本松香堂，二〇〇九年。
契丹長壽公主婚姻考析，高宇撰，北方文物二〇一〇年第二期。
遼太宗朝的「皇太子」名號問題——兼論遼代政治文化的特徵，邱靖嘉撰，歷史研究二〇一〇年第六期。

蕭撻凜家族世系考，康鵬撰，新亞洲論壇第四輯，韓國首爾出版社，二〇一一年。

再論契丹「五色紀年説」——以契丹小字**求**爲中心，陳曉偉撰，文史二〇一一年第四輯。

韓半島から眺めた契丹女真，愛新覺羅烏拉熙春、吉本道雅撰，京都大學學術出版會，二〇一一年。

遼史複文再探——以楊晳傳和楊績傳爲例，陳曉偉撰，中國史研究二〇一二年第二期。

擔牀考，任文彪撰，故宫博物院院刊二〇一二年第六期。

遼史曆象志溯源——兼評晚清以來傳統曆譜的系統性缺陷，邱靖嘉撰，中華文史論叢二〇一二年第四期。

新出契丹史料の研究，愛新覺羅烏拉熙春、吉本道雅撰，日本松香堂，二〇一二年。

遼史姦臣傳、逆臣傳傳目辨析，苗潤博撰，中國史研究二〇一三年第二期。

契丹國舅別部世系再檢討——兼論遼史諸表的文獻學與史學史價值，苗潤博撰，史學月刊二〇一四年第四期。

契丹小字詞彙索引，劉浦江、康鵬主編，中華書局，二〇一四年。

遼高玄圭墓誌考釋，康鵬、左利軍、魏聰聰撰，北方文物二〇一四年第三期。

遼道宗「壽隆」年號探源——金代避諱之新證，邱靖嘉撰，中華文史論叢二〇一四年第四期。
遼史百官志考訂，林鵠撰，中華書局，二〇一五年。
科舉與遼代社會，高福順撰，中國社會科學出版社，二〇一五年。

四

遼會同四年耶律羽之墓誌，拓本及録文見内蒙古遼代石刻文研究（增訂本），蓋之庸編，内蒙古大學出版社，二〇〇七年。
遼應曆五年陳萬墓誌，録文見遼代石刻文編，向南編，河北教育出版社，一九九五年。
遼保寧二年劉承嗣墓誌，録文見遼代石刻文編。
遼保寧十年李内貞墓誌，録文見遼代石刻文編。
遼保寧十一年耶律琮神道碑，拓本及録文見内蒙古遼代石刻文研究（增訂本）。
遼乾亨三年王裕墓誌，録文見遼代石刻文編。
遼乾亨三年張正嵩墓誌，拓本見北京圖書館藏中國歷代石刻拓本匯編第四十五册，北京圖書館金石組編，中州古籍出版社，一九九〇年；録文見遼代石刻文編。

遼乾亨三年劉繼文墓誌，拓本見遼寧省博物館藏碑誌精粹，遼寧省博物館編，文物出版社、日本中教出版株式會社，二〇〇〇年；録文見遼代石刻文編。
遼乾亨四年韓匡嗣墓誌，拓本及録文見内蒙古遼代石刻文研究（增訂本）。
遼統和三年韓德昌墓誌，拓本及録文見内蒙古遼代石刻文研究（增訂本）。
遼統和十一年韓匡嗣妻秦國太夫人墓誌，拓本及録文見内蒙古遼代石刻文研究（增訂本）。
遼統和十四年韓德威墓誌，拓本及録文見内蒙古遼代石刻文研究（增訂本）。
遼統和十五年韓佚墓誌，拓本見遼韓佚墓發掘報告，黄秀純、傅公鉞撰，考古學報一九八四年第三期；録文見遼代石刻文編。
遼統和十八年劉宇傑墓誌，録文見遼代石刻文編。
遼統和十八年高嵩墓誌，録文見遼代石刻文續編，向南、張國慶、李宇峰編，遼寧人民出版社，二〇一〇年。
遼統和二十三年重修雲居寺碑記，拓本見北京遼金史迹圖志，梅寧華主編，北京燕山出版社，二〇〇四年；録文見遼代石刻文編。
遼統和二十三年王悦墓誌，録文見遼寧喀左縣遼王悦墓，李文信、朱貴、李慶發撰，考古一九六二年第九期。

遼統和二十六年耶律元寧墓誌，拓本及録文見内蒙古遼代石刻文研究（增訂本）。

遼統和二十六年常遵化墓誌，録文見遼代石刻文编。

遼統和二十八年耶律隆祐墓誌，拓本及録文見内蒙古遼代石刻文研究（增訂本）。

遼開泰六年無垢淨光大陀羅尼法舍利經記，録文見遼代石刻文编。

遼開泰八年慈雲寺舍利塔記，録文見遼代石刻文编。

遼開泰九年耿延毅墓誌，拓本見遼上京地區出土的遼代碑刻彙輯，劉鳳翥、唐彩蘭、青格勒編著，社會科學文獻出版社，二〇〇九年；録文見遼代石刻文编。

遼太平二年韓紹娣墓誌，録文見遼代石刻文續编。

遼太平三年馮從順墓誌，録文見遼代石刻文编。

遼太平四年張琪墓誌，拓本見北京圖書館藏中國歷代石刻拓本匯編第四十五册；録文見遼代石刻文编。

遼太平六年宋匡世墓誌，拓本見遼寧省博物館藏碑誌精粹；録文見遼代石刻文编。

遼太平七年耶律遂正墓誌，拓本及録文見内蒙古遼代石刻文研究（增訂本）。

遼太平七年耿知新墓誌，劉鳳翥先生藏拓本；録文見遼代石刻文编。

遼太平九年蕭僅墓誌，北京大學圖書館藏拓本；録文見遼代石刻文編。
遼太平十一年聖宗皇帝哀册，拓本及録文見内蒙古遼代石刻文研究（增訂本）。
遼重熙六年韓槆墓誌，北京大學圖書館藏拓本；録文見遼代石刻文編。
遼重熙七年耶律元妻晉國夫人蕭氏墓誌，拓本見遼寧省博物館藏碑誌精粹；録文見遼代石刻文编。
遼重熙七年蕭紹宗墓誌，拓本及録文見遼代蕭紹宗墓誌銘和耶律燕哥墓誌銘考釋，郭寶存、祁彦春撰，文史二〇一五年第三輯。
遼重熙八年張思忠墓誌，拓本見遼寧省博物館藏碑誌精粹；録文見遼代石刻文編。
遼重熙八年趙爲幹墓誌，録文見遼代石刻文编。
遼重熙十年北大王墓誌，拓本及録文見内蒙古遼代石刻文研究（增訂本）。
遼重熙十四年晉國王妃秦國太妃耶律氏墓誌，拓本及録文見遼秦國太妃晉國王妃墓誌考，萬雄飛撰，文物二〇〇五年第一期。
遼重熙十四年蕭德順墓誌銘，拓本及録文見遼蕭德順墓誌銘考釋，李俊義、張夢雪撰，中國國家博物館館刊二〇一六年第一期。
遼重熙十五年秦晉國大長公主墓誌，録文見遼代石刻文編。

遼重熙十八年慶州螭首造像建塔碑，拓本及録文見内蒙古遼代石刻文研究（增訂本）。

遼重熙十八年慶州五層塔室碑，録文見内蒙古遼代石刻文研究（增訂本）。

遼重熙二十二年耶律宗教墓誌，拓本見北鎮遼耶律宗教墓，魯寶林、辛發、吴鵬撰，遼海文物學刊一九九三年第二期；録文見遼代石刻文編。

遼重熙二十二年王澤墓誌，拓本見北京遼金史迹圖志；録文見遼代石刻文編。

遼重熙二十二年張儉墓誌，拓本見北京遼金史迹圖志；録文見遼代石刻文編。

遼清寧四年聖宗欽哀皇后哀册，拓本及録文見内蒙古遼代石刻文研究（增訂本）。

遼清寧八年耶律宗政墓誌，録文見遼代石刻文編。

遼清寧九年聖宗淑儀贈寂善大師墓誌，拓本見遼上京地區出土的遼代碑刻彙輯；録文見遼代石刻文續編。

遼清寧九年張績墓誌，録文見遼文存卷五，繆荃孫編，清光緒二十二年刻本。

遼咸雍元年耶律宗允墓誌，拓本見遼寧考古文集圖版二三，遼寧省文物考古研究所編，遼寧民族出版社，二〇〇三年；録文見遼代石刻文編。

遼咸雍四年蕭知行墓誌，録文見關山遼墓，遼寧省文物考古研究所編，文物出版社，二〇一一年。

遼咸雍五年韓資道墓誌，拓本照片見北京出土遼韓資道墓誌，文物資料叢刊第二輯，魯琪撰，文物出版社，一九七八年；録文見遼代石刻文編。

遼咸雍五年秦晉國妃墓誌，拓本見遼寧考古文集圖版二二；録文見遼代石刻文編。

遼咸雍五年董匡信及妻王氏墓誌，拓本照片見北京圖書館藏中國歷代石刻拓本匯編第四十五册；録文見遼代石刻文編。

遼咸雍六年蕭闛墓誌，拓本及録文見内蒙古遼代石刻文研究（增訂本）。

遼咸雍七年耶律宗福墓誌，拓本及録文見内蒙古遼代石刻文研究（增訂本）。

遼咸雍八年耶律仁先墓誌，拓本見遼寧省博物館藏碑誌精粹；録文見遼代石刻文編。

遼咸雍八年創建靜安寺碑銘，拓本見北京圖書館藏中國歷代石刻拓本匯編第四十五册；録文見全遼文卷八，陳述輯校，中華書局，一九八二年。

遼咸雍八年耶律宗愿墓誌，拓本見遼上京地區出土的遼代碑刻彙輯；録文見遼代石刻文續編。

遼咸雍八年蕭闡墓誌，拓本見内蒙古遼代石刻文研究（增訂本）；録文見遼代石刻文續編。

遼咸雍九年蕭德恭墓誌，拓本見關山遼墓圖版五二；録文見遼代石刻文續編。

遼大康元年耶律祁墓誌銘，劉鳳翥先生藏拓本。
遼大康元年蕭德温墓誌，録文見遼代石刻文編。
遼大康二年興宗仁懿皇后哀册，録文見遼代石刻文編。
遼大康六年蕭勃特本墓誌，拓本及録文見内蒙古遼代石刻文研究（增訂本）。
遼大康七年聖宗仁德皇后哀册，拓本及録文見内蒙古遼代石刻文研究（增訂本）。
遼大康九年耶律元佐墓誌，拓本及録文見内蒙古遼代石刻文研究（增訂本）。
遼大康十年高玄圭墓誌，拓本及録文見遼高玄圭墓誌考釋，康鵬、左利軍、魏聰聰撰，北方文物二〇一四年第三期。
遼大安元年鄭頡墓誌，拓本見北京遼金史迹圖志；録文見遼代石刻文續編。
遼大安三年蕭興言墓誌，拓本見内蒙古遼代石刻文研究（增訂本）；録文見遼代石刻文續編。
遼大安三年董庠妻張氏墓誌，拓本見北京遼金史迹圖志；録文見遼代石刻文編。
遼大安五年梁穎墓誌，拓本及録文見遼朝梁穎墓誌銘考釋，楊衛東撰，文史二〇一一年第一輯。
遼大安九年蕭公妻耶律氏墓誌，録文見遼代石刻文續編。

遼大安十年耶律慶嗣墓誌，拓本見遼寧省博物館藏碑誌精粹；録文見遼代石刻文编。
遼大安十年耶律智先墓誌，拓本及録文見契丹小字耶律智先墓誌銘考釋，趙志偉、包瑞軍撰，民族語文二〇〇一年第三期。
遼壽昌三年賈師訓墓誌，拓本見遼寧省博物館藏碑誌精粹；録文見遼代石刻文编。
遼壽昌五年玉石觀音像唱和詩碑，録文見遼代石刻文编。
遼壽昌五年劉祜墓誌，拓本及録文見内蒙古遼代石刻文研究（增訂本）。
遼壽昌五年尚暐墓誌，拓本及録文見内蒙古遼代石刻文研究（增訂本）。
遼乾統元年道宗哀册，拓本見契丹小字研究圖版七，清格爾泰、劉鳳翥、陳乃雄、于寶林、邢復禮撰，中國社會科學出版社，一九八五年；録文見遼代石刻文编。
遼乾統元年梁援墓誌，拓本見遼寧省博物館藏碑誌精粹；録文見遼代石刻文编。
遼乾統八年妙行大師行狀碑，拓本見遼寧省博物館藏碑誌精粹；録文見遼代石刻文编。
遼乾統十年義和仁壽皇太叔祖哀册，拓本及録文見内蒙古遼代石刻文研究（增訂本）。
遼乾統十年宋魏國妃蕭氏墓誌，拓本及録文見内蒙古遼代石刻文研究（增訂本）。
遼乾統十年高爲裘墓誌，録文見遼代石刻文编。
遼乾統十年高澤墓誌，録文見遼代石刻文编。

遼乾統十年蕭德恭妻耶律氏墓誌，拓本見關山遼墓圖版五一；録文見遼代石刻文續編。
遼天慶二年蕭義墓誌，拓本見遼上京地區出土的遼代碑刻彙輯；録文見遼代石刻文編。
遼天慶三年耶律習涅墓誌，拓本及録文見内蒙古遼代石刻文研究（增訂本）。
遼天慶四年王師儒墓誌，拓本見北京圖書館藏中國歷代石刻拓本匯編第四十五册；録文見遼代石刻文編。
遼天慶十年杜悆墓誌，拓本見遼杜悆墓誌考，陳康撰，北京文物與考古第五輯，北京燕山出版社，二〇〇二年。
遼保大元年劉暐墓誌，拓本及録文見内蒙古遼代石刻文研究（增訂本）。
契丹大字耶律祺墓誌，拓本及考釋見契丹大字耶律祺墓誌銘考釋，劉鳳翥撰，内蒙古文物考古二〇〇六年第一期。
契丹小字道宗皇帝哀册，拓本及考釋見契丹小字研究。
契丹小字故耶律氏銘石，拓本及考釋見契丹小字研究。
契丹小字蕭令公墓誌，拓本及考釋見契丹小字研究。
契丹小字耶律迪烈墓誌，拓本及考釋見契丹小字耶律迪烈墓誌銘考釋，盧迎紅、周峰撰，民族語文二〇〇〇年第一期。
契丹小字耶律永寧郎君墓誌，拓本及考釋見契丹小字耶律永寧郎君墓誌銘考釋，鄭曉光撰，民族語文二〇〇二年第二期。
契丹小字韓敵烈墓誌，拓本及考釋見契丹小字韓敵烈墓誌銘考釋，唐彩蘭、劉鳳翥、康立君撰，民族語文二〇〇二年第六期。
契丹小字蕭大山和永清公主墓誌，拓本及考釋見契丹小字蕭大山和永清公主墓誌考釋，袁海波、劉鳳翥撰，文史二〇〇五年第一輯。
契丹小字韓高十墓誌，拓本及考釋見遼代韓德昌墓誌銘和韓高十墓誌銘考釋，劉鳳翥、清格勒撰，國學研究第一五卷，北京大學出版社，二〇〇五年。
契丹小字蕭圖古辭墓誌銘，拓本及考釋見契丹小字蕭奮勿膩圖古辭墓誌銘考釋，劉鳳翥、梁振晶撰，文史二〇〇八年第一輯。
契丹小字耶律副署墓誌，拓本及考釋見契丹小字耶律副部署墓誌銘考釋，蓋之庸、齊曉光、劉鳳翥撰，内蒙古文物考古二〇〇八年第一期。
契丹小字梁國王墓誌，拓本及考釋見契丹小字梁國王墓誌銘考釋，萬雄飛、韓世明、劉鳳翥撰，燕京學報新第二十五期，二〇〇八年。

契丹小字蕭居士墓誌，拓本及考釋見契丹小字金代蕭居士墓誌銘考釋，郭添剛、崔嵩、王義、劉鳳翥撰，文史二〇〇九年第一輯。

契丹小字耶律宗教墓誌銘，拓本及考釋見遼上京地區出土的遼代碑刻彙輯。

契丹小字耶律弘用墓誌，拓本及考釋見遼上京地區出土的遼代碑刻彙輯。

契丹小字宋魏國妃墓誌，拓本及考釋見遼上京地區出土的遼代碑刻彙輯。

房山石經題記彙編，北京圖書館金石組編，書目文獻出版社，一九八七年。

唐永泰二年李過折墓誌，拓本及録文見對西安市東郊唐墓出土契丹王墓誌的解讀，葛承雍撰，考古二〇〇三年第九期。

後唐同光元年王處直墓誌，拓本及録文見五代王處直墓，河北省文物研究所、保定市文物管理處編，文物出版社，一九九八年。

後周顯德五年宋彥筠墓誌，拓本見隋唐五代墓誌匯編洛陽卷，陳長安主編，天津古籍出版社，一九九一年；録文見五代墓誌彙考，周阿根撰，黄山書社，二〇一二年。

宋開寶七年陁羅尼經幢，録文見金石萃編卷一二三，清王昶編，石刻史料新編第一輯，臺灣新文豐出版股份有限公司，一九八二年。

宋太平興國五年上清太平宮碑，録文見金石萃編卷一二五，石刻史料新編第一輯。

宋慶曆四年重修鎮國寺記，録文見山右石刻叢編卷一三，清胡聘之編，石刻史料新編第一輯。

宋紹聖三年王公儀碑銘，金石萃編卷一四一，石刻史料新編第一輯。

高麗文宗二十九年（遼咸雍十一年）崔士威廟誌，録文見韓國金石全文（中世上），許興植編著，漢城亞細亞文化社，一九八四年。

金大定十七年完顏婁室神道碑，録文見羅福頤編滿洲金石志外編，滿日文化協會，石印本，一九三七年。

金大定十七年完顏希尹神道碑，北京大學圖書館藏清拓本；録文見羅福頤滿洲金石志卷三，石刻史料新編第一輯。

金大定二十三年韓詠墓誌，拓本見金代韓詠墓誌考，齊心撰，考古一九八四年第八期；録文見遼代石刻文續編。

金大安三年楊瀛神道碑，拓本及録文見北京遼金史迹圖志。

後記

點校本遼史修訂工作由北京大學歷史學系暨中國古代史研究中心劉浦江教授主持，始於二〇〇七年五月，同年十月，遼史修訂方案通過專家評審。二〇〇八年六月，遼史修訂樣稿五卷亦由專家審定通過。整個修訂工作至二〇一四年八月全部完成，前後歷時七年。在此期間，劉浦江教授始終主持全書修訂工作，並負責定稿，先後有十二人參與此次修訂，具體分工情況如次：

康鵬（中國社會科學院歷史研究所）：卷五至九、卷一六至二〇、卷三七至四一、卷一一六；

邱靖嘉（中國人民大學歷史學院）：卷三、卷一四至一五、卷二一至二二、卷二五至二六、卷四二至四四、卷七三、卷七六、卷七九至八一、卷九四；

陳曉偉（中國社會科學院民族學與人類學研究所）：卷二七、卷六八至七〇、卷八三、卷八八至八九、卷九七；

任文彪（中國錢幣博物館陳列宣教部）：卷二八、卷四九至五八、卷九五至九六、卷九八至九九、卷一〇一、卷一〇三至一〇五；

苗潤博（北京大學歷史學系博士研究生）：卷二九至三三、卷六四至六七、卷一〇六至一〇七、卷一一〇至一一一；

林鵠（中國社會科學院歷史研究所）：卷四五至四八；

高宇（吉林省委辦公廳）：卷一、卷一〇至一一、卷七一、卷八七；

曹流（中央民族大學歷史文化學院）：卷二、卷一二至一三、卷七二、卷七五；

樂日樂（中國國家博物館展覽一部）：卷二三至二四、卷七八、卷八四至八六、卷九〇至九三；

聶文華（北京大學歷史學系博士研究生）：卷四、卷七七；

肖乃鋮（北京字節跳動科技有限公司）：卷五九至六三、卷七四、卷八二、卷一一二至一一五；

趙宇（北京大學歷史學系博士研究生）：卷三四至三六、卷一〇〇、卷一〇二、卷一〇八至一〇九。

在統稿階段，劉浦江教授不幸罹患癌症，但仍堅持親自審定全書，及時交稿，並撰寫修訂前言、凡例。二〇一五年一月劉浦江教授辭世，修訂稿的後續修改、校閱及出版事宜由弟子邱靖嘉負責統籌，康鵬、陳曉偉、任文彪、苗潤博等弟子協同處理。經中華書局編輯部送請專家審稿、編輯審讀加工，最終定稿。

修訂組在工作過程中，撰有大量的校勘長編，其中一部分是對修訂本徑改之處版本異同的説明，但更多的是對遼史記載所存在的各種問題進行的考證研究。因體例所限，許多内容無法在校記中得以體現。遼史修訂校勘長編待進一步整理後，將另行出版。

點校本遼史修訂組

二〇一六年三月

點校本二十四史及清史稿修訂工程組織機構

總　修　纂　任繼愈

學術顧問　王元化　王永興　王鍾翰　何玆全　季羨林　馮其庸　蔡尚思
戴　逸　饒宗頤　（以姓氏筆畫爲序）

修纂委員會　丁福林　王小盾　王　素　朱　雷　吴玉貴　吴金華　吴麗娛
汪桂海　辛德勇　周天游　武秀成　孟彦弘　南炳文　施新榮
烏　蘭　凍國棟　陳尚君　陳高華　徐　俊　張　帆　張金龍
程妮娜　景蜀慧　趙生群　裴汝誠　鄭小容　劉次沅　劉浦江
戴建國　羅　新　（以姓氏筆畫爲序）

審定委員會　王天有　王文楚　王春瑜　王　堯　王曾瑜　王繼如　白化文

田餘慶　安平秋　安作璋　何英芳　何齡修　吴宗國　吴榮曾
宋德金　李學勤　周良霄　周振鶴　周清澍　周偉洲　來新夏
祝總斌　陳允吉　陳祖武　陳智超　袁行霈　高　敏　陶　敏
徐蘋芳　張大可　張文强　張忱石　崔文印　梁太濟　許逸民
黄留珠　鄒逸麟　程毅中　傅璇琮　傅熹年　裘錫圭　蔡美彪
熊國禎　樓宇烈　劉鳳翥　龔延明　（以姓氏筆畫爲序）